한국의 논어

다산 논어

한국의 논어

다산 논어

정약용의 논어 읽기

김홍경 지음

글항아리

차례

들어가는 말

1

『다산 논어』라고 이름한 이 책은 다산 정약용(1762~1836)이 1813년 완성한 『논어고금주』에 바탕하여 『논어』를 번역, 해설한 것이다. 『논어고금주』는 『논어』에 대한 다산의 주석서로 『논어』를 공자의 원의에 맞게 읽는다는 기획으로 집필되었다. 그 이름이 『논어고금주』인 것은 다산이 이 주석서에서 『논어』의 고주와 금주를 망라하여 좋은 견해는 받아들이고 옳지 않은 견해는 비판하면서 『논어』의 500여 장을 이렇게 읽어야 한다고 제안했기 때문이다.

이때 『논어』의 고주에는 우선 하안(195~249)이 당시 전해지던 여러 경학가의 주석을 모아 편집한 『논어집해』가 있고, 또 『논어집해』를 부연 설명하는 두 책, 황간(488~545)의 『논어집해의소』(이제부터 『논어의소』)와 형병(932~1010)의 『논어정의』가 있다. 주로 진晉의 논어학에 기초해 편찬한 『논어의소』는 남송 이후 중국에서 사라졌다가 일본에서 역수입되었고, 포정박(1729~1814)이 자신이 수집한 장서를 모아 편찬한 『지부족재총서』에 수록

함으로써 다시 논어학의 전면에 자리하게 되었다.『논어의소』가 사라진 동안 『논어집해』와『논어정의』가 고주를 대표했고, 이 두 책은 합본되어『논어주소』로 불렸다. 그런데 황간과 형병의 주석서는『논어집해』를 보완하는 것이므로 결국『논어』의 고주는『논어집해』가 대표한다.

고주에는 이외에도 정현(127~200)의 주해를 모아놓은『논어정씨주』가 있고, 육덕명(556~627)의『논어음의』에 수록된 짤막하지만 중요한 정보들도 있고, 다산이 종종 검토하는 한유(768~824)의『논어필해』도 있다. 그렇지만 이 고주들은 그 비중에서『논어집해』에 비견될 수 없다.『논어집해』는『논어』를 처음, 종합적으로 해설한 책이기 때문이다. 시기적으로는『논어정씨주』가『논어집해』보다 이를 수 있지만『논어정씨주』는『논어』의 일부에 대한 주해일 뿐만 아니라 한동안 일실되었다가 둔황에서 발견되어 20세기에 비로소 알려졌다. 필사본으로 진위 문제에서 자유롭지 못하고, 또 오랫동안 잊혔던 책이었으므로 논어학에서의 비중이 크지 않다. 적어도 다산은『논어정씨주』를 고주로 참고할 수 없었다.

『논어집해』는 공안국(기원전 164~기원전 74?), 포함(기원전 7~기원후 63), 마융(79~166), 정현, 왕숙(195~256), 주생렬(220년경), 진군(?~237) 그리고 하안 등의 주해를 소개한다. 이들의 주해는 쉽게 이해하기 어려운『논어』를 처음으로 해설하여 이 불후의 고전을 읽는 길잡이 역할을 했다는 점에서 등대이기도 하고, 후인들이 그 권위에 도전하기 쉽지 않았다는 점에서 멍에이기도 했다.

이 멍에에 얽매이지 않고『논어집해』에 맞먹는 또 하나의 등대를 세운 것은 주희(1130~1200)의『논어집주』다. 이 책도 '집해'와 마찬가지로 '집주', 곧 주석을 모아놓은 것이므로 앞선 시대의 연구자에게 많은 빚을 졌다. 그렇다고 해도『논어』를 이학이라는 새로운 틀에 얹어서 참신하게 읽어낸 것은 결국 주희다. 그런 점에서 그는 『논어』 읽기에 불멸의 자취를 남겼다. 다산은 『논어』 읽기의 2막을 연 이 책을 금주로 이해한다.

나중에 성리학이 위세를 떨치자 『논어집주』는 더 중요한 책이 되었다. 그리고 마치 황간과 형병이 『논어집해』를 보완하는 주해서를 냈던 것처럼 호광(1369~1418)은 순전히 성리학적 안목으로 『논어집주』를 보완하여 『논어집주대전』을 출간했다. 지금도 크게 다르지 않지만 과거 『논어』를 읽었다는 것은 『논어집주』에 호광이 수집한 소주小註를 붙인 『논어집주대전』에 기반해서 『논어』를 읽었다는 것을 의미한다. 『논어집주대전』뿐만 아니다. 『논어집주』가 유교적 관료 사회에 진출하려는 지식인의 필독서가 된 뒤에는 많은 주희의 후학이 『논어집주』를 보완하기 위해 책을 썼다. 때로는 지금 사적을 알수 없는 학자도 『논어집주』를 보완하는 책과 논설을 남겼다. 『논어고금주』에서 좁은 의미의 금주는 『논어집주』이지만 넓은 의미에서는 『논어집주』를 보완하는 모든 책과 논설도 금주다. 금주는 성리학의 『논어』 해석이기 때문이다. 다산은 이들을 때로는 비판하기 위해, 또 때로는 수용하기 위해 꼼꼼히 들여다보았다.

주희와 얼마 떨어지지 않은 송명대의 논어학을 지나면 이제 새로운 경학의 기풍이 만만치 않았던 17세기 이후의 논어학과 만난다. 이 범주에도 다산이 참고한 많은 학자가 있다. 하지만 『논어고금주』를 논할 때는 누구보다 먼저 두 사람을 소개해야 한다. 하나는 청대 고증학의 선구로서 또 건가학파의 거두로서 당대부터 굉박한 지식으로 이름 높았던 모기령(1623~1716)이고, 다른 하나는 일본에서 일가를 이룬 다자이 준(1680~1747)이다.

모기령의 『논어』 해설은 세 책에 나누어져 있는데, 『논어계구편』이 가장 중요하고, 『사서승언』 그리고 『사서개착』이 그 뒤를 따른다. 모기령의 논어학은 간단히 말하면 반주희다. 거의 모든 문제에서 모기령은 『논어집주』

를 비판하고 고주로 돌아갔다. 한편 다자이는 『논어』와 관련하여 『논어고훈』과 『논어고훈외전』 두 책을 펴냈다. 이 책들은 스승인 오규 나베마쓰(1666~1728)의 『논어』 해석에 기초해서 이름 그대로 『논어』의 고훈이 무엇인가를 밝히려는 목적을 지닌다. 이때 고훈은 주희 이전의 훈석을 말하므로 다자이도 결국 반주희를 지향한다. 다산이 『논어고훈』이나 오규의 『논어징』을 직접 보았다는 증거는 없고, 『논어고훈외전』은 비판적으로든 수용을 위해서든 많이 인용한다. 곧 다산은 제2기의 『논어』 읽기인 『논어집주』를 비판하는 제3기의 『논어』 읽기, 청대 고증학과 일본 고문사학의 『논어』 해석을 또 다른 참고 자료로 삼았다.

이 1, 2, 3기의 『논어』 읽기를 뛰어넘어 시대적으로 볼 때 제4기의 『논어』 읽기, 혹은 다산의 안목으로 볼 때 '진정한' 『논어』 읽기를 하려는 것이 『논어고금주』다. 이것은 정말 대단한 야심이다. 다산이 자부하듯이 2000년 동안 감춰진 오의를 보여주면서 그것이 공자의 '원의'였다고 외치는 패기가 이 책에 있다.

생각해보면 다산은 뾰족한 사람이다. 유교에서는 이를 규각이 졌다고 하는데, 옛날 사람들이 조회에 참석하거나 사명을 나갈 때 들던 홀(圭)의 모서리처럼 뾰족하게 각이 선 사람이라는 말이다. 주희 눈에는 맹자가 그런 사람이었다. 맹자의 날선 논변을 보면 남을 용납하지 않는 호령이 들린다는 것이었다. 다산도 맹자와 크게 다르지 않다. 올바른 생각과 말을 지켜야 한다는 사명감, 그른 것에 대한 과감하고도 매서운 공격, 풍부한 지식과 합리적인 사유, 이런 무기로 무장한 사람이 난세를 만나면 칼을 휘두른다. 그 칼의 춤소리가 들리는 것이 여기에서 『다산 논어』로 새롭게 이름한 『논어고금주』다.

되돌아보면 우리 땅에 유교가 들어온 뒤 많은 유현이 출몰했지만 유교 경전 중의 으뜸이라는 『논어』의 완결된 해설서를 우리 선배의 이름으로 소개한 것은 다산이 처음이다. 그러므로 『다산 논어』는 사실 한국판 『논어』라고 해도 과언이 아니다. 단순히 우리 조상이 만들었기 때문만이 아니다. 그것이 하안, 주희를 위시한 많은 경학가의 권위에 전혀 주눅 들지 않고 『논어』의 해설을 통해 한국인의 가치관, 그들의 세상 보는 안목을 고스란히 담았다는 점에서 그렇다. 물론 요즘에야 하나로 특정할 수 있는 우리의 가치관이라는 게 있는지 의심할 수 있고, 더 근본적으로는 그런 동일성을 갖는 것이 과연 좋은 일인가 반문할 수도 있겠지만 역사적으로 한국인이 강한 동일성을 가졌던 것은 사실이고, 지금도 그러한 '한국인의 가치관'이 우리의 의식 저변에서 엄연히 활약한다. 그렇기 때문에 그것이 무엇인가를 이해하고 그에 대해서 생각해보는 것은 언제나 의미 있는 일이다. 『논어고금주』를 읽다보면 그것이 『논어』를 해독하는 것 이상의 문화적 함의를 담고 있다는 것, 한국인의 전통적 사유 방식을 보여준다는 것을 발견하게 된다. 그런 면에서 나는 개인적으로, 물론 다른 많은 사람과 함께, 다산 선생에게 감사를 보낸다. 모름지기 가장 유교적인 문명을 수백 년 동안 일궈온 나라에 『논어』라는 우뚝한 경전에 대한 독자적인 읽기조차 존재하지 않는다면 무슨 말을 할 수 있겠는가?

이때 한국인의 가치관은 결국 세상의 궁극에는 하늘이 있고, 그 세상살이에는 인간과 자연을 관통하는 어떤 이치라는 게 존재하며, 이치에 맞게 사회를 운영하고 살아가는 것이 아름답다는 사유다. 이 가치관은 '이치가 존재한다'라는 객관적으로 증명하기 어려운 선언을 한다는 점에서 믿음의 체계이면서도 동시에 이치를 초자연적 힘이나 신성에 기대서가 아니라 공부와 삶의 경험을 통해서 이해하려고 한다는 점에서 이성적이다. 이것은 이율배반적인 서술이지만 역사상 존재했던 모든 거대 이론은 언제나 과학이자 종교였다. 이 가치관을 근저에 놓고 하나의 이치로부터 모든 것을 연역해내려고 한다면 근본주의적인 배타가 나오겠지만 그 때문에 학습과 실천을 통해 언젠가는 이치를 알고말리라는 태도를 가진다면 이것은 쉼 없는 탐색과 사유를 추동하는 기제가 된다. 과거에는 이와 같은 두 가지 반응이 동시에 존재했다. 사회적 권력을 쥔 많은 지식인은 "이치를 알아야지!"라는 호령으로 자신이 알고 있는 것만이 유일한 길이라면서 남을 윽박지르기도 했고, 또 한편에서는 끊임없이 공부하고 고민하면서 향기로운 삶을 사는 사람도 있었다. 이러한 가치관, 여기에서 한국적이라고 말하는 가치관이 유일하게 옳다고 한다면 어불성설이지만, 이것이 살아가는 하나의 방법이라고 한다면 크게 잘못이 없다.

사실 이러한 가치관은 성리학의 가치관이다. 선현의 가르침을 관통하는 일관성을 이치로 이해하고, 그것이 인간관계와 사회를 규약하는 모든 규범의 지표가 된다는 사유는 성리학이 완성시켰다. 그러므로 『논어고금주』를 통해 본 다산의 사상에서 이 가치관이 발견된다는 말은 다산학과 성리학의 거리가 과거 알려진 것처럼 그렇게 멀지 않다는 뜻이다. 다산 하면 실학이 떠오르는데, 이때 실학이 반성리학으로서의 실학이라면 '실학으로서의 다산학'이라는 정의는 오류다. 다산만큼 앞에서 말한 가치관, 성리학이 체계화시킨 가치관을 철두철미 보존하려고 한 사람도 흔치 않다.

그런 면에서 『논어고금주』라는 이름이 시사하는 바가 적지 않다. 이 책은 제목 그대로 고주와 금주, 곧 한당 경학과 송명 경학의 제 성과를 종합하려는 의도를 가진다. 그래서 『논어고금주』다. 고주와 금주를 모두 아우른다는 선언이다. 그렇지만 만약 『논어고금주』가 단순히 고주와 금주를 비교하거나 취사선택하는 데만 그쳤다면 그 중요성은 반감되었을 것이다. 다산이 정말 하려고 했던 것은 고주와 금주를 종합하면서, 또 다산 당대의 연구 성과를 참고하면서, 그 모두를 극복하는 참된 『논어』 읽기를 선보이는 것이었다. 다시 말하면 다산은 『논어고금주』를 통해 한당의 '실학'과 송명의 '이학' 그리고 나아가 청대의 '고증학'과 도쿠가와의 '고학'을 모두 흡수하여 공자의 참된 가르침을 드러내는 새로운 유학을 세우려고 했다.

그런 의미에서 나는 다산학을 '실리학實理學'으로 부르기를 제안한다. 고증학이나 고학은 결국 한당의 실학에 기반하여 이학에 도전했고, 유교사 전체를 놓고 볼 때 실학의 한 부분이었다. 따라서 유교의 역사는 실학과 이학이 교차했던 역사였다. 이러한 유교 전사의 지평 위에서 다산은 실학과 이학을 종합 지양하는 실리학을 세우려고 했다는 것이 나의 판단이다. 그의 실리학이 실학과 다른 것은 이학의 세계관이 그 속에 있기 때문이고, 이학과 다른 것은 그것이 성리학의 공론, 곧 현실과 경험에 기초하지 않은 논설을 배제하고 철저하게 인간의 삶을 통해서 이치를 이해하려고 했기 때문이다. 가령 다산은 인간 본성에 대한 성리학의 분석적 서술, 무엇에 의해서도 훼손되지 않은 순수한 본성이 있고 행동과 감정을 통해서 드러나는 또 다른 본성이 있다는 논설을 단호히 배격하며, 우주를 관통하는 전일적 이치와 현상을 통해 드러나는 개별적 이치가 있다는 이론, 그리고 이기의 체용론 등을 모두 거부한다. 이유는 간단하다. 그러한 논의는 현실과 삶에 뿌리 내리지 않은 공론, 형이상학에만 머무는 논의이기 때문이다. 이렇게 다산은 유교 전통의 반성을 통해 이치를 논하되 실제에서 또 실증을 통해서 논한다는 정신을 발양했다. 나는 그것을 실리학으로 부르려고 한다.

이론 구조로 보면 다산 실리학의 정점에는 모든 생명과 이치의 근원으로서 하늘(天)이 있다. 다산의 하늘은 자못 이채롭다. 무엇보다 그의 하늘은 성리학적 이법 이상의 하늘이다. 그의 하늘은 주재하는 하늘이고, 반응하는 하늘이며, 인간을 굽어보고 징벌하는 하늘이다. 이러한 천관은 아마도 천주교를 통해 고내 유학의 세계관을 재발견함으로써 형성되었을 것이다. 다산의 세계관에서 하늘은 사람에게 옳게 살 것을 명령하는데, 그 명령(天命)이 인간관계 및 사회 제 영역에서는 이치로 드러난다. 하지만 다산의 이치는 사변의 이치가 아니라 생활과 관계의 이치이므로 허하지 않고 실하다. 실리다. 어떤 사람이 이것을 절실히 깨달았다면 그는 성인이 될 것이다. 만약 그것이 쉽지 않다면 어떻게 되는가? 간단하다. 구체적인 사태를 지도하는 이치를 선생으로부터 배워서 그에 따라 살면 된다. 그 이치가 부모 자식 관계에서는 효도가 될 테고, 장유 사이에서는 공손함이 될 테고, 목민관과 백성의 관계에서는 자애로움이 될 것이다. 다산의 인은 이러한 덕을 총합적으로 가리킬 때 사용하는 개념으로 효도가 인이고, 공손함도 인이고, 자애로움도 인이다. 인이 개별적 덕목과 다른 것은 그것이 덕의 총명이라는 점뿐이다. 인과 달리 부모에 대한 효도는 동네 어른에 대한 공손함과 다르다. 말하자면 인은 모든 덕을 가리키고, 개별적인 덕은 다른 덕과 구별된다. 그리고 인을 구현하기 위해 악을 물리치고 선을 수호하려는 것이 의이고, 예는 인의의 절목이며, 지는 인의를 아는 것이다.

이제까지의 설명은 인간관계에서의 이치를 다룬 것이다. 그런데 다산의 이치는 사실 세 가지 층차를 갖는다. 첫째는 의리義理이고, 둘째는 사리事理이며, 셋째는 물리物理다. 물론 모든 이치는 통한다. 모든 이치가 통한다고 보기 때문에 다산 사상에서 인간과 자연은 분리되지 않는다. 연속적이다. 근대를 이야기하는 사람들은 이렇게 자연과 인간을 연속적으로 이해하는 것이 전근대적 사유의 특징이라고 한다. 정말 그렇다면 다산 사상은 전근대적이다. 그러나 전근대적 사유를 근대적 사유와 구분 짓고 차별하는 것이야말로 전근대적인 사유 아닌가? 거기에는 전근대를 억압하는 근대의 폭력이 숨어 있다. 그를 인지하지 못하고 전근대와 근대의 타령을 가져다 쓰는 것이야말로 낡은 것이다. 하기는 전근대와 근대의 구분이 차별의 구축이 아니라 차이를 인식하기 위한 것일 수도 있으므로 근대에 대한 후현대의 반격이 무조건 옳은 것만은 아니겠다. 어찌 되었든 다산의 이치에는 세 가지 층차가 있다. 의리란 원리로서의 이치이고, 사리는 인간관계에서의 이치이며, 물리는 자연의 이치다. 이렇게 다산의 이치는 물리를 포함하기 때문에 그의 학문에는, 그가 그것을 학문의 최고 본령으로 본 것은 아니지만, 과학도 있고 기술도 있다. 말하자면 다산학의 이치는 폭이 넓고, 폭이 넓기 때문에 사람들이 기댈 수 있는 곳도 많다.

다산은 『논어고금주』를 유배지에서 썼다. 강진의 초당에서 다산은 먼 외가 친척의 도움을 받아 약간의 참고할 자료를 열람할 수 있었지만 한양 도성도 아닌 전라도 시골에 무슨 책이 그렇게 많았겠는가? 물론 다산은 읽어 볼 수 있는 책은 다 보았고, 그가 볼 수 있었던 자료에서 그럴듯한 신설을 발견했을 때는 찬탄하기도 했다. 그런 신설의 보고는 모기령과 다자이의 책 그리고 좀 더 범위를 넓히면 왕응린(1223~1296)의 『곤학기문』이나 김이상(1232~1303)의 『논어집주고증』 등이었다. 다산은 이들 책에서 인용한 견해를 당시의 관행에 따라 출처를 밝히지 않고 종종 재인용하는데, 재인용된 문장의 원문을 실제로 본 것은 아니었다. 아니 사실 볼 수 없는 처지였다. 앎에 욕심이 많은 학자가 보고 싶은 책을 못 볼 때의 탄식이 초당을 채우곤 했을 것이다. 이런 다산의 지적 욕망을 다소나마 풀어준 또 다른 책이 두 권 있는데, 바로 『강희자전』과 『패문운부』다. 이것들은 한자와 한자 성어를 다양한 용례와 함께 소개하여 다산의 연구에 큰 도움을 주었다. 하지만 역시 당대의 다른 연구자, 가령 모기령이나 다자이와 비교하면 다산의 장서는 양이 작았다.

그런데 재미있게도 이러한 한계가 다산의 『논어』 읽기에 방향성을 설정해 준다. 다산의 『논어』 읽기는 첫째 『논어』로써 『논어』를 읽고, 둘째 경전을 통해서 『논어』를 읽는다는 두 가지 원칙을 가진다. 이런 방법론에서 보자면 다산은 가장 주요한 전거들에서 누구에게도 뒤질 것이 없었다. 그에게는 『논어주소』와 『논어집주』 등 『논어』의 기본 주석서가 있고, 유교의 주요 경전도 있고, 나아가 『국어』나 『전국책』 같은 경전에 버금가는 고전도 있고, 『사기』와 『한서』를 비롯한 중국의 역사서도 있고, 『공자가어』나 『공총자』 같은 참고할 책도 있고, 『설문해자』나 『경전석문』 같은 기본 자료도 있었다. 그의 방법론으로 『논어』를 읽는다면 장서의 양은 크게 문제 될 것이 없었다. 그리하여 다산은 이강회(1789~?), 윤동(1793~1853)과 같은 제자의 도움을 받아 참고할 책을 검토하면서 고금을 통합하고 나아가 새로운 『논어』 읽기를 여는 창신의 작업을 할 수 있었다.

그의 창신은 우선 『논어고금주』 책머리에 정리되어 있는 '원의총괄' 175개조에서 그 면모를 볼 수 있다. 『논어고금주』는 대담하게도 이것이 '원의', 곧 원래의 뜻이라고 함성을 지르면서 그 많은 구절에서 공자의 본뜻을 찾았다고 선언한다. 그중에는 정말 다산만 이야기한 것도 있고, 다른 주석가가 먼저 제안했으나 다산이 보완한 것도 있고, 다산이 보완을 하지는 않았지만 이왕의 오해가 너무 깊기 때문에 이렇게 읽어야 한다고 특기한 것도 있다. 『논어』는 모두 500여 장인데, '원의총괄'에 수록된 것이 175개조. 대단한 패기가 아닌가? 더욱이 '원의총괄'에는 기록되지 않았지만 각 장을 해설하는 과정에서 다산이 제시한 참신한 해석도 부지기수다. 기록되지 않은 어떤 참신한 해석은 그것이 왜 '원의총괄'에 수록되지 않았는가 하는 의심을 갖게 할 정도로 중요하고 새롭다. 이런 것까지 다 모으면 『논어고금주』는 권위의 해석을 거부하고 새로운 설을 세우려는 불굴의 도전 의식, 어느 반골의 사금파리 같은 외침이다. 다산은 답습하지 않았고, 새로운 견해를 내세우지 못할 때는 길게 주해하지 않았다. 이것이 한국의 『논어』라니, 멋지지 않은가?

2

현재 우리는 『논어고금주』를 여러 가지 경로로 볼 수 있다. 일반인이 이용하기는 어렵지만 서울대 규장각과 한국학중앙연구원 장서각에 소장된 필사본도 있고, 검색도 용이하고 누구나 이용할 수 있는 고전번역원의 전자판 『논어고금주』도 있고, 많은 학자가 참여하여 과거 판본의 오탈자를 바로잡고 교정하여 가장 최근 출판된 다산학술문화재단판 『정본 여유당전서』에 포함된 『논어고금주』도 있다.

하지만 논어학을 비롯해서 다산학 전체에 대한 후학의 본격적 연구가 가능했던 것은 일제강점기 신조선사의 권태휘 선생 등이 주도한 『여유당전서』 출판 사업 덕분이었다. 이 사업은 1931년 독립운동의 통일 전선이었던 신간회가 해체된 뒤 우파 민족주의자가 주도한 조선학 운동이 다산이라는 남인 학자, 곧 조선 주류 성리학에서 소외된 한 학자를 발굴하여 재조명하면서 시작되었다. 알려진 바로는 다산의 저작을 한꺼번에 모두 출판하는 자금을 마련할 수 없었기 때문에 1934년부터 광고를 통하여 자금을 모은 뒤 일단 한두 권을 출판하여 미리 투자한 사람에게 송부해주고 다시 자금을 모으고 하는 방식으로 한 발 한 땀 사업을 진행했다고 한다. 그리고 이런 우여곡절 끝에 4년 만에 『여유당전서』가 완간되었다. 출판 사업 자체가 독립운동이었던 셈이다.

오늘의 다산학은 이 출판 사업에 빚지고 있지만 열악한 환경 속에서 출판된 신조선사본 『여유당전서』는 다산의 일부 저작을 누락하기도 했고, 또 적지 않은 오탈자를 가지고 있었다. 다산학의 열기는 『여유당전서』 출간 전후로 해방 이전에는 장지연, 최남선, 정인보, 백남운, 윤용균 같은 선구적 학자의 연구에 힘입어 그리고 또 해방 이후에는 이을호, 홍이섭, 천관우 같은 해방 후 1세대 다산학 연구자의 공헌을 통해 지속되었기 때문에 당연히 신조 선사본을 보완하려는 작업도 이어졌다. 누락된 다산의 저작을 찾아 넣으려는 노력과 관련해서는 『민보의』(1960), 『사암선생연보』(1962) 그리고 『여유당전서보유』 1권(1970)이 추가되었다. 오탈자를 교정하려는 작업도 계속되어 고전번역원의 전신인 민족문화추진회에서 한국문집총간 편찬 사업을 진행할 때 발간된 민추본 『여유당전서』에서 일차 교정 작업이 있었고, 최근에는 일종의 최종적 교정 작업을 마치고 학계 공동 작업으로 앞서 언급한 『정본 여유당전서』의 『논어고금주』가 출판되기도 했다. 『정본 여유당전서』 출판에 앞서 이지형 선생은 한글 번역본 『논어고금주』를 내고 문제가 되는 원문을 수정하기도 했는데, 선생이 곧 『정본 여유당전서』에 포함된 『논어고금주』 교열의 책임자였으므로 두 판본은 거의 일치한다. 이와 관련하여 나는 이 책 『다산 논어』도 『논어고금주』 교열에 일조했다는 사실을 부끄러움을 무릅쓰고 밝힌다. 나는 교열의 필요성이 있을 때 오직 기존의 다양한 『논어고금주』가 지적하지 않은 경우에 한해서만 그 필요성을 적시했다. 단지 이 책은 『논어고금주』를 통해 『논어』를 읽으려는 목적으로 기획되었으므로 교열과 관련된 것은 따로 논의하지 않았고, 단지 책 맨 뒤에 '『논어고금주』 교감'이라는 꼭지를 두어 수정해야 할 90개조를 밝혀두었다.

위에서 언급했지만 『논어고금주』는 이지형 선생의 이름으로 이미 완역되었다. 이 책 『다산 논어』도 한글로 『논어고금주』를 다루므로 이미 완역이 있는데 왜 다른 책이 필요한가에 대한 약간의 설명이 필요할지 모르겠다. 간단히 말하면 이 책은 『논어고금주』를 번역한 것이 아니다. 그보다 이 책은 『논어고금주』에 입각하여, 곧 다산의 『논어』 읽기에 입각하여 『논어』를 옮기고, 다산 독법과 해석의 의미를 설명하는 데 주안점을 둔다. 이 책은 한글 번역판 『논어고금주』에서 가장 아쉬운 두 가지, 곧 『논어고금주』에 입각해 『논어』를 정확하게 옮기고, 또 이 한국의『논어』가 어떻게 고금주의『논어』와 다르고 어떻게 중국이나 일본의『논어』와 다른가를 설명하려는 목적으로 쓰였다. 그런 면에서 이 책은 한글판『논어고금주』를 보완한다. 한글판『논어고금주』는 집단 작업의 결과인 듯한데, 담당자가 누군가에 따라 번역의 질이 균일하지 않다. 뜻이 분명하게 전해지지 않는 번역은 옳은 번역이 아니라는 점은 차치하고라도 오류가 많다.『다산 논어』가『논어고금주』의 한글 번역이 아닌 만큼 그 오류를 모두 거론할 필요는 없고, 또 나도 많은 오류를 저지르겠지만, 적어도 한글판『논어고금주』가 다산의『논어』읽기를 반영하지 않고『논어』경문을 옮긴 경우에는 이 책이 책임감을 가지고 수정했다.

다른 면에서 이 책은 내가 한국학중앙연구원의 지원을 받아 이미 1~5권을 출간한 *The Analects of Dasan: A Korean Syncretic Reading* (Oxford University Press)의 자매본이라고도 할 수 있다. 총 6권으로 기획된 이 영문 서적은『논어고금주』전체를 영역하고, 필요한 경우 해설을 첨가하는 형식을 취하는데, 이 책『다산 논어』에 있는 해설의 일부분은 그곳에 간략하게 서술되었다. 물론 다시 확인하지만 이 책『다산 논어』는『논어고금주』의 번역이 아니므로 이 영문 서적과도 다르다. *The Analects of Dasan*은『논어고금주』전체의 번역을 위주로 하고 지극히 소략한 해설을 첨가했지만 이 책『다산 논어』는『논어』경문을 다산이 어떻게 독창적으로, 또 왜 그렇게 독창적으로 읽었는가를 설명하는 데 주안점을 두었기 때문에 영문 서적에 비해 비교할 수 없을 정도로 많은 해설을 담았다. 어쨌든『논어고금주』와 관련된 두 종류의 출판물이 이미 존재함에도 내가 지금 다시『다산 논어』를 쓰는 것은 한국의 독자에게 한국의『논어』가 있다는 것, 그것도 재미있는 한국의『논어』가 있다는 사실을 꼭 알리고 싶다는 열망 때문이었다.

그러므로 이 책『다산 논어』를 통해 독자는 무엇보다도 다산『논어』읽기의 독창성과 사상적 의미를 이해할 수 있다. 그의 『논어』 읽기는 누구나 그 다름을 알아차릴 수 있도록 대담한 진술로 시작되기도 하지만 대부분 꼼꼼히 보지 않으면 보이지 않는 미묘한 곳에서 다른 『논어』 읽기와 달라진다. 다산 자신이 꼼꼼한 사람이었기 때문이다. 해설 없이 이러한 미묘한 독창성을 발견하기는 쉽지 않을 것이다. 또한 다산의 대담하고 참신한 독법도 해설이 없이는 참된 맛을 음미하기 쉽지 않다. 『논어고금주』라는 굉장한 고전에 해설이 꼭 필요한 이유다.

아울러 독자는 이 책 『다산 논어』를 통해 궁극적으로 다산이라는 인물을 더 잘 이해할 수 있다. 과거 지식인의 경전 읽기는 그 사람의 가치관을 그대로 보여주었기 때문이다. 다산은 얼마나 개혁적이었고 얼마나 타협적이었는가, 어떤 사람을 싫어하고 어떤 사람을 존경했는가, 무엇을 통해서 사유하고 무엇을 통해서 판단했는가, 어떤 것을 고집하고 어떤 것을 배척했는가 하는 많은 질문의 답을 그를 따라 『논어』를 읽으면서 발견할 수 있다. 그런 면에서 『다산 논어』는 많은 사람이 존경하는 한 역사적 인물의 초상화이기도 하다.

내친 김에 이 책의 구성 원칙 몇 가지를 밝힌다. 첫 번째로 이 책은 다산의 『논어』 읽기를 설명하는 데 주안점을 두었기 때문에 다산의 해석을 이해하기 위해 반드시 필요하지 않은 경우 본문을 자세히 설명하지 않는다. 마찬가지 이유에서 다산 독법의 특징을 드러내는 일과 관련 없는 자구 풀이도 시시콜콜하게 하지 않았다. 다산을 포함한 대부분의 주석가가 동의한 독법에 대해서는 그에 따라 원문을 옮긴 뒤 고금주와 다산 사이에 이견이 없다는 정도의 기록만 남겨두었다. 하지만 다산의 독법이 미세하게라도 고주나 금주와 다른 경우 다산의 독법을 반영하여 본문을 옮기는 것은 물론 그것이 어떻게 다른가를 보여주기 위해 고주와 금주의 독법도 함께 소개했다. 그러므로 이 책을 읽으면 거의 모든 장에서 다산의 독법과 함께 고주와 금주의 독법을 확인할 수 있다.

두 번째로 이 책은 가끔 필요에 따라『논어고금주』의 원문을 한글로 번역해서 인용하기는 하나 한문 원문을 그대로 소개하지는 않는다. 되도록이면 한자를 덜 써서 맵시를 내보자는 생각이었다. 또한 이 책은 꼭 필요하지 않은 경우 인명이나 서명, 개념 등의 한자어를 모두 색인에 집어넣고 따로 병기하지 않았다. 같은 이유에서다. 한문으로 된 책을 두고 이야기를 하는 만큼 이렇게 해도 눈을 어지럽힐 한자가 많다.『논어고금주』 원문을 보고 싶은 독자는 수고스럽지만 고전번역원에서 제공하는 전자 자료를 이용해주기 바란다. 또한 이 책은 자주 등장하는『논어』의 주해서, 곧『논어집해』『논어의소』『논어정의』『논어집주』『논어고훈외전』 등에서 인용한 원문은 이들 책에서 해당 장절을 찾으면 쉽게 발견할 수 있다는 점에서 일괄적으로 출처를 표기하지 않았다. 단지 다산이 자주 인용하는 모기령의『논어』 해설은 그것이 세 책에 분산되어 있다는 점을 고려하여 출처를 명기했다.『논어』의 어떤 장을 해설하면서 다른 장을 참고할 필요가 있을 경우에는 이 책이『논어고금주』를 해설하는 만큼『논어고금주』의 장절 구분에 입각하여 편장만 기록해두었는데, 원문을 찾아보려는 독자는『논어고금주』의 장절 구분이 다른 주해서, 특히 많은 이들이 참고하는『논어집주』의 그것과 다르다는 점에 유의할 필요가 있다. 기타 중국 고전의 경우 기본적으로 문연각 사고전서에 입각해서 출처를 표기했고,『논어고금주』를 제외한 다산 저작의 원문은 모두『정본 여유당전서』에 입각해서 출처를 표기했다. 두 자료는 모두 전자화되어 있다. 출처를 밝힐 때는 책명이 먼저 나오고, 권수 및 쪽수 그리고 그 쪽수에서의 이분면 혹은 사분면의 해당 위치가 그 뒤를 따른다. 만약 해설에 인용문이 있고 출처가 명기되지 않았다면 그것들은 모두『논어고금주』에서 온 것이다.

마지막으로 이 책은 어떤 글자도 넣거나 빼지 않고 경문을 글자 그대로 옮기는 것을 원칙으로 했다. 글자 한 자를 추가해서 옮기면 훨씬 더 매끄럽게 되는 경우에도 그렇게 하지 않았다. 되도록이면 원문에 가깝도록 푸는 것이 고전을 한글로 옮기는 사람의 의무이기 때문이다.

3

나는 2003년에 『노자: 삶의 기술, 늙은이의 노래』라는 책을 낸 것을 끝으로 한글로 된 책을 쓰지 않았다. 그 책이 출간된 때는 미국에 자리 잡겠다는 생각도 없었고, 가능성도 없었으며, 어서 빨리 귀국해서 지금도 동아시아학의 보고라고 생각하는 청대 고증학의 연구 성과와 고고 발굴 문건을 공부해야겠다고 마음먹고 있었다. 그러다가 우연히, 좋은 운인지 나쁜 운인지 모르겠지만, 운명처럼 뉴욕주립대학 스토니브룩에 취직을 하게 되었다. 2003년 한 해는 방문교수라는 직함을 달고 일을 했는데, 이듬해 종신 교수직을 부여받을 수 있는 자리로 옮겼고, 2010년에 종신 교수가 되었다. 2001년 나이 마흔이 넘어서 방문학자로 도착한 오리건대학에서 2년 있는 동안에도 영어라고는 "하이" "바이"밖에 안 쓰던 중년이 뜬금없이 미국 주립대학 교수가 되어서 살다보니 20여 년이 지났고, 이제는 중년도 무색한 나이가 되었다. 되돌아본다는 것도 우습지만 미국에서의 삶은 몸은 편하고 마음은 괴로웠다. 공부가 많은 것처럼 생색내기는 쉬웠고, 정작 공부는 등한시했다. 고국을 떠날 때 여섯 살, 세 살이던 아이들은 이제 성인이 되어 집을 떠났고, 고국에서 어두운 안색으로 외아들을 배웅하시던 아버님은 돌아가셨다. 아직도 나는 유랑하는 느낌이다. 유랑자의 곁에 아내 손희정만이 여전하다.

원의총괄原義總括

1. 인, 의, 예, 지라는 이름은 일을 실천함으로써 완성된다. 마음속에 있는 이치가 아니다. ("유자가 말했다"로 시작하는 장이다.) (1.2)

2. "나는 그를 두고 반드시 배웠다고 할 것이다"라는 말은 박학을 주제로 하는 「자장」의 한 장과 합쳐서 봐야 한다. (1.7)

3. '온양공검溫良恭儉'은 이 네 글자를 한 구절로 해서 끊어 읽어야 한다. (1.10)

4. "믿음직함은 의에 가까우니 말을 실행할 수 있고, 공손함은 예에 가까우니 치욕을 멀리할 수 있다"라는 말과 관련해서는 마땅히 구설을 따라야 한다. (1.13)

5. '중성공지衆星共之'는 뭇별이 하늘의 중추와 함께 움직인다는 뜻이지 무위한다는 뜻이 아니다. (2.1)

6. '이순耳順'은 말이 귀에 거슬리지 않는다는 뜻이다. (2.4)

7. "개나 말도 능히 봉양한다"라는 말과 관련해서는 마땅히 포함의 설을 따라야 한다. (2.7)

8. '선생先生'과 '제자弟子'는 부모와 자식을 가리키는 말이 아니다. ("자하가

효를 물으니"로 시작하는 장이다.) (2.8)

9. '온고지신溫故知新'은 선생이 되는 것이 이롭다는 점을 말한 것이다. (2.11)

10. '이단異端'은 양묵이나 노불을 가리키지 않는다. (2.16)

11. '거직擧直'은 어진 사람을 등용하는 것을 의미하지만 '조왕錯枉'은 사특한 사람을 물리는 것을 의미하지 않는다. (2.19)

12. 가로대(輗)와 끌채 고리(軏)는 두 개의 다른 물건을 연결해준다. 마치 신뢰가 두 사람을 연결해주는 것과 같다. (2.22)

13. '계주繼周'는 비록 백 왕조 뒤라도 주의 예제를 바꾸지 않는다는 것을 의미한다. (2.23)

14. 삼대가 각각 '충忠' '질質' '문文'을 숭상했다는 설은 본래 참위가의 잘못된 견해다. (2.23)

15. 계씨는 세 집안의 대종이 아니었다. (3.1)

16. '이적지유군夷狄之有君'은 이적의 도를 사용해 임금 지위를 보존하는 것을 뜻한다. (3.5)

17. '하이음下而飮'은 이기지 못한 사람이 술을 먹는다는 뜻이다. (3.7)

18. 체제禘祭의 의미를 논한다. (3.10)

19. '오奧'와 '조竈'는 오사五祀의 신을 가리키지 않는다. (3.13)

20. 태묘에서 매사를 물은 것은 노나라가 참월하는 예를 사용했기 때문이다. (3.15)

21. "활쏘기에서는 정곡 맞히는 것을 위주로 하지 않는다"라는 말은 빈사와 연사에 관한 것이다. (3.16)

22. 고삭告朔의 희양餼羊은 왕의 사신을 예우하기 위한 것이었다. (3.17)

23. "슬퍼하면서도 상심하지 않는다"라는 말은 '권이卷耳'를 두고 한 말이다.

(3.20)

24. 관씨의 '삼귀三歸'와 관련해서는 마땅히 포함의 설을 따라야 한다. (3.22)

25. '무武'가 "좋게 만드는 것을 다하지 못했다"라는 말은 공과 관련된 것이지 덕과 관련된 것이 아니다. (3.25)

26. '이인위미里仁爲美'는 인에 거하라는 경계이지 이웃을 택한다는 의미가 아니다. (4.1)

27. '빈천貧賤'과 관련된 '득得'자는 '이루다'라는 뜻이다. (4.5)

28. '일이관지一以貫之'는 내 마음으로 남의 마음을 재는 '서恕'를 의미한다. 그것은 도를 전하는 요결이 아니다. (4.15)

29. 의에 밝고 이익에 밝은 것은 각각 도심과 인심에서 기인한다. (4.16)

30. '현지부종見志不從'은 내 마음이 부모의 명령에 따르지 않음을 드러내는 것이다. (4.18)

31. 남궁도와 남궁열 그리고 남궁괄은 마땅히 세 명의 다른 사람이다. (5.1)

32. "작은 뗏목에 올라 바다로 나아가리라!"라는 말은 본래 자로의 간담을 형용하려고 한 말이다. (5.6)

33. '오여여불여吾與女弗如'에 관련해서는 마땅히 포함의 설을 따라야 한다. (5.8)

34. '주침晝寢'은 낮에 누웠다는 뜻이다. (5.9)

35. 공문자는 본래 악인이다. "아랫사람에게 묻기를 부끄러워하지 않았다"라는 것은 권도로 한 말이다. (5.14)

36. '채蔡'를 보관한 것은 한 가지 일이고, "두공을 산 모양으로 조각하고 동자기둥에 물풀무늬를 그려 넣었다"라는 것은 또 다른 일이니 서로 연관

지어서는 안 된다. (5.17)

37. '재사가의再斯可矣'는 계문자가 원래 세 번을 생각할 수 없었다는 뜻이다. (5.19)

38. "나라에 도가 없을 때 어리석었다"라는 것은 자기 몸을 잊고 어려움을 무릅썼다는 말이다. (5.20)

39. '비연성장斐然成章'은 본래 비단옷으로 은유한 말이다. (5.21)

40. "옛날의 나쁜 일을 염두에 두지 않았다"라는 말은 부자 사이, 형제 사이에 있었던 일과 관련된 것이다. (5.22)

41. 미생고의 정직하지 못함은 이웃에서 식초를 빌렸다는 사실이 아니라 이웃에게서 식초를 빌릴 때 했던 말 때문에 드러난다. (5.23)

42. 좌구명은 두 사람이 아니다. (5.24)

43. '내자송內自訟'은 천리와 인욕이 쟁송하는 것을 뜻한다. (5.26)

44. '불이과不貳過'는 (허물에) 마음이 양쪽으로 소속되지 않았다는 뜻이다. (6.2)

45. 자화의 죄는 어머니를 위해 양식을 남겨놓지 않은 데 있다. (6.3)

46. '리우지자犁牛之子'는 아버지가 아들보다 낫다는 것을 비유한 말이다. (6.5)

47. '일월지日月至'는 "능히 오래하는 사람이 드물다"라는 말과 같다. (6.6)

48. '중도이폐中道而廢'는 힘이 다하여 몸이 쓰러지는 것을 가리킨다. 스스로 사업을 그만둔다는 뜻이 아니다. (6.11)

49. '행불유경行不由徑'은 관청에 들어갈 때 대로를 이용했다는 뜻이다. (6.13)

50. '문文'과 '질質'에 대한 잘못된 논의를 분변한다. (6.17)

51. '고불고觚不觚'는 명실에 대한 논변이다. (6.24)

52. '정유인井有仁'은 마땅히 '정유인阱有仁'으로 봐야 한다. (6.25)

53. 선생님께서 남자를 본 것은 반드시 난을 구제하고 (부자 사이의) 은혜를 보존하기 위한 것이었다. (6.27)

54. 본래 대부가 군주의 부인을 뵙는 예가 있다. (6.27)

55. "우리 선생님께서는 위나라 임금을 하셨을까(夫子爲衛君)"라는 말에서의 '위爲'는 마땅히 "관중은 증서도 하지 않으려고 했다(管仲曾西之所不爲)"라는 말에서의 '위爲'처럼 읽어야 한다. (7.15)

56. '음수飮水'의 '음飮'은 『주례』에 나오는 '여섯 가지 마실 것(六飮)'의 '음飮'과 같다. (7.16)

57. '오십이학역五十以學易'에 관련해서는 마땅히 구설을 따라야 한다. (7.17)

58. '삼인행三人行'은 동행하는 사람의 수가 작다는 말이다. (7.22)

59. "찾아오는 것은 허락하고, 물러가는 것은 허락하지 않는다"라는 말은 고어다. (7.30)

60. "내가 면한 것을 알겠구나"라는 말은 형륙을 면하는 것을 말한다. (8.3)

61. '폭만暴慢'의 '폭暴'은 마땅히 입성으로 읽어야 한다. (8.4)

62. "백성은 말미암게 할 수 있다"라는 말은 백성에게 도를 감춘다는 의미가 아니다. (8.9)

63. "하늘이 장차 이 글을 없애려고 하지 않는다면"이라는 말에서의 '글'은 『주역』을 가리킨다. (9.5)

64. "그 양쪽 끝을 두드린다"라는 말은 남의 질문을 기회로 삼아 나의 지식을 증진시킨다는 것을 뜻한다. (9.8)

65. '문인위신門人爲臣'의 '신臣'은 병자의 몸을 부축하는 소신小臣을 의미한다. (9.12)

66. '선고善賈'는 좋은 장사치를 가리킨다. (9.13)

67. '서자逝者'는 인생을 가리킨다. (9.17)

68. '가여권可與權'은 '경經'에 반함으로써 도에 합치함을 가리키지 않는다. (9.30)

69. '종묘宗廟'는 정사를 논의하는 곳이다. (10.1)

70. '과위過位'는 비어 있는 임금의 자리를 지난다는 뜻이 아니다. (10.4)

71. 감색과 짙은 붉은색, 홍색과 자색의 비단을 사용하지 않은 것은 간색間色이기 때문이 아니다. (10.6)

72. 석의와 갖옷은 반드시 그 색을 바꾸었다. (10.7)

73. '유상帷裳'은 수레의 휘장이다. (10.10)

74. "새끼양 갖옷과 검은 관으로는 조문하지 않았다"라는 말은 소렴이 끝나지 않았을 때 조문하는 일과 관련된다. (10.11)

75. 매달 초하루에 조복을 입은 것은 감히 군주와 신하가 같은 복색을 입을 수 없었기 때문이다. (10.12)

76. '불철강식不撤薑食'의 '철撤'은 음식을 치운다는 의미의 '철徹'과 같은 글자로 읽어야 한다. (10.15)

77. '시재시재時哉時哉'는 까투리가 떠날 때라는 것을 의미한다. (10.34)

78. '오종선진吾從先進'은 사람을 등용할 때 '먼저 나아간 사람'부터 등용할 것이라는 뜻이다. (11.1)

79. '개불급문皆不及門'은 (제자들이 모두) 위나라의 성문에 이르지 않았음을 말한다. (11.2)

80. 공문사과 열 명의 기록은 우리 선생님의 말이 아니다. (11.3)

81. "효성스럽구나, 민자건이여!"라는 말은 본래 당시 사람들의 말이다. (11.5)

82. "걸어다닐 수 없다"라는 것은 우리 선생님께서 상황에 맞게 하신 말이

다. (11.8)

83. '유통호有慟乎'는 "천하에 애통해 하는 법이 있는가?"라는 의미다. (11.10)

84. '비아야부非我也夫'는 당시 다른 나라에 있던 제자들이 돌아와 나를 허물하리라는 뜻이다. (11.11)

85. '장부長府'는 동전의 이름이다. '잉구관仍舊貫'의 '관貫'은 돈꿰미를 가리킨다. (11.14)

86. '유의 거문고'는 능히 당상의 음악을 연주할 수 있었으나 방중의 음악만은 능히 연주하지 못했다. (11.15)

87. '부어주공富於周公'은 천자의 삼공보다 부유했다는 말이다. (11.17)

88. '명고鳴鼓'는 다른 나라를 정벌할 때 대사마가 집행하던 군율이지 스승의 문하에서 제자에게 벌을 줄 때 사용한 법이 아니다. (11.17)

89. '누공屢空'은 안회를 책망하는 말이니 '화식貨殖'으로 자공을 책망한 것과 같다. (11.18)

90. '선인지도善人之道'란 사람을 가르치는 방법을 의미한다. (11.19)

91. '유구唯求'와 '유적唯赤'으로 시작되는 두 구절은 모두 우리 선생님의 말이다. (11.25)

92. 두 사람이 인이지만 "인을 하는 것은 자기에게 말미암는다." 두 사람이 함께 그것을 완성시키는 것은 아니다. (12.1)

93. '부수지소膚受之愬'는 주리에 병이 들어 점차 골수로 침입해 들어가는 것과 관련이 있다. (12.6)

94. 백성의 믿음은 먹을 것을 족하게 하고 병비를 족하게 하는 것 때문에 생시시 않는다. (12.7)

95. "우리 선생님께서 군자를 말씀하신 것이 애석하군요!"라는 말은 한 구

절이다. (12.8)

96. '연기年饑'는 가정하는 말이다. 철법을 행한다면 삼환씨의 세 가문이 공
    실을 넷으로 나눌 수 없었다. (12.9)

97. "이미 살기를 바랐다가 또 죽기를 바라는 것"은 땅을 나눠주면서도 세
    금을 무겁게 하는 것을 말한다. 또한 "진실로 부유하게 되지도 않는다"
    라는 구절을 옮겨서는 안 된다. (12.10)

98. '편언片言'과 '절옥折獄'에 관련해서는 마땅히 구설을 따라야 한다. '숙낙
    宿諾'도 그렇다. (12.12)

99. '성인지미成人之美'나 '성인지악成人之惡'은 모두 명성과 관련한 말이다.
    (12.16)

100. '자지불욕子之不欲'의 '욕欲'을 탐욕의 '욕慾'으로 읽어서는 안 된다.
    (12.18)

101. '찰언관색察言觀色'에 관련해서는 마땅히 고주를 따라야 한다. (12.20)

102. '정명正名'은 위나라 군주를 둘러싼 아버지와 아들, 군주와 신하의 이름
    을 바로잡는 것을 말한다. (13.3)

103. '승잔勝殘'과 '거살去殺'은 본래 같은 뜻이며, '거살'은 형벌을 사용하지
    않는다는 뜻이 아니다. (13.11)

104. '세이후인世而後仁'은 진정한 왕이 반드시 대를 물린 이후에야 천하가 인
    을 따른다는 뜻이다. (13.12)

105. 가신도 공조의 정사에 참여했다. ("염자가 조회에서 물러났다"라는 장
    이다.) (13.14)

106. '작무의作巫醫'는 한결같지 않은 사람을 위하여 기도하고 약을 쓰는 것
    을 말한다. (13.22)

107. "나라에 도가 있을 때도 녹을 먹고, 나라에 도가 없을 때도 녹을 먹

는다"라는 것은 치세나 난세를 막론하고 항상 녹을 먹는 것을 말한다. (14.1)

108. '극벌원욕克伐怨欲'을 네 가지 일로 병렬해서는 안 된다. (14.2)

109. '오탕주奡盪舟'의 '오奡'는 한착의 아들 요澆가 아니다. (14.6)

110. 조씨와 위씨의 우두머리 가신이 맡은 직무의 번다함은 등나라나 설나라 대부의 열 배였다. (14.12)

111. '장무중의 지혜'와 '공작의 욕심 없음'과 '변장자의 용맹함'은 자로를 기롱하기 위한 말이었다. (14.13)

112. '기연其然'과 '기기연豈其然'은 그 실상을 얻게 되어 기뻐하면서도 이전에 들은 바가 이치에 맞지 않음을 깨닫고 한 말이다. (14.14)

113. "그의 인과 같으리, 그의 인과 같으리!"라는 말은 관중의 공이 소홀의 인을 당할 만함을 뜻한다. (14.17)

114. 환공은 형이 아니고, 규는 아우가 아니다. (14.17)

115. '위기爲己' '위인爲人'의 학문과 관련해서는 마땅히 구설을 따라야 한다. (14.25)

116. "마음이 있구나, 경쇠를 치는구나!"라는 말은 후세에서 말하는 소위 (소리만 듣고도 알았다는) 지혜로운 자와 관련이 없다. (14.41)

117. '말지난末之難'은 대답할 말이 없었다는 뜻이다. (14.41)

118. "그다음 날 마침내 떠났다"라는 것은 '군려의 일'을 천하게 여겼기 때문이 아니다. (15.1)

119. "진나라에 있었을 때 양식이 떨어지고"로 시작하는 글은 마땅히 따로 한 장이 된다. (15.2)

120. 사공의 '일관一貫'과 증자의 '일관'은 크다거나 작다거나 하는 차이도 없고, 알았다거나 실천했다거나 하는 차이도 없다. (15.3)

121. "아무 것도 하지 않으면서도 다스린 것"은 22명의 인재를 얻었기 때문이다. (15.5)

122. "멍에가 앞에 매어져 있고, 끌채가 가로대에 기대어 있다"라는 말은 "큰 수레에 가로대가 없고, 작은 수레에 끌채 고리가 없으면"이라는 말과 같은 맥락에서 해석해야 한다. (15.6)

123. "몸을 거두어들여 품을 수 있도록 한" 공은 나라에 도가 있을 때 있었다. (15.7)

124. 하·은·주의 삼정은 천지인 삼통을 가리키지 않는다. (15.11)

125. "은나라 수레를 탄다"라는 것은 『주례』에 나오는 다섯 종류의 수레를 타는 것을 의미한다. (15.11)

126. "정나라 노래를 막는다"라는 말은 「정풍」을 막는다는 뜻이 아니다. (15.11)

127. '원려근우遠慮近憂'는 때로 말한 것이지 장소로 말한 것이 아니다. (15.12)

128. "어떻게 할까? 어떻게 할까?"는 배우는 사람이 스스로 슬퍼하는 말이다. (15.16)

129. '몰세沒世'의 '몰沒'은 '계단을 다 내려온다(沒階)'라는 표현에서의 '몰'과 같은 것으로 이해해야 한다. (15.20)

130. "작은 것을 참지 못한다"라는 것은 부인의 인을 말하지 않는다. (15.27)

131. "굶주림이 그 가운데 있다는 것"이나 "녹이 그 가운데 있다는 것"은 다 가올 효과에 의거해서 말한 것이 아니다. (15.32)

132. "인으로 능히 지킨다"라는 말은 지위를 지키는 것을 의미한다. (15.33)

133. '불가소지不可小知'의 '지知'는 지주知州나 지현知縣에서의 '지'와 같은 의미로 읽어야 한다. (15.34)

134. 백성이 인을 대함에 그것을 피하는 것이 물불을 피하는 것보다 더 심하다. (15.35)

135. '유교무류有教無類'는 친족의 부류나 종족의 부류가 없다는 뜻이다. (15.39)

136. '사달辭達'의 '사辭'는 사신이 상대방과 대화할 때의 말이다. (15.41)

137. 「계씨」만 가리켜 제론이라고 할 수 없다. (16.1)

138. '남상 안의 근심(蕭牆之憂)'은 두 제자를 가리켜 말한 것이다. (16.1)

139. '십세十世'는 천자의 10대를 가리키고, '오세五世'는 대부의 5대를 가리킨다. (16.2)

140. '대부사세大夫四世'는 삼환의 가문을 통틀어 가리키는 것이다. (16.3)

141. '익자삼락益者三樂'과 '손자삼락損者三樂'의 '낙樂'은 마땅히 '낙'으로 읽어야 한다. (16.5)

142. 군자의 '세 가지 두려움(三畏)'은 모두 길흉화복을 통해서 말한 것이다. (16.8)

143. 태어나면서 아는 사람, 배워서 아는 사람, 곤란을 겪은 뒤에 배우는 사람, 배우지 않는 사람의 차이는 기질에서 연유하지 않는다. (16.9)

144. "은거하면서" "의를 행한 것"이 곧 백이와 숙제다. 두 개의 장으로 나눌 수 없다. (16.11)

145. "불가하다고 할 것이다(曰不可)"라는 말 두 개는 양화가 자문자답한 것이다. (17.1)

146. "본성으로는 서로 가깝다(性相近)"라는 말은 "가장 지혜로운 사람(上知)"과 "가장 어리석은 사람(下愚)"을 통틀어서 말한 것이다. 상, 중, 하 세 가지 다른 본성은 결코 존재하지 않는다. (17.2)

147. "가장 지혜로운 사람(上知)"과 "가장 어리석은 사람(下愚)"은 몸을 보존하

는 일에서의 우열을 두고 말한 것이다. 본성에 높고 낮음이 있다는 것이 아니다. (17.2)

148. "옮기지 않는다(不移)"라는 말은 다른 사람 때문에 자리를 옮기지 않는다는 말이다. 한곳에 앉아 그곳에서 움직이지 않는다는 말이 아니다. (17.2)

149. "나는 동주처럼 하겠다!"라는 말은 노나라를 비읍으로 옮기겠다는 포부의 은밀한 표현이다. (17.4)

150. 필힐의 초청은 천하를 위해 정사를 돌보는 기회와 관련이 있었다. (17.6)

151. 「주남」과 「소남」은 악기의 줄을 뜯으면서 낭송하는 것을 위주로 말한 것이다. (17.9)

152. 예와 악의 근본은 인에 있다. ("예라 예라 하지만"으로 시작하는 장이다.) (17.10)

153. "이 길에서 듣고 저 길에서는 말한다"라는 것은 입이 가벼운 사람을 가리킨다. (17.13)

154. "옛날의 고집스러운 사람(古之矜)"과 "오늘날의 고집스러운 사람(今之矜)"이라는 표현에서의 '긍矜'은 마땅히 '견獧'의 잘못된 글자다. (17.15)

155. "부싯나무를 뚫어 불을 바꾼다"라는 것은 일 년에 한 번 바꾸는 것을 말한다. (17.20)

156. 재아가 "편안합니다"라고 대답한 것은 스승 앞에서 당장 주장을 굽히지 않으려고 한 것이지 그 마음이 진실로 편안했다는 것은 아니다. (17.20)

157. 박혁이 오히려 낫다는 것은 인품을 두고 말한 것이다. (17.21)

158. '요이위지徼以爲知'는 남의 말을 가로채 마치 이미 평소부터 알고 있는 것처럼 하는 것을 의미한다. (17.24)

159. "계씨와 맹씨 사이로 대접할 것이다"라는 말은 손님을 대접하기 위해 고

기를 준비하는 예와 관련하여 말한 것이다. (18.3)

160. '도도滔滔'는 큰물을 형용하는 말이니 천하가 모두 혼란하여 큰물을 건너려고 해도 나루터가 없는 것과 같음을 가리킨다. (18.6)

161. '수이역지誰以易之'는 자신(걸익)이 하려는 바를 공자와 바꾸지 않겠다는 것을 의미한다. (18.6)

162. '살계위서殺雞爲黍'에서 '서黍'는 각서를 가리킨다. (18.7)

163. 우중은 숭옹의 증손이다. (18.8)

164. 여섯 번 먹는 것이 제후의 예다. (18.9)

165. "날마다 알고(日知)" "달마다 잊지 않는다(月無忘)"라는 것은 곧 일취월장을 의미한다. (곧 온고지신이다.) (19.5)

166. "널리 배우고 뜻을 돈독히 한다"로 시작하는 장은 앞의 "훌륭한 사람을 훌륭하게 여겨 미색을 대신한다"로 시작하는 장과 합해서 봐야 한다. (19.6)

167. '대덕大德'과 '소덕小德'에 관련해서는 마땅히 옛날의 설을 따라야 한다. (19.11)

168. 자유가 말하는 '근본(本)'은 마음을 닦고 본성을 좋게 하는 일을 가리킨다. (19.12)

169. '부신父臣'과 '부정父政'에 관련해서는 마땅히 구설을 따라야 한다. (19.18)

170. "하늘의 역법이 네 몸에 있다"라는 말은 바야흐로 순임금이 역상을 다스림을 말한다. (20.1)

171. 공안국 주의 『묵자』 관련 해설은 매씨가 (『상서』를) 위조했다는 확실한 증거다. (20.2)

172. '주친周親'은 희씨姬氏를 가리키며, '인인仁人'은 미자와 기자다. (20.3)

173. '사방지정四方之政'은 당우 시대 사악四岳을 순수하던 정사를 가리킨다. (20.3)

174. '민식상제民食喪祭'를 병렬하여 네 가지 물건으로 봐서는 안 된다. (20.3)

175. 노나라의 『논어』는 '학學'으로 시작해서 '명命'으로 끝나니 곧 "아래에서 배워서 위에 이른다"라는 의미다. (20.6)

제1편

학이

學而

1.1

선생님께서 말씀하셨다. "배우고 때때로 익히면 또한 기쁘지 않은가? 벗이 있어 먼 곳에서 찾아오면 또한 즐겁지 않은가? 남이 알아주지 않아도 성내지 않으면 또한 군자가 아닌가?"

子曰; 學而時習之, 不亦說乎? 有朋自遠方來, 不亦樂乎? 人不知而不慍, 不亦君子乎?

잘 알려진 『논어』의 첫 장이다. 옮긴 것으로만 보면 다산은 고주와도 금주와도 다르지 않다. 하지만 이런 장을 통해서도 다산 『논어』 읽기의 기본 방향을 읽을 수 있다. 그를 위해서는 '배움(學)'에 대한 다산의 생각에 주목해야 한다. 본문은 "배우고 때때로 익히면"이라고 했는데, 과연 배운다는 것은 무엇인가?

이 질문에 대해 다산은 '보왈補曰'이라고 운을 떼고는 "배운다는 것은 가르침을 빈는 것"이라고 성의한다. '보왈'은 "보충해서 말하건대"라는 뜻이다. 이왕의 것이 충분하지 않기 때문에 뭔가를 보탠다는 뜻이다. 곧 다산이 "보충해서 말하건대"라고 말을 시작하면 그것은 고금주의 해설이 불충분함을 의미한다. 배움에 대한 고금주의 해설이 있었지만 불충분했기 때문에 다산은 그것을 보충해서 "배운다는 것은 가르침을 받는 것"이라고 말한다. 『논어고금주』에서 이렇게 '보왈'로 시작하는 풀이는 모두 다산의 것이며, 따라서 그것들은 다산의 『논어』 읽기를 이해하는 중요한 길잡이가 된다.

배움에 대한 다산의 정의는 평범해 보이지만 사실 사상적 진술을 담는다. 우선 가르침을 받기 위해서는 가르쳐주는 사람, 스승이 필요하다. 자신보다 많이 알고 먼저 이치를 터득한 사람이 무엇인가를 가르칠 때 가르치는 내용을 잘 받아들이는 것이 다산의 배움이다. 그러면 다산의 배움은 고주나 금주에서 말하는 배움과 다른가? 다르다. 이 차이를 이해하기 위해 고금주의 해설을 보자.

> 고주: "배우는 사람은 때에 맞게 암송하여 익힌다."
> 금주: "'학學'은 본받는다는 뜻이다. 사람의 본성은 모두 선하지만 그를 깨닫는 데는 선후가 있기에 나중에 깨닫는 사람은 반드시 먼저 깨달은 사람이 하는 바를 본받아야 한다."

고주는 다산이 직접 비판한다. "암송한다는 것은 『시』 『서』만을 대상으로 할 뿐이니 어찌 배움이 여기에 그치겠는가?" 금주는 간접적으로 비판한다. "『설문』은 '학'을 '깨닫다(覺)'라는 뜻으로 풀이해서 먼저 깨달은 사람이 나중에 깨닫는 사람을 깨우치는 일이라고 했다. 하지만 이것은 '학'의 원래 뜻을 말하는 것이므로 이 경전을 읽을 때 인용할 만한 것이 아니다." 고주는 배움을 문자의 학습에 한정했다. 그렇기 때문에 문제다. 배움의 주제는 무수히 많기 때문이다. "예와 음악, 활쏘기, 셈하기 등 익힐 것이 부지기수인데 배움이 어찌 단지 문자를 암송하는 것만이겠는가?" 금주는 배움을 '깨달음'이라는 추상적인 개념과 연관해 논의한다. 그래서 문제다. 처음부터 사람의 본성을 깨닫고, 도를 깨닫는 것을 배우고자 하면 고원한 데서 미로에 갇혀버리고 실제의 공부는 등한시하기 때문이다. "어떤 이는 '배운다는 것은 도를 소업으로 삼는 것'이라고 했다. 하지만 이것은 잘못이다." 차분히 아래로부터 배우지 않으면 도를 알 수 없다. 그럼에도 착실히 배우지 않고 성급히 도를 소업으로 삼는나면 설실을 맺을 수 없다. 이제 막 배우기 시작하는 사람에게 네가 배울 것은 세상의 이치이고, 너의 본성이고, 우주를 관통하는 도라고 말한다면 그것이 과연 배움을 장려하는 말이겠는가? 이것이 금주에 대한 다산의 비판이었다.

그래서 다산에게는 배울 것이 많다. 이미 말한 예, 음악, 활쏘기, 셈하기 외에도 고주가 거론한 문장의 암송도 배움이고, 진법을 배우고, 기계의 원리를 배우고, 기술을 배우는 것도, 목수의 일을 배우는 것도, 대장장이의 일을 배우는 것도 모두 배움이다. 단, 배움의 대상은 구체적이어야 한다. 추상적 진리는 나중에 깨닫는다고 하더라도 배우는 사람이라면 모름지기 구체적인 것을 배워야 하며, 가르치는 실제의 스승이 있어야 한다. 스승이 있어야 배운다. 다시 말해서 면벽하고 명상하며 자득을 도모하는 공부는 배움이 아니다. 그래서 "배운다는 것은 가르침을 받는 것"이라는 평범한 정의는 사상적 서술이 된다.

이 책의 '들어가는 말'에서 나는 『논어고금주』가 고주와 금주를 지양하여 제4기의 『논어』 읽기, 새로운 『논어』 읽기를 제안하려는 시도였다고 했다. 이제 『논어』의 첫 장에서 다산은 배움에 대한 고주와 금주의 견해를 비판하면서 공자가 말한 배움이란 이런 것이었다고 선언한다. 그러면서도 다산은 고주와 금주를 아우른다. 다산은 고주의 배움을 배척하지 않았고, 단지 배움을 암송으로만 보려는 생각을 거부했으며, 도를 깨달으려는 금주의 공부론을 위험한 것으로 판정했지만 결국 그에게도 배움의 궁극적 목적은 도를 이해하는 것이었다. 종국에 가 닿으려는 곳은 금주의 성리학과 같지만, 추상을 위한 여정에서 언제나 구체를 중심에 놓으려는 다산의 방법론적 경험주의는 배울 '학' 한 자에 대한 그의 간단한 정의에서도 발견된다.

1.2
유자가 말했다. "그 사람됨이 효성스럽고 공손한데 윗사람 범하기를 좋아하는 이는 드물고, 윗사람 범하기를 좋아하지 않는데 난을 일으키기를 좋아하는 이는 없다. 군자는 근본에 힘을 쓰니 근본이 서야 도가 생긴다. 효도하고 공손한 것은 인의 근본인가?"

有子曰; 其爲人也孝弟, 而好犯上者鮮矣, 不好犯上, 而好作亂者, 未之有也. 君子務本, 本立而道生. 孝弟也者, 其爲仁之本與?

이 장은 부모에게 효도하고 윗사람에 공손한 것, 곧 '효제孝悌'와 '인仁'의 관계를 가르친다. 다산은 마지막 구절을 위에 옮긴 것처럼 읽으면서 의문문으로 봐야 한다고 했다. 단지 그것은 질문이 아니다. 그에 따르면 "그 이치에는 의심할 만한 것이 없는데도 '여與'라는 의문사를 붙인 것은 공자가 말한 내용을 믿지 못하는 당시 사람들을 기롱한 것"이다. 따라서 적어도 다산을 따라서 『논어』를 읽는다면 보통처럼 감탄문으로 옮겨서는 안 된다. 이것은 사소한 문제 같지만 사실 성리학의 세계관에 대한 다산의 도전을 보여준다.

다산과 달리 금주는 마지막 구절을 이렇게 읽는다. "효도하고 공손한 것은 인을 행하는 근본일진저!" 이 구절의 '위爲'를 다산은 '되다'라는 뜻으로 읽고, 주희는 '하다'라는 뜻으로 읽었다. 이것은 금주의 독특한 독법이다. 고주도 다산처럼 읽기 때문이다.

그러면 왜 금주는 독특한 독법을 선보였을까? 그것은 성리학이 인을 본체, 곧 우주 자연과 인간을 규약하는 실체적이면서도 선험적 원리로 파악하기 때문이다. 인을 그렇게 보면 효도하고 공손한 것을 인이라고 할 수 없다. 그것들은 구체적 행위이기 때문이다. 인이 효제라고 한다면 효제 또한 궁극적 범주가 된다. 그래서 금주의 주희는 "효도하고 공손한 것은 인을 행하는 근본"이라고 하면서 효제를 인의 실천에서만 근본적인 것, 곧 그로부터 인의 실천이 시작된다고 주장했다. 주희의 스승 정이(1033~1107)도 금주에서 이 점을 분명히 했다.

> 본성이라는 관점에서 보면 인이 효제의 근본이다. (…) 인을 행하는 것은 효제에서 시작하지만, 효제는 인과 관련된 하나의 일이다. 그것이 인을 행하는 근본이라고 하면 괜찮지만 그것이 곧 인의 근본이라고 하는 것은 불가하다. 무릇 인은 본성(體)이고 효제는 그것의 작용(用)이다. 본성에는 단지 인, 의, 예, 지 네 가지만 있을 뿐이니 어찌 효제 같은 것이 거기에 존재하겠는가?

불교의 체용론을 빌려 인을 '체體', 효제를 '용用'으로 이해한 다음 본체인 인을 우위에 놓는 성리학의 사유를 여실히 볼 수 있다. 체용론은 같지는 않지만 서로 분리되지도 않는 본체와 현상, 곧 '체'와 '용'의 관계를 설명하는 이론인데, 성리학이 그것을 이용할 때는 종종 형이상 중심, 본체 중심이 된다. 티끌 하나 묻지 않은 순선한 도덕성을 보존하고, 그것을 현실의 오염 가능성으로부터 보호하려는 것이 성리학이기 때문이다. 하지만 다산이 보기에 이러한 이론은 잘못이다.

> 효제를 인을 행하는 근본이라고 하면 괜찮지만 그것이 곧 인의 근본이라고 하는 것은 불가하다는 정자(정이)의 주장은 이 장에서의 유자의 말과 어울리지 않는다. 인이라는 말과 '위인爲仁'이라는 말을 그렇게 맹렬하게 분별할 필요가 없다.

그렇다면 다산은 인을 어떻게 이해했나? 다산은 인을 "두 사람이 서로 어울리는 것"이라고 정의한다. 인이라는 글자를 쪼개면 '인이人二', 곧 '두 사람'이 되는데, 이 두 사람이 서로 잘 지내는 것이 인이다. 그래서 "부모를 섬길 때는 효도가 인이니 여기에서는 부모와 자식이 두 사람이 되고, 나이 많은 사람을 섬길 때는 공손함이 인이니 여기에서는 형과 아우가 두 사람이 되며, 임금을 섬길 때는 충심을 갖는 것이 인이니 여기에서는 임금과 신하가 두 사람이 되고, 백성을 기를 때는 자애로움이 인이니 여기에서는 목민관과 백성이 두 사람이 된다." 일반적으로 말하면 "무릇 두 사람의 관계에서 도리를 다하는 것은 모두 인이다."

이렇게 인을 파악하면 인은 무수히 많다. 책을 쓰면서 열과 성의를 다하면 그것도 인이고, 선생이 학생을 열심히 가르치는 것도, 학생이 열심히 배우는 것도 인이다. 인이라는 게 뭐 거창한 것이 아니다. 누구나 실천할 수 있는 것이다. 바로 이 점, 곧 인이 거창한 게 아니라는 점, 이것이 다산이 말하고자 하는 바다. 인은 가까이 있고 누구나 실천할 수 있기 때문에 본체니 형이상이니 하는 개념에 주눅 들지 말고 옆에 있는 사람과 잘 지낼 수 있는 길을 모색해보라. 그것이 인으로 나아가는 길이다. 공자도 말하지 않았는가? "인이 멀리 있는가? 내가 인을 하고자 하면 이에 인이 이른다"(7.31).

　단지 인이 효제와 다른 것은 그것이 모든 덕을 포괄하는 개념이기 때문이다. 가령 효도는 부모와의 관계에서만 발생하고 어떤 구체적인 행위로 특정되지만 인은 인간관계를 도덕적으로 구성하는 모든 행위를 가리킨다. 다른 말로 하면 인은 모든 덕의 총합된 이름(總名)이다. 차이는 그것뿐이다. 인이라고 해서 더 깊고, 더 높고, 더 멀리 있는 것이 결코 아니며 생각이 있다면 오늘도 몇 가시의 인을 행할 수 있고 내일도 할 수 있다. 이렇게 인을 규정함으로써 더 친절하게 도덕을 권유할 수 있고, 인의 실천을 강조할 수 있으며, 나아가 인에 이론적 권위를 덧씌워 결과적으로는 사람들을 인으로부터 멀어지게 하는 성리학의 배타적 엄숙주의를 극복할 수 있다. 이 때문에 다산은 이 장의 마지막 구절에서 금주를 버리고 고주로 돌아갔다.

　인의 추상적, 형이상학적 이해를 거부하는 다산은 당연히 "본성에는 단지 인, 의, 예, 지 네 가지만 있다"라는 언술도 거부한다.

> 오늘날의 유자는 인, 의, 예, 지 네 가지가 마치 오장처럼 사람의 뱃속에 들어 있어서 사단이 그로부터 나온다고 하는데 이 학설은 오류다.

　『논어고금주』를 통틀어서 다산은 언제나 인, 의, 예, 지 등 모든 덕은 오직 실천을 통해서만 구현된다고 주장한다. 덕은 인간 내면에 이미 완결된 모습으로 존재하는 것이 아니라 바깥에서 실천을 통해서 완성된다. 실천 없이 도덕은 없다. 이것은 도덕의 선험성을 강조하는 성리학에 대한 비판이며, 유교를 회색의 이론으로부터 구출하여 다시 인간 세상의 푸른 나무 위로 꽃 피우려는 노력이다. 「서암강학기」나 「녹암권철신묘지명」을 보면 다산만 아니라 이삼환(1729~1813), 권철신(1736~1801), 오국진(생몰년 미상) 등 성호학파의 인물들이 모두 이런 생각을 했던 것 같다. 어쨌든 이런 생각이 실천 중심의 다산 윤리학을 가능하게 했다는 데는 의심의 여지가 없다. 이 논의는 '원의총괄'에 "인, 의, 예, 지라는 이름은 일을 실천함으로써 완성된다. 마음속에 있는 이치가 아니다"라고 기록되었다.

그런데 다산은 도덕을 위해 실천을 강조하는 데서 그치지 않는다. 만약 실천만 강조하고 그 실천의 근거가 무엇인가에 답하지 않았다면 다산이 한당의 실학과 송명의 이학을 종합하는 실리학을 건설하려고 했다는 판단은 무색해질 것이며, 다산의 윤리학은 실천 중심이라는 또 하나의 편면에 머물고 말았을 것이다. 하지만 다산은 실천의 근거가 무엇인지에도 답한다.

> 비유컨대 인, 의, 예, 지는 꽃이나 열매와 같다. 단지 그 뿌리는 마음에 있다. 남을 측은히 여기고 불의를 부끄럽게 여기는 마음이 안에서 발동하면 인과 의가 밖에서 완성된다. 사양하는 마음, 시비를 가리고자 하는 마음이 안에서 발동하면 예와 지가 밖에서 완성된다.

그러므로 다산 사상에서 도덕적 실천의 근거는 마음이다. 위 인용문만 보면 이른바 '사단지심'이 그 마음이고, 다른 곳을 참고한다면 도를 향하는 마음, 곧 '도심道心'이다. 다산의 도심론은 나중에 설명하겠지만 어쨌든 다산은 도덕이 착한 마음 때문에 가능하다고 보았고, 그 마음은 태어날 때 하늘로부터 왔다고 이해한다. 곧 그의 윤리학에는 선험성과 형이상학도 있다. 그리고 그를 매개로 성리학과 소통하면서 그것을 비판만 하는 것이 아니라 흡수하기도 한다.

다산이 이 장에서 그의 숙적이었던 청대 건가학파의 거두 모기령을 비판하는 이유도 역시 이 점과 관련이 있다. 모기령도 다산처럼 주희에 반대하면서 실천 없이 인이 완성될 수 없다고 했다. 하지만 다산이 보기에 모기령이 간과한 것은 그렇다고 해서 "사람의 본성 중에 효제의 실천을 가능하게 하는 이치가 존재하지 않는다는 말은 아니다"라는 점이었다. 다산은 그 이치가 본성에 있다고 보았고, 그것이 사단의 마음이며 도의 마음이라고 했다. 그러므로 다산이 볼 때 모기령은 "한결같이 주희의 설을 반대하려고만 한," 그렇게 하여 또 다른 폐단에 빠진, 그가 종종 쓰는 표현을 빌리자면 심술心術에 병을 지닌 사람이나. 사실 다산의 주군 정조도 처음에는 모기령의 경학을 참신하게 보다가 나중에는 그의 주희 비판이 매도하는 지경에 이르렀다고 분개하여 그의 학문을 곡학으로 규정했다. 그러므로 모기령처럼 오로지 반주희를 사명으로 삼는 것은 다산에게 병이다. 이렇게 성리학의 사유를 일면 비판하고 일면 계승하면서 다산은 이 장에서도 지난 학설을 반성하고 종합하여 새 학설을 세우려는 그의 작업을 충실히 보여주었다.

1.3

선생님께서 말씀하셨다. "말을 솜씨 있게 하고 낯빛을 보기 좋게 하는 이들 중 인한 사람이 드물다."

子曰: 巧言令色, 鮮矣仁.

이 장에 대한 다산의 독특한 해석은 "드물다(鮮)"라는 말과 관련된다. 황간도 비슷하게 해설했지만 간단히 말해서 "드물다"라는 것은 잘 없다는 것이지 이예 없다는 뜻이 아니다. 그러므로 "말을 솜씨 있게 하고(巧) 낯빛을 보기 좋게 하는(令)" 사람 중에 드물지만 인한 사람이 있을 수도 있다. 왜 이러한 사고적 태도를 사갈시만 하는가?

> 말을 숨씨 있게 하고 낯빛을 보기 좋게 하는 것이 죄는 아니다. 단지 성인
> 이 남을 관찰할 때 말을 숨씨 있게 하고 낯빛을 보기 좋게 하는 사람들 대
> 부분이 인하지 않은 것을 보았기 때문에 "드물다"라고 한 것이다.

이것은 다시 금주에 대한 비판이다. 주희는 이런 부류의 사람들을 이렇게
본다.

> 바깥의 모습을 꾸며 남을 기쁘게 하는 데만 힘을 쓰기 때문에 인욕이 터져
> 나와 본심의 덕이 없어진다. 성인의 말이 박절하지 않아서 단지 "드물다"라
> 고 했지만 실제로는 이들 중 절대 인한 사람이 없다는 것을 알 수 있다.

『논어고금주』에서 다산이 주희에게 반론할 때는 '질의質疑'라는 말을 먼저
한다. 이것은 그가 다른 사람에게 반론할 때 쓰는 '박왈駁曰', 곧 '반박해서 말
하건대'라는 표현과는 느낌이 다르다. 주희의 견해를 '반박한다'라고 매몰차
게 이야기하기가 조심스러웠기 때문이다.

다산은 사학에 관련되었다는 혐의로 유배를 당했고, 주자학 일색인 조선
의 분위기를 염두에 두지 않을 수 없었다. 그렇기 때문에 주희에 대한 존경
을 보였을 수도 있다. 하지만 다른 한편으로 그는 주희, 곧 주자를 진정으로
존경했다. 주희는 그가 넘어야 할 산이었지만 산 중에서도 큰 산이므로 그
앞에서 겸손을 보이는 것도 당연했다. 그래서 그는 모기령이나 일본의 다자
이 준이 무례하게 주희를 비판할 때는 눈살을 찌푸리고 그들을 질책했으며,
다자이가 주희를 인용할 때 쓰는 표현인 '희왈熹曰' 혹은 '주씨왈朱氏曰'을 일

관되게 '주자왈朱子曰'로 고친다. 물론 그렇다고 해서 다산이 주희에게 아부한 것은 아니다. 『논어』 첫머리에 나오는 세 장에서처럼 『논어고금주』에는 주희에 대한 비판이 가득하다.

말이 나온 김에 『논어고금주』의 구조를 보자. 『논어고금주』는 책머리에 붙어 있는 '원의총괄'과 책 끝에 붙어 있는 '춘추성언수', 곧 『춘추』에 흩어져 있는 공자의 말을 모아놓은 부록을 제외하면 세 가지 부분으로 이루어져 있나. 번서 『논어』 본문이 나오고, 뒤이어 본문을 읽기 위해 다산이 받아들인 주해가 열거되고, 마지막으로 다산이 보기에 잘못된 주해에 대한 반론이 나온다. 『논어』 본문은 때때로 다른 판본에서 발견되는 특이점과 함께 소개되기도 하는데, 가령 이 장의 본문 뒤에는 '선의인鮮矣仁'이 황간본에서는 '선의유인鮮矣有仁'으로 되어 있다는 사실이 특기되어 있다. 물론 이렇게 특기한 데에는 이유가 있다. 그냥 '선의인'이라면 "인이 드물다"라고도 옮길 수 있지만, 황간본처럼 '선의유인'이라면 "인한 사람이 드물다"라고 옮겨야 한다. 위에서 본문을 옮길 때도 이 점을 감안했다.

『논어고금주』의 두 번째 구성 요소, 곧 동의하는 주해를 소개하는 부분에서 다산은 보통 주해를 제공한 사람 또는 책의 이름을 밝히고 해당 주석을 인용한다. 하지만 앞에서 언급한 것처럼 그가 보기에 이왕의 주해가 모두 미진했다면 '보왈'이라는 말머리를 붙여서 자신의 주해를 적어놓는다.

마지막으로 반론 부분은 보통 비판할 해석을 소개하고, 이어 '박왈'이라는 표현을 시작으로 논의를 진행한다. 하지만 주희와 정이에게는 '질의'를 하며, 이 경우에는 대부분 무엇을 질의하는지 밝히지 않는다. 조선에서 『논어』를 읽는다는 것은 『논어집주』를 통해 읽는 것이었고, 『논어고금주』를 읽을 사람은 『논어집주』를 이미 알고 있다고 판단한 것이다. 이 반론 부분에서 다산은 '박왈'과 '질의' 이외에 때로 '고이考異', 곧 『논어』의 이본(異)에 대한 조사

(考)를 보고하기도 하고, '사실事實'이라는 말머리를 달아 관련 역사적 사실을 검토하기도 한다. 그리고 대단히 많은 장에서 논의와 관련 있는 각종 고전을 '인증引證'이라는 말머리 아래 인용하는데, 단순 인용일 경우도 있고, 인용을 한 뒤 논평하는 경우도 있으며, 아주 짧은 한두 마디 촌평을 붙이는 경우도 있다. 이것이 『논어고금주』의 구조다.

다시 『논어고금주』의 첫 번째 '질의'로 돌아가면 그를 통해 다산은 성리학의 도덕적 엄격주의를 비판한다. 『논어』의 각종 해설을 읽다보면 성리학은 정말 한당 유학과 다르다. 다른 이유가 여럿이지만 일단 한당 유학은 다양하면서도 번잡하다고 할까, 잡설이 많다. 성리학은 그렇지 않다. 어떻게 보면 폭이 좁고, 어떻게 보면 치열하다. 말은 추상과 같고, 추호의 잘못도 용서하지 않겠다는 견결한 고집이 구석구석 스며들어 있다. 그래서 성리학은 엄격하다. 다산이 지적하듯 말 좀 잘 하는 게 무슨 그리 큰 흠이라고 아예 그런 사람 중에는 인한 사람이 없다고 못질을 하는가? 외양에 신경을 좀 쓴다고 꼭 인욕에 물든 사람이라고 해야 하겠는가? 성리학에 큰 영향을 받은 한국에서는 한때 얼굴을 꾸미거나 치장하는 옷을 입는 것을 꺼려했고, 아마 아직도 그런 사람이 적지 않을 것이다.

다산은 좀 달랐다. 역사적으로 보면 사광, 숙향처럼 말을 잘 해 공을 세운 사람도 있었고, 『예기』에서도 "말과 관련하여 사람들은 교묘한 솜씨를 추구한다"(『예기주소』, 54:36b)라고 하여 솜씨 있게 말하는 것을 나무라지 않았다. 다산은 솜씨 있는 말이 좋게 쓰일 수 있다면서 나쁘게 작동하는 경우도 있지만 꼭 그렇지만은 않다고 말한다.

이러한 논의를 통해 다산은 그가 현실주의자임을 보여준다. 성리학자가 이상주의자라고 한다면 다산은 현실주의자다. 그는 성리학의 이상을 이해하지만 현실에도 주목한다. 도덕이 아름답기는 하지만 도덕만 보고 맹목적으로 달려가면 현실의 돌부리에 넘어질 것이다. 그러므로 현실과도 어느 정도 타협해야 한다. 이러한 현실주의는 다산의 일관된 입장이다. 만약 다산을 평생 지조를 지키고 고원한 이상을 추구하다가 불우의 운명에 치어 쓸쓸하게 생을 마감한 지사로 본다면 그것은 오해다. 그는 실제로 무엇을 할까를 고민했고, 실제로 할 수 있는 일을 하기를 원했다. 그는 조정에서 현실 정치에 참여하기를 원했지 사림土林에서 고집하기를 원하지 않았다.

1.4

증자가 말했다. "나는 하루에 세 가지 것으로 내 몸을 살핀다. 남을 위해 도모하면서 충실하지 않았던가? 붕우와 사귀면서 믿음직하지 않았던가? 전해지는 것을 익히지 않았던가?"

曾子曰; 吾日三省吾身, 爲人謀而不忠乎? 與朋友交而不信乎? 傳不習乎?

앞에서 한당의 『논어』 읽기는 다양하면서 번잡하다고 했는데, 가령 『논어』 첫 장의 마지막 구절, 위에서 "남이 알아주지 않아도(不知) 성내지 않으면 또한 군자가 아닌가?"라고 옮긴 구절을 고주의 하안은 "남이 알지 못해도(不知) 성내지 않으면 또한 군자가 아닌가?"라고 읽는다. 두 독법은 얼핏 비슷하지만 내용적으로는 많이 다르다. 고주에 따르면 가령 선생이 가르칠 때 학생이 교수 내용을 못 알아듣는 때가 종종 있는데, 그럴 때도 성내지 않으면 군자라는 것이다. 재미있지 않은가? 옛날 글을 읽는 데 딱 한 가지 방법만 있는 것이니므로 고주를 따르시 못할 것도 없지만 이 구절을 이렇게 구체적인 사태와 연결시키면 재미있으면서도 갑갑하다. 고주가 이 장 마지막 구절을 읽는 방법도 재미있다. "익히지 않은 것(不習)을 전했는가(傳)?" 금주와 비교할 때 고주는 문장의 동사와 목적어를 완전히 바꾸어버렸다. 곧 고주에 따르면 증자는 자신이 완전히 습득하지 않은 내용을 가르친 적이 없는가 반성했다. 자신도 알지 못하는데 아는 척 남을 가르치는 것은 악덕이기 때문이다.

이 논의에서 다산은 독법으로만 볼 때 금주를 따랐다. 시간 순으로 보면 금주가 새롭고, 금주 이전에는 모두 고주를 따랐으므로 다산은 참신한 독법을 따랐다고 할 수 있다. 하지만 다산의 눈에는 금주도 완전하지 않았다. 성리학은 이른바 도통 계열의 선현을 하늘 같이 떠받들었고, 그중 하나인 증자가 하루에 세 가지씩이나 반성하면서 자신의 부족함을 성찰했다는 고백을 받아들이기 힘들었다. 그렇기 때문에 주희는 "하루에 세 가지를 반성한다는 것은 진실로 성인의 일이 아니다"라고 말한다. 단지 증자는 만년의 수양 과정에서 '찌꺼기'를 완전히 없애는 데 약간의 어려움이 있었기 때문에 이렇게 말한 것뿐이라는 주장이었다. 다산은 이렇게 반론한다.

> 탕 임금도 여섯 가지 일로 스스로를 책망했는데, 그것이 어찌 찌꺼기를 완전히 없애지 못해서였겠는가? 성인도 살피지 않음이 없다.

이것이 다산의 성인관이다. 성인도 사람이라는 것, 성인이라고 해서 완벽한 지혜를 갖고 태어나 온갖 영적 신비를 통해 사는 것은 아니라는 것, 그것이 다산의 성인관이다. 다만 성인은 노력하는 사람이며, 그 노력 끝에 덕을 이루고 공을 세운 사람일 뿐이다. 그러므로 노력하는 성인이 어떻게 자신을 반성하지 않을까? 어떻게 보면 하루에 세 가지가 아니라 열 가지를 반성하는 것이 더 나을지도 모른다. 성인은 그렇게 태어나는 것이 아니라 삶 속에서, 삶에 대한 치열한 반성을 통해 성장한다. 다산의 성인관은 인이 오직 인의 행동을 통해서만, 마음 바깥에서 완성된다는 그의 견해와 조화를 이룬다.

이 장의 마지막 구절과 관련해서 모기령은 역시 주희를 비판하고 고주를 지지한다. 그리고 고전을 열심히 뒤지면서 '전傳'이라는 글자가 단독으로 쓰였을 때는 무엇인가를 '주다(授)'라는 뜻이지 누구로부터 무엇인가를 '받다(受)'라는 뜻이 아니라고 주장했다. 다산은 모기령도 받아들이지 않았다. 그린데 그의 비판이 흥미롭다.

> 스승에게 가르침을 받을 때는 '전'이라는 글자를 사용하지 않는다는 소산(모기령)의 설은 또한 구차스럽지 않은가? 자신이 익히지 않은 것을 어떻게 남에게 전수할 수 있는가? 익히지 않고 전수한다는 것은 이치(理)에 없는 일이다.

독자는 앞으로 이 같은 형식을 지닌 다산의 논리를 무수히 만나게 될 것이다. 모기령은 고적을 뒤져 자신의 주장을 뒷받침하려고 했지만 다산은 코웃음 친다. 그의 설은 "이치에 없는 일(理所無也)"이기 때문이다.

계속 확인하겠지만 큰 틀에서 보면 옳고 그름에 대한 다산의 판단은 결국 주어진 주장이 '이치에 맞는가?'라는 질문을 통해 이루어진다. 사태의 옳고 그름뿐만 아니라 자구의 해석을 둘러싼 옳고 그름까지 다산은 주어진 주장이 '이치에 맞는가?'를 질문한다. 어떤 주장이 이치에 맞다면 받아들이고, 그렇지 않다면 아무리 많은 증거가 있다고 하더라도 받아들이지 않는다. 그의 도전적인 『논어』 읽기도 여태까지의 『논어』 읽기가 종종 이치에 맞지 않다는 지각에 의해 시작되었다. 그에게 진정 권위가 있는 것은 역사적 권위를 가진 학설이나 개인이 아니라 '이치에 맞는가?'라는 질문에 대한 스스로의 답이다. 이러한 사유는 우리에게 많이 익숙하지 않은가? 누구든 선생님으로부터 "그게 이치에 맞느냐?"라는 꾸중을 들은 경험이 있을 것이다. 물론 어떤 선생님도 그 이치가 무엇인지 확실하게 말해주지 않았다. 다산은 친절했나? 다산에게 이 '이치'란 과연 무엇인가?

1.5

선생님께서 말씀하셨다. "천승의 나라를 이끌 때는 일을 공경히 하여 믿도록 하고, 쓰임을 절약하여 남을 아끼고, 백성을 부리는 것은 때에 맞게 할 것이다."

子曰; 道千乘之國, 敬事而信, 節用而愛人, 使民以時.

이 장은 『논어집해』에서 가장 긴 주해를 가진 장의 하나다. "천승의 나라(千乘之國)", 곧 천 대의 전쟁용 수레를 징발할 수 있는 나라는 어느 정도 큰 나라인지 밝힐 필요가 있었기 때문이다.

고주는 포함과 마융의 상이한 두 견해를 소개한다. 포함에 따르면 "천승의 나라"는 사방 백 리가 되는 나라이며, 마융에 따르면 사방 300리가 조금 넘는 나라다. 황간의 『논어의소』와 형병의 『논어정의』 역시 많은 지면을 할애해 같은 주제를 논한다. 이들에 따르면 포함과 마융의 설은 그들의 전거가 달랐기 때문에 달라졌다. 포함은 『맹자』와 『예기』 「왕제」에 근거했고, 마융은 『주례』나 사마양저(기원전 548?~기원전 490)의 『사마법』에 근거했다. 포함은 하·상대의 제도에 주목했고, 마융은 주대의 제도에 주목했다고도 설명한다. 결론적으로 이 논의에서는 어느 것이 맞는지 합의를 이끌어낼 수 없다.

주희는 이렇게 경전의 가르침을 이해하는 데 중요하지 않은 사소한 문제에 매달리는 것, 단어의 뜻이나 파헤치고 벌레 혹은 물고기의 이름이나 알려는 것을 한나라 학풍의 고질적 병폐로 보았다. 공부는 도를 깨닫고 덕을 쌓기 위해서 하는 것이지 아는 단어의 양이나 늘리고자 하는 것이 아니라는 생각이었다. 그래서 그는 "천승이란 제후의 나라를 가리킨다"라고 간단히 정의하고는 "이런 문제와 관련해서는 옛날 제도의 대강을 이해하는 것만으로 충분하니, ⏌ 세밀한 내용을 시간을 들여 힘써 연구할 필요가 없다"라면서 문제 자체를 옆으로 밀어버린다.

다산의 입장은 무엇인가? 이것은 다산학의 성격을 이해하기 위한 중요한 질문이다. 요약하면 그의 입장은 한당 실학과 송명 이학 사이에서 균형을 잡는 것이다. 그는 한나라의 포함과 마융의 견해를 소개하지만 그들과 달리 대강만 요약하고, 송나라의 성리학자처럼 어떤 견해가 옳다는 결론을 유보하지만 그들과 달리 이런 문제의 중요성을 인정한다. 이것이 다산학의 입각처다. 그는 사전적 지식에 강하고 실증을 중시하는 한당 유학의 장점을 이해했지만, 동시에 그런 학풍이 박식만 추구하는 지리멸렬한 것이 될 수 있다는 점도 알았다. 그는 선후와 본말을 구분하면서 본질을 깊이 파고드는 송명 유학을 존중했지만, 동시에 그것이 사변적 토론과 공담에 치우칠 수 있다고 경계했다. 그래서 그는 둘을 종합한다. 실리학이다. 유학사의 두 큰 유산을 일면 비판하고 일면 계승함으로써 새로운 유학의 경계를 연다는 안목이었다.

마지막으로 다산은 이 장을 잘 알려진 금주의 독법과 약간 다르게 읽는다. "천승의 나라"를 다스릴 때 해야 할 것을 금주가 모두 다섯 가지로 보는 데 비해 다산은 다섯 가지가 아니라 세 가지 아니냐고 '질의'하기 때문이다. 그러므로 다산을 따라 『논어』를 읽을 때는 가령 "일을 조심히 하여 믿음이 가도록 하는 것"은 하나의 일임을 분명히 해야 한다.

1.6

선생님께서 말씀하셨다. "젊은이는 들어와서는 효도하고, 나가서는 공손하며, 근실하면서도 믿음직하게 하고, 범범하게 무리를 아끼되, 인한 사람과 가까이할 것이니 이것들을 행하고 남은 힘이 있으면 글을 배울 것이다."

子曰; 弟子入則孝, 出則弟, 謹而信, 汎愛衆, 而親仁, 行有餘力, 則以學文.

고주나 금주는 '범汎'이 '넓다'라는 뜻이라는 데 동의한다. 그래서 지배적인 독법에서 '범애중汎愛衆'은 "널리 무리를 아끼되"라는 의미다. 다산은 이에 대해 다시 '질의'한다.

'범'을 '넓다'로 풀이하는 것은 옛날에 그 근거가 없다. 또 널리 무리를 아끼는 것은 젊은이가 할 수 있는 일이 아니다. 공자는 이 장에서 보통 사람들은 범범하게 아끼고, 인한 사람은 절절하게 가까이 하려고 해야 한다고 가르쳤다.

다산에 따르면 '범'의 기본 의미는 '물에 뜨는 것'이다. 그러므로 '넓다'라는 풀이는 옳지 않다. 또 다산은 "널리 무리를 아끼는 것"은 젊은이(弟子)가 할 수 있는 일이 아니기 때문에 그들에게 교훈을 주는 이 장에는 맞지 않는다고 판단했다. 이런 판단이 서자 다산은 '범'을 어떻게 읽어야 하는지 생각했다. 그리고 들어보지 못한 창의적인 해석을 선보인다. '범汎'은 '깊이 애착하지 않음' 곧 '범범하다'라는 뜻이라는 것이다. 과연 "범범하게 무리를 아끼는 것"은 젊은이도 할 수 있다.

이런 독특한 해석을 제시할 때 다산은 "널리 무리를 아낀다"라는 지배적 독법의 위험성, 곧 묵자의 겸애설과 유사하다는 문제점을 의식했을 수도 있다. 널리 사람을 사랑하자는 구호는 남보다 자기 가족을 먼저 사랑해야 하는, 가족 중에서는 부모를 먼저 사랑해야 하는 유가의 주장과 어울리지 않는다. 이른바 이단, 특히 불교와 묵가에 대한 다산의 단호한 정통주의적 입장을 감안하면 이런 동기를 짐작해볼 수 있다. 어쨌든 다산을 따라 『논어』를 읽을 때는 '범애汎愛'가 사전적 의미의 범애와 다르다는 것을 분명히 보여줘야 한다.

다산은 또한 "행하고 남은 힘이 있으면 글을 배울 것이다"라는 말과 관련한 완고한 성리학의 시각에도 문제를 제기한다. 금주에서 정이는 "젊은이는 해야 할 일을 하고 남은 힘이 있으면 글을 배울 것이니 그 할 일을 하지 않고 글을 먼저 하는 것은 '나를 위하는(爲己)' 학문이 아니다"라고 말한다. 실천을 먼저 하고 글은 나중에 배우라고 한 것이다. 여기에서 '나를 위하는' 학문이란 '남을 위하는(爲人)' 학문 곧 남에게 보이기 위해서 하는 학문에 대비되는 것으로, 자기 수양을 위한 학문을 가리킨다. 이 충고는 역시 무엇이 근본이고 목표인가를 철저하게 따지는 성리학의 정신을 반영한다. 하지만 다산의 생각은 달랐다.

우리 선생님의 말씀을 보면 과연 행동을 먼저하고 글을 나중에 하라는 것이기는 하다. 하지만 여기에서 말한 다섯 가지 일은 모두 힘을 완전히 쏟아 부어야 할 그런 것은 아니다. 그러므로 이것들을 행할 때는 힘이 여유롭게 남는다. 그 남은 힘으로 글을 배운다면 그 글을 다 쓰지 못할 정도가 될 것이다. 선유들은 이 구절에 근거하여 문예文藝를 지나치게 배척했는데, 그것은 우리 선생님의 본의가 아니다.

이 장에서 공자가 글을 익히는 것보다 도덕적 실천을 강조했다는 점에는 동의하지만 그렇다고 해서 이 장 때문에 글공부를 게을리 해도 된다고 생각하는 것은 옳지 않다. 이 장을 읽고 문예를 뒷전에 놓으려고 한다면 말의 맥락을 보라는 것이 다산의 권유다. 공자는 열거한 다섯 가지를 실천할 때 자연스럽게 힘이 남는다는 것을 전제했다.

이 논의는 도덕적 순수를 지향하는 사람과 현실의 필요에 주목했던 조신이 특히 과거에서 어떤 과목을 중시할 것인가를 놓고 벌였던 논란과 관계가 있다. 사림은 도덕을 담은 경전의 이해를 중시했고, 외교 문서의 작성 같은 사명의 책임을 맡은 조신은 문장력을 우선시했다. 이 논란은 누가 더 많은 권력을 가지고 있는가에 따라 그 추가 이리로도 기울고 저리로도 기울었지만 양측의 입장은 변함이 없었다. 그러므로 명확하게 '실천 먼저'라는 가르침을 주는 이 장을 놓고도 "문예를 지나치게 배척하는" 완고한 성리학자(이 문제와 관련해 주희의 입장은 정이와 다르다)를 경계하는 다산은 경전의 이해냐 문장력이냐의 논쟁에서 의심의 여지없이 조신의 편에 서 있다. 다산이 사림이 아니라 조신에 가깝다는 점은 여기에서도 드러나고, 또 앞으로도 드러날 것이다.

1.7

자하가 말했다. "훌륭한 사람을 훌륭하게 여겨 미색을 대신하고, 부모를 섬길 때는 능히 힘을 다하고, 임금을 섬길 때는 능히 몸을 바치고, 붕우와 사귈 때는 말을 함에 믿도록 한다면 비록 배우지 못했다고 하더라도 나는 그를 두고 반드시 배웠다고 할 것이다."

子夏曰; 賢賢, 易色, 事父母, 能竭其力, 事君, 能致其身, 與朋友交, 言而有信, 雖曰未學, 吾必謂之學矣.

이 장의 처음 네 글자, '현현역색賢賢易色'은 성어처럼 알려져 있으면서도 그 뜻을 정확히 말하기 쉽지 않다. 여러 해석이 가능하기 때문이다. 하지만 대부분의 주해가는 이에 대해 합의를 보았다. 그에 따르면 이 구절은 "훌륭한 사람(賢)을 훌륭하게 여겨(賢) 미색(色)을 좋아하는 마음을 바꾼다(易)"라는 뜻이다. '현賢'을 보통 '어질다'라고 옮기지만 원래는 남보다 '훌륭하다'거나 '뛰어나다'라는 뜻이다. 어진 사람이 훌륭한 사람일 수 있으므로 '어질다'라고 옮기지 못할 것은 없지만, 다산은 항상 어질기만 한 것은 옳지 않다고 보았다. 여하튼 황간, 형병, 주희 등은 모두 이렇게 읽었고, 고주의 공안국은 불분명하다. 그는 단지 "여색을 좋아하는 마음으로 훌륭한 사람을 좋아한다면 선하다"라고만 해설했기 때문이다. 그래서 공안국을 좁게 참고한 경우 '현현역색'을 "훌륭한 사람을 훌륭하게 여기되 여색을 좋아하는 마음으로 한다"라거나 그와 유사한 방식으로 옮기곤 한다. 하지만 이런 독법은 '역易'의 뜻을 정확히 반영하지 않았으므로 문제가 된다.

『논어집해』의 고주가 불분명할 때는 일반적으로 고주를 부연 설명하는 형병이 고주를 대변한다. 이 장의 공안국 주가 불분명하면 형병이 공안국을 어떻게 이해했는지를 보고 공안국을 이해하는 것이다. 그렇다면 '현현역색'에 대한 공안국과 형병의 해설은 조화되는가? 그렇다. "훌륭한 사람을 훌륭하게 여겨 미색을 좋아하는 마음을 바꾸면" 결국 "여색을 좋아하는 마음으로 훌륭한 사람을 좋아하게" 되기 때문이다.

지배적인 것은 아니지만 '현현역색'을 읽는 방법이 하나 더 있다. "훌륭한 사람을 훌륭하게 여길 때는 얼굴빛(色)을 바꾼다(易)." 존경하는 사람을 만나면 얼굴빛을 고치고 경건함을 보이는 것처럼 훌륭한 사람을 대할 때는 그에 맞는 안색을 해야 한다는 뜻이다. 이 독법은 황간과 정이가 소개했고, '현현역색'에 이어 나오는 세 항목과 잘 조화된다는 장점이 있다.

다산은 이 모든 독법에 만족하지 않았다. 그는 우선 황간과 정이의 독법을 첫째 고전은 언제나 덕을 좋아하는 것과 여색을 좋아하는 것을 대비했고, 둘째 "낯빛을 바꾸는 것은 인위적인 것"이어서 경전에서 권할 내용이 아니라고 하면서 받아들이지 않았다. 또한 고금주가 합의한 지배적 독법도 본문에 없는 '마음'이라는 말을 첨가하여 본문을 풀었으므로 온전히 수용하기 어렵다고 보았다. "'역색易色'이라는 말은 단지 훌륭한 사람으로 미색을 바꾼다는 뜻이다. 만약 ('현현역색'을) 훌륭한 사람을 좋아하는 마음으로 미색을 좋아하는 마음을 바꾼다고 읽는다면 이것은 또한 없는 말을 덧붙여 읽는 것이다." 그러니까 다산에 따르면 '현현역색'은 미색을 좋아하는 마음에서 미색의 자리에 훌륭한 사람을 대신 앉히라는 교훈이다. 위에서 옮긴 것이 이 독법을 반영한 것이다. 의미로는 지배적 독법과 크게 다르지 않지만 『논어』를 읽을 때 어떤 경우든 글자를 넣어 읽는 것은 오류라는 점에서 다산의 독법이 깔끔하다. 그러므로 다산을 따라 『논어』를 읽을 때는 다산의 독법을 반영하여 '현현역색'을 풀어야 한다.

그런데 정작 이 장에서 다산이 발견했다는 '원의', '원의총괄'이 소개하는 '원의'는 이 논의와 관련이 없다. "'나는 그를 두고 반드시 배웠다고 할 것이다'라는 말은 박학을 주제로 하는 「자장」의 한 장과 합쳐서 봐야 한다." 이 '원의'는 '원의총괄'을 통틀어 유일하게 두 곳에서 나온다. 이곳과 166번째 조항이다. 「자장」의 박학 장은 이렇다.

자하가 말했다. "널리 배우고(博學) 뜻을 돈독히 하며, 절실히 묻고 가까운

것에서 생각하면 인이 그 가운데 있다."(19.6)

"합쳐서 봐야 한다"라는 것은 지금 이 장과 「자장」의 박학장이 일면에 치우쳐 있으므로 오해를 피하려면 두 장을 종합해서 읽어야 한다는 말이다. 이 장은 어떤 일면에 치우쳐 있는가? 이 장은 실천을 강조한다. 반면 「자장」의 박학 장은 이름 그대로 학문을 강조한다. 그러므로 이 '원의'는 배움과 실천, 문사와 행동을 모두 중시해야지 어느 것 하나만 강조해서는 안 된다는 경고를 담는다. "문예를 지나치게 배척하는" 완고한 성리학자에 대한 다산의 비판이(1.6) 우연적이지 않음을 알 수 있다.

유학사에서 문자보다 실천을 중시한 것은 성리학이다. 성리학은 한 문명의 도덕적 바탕(質)을 세련된 문화적 표현(文)보다 중시했다. 한당 유학은 다시 성리학의 대척점에 서 있다. 그것은 실천보다 문자를 중시했고, 세련된 문화적 표현을 만들어내는 데 더 많은 힘을 썼다. 선진의 사상가를 놓고 보면 실천을 중시한 것은 맹자이고, 학문을 중시한 것은 순자다. 성리학자는 한당의 유학자에 비해 일률적으로 실천을 강조했지만 그 가운데에서도 실천을 중시한 것은 왕수인(1472~1529)이고, 그와 '비교해' 학문을 중시한 것은 주희다. 문예의 배척과 관련하여 주희가 완고한 성리학자 정이와 달랐던 것도 이러한 경향성과 무관하지 않다. 앞 장에서 주희는 글공부를 가치 없는 것으로 생각하게끔 하는 오독을 경계하라고 했다.

사실 유교는 문자, 문예, 문화, 글공부에 중점을 둔다. 어떤 역사적 가르침도 이 점에서는 유교를 따라가지 못한다. 공부하고 책 읽어라. 이만큼 중요한 유교의 가르침이 없다. 유학자는 원래 예법, 곧 문화적 절차의 전문가였다. 한 고조 유방이 유학자를 혐오했음에도 유교를 받아들일 수밖에 없었던 이유는 그들이 황제의 권위를 빛나게 하는 절차의 전문가였기 때문이다. 국가 관료로서 유학자는 법제와 율령을 만들고 집행함으로써 한 문명의 제도 문물을 발전시키는 데 기여했다. 그러므로 문자는 유교를 유교답게 하는 유교의 본령이라고 할 수 있다.

유학사에서 보면 독특하게 성리학은 유교가 도학, 곧 도를 추구하는 학문이라고 하면서 본질적인 도의 경계에 주목했다. 도는 형이상이기 때문에 성리학은 현실이 아니라 형이상학적 담론에 깊숙이 가담할 수밖에 없었다. 그래서 성리학은 도교와 불교의 영향을 깊이 받았다고 한다. 도교는 도와의 합일을 추구하고, 불교는 윤회를 끊는 깨달음을 추구하므로 본질 경계에 관심이 훨씬 많다. 그러므로 유교의 진정한 가르침을 회복하기 위해서는 성리학에 경도된 조선의 학풍에 균형을 잡아야 한다. 도덕의 실천도 중요하지만 문화, 문명, 글공부를 경시해서도 안 된다. 단지 균형을 잡는 작업이 성리학의 폐기로 이어져서는 안 된다. 성리학은 성리학의 정신으로 유교에 공헌을 했기 때문이다. 이것이 다산의 생각이었고, 다산학의 기본 방향이었다.

1.8

선생님께서 말씀하셨다. "군자는 무겁지 않으면 위엄이 없으니 배워도 견고하지 않다. 충실함과 믿음직함을 위주로 하고, 자기보다 못한 사람을 벗하지 않으며, 허물이 있으면 고치기를 꺼려하지 않는다."

子曰; 君子不重則不威, 學則不固. 主忠信, 無友不如己者, 過則勿憚改.

이 장을 둘러싼 하나의 논쟁은 '학즉불고學則不固'를 어떻게 이해할 것인가다. 논쟁에 불씨를 제공한 것은 다시 공안국이다. 그는 여기에서 '고固'는 '가리다(蔽)'라는 뜻이라고 했다. 형병은 이 정의를 받아들이면서 문제가 되는 표현은 "배우면 가려지지 않는다" 곧 배우면 폐단을 극복할 수 있다는 뜻이라고 좀 더 친절히 설명했다. 이 독법에서는 '학즉불고'가 그 앞의 구절과 연결되지 않고, 단지 배움을 장려하는 독립적 경구가 된다.

그런데 『논어집해』는 '하나의 설(一曰)'이 더 있다면서 '학즉불고'를 다산처럼, 위에 옮긴 것처럼 읽는 독법을 소개한다. 황간도 이 '하나의 설'과 비슷하게 읽었다. 그러면서 황간은 공안국의 주도 형병과 다르게 해석한다. "(공안국의 주석에서) '폐蔽'는 '담당하다(當)'라는 뜻이다. 사람이 돈중하지 않으면 비록 배워도 도리를 담당할 수 없다는 말이다."

다산은 이 모든 견해를 소개한다. 그리고 모두를 받아들이지 않는다. 다산은 '학즉불고'를 위에 옮긴 대로 읽었기 때문에 그가 형병을 거부하고, 형병에 의해서 해석된 공안국을 거부한 것은 이해가 된다. 하지만 황간의 독법은 자기 독법과 같은데도 거부한다. 위 인용문에서 보듯이 황간은 불필요하게 '폐'를 '당當'으로 바꿨고, 또 '도리'라는 말을 첨가했기 때문이었다. 이렇듯 다산은 황간을 인정하는 데 인색하다. 황간의 『논어의소』보다는 형병의 『논어정의』를 더 높이 산다. 때때로 황간에 동의하기도 하지만 그 빈도는 형병에 동의하는 경우보다 훨씬 적다. 황간이 대변하는 양나라의 경학보다 형병이 속한 송나라의 경학이 우월하다고 보았기 때문이다.

물론 다산은 모든 문제에서 송의 경학을 우선시하지는 않았다. 가령 그는 "충실함과 믿음직함을 위주로 하고" 이하의 문장이 「자한」에 다시 등장한다는 사실에 근거하여 이 장은 사실상 두 개의 장으로 나누어 읽어야 한다는 모기령의 주장에 동의하는데, 모기령은 송학을 원수처럼 생각했던 사람이다. 이때 다산의 말이 다시 눈길을 끈다. "생각건대 이 설(모기령의 설)이 이

치에 맞다." 결국 다산은 어떠한 선입견이나 우상 없이 자신이 판단하기에 이
치에 맞으면 받아들이고, 이치에 맞지 않으면 어떤 권위를 가진 설도 받아들
이지 않았다. 이치가 그의 판단의 준거였다.

1.9

증자가 말했다. "마지막을 신중히 대하고, 멀어짐에 따라간다면 백
성의 덕이 두터운 곳으로 돌아갈 것이다."

曾子曰; 愼終追遠, 民德歸厚矣.

다산을 포함한 대부분은 이 장이 상례(愼終)과 제례(追遠)를 다룬다는 데
동의한다. 하지만 세밀하게 보면 저마다 차이가 있다. 가령 공안국은 '신종愼
終'을 "상을 당했을 때 슬픔을 다하는 것"이라고 해설하는데, 다산은 받아들
이지 않는다. "슬픔을 다하는 것"과 "신중히 대하는 것"은 전혀 다른 두 가지
일이기 때문이다. 그래서 그는 "상을 당하고 사흘 만에 시신을 입관하는데,
이때 무릇 망자의 몸에 쓸 것에는 정성과 신실함을 담아서 후회가 없도록 해
야 한다. 세 달이 지나면 시신을 땅에 묻는데, 이때 무릇 관에 들어갈 것에는
정성과 신실함을 담아서 후회가 없도록 해야 한다"(『예기주소』, 6:11a~b)라
는 자사의 말을 인용하면서 "이것이 바로 '신종'의 뜻"이라고 설명한다. 상을
당했을 때는 당연히 슬픔을 다해야 하지만 엄밀히 볼 때 '신종'은 상례의 절
차를 신중히 하라는 뜻이라는 주장이었다.

'추원追遠'은 누구에게나 제사와 관련된 말이다. 이때 '원遠'은 보통 멀리 있
는 사람, 부모나 조상을 의미하고, '추追'는 추모한다는 뜻이다. 하지만 다산

은 "'원'은 부모가 멀어지는 것(逝)"이라고 신선하게 풀이한다. 이 풀이로도 '원'은 역시 망자를 가리킨다. 하지만 보통의 풀이가 망자가 있는 장소에 주목했다면 다산은 멀어지는 사태에 주목했다. 이렇게 풀어야 하는 이유는 '추追'라는 글자 때문이다. "'추'는 마치 누군가의 뒤를 따라가 만나는 듯이 한다는 뜻이다." '추'의 의미를 고려하면 '원'을 '멀어지는 것'으로 이해해야 맞다는 것이 다산의 주장이다. 따라서 다산을 따라 『논어』를 읽을 때는 특히 '추원'을 다산이 어떻게 독특하게 읽었는지를 보여줘야 한다. 물론 이렇게 읽어도 제사에 정성을 다하라는 교훈을 얻는 것은 같다.

이 장을 조금 다르게 해석하는 경우도 있다. 가령 다산이 소개하는 육농기(1630~1692)는 '신종'은 부모의 상에 대한 것이고, '추원'은 모든 조상에 대한 것이라면서 '신종'과 '추원'의 대상을 특정했다(『사서강의곤면록』, 4:22b). 큰 문제가 없어 보이지만 깐깐한 다산은 반박한다. 부모가 아니라 조부모가 죽었을 때도 '신종'이 필요하고, 왕이나 제후가 아닌 하위 관료는 먼 조상에 제사를 지낼 수 없었기 때문이다. 또 '신종추원'을 "마지막을 삼가고, 오래된 일(遠)을 기억한다(追)"라고 읽는 독법도 있다. 『논어의소』가 일설로 소개한 독법이다. 이 독법에서 "마지막을 삼간다"라는 것은 모든 일에서 유종의 미를 거두라는 의미다. 다산은 이 해석도 받아들이지 않았다. '신종'은 그렇게 풀더라도 문장의 '이치(理)'로 볼 때 '추원'을 그렇게 풀 수는 없기 때문이었다.

1.10

자금이 사공에게 물었다. "우리 선생님께서 한 나라에 이르시면 반드시 그 정사를 들으시니 그를 구하시는 것입니까, 아니면 주어지는 것입니까?" 자공이 말했다. "우리 선생님께서는 온화하시고, 선량하시고, 공손하시고, 또 검소하시니 겸양함으로써 그를 얻는 것이다. 우리 선생님께서 구하시는 것은 다른 사람이 구하는 것과 다르다!"

子禽問於子貢曰; 夫子至於是邦也, 必聞其政, 求之與? 抑與之與? 子貢曰; 夫子溫良恭儉, 讓以得之. 夫子之求之也, 其諸異乎人之求之與!

다산은 이 장에서 또 다시 전고에 없는 새로운 독법을 선보인다. 모든 주해가 본문에서 자공이 공자의 덕목 다섯 가지를 열거했다고 보는 것과 달리 다산은 덕은 네 가지이고, '겸양(讓)'은 공자가 나라의 정사를 얻어 듣게 되는 방법과 관련되었다고 보았다. 이 독법은 '원의총괄'에도 기재되어 있다. "온양공검溫良恭儉'은 이 네 글자를 한 구절로 해서 끊어 읽어야 한다." 그러므로 다산을 따라『논어』를 읽을 때는 위와 같이 옮겨야 한다. 이에 비해 지배적인 독법은 해당 부분을 "우리 선생님께서는 온화하시고, 선량하시며, 공손하시고, 검소하시고, 겸양하심으로써 그를 얻는 것이다"라고 읽는다.

이렇게 읽는 다산의 근거는 간단하다. 고전에서 어떤 인물을 칭송할 때, 가령『서』에서 요임금이나 탕왕, 문왕의 덕을 칭송할 때나『좌전』에서 고대의 문화적 영웅을 기릴 때를 보면 모두 네 가지 덕목을 나열하고 있으며, 그것이 옛날 글의 상례라는 것이다.

자공이 우리 선생님의 덕을 아름답게 여기는 것만 하필 다섯 글자를 한 구로 삼겠는가? 자금이 우리 선생님께서 (한 나라의 정사를) 구해서 들으신다고 의심했으므로 자공이 우리 선생님께서는 겸양함으로써 얻으신다고 말하여 그의 의혹을 해소시켜준 것이다. '양'을 위 구절에 붙여 읽는 것은 불가하다.

물론 다산처럼 읽는 것이 정말 '원의'인지 질문할 수 있고, 또 다산의 근거도 지배적인 독법을 압도할 만큼 결정적이지 않다. 하지만 그의 독법도 가능하다. 무엇보다도 이 장의 문맥에서 '겸양'이 적극적으로 정사를 구해 들으려는 태도와 대비되기 때문에 그렇다. 이렇게 읽으면 자공이 왜 "우리 선생님께서 구하시는 것은 다른 사람이 구하는 것과 다르다!"라고 했는지 쉽게 이해할 수 있다. 공자는 겸양함으로써 정사를 들을 기회를 얻었기 때문에 일부러 구하지 않은 것이며, 그런 면에서 어떻게 하든 얻어 들을 기회를 구하는 다른 사람과 다르다. 이런 독법은 다산이 얼마나 참신하게 『논어』를 읽었는지 보여준다. 다산은 도전적이고 창의적이며, 『다산 논어』는 새롭다.

또 한 가지 거론할 문제는 이 장에 나오는 두 사람, 곧 자금과 자공의 관계다. 고주에서 정현은 자금의 이름은 진항으로 공자의 제자이며, 자공은 이름이 단목사로 역시 공자의 제자라고 소개했다. 이를 부연하여 형병은 진항이 『공자가어』의 「칠십이제자해」에 수록되어 있다면서 그가 공자보다 40세 어리다고 했고, 자공은 『사기』의 「중니제자열전」에 수록되어 있는데 공자보다 31세 어리다고 했다. 그런데 주희는 이러한 정보를 일단 수용하면서도 한편으로는 의심하여 진항이 공자가 아니라 자공의 제자라는 설이 있음을 적어 놓았다. 다산은 이 의심에 대해서 논평한다.

> 자금이 공문의 제자라는 것은 정사에는 보이지 않고, 또 『가어』는 위서로 왕숙이 정현을 배척하기 위해 내용을 덧붙여서 쓴 것이다. 주자는 『가어』를 불신했기 때문에 자금이 자공의 제자가 아닐까 의심했다. 사실 선유는 무릇 『논어』에 이름을 올린 모두를 공문의 제자로 보아 급기야 신정 같은 이노 성인의 묘당에서 제사를 받을 수 있도록 했다. 이것은 사문斯文의 한 폐단이니 어찌 자금만 이에 해당하겠는가?

다산은 주희의 의심에 공감했다. 자금을 공자의 제자로 소개하는 책은 『공자가어』가 유일한데, 이 책은 위서라는 게 그의 판단이었다. 더욱이 『논어』에 나왔다 하면 모두 공자의 제자로 보는 잘못된 관습 때문에 『논어』의 다른 장에서 "정욕이 많다"(5.10)라고 소개된 신정도 문묘에 종사되는 어처구니없는 일도 있었다. 그러므로 공자 제자로 알려진 사람을 모두 믿을 것은 못 된다. 결국 다산은 주희와 마찬가지로 자금을 자공의 제자로 이해했다.

이 논의는 금고문논쟁이라는 유학사의 심각한 주제와 관련되어 있다. 이 논쟁은 유교를 국가의 교육 의제로 채택한 한대부터 모든 시대에 걸쳐 계속된 논쟁으로 경전을 중시하는 유교에서 어떤 것이 진정한 경전인가를 둘러싸고 전개되었다. 논쟁의 발단은 기원전 213년에 일어났다는 진시황의 분서다. 그로 인해 시황 이전의 유교 경전이 모두 사라졌기 때문이다. 이후 한이 진을 멸망시키자 유교 경전의 복구가 시급했다. 그래서 나라에서 경전을 암기하고 있는 학자들을 초청하여 암기한 바를 구술하게 하고, 그 구술한 내용을 당시 사용한 서체, 곧 금문今文으로 기록했다. 이렇게 해서 탄생한 것이 금문 경전이었다. 그런데 시간이 지나면서 시황의 분서에서 살아남은 경전들, 당시 사용되던 전서체가 아닌 고문古文으로 기록된 경전이 발견되어 궁에 헌상되는 일이 일어났다. 노 공왕 유여(?~기원전 129)는 공자의 옛집 벽속에 감춰져 있던 문서, 이른바 공벽문서를 발견했다고 했고, 하간헌왕 유덕(?~기원전 129)은 민간에서 수집했다면서 또 비슷한 보고를 했다. 금문경과 고문경, 이 두 계열의 경전은 공유하는 내용도 많았으나 왕권을 중시할지 재상권을 중시할지와 같은 문제에서 다른 입장을 가능하게 했기 때문에 어느 계열을 인정할 것인가가 중요했고, 그를 둘러싼 논쟁이 벌어졌다. 한대에는 두 세력이 엎치락뒤치락했는데, 시간이 지나면서 고문경이 승리했다. 그 결과 금문경은 『춘추공양전』한 책만 제외하고 모두 사라져 현재 전해지는 유교 경전은 고문경 일색이 되었다. 이 승리에 결정적 역할을 한 사람이 왕숙이었고, 『공자가어』는 그의 책이었다.

왕숙 이후 고문경은 오랫동안 독보적 지위를 누렸지만 고전의 연구가 깊어지면서 적지 않은 문제점이 발견되었다. 그에 의거하여 고문경을 본격적으로 비판한 것이 청대 고증학이었다. 하지만 사실 이런 비판의 싹을 틔운 사람 중의 하나는 주희였다. 그는 『상서』에 의심스러운 부분이 있음을 지적했고, 그랬나는 것만으로도 후학에게 많은 영감을 주었다. 이후 『상서』에서 위작 논쟁의 집중적인 대상이 된 것은 동진의 매색(약 4세기경)이 원제에게 헌상했다는 25편이었다. 이것을 『매씨상서』 혹은 『위고문상서』라고 한다. 매색은 공자의 후예인 공안국으로부터 전해진 『상서』 고본을 발견했다면서 『상서』에 25편을 추가했다. 주희는 이를 의심했고, 고문 경학을 대표하는 왕숙도 신뢰하지 않았다. 다산에 따르면 그랬기 때문에 주희는 왕숙의 『공자가어』에 나오는 진항의 정보도 그대로 수용하지 않았고, 결국 자금이 자공의 제자라는 설을 제시했다.

이 문제에 대한 다산의 입장은 한마디로 주희와 같다. 그는 『매씨서평』을 집필하여 이른바 『매씨상서』가 어떻게 왜곡되었는가를 밝혔으며, 『논어고금주』에서도 일관되게 『공자가어』를 위서로 이해했다. 자금과 자공을 동문으로 볼지 사제 관계로 볼지는 이런 문제와 연결되어 있다.

『논어고금주』를 통해 볼 때 다산의 숙적인 모기령과 다자이 준은 이 문제에서 다산과 달랐다. 그들은 송학의 대표자인 주희에게 큰 반감을 가지고 있었기 때문에 이 문제에 대해서도 주희에 반대했고, 결국 다산과도 다른 입장을 취했다. 모기령은 주희의 문제의식을 더욱 발전시킨 염약거(1636~1704)의 『싱서고문소증』을 누고 그것이 『상서』에 대한 근거 없는 공격을 담고 있다고 보면서 『고문상서원사』를 썼고, 왕숙의 『공자가어』도 의심하지 않았다. 다자이도 마찬가지였다.

1.11

선생님께서 말씀하셨다. "부모가 살아 있을 때는 그 뜻을 보고, 부모가 죽었을 때는 그 행동을 볼 것이니 3년 동안 부모의 도를 고치지 않아야 효라 할 것이다."

子曰; 父在觀其志, 父沒觀其行, 三年無改於父之道, 可謂孝矣.

공자는 가부장적 사회를 살았고, 남성을 대상으로 가르쳤다. 위에서 '부모(父)'라고 옮긴 것은 사실 '아버지'이고, 이 가르침을 받는 사람도 아들이다. 하지만 역사성을 반영하기보다 교훈의 보편성에 주목하여 불가피하지 않으면 『다산 논어』는 '아버지'를 모두 '부모'로 옮긴다. 부모가 살아계실 때는 마음대로 행동할 수 없으므로 한 사람을 알려면 그의 뜻을 관찰할 수밖에 없으나 부모가 돌아가셨을 때는 어떻게 행동하는지를 통해 한 사람을 알 수 있다는 것인데, 효자는 다음처럼 한다. "3년 동안 부모의 도를 고치지 않는다."

그런데 3년은 너무 길지 않은가? 이 장에 대한 다산의 독특한 해석은 이런 문제 제기에서 시작한다. 이 장을 읽는 군주가 공자를 따르기 위해 무조건 3년 동안 선왕을 답습하면 나라가 결딴날 수도 있기 때문이다.

천자와 제후의 경우 선왕의 폐정이 천하에 화를 가져오고 종묘를 위태롭게 한다면 그것을 개정하기를 마치 불 속에서 사람을 꺼내고 물에 빠진 사람을 구해내는 것처럼 해야 한다. 어찌 감히 효도만 생각하며 선왕의 잘못된 정치를 답습할 수 있겠는가?

그래서 다산은 이 장의 가르침이 누구에게나 적용된다고 보지 않는다. 책임이 막중한 지도자는 "3년 동안 부모의 도를 고치지 않는다"라는 효의 의무에서 면제된다. 가족보다는 공공의 이익을 생각해야 한다. 다산은 남인인데, 조선의 예송에서 남인이 가족보다 왕실에 주목했다는 사실을 생각나게 하는 대목이다.

그렇다면 이 장은 군주를 제외한 모든 사람에게 적용되는가? 그렇지도 않다. 가령 순임금에게는 고수瞽叟로 불리는 완악한 아버지가 있었고, 우임금에게도 곤鯀이라는 부덕한 아버지가 있었다. 만약 순임금과 우임금이 아버지의 길을 따랐다면 성인이 될 수 없었을 것이다. 그래서 다산은 여기에서 부모의 '도'란 그들의 가치관 일체가 아니라 '정령과 조치'를 가리킨다고 한정한다. 부모가 생전에 세운 지침 같은 것은 당사자가 국정을 책임진 사람이 아니라면 부모상을 입는 기간에는 고치지 않고 그냥 두는 것이 효라는 것이다. 물론 일반 백성은 '정령과 조치'를 남길 수 없다. 그러므로 이 장은 그런 것을 남길 만한 지위를 가진 사람 중 군주가 아닌 자, 곧 대부만을 상대로 한 것이다. 다산의 독특한 주장이다.

1.12

유자가 말했다. "예를 쓸 때는 화기로움을 귀하게 여긴다. 선왕의 도는 이를 아름답게 여겼으니 아랫사람도 윗사람도 그것을 따랐다. 행하지 못할 바가 있으니 화기로움을 알아 화기로움만을 도모하고, 예로써 절제하지 않으면 또한 행하지 못할 것이다."

有子曰; 禮之用, 和爲貴, 先王之道, 斯爲美, 小大由之. 有所不行, 知和而和, 不
以禮節之, 亦不可行也.

다산은 본문의 '소대小大'를 다른 주해가처럼 '작은 일이나 큰 일'로 보지
않고 '지위가 작거나 큰 사람', 곧 '아랫사람과 윗사람'으로 본다. 고전에 '소대'
를 그런 의미로 쓰는 경우가 많기 때문이다. 다산은 『논어고금주』를 집필하
기 이전 이미 삼례(『주례』 『의례』 『예기』), 『춘추』 『역』 등 주요 고전의 연구를
마쳤기 때문에 그를 통해 온축한 지식을 그의 『논어』 읽기를 위해 사용했는
데, '소대'에 대한 해석도 그런 경우다. 또한 다산이 보기에 '소대'를 '작은 일
이나 큰 일'로 보면 그 뒤에 나오는 '따르다(由)'라는 말과도 잘 호응하지 않는
다. '따르다'라는 말은 무엇인가를 따를 수 있는 능동적 주체에 쓰이지 '작은
일이나 큰 일' 같은 대상에 쓰이지는 않는 것이다. 다산처럼 읽더라도 이 장
의 교훈이 달라지지는 않지만 이러한 사소한 문제에서도 다산이 독자적인
『논어』 읽기를 했다는 것을 알게 된다.

다자이 준은 이 장을 별나게 읽는다. 그는 본문 처음의 여섯 글자, 곧 '예지
용화위귀禮之用和爲貴'를 붙여 읽었다. 그렇게 읽으면 "예가 화기로움을 사용하
는 것이 귀하다"라는 뜻이 된다. 이 독법은 얼핏 볼 때 지배적인 독법과 차이
가 없는 것 같으나 실상 반주자학의 목적의식을 보여준다. 주희는 '예의 쓰임
(用)'과 '예의 본질(體)'을 구분하고, 본질에서 보면 예는 엄숙하지만 그 쓰임에
서는 화기로움을 추구한다면서 체용론을 동원했는데, 이것이 다자이의 불만
을 낳았다. 그래서 그는 불교의 이론인 체용론을 가져다 『논어』를 해설했다
고 주희를 비판하고, 위의 독특한 독법을 제시했다.

다산도 불교의 체용론을 이용하여 유교를 설명하는 데 언제나 반대한다.

하지만 그는 다자이의 새로운 독법 역시 지지하지 않았다.

> 체용설은 비록 석씨釋氏에게서 나왔지만 우리 유가도 일찍이 어떤 것의 '쓰임'을 이야기하지 않은 바가 없다. 『역』에서는 '이것을 어떤 것에 쓸까(用)? 이것을 대나무 그릇 두 개에 담아 제사의 공향에 쓰는(用) 것도 좋을 것이다'(『주역주소』, 7:15b)라고 했고, 「홍범」에서도 '경敬을 위해서는 다섯 가지 일을 쓰고(用), 서로 도움에 있어서는 다섯 가지 시간의 벼리를 쓴다(用)'(『상서주소』, 11:5b)라고 했다. 예와 관련하여 '쓰임'을 말하는 것에 무슨 오류가 있겠는가?

유교 고전에도 '용'이라는 개념이 있으므로 '예의 쓰임(用)'을 독립된 구절로 보지 못할 이유가 없다는 것이다. 결국 다산은 지배적인 독법을 따르기로 결정했다.

1.13

유자가 말했다. "믿음직함은 의에 가까우니 말을 실천할 수 있고, 공손함은 예에 가까우니 치욕을 멀리할 수 있다. 여기에다 친족을 잃지 않으면 또한 우러를 만하다."

有子曰; 信近於義, 言可復也, 恭近於禮, 遠恥辱也. 因不失其親, 亦可宗也.

위에 옮긴 다산의 독법은 많이 알려진 금주의 독법과 다르다. 금주는 가령 '신근어의信近於義'를 "믿음직함이 의에 가까우면"이라고 읽는다. 이렇게 읽으면 한 사람의 믿음직함은 오직 그것이 의에 가까울 때만 "말을 실천하는(復)" 결과를 낳는다. 반면 다산의 독법에서는 믿음직함이 성격상 의에 가깝고, 그렇기 때문에 언제나 "말을 실천하는" 효과를 낳는다. 공손함도 마찬가지다. 금주에서는 오직 공손함이 예에 가까울 때만 "치욕을 멀리하는" 결과를 낳지만 다산에게는 공손함이 원래 예에 가까우므로 언제나 "치욕을 멀리하는" 효과를 낳는다. 다산의 독법은 고주를 따른 것이다. 고주에서 하안은 이렇게 말한다.

> 의로움이 반드시 믿음직함과 같은 것은 아니고, 믿음직함은 의로움과 다르다. 하지만 그것을 통해 자신의 말을 실천할 수 있으므로 "의에 가깝다"라고 했다. 예에 맞지 않으면 공손함은 예가 아니다. 하지만 그것을 통해 치욕을 멀리할 수 있으므로 "예에 가깝다"라고 했다.

'신(信)'은 원래 자기가 한 말에 책임을 지는 것을 의미한다. 그러므로 믿음직하면 말을 실천할 수 있다는 판단은 지극히 당연하다. 공손함도 마찬가지다. 공손함은 자신을 주장하지 않고 타인을 따르는 것, 양팔 안에 자기 마음을 가두는 것이므로 이런 태도를 견지하면 욕보는 일이 적다. 다산이 말한 대로 "공손함은 본래부터 치욕을 멀리하게 해주는 물건"인 것이다. 그러므로 당연히 공손하면 "치욕을 멀리할 수 있다."

그럼에도 불구하고 금주가 이 장을 고주와 다르게 읽은 데는 이유가 있다. 믿음직한 사람 중에는 의롭지 않은 사람도 있고, 공손한 사람 중에는 예를 모르는 사람도 있기 때문이다. 고주처럼 읽으면 믿음직하고 공손한 모든 사람이 말을 실천하고 치욕을 멀리하는 좋은 결과를 얻는다. 그래서 금주는 조건을 건다. "믿음직함이 의에 가까우면," 곧 오직 믿음직함이 의에 가까울 때만 "말을 실천할 수 있다." 의와 예에는 도덕적 오류가 없지만 믿음직함과 공손함은 도적의 믿음직함과 노예의 공손함처럼 도덕적 오류를 낳을 수 있는 것이다. 이렇게 해서 금주의 성리학은 다시 한 번 도덕적 엄격주의를 드러낸다.

다산은 고주의 편에 섰다. 그가 고주의 손을 들어주었다는 것은 '원의총괄'에도 기록되었다. "'믿음직함은 의에 가까우니 말을 실행할 수 있고, 공손함은 예에 가까우니 치욕을 멀리할 수 있다'라는 말과 관련해서는 마땅히 구설을 따라야 한다." 그러므로 다산을 따라 『논어』를 읽는다면 문제가 되는 구절을 금주처럼 읽어서는 안 된다.

다산도 도덕주의자다. 하지만 그가 보기에 성리학은 지나치게 도덕을 고집하여 균형을 잃었다. 믿음직함은 말 그대로 내뱉은 말을 실천하는 것인데, 아무리 의와 예를 강조하려고 했다 한들 말의 원래 뜻까지 바꿀 수는 없지 않은가? 다산도 소개하지만 미생이라는 사람이 있었다. 이 사람이 어떤 여인과 약속을 하여 언제 어느 다리 밑에서 만나자고 했다. 때마침 비가 많이 와서 강물이 불었다. 하지만 자기 약속은 꼭 지키고야 마는 미생은 비가 불어 위험한 것도 아랑곳하지 않고 약속을 지키려고 다리 밑으로 갔다. 물이 더욱 불자 미생은 다리 기둥을 붙잡았다. 세찬 물결이 그를 집어삼킬 때까지 미생은 다리 기둥을 놓지 않았다. 이 사람은 믿음직한 사람인가 아닌가? 이 사람이 의롭다고는 아무도 이야기하지 않겠지만 그가 약속을 지킨 것은 사실이다. 그러므로 반드시 의롭지 않더라도 믿음직하면 사람은 말을 실천한다. 그것이 실제로 벌어지는 일이다.

다산은 이상을 추구하면서도 현실을 포용했고, 도덕적 원리를 중시하면서도 공리를 배려했다. 한학에 문제가 많지만 그렇다고 그 업적을 깡그리 무시하는 것은 이치에 맞지 않고, 송학이 훌륭하지만 그렇다고 송학 만세를 외치는 것도 볼썽사납다. 모름지기 균형이 중요하다. 한학과 송학의 균형, 이상과 현실의 균형, 원리와 공리의 균형. 거듭 이야기하거니와 이것이 다산학의 기본 방향이다.

이 장에서 다산이 제시한 또 다른 독특한 독법은 "여기에다(因) 그 친족을 잃지 않으면"이라는 구절과 관련이 있다. 다산은 '인因'을 접속사로 읽어 '앞의 것들에 이어서'라는 뜻, 곧 "여기에다"라는 뜻으로 이해했다. 그에 비해 고주에서 '인'은 '친하다(親)'라는 뜻이고, 금주에서는 '의지하다(依)'라는 뜻이다. 고금주의 정의는 유사해서 '인'은 '다른 사람과 친하게 지냄에 있어서(고주)' 혹은 '다른 사람에게 의지함에 있어서(금주)'라는 의미를 갖는다. 다산의 해석이 고금주의 해석과 확연히 다름을 알 수 있다.

다산에 따르면 이 장은 한 사람의 성격이나 특장을 판단하는 관인법을 담고 있다. 그런 관점에서 밖에서는 믿음직하고 공손하며 안에서는 친족으로부터 신망을 잃지 않으면 그 사람에게는 "우러를(宗)" 만한 점이 있다. 그런 점이 있다는 것이지 그렇다고 해서 그 사람이 꼭 성현이라는 말은 아니다. 다시 말하지만 이 장은 관인법에 대한 것이다. 금주는 다르다. 의롭게 믿음직하고, 예에 맞게 공손한 사람은 성현이므로 금주에서 '종宗'은 '종주가 되다'라는 뜻이다.

1.14

선생님께서 말씀하셨다. "군자가 먹음에 배부름을 구하지 않고, 거함에 편안함을 구하지 않으며, 일은 민첩하게 하고 말은 신중히 하여, 도가 있는 사람에게 나아가 바로잡는다면 배움을 좋아한다고 할 것이다."

子曰; 君子食無求飽, 居無求安, 敏於事而愼於言, 就有道而正焉, 可謂好學也
己.

다산에 따르면 "먹고 거하는 것은 소체小體를 기르는 방법으로 이것을 먼저 이야기한 것은 극기를 먼저 해야 함을 분명히 한 것"이다. 소체는 맹자의 옹어모 봄을 가리키며, 그와 대비되는 대체大體는 마음(본심)을 가리킨다. 이 소체·대체론은 몸에 대한 마음의 중요성을 강조하는 이론으로 다산이 『논어』를 해설하면서 여러 번 원용한다. 마음보다 몸을 통해 인간을 이해하려는 오늘에는 낡은 이론이지만 유교에서는 언제나 유효하다. 다산은 유교 전통을 지킨 사람이다.

다산에 따르면 '유도有道'는 '도덕을 가진 사람'을 가리키며, '바로잡는다(正)'라는 말은 시비를 묻는다는 뜻이다. 보통 '바로잡는다'라는 것을 자기 자신을 바로잡는다는 의미로 이해하는데, 시비를 물어서 올바른 것을 아는 것이 자신을 바로잡는 일이므로 통한다고 하겠다.

1.15

자공이 말했다. "가난하면서도 아첨하지 않고, 부유하면서도 교만하지 않으면 어떻습니까?" 선생님께서 말씀하셨다. "괜찮다. 하지만 가난하면서도 즐거워하고, 부유하면서도 예를 좋아하는 사람과 같지는 않다." 자공이 말했다. "『시』에 이르기를 '자르는 듯이 하고서 갈아내는 듯이 하고, 쪼아내는 듯이 하고서 문질러대는 듯이 한다'

라고 했으니 이것을 가리키는 것입니까?" 선생님께서 말씀하셨다. "사와는 이제 더불어 『시』를 이야기할 수 있겠다. 지나간 것을 알려주니 올 것을 아는구나!"

子貢曰; 貧而無諂, 富而無驕, 何如? 子曰; 可也, 未若貧而樂, 富而好禮者也. 子貢曰; 詩云如切如磋, 如琢如磨, 其斯之謂與? 子曰; 賜也, 始可與言詩已矣. 告諸往而知來者!

다산에 따르면 '빈이락貧而樂'은 석경, 곧 궁정에 세워놓은 비석에 새겨진 『논어』에는 '빈이낙도貧而樂道'라고 되어 있다고 한다. 그렇다면 "가난하면서도 도를 즐거워하고"라는 뜻이다. 다산은 『예기』『사기』『후한서』『논어집해』 등을 참고할 때 "의심컨대 고본에는 이 글자가 있었던 것 같다"라고 결론을 내면서도 "그렇지만 '낙樂' 한 글자만 있는 것이 더 깊은 맛을 낸다"라고 하여 여운을 남겼다. 석경처럼 되어 있으면 즐거움의 대상이 '도'로 한정되지만 본문처럼 되어 있으면 읽는 때와 맥락, 사람에 따라 즐거움의 대상이 여러 가지가 될 수 있기 때문에 글의 자미가 더 있다는 말이다. 공감이 간다.

이 장에서 공자는 자공(賜)을 칭찬한다. 자신의 가르침을 듣고 자공이 『시』의 한 구절로 적절하게 화답한 것이 흡족했던 모양이다. 그런데 도대체 자공이 인용한 시가 어떤 함의를 담고 있기에 공자를 그렇게 기쁘게 했을까? 이 답을 찾기는 쉽지 않다. 인용된 시를 보통처럼 읽으면 답이 안 보인다. 다산을 따라 읽어야 다산의 답이 보인다. 그에 따르면 결정적 단서를 주는 것은 "지나간 것(往)을 알려주니 올 것(來)을 아는구나!"라는 말이다. 그러면 "지나간 것"은 무엇이고, "올 것"은 무엇인가?

고주는 "'지나간 것'은 '가난하면서도 도를 즐거워한다(고주는 석경처럼 되어 있다)'라고 가르친 것이고, '올 것'은 절차탁마로 답한 것이다"라고 했다. 공자가 높은 경계를 알려주자(往) 자공이 앞으로 절차탁마할 것을 다짐했으므로(來) 공자가 기뻐했다는 것이다. 하지만 다산이 보기에 고주의 해설을 따르면 "이 장의 문답은 심심하게 아무런 맛도 없어지고, 종내 그 뜻을 이해할 수 없게 된다." 공자는 자공이 올 것을 알았다고(知) 했는데, 앞으로 열심히 자신을 연마하겠다는 말을 듣고 그런 칭찬을 한다는 게 어색하기는 하다. 그래서 다산은 다른 식으로 공자와 자공의 문답을 이해할 방법을 찾았다.

다산도 "지나간 것"이 공자가 자공에게 가르침을 준 것이라는 데 동의한다. 자공은 이 가르침을 듣고 아직 발화되지 않은 어떤 것을 알았다. 여기에서 다산이 인용된 시를 어떻게 읽었는지 주목해야 한다. "자르는 듯이 하고서 갈아내는 듯이 하고, 쪼아내는 듯이 하고서 문질러대는 듯이 한다." 이것은 보통 "자르는 듯이 하고, 갈아내는 듯이 하며, 쪼아내는 듯이 하고, 문질러대는 듯이 한다"라고 읽는 것과 다르다. 다산의 독법에서는 '자르는 것'이 먼저, '갈아내는 것'이 나중이라는 순서가 분명하며, 마찬가지로 '쪼아내는 것'을 먼저 한 뒤에 이어 '문질러대는 것'을 한다. 일의 순서가 있고, 선후가 있다.

'절切'은 자른다는 뜻이고, '탁琢'은 쪼아낸다는 뜻이다. 이것은 거칠게 재료를 가공하는 공정이다. 반면 갈아내고(磋) 문질러대는(磨) 것은 재료를 매끄럽게 만드는 일이니 그 공정이 정밀하다. 아첨을 하지 않고 교만하지 않은 것은 악을 멀리하는 것이므로 그 공정이 거칠다. 즐거워하고 예를 좋아하는 것은 선을 행하는 것이니 그 공정이 정밀하다.

동물의 뼈나 상아 혹은 옥이나 돌 같은 재료를 가공하는 공정을 보면 먼저 거칠게 보양을 잡고 그 뒤에 세심하게 다듬는데, 다산이 보기에는 이것이 자공이 인용한 시의 함의였다. 그래서 이 시는 공자의 가르침과 연결된다. 자공이 아첨하지 않고 교만하지 않은 것을 이야기했을 때 공자가 "괜찮다"라고 한 것은 그 사람의 수련이 아직 거친 상태에 머물러 있기 때문이었다. 그것도 의미가 없지는 않다. 하지만 정말 아름다운 작품을 완성시키기 위해서는 정밀하게 다듬는 작업이 필요하다. 즐거워하고, 예를 좋아하는 것이 그것이다. 자공은 공자의 말을 듣고 이러한 자기 수련의 전 과정을 이해했다. 곧 공자가 아직 말하지 않은 것, "올 것"을 안 것이다. 공자는 이 때문에 자공을 칭찬했다.

도학의 정밀함과 거침은 그 이치가 지극히 미묘하니 이것을 듣고 저것을 아는 것은 지극히 민첩한 사람이 아니면 불가능하다. 이것이 곧 "지나간 것을 알려주니 올 것을 아는구나!"라는 말의 뜻이다.

따라서 다산을 따라 『논어』를 읽을 때는 지금 논의한 시를 위에서처럼 풀어야 한다. 다산은 주희가 이 해석을 처음 제시했다고 하면서 "이 장을 정밀함과 거침의 뜻을 통해서 읽는 것은 주자에 의해 처음으로 시작되었는데, 그 견해가 천고에 탁월하다"라고 경탄을 보냈다. 과연 문제가 되는 부분을 선후의 순서라는 관점으로 먼저 이해한 것은 주희였다. 하지만 주희는 이 세공의 순서를 먼저 정밀하게 가공하고 나중에 더 정밀하게 가공하는 과정으로 이해했으므로 다산이 주희를 그대로 답습한 것은 아니었다. 사실 이 장에서 다산이 주희를 답습했다면 그것은 "도학의 정밀함과 거침은 그 이치가 지극히 미묘하다"라는 말에서 발견된다. 도학은 도를 추구하는 성리학의 다른 이름이다.

1.16

선생님께서 말씀하셨다. "남이 자기를 알아주지 않는 것을 근심하지 말고 남을 알지 못하는 것을 근심하라."

子曰; 不患人之不己知, 患不知人也.

이 장에서 다산은 "남을 아는 것(知人)"이 다른 사람의 뛰어남을 알아차리는 것이라고 해설하고는 형병과 왕숙의 짧은 견해를 소개한 뒤 더 이상 논의를 하지 않는다. '들어가는 말'에서 나는 다산이 "답습하지 않았고 새로운 독법을 제시하지 못할 때는 길게 주해하지 않았다"라고 했는데, 이 장이 그에 해당하는 경우다.

여담으로 작금에 '지인'이라는 말을 많이 사용하는데, 이 장에 '지인'이라는 말이 나온다. 뜻은 전혀 다르다. 지금 통용되는 의미로 '지인'이라는 말을 사용하려면 그 앞에 '나'라는 주어를 집어넣어야 한다. 작금의 '지인'은 '내가 아는(知) 사람(人)'이라는 뜻이기 때문이다. 한글은 주어를 생략하는 경우가 많기 때문에 한국에서는 '지인'을 그렇게 쓸 수 있을지 모르겠으나 한자어로는 자연스럽지 않다. 한자어로 이해한다면 '지인'은 이 장에서처럼 '남을 안다'라는 뜻이거나 '지혜로운 사람'이라는 뜻이다. 비슷한 한국식 한자어로 '애인'이라는 말도 있는데, 이것도 '나'라는 주어를 집어넣어야 말이 된다. '내가 사랑하는(愛) 사람(人)'이라는 뜻이기 때문이다. 한국에서 '지인'이라는 말은 어느 순간 광범위하게 사용되기 시작했는데, 그것이 얼마 되지 않았다. '친지'니 '지기'니 하는 옛날 말이 낡았으면 용법에 맞지 않는 한자어 대신 모든 경우 '아는 사람'이라는 순 한글로 대체할 수 있지 않을까 싶다.

제2편

위정

爲政

2.1

선생님께서 말씀하셨다. "덕으로 정사를 하는 것은 비유하건대 북극이 제자리에 있을 때 뭇별이 그것과 함께하는 것과 같다."

子曰; 爲政以德, 譬如北辰居其所, 而衆星共之.

이 장에서 다산은 다시 고금주의 권위에 도전하여 참신한 해석을 선보인다. 무엇이 다른가를 얼른 보기 위해 고금주에 따라 본문을 옮기면 다음과 같다.

> 고주: 덕으로 정사를 하는 것은 비유하건대 북극성이 제자리에 가만히 있으면 뭇별이 그것을 함께 우러르는 것과 같다.
> 금주: 덕으로 정사를 하는 것은 비유하건대 북극성이 제자리에 가만히 있으면 뭇별이 그것을 향하는 것과 같다.

일별로도 다산의 독법이 고금주와 다름을 알 수 있다. 우선 다산이 '북신

北辰을 '북극성'이 아니라 '북극'으로 보았다는 점이 눈에 띈다. 이 정의가 이 장에 대한 다산의 창의적인 해석에 결정적인 역할을 한다. 다산과 달리 고금 주는 '북신'을 북극성으로 보았고, 또 그것이 임금을 상징한다고 생각했기 때문에 덕으로 다스리는 임금은 북극성처럼 움직이지 않고도 '뭇별(衆星)', 곧 여러 신하의 존경을 받는다고 이해했다. 하지만 다산이 보기에 이런 해석은 위험하다. 무위 정치를 연상시키기 때문이다. 그래서 다산은 '북신'을 북극성으로 볼 수 없었다. 옛날 천문학 지식으로 볼 때 북극성은 움직이지 않는 별이기 때문이다.

주지하다시피 무위 정치는 『노자』의 사상이다. 인군이 자기주장을 내세우지 않고 자연의 흐름, 곧 여론에 순응하는 것이 좋은 정치라는 이 생각은 초한전쟁을 경험하고 세워진 한 제국 초기에, 특히 혜제와 문제 때 황로사상으로 발전하여 실제의 정치 이념이 되었고, 『노자』는 중요한 고전이 되었다. 이후 황로사상은 한 무제가 독존유술을 표방하며 중앙집권화를 도모하자 후퇴했지만, 한의 몰락 이후 분열된 중국에서 다시 청담의 현학으로 부활했다. 다산은 이 사상사의 맥락을 이해했고, 그렇기 때문에 성현의 가르침이 '이단'의 정치사상과 연결되는 것을 묵과할 수 없었다. 다산의 비판을 보자.

청정무위淸淨無爲는 한나라 유자의 황로학이며 진대晉代에 유행한 청허淸虛의 담론으로 천하를 어지럽히고 만물을 무너뜨리는, 이단의 사술 중에서도 심한 것이다. 문제는 이 도를 사용함으로써 칠국七國의 난을 양성했고, 혜제는 이 술법을 숭상하여 오호五胡의 화를 불러왔다. 그런데 우리 유가의 큰 성인이 또한 무위를 법으로 삼았다는 말인가?

다산은 이 장이 무위 사상, 이른바 유가의 무위를 보여준다고 오독되는 것을 내버려둘 수 없었다. 그래서 그는 "'북신'이란 북극, 하늘의 중추가 향하는 지점을 가리키며, 별자리가 없기 때문에 '신'이라는 글자를 쓴다"라고 밝히고, 소옹(1022~1077)의 견해를 빌어 "땅 위에 돌이 없는 곳을 가리킬 때 '토土'라는 글자를 쓰고, 하늘 중에 별이 없는 곳을 가리킬 때 '신'이라는 글자를 쓴다"라고 부연했다. 이 장에서 무위의 함의를 걷어내려는 노력이 없었던 것은 아니나 천문학적 지식을 통해 '북신'을 북극으로 정의하여 반대 논리를 전개한 것은 나산의 공이다. 그러므로 다산을 따라『논어』를 읽으면서 '북신'을 북극성이라고 해서는 안 된다. 다산에 따르면 북극은 제자리, 곧 지구의 자전축을 연장한 북쪽 끝에서 하늘의 중추를 따라 도는데, 이때 뭇별도 북극과 "함께한다(共之)." 곧 북극을 따라 같이 움직인다. 북극도 돌고, 북극을 따라 뭇별도 돈다. 가만히 제자리에 있는 것이 아니라 운동한다.

이렇게 운동해야 성인이다. 대표적인 성왕인 요와 순을 보라. 다산이 보기에 "사공事功에 분발한 사람으로 요와 순만한 사람이 없었다." 그들이 했던 수많은 일이 무위의 소산이었던가? 그들은 부지런히 움직였고, 공을 쌓기 위해 열심이었다. 그러므로 "무릇 '아무 것도 하지 않으면서 다스린다(無爲而治)'라고 말하는 것은 모두 이단 사설이며, 우리 유가의 말이 아니다." 그러면 흔히 유가의 무위를 이야기할 때 이 장과 함께 언급되는 구절, 나중에「위영공」에 나오는 "아무 것도 하지 않으면서도 다스린 사람은 순임금이시다!"(15,5)라는 말은 무슨 뜻인가? 다산은 이 말에 대해서도 독특한 해석을 준비했고, 무위 정치를 성인의 다스림과 연결시키는 시도를 거부했다. 이 점은 해당 장의 해설을 참고하면 된다.

그래서 다산은 고주가 "덕이 있는 사람은 무위한다"라고 해설을 시작하고, 금주기 "덕으로써 정사를 하면 무위하고서도 천하가 그에게 돌아간다"라고 설명하면 눈살을 찌푸린다. 다산에게 본문의 '거기소居其所'는 "가만히 제자리에 있는 것"이 아니라 북극이 하늘의 중추 연장선에 자리하듯이 "제자리를 지키는 것"이며, '공지共之'는 뭇별이 "함께 그것을 우러르는 것"도 뭇별이 "그것을 향하는 것"도 아니라 뭇별이 "그것과 함께하는 것", 곧 같이 움직이는 것이다. 가만히 손을 놓고 위엄을 부리고만 있는 것이 아니라 임금은 소임을 다하기 위해 부지런히 움직여야 하고, 그렇게 임금이 제자리를 지킬 때 여러 신하는 그를 본받아 또 부지런히 움직인다. 이것이 성인의 정치다. 다산은 간단명료하게 일갈한다.

> 우리 선생님께서 분명히 '위정爲政', 곧 정사를 한다고 했는데, 후세 유자들은 무위한다고 말하니 옳은가 불가한가?

이렇게 다산은 평범한 이치에 어긋나는 것을 간과하지 않는다. '원의총괄'은 다산의 이 참신한 해석을 "중성공지衆星共之는 뭇별이 하늘의 중추와 함께 움직인다는 뜻이지 무위한다는 뜻이 아니다"라고 기록했다.

그러면 임금이 제자리를 지킨다는 것, 곧 제 할 도리를 다한다는 것은 다산에게 무엇인가? 곧 다산에게 정치란 무엇인가? 이에 대해 다산은 『논어고금주』 전편을 통해 일관된 대답을 내놓는다. "정사를 한다는 것(政)은 바르게 하는 것(正)이다." 이때 바르게 하는 대상은 우선 자기 자신이다. 목민관이 백성을 자애해야 하는 것은 그를 통해 자신이 바른 사람이 되기 때문이다. 그렇지만 자기만 바르다고 정치가 올바로 될 수는 없다. 그렇게 생각한다면 그것은 도덕적 감화를 무한히 신뢰하는 유가의 무위 정치다. 다산은 그런 이상주의자가 아니다. 그러므로 다산에 따르면 위정자는 자신을 바르게 한 뒤 백관을 바르게 해야 하고, 나아가 백성을 바르게 해야 한다. 바르게 살아야 한다고 교훈을 주는 것만이 아니라 법령과 제도를 통해 그렇게 될 수 있도록 해야 한다. 이렇게 전형적인 수제치평의 정치사상을 따르면서도 현실을 고려하는 것이 다산의 면모다. 통치자가 모범이 되어 모범을 따르라고 관리와 백성에게 정령을 통해 요구하고 지도하는 것, 이것은 정말 북극이 제자리를 지킬 때 뭇별이 그와 함께 움직이는 것과 같지 않은가?

2.2

선생님께서 말씀하셨다. "『시』300편을 한 마디로 말로 단정하면 '생각함에 사특함이 없다'라는 것이다."

子曰; 詩三百, 一言以蔽之, 曰思無邪.

다산에 따르면 '폐蔽'는 '단정하다(斷)'라는 뜻이다. 고주는 '당하다(當)'라는 뜻이라고 했고, 금주는 '개괄하다(蓋)'라는 뜻이라고 했는데, 다산은 한유의 『논어필해』를 따랐다. 다산은 『논어필해』의 독법을 거의 채택하지 않았으며, 고금주에 익숙한 사람에게는 상상을 뛰어넘는 『논어필해』의 기상천외한 독법을 보면서 한유의 학문까지도 의심했다. 하지만 이 장에서는 예외적이었다.

'사무사思無邪'라는 잘 알려진 말을 읽기 위해 다산은 일단 금주를 따랐다. 위에 옮긴 것이 금주의 독법이다. 고주는 전혀 다르다. 포함은 이 말이 "올바름에 돌아가는 것"을 의미한다고 해설했고, 황간은 포함을 부연하여 "사무사'는 『시』에 나오는 말로 정사를 하는 도는 오직 사특함이 없음(無邪)을 생각하는(思) 데 있다는 것을 의미한다"라고 했다. 곧 고주에서는 '무사無邪'가 '사思'의 목적어이고, '사무사'는 "사특함이 없음을 생각한다"라는 뜻이다.

황간이 말한 것처럼 '사무사'는 『시』「노송」에 나오는 「경駉」이라는 시의 일부분이다. 이 시는 제목이 암시하듯이 힘세고 잘 달리는 말을 묘사한다. 그런데 이 시에서의 '사무사'의 뜻 자체가 좀 애매하다. 『시』를 제일 먼저 주해한 3세기의 인물 모형은 이 말에 대해 "(노나라 희공이) 백금의 법을 따를 것을 생각하며 마음을 오로지하여 다시 사특한 뜻이 없도록 했다"(『모시주소』, 29:9a)라는 해설을 남겼다. 이 해설이 고주를 무조건 정당화해주지는 않지만 그것을 참고하더라도 고주의 독법에는 문제가 없다. 그것이 금주 이전의 전통이었다.

이 전통에 먼저 도전한 것은 주희였다. 그는 『시경집전』에서 '사무사'를 풀이하면서도 『논어』의 이 장을 인용하여 위에 옮긴 자신의 독법이 옳음을 보여주었다(『시경집전』, 8:19a~b). 다산도 고주에 도전했다. 동시에 다산은 금주에도 도전했다. 고주는 독법에서 잘못되었고, 금주는 해설에서 초점을 잘못 맞추었다.

고주에 따르면 『시』의 작자들은 "사특함이 없음을 생각하며" 시를 지었다. 다산은 이 점을 문제로 보았다. 시를 지으면서 사특함이 없음을 생각해야 한다면 그들의 마음에는 제거해야 할 사특함이 있었다는 말이다. 그렇지만 다산이 이해하기로 『시』의 작자는 모두 성현이다. 성현의 마음에 사특함이 있었고, 그래서 시를 지으면서 사특함이 없기를 생각했어야 했다면 말이 되는가?

사마천은 『시』 300편이 모두 성현의 작품이라고 했으니 이것은 전해진 근거가 있는 말이다. 그래서 공자가 그것을 산정하여 성경聖經으로 만들었으니 만약 시를 지은 사람이 원래 음탕하고 사특한 사람이었다면 어찌 그 말들을 이름하여 성경이라고 했겠는가? 반드시 그렇지 않을 것이다.

그러므로 고주처럼 읽어서는 안 되고, 금주를 따라야 한다. 그런데 금주는 독법에서만 고주와 다르지 않다. '사무사'가 누구에게 적용되는가 하는 문제에서도 다르다. 고주에서 '사무사'는 시를 지은 사람에게 적용되는데, 금주는 그것을 시를 읽는 사람에게 적용한다. 곧 금주에 따르면 "『시』의 쓰임은 (읽는) 사람이 성정의 바름을 얻도록 하는 것으로 귀착될 뿐이다." 주희가 볼 때 『시』에는 「관저」 같은 도덕적인 시도 있지만 「상중」 같은 음탕한 시도 있으므로 시를 지은 보는 사람의 생각에 사특함이 없었다고 말하기 어렵다. "단지 시를 읽는 사람이 생각함에 사특함이 없도록 하는 것을 구할 뿐이다."

다산은 금주의 이 해설을 받아들이지 않았다. 고주처럼 그도 '사무사'가 시를 지은 사람에게 적용된다고 본 것이다. 단지 이 말은 시인의 높은 도덕 경계를 보여주는 말이어야 한다. 그들은 성현이기 때문이다. 그래서 그들의 "생각함에 사특함이 없다."

'사무사'는 시를 지은 사람이 마음과 뜻을 움직일 때 사특하고 편벽된 것이 없었음을 이른다.

결국 다산처럼 『시』를 이해하면 거기에 수록된 시들은 무결점이다. 『시』도 무결점이다. 이런 이해는 유교 경전에 대한 다산의 일반적 시각을 반영한다. 앞으로도 확인하겠지만 경전은 완벽하여 결점이 없다는 게 다산의 생각이었다. 여기에 예외인 것이 세 가지인데, 『상서』 중 동진의 매색이 첨가한 이른바 『위고문상서』에 해당하는 25편, 「예운」 등 『예기』의 몇 편, 그리고 『좌전』의 일부다. 다산이 보기에 나머지 경전에는 결점이 없다. 이런 면에서 다산은 완고한 정통 주의자였다. 그는 정말로 유교에 충실한 사람이었다.

다산은 또 본문의 '삼백三百'이라는 말이 글자 그대로 정확하게 시 300편을 가리킨다고 주장한다. 그와는 달리 거의 모든 주해가는 대체로 말해서 300편이지 정확하게 300편은 아니라고 설명해왔다.

> 『시』는 311편이지만 그중 6편은 생황시笙簧詩(생황에 맞게 연주되도록 지은 시)이고, 5편은 상나라의 송가다. 생황시는 원래부터 사라졌고, 상나라의 송가는 전대에 지어진 시이므로 셈에 넣지 않는다. 그러므로 『시』는 300편이다.

다산에 따르면 『시』는 주공이 당시의 시가를 모아서 편찬한 것이므로 결국 주나라의 시가집이고, 따라서 「상송」에 포함된 5편은 계산하지 않아야 한다. 다산은 이 계산법이 이익(1681~1763)에게서 나왔다고 소개하는데, 어찌 됐든 이 주장은 그의 경전 무오류설과 상통한다. 『논어』라는 경전에서 '삼백'이라고 했으면 말 그대로 300편이어야 한다는 생각이었다.

2.3

선생님께서 말씀하셨다. "정사로 이끌고 형벌로 가지런히 하면 백성이 면하면서도 부끄러움이 없다. 덕으로 이끌고 예로 가지런히 하면 백성이 부끄러움을 가지고 또 감화될 것이다."

子曰; 道之以政, 齊之以刑, 民免而無恥. 道之以德, 齊之以禮, 有恥且格.

이 장에 익숙한 독자는 여기에서 다산이 '격格'을 '감화하다'라는 뜻으로 독특하게 풀었음을 눈치 챌 것이다. 다산과 달리 고주는 '격'을 '바르게 하다

(正)'라는 뜻으로, 금주는 '이르다(至)'라는 뜻으로 풀었다. 권위 있는 고금주의 해석을 앞에 놓고 다산은 일단 '질의'를 통해 금주의 문제점을 지적한다. 간단히 말해서 금주를 따르려고 한다면 글자를 추가해서 읽어야 한다. '이르다'라는 동사의 목적어가 필요한 것이다. 실제로 금주는 '격'이 '선에 이르다(至於善)'라는 뜻이라고 설명했다. 하지만 다산은 본문을 읽으면서 이렇게 임의의 글자를 집어넣어서는 안 된다고 생각한다. 이 책『다산 논어』가 원문을 옮길 때 글자 하나 빼거나 집어넣지 않으려고 노력하는 것도 그것이 다산『논어』 읽기의 원칙이기 때문이다.

다산이 금주를 받아들이지 않은 이유는 또 있다. 다산이 지적하듯이 '격'을 '이르다'라고 해석하는 것은『서』「요전」의 '격우상하格于上下'라는 말에 대한 매색의 주에서 처음 보이는데, 다산은 매색을『위고문상서』를 조작해낸 인물로 보았으므로 그의 훈고에 권위를 부여하지 않는다. 다산의 주장에 따르면 '격우상하'라는 말은 그처럼 '격'을 '감화하다'라는 의미로 이해할 때 뜻이 잘 통한다. 그래야 "위로는 천심을 감화시키고, 아래로는 민심을 감화시킨다"라는 뜻이 되기 때문이다. 반면 매색처럼 '이르다'라고 이해하면 지금 금주가 그렇게 하듯이 또 말을 추가해야만 문맥이 통하므로 받아들이기 어렵다. 한편 '격'에 대한 고주의 풀이는『맹자』를 가장 먼저 주해한 조기(108~201)에게서 시작된 것이었으나 다산은 그 뜻으로는 문맥이 성립되지 않는다고 보고 받아들이지 않았다.

이렇게 글자를 새롭게 풀 경우 다산은 거의 모든 경우에 경전에서 용례를 찾아 자기의 글자 풀이를 뒷받침한다. 가령『예기』「치의」에 "예로 가지런히 하면 백성이 '격심格心'을 가지게 된다"(『예기주소』, 55:3a)라는 말이 있는데, '격'을 금주처럼 '이르다'라는 뜻으로 이해해서는 이 구절을 제대로 풀 수 없다. 다산은 이런 사례가『서』의 두 곳,『시』의 한 곳 등에 더 있다고 보고했다.

정말 이런 사례에서 '격'을 '감화하다'라는 뜻으로만 봐야 하는지는 의문이지만 다산이 경전적 근거 없이 임의로 글자를 풀지는 않았다는 점은 확인할 수 있다. 다산에 앞서 갈인량(1570~1646) 역시 '격'을 '감화하다'라는 뜻으로 이해해야 한다고 주장했다.

이제까지는 다산의 훈고를 검토했다. 그렇지만 이 장에서 더 흥미로운 것은 덕치, 곧 "덕으로 이끄는 것"이 과연 무엇인가에 대한 다산의 생각이다. 다산은 "'덕'이란 도덕을 의미한다"라는 일견 당연해 보이는 고주의 해설을 다음과 같이 논박한다.

> 성경(『논어』)을 읽다가 '덕'이라는 글자를 만나면 사람들은 망연히 그것이 무슨 물건인 줄 알지 못한 채 단순히 성품이 두텁고 소박하여 청탁을 가리지 않는 것이 덕이라고 생각한다. 그들은 이런 태도로 가만히 앉아서 천하를 다스리면 모든 만물이 자연히 좋은 결과를 볼 것이라고 기대하고 있으나 실상 실제 일이 주어지면 어떻게 착수해야 할지 몰라 하니 어찌 우원하지 않겠는가?

다산은 고주가 '덕'을 모호하게 이해했고, 그런 이해는 '덕'을 그저 사람 좋은 것으로만 생각하는 잘못된 인식을 부추겨 성인의 가르침을 왜곡한다고 보았다. 그러면 다산에게 '덕'은 무엇인가? 그는 "덕은 인륜에 돈독한 것을 이름한 것이니 부모에 대한 효도(孝), 윗사람에 대한 공경(悌), 아랫사람에 대한 사랑(慈) 이 세 가지에 지나지 않는다"라고 말한다. 사람 좋고 너그러운 것이 덕이 아니라 마땅히 해야 할 일을 하는 것이 덕이라는 말이다. 그렇기 때문에 옳고 그름의 분별없이 남에게 너그럽기만 한 사람은 다산에게 덕 있는 사람이 아니다. 덕 있는 사람은 오히려 추상같을 수 있고, 필요하다면 서슬 퍼렁

게 날을 세울 수도 있다. '인'도 마찬가지다. 단순히 '어질다'라는 것으로는 인을 정의할 수 없다. 사람처럼, 사람답게 옳게 사는 것이 그에게는 인이다. 이 책 『다산 논어』에서 '인'을 보통처럼 '어질다'라고 풀지 않고 그냥 '인'이라고 옮기는 것도 이 때문이다.

이런 생각을 가졌기 때문에 다산은 "덕으로 이끄는 정치 또한 형벌을 사용한다"라는 발언을 하기에 이른다. 본문에서는 분명히 형벌을 사용하여 백성을 이끄는 정치와 덕으로 다스리는 정치를 비교하는데, 다산은 덕치가 형벌의 사용을 완전히 부정하지 않는다고 주장한다. '정사(政)'라는 말도 마찬가지다. 보통은 "정사로 이끄는 것"을 부정적으로 생각하지만 다산은 '정사'란 '법과 제도'를 의미한다고 해설하고는 그것이 "백성을 바르게 하는 도구"라고 말한다. 그렇다면 '정사'는 성인의 정치에서도 없을 수 없다. 법과 제도가 없는 정치가 가능할 리 없기 때문이다. 따라서 다산에게는 법과 제도에만 의지하는 정치, 형벌에만 의지하는 정치, 혹은 형벌의 사용이 올바르지 않은 정치가 문제지 법과 제도, 형벌의 사용은 문제가 아니다. 덕치도 백성을 무작정 감싸 안는 게 아니다. 자신이 해야 할 일을 하고 백성에게도 해야 할 일을 하라고 하는 것이 다산의 덕치다.

덕치에 대한 이러한 흥미로운 해석은 다산이 현실의 정치가이기 때문에 나온다. 그는 도덕 지상주의를 꿈꾸는 사람이 아니라 국정을 담당한 조신이 되고 싶었다. 비록 처지가 곤궁하여 참된 성인의 정치, 혹은 '덕치'를 구현할 기회를 얻지 못했으나 그가 언제나 생각했던 것은 어떻게 유교의 가르침을 현실화, 제도화할 것인가 하는 문제였다. 그래서 그는 제도권의 정치철학으로서 유교의 근본 성격에 어긋나는, 덕치를 마음씨 좋은 임금이 착하게 정치하는 것으로 이해하는 이상한 해석을 교정해야 할 사명감을 느꼈을 것이다.

2.4

선생님께서 말씀하셨다. "나는 열다섯에 배움에 뜻을 두었고, 서른에 우뚝 섰고, 마흔에는 미혹됨이 없었고, 쉰에는 천명을 알았고, 예순에는 귀에 거슬리는 말이 없었고, 일흔에는 마음이 하고자 하는 바를 좇아도 법도를 넘지 않았다."

子曰; 吾十有五而志于學, 三十而立, 四十而不惑, 五十而知天命, 六十而耳順, 七十而從心所欲, 不踰矩.

이 장의 여러 말이 많이 회자되지만 궁극적으로 공자가 가닿은 곳을 보여주는 것은 "마음이 하고자 하는 바를 좇아도 법도(矩)를 넘지 않았다"라는 말이다. 이 말은 유교에서 성인됨의 경계를 보여준다. 공자가 "배움에 뜻을 두기" 시작해서 50여 년이 넘게 걸린 이 경계는 과연 얼마나 대단할까? 금주는 "노력하지 않아도 법도에 적중하는" 그런 경지로 설명한다. 구태여 올바르려고 하지 않아도 올바른 선택과 행동을 하게 된다는 말이다. 무슨 기적을 낳는 능력은 아니지만 마음대로 해도 옳으므로 나이 일흔의 공자는 항상 옳았다. 유교에서는 아름다운 경지다. 다산은 이 경지가 인심人心이 도심에 완전히 복종하는 상태라고 말한다.

> 도심이 주인이 되고 인심이 그것의 명령을 따르면 마음이 하고자 하는 바를 좇아도 결국 도심이 하고자 하는 것을 좇는 셈이 된다. 그러므로 법도에 어긋나지 않는다. 뭇사람들이 마음이 하고자 하는 바를 좇을 때는 인심이 하고자 하는 바를 좇는 것이다. 그러므로 악에 빠지게 된다.

여기에서 인심은 욕망과 관계하는 마음이며, 도심은 도를 향하는 마음이다. 인심은 사람의 보통 마음이며, 도심은 양심 같은 것이다. 이 용어는『서』「대우모」의 "인심은 위태롭고 도심은 은미하다"(『상서주소』, 3:12a~b)라는 말에 처음 나오는데, 사상적으로 별로 주목을 받지 못하다가 성리학에 의해 재조명되어 그들 인간론의 주요 개념이 되었다. 곧 인심·도심은 성리학적 개념이며, 증거를 가지고 입증할 수 없는 형이상학적 개념이다. 다산을 실학자로 보고, 실학이 성리학의 공리공담에 반대했다고 간단히 판단하면 다산이 왜 공자의 최고 경계를 이런 식으로 해설했나 설명할 수 없다. 다산을 반주자학자, 반주자학으로서의 실학자로 파악하는 것은 사실에 부합하지 않는다.

　다산의 인심도심설은 그의 인간론과 윤리학에서 중요한 의미를 지닌다. 다산은 성리학의 여러 형이상학적 논설, 가령 체용론, 이일분수설, 그리고 본연지성, 기질지성 같은 개념을 모두 받아들이지 않지만 인심도심설은 수용한다. 성리학자와 마찬가지로 도덕적 원리주의자였던 그도 도덕의 내면적인 근거, 존재론적 근거를 제시해야 했기 때문이다. 그래서 다산학은 형이상학에서 자유롭지 않다. 간단히 설명하면 그의 형이상학은 하늘(天)에서 시작되어 실천적 당위로서 도가 있고, 도를 실천하라는 하늘의 명령(天命)이 있고, 인간 및 사회에 적용된 하늘의 명령으로서의 이치(理)가 있고, 자연법적으로 선을 선호하는 인간의 본성(性)이 있고, 또 도덕적 판단과 실천에서 도를 추구하는 도의 마음(道心)이 있는 그런 구조다. 형이상학이 다산학의 본령은 아니고, 또 성리학의 형이상학도 일부 거부되지만, 다산 윤리학은 성리학의 형이상학에서 그리 멀지 않다. 공자 최고의 경계에 대해서도 다산과 주희는 모두 그것이 자연스럽게 선을 실천하는 상태라고 했다.

　물론 이 장에서 다산과 주희의 생각이 완전히 일치하지는 않는다. 누가 보든지 지금 공자는 자신이 이렇게 성장했노라 증언하는데도 금주는 정이의 견해를 빌어 공자가 실제로 그러한 단계를 거친 것이 아니라 단지 공부가 어떤 절차로 진행되어야 하는지를 보여주기 위해 여러 단계를 이야기했을 뿐이라고 주장한다. 성인이 띄엄띄엄 진보를 이루었다면 그 완벽함에 흠이 가지 않을까 염려했던 것이다. 그들이 보기에 공자는 이런 단계적 발전을 거칠 필요가 없었다. 정이에 따르면 공자는 "태어나면서부터 알았던" 사람이기 때문이다.

다산은 이 주장을 단호히 배격한다. 『논어고금주』 전편에서 그는 훌륭한 인격의 어떤 신비화, 신격화도 거부한다. 금주처럼 성인을 신비화하면 성인이 되는 것은 보통 사람의 일이 아니다. 인간이 아무리 발버둥 쳐도 하느님이 되지 못하는 것과 같다. 그렇다면 그것이 유교인가?

> 후세에 성인을 말하는 사람들은 모두 그를 존경한 나머지 신이神異하고 알 수 없는 존재로 만들어버린다. 그렇기 때문에 사람들은 그가 어떤 일을 하여 성인이 되었는지 아득하게 모른 채 성인은 정말 높고도 신비하여 나하고는 도무지 다른 사람이니 성인을 흠모해서 어쩌랴 하고 말한다. 이것이 성인이 나타나지 않고 도가 마침내 어두워져버리는 이유다. 아아, 슬프다!

성인을 신으로 만들어 성인이 한 일을 천공에 올려놓고 사람의 일이 아닌 것으로 둔갑을 시키니 이 열렬한 도덕주의자는 얼마나 슬펐던가? 그런데 다산에게도 신 같은 존재가 있었다. 하늘이다. 그의 천관은 본문에 나오는 '지천명知天命'에 대한 그의 해설에서 잘 드러난다.

"천명을 안다(知天命)"라는 말은 상제(帝)의 법칙에 순응하여 궁하거나 통하거나 두 마음을 가지지 않는 것이다.

'상제'라는 개념은 갑골문을 비롯하여 『시』나 『서』 같은 초기 유교 경전에도 자주 등장하고 심지어는 오늘날에도 쓰이는데 언제나 우주 자연의 주재자라는 함의를 가진다. 다산은 '천天'을 '상제'로 이해했으므로 그의 '천' 역시 주재자다. 유학사에서 '천'은 파란 하늘을 의미할 수도 있고, 자연 전체를 의미할 수도 있고, 도덕적 이법을 의미할 수도 있고, 주재자를 의미할 수도 있는데, 다산의 '천'은 주재자다. 반면 성리학의 '천'은 주재자의 의미가 아예 없는 것은 아니더라도 본질에서는 도덕적 이법이다.

다산의 천관은 천주교의 영향일 수 있다. 유교에도 주재자로서의 '천'이 존재하지만 그것을 다산이 자기 세계관의 정점에 올린 데는 천주교가 작용했을 것이다. 그의 천관이 『논어고금주』 전편에서 서술됨에도 불구하고 관련 논설이 한번도 '원의총괄'에 수록되지 않은 것은 그 때문일 수 있다.

이 장에서도 정작 '원의총괄'에는 어떻게 보면 지엽적인 논의가 올라와 있다. "'이순耳順'은 말이 귀에 거슬리지 않는다는 뜻이다." 이 '원의'는 고주에 대한 반박이다. 고주의 정현은 '이순'이 "남의 말을 들으면 거기에 담겨진 미묘한 뜻을 이해한다"라는 뜻이라고 해설했다. 정현처럼 보면 '이순'은 어렵지 않다. 남의 말을 듣고 이해하는 것은 쉽에 이미 천명을 이해한 공자가 또 십 년을 기다려야 도달할 정도로 심오하지 않다. 그래서 다산은 '이순'이 이치에 맞든 이치에 어긋나든 모든 말을 담담히 듣는 경계라고 주장했고, 그 주장이 '원의총괄'에 실렸다. 하지만 '이순'에 대한 다산의 해설은 금주와 크게 다르지 않다. '원의총괄'의 기준이 모호해지는 순간이다.

2.5

맹의자가 효를 물으니 선생님께서 말씀하셨다. "어기지 않는 것이다." 번지가 수레를 몰고 있으려니 선생님께서 번지에게 알려주셨다. "맹손이 나에게 효를 물었는데 내가 '어기지 않는 것이다'라고 말해주었다." 번지가 물었다. "무슨 뜻입니까?" 선생님께서 말씀하셨다. "살아계실 때 예로써 섬기고, 돌아가셨을 때 예로써 장례하고, 예로써 제사 지내는 것이다."

孟懿子問孝. 子曰; 無違. 樊遲御, 子告之曰; 孟孫問孝於我, 我對曰; 無違. 樊遲曰; 何謂也? 子曰; 生事之以禮, 死葬之以禮, 祭之以禮.

'맹손孟孫'은 맹손씨 집안, 노나라 환공에게서 갈라져 나온 세 대부 집안 중의 한 집안 전체를 가리키는 말이지만 여기에서는 맹의자를 가리킨다. 맹의자는 죽은 뒤에 받은 시호이므로 그가 죽은 뒤 누군가가 이 대화를 기록한 셈이다. 이름은 중손하기仲孫何忌다. 맹손씨는 환공의 둘째 아들로부터 시작되었으므로 원래 중손씨였는데, 그가 나중에 민공을 시해했으므로 맹손씨로 씨를 바꾸었다. 대부였지만 아버지 맹희자의 권유로 공자의 제자가 되었으므로 공자가 하대할 수 있었다. 본문에서 공자는 뜬금없이 번지에게 말을 꺼낸다. 고주에 따르면 맹의자가 자기 가르침의 취지를 오해할까 염려한 공자가 맹의자와 친했던 번지에게 가서 전하라는 뜻으로 말했다고 한다.

다산에 따르면 공자는 "어기지 않는 것"이 효라는 가르침을 맹의자가 잘못 이해하여 부모에게 어기지 않는 것이 효라고 생각할까 염려했다. 그래서 번지에게 예를 어기지 않으면서 부모를 모시는 것이 효라고 다시 설명했다. 고금주도 이런 해설에 동의한다. 단지 다산은 황간의 해설에는 오해의 소지가 있음을 지적했다. 황간은 "어기지 않는 것"을 "효를 행하는 사람은 매사에 부모께 순종하여 어기지 말아야 한다"라고 설명했기 때문이다.

"부모를 섬길 때는 은근히 간할 것이다"(4.18)라는 뜻이 있는데, 어찌 매사에 부모를 따르는 것이 "어기지 않는다"라는 말의 뜻이겠는가?

무조건적 순종은 효가 아니라는 다산의 견해는 이미 소개한 앞의 한 장 (1.11) 그리고 다산이 위에서 인용한 뒤의 한 장에 대한 그의 창의적인 해석을 통해 더 명확하게 드러난다.

2.6

맹무백이 효를 물으니 선생님께서 말씀하셨다. "부모가 오직 자식의 질병만 걱정하는 것이다."

孟武伯問孝. 子曰; 父母唯其疾之憂.

맹무백은 맹의자의 아들이다. 아버지는 씨(孟)에 시호(懿)를 붙이고, 거기에 미칭인 '자子'를 붙였는데, 아들은 씨(孟)에 시호(武)를 붙이고, '아저씨'라는 뜻의 '백伯'을 붙였다. 맹무백은 노나라 애공이 실각한 뒤 즉위한 도공에게 마치 아저씨처럼 권력을 행사했으므로 그 점을 기억한 것이다. 『논어』에 나오는 인물을 기록하는 방식은 맥락에 따라 여러 가지로 들쑥날쑥하다.

다산은 고주를 따라 이 장을 읽었다. 위에 옮긴 것이 고주의 독법이다. 한편 왕충(27~97)의 독법은 다르다. "부모를 오직 질병이 있을 때만 걱정한다" (『논형』, 9:3a). 맹무백이 지나치게 부모를 걱정했으므로 공자가 그 병통을 고치기 위해서 이 말을 했다는 것이다. 물론 다산은 왕충의 독법을 받아들이지 않는다. 병이 들었을 때만 부모를 걱정하는 게 효라는 건 이치에 맞지 않는다.

금주도 이 장을 독특하게 읽었다. "부모는 오직 자식에게 질병이 있을까를 걱정한다." 어찌 보면 고주와 비슷한데, 해설을 보면 그렇지 않다. 금주는 "부모는 오직 자식에게 질병이 있을까 두려워하며 항상 근심하므로 자식이 이 점을 헤아려서 부모의 마음으로 마음을 삼으면" 효가 된다고 설명했기 때문이다. 해설이 궁색하므로 주희를 공격하는 데 열심인 모기령과 다자이 준은 금주를 물고 늘어졌다. 하지만 다산은 금주를 변호한다.

주자의 새로운 해설도 통하지 않는 것은 아닌데, 나중의 유자는 힘을 다하여 비난하려고만 하니 망령된 일이다.

여기에서 "나중의 유자"가 모기령과 다자이다. 다산은 주희를 비판하면서도 존경했으므로 이들처럼 무조건 주희를 비판하는 데 동조하지 않았다. 그렇지만 거듭 확인하건대 이 장에서 다산은 고주를 택한다. 그러므로 다산을 통해 『논어』를 읽으면서 습관적으로 본문을 금주에 맞추어 풀어서는 안 된다.

2.7

자유가 효를 물으니 선생님께서 말씀하셨다. "지금 효는 능히 봉양하는 것을 가리키나 개나 말도 능히 봉양한다. 공경하지 않으면 어떻게 구별하겠는가?"

子游問孝. 子曰; 今之孝者, 是謂能養, 至於犬馬, 皆能有養. 不敬, 何以別乎?

이 장에서도 다산은 고주를 따른다. 금주는 이 장을 "지금 효는 능히 봉양하는 것을 가리키나 개나 말에 대해서도 봉양하는 바가 있다"라고 읽는다. 곧 금주에 따르면 사람은 개나 말도 먹이기 때문에 음식으로 부모를 봉양하는 것을 효라고 생각한다면 가축 대하는 것이나 부모 대하는 것에 차이가 없다. 금주의 독법은 고주에서 하안이 포함의 독법을 소개한 뒤 언급한 일설과 일치한다. "일설에 따르면 사람의 봉양은 개나 말에도 미치니 공경하지 않으면 차이가 없다는 뜻이다." 이 독법은 받아들이기 불편하다. 아무리 가르치기 위해서라지만 부모를 개나 말에 비교하는 것은 과격하다. 공자는 그렇게 과격한 사람이 아니다. 또 이 말을 듣는 사람은 자유다. 자유는 공자의 출중한 10명의 제자, 이른바 공문십철의 하나로 문학에 뛰어났다. 과격하게 이야기하지 않아도 알아들을 수 있는 사람이었다.

이에 비해 고주는 "개가 집을 지키고 말이 사람 대신 수고하는 것도 모두 사람을 봉양하는 것이다"라고 해설했다. 곧 "개나 말도 능히 봉양한다"라는 말은 개나 말이 사람을 봉양한다는 말이다. 금주에서는 '양養'이 사람이 개나 말을 봉양하는 것이고, 고주에서는 개나 말이 사람을 봉양하는 것이다.

다산은 고주를 택하면서 '능能'이라는 한 글자에 주목한다. "'능'이라는 글자는 기특해 하는 것이다." 곧 '능'은 무엇인가 하기 어려운 것을 해냈을 때 쓰는 글자다. 그런데 사람이 개나 말을 먹이는 일은 어려운 일이 아니다. 개나 말이 사람을 봉양하는 것이 어려운 일이다. "만약 사람이 개나 말을 먹이는 것이라면 무슨 '능함'이 있겠는가?"

다산의 독법과 논거는 독창적인 것이 아니었다. 독법은 고주에서 왔고, '능'

의 용례는 모기령을 참고했다. 그럼에도 불구하고 이 독법은 '원의총괄'에 기록되었다. "'개나 말도 능히 봉양한다'라는 말과 관련해서는 마땅히 포함의 설을 따라야 한다." 생각해보면 『논어고금주』에는 '원의총괄'에 수록되지 않은 참신하고 중요한 해석이 많고, 반대로 여기에서처럼 소소한 '원의'가 기록된 경우도 적지 않다. 의아한 일이다. 사실 다산은 자신이 『논어고금주』에 '원의총괄'을 두었다는 말을 한 적이 없다. 단지 그가 쓴 '자찬묘지명(집중본)'에서 『논어고금주』에서 발견한 자랑할 만한 '원의'를 아홉 개 소개했을 뿐이다. '원의총괄'을 처음으로 그리고 유일하게 언급한 것은 20세기에 「사암선생연보」를 쓴 다산의 현손 정규영(1872~1927)이다. 그래서 '원의총괄'에 대한 의문은 계속된다.

2.8

자하가 효를 물으니 선생님께서 말씀하셨다. "낯빛을 하기가 어렵다. 일이 있으면 나이 어린 사람이 수고로운 것을 맡고, 술이나 밥이 있으면 어른에게 차려 드리는 것, 일찍이 이것을 효라고 하는가?"

子夏問孝. 子曰; 色難. 有事, 弟子服其勞, 有酒食, 先生饌, 曾是以爲孝乎?

금주와 다산에 따르면 여기에서 "낯빛을 한다(色)"라는 것은 구체적으로 '기쁜 낯빛을 하는 것'을 의미한다. 봉양에 공경함을 더해야 효라고 한 앞 장과 마찬가지로 이 장에서는 어른을 먼저 고려하는 일에 더해서 항상 기쁜 낯빛을 해야 효임을 말한다는 것이다. 고주의 독법은 달라서 고주에서 '색난(色難)'은 "(부모님의) 안색을 (살피는 것이) 어렵다"라는 뜻이다. 괄호 안은 모두 추가한 것이므로 다산은 고주를 받아들이지 않았다. 다산이 받아들인 금주는 '색色'을 동사로 이해한다.

이렇게 읽기를 먼저 제안한 사람은 정현이다. 정현은 고주의 주석가 중의 하나이지만 『논어』에 대한 그의 모든 주해가 고주에 실리지는 않았다. 그랬던 것이 1900년경부터 발굴되기 시작한 둔황 문건에서 정현의 『논어』 해석을 담은 책 『논어정씨주』가 발견되었고, 그를 통해 더 많은 정현의 주가 알려졌다. 그 『논어정씨주』에 근거했을 때 다산이 받아들인 금주의 독법은 정현이 먼저 이야기했다.

다산은 이 장에 나오는 어른을 대하는 기본 태도, 힘든 일을 대신하고 먼저 음식을 대접하는 태도는 향당에서의 예라고 설명한다. 부모에게만 그렇게 하는 것이 아니라 마을의 모든 어른을 그렇게 대한다는 것이다. 그러므로 당연히 그것만으로는 효라고 할 수 없다. 거기에 항상 기쁜 낯빛으로 부모를 대해야 효다. 그러면 마을 어른을 항상 기쁜 낯빛으로 대하는 것은 어떤가? 그럴 필요는 없다. 자칫하면 아부한다는 오해를 낳을 수 있다. 기쁜 낯빛으로 대하는 의무는 부모 자식 관계에서만 존재한다.

이렇게 이해했으므로 다산은 본문의 '선생先生'을 부형父兄으로 보는 고금주를 받아들일 수 없었다. 『논어』를 통틀어 공자가 부모를 말할 때는 부모라는 말을 썼지 선생이라고 한 경우가 없다는 것이다. "세상에 자신의 친아버지를 선생이라고 하고, 친자식을 제자弟子라고 하는 경우도 있던가?" '원의총괄'은 이 소소한 반박을 기록했다. "'선생'과 '제자'는 부모와 자식을 가리키는 말이 아니다." 고금주 모두 비판했다는 점에서 특기할 만하기는 하지만 이 견해가 어떤 사상적 의미를 담지는 않는다.

이 장에서 훈고의 대상이 된 글자는 둘이다. 첫 번째는 '찬饌'인데, 고주는 이것이 '먹고 마시는 것'을 가리킨다고 했다. 하지만 다산은 '음식을 진열하는 것', 곧 "술(酒)이나 밥(食)이 있으면 어른(先生)에게 차려드리는 것(饌)"을 의미한다고 보았다. 이렇게 글자를 새롭게 풀 때 다산은 대부분의 경우 고전의 용례를 참고한다. 여기에서는 『의례』 여러 편을 참고했다. 두 번째는 '증曾'이다. 고주에서는 이것이 '곧(則)'이라는 뜻이고, 금주에서는 '일찍이(嘗)'라는 뜻이다. 이에 대해 다산은 시간적으로 이르다는 의미에서의 '일찍이'라는 뜻은 받아들일 수 없다는 점을 분명히 밝히면서 그것이 '말을 흩트릴 때 쓰는 글자(辭之舒者)'라고 설명했다. 말의 어조가 바뀌거나 할 때 쓰는 글자라는 것이다. 『설문해자』를 참고한 설명이었다(『설문해자』, 2A:2a). '일찍이'라고 옮길 수는 있지만 시간적으로 이르다는 의미를 가지는 게 아니라 접속사 같은 역할을 한다고 설명한 것 같다.

2.9

선생님께서 말씀하셨다. "내가 회와 더불어 말을 했는데, 종일 어긋나지 않는 것이 마치 어리석은 듯했다. 물러난 뒤 사사로울 때를 보니 또한 족히 드러내었다. 회는 어리석지 않다."

子曰; 吾與回言, 終日不違如愚, 退而省其私, 亦足以發. 回也不愚.

이 장에서 공자는 총애한 제자 안회를 언급한다. 안회의 자가 자연子淵이므로 안회는 안연이라고도 한다. 이 장에서 다산은 고금주와 다르게 '종일終日'을 뒤로 붙여 읽는다. 고금주는 '종일'을 앞으로 붙여 "내가 회와 더불어 종일 말을 했는데, 어긋나지 않는 것이 마치 어리석은 듯했다"라는 식으로 읽었다. 다산은 자신의 구두법에 확신을 가졌으므로 구절이 끝난다는 의미에서

'구句'라는 글자를 '언言' 다음에 집어넣어 자신처럼 읽어야 한다고 주장했다. 그 근거는 다음과 같다.

'언종일言終日'이라고 하면 세 글자에서 말의 이치(詞理)가 활발하지 않다. "더불어 말을 했다"를 한 구절로 하고, "종일토록 어긋나지 않았다"라는 것을 또 한 구절로 했을 때 이 장을 읽는 것이 매끄럽다.

'말의 이치'로 볼 때 자신처럼 읽어야 한다는 주장이다. 그러면 '말의 이치'란 무엇인가? 다산은 아무런 설명도 하지 않는다. 단지 그가 '말의 이치'라는 것이 존재하고, 자신이 그것을 이해하고 있으며, 그에 준거해서 판단할 때 고금주의 독법은 효과적이지 않다고 생각했음은 분명하다. 이미 밝힌 것처럼 다산은 어떤 사태가 이치에 합당한지 들여다봄으로써 판단한다. 여기에서는 '말의 이치'에 근거하여 말을 판단했다.

다산은 또한 '사私'라는 글자에 대한 금주의 잘못된 해설을 지적한다. 금주는 '사'가 "자기 거처에서 홀로 있을 때"를 의미한다고 했다. 이 해설은 고주와 다르다. 고주는 공자의 학당에서 토론하는 것이 '공'이고, 스승 앞에서 물러나와 배운 것을 서로 토론하는 것을 '사'라고 하면서 '사'가 "물러나 붕우와 이야기하는 것"을 의미한다고 보았다. 다산은 고주를 받아들였고, 금주를 반대한다는 뜻을 담아 주희에게 '질의'했다. "자기 거처에서 홀로 있을 때는 당연히 조용히 단정하게 앉아 있을 텐데, 안회가 뜻을 족히 드러내는지 그렇지 않은지 우리 선생님이 어떻게 알았겠는가?" 본문의 '발發'은 고주나 금주에서 모두 공자의 뜻을 드러내는 것을 의미하는데, 혼자 가만히 있을 때는 안회가 공자의 뜻을 드러내는지 아닌지 알 수 없다는 말이다. 공감이 가는 문제 제기다. 그러므로 다산을 따라 『논어』를 읽을 때는 '사'를 사생활로 풀어서는 곤란하다.

2.10

선생님께서 말씀하셨다. "기인하는 바를 보고, 경유하는 바를 살피며, 편안히 여기는 바를 관찰하면 사람이 어찌 숨기겠는가? 사람이 어찌 숨기겠는가?"

子曰; 視其所以, 觀其所由, 察其所安, 人焉廋哉? 人焉廋哉?

다산에 따르면 이 장은 공자의 관인법을 보여준다. 관인법이란 행동을 보고 그 사람의 인격을 이해하는 방법인데, 앞의 두 장도 그렇고(1.3, 1.13), 앞으로도 이런 논의가 계속된다. 유교는 선악을 판단하는 사유인데, 살아가면서 판단을 하지 않기란 좀체 힘든 것이어서 사람에 대한 판단이 필요하다면 유교라는 오랜 가르침이 어떻게 판단하려고 했는지 보는 것도 나쁘지 않다. 여하튼 공자는 세 가지를 들여다보면 사람의 됨됨이를 알 수 있다고 했다. '시視' '관觀' '찰察'은 모두 보는 것이지만 앞에서부터 순서대로 더 자세히 들여다보는 것이다.

이 장에서 논란을 낳는 것은 '이以'라는 글자다. '이'에는 '쓰다(用)'라는 뜻이 있으므로 고주는 그 뜻에 주목했고, 금주는 '행동하다(爲)'라는 뜻이라고 했다. 고주와 금주는 의미로는 같다. 고주의 '쓰다'라는 것은 결국 행동을 선택해서 사용한다는 의미이며, 따라서 '행동하다'라는 말과 같다. 다산에 따르면 금주의 근거는 『대대례기』인데, 다산은 그 책을 『공자가어』나 『공총자』 같은 위서로 보기 때문에 그에 근거한 금주도 받아들이지 않았다.

고금주와 다르게 다산은 '이'를 '기인하다(凶)'라는 의미로 풀었다. 그의 근거는 『시』다. 『시』「패풍」의 시에 "왜 이리도 오래 걸리나. 반드시 이유(以)가 있을 것이다"(『모시주소』, 3:53a)라는 말이 있는데, 그것을 보면 '이'가 '이유, 나아가서 '기인한다'라는 뜻을 가진다는 주장이었다. 다산처럼 보면 한 사람이 행위를 선택한 이유, 행위의 경과, 그리고 결과에 대한 태도를 보면 그를 알 수 있다는 말이 된다.

2.11

선생님께서 말씀하셨다. "옛것을 데우고 새로운 것을 알게 되니 선생은 될 만하다."

子曰; 溫故而知新, 可以爲師矣.

고금을 막론하고 모두 공자가 이 장에서 선생이 될 자격이 무엇인지를 논한다고 이해했다. 이렇게 이해할 경우 고금주처럼 이 장을 "온고지신하면 가히 선생이 될 만하다"라고 읽는데, 이럴 경우에도 미묘하지만 저마다 풀이가 약간씩 다르다. 가령 고주의 하안은 '온溫'을 '심尋' 곧 '찾다' 혹은 '연구하다'라는 뜻을 가진 글자와 같은 것으로 보고 '온고溫故'를 "옛것을 찾아 연역한다(尋繹)"라는 뜻으로 이해하면서 그것을 "새로운 것을 아는" 일과는 별개로 이해했다. 그래서 하안에 따르면 '온고이지신溫故而知新'은 "옛것을 찾아 연역하고 또 새로운 것을 안다"라는 뜻이 된다. 한편 주희는 하안을 받아들이면서도 '온고이지신'을 하나로 연결했다. 그러므로 주희에 따르면 "옛것을 찾아 연역함으로써 새로운 것을 안다"라는 뜻이다. 반면 정현은 『예기』「중용」

에 나오는 '온고이지신'을 해설하면서 '온'을 단순히 '데우다(燖)'라는 뜻으로 보고, "옛날에 배운 것이 완숙한데 또 나중에 때때로 익히는 것을 '온'이라고 한다"(『예기주소』, 53:12a)라고 했다. 정현은 '지신知新'에 주를 하지 않았으므로 그도 하안과 같이 '온고'와 '지신'을 별개의 행위로 보았다고 할 수 있다. 이 논의에서 다산은 하안을 받아들이면서도 '온'은 결국 '데우다(燖)'라는 뜻이므로 그 뜻이 '찾아 연역하다'라는 것으로까지 확장되어서는 안 된다고 주장한다. 내용적으로 정현을 따른 것이다.

이런 것은 소소한 차이다. 그렇지만 이 장 뒷부분을 "선생은 될 만하다"라고 읽는 다산의 도전은 놀랄 만하다. 그는 이 장에서 공자가 누가 선생이 될 만한가가 아니라 선생이 되면 어떤 이익이 있는지를 논했다고 보았다.

> 옛날에 배운 것이 이미 차가워졌는데 이제 다시 남을 가르쳐야 하기 때문에 옛날에 배운 것을 데우고 또 새로운 것을 아니 어찌 나에게 도움이 되는 일이 아니겠는가? 사람으로 선생이 될 만하다.

한마디로 참신하다. 당연히 다산처럼 못 읽을 것은 없다. '원의총괄'은 이 참신한 해석을 "'온고지신'은 선생이 되는 것이 이롭다는 점을 말한 것이다"라고 기록했다. 이렇게 다산은 가능하면 언제나 새롭게 읽으려고 노력한다. 그런 면에서 그는 태생적으로 반골이다. 반골에게 창신을 추구하는 불굴의 의지가 있어 『논어』를 새롭게 읽는 즐거움을 준다.

2.12

선생님께서 말씀하셨다. "군자는 그릇처럼 되지 않는다."

子曰; 君子不器.

유교에서 군자는 사실상 개인이 추구할 수 있는 최고의 인격이다. 군자보다 성인이 더 훌륭하겠지만 성인은 세상에 큰 덕화를 남긴 사람이므로 훌륭한 넉을 가졌더라도 때를 만나지 못하여 지위를 얻지 못하면 성인이 될 수 없다. 내성內聖과 외왕外王을 다 해야 성인이다. 나중에 주돈이(1017~1073)는 성인됨도 "배울 수 있다"라고 했고, 그것이 성리학의 시작을 알리는 선언이었지만 공맹의 유교에서는 그렇지 않다.

"그릇처럼 되지 않는다(不器)"라는 말은 그릇처럼 특정한 기능을 가지는 것이 아니라 두루두루 통할 수 있도록 한다는 뜻이다. 고금주가 모두 동의하는 해설이고, 다산도 이견이 없었다.

2.13

자공이 군자를 물으니 선생님께서 말씀하셨다. "먼저 말할 것을 행하고, 나중에 그것을 따른다."

子貢問君子. 子曰; 先行其言, 而後從之.

지배적 독법에서 이 장은 말보다 실천을 먼저 하라는 가르침을 담는다. 그렇다면 가르침의 핵심은 "먼저 말할 것을 행한다"라는 데 있다. 하지만 "나중에 그것을 따른다"라는 말에서 '그것(之)'이 무엇인가는 항상 그렇듯이 모호하다. 다산은 정이의 제자 주부선의 해설을 금주에서 인용했는데, 그에 따르면 '그것'은 실천이다. 곧 말할 것이 있으면 먼저 그것을 실천한 뒤 말이 실천한 것을 따르도록 한다. 결과적으로 말을 나중에 하라는 것이다. 고주의 공안국과 형병도 다르지 않고, 다산도 금주를 따랐으므로 대부분은 이렇게 읽는다고 볼 수 있다.

하지만 황간은 좀 다르다. 그에 따르면 이 장은 먼저 말을 하되 말을 했으면 반드시 실천이 따르도록 한다는 뜻이고, 따라서 '그것'은 '말'이다. 그의 독법에서 이 장은 "먼저 말을 행하고 나중에 그것을 따른다"라는 정도가 된다. 여기에서 "말을 행한다"라는 것은 단순히 말을 한다는 의미다. 따라서 황간에게 이 장은 말보다 실천을 먼저 하라는 것이 아니라 말과 행동이 일치하도록 해야 한다는 가르침을 준다.

황간의 독법은 일리가 있다. "말을 행한다"라는 표현이 어색할 수 있지만 전체적으로 깔끔하다. 하지만 다산은 이 독법을 논평하지 않았다. 그는 『논어의소』를 직접 보지는 못했고, 『논어고훈외전』에 『논어의소』가 인용될 때만 간접적으로 참고했기 때문이다. 『논어의소』에서 황간은 또 다른 독법도 소개하는데, 그것에 따르면 이 장은 "먼저 그 말을 행하여 (사람들로 하여금) 그 말을 따르도록 한다"라는 의미다. 다산은 이 독법은 소개했다. 『논어고훈외전』에 있기 때문이다.

다산은 이 장에서 성리학의 고약한 습관 하나를 향해 의미 있는 질문을 던진다. 앞으로 잠시 돌아가 보면 자유가 효를 물었을 때(2.7) 정이는 공자의 답이 자유의 문제점, 곧 부모에 대한 공경이 부족함을 염두에 둔 것이라고 했다. 자하가 효를 물었을 때도(2.8) 정이는 공자의 답이 자하의 문제점, 곧 부모를 대할 때 기쁜 낯빛을 하지 않는 것을 염두에 두었다고 했다. 이 장에서는 범조우(1041~1098)가 비슷하게 이야기했다. 곧 공자는 자공의 문제점, 곧 말을 쉽게 하는 것을 염두에 두고 위에 기록된 대로 가르쳤다는 것이다. 다산은 이러한 시각에 문제가 있다고 보았다. 이런 논평은 공자 제자에게 흠이 있었음을 전제하고, 결국 폄하이기 때문이다.

다산의 문제 제기는 성리학의 도통 의식을 겨냥한다. 도통이란 유교의 도를 전한 정통의 계보다. 성리학에 따르면 공자의 도는 공자에게 직접 배운 제자 중에서는 안회와 증삼에게만 온전히 전해졌고, 공자가 죽은 뒤 공자의 손자인 자사를 거쳐 맹자에게 전해졌다가 사라진다. 그리고 사라진 공자의 도를 성리학이 다시 발굴하여 북송의 다섯 선생이 주희에게 전했다는 것이다. 그래서 성리학은 "끊어진 학문을 잇는다"라는 것을 좌우명으로 삼았다. 이러한 의식을 반영하여 금주는 『논어』에 나오는 공자 제자 중 이른바 도통에 속하는 안연과 증자는 일절 비판하지 않으며, 그에 비해 도통 밖의 제자는 모두 크고 작은 문제가 있었다고 이야기한다. 지금 언급된 자유, 자하, 자공은 물론이고, 자로나 재여에 대해서는 거의 물어뜯는 수준의 비판을 가한다. 다산은 이러한 성리학의 정통주의가 폄하와 왜곡을 담는다고 보았다.

따지고 보면 『논어』가 인증한 공자의 뛰어난 제자는 이른바 공문십철의 10명이다. 여기에 안회는 덕행으로 들어가지만 증자의 이름은 보이지 않는다. 반면 위에서 거론된 자유, 자하, 자공은 물론이고 금주가 지극히 비판적으로 평가하는 자로, 재여도 뛰어난 10명 중의 하나다. 이것이 공문 제자에 대한 『논어』의 평가인데, 금주는 증거도 없이 이들을 힐난한다. 어찌 보면 도덕에 몰두한 성리학은 덕행, 언어, 정사, 문학이라는 이른바 공문사과 중 덕행으로 이름이 난 제자만 중시했다. 다산이 보기에는 이 중시가 편향이었다. 앞에서 언급했듯이 다산학의 중요한 특징은 균형을 잡는다는 점이다. 고주와 금주 사이에서 균형을 잡고, 훈고와 의리 사이에서 균형을 잡으며, 형이상과 형이하 사이에서, 의리와 물리 사이에서 균형을 잡는 것이 다산학이다.

그러므로 다산은 공문 제자에 대한 성리학의 편향을 놓고도 균형을 잡아야
했다.

> 비록 충고하고 찌르는 말이 본래 듣는 사람의 병에 맞도록 하려고 하나 이
> 런 비판에는 아무런 분명한 증거가 없으니 아마도 이렇게 따져 말하기는
> 어려울 것이다.

이렇게 말하고 나서 다산은 계속되는 질의에서 제자의 질문에 대한 공자
의 답이 그들의 병통을 고치기 위한 것이었다면 인을 물은 안회는 인하지 않
았는가를 반문한다. 날카로운 반론이다. 『논어고금주』 전편을 통해 다산은
이렇게 공자 제자에 대한 편견을 바로잡으려고 노력하며, 공자 제자뿐만 아
니라 성리학의 폄하로 명예를 잃은 많은 문화적 영웅을 구하려고 한다.

2.14
**선생님께서 말씀하셨다. "군자는 친밀하지만 무리를 짓지는 않고,
소인은 무리를 지으면서도 친밀하지 않다."**

子曰; 君子周而不比, 小人比而不周.

이 장에서의 논의를 보면 '원의총괄'의 기준이 무엇이었는지 다시금 의문
을 갖게 된다. 다산은 이 장에서 고금주 모두를 비판하면서 새로운 해석을
제시했고, 자신의 해석에 확신을 가졌고, 그를 뒷받침하는 충분한 경전적 근
거를 제시했다. 그럼에도 불구하고 그것은 '원의총괄'에 기록되지 않았다.

널리 알려진 이 장의 문장 구조는 분명하므로 해석은 결국 '주周'와 '비比' 두 글자의 이해에서 달라진다. 우선 고주에서 공안국은 "'주'는 충실하고 믿음직스러운 것(忠信)이며, '비'는 아당하는 것"이라고 정의한다. 형병은 이 해석을 그대로 수용하므로 고주에서 이 장은 "군자는 진실하지만 아당阿黨하지 않는다. 소인은 아당하지만 진실하지 않다"라는 정도가 된다. 황간은 공안국을 받아들이면서도 "'주'는 남과 두루 사귀는 것이므로 (공안국이) 충실하고 믿음직스러운 것을 의미한다고 했고, '비'는 남과 친압하는 것이므로 (공안국이) 아당하는 것을 의미한다고 했다"라고 하여 두 글자의 뜻을 부연했다. 금주는 황간과 유사하다. "'주'는 널리 두루 하여 치우치지 않는 것이고, '비'는 치우쳐 편당을 만드는 것이다." 따라서 금주에 따르면 이 장은 "군자는 두루 사귀고 편을 만들지 않는다. 소인은 편을 만들고 두루 사귀지 않는다"라는 정도가 된다.

다산은 이런 고금주의 해석이 왜 그른지를 설명했다. 그에 따르면 공안국의 해설은 "그 뜻이 명확하지 않다." 과연 '충실하고 믿음직스러움'과 '아당하는 것'은 서로 다르기는 해도 명확히 대조되는 짝은 아니다. 황간은 공안국을 보완하면서 군자는 남들과 두루 사귀고, 소인은 친압한다고 부연했다. 주희도 비슷했다. 하지만 황간과 주희의 견해 역시 타당하지 않다.

> 널리 두루 사귄다는 것은 범범하게 남을 사랑하는 것을 말한다. 그렇다면 군자에게는 범범하게 남을 사랑하는 길만 있고 친밀한 사람은 하나도 없다는 말인가? 진실로 이와 같다면 사랑에 차등이 없다는 말과 거의 같지 않은가?

군자라고 해서 남과 두루 사귀기만 하고 특별한 친밀함을 갖지 않는 게 과연 옳은가 하는 반문이다. 만약 그렇다면 공자의 가르침은 가까운 사람 먼 사람 가리지 않고 두루 사랑한다는 묵자의 설과 어떻게 다른가? 그래서 다산은 이렇게 결론을 내린다. "군자에게도 덕을 같이 하는 사람이 있으므로 그들과 친밀하지 않음이 없다. 단지 그들은 힘으로 결합하지 않을 뿐이다."

이렇게 이해해야 이치에 맞으므로 다산은 이제 문제가 되는 두 글자를 달리 읽을 방법을 제안한다. 곧 다산에게 "'주'는 '친밀하다(密)'라는 뜻이고, '비'는 '함께 한다(竝)'라는 뜻"이다. 두 뜻이 유사해 보이지만 차이가 있다. '주'는 마음으로 친밀한 것이고, '비'는 힘으로 뭉치는 것이기 때문이다. 다시 말하면 '주'는 진심으로 친교를 나누는 것이고, '비'는 힘을 통해 당파를 만들고 무리를 짓는 것을 가리킨다. 이런 다산의 해석을 반영하여 위에서는 '비'를 "무리를 짓다"로 풀었다.

생각해보면 다산의 주장에 일리가 있다. 고금주의 해석을 따르면 군자는 선인과 악인을 가리지 않고 두루 사귄다는 혐의가 있다. 유교는 선악을 구분하여 선과 함께 하려는 사유이고, 공자도 『논어』의 여러 곳에서 인한 사람, 배울 구석이 있는 사람과 친하게 지내라고 권했다. 다산도 남인으로서의 동일성이 강했던 사람이다. 두루 사귀는 것이 군자라면 당을 이룬 조선의 유학자는 모두 선비가 아니라는 말인가? 그래서 본문은 위에 옮긴 것처럼 이해해야 한다. 물론 다산의 해석이 기존의 해석을 일거에 무력하게 만들지는 않고, 그런 일은 앞으로도 일어나지 않겠지만, 그것이 고금주에 비견되는 하나의 견해라는 데는 동의할 수 있다. 그럼에도 불구하고 이 참신한 독법은 '원의총괄'에 없다.

다산은 자신의 해석을 뒷받침하기 위해 많은 전거를 가져온다. 이 장에서 그가 원용한 전거에는 우선 『설문해자』가 있고, 『시』『서』『예기』『의례』『춘추좌씨전』『논어』의 다른 장 등 유교 경전이 있고, 『관자』 같은 제자서도 있다. 이 전거에서 다산은 자신의 해석을 지지할 구절을 열심히 찾았다. 만약 그가 『논어』의 모든 장에서 이런 작업을 했다면 그는 대단한 고증학자가 되었을 것이다. 하지만 그는 항상 이런 작업을 하지는 않았다. 그는 일단 자신의 이성에 준거하여 고금주의 독법에서 이치에 맞지 않는 것을 찾아냈고, 고금주가 실패했다면 어떤 이치에 맞는 독법이 있을까를 고민했고, 이치에 맞는 독법을 발견했을 때 그것을 뒷받침하기 위해 전거를 찾았다. 그러므로 그에게 훈고는 그가 '믿는' 이지의 당연성을 설득하기 위한 수단이었지 목적이 아니었다. 하지만 그는 이런 작업을 통해 증거를 소홀히 했던 성리학과 증거를 찾는 데 골몰하여 이치를 등한시한 한학 사이에서 균형을 잡았다.

2.15

선생님께서 말씀하셨다. "배우고 생각하지 않으면 속게 되고, 생각하고 배우지 않으면 위태롭다."

子曰; 學而不思則罔, 思而不學則殆.

이 장에서 다산은 독특하게 '망罔'을 '속임을 당하는 것(受欺)'이라는 뜻으로 풀었다. 근거는 『맹자』의 "군자는 도가 아닌 것으로 속이기(罔) 어렵다"(『맹자집주』, 5A:2)라는 말이다. 무망誣罔이라는 말에서도 알 수 있듯이 '망'에 속인다는 뜻이 있으므로 충분히 이렇게 읽을 수 있다. 이와 함께 다산은 '학學'을 전적을 연구하여 사실을 징험하는 것으로 보았다. 그러므로 다산의 해석에서 이 장의 전반부는 "본말을 따지지 않고 가볍게 옛날의 전적에 쓰인 것을 믿으면 무망에 빠질 수 있다"라는 뜻을 담는다.

그에 비해 고금주는 모두 '망'을 공부를 해도 소득이 없는 것으로 이해한다. 이 경우 '망'은 '망亡'과 같은 뜻으로 '잃어버리다(亡失)'라는 뜻을 지닌다. 다산도 글자만 보면 이런 해석이 가능하다고 인정했다. 하지만 아무리 생각을 하지 않는다 하더라도 책에서 배운 것을 금세 잊어버려 소득이 없게 된다는 말은 문맥상 옳지 않다고 보았다.

다산은 본문이 말하는 두 가지 잘못된 공부 방법의 예를 든다.

한유漢儒는 경전을 주해하면서 옛날을 상고하는 것을 법칙을 삼았으나 밝게 분변하는 것이 부족했다. 그에 따라 참위와 사설을 용납하게 되었으니 이것이 배우고 생각하지 않는 폐단이다. 나중의 유자는 경전을 설명하면서 궁리를 위주로 했고, 간혹 증거를 고찰하는 데 소홀했다. 그에 따라 제도와 명물에 관해서는 때때로 오류가 있었다. 이것이 생각하고 배우지 않는 잘못이다.

여기에서 "나중의 유자"란 성리학자를 가리킨다. 이 짧은 논설이 한당 유학과 송명 유학, 훈고학과 이학의 장단점에 대한 다산의 진단이며, 나아가서는 유학사 전체에 대한 이해다. 『논어』로 좁히면 고주와 금주가 어떻게 다른가에 대한 간단명료한 평가이기도 하다. 이렇게 유학의 큰 두 줄기가 학습과 사유라는 반드시 조화되어야 하는 두 가지 중 어느 한쪽에만 경도되었기 때문에 다산은 양자를 종합하는 새로운 유학을 만들어야 했고, 실학과 이학을 종합하는 실리학을 제시해야 했고, 고주와 금주를 종합 지양하는 『논어고금주』를 써야 했다. 공자는 학습과 사유를 병진하라고 했다. 여태껏 사람들이 한곳에만 치우쳐 있었다면 그 병폐를 극복하는 데 일조하는 것이 공자의 충실한 제자가 할 일이었다.

2.16

선생님께서 말씀하셨다. "이단을 전공하면 해로울 뿐이다."

子曰; 攻乎異端, 斯害也已.

이 장에 대한 다산의 독법은 고금주와 같다. 역대로 다른 해석이 없지는 않았다. 여기의 '공攻'은 '공격하다'라는 뜻도 있으므로 그 뜻을 채택하면 본문을 "이단을 공격하면 해로울 뿐이다"라고 읽게 된다. 다산에 따르면 주희가 이런 생각을 가지고 있었다. 주희는 "사특한 말이 올바름을 해치는 것을 미워하여 그것을 공격하면 오히려 스스로 폐단을 가지게 될 뿐이다"(『주자어류』, 24: 35a)라고 말했기 때문이다. 물론 금주의 독법은 위에 옮긴 것과 같다. '공'을 '공격하다'라는 뜻으로 본 사람이 또 있다. 명 태조다. 그의 독법은 이렇다. "이단을 공격하면 이에 해가 그칠(已) 것이다."

그런데 '이단異端'은 무엇을 가리키는가? 다산은 이 문제에서 고금주와 달라진다. 고주에서 황간과 형병은 '이단'이 제자백가를 가리킨다고 했다. 금주에서 주희는 '이단'이 "성인의 도가 아니면서 따로 하나의 실마리(端)가 되는 것을 가리키니 예를 들어 양주와 묵적이 이런 종류"라고 했다. 양묵은 제자백가에 속하므로 금주도 고주와 같은 입장인 것 같다. 하지만 자세히 보면 금주는 "성인의 도가 아니면서 따로 하나의 실마리가 되는" 모든 사상을 '이단'으로 취급한다. 그렇기 때문에 공자는 그 존재를 알지 못했던 불교도 공자의 이단이 되고, 주희는 그 존재를 알지 못했던 기독교도 주희의 이단이 된다. 이렇게 '이단'을 확대 해석할 가능성을 준 것이 금주다. 정이는 제자백가보다도 불교의 폐단이 심하다면서 결국 불교에 화살을 돌렸다.

'이단'에 대한 다산의 정의는 금수와 유사한 면이 있다. "이단이란 선왕의 실마리를 잇지 않는 것을 가리킨다." 성인이 보여준 실마리를 붙잡아 공부하지 않고 다른 일을 하는 것이 '이단'이라는 말이다. 그러면서도 다산과 금주는 약간 다르다. 금주의 '이단'이 따로 하나의 실마리가 되는 데 비해 다산의 '이단'은 스스로 실마리가 되는 것이 아니라 유교의 실마리를 잇지 않는 것이다. 어떤 것이 이에 해당하는지 보자.

여러 분야의 다양한 기술에서 성명性命의 학문이나 경전의 가르침과 관련이 없는 것은 모두 이단이다. 그중 간혹 백성의 생활과 일상에 도움이 되는 것이 있더라도 만약 그것만을 연구하면 이것 역시 군자의 학문에 해롭다. 여기의 이단이 양묵과 노불 같은 것을 가리키지는 않는다.

다산은 '이단'이 제자백가도 아니고 불교도 아니라고 했다. 그보다는 기술, 병학, 농학, 지리, 의약 같은 것, 곧 잡학이 다산의 '이단'이다. "공자의 시대에는 노장이나 양묵이 아직 문호를 수립하지 못했기" 때문에 이렇게 '이단'을 이해해야 맞다. 정확한 지적이고, 이 지적은 '원의총괄'에도 기록되었다. "'이단'은 양묵이나 노불을 가리키지 않는다." 사실 제자백가 중 과거 공자보다 앞선 인물로 생각된 이는 노자 하나인데, 노자는 실존 인물인지 의심스럽고, 『노자』도 공자보다 앞설 수 없다. 그러므로 공자의 '이단'이란 도대체 무엇이었을까 궁금하지 않을 수 없었다. 다산에 따르면 잡학이다. 다른 추측도 가능하겠지만 다산의 주장도 고려할 만하다.

'이단'에서 이단사상을 제외한 뒤 다산은 공자가 양묵, 노불을 공격하지 않았다고 주장했다. 몰랐으니 당연히 공격할 수도 없었을 것이다. 그러면 다산은 이단사상에 좀 너그러운 태도를 지녔던가? 전혀 그렇지 않다.

만약 이 장에서 말하는 '이단'이 오늘날 이야기하는 이단(양묵이나 노불)

이라면 그것을 연구하는 자는 난적亂賊이다. 그를 단지 "해로울 뿐이다"라고 이야기할 수 없다.

공자는 "해로울 뿐"이라고 말했는데, 이것은 가벼운 비판이다. 마치 공자가 병사를 진열하는 것에 대한 위 영공의 질문에 대답하지 않았을 때와 같은, 또 농사짓는 법을 물은 번지를 소인이라고 힐난할 때와 같은 가벼운 비판이다. 정말 이 장의 '이단'이 다산 당대의 이단을 가리킨다면 그것은 해로운 정도가 아니다.

부모도 모르고 임금도 모르는 양묵의 사상이나 하늘을 업신여기고 성인을 모욕하는 노불의 사상은 그 죄가 크고 악이 극에 달해 신령도 사람도 함께 분노하는 바이니 어찌 오로지 그것을 전공한 뒤에야 해가 있다고 하겠는가?

이렇게 다산은 강렬한 벽이단闢異端 의식을 가지고 있었다. 그것이 어떻게 형성되었는지, 다산의 경험이 어떤 영향을 주었는지는 알 수 없다. 하지만 이단 때문에 끝장난 가문을 부지하려고 한 그로서는 일부러라도 벽이단을 보여줘야 했을지도 모른다. 아니면 강렬한 벽이단 의식이 유교 정통주의자로서 다산의 정체성에 부합할 수도 있다.

공자가 잡학으로서의 '이단'을 비판했다고 보는 다산은 기술학, 병학, 농학 등 실용의 학문을 중시하는 실학자였나? 그렇게 보기는 어렵다. 단지 그는 실리학이라는 지평에서 잡학을 포용하려고 했다.

무릇 병학이나 농학은 또한 경세의 실무이므로 군자가 알지 않을 수 없다.

그렇지만 학자가 이것만 연구하면 그의 심신과 관련된 성명의 학문에 마침내 해로움이 있을 것이다.

잡학은 부차적이지만 경세의 실무를 위해 필요하다. 그러므로 군자라고 하더라도 도덕에만 몰두할 것이 아니라 잡학을 이해해야 한다. 단, 그것만 연구해서는 안 된다. 이것이 잡학을 대하는 다산의 태도였다. 그래서 실학이 성리학이 치지도외한 잡학에도 관심을 기울이자는 목소리를 냈다고 하면 다산은 실학자다. 하지만 실학이 성명과 의리의 학문 대신 혹은 그것보다도 잡학을 중시했다고 하면 다산은 실학자가 아니다.

2.17
선생님께서 말씀하셨다. "유야, 너에게 아는 것이 무엇인지 알려주마. 아는 것을 안다고 하고, 모르는 것을 모른다고 하는 것, 이것이 아는 것이다."

子曰; 由, 誨女知之乎! 知之爲知之, 不知爲不知, 是知也.

'유由'는 공자보다 단지 아홉 살 적은 제자 자로의 이름이다. 성은 중仲이다. 모든 사료에서 그는 용맹하지만 거친 사람이고, 그래서 부드러운(儒) 사람들의 가르침인 유교는 그를 높이 사지 않았다. 『논어』에서도 조급하고 사려 깊지 못한 자로의 흠결을 여러 번 말하기 때문에 다산도 그를 이상적인 인격으로 보지는 않는다. 가령 이 장에서 공자가 자로에게 이런 가르침을 준 이유를 놓고 다산은 "자로의 성정이 강직하여 잘 모름에도 안다고 하는 경우가 많았기 때문"이라는 고주를 그대로 받아들인다.

　그렇지만 자로를 보는 다산의 시각은 다른 유학자와 사뭇 다르다. 한마디로 그는 후학의 평가가 균형을 잃었다고 판단했다. 이 점은 앞으로 계속 확인하게 될 것이다. 단지 이 장을 읽는 다른 방법도 없고, 새로운 독법을 발견하기도 어려웠으므로 다산은 고금주의 일치된 해석을 받아들였다. 이 장을 길게 해설하지 않은 것도 그 때문이다.

2.18

자장이 녹을 구하는 것을 배우려고 하니 선생님께서 말씀하셨다. "많이 듣되 의심스러운 것을 빼고 그 나머지 것도 신중히 말하면 허물이 적다. 많이 보되 위태로운 것을 빼고 그 나머지 것도 신중히 행하면 후회가 적다. 말에 허물이 적고, 행동에 후회가 적으면 녹은 그 가운데 있다."

子張學干祿. 子曰; 多聞闕疑, 愼言其餘, 則寡尤. 多見闕殆, 愼行其餘, 則寡悔. 言寡尤, 行寡悔, 祿在其中矣.

'간干'은 '구하다(求)'라는 뜻이다. 앞 장과 마찬가지로 이 장도 별다른 독법이 없고, 고금주의 독법을 의심할 만한 구석도 없다. 그래서 다산도 앞에서처럼 고금주의 독법을 그대로 받아들인다. 하지만 그는 이 장에 대한 금주의 해설은 받아들이지는 않는다. 반론의 내용은 두 가지인데, 하나는 소주에 나오는 "이 장은 녹을 구하는 것에 뜻을 두어서는 안 된다는 점을 가르친다"라는 주희의 해설이고, 다른 하나는 "자장이 녹을 구하는 길을 배우려고 했기 때문에 공자가 이렇게 말하여 그의 마음을 굳건히 하고 이익과 봉록에 흔들리지 않도록 했다. 만약 안연이나 민자건 같으면 이런 질문을 하지 않았을 것이다"라는 정이의 해설이다. 주희는 또 "만약 진실로 착실히 공부한다면 오직 언행에 후회나 허물이 없을지를 근심할 것이다. 어느 겨를에 녹을 구할 마음을 가지겠는가?"라고도 비평했는데, 이런 해설은 이익을 추구하는 어떤 행위에도 비도덕의 주홍글씨를 새기는 정주학의 가치관을 반영한다.

이에 대한 다산의 반론은 간단하다. "군자도 벼슬하기를 원한다"라는 것이다.

> 군자도 벼슬을 원하지 않음이 없으나 단지 도로써 구할 뿐이다. 이른바 "우리 선생님께서 구하시는 것은 다른 사람이 구하는 것과 다르다!"(1.10)라는 것이 그것이다.

물론 벼슬을 하려는 희망이 욕심에서 기인한다면 다산도 용인하지 않는다. 하지만 공자가 그랬듯이 유학자는 원래 나라에 벼슬하여 세상에 참여하기를 원했지 세상을 등지고 숲 속에 은거하며 자족을 구하지 않았다. 때와 세상을 만나지 못해서 자족하는 것은 어쩔 수 없겠으나 벼슬을 생각하는 것 자체가 잘못은 아니다. 공부하는 사람에게 어떻게 이렇게 그릇된 사고를 주입할 수 있는가? 다산에게 공부란 어떻게 나랏일을 잘할 수 있는가를 배우는 과정이고, 학자란 벼슬을 하려는 사람이다. 공부와 학자에 대한 다산의 이 정의는 『논어고금주』에서 변하지 않는다. 단지 공자의 제자는 일신의 영화를 위해 아첨으로 벼슬하지 않고, 정당하게 벼슬하여 나라에 이바지하는 것을 목표로 한다. 그래서 다른 것이다. 그러므로 조정이 더럽다고 조정을 떠나 '사림'에서 독야청청하는 것을 더 훌륭하다고 해서는 안 된다.

그럼에도 정이는 안연이나 민자건 같으면 이런 질문을 하지 않았을 것이라고 하면서 공문 고제 중의 하나인 자장을 폄하했다. 덕행의 제자를 편애하는 성리학의 시각을 잘 보여준다. 이런 편견이 옳지 않기 때문에 다산은 다자이준을 인용하여 정이에게 반격한다. "(정이는) 안연과 민자건도 벼슬하기를 원하지 않았던 것이 아니며 단지 불의한 녹을 받지 않으려고 했을 뿐임을 알지 못했다. 이 질문을 했다고 해서 자장이 어찌 불의한 녹을 받아먹겠는가?"

성수학의 편견에 대한 다산의 반론은 이른바 관학파의 의식 구조를 보여준다. 내가 생각하는 관학파의 정체성은 오래 전 출판된 졸저 『조선 초기 관학파의 유학사상』에 나와 있는데, 한마디로 관학파는 도덕적 원칙의 엄격한 준수보다는 국가 경영에 참여하여 공을 세우는 것을 강조한다. 유교의 인간형으로 보면 안연보다 이윤에 가까우며, 여말로 보면 정몽주(1337~1392)보다는 이색(1328~1396), 조선 초기로 봤을 때는 사육신보다는 집현전 학사, 조선 유학사로 보면 사림보다는 조신에 가깝다. 비록 유배되었으나 다산은 관학파의 정체성을 가지고 있었다는 것이 나의 판단이다. 이 점은 앞으로도 논의할 기회가 있을 것이다.

2.19

애공이 물었다. "어떻게 해야 백성이 따릅니까?" 공자가 대답했다. "곧은 사람을 들어서 굽은 사람 위에 놓으면 백성이 따를 것이고, 굽은 사람을 들어 곧은 사람 위에 놓으면 백성이 따르지 않을 것입니다."

哀公問曰; 何爲則民服? 孔子對曰; 擧直錯諸枉, 則民服, 擧枉錯諸直, 則民不服.

이 장에서 다산의 독법은 다시 고금주와 달라진다. '조錯'와 '저諸' 두 글자를 달리 이해했기 때문이다. 고금주는 모두 '조'를 '버려두다'라는 뜻으로 보았고, 다산과 달리 '저'를 '제'로 읽어 '무리'라는 뜻으로 이해했다. 그렇다면 본문은 "곧은 사람을 천거하고(擧) 여러(諸) 굽은 사람(枉)을 버려두면(錯) 백성이 복종할 것이고, 굽을 사람을 천거하고 여러 곧은 사람을 버려두면 백성이 따르지 않을 것입니다"라는 정도로 옮길 수 있다.

다산은 고금주를 거부하면서 여러 경전의 유사한 표현에서 '조'는 예외 없이 '놓다'라는 뜻이지 '버려두다'라는 뜻이 아님을 강조한다. 가령 『역』「대과」에 "하얀 띠풀로 만든 자리를 놓으면 허물이 없다"(『주역주소』, 5:27a)라는 말이 있다. 그런데 공자는 「계사상」에서 이 말을 설명하면서 "진실로 그것을 땅(地) 위에(諸) 놓으면(錯) 가할 것이다"(11:28a)라고 했다. 참고로 다산은 공자가 「계사전」을 썼다고 믿었다. 다산은 또 「계사전」의 다른 곳이나 『예기』「악기」에서 본문의 해석에 직결되는 구절을 발견한다.

사실 『논어』에 지금 문제가 되는 표현이 한 번 더 나온다. 「안연」이다. "번지가 이해하지 못하니 선생님께서 말씀하셨다. '곧은 사람을 들어 굽은 사람 위에 놓으면(擧直錯諸枉) 굽은 사람을 곧게 만들 수 있다'"(12.22). 다산도 고금주를 비판하면서 이 말을 인용했는데, 그곳에서 번지는 공자의 가르침을 이해하지 못하고 자하에게 그 뜻을 물었다. 이때 자하는 "곧은 사람을 든다"라는 사례로 순이 고요를 등용하고 탕이 이윤을 등용한 것을 거론한다. 그것이 전부다. 만약 자하가 고금주처럼 문제가 되는 구절을 읽었다면 굽은 사람을 내친 경우도 언급했을 텐데 그렇게 하지 않았다. 자하는 "곧은 사람을 들어서 굽은 사람 위에 놓는다"라는 뜻으로 이해했기 때문이다. 다산의 주장이다. 정말로 공자의 제자가 이렇게 이해했다면 고주든 금주든 무슨 필요가 있겠는가? '조'는 '놓다'라는 뜻이고, '저'는 장소를 나타내는 조사다. '원의총괄'

은 다산의 이 주장을 '원의'로 기록했다. "'거직擧直'은 어진 사람을 등용하는 것을 의미하지만 '조왕錯枉'은 사특한 사람을 물리는 것을 의미하지 않는다."

이 논란에서 다산과 같은 입장을 취한 사람은 더 있다. 일단 다산이 소개하는 왕응린이다. 그런데 왕응린은 다시 손응시(1154~1204)를 인용한다. 손응시는 남송 사람으로 자가 계화季和이며, 주희와 교류한 사람이다. 그러니까 다산처럼 본문을 읽은 최초의 인물은 손응시다. 왕응린의 인용에 따르면 그는 "곧은 사람을 들어서 굽은 사람 위에 놓으면 백성이 따른다. 굽은 사람은 진실로 곧은 사람을 따르기 때문이다. 굽은 사람을 들어 곧은 사람 위에 놓으면 백성이 따르지 않는다. 굽은 사람은 진실로 곧은 사람이 따르도록 할 수 없기 때문이다. 만약 여러 주석가의 해석대로라면 왜 두 개의 '저'만 사용했겠는가?"(『곤학기문』, 7:12a)라고 했다. 두 개의 '저'만 사용했겠느냐는 반문은 고금주처럼 '저'를 '제'로 읽어 '무리'라는 뜻으로 본다면 '직直' 앞에서도 이 글자를 사용해야 당연한데 그렇게 하지 않았다는 말이다. 이때 다산은 왕응린을 『고이』, 곧 왕응린의 『사서고이』에서 인용하는데, 위에 밝혀놓았듯이 원래 출처는 『곤학기문』이다. 『사서고이』는 『곤학기문』에 나오는 왕응린의 사서 관련 고증학적 고찰을 따로 뽑아서 나중에 편찬한 것이다.

다산처럼 이 장을 읽은 사람으로 다자이 준도 있다. 그에 따르면 이 독법은 손계화가 처음으로 제시했다. 손계화는 물론 손응시를 가리키는데, 다자이는 그의 자를 잘못 기록하여 계화繼和라고 했다. 다자이는 손계화의 새로운 독법을 『낭야대취편』에서 보았다고 했다. 『낭야대취편』은 명의 장정사(1543~1603)가 이런저런 글을 모아놓은 책으로 당연히 『곤학기문』보다 후대에 나온 책이다. 그러므로 다자이가 손계화를 인용하면서 『낭야대취편』을 전거로 들었다면 적어도 이 논의와 관련해서는 『곤학기문』을 보지 못했다는 소리다. 손응시의 자를 잘못 기록한 것도 『낭야대취편』에 그렇게 나와 있기 때문인지 모르겠다.

다산은 이런 견해들에 힘입어, 그리고 자신의 경학적 지식에 근거하여 본문을 위에 옮긴 것처럼 읽었다.

> 어진 사람을 위에 두고 어질지 못한 사람을 아래에 두면 곧은 사람을 들어서 굽은 사람 위에 놓는 것이 된다. 어질지 못한 사람을 위에 두고 어진 사람을 아래에 두면 굽은 사람을 들어서 곧은 사람 위에 두는 것이 된다.

그러므로 다산을 따라 『논어』를 읽는다면 곧은 사람이 높은 자리에 있고 굽은 사람이 낮은 자리에 있다는 것, 혹은 그 반대라는 것을 분명히 해줘야 한다.

2.20

계강자가 물었다. "백성이 공경하고 충실하며 권면토록 하려면 어떻게 해야 합니까?" 선생님께서 말씀하셨다. "엄정하게 백성에게 임하면 공경할 것이고, 효도하고 자애하면 충실할 것이며, 능한 사람을 들어서 능하지 못한 사람을 가르치면 권면할 것입니다."

季康子問; 使民敬忠以勸, 如之何? 子曰; 臨之以莊則敬, 孝慈則忠, 擧善而教不能則勸.

'충忠'은 임금에 대한 충성을 의미하기도 하나 그렇게만 풀면 『논어』에서는 뜻이 어색한 경우가 많다. 이 글자를 모든 경우에 잘 들어맞게 풀면 '마음을 다하는 것' 정도가 된다. 주희도 '충'을 '자기 자신을 다하는 것(盡己)'이라고 해설했다. 나라나 임금에게 마음을 다하는 것이 보통 말하는 충성이다. 하지만 '충'은 군신 관계만 아니라 모든 인간관계에 다 적용된다. 사실 '충성'이라는 말이 '마음을 다하고 성실하다'라는 뜻이므로 이 말이 좁은 의미로 사용되는 관례만 없다면 '충'을 '충성'으로 옮길 수도 있다. 하지만 오해를 피하기 위해 『다산 논어』에서는 '충'을 모두 '충실忠實'로 옮겼다. 백성이 위정자를 공경하고, 충실하게 의무를 다하며, 서로 북돋게 하려면 무엇이 필요하냐는 계강자의 질문에 공자는 위정자가 잘해야 한다고 대답했다.

이 장에서 다산은 두 가지 점에서 고금주를 비판한다. 첫째, 금주는 '장莊'을 용모를 단정하고 엄숙하게 하는 것으로 해석했다. 하지만 "용모를 단정하고 엄숙하게 하는 것은 결국 낯빛을 장엄하게 하는 것이니 군자는 낯빛은 장엄하면서도 안으로 물렁한 것을 경계했다." 얼굴빛이 장엄하다든지(11.20) 내면이 무르다든지 하는 말(17.11)은 『논어』 다른 장에 나온다. 이렇게 금주를 비판한 뒤 다산은 '장'을 "정령에 가벼움이나 나태함이 없는 것"이라고 정의한다. 정령을 내릴 때 백성이 우습게 여기거나 무시하지 않도록 하는 것이 '장'이며, 이렇게 할 때 백성이 위정자를 공경할 것이라는 말이다.

둘째, 고주는 '선善'을 '선한 사람'으로 이해했다. 그렇지만 여기에서처럼 '선'이 '불능不能'과 대조될 때는 '선하다'라는 뜻보다는 '능하다'라는 뜻이다. 이것은 오규 나베마쓰, 그리고 제자인 다자이 준의 견해이기도 하다. 단지 다산과 달리 다자이는 '선'이 기술을 사용하는 데 능한 것, 곧 기술이 뛰어난 것을 가리킨다고 했다. 다산은 다르다. 본문에서 공자가 말하는 것은 "덕행에 능한 사람을 통해 효도하고 윗사람을 공경하는 데 능하지 못한 백성을 가르쳐야 한다"라는 것이었기 때문이다. 그러므로 뜻으로 보면 이 부분에서 다산의 해석은 고금주와 같다. 하지만 '선'은 '선한 사람'이 아니라 '능한 사람'을 가리킨다는 게 깐깐한 다산의 지적이었다.

2.21

어떤 사람이 공자에게 말했다. "선생님은 왜 정사를 책임지지 않습니까?" 선생님께서 말씀하셨다. "『서』에 이르기를 '효도하고 효도하며, 형제와 우애하여 가진 정무에 베푼다'라고 했으니 이것 또한 정사를 책임지는 것이다. 어찌 정사를 책임지는 일만 하겠는가?"

或謂孔子曰; 子奚不爲政? 子曰; 書云, 孝乎惟孝, 友于兄弟, 施於有政. 是亦爲政, 奚其爲爲政?

여기 인용된 『서』의 문장은 현행본 『상서』 「군진」에 나온다. 하지만 다산은 공자가 이 문장을 일서逸書, 곧 지금은 전해지지 않는 원래의 『서』에서 인용했다고 보았다. 그는 이른바 『위고문상서』 25편을 매색이 위조했다고 보고 신뢰하지 않았는데, 「군진」은 그중의 한 편이므로 위의 인용문이 「군진」에서 왔다고 할 수 없었다. 만약 『논어』가 「군진」을 인용했다고 한다면 『위고문상서』의 권위를 인정하게 된다. 그럼에도 불구하고 공자는 분명히 『서』를 인용했으므로 다산은 지금은 전해지지 않는 『서』에 이 문장이 있었으리라고 판단한 것이다. 그러면 현행본 「군진」에는 어떻게 이 문장이 들어가 있을까? 다산에 따르면 매색이 『위고문상서』를 위조할 때 이 장에서 공자가 인용한 글을 보고 「군진」에 그것을 집어넣었다. 곧 다산은 원래의 『서』에 이 문장이 있었으므로 공자가 인용했고, 진시황의 분서로 원래의 『서』가 사라진 뒤 복원된 『상서』에는 인용한 글이 없었다가, 매색이 이 장을 참고하여 「군진」을 위조한 뒤 현행본『상서』「군진」에서 보이게 되었다는 결론을 내렸다.

　그런데 현행본『상서』「군진」에 나오는 문장은 공자가 인용한 것과 약간 다르다. "(주나라 성왕의 신하 군진은) 효도하고(惟孝) 형제와 우애하여 능히 가진 정무(有政)에 베풀었다"(『상서주소』, 17:15b). 문장의 뒷부분이 약간 다른 것은 무시할 수 있지만 공자의 인용과 달리 「군진」에는 '효호孝乎'라는 말이 없다. 그래서 금주에서 주희는 '효호'를 『서』의 문장이 아니라 공자의 말로 보았다. 곧 금수에 따르면 관련 부분은 "『서』에서 효를 말함에(書云孝乎) '효도하고 형제와 우애하여 가진 정무에 베푼다'라고 했으니 이것 또한 정사를 책임지는 것이다"라고 읽어야 한다.

　다산은 이 독법에 반대했고, 그에 앞서 모기령도 반대했다. 모기령이 주목한 것은 고주의 포함이 "효도하고 효도하며(孝乎惟孝)"라는 말을 묶어서 해설했다는 사실이다. 곧 적어도 포함은 '효호'를 공자의 말로 보지 않았다. 그러므로 「군진」의 문장이 왜 공자의 인용과 다른지는 따로 논의하더라도 주희의 독법이 잘못이라는 점은 확실했다(『논어계구편』, 1:17b~18a). 그에 비해 다산은 공자가 인용한 문장을 『백호통』등 여러 고전이 똑같이 인용했다는 사실에 주목했다. 『백호통』같은 한나라 때의 저작도 '효호'를 공자의 말로 보지 않았던 것이다. 물론 어떤 독법에서도 이 장은 일국의 정치는 가족의 질서를 유지하는 데부터 시작하므로 효도와 우애를 통해서도 나라의 운영을 도울 수 있으며, 따라서 "정사(政)를 책임지는(爲) 일만 할(爲)" 필요는 없다는 뜻을 담는다.

　「군진」을 위작으로 보는 다산은 모기령도 비판한다. 모기령은 「군진」이 가짜임을 몰랐기 때문이다. 다산에게는 이 장에서 공자가 인용한 글과 「군진」의 문장이 일치하지 않는다는 사실 자체가 「군진」이 위조되었다는 증거였다. 「군진」이 위조되지 않았다면 군진의 문장은 이 장의 인용과 같아야 하는데 그렇지 않기 때문이다. 그런데 정확히 말하면 모기령은 「군진」이 가짜임을 모른 것이 아니라 『위고문상서』 전체가 가짜가 아님을 주장한 사람이다. 그는 다산이 근거한 『백호통』 등을 다산과는 다른 목적으로, 곧 「군진」이 위조되지 않았다는 증거로 사용한다. 『논어고금주』는 『위고문상서』를 둘러싼 이같은 논쟁을 여러 번 소환하며, 다산과 모기령의 갈등도 계속된다.

마지막으로 다산은 '위정爲政'과 '유정有政'의 함의가 전혀 다르다는 점도 강조한다. 그에 따르면 '위정'은 일국의 정사를 전체적으로 돌보는 것 혹은 책임지는 것이며, '유정'은 관료로서 주어진 정무적 책임을 수행하는 것이다. 그렇기 때문에 다산은 "만약 벼슬하는 사람이 모두 정사를 책임진다면(爲政) 이것은 나라를 어지럽히는 것"이라고 하면서 '위정'은 상경 이상의 지위를 가진 사람에게만 쓰는 말이라고 했다. 다산의 해설을 반영하여 위에서는 '위정'을 "정사를 책임지는 것(爲)"으로 '유정'을 "정무를 가진 것(有)"으로 풀었다. 다산을 따라 『논어』를 읽을 때는 이 두 표현이 엄연히 다름을 염두에 두어야 한다.

2.22

선생님께서 말씀하셨다. "사람이면서도 믿음직하지 않으면 그 가함을 알지 못하겠다. 큰 수레에 가로대가 없고, 작은 수레에 끌채 고리가 없으면 어떻게 그것들을 움직이겠는가?"

子曰; 人而無信, 不知其可也. 大車無輗, 小車無軏, 其何以行之哉?

"큰 수레(大車)"는 소 한 마리가 끄는 수레로 짐을 운반하는 데 사용되던 것이고, "작은 수레(小車)"는 말 네 필이 끄는 마차로 전투를 위해서든 이동을 위해서든 사람이 타던 수레를 가리킨다. 이에 대해서는 고금주의 견해가 같고, 다산도 이를 받아들인다. '예輗'와 '월軏'의 해석에서도 고금주와 다산이 같다. 옛날 소가 끄는 수레는 수레바퀴 양쪽으로 끌채가 두 개 길게 앞으로 뻗어 있고, 그 끌채 끝에 가로대를 놓아 두 끌채를 연결했다. 그리고 소의 멍에를 가로대와 연결하면 수레를 움직일 수 있었다. 고금주와 다산은 모두 '예'가 이 가로대를 의미한다고 했는데, 나중의 고증학자는 가로대가 아니라 가로대와 소의 멍에를 연결하는 쐐기가 '예'라고 주장하기도 했다. 반면 말 네 필이 끄는 마차에는 하나의 끌채가 중간에 있는데, 이 끌채는 앞쪽에서 위로 솟구치듯 굽어 있다. 이 굽어 있는 고리 모양의 끌채 끝에 가로대를 놓아 연결하고, 가로대를 따라 말들을 배치한 뒤 말들의 멍에를 가로대와 연결하면 마차를 움직일 수 있었다. 고금주와 다산은 '월'이 끌채 끝에 있는 고리 모양의 부분을 가리킨다고 했다. 그러므로 다산을 따라 『논어』를 읽을 때는 '예'와 '월'의 뜻을 분명히 해줘야 한다.

고금주에 따르면 가로대와 끌채 고리는 수레나 마차를 움직이기 위한 필수 요소이고, 마찬가지로 신뢰는 모든 사람이 갖춰야 할 덕목이기 때문에 공자가 신뢰를 가로대와 끌채 고리에 비교했다. 다산은 이 해설을 거부하지는 않았다. 하지만 그가 보기에 공자의 비유에는 좀 더 깊은 의미가 있다.

수레와 소는 원래 다른 물건으로 그 몸이 서로 구별되고 연결되지 않는다. 오직 가로대와 끌채 고리로 둘을 연결한 이후에야 수레와 소가 한 몸이 된다. (…) 나와 남도 본래 다른 두 사람이므로 신뢰로 연결되지 않으면 행할 수가 없다.

곧 고금주가 가로대와 끌채 고리처럼 신뢰는 '필요하다'라는 점을 강조한 반면 다산은 그것이 사람들을 '연결해준다'라는 점을 강조했다. '원의총괄'은 다산의 이 주장을 '원의'로 기록했다. "가로대와 끌채 고리는 두 개의 다른 물건을 연결해준다. 마치 신뢰가 두 사람을 연결해주는 것과 같다."

2.23

자장이 물었다. "열 왕조의 일을 알 수 있습니까?" 선생님께서 말씀하셨다. "은나라는 하나라의 예를 이어받았고, 그 덜고 더한 바도 알 수 있다. 주나라는 은나라의 예를 이어받았고, 그 덜고 더한 바도 알 수 있다. 혹시 주나라를 잇는 나라가 있다면 비록 백 왕조의 일이라도 알 수 있을 것이다."

子張問; 十世可知也? 子曰; 殷因於夏禮, 所損益可知也, 周因於殷禮, 所損益可知也. 其或繼周者, 雖百世, 可知也.

이 장에 대한 다산의 독법은 얼핏 지배적 독법과 큰 차이가 없어 보이지만 내용적으로는 많이 다르다. 지배적 독법에서는 이 장의 주요 부분을 "은나라는 하나라의 예를 이어받았으니 그 덜고 더한 바를 알 수 있고, 주나라는 은나라의 예를 이어받았으니 그 덜고 더한 바를 알 수 있다"라고 옮긴다. 다산을 따르더라도 이렇게 옮길 수 있다. 하지만 다산의 해석이 고금주와 크게 다르고, 또 그를 통해 그의 중요한 역사관이 드러나므로 그 다름을 보여주기 위해 위에서처럼 옮긴다.

먼저 본문의 '세世'는 한 세대, 곧 30년이 아니라 한 왕조를 가리킨다. 이 점에는 고금주와 다산이 모두 동의한다. 알다시피 하나라, 은나라, 주나라를 삼대三代라고 하는데, 이때의 '대代' 곧 조대가 본문의 '세'다. 곧 삼대는 삼세이기도 하다. 이제 "열 왕조의 일"을 알 수 있는지 자장의 질문을 받고 공자는 삼대의 일을 들면서 결론적으로 주나라를 계승하는 나라가 있다면 열 왕조가 아니라 백 왕조 뒤의 일도 알 수 있다고 자신했다. 원문을 옮길 때 되도록이면 글자 하나도 넣거나 빼지 않는 것이 이 책『다산 논어』의 원칙이므로 위에서는 "열 왕조의 일" "백 왕조의 일"이라고 옮겼지만 의미상으로는 '열 왕조 뒤의 일' '백 왕조 뒤의 일'을 뜻한다. 어쨌든 공자가 이렇게 자신했기 때문에 주해가들은 공자가 어떤 근거로 이렇게 자신했는지 설명하기 위해 노력했다.

그런데 이 장에서 공자는 마치 예언가처럼 보인다. 백 왕조 뒤의 일도 알 수 있다니! 예언가로서의 공자, 이런 '신기한' 주제를 좋아하는 것이 한나라의 유학이다. 한나라 때 유행했던 참위설이라는 게 모두 도참과 위서에 기초해서 미래를 예언하는 데 골몰한 학문이다. 그래서 이 장을 해설하면서도 고주는 신이 났다. 『논어집해』는 해설의 단서만 제공했지만 『논어의소』나 『논어정의』는 모두 긴 해설을 붙여놓았다. 반면 성리학은 이런 주제와 거리를 두길 원한다. 이런 주제를 놓고 장황하게 토론하는 한학을 보면서 성리학은 '잡스럽다'라고 생각했고, 후학이 그런 주제에 마음을 뺏겨 정작 학문의 본령인 도덕의 함양을 소홀히 할까 염려했다. 그래서 금주는 고주를 수용하면서도 한편으로는 "성인이 다가올 것을 아는 방법이 이렇다는 것이니 그것이 후세의 참위 술수의 학문과 같지는 않다"라고 하여 경계를 늦추지 않았다. 그러면 고주는 공자의 자신감을 어떻게 설명했을까?

고주는 하, 은, 주 세 왕조가 공유하는 전통이 있었고, 또 저마다의 제도가 있었다고 본다. 이때 공유하는 전통이란 삼강오상이다. 삼강은 임금과 신하, 부모와 자식, 지아비와 지어미 이 세 가지 기본적 인간관계에서 임금, 부모, 지아비가 벼리, 곧 중심이 된다는 생각이다. 오상은 인, 의, 예, 지, 신은 불변하는 덕이라는 생각이다. 고전에 나오는 오상이 반드시 인, 의, 예, 지, 신은 아니라는 게 다산의 생각이었지만 고주는 그렇게 보았다. 이런 가치관은 삼대를 관통하여 이어졌고, 그것을 본문은 '예禮'라고 표현했다. 이런 해설은 당연히 왜 삼강오상을 '예'라고 표현했는가 하는 질문을 부른다. 원황(1533~1606)이 질문했고, 다산도 납득하지 못했다. 다산이 고주를 받아들이지 않은 작은 이유 중의 하나다.

어쨌든 고주의 입장에서 볼 때 계승되는 전통이 삼강오상이라면 각 왕조의 독자성은 '문文'과 '질質', 곧 세련된 문화적 표현(文)과 도덕의 바탕이 되는 자연적 질박함(質) 이 두 가지 가치 중 어떤 것을 중시했는가에 따라서, 그리고 삼통설의 관점에서 어떤 기준(統)을 가지고 제도를 운용했는가에 따라서 발생한다. 문질론과 관련하여 고주는 하나라는 '문'을 중시했고, 은나라는 '질'을 중시했다고 주장한다. 주나라를 따로 이야기하지는 않았지만 주나라에서 예제가 발달했기 때문에 당연히 주나라는 '문'을 중시했다. 그렇다면 주를 잇는 왕조는 '질'을 중시하겠고, 그 다음 왕조는 '문'을 중시할 것이다. 삼강오상은 지속적으로 계승되고 이런 순서로 왕조의 가치관이 순환한다면 백왕조 뒤의 일도 얼마든지 알 수 있다. 한편 문질론과 같이 거론되는 삼통설은 하, 은, 주 이 세 왕조가 서로 다른 제도의 기준을 가지고 있었다는 학설이다. 가령 색으로 보면 하는 흑색을, 은은 백색을, 주는 적색을 존중했다. 책력으로 보면 하는 음력 1월을 한 해의 시작으로 보았고, 은은 음력 12월을 한 해의 시작으로 보았으며, 주는 음력 11월을 한 해의 시작으로 보았다. 그러므로 실제로 진나라가 그랬듯이 주를 잇는 왕조는 색으로는 다시 흑색을 존중할 것이고 책력으로는 다시 음력 1월을 한 해의 시작으로 보게 될 것이다. 이렇게 제도의 기준이 순환하므로 공자가 백 왕조 뒤의 일도 알 수 있다고 자신했다.

금주는 고주의 설명을 대부분 받아들였다. 단지 고주와 달리 하나라가 '문'을 숭상한 것이 아니라 '충忠'을 숭상했다고 주장했다. '충'은 '문'이나 '질' 같은 편향보다 우월하고, 옛날일수록 더 도덕적이었다는 게 성리학의 시각이었기 때문이다. '문' '질'에 '충'을 집어넣으면 삼통설과 균형을 맞출 수 있다는 고려도 작용했을 수 있다.

다산은 금주의 이런 설명을 받아들이지 않는다. 문질을 이야기하는데 뜬금없이 '충'이 등장하는 것은 오류다. 아니 근본적으로는 문질론을 왕조의 부침과 연관시킨다는 것 자체가 문제다.

> 성왕이 천하를 얻으면 오로지 일등의 도리로 오랫동안 행해도 폐단이 없는 것만을 구하여 세상의 모범으로 삼을 뿐이다. 그런데도 자신의 이해를 생각하지 않고 마치 한 번 밤이 되고 한 번 낮이 되는 것이 변하지 않는 것처럼 오로지 한 번 '문'을 중시하고 한 번 '질'을 중시하면서 정해진 규례에 집착한다고 하니 이런 이치가 있는가?

다산의 이 비판은 정당하다. 시대의 요구가 있고 변화하는 상황이 있는데 미리 정해진 질서를 무조건 적용하는 것은 현명한 정치가 아니다. 그래서 '원의총괄'도 다산의 이 비판을 '원의'로 기록했다. "삼대가 각각 '충' '질' '문'을 숭상했다는 설은 본래 참위가의 잘못된 견해다."

나아가 다산은 은나라가 '질'을 숭상하고, 주나라가 '문'을 숭상했다는 견해도 받아들이지 않는다. 이것은 결국 주나라가 '질'을 소홀히 했다는 뜻이기 때문이다. 실상 성리학자 사이에서는 주나라가 '질'을 소홀히 하고 '문'만 숭상했기 때문에 망하게 되었다는 인식이 보편적으로 존재했다. 하지만 다산이 보기에 이렇게 주나라를 이해하는 것은 잘못이었다. 그에게 주나라는 이상적 사회, 주공이 유교의 전장 제도를 완성시킨 아름다운 사회였기 때문이다. 한마디로 다산에게 주나라 제도는 무결점이었다. 주나라 제도에 결점이 없다는 다산의 인식, 그렇기 때문에 주나라는 '질'을 소홀히 하고 '문'만을 중시한 게 아니라 '문'과 '질'이 잘 어울린 사회였다는 인식은 『논어고금주』 전편에 걸쳐 지속적으로 개진된다.

다산이 볼 때 공자가 백 왕조의 일도 알 수 있다고 자신한 것 역시 주의 문명에 결점이 없기 때문이었다.

> 전장과 법도는 주나라에 와서 크게 갖추어져 선을 다하고 또 아름다움을 다하는 상태가 되었고, 덜고 더할 여지가 없게 되었다. 만약 왕이 될 만한 사람이 나타나 주의 예제를 따른다면 백 왕조 뒤라도 변하지 않을 것이다. 그 때문에 공자는 "비록 백 왕조의 일이라도 알 수 있다"라고 했다.

진정한 왕이 나타나서 주의 완벽한 제도를 계승한다면 백 왕조가 아니라 만 왕조 뒤라도 그것은 유지된다. 공자는 그럴 것을 알았기 때문에 나중을 알 수 있다고 했다. 이때 나중의 왕이 계승하는 주의 제도는 삼강오상만이 아니다. 주나라 제도 전체다. 물론 진정한 왕이 나타날지는 하늘이 정할 것이다. 그러므로 본문에서 공자는 "혹시(或)"라는 단서를 달았다.

과연 공자가 주를 숭상했다는 증거는 여기저기 있고, 공자가 주의 제도를 완벽한 것으로 보았다고 할 근거도 충분하다. 그러므로 "백 왕조의 일이라도 알 수 있을 것"이라는 자신이 주 문화에 대한 공자의 존경 때문일 수도 있다. 하지만 어쨌든 이것은 다산이 해석한 공자의 이유다. 다산이 자신의 가치관과 역사관에 근거하여 해석한 이유다. 계속 확인하겠지만 다산은 주 문명이 완벽했다는 확고한 신념을 가졌다. 그것이 유교적 이상사회의 역사적 구현이었기 때문이다. 그런 면에서 다산을 조선의 뿌리마저 개혁하려고 했던 근대 지향의 개혁적 사상가로 소개하는 것은 선전에 가깝다.

그러면 본문에서 "그 덜고 더한 것을 알 수 있다"라는 말은 무슨 뜻인가? 앞에서 언급했듯이 고금주는 이것을 삼통설 혹은 문질론과의 연관 속에서 설명했다. 나중에 더 자세히 살피겠지만 다산도 삼통설을 받아들였다 (15.11). 하시만 "그 덜고 더한 것을 알 수 있다"라는 말은 다산이 보기에 삼통설과 관련이 없다. 사실 그렇게 말한 이유는 너무나 간단하다. 하나라의 예제는 주나라 예제처럼 완벽하지 않았으므로 은나라는 하나라를 계승하면서 하나라의 예제에서 뺄 것은 빼고 더할 것은 더했다. 그리고 무엇을 빼고 무엇을 더했는지 전적에 다 기록했다. 은나라의 예제는 하나라의 예제보다 나았지만 주나라에 비해서는 역시 부족했다. 그러므로 은나라를 계승하면서 주나라는 뺄 것은 빼고 더할 것은 더했다. 이때도 무엇을 가감했는지 전적에 다 기록했다. 그렇기 때문에 공자는 "알 수 있다"라고 했다. 책에 기록되었으므로 알 수 있다고 한 것이다. 그렇지 않다면 아무리 공자라도 어떻게 덜고 더한 바를 알 것이며, 완벽한 주의 제도를 그대로 계승한다는 전제 아래 백 왕조 뒤의 일을 알 수 있다고 한 것이지 그렇지 않다면 무슨 신통력으로 공자가 그렇게 이야기할 수 있었겠는가? 다산은 이렇게 결론을 내린다. "(그렇지 않다면) 하물며 한 왕조의 일도 앞서서 알기 어려운데 백 왕조 뒤의 일은 어떻겠는가?"

정리하자면 은나라는 하나라의 예를 이어받았다. 이때의 예는 제도 전체를 가리킨다. 두 왕조 사이에 약간의 발전적 변화가 있기는 한데 그것도 전적을 보면 어떤 가감이 있었는지 알 수 있다. 주나라도 마찬가지였다. 결국 주나라에 의해서 완벽하고 영원히 계승되어야 할 제도가 완성되었다. 그러므로 혹시라도 주나라를 계승하는 나라가 있다면 백 왕조 뒤의 일도 예견할 수 있다. 주나라와 같을 것이기 때문이다. 이것이 다산이 새롭게 해석하는 이 장의 원래 의미, '원의총괄'에 기록된 또 다른 '원의'였다. "'계주繼周'는 비록 백 왕조 뒤라도 주의 예제를 바꾸지 않는다는 것을 의미한다."

2.24

선생님께서 말씀하셨다. "그 귀신이 아닌데 제사하는 것은 아첨이고, 의를 보고도 행하지 않는 것은 용기가 없는 것이다."

子曰; 非其鬼而祭之, 諂也. 見義不爲, 無勇也.

이 장에서 논란이 되는 것은 '귀鬼'가 어떤 귀신을 가리키는가다. 고주는 "사람이 신령스러운 존재가 된 것을 '귀'라고 한다"라고 했다. 그렇다면 '귀'는 조상신이다. 이 정의는 『주례』에 근거한 것으로, 이 관점에서 볼 때 하늘의 신령스러운 존재는 '신神'이고, 땅의 신령스러운 존재는 '기示'이며, 인간의 신령스러운 존재는 '귀'다. 그런데 자기 조상이 아닌데도 제사를 지내는 사람이 있다. 그 귀신에게 아첨하기 위해서다.

이에 비해 금주는 '귀'를 마땅히 제사해야 할 귀신으로 본다. 산천의 신이든 조상신이든 마땅히 제사할 귀신이 본문의 '귀'다. 그러면 천지는 천자에게는 제사지내야 할 "그 귀신"이고, 그 이하에게는 아니다. 산천은 제후에게는 제사지내야 할 "그 귀신"이고, 그 이하에게는 아니다. 마찬가지로 대부에게는 오사五祀, 다산의 정의에 따르면 오행의 신이 "그 귀신"이고, 서민에게는 조상신이 "그 귀신"이다. 금주의 이런 해석은 '귀'라는 글자 자체에 주목할 때 납득하기 힘들다. 단지 이런 해석을 보고 금주가 명분을 강조하려고 했던 것은 알 수 있다.

　다산은 고주와 금주 중 어떤 것을 따랐을까? 금주를 따랐다. "『집주』를 어떻게 바꾸겠는가?"라는 게 그의 결론이었다. 그는 유교적 신분질서를 보존하려는 노력에서 성리학자에 뒤지지 않는다. 그가 명분론자였다는 것은 어쩌면 당연하다. 그는 무엇보다 공자의 제자였고, 공자가 명분론자였기 때문이다.

제3편

팔일

八佾

3.1

공자가 계씨를 말했다. "팔일로 뜰에서 춤을 추니 이것을 견뎌 할
수 있다면 무엇을 견뎌 하지 못하겠는가?"

孔子謂季氏; 八佾舞於庭, 是可忍也, 孰不可忍也?

이 장에 대한 고금주의 독법은 서로 사뭇 다르다. 무엇보다 '숙孰'에 대한
양쪽의 해석이 다르기 때문이다. 고주는 '숙'을 '누구'라는 의미로 보았다. 그
렇다면 본문은 "팔일로 뜰에서 춤을 추니 이런 자를 용인한다면 누구를 용
인하지 못하겠는가?"로 옮겨야 한다. 고주에서 '인忍'은 '용인하다'라는 의미
다. 반면 금주는 '숙'을 '무엇'이라는 의미로 보았다. 다산이 금주를 따랐으므
로 위에서도 금주대로 옮겼다. 금주와 다산에게 '인'은 '견뎌 행하다'라는 뜻
으로 비난을 견디면서 무엇을 한다는 뜻이다. 금주는 '인'을 '용인하다'라는
뜻으로 볼 수도 있다고 했으므로 금주를 따를 때도 문제 되는 부분을 "이것
을 용인한다면 무엇을 용인하지 못하겠는가?"라고 풀 수 있다.

이 장의 짧은 문장에는 많은 논란거리가 있다. 첫째, '계씨季氏'는 구체적으

로 누구를 가리키는가? 둘째, '팔일八佾'이란 도대체 무엇인가? 셋째, '뜰(庭)'
은 어디를 말하는가?

　이런 논란은 이 장의 가르침을 이해하는 일과 큰 관련이 없다. 「팔일」의 많
은 장처럼 이 장도 공자가 예를 따르지 않는 것에 분노했고, 반드시 예를 따
라야 한다는 교훈을 주었다고 말한다. 계씨가 누구든, 팔일이 무엇이든, 이
참월이 어디에서 일어났든 한 세력가의 집안에서 천자의 예를 함부로 사용
하는 일이 일어났고, 그를 공자가 대단히 못마땅해 했다는 것은 분명하다. 그
러므로 시시콜콜 글자 뜻을 따지는 데 흥미가 없었던 금주는 위의 논란에
대한 입장 표명 없이 이 장을 간단하게 해설한다. 반면 글자 뜻을 중시했던
고주는 위의 모든 질문에 답을 한다. 그것이 한당에 유행했던 학문, 고거학
혹은 박학이다. 성리학은 말이 아니라 가치를 중시했고, 나중에 성리학에 반
기를 든 청대의 고증학이나 일본의 고학은 다시 말에 힘을 쏟았다. 앞에서도
언급했다시피 다산은 때로는 말에 힘을 쓰고, 때로는 가치에 힘을 쓰면서 이
둘 사이에서 균형을 잡으려고 했다. 그렇지만 적어도 이 장에서 그는 말을 정
의하는 데 힘을 썼고, 위의 질문과 관련된 긴 논설을 남겼다. 다산은 역사와
예제의 토론을 대단히 좋아한다.

　위의 질문에 대한 다산의 입장을 알아보려면 약간의 배경 설명이 필요하
다. 이야기는 주공까지 거슬러 올라간다. 잘 알려져 있듯이 주공은 유학자
에게 흠이 없는 성인이며, 유교의 예제를 완성한 인물이다. 형인 무왕이 죽
은 뒤 그는 욕심을 내지 않고 조카 성왕을 도와 주의 문물을 흥기시켰다. 그
래서 성왕은 주공의 후손에게 땅을 내주어 그곳을 다스리고 주공을 제사지
내도록 했다. 그 땅에 세워진 것이 노나라다. 그렇게 은사를 베풀고도 성왕은
덤으로 천자의 예악을 쓸 수 있다는 특전까지 노나라에 주었다. 노나라는 제
후국이지만 특별히 나라의 전례에서는 천자의 예악을 쓸 수 있도록 허락한

것이다. 그 전례의 대표적인 것이 주공과 주공의 아버지인 문왕을 종묘에서 제사하는 일이었다.

세월이 한참 흘러 기원전 8세기 말에서 7세기 초에 노나라를 다스린 환공에게는 네 명의 아들이 있었다. 그중 큰아들은 환공을 이어 장공이 되었고, 나머지 세 아들은 옛날 공족公族이 흔히 그랬듯이 왕실에서 나와 각각 하나의 가문을 이루고 중손, 숙손, 계손이라는 씨를 가진 귀족 가문이 되었다. 아들이 넷 있을 때는 각각 백, 중, 숙, 계라고 서열을 부여하게 되는데, 환공의 맏아들은 노나라의 군주가 되었으므로 각각 이렇게 이름한 것이다. 이들은 모두 환공의 자손이었으므로 삼환三桓이라는 말로 통칭되었다. 그런데 넷째 아들은 시자인 둘째나 셋째와 달리 적자, 곧 환공의 정부인 문강의 아들이었다. 문강은 제나라 공주로 강姜씨이고, 따라서 강부인이지만 그녀의 사적이 '문文'으로 개괄될 수 있었으므로 문강으로 알려졌다. 어쨌든 계씨의 시조 계우는 적자였으므로 막내임에도 불구하고 삼환을 대표했고, 삼환 중에서 가장 강력한 가문이 되었다. 삼환의 시조는 모두 환공에게서 나왔으므로 시조의 뿌리에 제사하는 예법에 따라 삼환도 때마다 환공을 제사했다. 환공은 노나라의 군주였고, 노나라는 국가 전례에서 천자의 예를 사용할 수 있는 특전을 받았기 때문에 삼환은 환공을 제사할 때도 천자의 예를 사용할 수 있다고 보았다.

이제 돌아가 위의 질문을 살펴보자. 우선 첫 번째 질문과 관련하여 고주는 '계씨'가 계환자라고 특정했다. 본문을 볼 때 공자가 계씨 집안에서 예를 참월하는 사태를 목도한 것이 분명하고, 공자 당대에 계씨 집안을 다스렸던 것은 계환자였기 때문이었다. 하지만 다산은 이 견해를 받아들이지 않는다. 계씨가 천자의 예를 마음대로 쓴 것은 계환자가 아니라 그의 아버지 계평자에게서 시작되었으며, 다른 자료를 참고했을 때 공자가 팔일로 춤추는 것을 목도한 것도 계평자 때의 일이기 때문이었다. 계평자 역시 공자 당대에 계씨 집안을 다스린 사람 중 하나였다.

두 번째 질문과 관련하여 고주는 왜 천자가 팔일의 춤, 곧 여덟 줄로 무희를 줄지어 놓고 추는 춤을 채택했는가를 길게 설명한 뒤에 천자가 여덟 줄이라면 제후는 여섯 줄, 대부는 네 줄, 사는 두 줄을 사용하게 되는데, 이때 한 줄에 서는 무희의 숫자도 줄의 숫자에 비례하여 줄어들게 되고, 따라서 천자가 64명의 무희를 사용한 데 비해 제후는 36명을 사용했다고 했다. 이것은 하휴(129~182)와 두예(222~285)의 설이었다. 동시에 고주는 복건(약 2세기)의 설을 소개하여 줄의 숫자가 위계에 따라 감쇄하는 것은 맞지만 한 줄에 서는 무희의 숫자는 여덟으로 고정이라고 했다. 다산은 복건의 설을 받아들인다. 한 줄에 여덟 명을 세우는 것이 악기의 여덟 가지 다른 재료를 의미하는 팔음과 팔풍 때문이므로 그 숫자를 줄일 수 없다는 것이 한 이유였고, 또 하휴와 두예의 설대로라면 사는 겨우 4명의 무희를 가지고 예를 행한다는 것인데 그것이 이치에 안 맞는다는 것이 다른 이유였다.

세 번째 질문은 더 복잡하다. 고주는 여기에서 '뜰'이 계씨 집안의 가묘 앞을 가리킨다고 했다. 계씨의 가묘에는 집안의 시조인 계우의 아버지, 곧 가문의 뿌리 조상인 노 환공이 모셔져 있었다. 따지고 보면 계씨의 가묘에서 팔일로 춤추는 것은 예에 맞지 않았다. 성왕이 노나라에 천자의 예를 쓸 수 있도록 허락했더라도 그 특권은 노나라 시조 백금의 아버지인 주공과 그 할아버지인 문왕의 제사에서만 허용되는 것이지 노나라의 다른 군주를 위한 제사에서도 허용되는 것이 아니었기 때문이다. 그러므로 설령 계씨의 가묘에 노 환공이 모셔져 있더라도 그 제사에 팔일무를 쓰는 것은 예를 어기는 것이었다.

모기령은 고주를 수용하면서 이 문제에 대한 해설을 추가했다. 곧 계씨 집안에는 다른 조상을 모시는 묘당과는 별개로 뿌리 조상인 환공을 모시는 묘당이 따로 있었고, 계씨 집안이 환공의 적자로부터 시작된 집안이므로 삼환의 대종大宗으로서 세 집안 모두를 대표하여 이 묘당을 두게 되었다는 것이다(『사서승언』, 2:16a~b). 이때 삼환 중 다른 두 귀족 집안, 곧 맹손씨(중손씨)와 숙손씨는 소종小宗이었기 때문에 환공묘를 설치할 수 없었다. 그러므로 가묘의 뜰에서 팔일무를 추는 비행은 계씨 집안에서만 일어났고, 그 때문에 본문에서 공자는 계씨만 특정해서 비판했다.

다산은 계씨 집안에 환공을 모신 묘당이 따로 있었다는 모기령의 주장은 받아들였다. 그러나 세 번째 질문에 대한 그의 답 역시 고주나 모기령의 답과는 달랐다.

다산은 일단 이 장에서 공자가 계씨를 준열히 꾸짖었다고 보았다. 그런데 계씨가 환공을 제사할 때 천자의 예를 쓴 것은 공자가 이렇게까지 준열하게 꾸짖을 만한 일은 아니다. 잘못이기는 하나 노나라에서 이미 선왕을 제사할 때 천자의 예를 써왔기 때문이다. 하지만 만약 삼환의 집안에서 환공이 아닌 다른 조상을 제사하면서 천자의 예를 썼다면 어떤가? 말할 것도 없이 그것은 대단히 큰 문제였다. 다산은 본문의 논조를 볼 때 공자가 비판한 사례는 그것일 거라고 생각했다.

> 만약 삼환의 집안에서 오직 환공을 제사하는 데만 팔일무를 사용했다면 이 세 집안의 죄는 노나라 군주의 죄보다 무겁지 않다. 의리로 볼 때 공자는 원래 노나라의 악행을 말하는 것을 꺼렸다. 그런데 어떻게 그가 감히 "이것을 견뎌 할 수 있다면 무엇을 견뎌 하지 못하겠는가?"라고 이야기할 수 있었겠는가!

노나라 군주도 환공을 비롯한 선왕을 제사할 때 팔일무를 사용했으므로 삼환이 환공을 모신 가묘 앞에서 팔일로 춤을 추게 했다면 결국 노나라 군주와 똑같은 잘못을 저지른 것이다. 그런데 공자는 노나라 군주의 잘못을 구태여 이야기하지 않으려고 했으므로 자칫 노나라 군주에 대한 비난으로도 해석될 수 있는 이런 심각한 비판은 하지 않았을 것이라는 주장이었다. 그러나 삼환이 사사롭게 천자의 예를 썼다면 이야기가 다르다. 공자가 극도로 화를 낼 법하다. 그래서 다산은 본문의 '뜰'이 계씨 집안의 뜰, 곧 시조인 계우를 모신 계씨 가묘의 뜰이라고 판단했다. 환공을 모신 삼환씨의 묘당이 아니라 별도로 세운 가묘의 뜰이었다. 이상이 다산이 많은 공을 들여 논의한 세 가지 질문에 대한 답변이었다.

그런데 '원의총괄'은 앞의 세 가지 문제에 대한 다산의 결론이 아니라 "계씨는 세 집안의 대종이 아니었다"라는 주장을 '원의'로 기록한다. 이것은 단지 모기령에 대한 비판이었다. 모기령은 계씨가 환공의 적자로서 삼환을 대표하는 대종이 되었고, 나머지 두 집안은 소종이 되었다고 했다. '원의총괄'은 이 주장에 대한 다산의 반론을 '원의'로 등재한 것이다. 다산의 반론을 간단히 요약하면 다음과 같다.

천자에게서 갈라져 나온 제후의 집안이든, 제후에게서 갈라져 나온 대부의 집안이든 귀족의 집안은 시조를 두고 한 가문을 이루는 한 모두 대종이 된다. 그러므로 환공에게서 갈라져 나온 삼환은 모두 대종이다. 모두 대종이므로 세 집안은 각각 환공을 제사하는 환공묘를 세웠다. 계씨(계손씨)만 그런 것이 아니라 맹손씨 집안도, 숙손씨 집안도 그랬다. 그러므로 환공을 제사하면서 천자의 예를 쓴 것도 계씨만이 아니다. 그래서 다음 장에서 공자는 "세 집안에서 「옹」으로써 제기를 거둔" 일을 두고 세 집안을 모두 비판했다. 이들은 또 환공묘의 제사에서만 천자의 예인 팔일무를 사용한 것이 아니라 그들의 시조인 중경, 숙아, 계우를 제사지낼 때도 이런 황당한 일을 벌였다. 단지 공자는 이 장에서 특별히 계씨만을 거론했다. 세 집안에서 「옹」으로 제사상을 물리는 일을 보고 또 연이어 계씨의 묘당 뜰에서 팔일무를 사용하는 것을 보았기 때문이다.

이 주장은 의미가 있다. 중국의 세계관에서 조선은 천자로부터 분봉을 받은 제후국이었다. 그런데 다산에 따르면 모든 제후국은 시조가 적자든 서자든, 장자든 차자든 예외 없이 대종이 된다.

> 한나라의 법에 따르면 제후국의 왕은 각각 그 나라에 나라의 뿌리가 되는 제왕의 묘를 세울 수 있었다. 일찍이 적자가 아니라고 해서 그 일을 금하지는 않았다.

조선이 제후국이었다면 조선의 뿌리가 되는 제왕은 누구였나? 다산은 더이상 논의하지 않는다. 하지만 그가 단군이었다면 단군에게 제사를 드릴 수 있고, 환웅 같은 천신이었다면 하늘에 제사할 수도 있다. 다산의 이론으로는 가능한 일이었다. 물론 다산이 실제로 이런 생각을 하지는 않았을 것이다. 그는 명분론자였고, 천자만 천지에 제사한다는 것도 여러 번 확인했다. 하지만 다양한 해석의 가능성이 없지는 않다.

이렇게 이 장에서 '원의총괄'이 기록한 '원의'는 사상적 의의를 가진다. 하지만 그것이 『논어』 자체의 '원의'를 다루지는 않는다. 그래서 왜 앞에서 거론한 세 가지 질문에 대한 다산의 결론 대신 모기령에 대한 반론을 '원의'로 기록했을까 하는 의문은 그대로 남는다.

마지막으로 이 장에서 다산이 여러 번에 걸쳐 자신의 논설이 '이치'에 근거했다고 말한다는 점도 적어놓는다. 가령 그는 "일의 이치(理)로 미루어 생각해보면"이라면서 긴 논설을 시작하고, "이런 이치(理)가 있는가?"라며 모기령에 반론을 제기하고, 서자는 종자가 될 수 없다는 주장에 "그런 이치(理)가 있을 수 없다"라고 단언하고, 또 계씨만 예를 참월했는데 공자가 다음 장에서 세 집안을 모두 묶어 비판하는 "그런 이치(理)는 있을 수 없다"라고 선언하며, 성왕이 노나라에 천자의 예를 사용하는 특전을 이미 주었는데 또 다시 강왕이 같은 특권을 노나라에 수여하는 "그런 이치(理)는 없다"라고 결론을 내린다. 이미 밝혔듯이 이것이 다산의 추론 방식이다. 이런 사례는 다산이 '이치'라는 철학적 범주를 얼마나 긴요하게 운용했는지를 보여주는 증거이며, 다산이 구체적으로는 서술하지 않았더라도 그의 학문을 바탕으로 '실리학'을 구성하게 되는 토대다. 짧은 장에 대한 해설이 이렇게 길어진 것은 역사와 예제의 토론을 좋아하는 다산의 학문을 그대로 반영한 것이다.

3.2

세 집안에서 「옹」으로써 제기를 거두니 선생님께서 말씀하셨다. "'돕는 자 제후이니 천자께서 그윽하게 계시도다!'라고 했는데, 어찌 이것을 세 집안의 묘당에 취하는가?"

三家者以雍徹. 子曰; 相維辟公, 天子穆穆, 奚取於三家之堂?

「옹雍」은 『시』 「주송」에 있는 시다. 옛날 주나라 왕실에서 선조에게 제사를 지내고 제기를 거두는 동안 유사들이 이 시를 노래했다고 한다. 위에서 공자가 일부를 인용하고 있다. '상相'은 '돕다'라는 뜻이고, '유維'는 어조사, '벽공辟公'은 '왕공王公'과 같은 말로 '제후'를 가리킨다. '목목穆穆'은 고금주와 다산이 모두 천자의 용모를 표현하는 말이라고 했는데, 위에서처럼 옮겨보았다. 「옹」으로 제기를 거두는 것은 천자의 제사에만 쓰는 예다. 「옹」이 "돕는 자 제후"라고 했으므로 제후를 불러 제사를 돕게 할 수 있는 천자만 쓸 수 있다. 그런데도 노나라의 세 대부 집안에서 가져다 썼기 때문에 공자가 힐난했다. 고금주와 다산이 공유하는 해설이다.

다산은 이 장에서 금주에 두 가지를 '질의'한다. 그 하나는 정이에게 던지는 실문이다. 정이는 명분론과 원리주의라는 면에서 제자인 주희도 따라가지 못할 사람이다. 그는 이 장을 논하면서 노나라에 천자의 예를 사용할 수 있는 득권을 준 성왕과 그것을 받은 노나라의 시조 백금이 모두 잘못을 저질렀다고 하면서 "주공의 공이 진실로 크나 모두 신하로서 마땅히 해야 할 것이었으니 노나라가 어떻게 혼자 천자의 예악을 받을 수 있었단 말인가?"라고 비판한다. 하지만 다산이 보기에 이 엄격한 명분 의식은 역사적 사실을 간과했다. 성왕이 준 특권은 오직 주공을 제사하는 경우에만 사용할 수 있었기 때문이다. 다른 하나는 주희에게 던지는 질문이다. 주희는 본문의 세 집안을 두고 "무지하고 망령되게 행동했다"라고 평가했는데, 다산은 평가가 정확하지 않다고 보았다. 이런 말은 우매한 백성에게나 쓸 말이지 삼환씨 같은 경대부에게 사용해서는 안 되는 것이다.

이런 것들은 사소한 문제였다. 더 중요한 것은 "세 집안의 묘당(三家之堂)"이 삼환씨가 공유하는 하나의 환공묘를 가리키는지 아니면 삼환씨 각각이 세운 세 개의 환공묘를 가리키는지를 밝히는 일이었다. 그래서 다산은 이 장에서 다시 세 집안이 모두 대종이었음을 확인하면서 앞 장에서 소개한 모기령의 설을 혹독하게 비판한다. 모기령은 계씨가 세 집안의 대종이었고, 계씨 집안에 환공묘가 있었기 때문에 이 장에 묘사된 예의 참월은 계씨 집안에서 일어났다고 주장했다. 반면 다산은 세 집안이 모두 대종이었고, 각각 환공묘를 설치했기 때문에, 예의 참월도 세 집안 모두에서 일어났을 뿐만 아니라 천자의 예를 마음대로 쓰는 일은 환공을 넘어 각 집안의 시조를 제사할 때도 일어났다고 주장한다. 다산에 따르면 그래서 공자는 이 장에 기록된 대로 심각한 우려를 나타냈다.

전통적으로 유학자들은 삼환씨를 모두 못마땅하게 보지만 그중에서도 계손씨 집안은 각별히 흉악하다고 생각해왔다. 무엇보다도 『논어』에 계손씨를 특정해서 비판하는 경우가 여럿 있고, 천자의 예를 마음대로 쓴 것도 계손씨였다는 인식이 있었으며, 또 계손씨의 시조 계우는 자신의 형인 중경(맹경보)과 숙아도 모두 죽이는 악행을 저질렀기 때문이다. 하지만 다산에 따르면 계손씨의 악명은 과장된 측면이 있다.

우선 계손씨를 비판하는 『논어』의 글들이 '원의'에 맞게 이해되었는지 검토해야 한다. 가령 앞 장과 이 장의 논의에서 다산은 계손씨만 천자의 예를 참월한 것이 아니었다고 했다. 역대 노나라의 군주와 삼환씨의 다른 두 가문도 그랬다. 또 계우가 형제를 죽이기는 했어도 다산에 따르면 그는 사태가 모두 종결된 뒤에 죽은 형제의 후손이 계속 가문을 유지하고 살아갈 수 있도록 '친친親親'의 은혜를 베풀었다. 공자도 계우의 기특한 일을 인정했으므로 그가 형제를 시해한 일을 『춘추』에 기록하면서도 '죽였다(殺)'라는 말을 쓰지 않았다. 사실 계우는 숙아가 먼저 모반을 계획했고 나중에 또 맹경보가 반란했기 때문에 죽였다. 어쩔 수 없는 측면이 있는 것이다. 물론 다산이 계손씨를 좋게 본 것은 아니다. 단지 다산은 무작정 남들을 따라 계손씨를 사갈시하는 것이 맞는지를 질문했다.

이와 관련하여 다산이 자신의 주장을 약화시키는 『예기』「교특생」의 기록을 배척하고, 그것을 믿을 수 없는 자료로 이해했다는 점도 흥미롭다. 「교특생」은 삼환씨 같은 대부는 아무리 뿌리 조상이라고 하더라도 제후를 제사할 수 없다고 명시했다. 지위가 다르기 때문이다. 그렇다면 삼환씨는 환공을 제사할 수 없다. 그럼에도 삼환씨는 환공을 제사했으므로 「교특생」은 이런 참월이 삼환씨로부터 시작되었다고 했다(『예기주소』, 25:21a). 「교특생」의 기록을 받아들이면 다산의 주장은 성립하지 않는다. 그래서 다산은 「교특생」을 의심했다. 사실 앞 장의 논의와 관련해서도 『예기』 「제통」은 노나라에 천자의 예악을 하사한 것이 주의 성왕과 강왕이라고 했다(49:30a~b). 그러므로 「제통」의 기록을 받아들이면 성왕이 문왕과 주공의 제사에만 천자의 예악을 쓰도록 노나라에게 허락했다는 다산의 주장은 성립하지 않는다. 그래서 다산은 「제통」도 한나라 유자가 지은 것으로 보았다. 이렇게 되면 다산은 『예기』에서 벌써 「교특생」과 「제통」 두 편을 후대의 글로 본 셈이다. 여기에다가 나중에 이야기하겠지만 「예운」과 「월령」도 다산의 의심을 받는다. 다산은 유교의 거의 모든 경전에 절대적 신뢰를 보냈지만 『예기』의 일부는 그대로 믿지 않았던 것이다. 『춘추좌씨전』에 대한 그의 의심은 나중에 논의하겠다(5.24).

3.3

선생님께서 말씀하셨다. "사람이면서도 인하지 않으면 예를 어떻게 할 것이며, 사람이면서도 인하지 않으면 악을 어떻게 할 것인가?"

子曰; 人而不仁, 如禮何? 人而不仁, 如樂何?

이 장에서 다산은 전체적으로 고주를 따른다. 다산도 인용했지만 고주는 "사람이면서도 인하지 못하면 반드시 예악을 행할 수 없을 것이다"라고 하여 위에서처럼 읽어야 한다고 했다. 금주는 다르다. 금주는 "진실로 그 사람이 아니라면 비록 옥과 비단이 섞이고 종소리, 북소리가 굉장하게 울린다고 하더라도 장차 무엇을 하겠느냐?"라고 하여 인하지 않은 사람도 예악을 행할 수 있으나 결국 쓸모가 없다고 해설했다. 그러므로 금주를 따르면 이 장은 "사람이면서도 인하지 않으면 예를 해서 무엇을 하며, 사람이면서도 인하지 않으면 악을 해서 무엇을 할 것인가?"라는 정도가 된다.

다산은 인과 예악의 관계를 이렇게 설명한다. "인은 충과 효를 성취한 것의 이름이다. 예는 이것을 실천하면서 생기고, 악은 이것을 즐거워하면서 생긴다. 인이 '질'이 되고, 예와 악은 '문'이다." 충과 효를 실천하면 그것이 곧 인이고, 인을 규범과 음악을 통해 문화적으로 표현하면 예악이 된다는 말이다. 이런 사유에서는 잘못된 예가 있을 수 없다. 인이 바탕이고, 예는 그것의 표현이기 때문이다. 다시 말해서 어떤 규범이 예라면 그것은 항상 인의 표현이다. 그렇기 때문에 인하지 않은 사람은 예를 행할 수 없다. 물론 참된 예가 아닌데 어떤 규범을 예라고 주장하는 사람도 있다. 이 경우에는 정명, 곧 이름을 바로잡으면 된다. 다산의 독법은 금주와 미세하게 다를 뿐이지만 실상은 인과 예악의 관계에 대한 다산의 독자적 생각을 반영한다. 그러므로 다산을 따라 『논어』를 읽을 때는 그가 채택한 독법을 정확히 반영해야 한다.

3.4

임방이 예의 근본을 물으니 선생님께서 말씀하셨다. "크구나, 질문이여! 예는 사치하기보다 차라리 검소할 것이며, 상례에는 편안하기보다 차라리 슬퍼할 것이다."

林放問禮之本. 子曰; 大哉問! 禮, 與其奢也, 寧儉. 喪, 與其易也, 寧戚.

임방은 노나라 사람이라고 하는데, 정보가 많이 없어 공자의 제자인지는 불확실하다. 고주는 이 사람이 물은 것이 예의 본의, 곧 예의 근본적 의미라고 했고, 금주는 예의 근본, 곧 예의 실천을 위한 근본이라고 했다. 다산은 이 둘과 다르다. 그에 따르면 임방은 예를 제작한 본의, 곧 성인이 예를 만든 이유를 물었다. 임방의 질문에 대한 고주의 대답은 예의 본의에 비추어 볼 때 사치하거나 검소하거나 혹은 편안하거나(易) 슬퍼하는 것이 모두 문제이지만 그래도 사치한 것보다는 검소한 것이 낫다는 것이다. 고주에서 '이易'는 '편안하다'라는 뜻이다. 금주의 대답은 실천을 위한 근본이라는 관점에서 볼 때 사치나 격식을 준수하는 것(易)보다는 검소나 슬픔의 유지가 더 중요하다는 것이다. 문질론으로 말하면 검소와 슬픔이 '질', 곧 예를 실천하는 바탕이고, 사치나 형식은 '문', 곧 바탕의 표현이기 때문이다. 금주에서 '이'는 '다스리다(治)', 곧 격식을 잘 준수하여 상을 치른다는 뜻이다.

다산은 주로 금주를 반박한다. 앞 장에서 서술했듯이 그에게 예는 인의 표현, 곧 '문'이므로 예를 다시 '문'과 '질'로 나누는 것은 옳지 않다. 설령 그렇게 하는 것을 용인한다고 하더라도 금주는 임방의 질문에 답하지 않았다. 임방은 예의 '근본'을 물었지 예의 '질'을 묻지 않았기 때문이다.

> 임방은 예를 만든 본뜻을 물었지 예의 '질'을 묻지 않았다. 하물며 주나라가 쇠락해가고 예악이 붕괴되고 있던 그때 근심은 '문'이 사라지는 데 있었지 '문'이 기승을 부리는 데 있지 않았다. 그런데도 또 '문'을 억제한다면 '문'은 사라지고 말 것이니 그것이 어찌 성인의 뜻이겠는가?

다산은 '질'을 숭상한다고 하면서 '문' 곧 세련된 문화적 표현을 하찮게 여기는 성리학이 마땅치 않았다. 공자는 문질빈빈, '문'과 '질'의 조화를 아름답게 여겼기 때문이다(6.17). 주나라가 '문'에 치우쳐서 망했다는 진단도 옳지 않다. 거꾸로 주나라가 해야 했던 건 '질'이 아니라 '문'의 부흥이었다. 다산이 보기에 주나라는 예악, 곧 '문'이 붕괴되면서 망했기 때문이다. 주나라만이 아니다. 조선도 마찬가지다. 정주를 추숭하는 조선에는 '질'에 편향된 산림 거사, 사림이 수두룩했다. 이들은 유교의 예제에는 무지하기 그지없으면서도 본질에 충실히 한다고 하면서 세력을 이루고, 예제를 실천하고 보존하는 조신을 말단에 치우쳤다고 비판했다. 다산이 보기에는 큰 잘못이었다. 예악 없이는 유교가 존재할 수 없기 때문이다.

그래서 다산은 예학주의자다. 크게 볼 때 그는 '문'과 '질'의 균형을 추구했지만 문질론의 논쟁에서 언제나 '문'을 중시한다. 예제만이 아니다. 사장도 그렇다. '질'을 중시하는 성리학은 사장학을 경시했지만 다산은 사장을 옹호했다. 이렇게 해야 '질'에 편향된 현실에서 균형을 잡을 수 있기 때문이다.

실상 유교의 진면목을 생각하면 성리학이 이상한 것이지 다산이 이상한 것이 아니다. 유학자는 예의 전문가이고, 공자도 예학주의자였으며, 성리학이 이학적 세계관으로 경전을 새롭게 해석하기 전까지는 모든 주해가가 예제를 설명하는 데 열심이었다. 따지고 보면 성리학은 노불의 영향을 받아, 특히 이런 면에서는 노장의 영향을 받아 도가적 소박함을 추구했다. 많은 경전이 집이며 의복을 어떻게 어떤 모양으로 어떤 색을 사용해서 꾸며야 예에 맞는지를 열심히 설명하는 동안 조선의 성리학은 색이 없는 도포를 입고 단청도 없는 대청에 앉아 유가의 본령인 문명 대신 도가의 본령인 자연에서 영감을 얻으려고 했다. 그래서 다산은 예학주의자가 되어 다시 공자의 참된 제자를 자부하려고 했다.

다산도 임방의 질문에 대답했다. 성인이 예를 만든 근본 이유는 인간의 욕망을 절제하기 위해서다. 곧 사치와 검소가 있다면 누구나 사치를 택하려고 한다. 편안함과 슬픔이 있다면 모두 편안함을 택한다. 예를 실천할 때도 그렇고, 심지어는 상을 당했을 때도 그렇다. 성인은 이런 욕망을 절제하기 위해 예를 만들었다. 그러므로 예를 만든 본래 목적에서 볼 때 사치보다는 검소, 편안함보다는 슬픔이 강조되어야 한다. 물론 검소와 슬픔의 일면에만 빠지면 그것도 잘못이다. 하지만 구태여 말한다면 그래도 사치하기보다는 검소한 게 낫다. 그래서 본문에서 "차라리(寧)"라는 말을 썼다. 이 설명에서도 알 수 있듯이 나산은 '이'를 고수처럼 '편안하다'라는 의미로 이해했다. 그러므로 다산을 따라 『논어』를 읽을 때는 '이'를 금주처럼 봐서는 안 된다.

3.5

선생님께서 말씀하셨다. "이적으로 군주를 갖는 것은 제하로 없는 것보다 못하다."

子曰; 夷狄之有君, 不如諸夏之亡也.

'이적夷狄'은 중국의 동쪽(夷)과 북쪽(狄)의 이민족으로 이민족 전체를 대표한다. 그와 비교되는 '제하諸夏'는 중국이며, '하夏'는 크다는 뜻이다. '무亡'는 '없다'라는 뜻이다. 이 장에서 다산은 다시 한 번 기발한 독법을 소개한다. 아래 고금주의 독법과 비교하면 금세 그 독창성을 알 수 있다.

　　고주: 이적에게 임금이 있는 것은 제하에 임금이 없는 것보다 못하다.

　　금주: 이적에게도 임금이 있는 것이 제하에 임금이 없는 것과 같지 않다.

고주에 따르면 중국에는 예의라는 게 있으므로 설령 임금이 없더라도 임금을 가진 이적의 나라보다 낫다. 가령 주공과 소공이 실질적으로 임금이 없는 주나라를 다스릴 때가 그랬다. 본문은 공자가 그때를 기억하며 한 말이다. 곧 고주는 중화주의적으로 이 장을 해석했다. 금주에 따르면 공자는 지금 중국에 제대로 된 임금이 없음을 한탄한다. 이적에게도 임금이 있는데 난세의 중국에는 좋은 임금이 없고, 그래서 둘이 같지 않다. 이민족의 나라를 최악의 중국에 비교하므로 역시 중화주의적 시각이다.

고금주와 달리 다산은 '이적'과 '제하'가 특정한 민족을 가리키지 않는다고 본다. 단지 그것은 문명의 단계에 대한 은유적 표현이다. '제하'는 문명, 특히 유교 문명을 일찍 발달시켰으므로 선진 문명을 은유하고, '이적'은 아직 유교의 법도를 따르지 않는 문명이다. 곧 이적의 도를 따르는 것이 '이적'이고, 제하의 도를 따르는 것이 '제하'다. 그러므로 같은 나라가 상황에 따라 '이적'이 될 수도 있고, '제하'가 될 수도 있다. 중국도 '이적'이 될 수 있고, 이민족의 나라도 '제하'가 될 수 있다. 예를 들어 노 소공은 계씨를 몰아내려다 실패하여 제나라로 망명했다. 이때 노나라에는 임금이 없었다. 그렇지만 소공은 군주를 업신여기는 계씨를 벌하려다가 그렇게 됐으므로 실패는 했지만 제하의 도를 따른 것이다. 그 이전 노나라에는 군주가 있었지만 계씨가 정치를 전횡했고, 따라서 이적의 도를 따랐다. 어떤 노나라가 더 좋은가? 공자에 따르면 임금 없는 노나라가 더 낫다. 본문에서 공자가 말하는 것이 바로 그 점이다. 물론 다산의 해석이다.

공자는 구이九夷의 땅에 살고자 했으니 이적이라고 천하게 여길 수 없다. 하물며 죄나 잘못이 밝혀진 것이 없는데도 아무런 이유 없이 그들을 배척하면서 "너희에게 임금이 있더라도 우리에게 임금이 없는 것보다 못하다"

라고 말했다고 한다면 어찌 맛이 있는 말이겠는가?

　고금주가 중화주의를 반영한다면 다산은 유교 정통주의를 보여준다. 유교적 제도를 따르면 문명이고, 그렇지 않으면 야만이다. 유교가 중국에서 시작되었다는 데 주목하면 중화주의적 성격도 있다. 하지만 유교가 중국에서 완성되고 꽃 피우는 것이 아니라면 반드시 그렇지도 않다. 다산의 해석이 자주의식과 얼마나 연관이 있는지는 모르겠지만 적어도 중국과 이적 사이의 태생적 차이를 인정하지 않았다는 점에서 소극적으로나마 자존을 지켰다고 할 것이다.

　한편 다산의 관점에서는 조선이 유교를 따르면 '제하'가 된다는 결론이 나오기 때문에 이른바 소중화 의식을 엿볼 수도 있다. 소중화가 굴욕인지 자존인지는 토론해봐야 할 문제다. 다산의 이 해석은 '원의총괄'에 "'이적지유군夷狄之有君'은 이적의 도를 사용하여 임금의 지위를 보존하는 것을 뜻한다'라고 기록되었다. 다산을 따르더라도 본문을 고주처럼 옮길 수 있으나 내용적으로 양자의 해석이 크게 다르다는 것을 보여주기 위해 위에서처럼 옮겼다.

3.6

계씨가 태산에서 여제를 지내니 선생님께서 염유에게 말씀하셨다. "네가 구할 수 없었느냐?" 염유가 대답했다. "그럴 수 없었습니다." 선생님께서 말씀하셨다. "아! 태산이 임방만도 못하다고 하더냐?"

季氏旅於泰山. 子謂冉有曰; 女不能救與? 對曰; 不能. 子曰; 嗚呼! 曾謂泰山不如林放乎?

다산에 따르면 '여旅'는 지금도 행하는 고유제, 곧 중요한 일과 관련하여 산천과 조상에게 그 연유를 고하는 제사와 같다. 정식 제사가 아니므로 약식으로 진행되었다고 한다. 옛 제도에 제후는 산천을 제사하는데, 중요한 일이 있으면 영토 안에 있는 산천에 이 제사를 지냈다. '태산泰山'은 노나라에 있었으므로 노나라의 군주만 이곳에서 제사를 지낼 수 있었다. 그런데 노나라 신하인 계씨가 분수에 넘게 제사를 지냈다. 오규는 계씨가 아마도 공실의 명령으로 군주를 대신해서 제사를 지냈을 것이라고 했다. 하지만 다산이 살펴본 결과 당시 노나라에는 산천에 고할 사건이 없었다. 오히려 계씨 집안에는 가신의 반란이 일어나는 등 큰 사건이 있었다. 그래서 참월을 무릅쓰고 계씨가 태산에 여제를 드리게 되었다.

"네가(女) 구할 수 없었느냐?"라는 물음은 계씨를 잘못에서 구할 수 없었느냐는 의미다. 당시 염유(염구)는 계강자의 가신으로 계씨 집안의 행정을 책임졌으므로 공자가 안타까움에, 혹은 분노에 차서 이렇게 말했다. "태산이 임방만도 못하다고 하더냐?"라는 것은 물론 반문이다. 태산이 임방보다 못하지 않음을 의미한다. 앞에서 임방은 '예의 근본'을 물은 바 있다. 곧 임방은 예를 중시한 한 사람이다. 임방보다 못하지 않은 태산도 그럴 것이고, 따라서 태산은 계씨의 제사를 받지 않을 것이다. 계씨가 태산에 제사하는 것은 분수에 넘는 일이기 때문이다.

이 장의 해석에서 미묘한 차이를 낳는 것은 마지막 구절이다. 문장의 주어가 생략되어 있기 때문이다. 그러므로 누가 언제 이 말을 했는지 따져봐야 한다. 고주에서 이 말은 "그렇다면(曾) 태산이 임방만 못하다고 하는 것이냐?"라는 뜻인데, 계씨가 그렇게 말하더냐고(謂) 묻는 것일 수도 있고, 염유 네가 그렇게 말하는 것이냐고(謂) 힐문하는 것일 수도 있다. 고주는 '증曾'이 '그렇다면(則)'이라는 뜻이라고 했다. 금주에서는 염유를 놓고 한 말로 봐도 좋다고 했다. 공자가 염유를 꾸짖으면서 가르친다고 봤기 때문이다.

금주와 달리 다산은 그렇게 말한 사람이 계씨라고 보았다. 곧 공자는 지금 계씨가 그렇게 말하더냐고 묻는다. 받지도 않을 제사를 태산에 지냈으므로 계씨는 필경 태산이 임방보다 못하다고 이야기했으리라 본 것이다. "'태산이 임방만도 못하다고 하더냐?'라는 말은 계씨가 태산을 크게 얕잡아 보았음을 뜻한다." 이처럼 다산은 고주의 두 가지 가능한 해석을 두고 금주와 다른 선택을 했다. 그러므로 다산을 따라 『논어』를 읽을 때는 이 구절을 다산이 어떻게 읽었는지 명확히 보여줘야 한다. 다산은 고주와 달리 '증'을 구태여 그 뜻을 풀지 않아도 되는 어사로 보았다.

3.7

선생님께서 말씀하셨다. "군자는 다투는 바가 없으니 반드시 활쏘기에서일 것이다! 절하고 사양하며 올라가고, 지고서 술을 마시니 그 다툼도 군자다."

子曰; 君子無所爭也, 必也射乎! 揖讓而升, 下而飮, 其爭也君子.

군자는 사양하는 사람이므로 보통은 다투지 않는다. 하지만 사례射禮의 활쏘기는 서로 경쟁하는 것이 예이므로 활쏘기에서만큼은 경쟁한다. 경쟁하더라도 그들이 하는 것을 보면 역시 양보하는 미덕이 돋보인다. 그래서 공자는 "그 다툼도 군자다"라고 말했다.

활쏘기에서 군자가 양보하는 모습을 그린 것이 중간에 나오는 일곱 글자, '읍양이승揖讓而升, 하이음下而飮'이다. 그런데 이 핵심적인 표현의 해석이 저마다 다르다. 고주는 이 일곱 글자를 모두 붙여 읽는다. 그러면 해당 구절을 "절을 하고 사양하며 올라가고(升) 내려오면서(下) 술을 마시니 그 다툼도 군자다"라는 식으로 읽게 된다. 활을 쏘기 위해 당에 올라가고 쏜 뒤에 내려오면서 상대방에게 절을 하거나 길을 양보함으로써 군자의 풍모를 보인다는 것이다. 고주의 왕숙은 "당에 올라갈 때나 내려올 때 한결같이 절을 하고 사양하며 술을 마시는" 것이 군자답다고 설명했다. 형병의 보완 설명에 따르면 사례에서 절을 하는 것은 크게 볼 때 당에 오르기 전 계단 앞에서, 당에 올라서, 그리고 당에서 내려와서, 이 세 번이다. 활쏘기의 결과가 나오면 이긴 자가 진 사람에게 술을 먹이는데, 이때도 처음과 같이 두 사람 모두 절을 하면서 당에 올라 이긴 사람이 보는 가운데 진 사람이 술을 먹고, 이것이 끝나면 둘이 또 절을 한 뒤 진 사람이 먼저 당에서 내려오고 이긴 사람이 뒤를 따른다. 대강 설명해서 이렇고 세세하게 따지면 활쏘기 한 판에 열 번이 넘게 절을 하고 움직일 때 항상 상대에게 양보한 뒤 발을 뗀다. 이것이 군자답다.

금주는 이런 전례를 놓고는 고주의 해설을 받아들인다. 하지만 문제가 되는 일곱 글자를 모두 붙여 읽지 않고, 본문에서처럼 중간에서 끊어 읽었다. 그러므로 금주는 이 일곱 글자를 "절을 하고 사양하면서 올라가고, 내려와서 마신다"라는 정도로 읽는다. 이때 "내려와서 마신다"라는 말은 활쏘기를 마치고 경쟁한 이들이 모두 같이 내려와 결과를 기다린 다음 진 사람이 당 위에 다시 올라가 벌주를 마시는 과정을 압축적으로 설명한 것이다(주희). 단순히 모두 당 아래로 내려와 결과를 기다린 다음 진 사람이 당 아래에서 벌주를 마신다는 설명도 있다(정이).

다산은 구두법에서는 금주를 따른다. 곧 문제가 되는 일곱 글자를 붙여 읽어서는 안 된다. 붙여 읽으면 "말이 문장을 만들지 못하기" 때문이다. 하지만 금주의 해설은 문제다. 우선 진 사람이 벌주를 마신다는 이해가 잘못되었다.

만약 진 사람이 벌을 받는 의미에서 술을 먹어야 한다면 군자의 경쟁이 아니다. 그래서 다산은 혹시 몸에 이상이 있어서 졌을지 모른다는 전제 아래 이긴 사람이 진 사람을 봉양하는 의미에서 술을 권한다고 했다. 정이의 해설도 문제다. 사례에 관한 기록을 볼 때 진 사람이 당 아래에서 술을 먹는 경우는 없다.

이 장에 대한 다산의 독법도 이 결론에 기반한 것이다. 거듭 말하지만 진 사람이 당 아래에서 술을 먹는 경우는 없다. 이 때문에 주희는 "내려와서 마신다"라는 말이 더 긴 과정을 압축해서 표현한 것이라고 했지만 다산은 궁색한 설명이라고 보았다. '하이음'이라는 세 글자로 그 긴 과정을 압축할 수 없기 때문이었다. 그래서 그는 흥미롭게도 '하ㅏ'를 '지다'라는 뜻으로 해석한다. 그렇다면 '하이음'은 위에 옮긴 대로 "지고서 술을 마신다"라는 뜻이다. 과연 '하에는 '지다'라는 뜻이 있다. 이렇게 해석하면 활쏘기 전에도 양보하고, 승부가 끝난 뒤에도 이긴 사람이 진 사람에게 술잔을 양보하는 것이 되므로 군자의 양보하는 덕이 더 잘 드러난다. 공자는 군자가 다투지 않는다고 했고, 다툰다는 것의 반대는 양보. 군자의 양보하는 덕을 보여주기 위해서도 본문을 이렇게 읽어야 한다. 이것이 '원의총괄'에 기록된 다산의 '원의' 중 하나였다. "'하이음'은 이기지 못한 사람이 술을 먹는다는 뜻이다."

3.8

자하가 물었다. "'배시시한 웃음 예쁘고, 아름다운 눈망울 깨끗하네. 비탕을 희게 칠하고 채색을 하리'라고 하는데, 무슨 뜻입니까?"
선생님께서 말씀하셨다. "그림 그리는 일은 바탕을 희게 칠한 뒤에 한다." "예를 나중에 한다는 말입니까?" 선생님께서 말씀하셨다.
"나를 흥기시키는 자는 상이로구나! 비로소 더불어 『시』를 말할 만
하다."

子夏問曰; 巧笑倩兮, 美目盼兮, 素以爲絢兮, 何謂也? 子曰; 繪事後素. 曰; 禮
後乎? 子曰; 起予者商也! 始可與言詩已矣.

이 장에서 자하는 아리따운 여인을 묘사한 시의 뜻을 묻는다. 이 여인은
위 장공의 부인 장강이다. "배시시한(巧) 웃음"이니 "아름다운 눈망울"이니 하
는 표현을 보면 어지간히 아름다웠던 모양이다. '천(倩)'은 금주에서는 입꼬리
혹은 보조개를 의미하지만 다산은 단순히 '아름답다'라는 의미로 이해한다.
'반(盼)'은 "눈동자의 검은자와 흰자가 분명한 것"을 가리킨다. 자하의 질문에
공자가 "그림 그리는 일은 바탕을 희게 칠한(素) 뒤에 한다(後)"라고 알쏭달쏭
하게 응답을 했는데 자하가 뜻을 알아차렸으므로 공자가 크게 기뻐했다. 자
하의 이름이 '상(商)'이다.

여기에서 논란이 되는 글자는 '희다'라는 뜻을 가진 '소(素)'다. 고주의 정현
에 따르면 '소'는 그림을 그린 뒤에 흰색을 칠하는 것을 의미한다. 곧 다양한
색을 사용해서 문양을 그린 뒤에 각 문양의 경계에 흰색을 칠하여 문양을
더 선명히 하는 작업이 '소'다. 이것을 『주례』 「고공기」에서는 '소공(素工)'이라고
했는데, 흰색을 칠하는 작업이라는 뜻이다(『주례주소』, 40: 36a~38a). 이 용
어를 해설하면서 「고공기」에서 정현은 흰색을 나중에 칠하는 이유가 "더럽혀
지기 쉽기 때문"이라고 했다. 흰색이 더럽혀지기 쉽기 때문에 나중에 칠한다
는 뜻이다.

금주에서도 '소'는 흰색을 칠하는 것이다. 하지만 금주에 따르면 이것은 그
림을 그리기 전에 하는 작업이다. 곧 그림 그리기 전에 바탕 전체를 희게 도

포하는 것이 '소'다. 다산도 금주를 받아들인다. '소'에 색깔이 없는 '바탕'이라는 뜻이 있기 때문에 여기의 '소'도 그렇게 옮기는 경우가 있는데, 잘못이다. 다산을 따라『논어』를 읽을 때는 더 말할 것도 없다.

'소'를 고주처럼 해석하면 "예를 나중에 한다는 말입니까?"라는 자하의 질문에서 '예'는 흰색을 칠하는 것을 가리킨다. 그림이나 문양을 그릴 때 마지막에 흰색으로 윤곽을 또렷이 하는 것처럼 공부하는 사람은 마지막에 예로 문채를 이룬다. 반면 '소'를 금주처럼 해석하면 '예'는 그림을 그리는 것이다. 먼저 바탕을 희게 칠하고 그림을 그리는 것처럼 먼저 내면을 다지고 예의 실천을 통해 인격을 완성시킨다. 이 차이는 결국「고공기」에 나오는 '후소공後素功'이라는 말을 다르게 이해했기 때문에 생긴다. 정현은 이 말을 "'소공'을 나중에 한다(後)"라는 뜻으로 보았고, 주희는 "'소공' 뒤에 한다(後)"라는 뜻으로 보았다. 곧 '후소공'에 대한 정현의 해석을 따르면「고공기」의 관련 구절은 "그림 그리고 채색하는 일에서는 '소공'을 나중에 한다"(『주례주소』, 40:38a)라는 뜻이고, 주희의 해석을 따르면 "그림 그리고 채색하는 일은 '소공' 뒤에 한다"라는 뜻이다.

다산은 이 장의 중요한 논란에서 일률적으로 금주를 따른다. 막 소개한 논란 이외에도 가령 고주는 본문에 인용된 시가『시』「위풍」에 나오고 단지 마지막 구절만 사라졌다고 한 반면 금주는 인용된 시 전체가 지금은 전해지지 않는다고 했다. 또 고주는 인용된 시의 마지막 구절, '소이위현혜素以爲絢兮'를 "흰색(素)으로 문채(絢)를 삼았네"라고 해석한 데 비해 금주는 위에 옮긴 것처럼 "바탕을 희게 칠하고(素) 채색을 한다(絢)"라고 해석했다. 아울러 고주는 장강을 놓고 볼 때 그녀의 미모가 바탕이고, 웃는 모습 등이 흰색으로 무늬를 선명하는 일이라고 이해한 데 비해 금주는 웃는 모습 등이 바탕이고, 그녀의 행동거지가 바탕에 그림을 그리는 일이라고 이해했다. 이 모든 문제에서 다산은 금주를 따랐다.

이렇게 금주를 지지하면서 다산은 고주를 지지하는 모기령과 다자이 준을 신랄하게 비판한다.

이것은 정현이 본래 뜻을 왜곡한 것이다. 그는 이미 「고공기」를 오독했고, 또 이 경전도 오독했다. 주자는 이를 개정했으나 정현 주의 오류를 확실히 깨는 데까지는 이르지 못했다. 이제 일천한 학자들, 자잘한 유학자들이 「고공기」의 정현 주를 경전처럼 받들고서 주자의 설을 공격하니, 어찌 망령된 것이 아니겠는가?

여기의 "일천한 학자들, 자잘한 유학자들"이 모기령과 다자이 준이다. 모기령은 『논어계구편』에서 정현에 근거하여 주희의 해석을 비판했고(『논어계구편』, 1:22a~24b), 다자이도 『논어고훈외전』에서 그렇게 했다. 이 두 사람은 『논어』의 거의 모든 논쟁에서 옛날의 언어, 제도, 문화에 '무지한' 주희를 공격했으며, 그것을 통해 경전의 원래 뜻을 회복하려고 했다. 다산도 『논어고금주』를 통해서 『논어』의 원의를 발견하려고 했다. 그렇지만 그는 한당 유학과 송명 이학을 종합함으로써 목적을 달성하려고 했기 때문에 이학을 통째로 부정하는 이 두 사람에게는 불편한 감정을 숨기지 않았다.

3.9

선생님께서 말씀하셨다. "하나라의 예는 내가 말할 수 있지만 기나라로 증명하기 힘들고, 은나라의 예는 내가 말할 수 있지만 송나라로 증명하기 힘들다. 문장과 인재가 부족하기 때문이다. 그것들이 족하다면 내가 증명할 수 있다."

子曰; 夏禮吾能言之, 杞不足徵也, 殷禮吾能言之, 宋不足徵也. 文獻不足故也. 足則吾能徵之矣.

기杞는 주 무왕이 하나라의 후예인 동루공에게 하나라의 제사를 보존하라고 땅을 수어 세운 나라이고, 송宋은 주공이 은의 왕족이었던 미자계에게 은나라의 제사를 보존하라고 땅을 주어 세운 나라다. 고금주는 거의 같은데, 단지 한 글자 '징徵'의 해석은 다르다. 고주에서 '징'은 '완성하다(成)'라는 뜻이고, 금주에서는 '증명하다(證)'라는 뜻이다. 위에서 '증명하다'라는 뜻을 택했으므로 다산이 금주를 따랐음을 알 수 있다. 금주에서 공자는 지금 하나라와 은나라의 예를 알기는 하지만 그 후예의 나라들이 그것을 구현하지 않았으므로 증명하기는 힘들다고 토로한다. 반면 고주에서는 공자가 하나라와 은나라의 예를 알기는 하지만 그 후예 나라들이 그것을 구현하기는 어렵다고 평가한다.

'문헌文獻'은 이 장에서 비롯된 말이다. 하지만 지금과는 의미가 다르다. 지금은 전적을 의미하지만, 고금주에 따르면 '문'은 '문장', '헌'은 '뛰어난 사람' 곧 인재를 의미한다. 다산도 이 해석을 받아들였다. 그러므로 '문헌'을 그냥 '문헌'으로 옮기면 안 된다. 고주든 금주든 다산이든 그렇게 읽지 않았다. 다산을 따라 『논어』를 읽을 때는 이런 점에도 주의를 해야 한다.

이토 고레사다(1627~1705)는 앞의 두 '지之'를 '가다'라는 의미의 동사로 보고 뒤로 붙여 읽었다. 그러면 본문은 "하나라의 예를 내가 능히 말할 수 있지만 기나라에 가도(之) 성험하기 어렵다"라는 정도가 된다. 이 독법의 근거는 『예기』 「예운」이었다. 「예운」에 "선생님께서 말씀하셨다. '내가 하나라의 도를 보기 위해 기나라에 갔으나(之) 징험할 수 없었다"(『예기주소』, 21:10b)라는 기록이 있기 때문이다. 그렇지만 다산은 『중용』의 유사한 문장에 '지'가 없다는 것을 들어 이토의 독법을 받아들이지 않았다. 사실 다산은 「예운」 전체를 신뢰하지 않는다. "이제 「예운」을 살펴보면 많은 경우 그 말한 것이 이치에 합당하지 않다. 아마도 이것은 진나라 말기 속유의 저작인 듯하다"(『정본 여유당전서』 6, 364). 당장 위에서 인용한 「예운」의 기록 뒤에도 공자가 기나라와 송나라에 가서 참위서를 얻었다는 말이 있다. 앞에서 다산은 이미 『예기』의 「제통」과 「교특생」을 신뢰할 수 없다고 했다.

3.10

선생님께서 말씀하셨다. "체제에서 땅에 술을 부은 이후의 것은 내가 보고 싶지 않다."

子曰; 禘自旣灌而往者, 吾不欲觀之矣.

이 장을 이해하기 위해서는 '체禘'라는 제사가 어떤 것인지 알아야 하지만 고주도 금주도 다산도 해설이 저마다 다르다. 옛날의 전례를 놓고 늘 그렇듯이 금주는 설명이 약하고, 고주의 설명이 그럴 듯하다. 고주의 설명을 요약하면 다음과 같다.

'체'는 '체諦'와 같은 글자로 '살피다'라는 뜻이다. 곧 '체'는 무엇인가를 살피고 따져보기 위해 지내는 제사인데, 따지는 것은 소목昭穆의 차례다. 소목은 나라를 세운 태조의 묘당에 그를 이은 후왕들의 신주를 모시는 순서를 말한다. 태조의 신주는 불천위不遷位가 되어 항상 동쪽을 향하도록 놓고, 그 신주를 향해 양쪽 두 열로 지금 왕으로부터 따져서 위로 4대까지 해당하는 왕의 신주를 놓는다. 이때 남쪽의 열을 '소昭'라고 부르는데, '소'는 아버지라는 뜻이다. 북쪽의 열은 '목穆'이라고 하고, 아들이라는 뜻이다. 아버지는 할아버지의 아들이어서 아버지니 아들은 상대적인 말이므로 어떤 왕의 위패는 항상 어떤 자리에 놓는다는 것이 아니라 '소'와 '목'의 뜻이 그렇다는 것이다. 이렇게 4대까지 위패를 봉안하면 '목'에는 현왕의 아버지가 있고, 할아버지는 '소', 증조는 '목', 고소는 다시 '소'의 열에 있다. 같은 항렬에서 왕이 여럿 나왔으면 그 왕들은 소목의 순서를 바꾸지 않고 같은 열에 앞뒤로 위패를 모신다. 형이나 동생을 아버지나 아들의 위치에 둘 수는 없기 때문이다. 4대보다 더 먼 윗대의 왕은 따로 선왕을 모두 모시는 군왕묘群王廟에 신주를 둔다. 그런데 만약 지금 왕이 죽으면 변동이 생긴다. 삼년상을 치른 뒤에 빈청에서 신주를 옮겨 일단 태조묘에 같이 모신 뒤 이듬해에 군왕묘에 있는 신주까지 전부 꺼내 태조묘에 진열하고서 어떤 신주를 '소' '목'의 어떤 줄에 놓아야 하는지 결정하게 된다. 이 문제를 살필 때 드리는 제사가 '체'다.

노나라 문공도 아버지 희공이 죽은 뒤 이 제사를 지냈다. 그런데 이때 그는 희공의 신주를 희공보다 먼저 임금이 되었던 민공의 신주보다 앞에 놓는 결정을 내렸다. 민공은 희공의 배다른 동생이었기 때문이다. 원칙에 따르면 먼저 문공의 고조부인 혜공을 '소'에 두고, 혜공의 두 아들인 은공과 환공을 혜공의 맞은편 '목'에 두고, 다시 문공의 조부인 장공을 두 번째 '소'에 두고, 장공의 두 아들인 민공과 희공을 맞은편 '목'에 민공의 위패가 앞서도록 돼야 했다. 하지만 민공은 불과 일 년 남짓 왕위에 있다가 채 소년도 못 된 나이에 죽었으므로 문공은 민공보다 자기 아버지 희공의 신주를 앞에 놓았다. 후왕을 선왕보다 더 위로 올렸으므로 강상을 어지럽힌 일이었다. 체제에서 신주의 차례를 정하는 일은 강신을 위해 울창주라는 향기로운 술을 태조묘 앞 땅에 붓는 의식, 곧 본문의 '관灌'에 이어 일어나기 때문에 공자는 "땅에 술을 부은(灌) 이후의 것"은 보고 싶지 않다고 말했다. 이것이 고주의 설명이었다.

한편 금주는 체제가 원래 천자의 의례였고, 아무리 주공 덕분이었다고 하더라도 제후의 나라인 노나라에서 이 제사를 지내는 것은 예에 맞지 않았다고 설명한다. 그래서 공자는 처음부터 체제를 보고 싶지 않았는데, 특히 "땅에 술을 부은 이후"에는 제사에 참여하는 사람들이 더욱 분방해져 정성스러운 모습이 없었다. 그래서 공자는 그 뒤의 일을 보고 싶지 않았다. 성리학의 깐깐함을 관찰할 수는 있어도 체제의 이해에는 별로 공헌하는 바가 없는 해설이었다.

다산은 이 논의에서 스스로 "2000년 이래 단 한 사람도 이것을 체제라고 지목한 사람이 없었다"라고 자부한 독창적인 견해를 제시한다. 그에 따르면 '체'는 귀신을 뜻하는 '기示'와 제왕을 의미하는 '제帝'가 합해진 글자로 글자 그대로 제왕에게 드리는 제사를 말한다. 이때 제왕은 여느 제왕이 아니라 오제五帝다. 곧 문명을 만든 다섯 제왕을 기리는 제사가 원래의 '체', 천자가 하늘에 지내는 교제郊祭에 버금가는 큰 제사였다. 다산이 2000년 동안 아무도 밝히지 못했다고 한 '체'의 뜻이 바로 이것이었다.

그런데 체제는 시간이 지나면서 성격이 변질되었다. 우선 문명의 시조인 오제에 대한 제사가 한 왕조의 시조 곧 태조에게 드리는 제사로 확대되었다. 왕조의 조상신에게 드리는 제사가 되면서 제사를 거행하는 장소도 원래 사용하던 교제의 천단이 아니라 종묘로 바뀌었다. 급기야 천자국도 아닌 노나라가 시조 주공에게 드리는 제사로 체제를 사용했고, 시간이 지나면서 점점 대담해져 노나라의 모든 선왕에게 지내는 제사로 확대시켰다. 오제에 대한 제사가 원래의 체제였다면 이렇게 조상신에 대한 제사로 변질된 것은 체제의 변화 과정에서 두 번째 단계였다. 노나라는 여기에서 멈추지 않았다. 체제는 자주 거행되었고, 결국 이 제사는 종묘에서 지내는 시제時祭로 변질되었다. 원래 5년마다 한 번씩 지낸 대단한 제사였던 체제를 사철 항상 지내는 시제로 만들어버린 것이다. 이것이 체제 변화의 세 번째 단계였다. 공자가 관찰했던 '체'는 이 시제였다. 이 제사에서는 "땅에 술을 부은 이후" 희생을 올리고 본격적인 전례를 거행하는데, 체제가 원래 천자의 의식이었던 만큼 사용되는 희생의 송류, 제단에 올라가는 제기, 악공이 부르는 노래, 무희가 추는 춤 등이 모두 천자의 의례에서만 사용하는 것이었다. 공자는 차마 그것만은 볼 수 없었기 때문에 본문에서처럼 이야기했다. 이것이 다산의 설명이다.

고주의 해설은 체제에 대한 일반적 이해를 보여준다. 그렇지만 고주에는 치명적인 약점이 있다. 노나라 문공은 기원전 609년에 죽었고, 당시에는 공자가 태어나지도 않았다. 그런데 과연 공자가 문공 때 일어난 역사逆祀, 곧 소목의 순서를 바꿔버린 사건 때문에 체제를 보고 싶지 않다고 했을까? 또 본문을 보면 공자는 체제를 직접 보면서 탄식을 하는 듯하다. 고주의 해설대로 체제가 소목을 정하는 일과 관련이 있다면 공자가 노나라에 있었을 때 그럴 일이 있었나? 공자와 관련된 노나라의 군주 중 소공은 기원전 510년에 망명하여 떠돌다가 고국에 돌아오지 못한 채 죽었고, 정공은 공자가 노나라를 떠나 세상을 떠돌던 기원전 495년에 죽었으며, 애공은 공자가 죽은 뒤에 죽었다. 공자가 노나라에 있을 때 종묘에서 소목을 정하는 체제를 올릴 일이 없었다.

그래서 다산의 체제설은 하나의 학설로서 충분한 가치가 있다. 사실 그의 체제설은 『논어고금주』보다 『춘추고징』에 훨씬 더 자세하게 설명되어 있다. 다산은 그곳에 체제와 관련된 12조목의 논설을 써놓았다. 이 장의 해설과 12조목의 논설에서 다산이 주장한 바가 맞다면 그는 오래 기록될 '원의' 하나를 발견한 셈이다. '원의총괄'은 이 '원의'를 놓고 "체제의 의미를 논한다"라고만 기록했는데, 구체적 주장 없이 단순히 논의했다는 사실만 밝힌 것은 이례적이다. 다산의 체제설이 주장 하나로 요약할 수 없는 여러 흥미로운 견해를 담았기 때문일 것이다.

물론 다산의 설이 옳다고 단언할 수는 없다. 그는 결국 체제가 오제에 대한 제사로 시작하여 나라의 시조에 대한 제사로 확대되었고, 노나라에서 주공에 대한 제사로 변질되었다가, 노나라 군주 모두에 대한 제사로 더 변질되었고, 급기야 시제가 되었다고 했다. 그렇지만 이 변화를 다 뒷받침할 증거는 없다. 정말 모른다는 뜻은 아니었지만 다음 장에서 공자 자신도 체제의 뜻을 묻는 질문에 "모르겠다"라고 대답했다. 단지 이 장의 긴 논설을 읽으면 다산에게 고례 연구의 열정과 '원의'를 찾으려는 불굴의 정신이 있었다는 점은 다시 한 번 확인하게 된다.

3.11
어떤 사람이 체제의 설을 물으니 선생님께서 "모르겠다. 그 설을 아는 사람은 천하를 마치 여기에서 가리키듯이 할 것이다"라고 하시고는 자신의 손바닥을 가리키셨다.

或問禘之說. 子曰; 不知也. 知其說者之於天下也, 其如示諸斯乎! 指其掌.

여기에서 공자는 "모르겠다"라고 대답했지만 사실은 답변을 피했다. 체제를 설명하면 앞 장에서 서술한 노나라의 악행을 거론해야 하기 때문이다. "나라의 악을 말하기를 꺼려하는 것이 예다"(『춘추좌씨전』, 11:4b)라는 유교의 규범이 있다.

이 장에서 고주와 금주는 '시示'의 뜻을 놓고 갈라진다. 고주는 '지시한다(指示)'라는 뜻으로, 곧 어떤 물건을 '가리키다'라는 뜻으로 보았고, 금주는 '보다(視)'라는 뜻으로 이해했다. 그러므로 금주를 따르면 관련 부분은 "천하를 마치 여기에서 보듯이 할 것이다"라고 옮겨야 한다. 다산은 고주와 금주를 다 소개했지만 사실상 고주를 택했다. 그가 이 장을 설명하면서 『예기』 「중니연서」의 다음 글을 인용한 것이 그 증거다. "교제와 사제社祭의 의미 그리고 상제嘗祭와 체제의 예에 밝으면 나라 다스리는 일을 마치 여기에서 가리키듯이(指) 할 것이다"(『예기주소』, 50:22b).

체제를 알면 왜 천하를 다스리기 쉬운가? 다산은 "성인이 신령의 도를 위해 가르침을 베푸니 백성이 복종했다"(『주역주소』, 4:25a)라는 관괘의 말을 인용한다. 체제는 원래 오제, 곧 신령한 다섯 제왕을 기억하는 제사이므로 그 설에 능통하면 결국 백성이 복종한다는 것이다. 백성이 복종하면 당연히 천하를 다스리기 쉽다. 마치 손바닥에 있는 물건을 가리키듯이 말이다. 이렇게 다산은 유교의 덕화를 신뢰하는 사람이었다. 참고로 금주는 체제를 알면 "이치에 밝지 않은 것이 없고, 정성이 이르지 않음이 없어서" 천하를 다스리기가 쉽다고 설명했다. 성리학의 해설답다.

3.12

제사를 드릴 때는 있는 듯이 하셨고, 신을 제사할 때는 신이 있는 듯이 하셨다. 선생님께서 말씀하셨다. "내가 제사를 돕지 않으면 제사하지 않는 것과 같다."

祭如在, 祭神如神在. 子曰: 吾不與祭, 如不祭.

"제사를 드릴 때"는 조상에게 제사를 지낼 때이고, "신을 제사할 때"는 그 외의 여러 신령에게 제사를 지낼 때다. "있는 듯이 한다"라는 말은 돌아가신 조상을 마치 산 사람 대하듯이 한다는 말이다. 그래서 마치 산 사람이 손님으로 온 것처럼 밥을 잘 먹고 갈 수 있도록 준비하여 대접하는 것이 제사다. "신이 있는 듯이 한다"라는 말도 마찬가지다.

이 장에서 다산은 '여與'를 '돕다(助)'라는 뜻으로 읽는다. 참신한 풀이다. 반면 고주와 금주는 '여'를 '참여하다'라는 뜻으로 보았다. 이때 '참여하다'라는 것은 주도적으로 제사에 참여하는 것, 곧 제사를 주관함을 의미한다. 자신이 제사를 지내야 하는데 사정상 그렇게 하지 못했을 때 공자는 "제사하지 않는 것 같은" 느낌을 가졌고, 그래서 위에서처럼 말했다는 게 고금주의 해설이었다.

다산은 고금주처럼 봐서는 안 된다고 생각했다. 공자의 자는 중니이므로 백중숙계의 서열로 볼 때 그는 둘째 아들이다. 그렇다면 공자에게는 형이 있었을 것이고, 형이 있다면 공자가 제사를 주관할 수 없다. 과연 뒤에서 공자는 그의 형의 딸을 제자인 남용과 혼인하도록 했다(5.1, 11.6). 제사를 주관할 수 없는 사람이 남에게 제사를 대신 지내달라고 할 수는 없으므로 고금주는 이치에 맞지 않다. 이치에 맞지 않으므로 다른 독법을 찾아봐야 한다. 그런데 고전을 보면 '여제與祭'라는 말이 '제사를 돕다'라는 의미로 사용된 경우가 종종 있다. 가령 『예기』에는 "천자와 제후의 상일 경우 참최斬衰를 입지 않은 사람은 제사를 돕지(與祭) 않는다"(『예기주소』, 18:17b)라는 말이 있다. 참최는 삼년상의 복식이다. 공자처럼 둘째라도 제사를 도울 수는 있으므로 이 뜻을 가져다 본문을 해석하는 것이 옳다. 다산이 추론하는 과정이 이랬다.

『공자가어』에 따르면 공자에게는 과연 맹피라는 서형이 있었다. '맹'은 백중숙계의 '백'과 같이 맏이라는 뜻이다. 공자의 아버지 공흘은 원래 부인과 딸만 아홉을 낳았기 때문에 첩에게서 맹피를 얻었는데, 다리가 불구였다. 공자의 아버지는 장애가 있는 첫아들이 집안을 이을 수 없다고 생각하고 일흔이 다 된 나이에 스물의 젊은 여인과 '야합'하여 공자를 낳았다. 이 기록이 사실이라면 공자는 둘째이지만 가문의 제사를 지낼 수도 있었겠다. 다산이 이 장을 위해 『공자가어』를 검토했는지는 모르겠다. 봤어도 믿지 않았을 수 있다. 그는 『공자가어』를 위서로 보기 때문이다. 그래도 '여'에 대한 다산의 해석에 이의를 제기하려면 『공자가어』를 들이밀 수도 있다. 아니면 둘째 아들이 제사를 주관하지 못한다는 것이 과연 공자 당대의 현실이었는지 아니면 조선의 현실, 그것도 조선 후기의 현실이었는지를 질문할 수도 있겠다.

3.13

왕손가가 물었다. "'아랫목과 친하기보다는 부엌과 친하게 한다'라고 하니 무슨 뜻입니까?" 선생님께서 말씀하셨다. "그렇지 않습니다. 하늘에 죄를 얻으면 빌 곳이 없습니다."

王孫賈問曰; 與其媚於奧, 寧媚於竈, 何謂也? 子曰; 不然. 獲罪於天, 無所禱也.

'오奧'는 엄격하게 보면 방의 서남쪽 구석인데, 방문이 동쪽에 있으므로 방의 가장 깊숙한 곳이고, 아랫목에 해당한다. 왕손가는 위나라의 대부로 병권을 틀어쥔 권세가였다. 공자도 대부였으므로 서로 존대했을 것이다. 이때 공자는 위나라를 방문하여 위 영공과 만나기를 원했다. 왕손가가 그것을 알고 공자와 만났다. 만난 자리에서 그는 본문에 인용된 속언을 들려주며 모른척하고 그 뜻을 물어 자신과 친한 것이 더 효과적이지 않느냐고 물었는데, 공자는 그의 의도를 알고 위와 같이 답했다. 모두의 공통된 해설이다. 본문을 옮길 때도 고주든 금주든 다산이든 어느 것을 따르더라도 유사하다. 하지만 '오'와 '조竈' 그리고 '천天'이 무엇을 상징하는가를 놓고는 의견이 다르다.

고주는 '오'가 군주의 측근, '조'가 집정대부 곧 실질적으로 행정을 책임지고 있는 왕손가, 그리고 '천'이 군주를 상징한다고 보았다. 이 해석에서 본문은 하늘에 죄를 지으면 다른 신령에게 빌 수 없는 것처럼 군주의 측근 대신 집정대부에게 아첨하면 군주에게 죄를 짓게 되고 결국 다른 대부와 친화할 수 없다는 가르침을 준다. 반면 금주에서는 '오'가 군주, '조'가 권력가, '천'은 궁극의 이치를 상징한다. 이 해석에서는 권력가에게 아첨하면 도덕의 근원이자 이치로서의 하늘에 죄를 짓게 되며, 설령 군주에게 아첨하더라도 하늘에 죄를 짓는다. 그러므로 본문은 아첨하지 말라는 가르침을 준다.

다산은 또 다르다. 그에 따르면 '오'는 한 집안의 안주인이 있는 곳으로 군주를, '조'는 부엌어미가 있는 곳으로 권신을, '천'은 상제를 상징한다. 이 해석에서 본문은 밥술 더 얻어먹으려고 안주인을 제쳐두고 부엌어미와 친하게 지내면 도리를 어긴 이 사람에게 하늘이 "진노하게 되고" 그렇게 되면 아무리 다른 신령에게 빌어도 복을 받을 수 없다는 의미다. 고주와 금주, 다산 모두 이익을 얻기 위해 편법을 사용하지 말라는 가르침을 얻었지만 왜 그래야 하는지 또 그렇지 않았을 때 어떤 문제가 생기는지를 놓고는 생각이 다르다. 고주는 현실적이고, 금주는 규범적이며, 다산은 종교적이다. 특히 그는 여기의 '천'을 상제로 단정한다. 그의 상제는 진노하는 하늘이며, 뭇 신령이 사람에게 복을 주는 것도 저지하는 힘을 가진다. 다산이 성리학의 천관이 아니라

고대적 천관을 가졌음을 잘 보여주는 사례다.

'원의총괄'은 이 장에서 다산이 "'오'와 '조'는 오사五祀의 신을 가리키지 않는다"라는 '원의'를 발견했다고 기록한다. 하지만 이것은 『논어』의 이해와는 상관이 없고, 주희에 대한 반박이다. 주희는 『예기』「월령」을 인용하면서 '조'가 집안의 신령에게 철마다 드리는 다섯 가지 제사(五祀) 그리고 그 제사를 흠향하는 다섯 신령을 가리킨다고 했다. 이때 오사의 신은 대문, 방문, 방의 중앙(혹은 창), 부엌, 가묘의 바깥쪽, 이 다섯 곳의 신이다.

다산은 오사가 이런 신령이 아니라 오행의 신을 대상으로 한다고 주장했다. 이때 오행의 신은 목신 구망, 화신 축융, 금신 욕수, 수신 현명, 토신 후토다. 다산의 근거는 『춘추』『주례』『의례』『예기』 등이었다. 지금 사전에서 찾아보면 오사에는 두 가지 뜻이 다 있다. 하지만 다산에 따르면 주희의 오사는 민간에서 관습적으로 했던 것에 불과하며 전적 속의 오사는 모두 오행의 신에게 올리는 제사였다. 이 논의에서 다산은 주희만 아니라 모기령, 고염무(1613~1682), 황간이 인용한 난조(3세기 후반) 등 많은 경학가의 견해를 일면 비판하고 일면 받아들인다. 그는 주희의 주해도 완전히 배척하지 않았고, 공안국의 견해도 일부 비판하지만 대체적으로 수용한다. 이 논의가 『논어』를 읽는 일에 얼마나 영향을 주는가와 상관없이 다산은 이런 토론을 좋아했다. 다시금 '말'에 대한 다산의 흥미를 관찰할 수 있다.

3.14

선생님께서 말씀하셨다. "주나라는 하나라와 은나라를 살펴보았으니 빛나는구나 문채가! 나는 주나라를 따르겠다."

子曰; 周監於二代, 郁郁乎文哉! 吾從周.

고주는 '감監'을 '보다(視)', 구체적으로는 비교를 위해 '보다'라는 뜻으로 이해하고 본문의 앞부분을 "주나라를 하나라와 상나라에 비교해 보니"라고 풀었다. 금주와 다산도 '감'을 '보다'라는 뜻으로 보았지만 구체적으로는 참고하기 위해 '보다'라는 뜻을 가진 것으로 이해했다. 이 장은 결국 주 문물의 찬란함과 그것을 향한 공자의 경의를 보여주므로 어떤 것을 따르더라도 공자의 마음을 이해할 수 있다.

"나는 주나라를 따르겠다"라는 말은 다산에게 대단히 중요했다. 이 말 때문에 다산은 주나라가 공자에게 완벽한 나라였다고 확신했다. 더욱이 공자에 따르면 주나라가 아름다운 것은 그 문채(文) 때문이었다. 이 점도 다산에게 중요했다. 이미 밝혔듯이 그는 '문文'과 '질質'을 놓고 실질적으로 '문'을 강조하는 입장을 피력했다. 그래서 그는 주나라의 문채를 서슴지 않고 비판하는 '오늘날 유자(今之儒)'의 행태를 묵과하기 어려웠다.

오늘날 유자는 입만 열면 곧장 주나라 때는 '문'이 승했고, 그로 인해 하나라와 상나라의 혼후한 기운이 주공을 통해 썩어 문드러지고 없어졌으며, 그에 따라 퇴폐한 문화와 하찮은 행동이 그 폐단을 다 이기지 못할 정도로 분연하게 일어났다고 말한다.

다산이 보기에 '오늘날 유자'는 이 장을 읽지 않았다. 이 장에서 공자는 "나는 주나라를 따르겠다"라고 했고, 그 문채가 찬란하다고 했다. 「단궁」에서도 공자는 "나는 주나라를 따르겠다"(『예기주소』, 9:22b)라고 하지 않았는가? 또한 그들의 비판은 결국 주나라 문물을 완성한 주공을 욕하는 일이었다. "진실로 이렇다면 주공이 풍속을 해치고 인의를 훼손하여 세상의 가르침을 그르친 사람이 되니 말이 되는가?"

물론 여기의 '오늘날 유자'는 성리학자다. 가령 『논어집주대전』의 주요 주석가인 진력(1252~1334)은 "대개 주나라가 번성하여 '문'과 '질'이 모두 마땅함을 얻었을 때의 '문'을 따르겠다고 한 것이지 주나라 말기 '문'이 '질'을 이길 때의 '문'을 따르겠다고 한 것은 아니다"(『논어집주대전』, 3:26b)라고 말한다. 성리학도 주나라가 번성했을 때의 '문'을 좋게 평가하며, 주공도 존숭한다. 단지 그들은 주나라 말에 큰 문제가 있었고, 그 문제가 '질'의 훼손 때문에 빚어졌다고 보았다. 그들에게 문명의 회복은 '질'의 회복이었다. 다산도 주나라 말에 문제가 있었다는 데 동의한다. 하지만 그의 처방은 달랐다. 성리학자와는 정반대로 그는 '문'의 상실 때문에 주나라가 망했다고 본다. 성리학은 '질'을, 다산은 '문'을 중시한다. '질'이 내면의 도덕성이라면, '문'은 외면으로 드러나는 예교와 문화다.

3.15

선생님께서 태묘에 들어가 매사를 물으니 어떤 사람이 말했다. "누가 추인의 아들이 예를 안다고 하는가? 태묘에 들어가 매사를 묻는구나." 선생님께서 들으시고 말씀하셨다. "이것이 예다."

子入大廟, 每事問. 或曰; 孰謂鄹人之子知禮乎? 入大廟, 每事問. 子聞之, 曰; 是禮也.

'태묘大廟'는 주공의 묘다. 노나라는 주공의 공훈을 기억하기 위해 세운 나라이므로 특별히 주공을 기리는 태묘를 두었다. 공자는 당시 벼슬을 하고 있었으므로 태묘에서 올리는 주공의 제사를 도울 수 있었다. 예에 정통한 것으로 알려져 있음에도 그가 태묘에서 모든 것을 질문하는 것을 보고 어떤 사람이 공자를 조롱했다. 이 일을 듣고 공자는 위에서처럼 반응했다.

공자는 자신의 짧은 촌평이 무슨 뜻인지 설명하지 않았다. 말하지 않았으므로 추측할 수밖에 없다. 그리고 다시 다산의 추측은 고금주와 달라진다. 고금주는 모두 태묘의 제사는 뿌리 조상을 추념하는 중요한 제사이고, 따라서 설령 예를 알더라도 신중을 기해 매사를 물어 확인하면서 일을 돕는 것이 예라고 했다. "이것이 예다." 그러면 공자는 신중한 사람이 된다. 다산은 달랐다. 공자가 평생 공부한 것이 전례인데, 아는 것을 확인하기 위해서 다시 묻는다는 것은 이치에 맞지 않는다. 그래서 그는 흥미로운 추론을 전개했다.

주공을 모신 태묘의 제사에서는 특별히 천자의 예를 쓴다. 성왕이 그렇게 하도록 허락했기 때문이다. 하지만 노나라는 제후의 나라다. 공자는 제후의 나라에서 제후의 예로 제사하는 전례는 통달했지만 제후의 나라에서 천자의 예로 제사하는 전례는 정말 몰랐다. 그렇기 때문에 물어보면서 도울 수밖에 없었다. 모르는 것을 물어보는 것은 예다. '원의총괄'은 이 추론을 "태묘에서 매사를 물은 것은 노나라가 참월하는 예를 사용했기 때문이다"라고 기록했다. 다산이 보기에 공자는 자신의 무지를 드러내면서 은연 중 제후의 나라로 천자의 예를 사용하는 노나라를 비판했다. 다산의 해석에서 공자는 비판하는 사람이다. 다산 역시 비판하는 사람이었다.

다산은 또 이 장이 공자가 초년에 벼슬하던 때 일을 기록했다고 한 금주에 반대한다. 주희는 주장의 근거로 어떤 사람이 공자를 "추인의 아들"이라고 칭했다는 점을 들었다. 공자가 아직 연소했기 때문에 누군가가 그를 풍자하면서 이렇게 무례한 언사를 사용했다는 것이다. 공자의 아버지는 '추鄹'라는 고을의 대부였으므로 공자를 가리켜 "추인의 아들"이라고도 한다. 다산은 이에도 동의하지 않았다. 공자는 쉰이 넘어서야 말할 만한 벼슬을 하기 시작했다. 처음에는 중도라는 도읍의 행정 장관이었고, 이어 건설을 담당하는 사공을 역임했으며, 그리고 형벌을 책임지는 대사구를 했다. 곧 공자는 나이 쉰이 넘어서야 태묘에서 제사를 도울 수 있었다. 그런 그를 연소하다고 할 수는 없다. 다산에 따르면 "추인의 아들"이라는 식으로 성인을 부르는 것은 단지 관례였을 뿐이다.

3.16

선생님께서 말씀하셨다. "활쏘기에서는 정곡 맞히는 것을 위주로 하지 않는다. 힘이 같지 않기 때문이니 옛날의 도다."

子曰; 射不主皮, 爲力不同科, 古之道也.

고주와 금주, 다산은 이 장을 모두 다르게 읽는다. 다산은 금주에 가깝지만 해석에서는 중요한 차이가 있다. 고주와 금주로 본문을 읽으면 다음과 같다.

> **고주**: "활쏘기에서는 정곡(皮)을 위주로 하지(主) 않고, 역역(力)을 할 때는 등급(科)을 같게 하지 않으니 옛날의 도다."
>
> **금주**: "활쏘기에서는 정곡 뚫는 것(皮)을 위주로 하지(主) 않는다. 힘이 같지 않기 때문이니 옛날의 노다."

보다시피 고주는 '위력부동과爲力不同科'를 전혀 다르게 해석한다. 옛날 백성을 부릴 때는 저마다 힘이 다르므로 상중하 세 등급으로 역역을 책정했는데, '위력부동과'는 그런 관례를 말한다는 것이다. 이것과 활쏘기에서 "정곡을 위주로 하지 않는 것," 곧 정곡 맞히는 것에 중점을 두지 않는 것이 옛날의 도였다. 그렇지만 다산이 보기에 고주에는 치명적인 문제가 있다. 고제를 보면 힘의 차이가 아니라 풍흉의 정도에 따라 역역을 달리했기 때문이다. 그래서 다산은 더 이상 길게 논의하지 않고 '위력부동과'를 놓고는 금주를 따랐다.

더 복잡한 문제는 '사불주피射不主皮'다. 이것은 결국 활쏘기, 특히 활쏘기의 과녁에 대한 고증 문제로 귀결되는데, 이렇게 훈고가 시작되면 금주는 한 발 물러나고 고주와 다산이 열심히 논쟁한다.

고주의 마음에 따르면 여기의 활쏘기(射)는 대사大射를 말한다. 대사는 제사와 관련된 활쏘기다. 고주에서 그렇다. 옛날 왕이나 제후, 경대부가 큰 제사를 지낼 때는 제사 돕는 사람을 정하기 위해 활쏘기를 했는데, 이때는 활 쏘는 사람의 태도와 위용을 보고 사람을 선발했다. 『주례』는 "정곡을 위주로 하는 것(主皮)", 곧 정곡을 맞히는 것을 활쏘기의 다섯 덕목 중의 하나로 소개했지만 나머지 넷은 모두 태도 및 위용에 관련된다. 곧 정곡을 맞히는 것은 상대적으로 덜 중요했다. 옛날에는 기술이나 힘이 아니라 누가 얼마나 예를 잘 지키는가를 보기 위해 활쏘기를 했기 때문이다. 그래서 공자는 이 장에서 옛날의 도를 소개하면서 "활쏘기에서는 정곡을 위주로 하지 않는다"라고 했다. 이때 '피皮'라는 글자가 정곡을 의미한다. 대사에 사용되는 과녁의 정곡에 가죽을 댔기 때문이다. 형병은 마음을 보완하여 대사를 포함한 예로서의 활쏘기, 곧 예사禮射에는 어떤 과녁을 어떻게 만들어 사용했는지 길게 설명한다. 간단히 정리하면 예사의 과녁은 사각이고, 바탕을 베로 덮은 다음 활쏘기를 주관하는 사람의 신분과 목적에 따라 그 둘레를 다양한 짐승 가죽으로 장식한 뒤 같은 종류의 가죽으로 정곡을 댄다. 이때 정곡의 지름은 과녁의 1/3이 되도록 한다. 주관자에 따라 가죽의 종류도 달라지고 사선의 길이도 달라지지만 기본적으로 과녁은 다 같다.

『다산 논어』에서 이런 설명을 하는 것은 그것이 다산의 핵심적인 토론 주제였기 때문이다. 고주와 달리 다산은 과녁이 모두 같지 않았고, 세 가지 다른 과녁이 있었으니, 이 세 가지의 과녁을 각각 다른 용도로 사용했다고 주장했다. 이 주장이 '사불주피'에 대한 다산의 참신한 해석을 낳았다.

그에 따르면 예사에는 고주에서 설명하는 가죽 과녁, 베 바탕 위에 구름 문양을 그린 채색 과녁, 베 바탕 위에 짐승을 그려놓은 짐승 과녁, 이 세 가지를 썼다. 세 종류의 과녁은 저마다 다른 용도로 사용되었다. 가죽 과녁은 대사에, 채색 과녁은 손님을 맞이하는 빈례에, 짐승 과녁은 잔치를 벌이는 연례에 사용되었다. 그런데 세 종류의 과녁 중에서는 오직 대사에 사용하는 가죽 과녁에만 정곡이 있었다. 이때 대사는 고주의 설명과는 달리 제사를 위한 활쏘기가 아니라 사냥을 나가서 하는 활쏘기다. 사냥과 관련되므로 정확하게 화살을 목표물에 맞히는 것이 중요했고, 그래서 오직 가죽 과녁에만 정곡을 댔다. 나머지 두 종류의 과녁에는 정곡이 없었다. 그러므로 이 두 종류의 과녁을 사용하는 예사, 곧 빈사와 연사에서는 정곡을 맞힐 수가 없다. 아예 정곡이 없었기 때문이다. 공자는 그것을 "활쏘기에서는 정곡 맞히는 것(皮)을 위주로 하지(主) 않는다"라고 했다. 곧 다산에 따르면 본문의 활쏘기는 모든 활쏘기가 아니라 빈사와 연사, 두 가지만 가리킨다. '원의총괄'은 "'활쏘기에서는 정곡 맞히는 것을 위주로 하지 않는다'라는 말은 빈사와 연사에 관련된 것이다"라고 하면서 이 주장을 다산이 발견한 '원의'로 기록했다. 다산의 독법에서 '피'는 '(가죽으로 된)정곡을 맞히다'라는 뜻이다. '가죽'이라는 뜻의 '피'가 그렇게 발전했다는 것인데, 다산 독법의 약점이다. 하기는 '피'를 '정 곡을 뚫다'라는 뜻으로 보는 금주도 자연스럽지는 않다.

다산의 해설을 참고할 때 빈사와 연사에서 정곡이 없는 과녁을 사용하는 이유는 이런 종류의 활쏘기에서는 정확도를 다투지 않기 때문이다. 과연 사절이 되어 남의 나라를 방문한 사람이나 마을 잔치에 참석하는 사람에게 정곡을 댄 과녁을 들이밀며 압박하는 것은 친절하지 않을지도 모른다. 본문의 "힘이 같지 않기 때문"이라는 말은 결국 빈사와 연사에 참여하는 사람들의 힘이 같지 않기 때문에 과녁에 정곡을 대지 않았고, 따라서 정곡을 맞히는 것을 위주로 하지 않았다는 것을 보여준다.

다산 독법의 결정적 근거는 『의례』 「향사례」다. 다산의 견해를 반영하여 옮길 때 「향사례」에는 "예사에는 정곡을 맞히는 것을 위주로 하지 않는다(禮 射不主皮)"(『의례주소』, 5:83b)라는 말이 있다. '예禮'라는 글자 하나만 추가되었지 본문과 같다. 정현은 이 구절을 주해하면서 예사에는 대사, 빈사, 연사 세 가지가 있다고 했다. 세 종류의 활쏘기가 있었다는 다산의 견해는 여기에서 왔다. 또 세 종류의 과녁에 대해서는 『주례』 「고공기」에 기록이 있다(『주례주소』, 3:28b). 다산은 이런 증거를 가지고 '사불주피'에 대한 참신한 독법을 제안했다. "활쏘기에서는 정곡 맞히는 것을 위주로 하지 않는다."

반면 고주의 근거는 『주례』 '향대부'의 기록이다. 그곳에는 앞에서 언급한 활쏘기의 다섯 덕목과 관련하여 '주피主皮'라는 말이 있다. '향대부'의 '주피'에 주목하면 고주도 정당화할 수 있다. 그러나 다산은 고주가 결과적으로 '이치'에 맞지 않다고 판단했다.

(마융은) 가죽으로 과녁을 만든다고 하고서 또 가죽을 맞히는 것을 훌륭히 여기지 않는다고 했다. 그렇다면 결국 과녁 맞히는 것을 귀하게 여기지

않았다는 말이다. 천하에 활쏘기라는 이름을 붙이고서 과녁 맞히는 것을 중요하게 여기지 않는 것이 있는가?

금주는 이런 복잡한 논의에 관련하지 않는다. 그러면서도 금주는 '주피'를 '정곡을 관통하는 것'으로 풀이하는 창견을 보여준다. 하지만 다산은 이것도 비판한다. 금주는 '주피'를 설명하면서 '피'라는 글자와 '혁革'이라는 글자를 섞어 썼는데, 현글로는 모두 가죽을 가리키지만 '혁'은 무두질을 한 단단한 가죽, 화살로 뚫을 수 없는 가죽이므로 어느 경우에나 정곡에 쓰이지 않았기 때문이다. 주희도 전거를 제시했지만 고제를 엄격하게 따지는 다산은 그 전거도 옳게 해석되지 않았다고 보았다.

3.17
자공이 초하루를 알릴 때 사신을 먹이는 양을 없애려고 하니 선생님께서 말씀하셨다. "사야, 너는 그 양을 아끼는가? 나는 그 예를 아낀다."

子貢欲去告朔之餼羊. 子曰; 賜也! 爾愛其羊? 我愛其禮.

이 장에서는 다시 고례를 둘러싼 논쟁이 벌어진다. 바로 앞 장과 마찬가지로 금주는 맥없이 고주를 받아들였고, 다산은 다시 고주를 비판하며 새로운 설을 제시했다. 이 장에서의 다산설은 모기령의 영향을 받았다. 다산은 모기령의 병폐를 지적히기도 하지만 전체적으로 그의 『논어』 연구는 다산에게 영감을 주었다. 이 장에서도 그렇다. 물론 다산이 모기령을 답습하지는 않았다. 다산은 답습하는 사람이 아니다.

이 장의 핵심적 논란거리는 '고삭告朔'과 '희양餼羊' 두 용어다. 다산은 이것이 "천고에 사람들의 원망을 낳았던 문제"라고까지 했다. 그러므로 다산을 따라 『논어』를 읽을 때는 그가 두 용어를 어떻게 이해했는지를 풀어서 보여줘야 한다.

이 논란은 주나라의 제도와 관련이 있다. 천자국인 주나라는 연말이 되면 이듬해 사용할 책력을 사신을 통해 제후국에 보내 반포토록 했다. 사신이 제후국에 도착하여 새해 첫날이 되면 일정한 전례를 거쳐 책력을 반포하게 되는데, 이것을 '고삭'이라고 한다. '삭朔'은 '초하루'라는 뜻이며, '고告'는 '알리다'라는 뜻이다. 그러므로 '고삭'은 '초하루를 알리다'라는 뜻이다. '고'는 '곡'으로 읽기도 하는데, '곡'으로 읽으면 '청하다'라는 뜻이다. 조선이나 노나라 같은 제후국은 천자에게 책력을 청했으므로 중국에 겸손한 조선에서는 전통적으로 '곡삭'이라고 읽었다. 하지만 천자의 입장에서 보면 책력을 반포하는 것이므로 '고삭'이다. 다산에 따를 때 이 장의 '고삭'은 천자가 사신을 보내 책력을 반포하는 일과 관련되었고, 또 다산은 한자를 특이하게 읽을 경우 보통 주를 달아 어떻게 읽어야 하는지를 알려주는데 이 장에서는 그렇지 않았다. 그러므로 이 장에서는 '곡삭'보다는 '고삭'이라고 해야 할 것이다. 한편 제후국은 천자의 사신으로부터 받은 책력을 조묘에 보관하고 있다가 매달 초하루에 꺼내서 한 달의 시작을 알리는 전례를 진행하는데, 이때는 '곡삭'으로 읽는 것이 맞다. 천자의 사신은 돌아가서 없고, 제후는 초하루를 고할 수 없으므로 '초하루를 청한다'라고 해야 한다.

다산과 달리 고주는 이 장이 매달 책력을 꺼내 한 달의 시작을 알리는 제후국의 전례와 관련되었다고 보았다. 그러므로 고주에서는 곡삭이다. 정현에 따르면 이때 곡삭에 관련된 전례 전체를 조향朝享이라고 했다. 조향은 책력이 보관된 조묘에 책력을 꺼내 쓰겠다고 청하는 것과 그 뒤 선왕에게 제사지내는 것, 두 가지로 구성되었다. 나중에 형병은 자료를 검토한 뒤 시삭視朔이라는 절차가 더 있었음을 밝혔다. 시삭은 군주와 대신이 함께 나라의 정사를 토의하는 것으로 선왕에게 제사한 뒤 거행했다. 그러니까 형병의 시각에서 곡삭은 조향과 시삭 두 부분으로 이루어졌다. 이 전례에서 제후국은 특히 선왕을 제사할 때 희생으로 양을 사용했는데, 그것이 고주의 '희양'이다. 이때 '희餼'는 '살아 있는 희생'이라는 뜻으로 '희양'은 '살아 있는 희생인 양'이라는 의미다.

그런데 고주에 따르면 노나라는 문공 16년인 기원전 611년 이후 이 전례를 거행하지 않았다. 『춘추』에 "여름, 다섯 번째 달이다. 공이 4개월 동안 시삭하지 않았다"(『춘추좌씨전』, 20:1a)라는 말이 있기 때문이다. 두예의 주를 참고하면 여기에서 "시삭하지 않았다(不視朔)"라는 말은 "곡삭의 전례(朔)를 돌보지(視) 않았다"라는 뜻이다. 하지만 『논어고금주』에서는 "시삭하지 않았다"라는 뜻이다. 다산의 해석에서는 그렇게 읽는 것이 중요하다. 어쨌든 고주는 문공만 이 전례를 거행하지 않은 것이 아니라 문공 이후 공자 당대에 이르기까지 모든 노나라 군주가 일절 이 전례를 거행하지 않았다고 했다. 전례 자체가 없어진 것이나 마찬가지였다. 그럼에도 그 전례를 위해 준비하던 양은 계속 길렀으므로 자공(賜)은 더 이상 그럴 필요가 없다고 생각하여 양을 없애려고 했다. 그것을 알고 공자는 본문에서처럼 이야기했다. 양마저 없애면 옛날의 아름다운 제도를 영영 잊어버릴까 염려해서였다. 이것이 고주의 해설이다. 그렇지만 다산에 따르면 이 해설에는 문제가 있다.

가장 중요한 오류는 "공이 4개월 동안 시삭하지 않았다"라는 『춘추』의 문장을 확대 해석하여 문공 이후 노나라는 전혀 곡삭의 전례를 거행하지 않았다고 주장한 것이다.

이제 몇 말의 곡식을 녹으로 받는 말단 관리도 초하루에 조상에게 제사를 드리는데, 당당한 천승의 나라, 하늘에 교제를 드리고 조상에게 체제를 드리며 빛나는 문물을 보여주는 이 나라에서 130년 동안 곡삭의 제사를 드리지 않았다고 하니 이런 이치가 있는가?

130년은 문공 16년부터 공자가 『춘추』의 집필을 중단하기까지, 곧 기원전 481년까지의 시간이다. 다산이 보기에 결단코 이런 일은 벌어질 수가 없다. 제후국 중에서도 옛날의 제도가 잘 보관되어 있었다는 노나라에서 이렇게 중요한 제사를, 아무런 이유 없이, 이렇게 오랫동안 중지했다는 것이 말이 되는가? "이런 이치가 있는가?" 없다. 고주가 이치에 맞지 않으므로 다산은 이제 새로운 해석을 모색한다.

다산이 보기에 고주는 곡삭과 관련된 전례를 잘못 이해했다. 형병은 이 전례 전체가 두 단계로 이루어져 있다고 설명했다. 하지만 다산이 보기에는 세 단계였다. 곧 조묘에 책력을 꺼내 쓰겠다고 청하는 곡삭, 곡삭 뒤에 선왕을 제사하는 조향, 조향 뒤에 군주와 신하가 정사를 토의하는 시삭, 세 단계였다. 형병은 앞의 두 단계를 하나로 보아 전체적으로 두 부분이라고 했다. 하지만 다산에게는 세 단계였다. 이런 이해를 바탕으로 다산은 문제가 되었던 『춘추』의 기록, 곧 노 문공이 "4개월 동안 시삭하지 않았다"라는 기록을 고주와 달리 해석한다. 다산이 보기에 이것은 문공이 병 때문에 시삭, 곧 곡삭의 전례에서 가장 마지막 단계를 4개월 동안 하지 못했다는 의미이지 전례 전체를 돌보지 않았다는 의미가 아니었다. 전례의 세 부분 중 특히 조향, 매달 초하루 선조에 드리는 제사는 어떤 경우에도 생략할 수 없었다. 병이 들어 정사를 돌보지 못했던 4개월 동안에도 문공은 반드시 경대부에게 이 제사를 대신 거행하도록 했을 것이다. 그것은 일반 사대부 집안에서도 거르지 않는 제사이기 때문이다. 제후국에서는 이 제사의 희생으로 양을 사용했으므로 그 양을 기르는 일은 결코 중단할 수가 없다. 만약 이 장에서 자공이 없애려고 했던 양이 이 제사에 쓸 양이라면 자공은 역적이다. 그러면 본문에서 자공이 없애려 했던 양은 무엇인가?

이 문제에 답하기 위해 다산은 '희양'이라는 말을 정확히 정의하려고 했다. 고주는 '희'가 '살아 있는 희생'을 가리킨다고 했지만 다산은 "내가 이런 정의를 본 적이 없다"라고 항의한다. 어느 고전을 들여다보아도 '희'가 '살아 있는 희생'을 의미하는 경우가 없다. 관련 전적을 뒤적인 다산은 '희'가 처음에는 '음식으로 손님을 먹이는 행위'를 가리켰고, 나중에는 '손님에게 먹이는 음식' 자체도 '희'라고 했음을 발견했다. 자세히 따지면 여러 의미가 있지만 모두 이 기본 의미를 반영한다. 곧 본문의 '희양'은 '손님을 먹이기 위한 양'이라는 뜻이다.

이때 손님은 누구인가? 다산은 그가 연말에 천자의 책력을 가지고 제후국에 도착하던 사신이었다고 이해한다. 이들이 노나라에 도착하면 당연히 호궤하는 의식이 있었을 것이고, 그때 사용하기 위해 기르던 양이 다산의 '희양', 곧 "사신을 먹이는(饎) 양(羊)"이었다. 그런데 주나라가 쇠락하자 천자는 더 이상 제후국에 사절을 보내 책력을 반포하지 못했다. '희양'은 천자의 사절을 먹이기 위해 준비해놓은 양인데, 사절이 오지 않으므로 양을 기르는 것도 쓸모없는 일이 되었다. 자공이 없애려던 양이 바로 이 양이었다. 곧 자공은 곡삭의 '희양'이 아니라 고삭의 '희양'을 없애려고 한 것이다.

주나라 말기가 되면서 왕이 보낸 사신이 노나라에 이르지 않아 '희양'이 쓸모가 없게 되었다. 만약 그 양을 없앤다면 왕의 자취가 영원히 사라질 것이었으므로 공자가 슬픈 감정을 가지게 된 것이다. 이러니 정현의 설이 이치에 합당한가?

다산처럼 이해하면 이 장에서 공자는 곡삭의 전례를 지키지 않는 노나라의 무도함이 아니라 사절조차 보내지 못하는 주나라의 쇠락을 안타까워한다. '원의총괄'은 이러한 주장을 "고삭의 희양은 왕의 사신을 예우하기 위한 것이었다"라고 기록했다. 고금주와 다산 모두 이 장이 기억으로나마 고제를 보존하려는 공자의 쓸쓸함을 보여준다고 했으나 왜 고제가 지켜지지 않았는가에 대한 진단은 달랐다. 또한 다산은 공자가 여기에서 자공을 비판하는 것 같지만 사실 자공도 '희양'을 볼 때마다 좋은 제도가 실행되지 않는 현실에 안타까움을 느꼈고, 오히려 그 때문에 '희양'을 없애려 했다고 보았다. 단지 그의 행위가 양을 아끼는 것처럼 보였을 뿐이다. 다산은 가능한 한 공자의 제자를 높이려고 한 사람이다.

3.18

선생님께서 말씀하셨다. "임금 섬기는 데 예를 다하는 것을 사람들은 아첨이라고 하는구나."

子曰; 事君盡禮, 人以爲諂也.

고주는 "예를 다한" 사람을 특정하지 않는다. 단지 당시 신하들이 임금에게 무례했으므로 예를 다하는 사람을 보면 이런 식으로 매도했다고만 설명했다. 반면 금주는 여기에서 "예를 다한" 사람이 공자였다고 주장한다. 공자가 매도를 당한 경험을 말했다는 것이다. 다산은 두 주해를 모두 소개했지만 주희의 주해를 '질의' 아래 놓아 그가 고주를 따랐음을 알렸다.

3.19

정공이 물었다. "임금이 신하를 부리고 신하가 임금을 섬기는 것은 어떻게 해야 하는가?" 공자가 대답했다. "임금은 예로써 신하를 부리고, 신하는 충실함으로써 임금을 섬깁니다."

定公問; 君使臣, 臣事君, 如之何? 孔子對曰; 君使臣以禮, 臣事君以忠.

정공은 노나라의 임금으로 형 소공을 대신하여 군주가 되었다. 소공은 계씨를 제거하려다 실패하여 도망갔고, 객지에서 죽었다. 당시 계씨가 이토록 거칠었으므로 정공이 불안하여 위와 같은 질문을 했다고 한다. 이것은 다자이의 견해인데 다산이 받아들였다. 공자는 아무리 나이가 많아도 정공의 신하이므로 군주를 공대해야 한다. 공자가 높은 신분의 사람과 대화할 때는 기록하는 사람도 위계를 드러내기 위해 항상 "선생님께서 말씀하셨다(子曰)"라고 하지 않고 공자의 성을 노출하여 "공자가 대답했다(孔子對曰)"라고 했다. 한국어에는 존하대가 분명하고, 위계를 존중하는 것은 유교는 물론이고 다산의 가치관이기도 하다.

이 장은 평이하지만 고주와 금주는 공자의 대답을 다르게 이해한다. 위에서는 금주를 따라 옮겼다. 다산이 금주를 택했기 때문이다. 반면 고주는 관련된 부분을 "임금이 예로써 신하를 부리면 신하는 충실함으로써 임금을 섬깁니다"라고 읽는다. 이렇게 읽으면 임금이 예로써 신하를 대하는 것이 신하가 충실함으로써 임금을 섬기는 조건이 된다. 황간은 한 발 더 나아가 당시 정공이 신하를 함부로 대하므로 공자가 먼저 모범을 보여야 함을 알렸다고 주장했다. 이런 해석은 강상론을 반영하지 않는다.

반면 성리학의 관점에서 볼 때 임금이 예로써 신하를 대하고 신하가 충실함으로써 임금을 섬기는 것은 그저 당연한 일이다. 그래서 금주의 주희는 "모두 '이理'의 당연함이니 각자 스스로의 의무를 다할 뿐"이라고 말했고, 여대림(1044~1091)도 "임금이 신하를 부릴 때는 그들이 충실하지 않음을 걱정하지 않고, 신하가 임금을 섬길 때는 그에게 예가 없음을 걱정하지 않는다"라고 했다. 다산은 누구를 따랐나? 금주를 따랐다. 금주에서 윤돈(1071~1142)은 "임금이 예로써 신하를 부리면 신하는 충실함으로써 임금을 섬기게 된다"라고 하여 고주와 같은 입장을 보여주었는데, 다산은 윤돈을 비판한다. "부모의 자애와 자식의 효를 말하면서 '한다면(則)'이라는 한 단어를 집어넣으면 본래의 뜻을 잃는다."

3.20

선생님께서 말씀하셨다. "「관저」는 즐거워하면서도 음탕하지 않고, 슬퍼하면서도 상심하지 않는다."

子曰; 關雎, 樂而不淫, 哀而不傷.

옮긴 것을 보면 이 장에서 다산과 고금주는 차이가 없다. 하지만 '관저關雎'라는 말에 대한 다산의 해석은 세심하고 흥미로우며, 『논어』에 익숙한 사람에게조차 새롭다. 새 해석이 나오는 출발점은 언제나 같다. 널리 받아들여지는 해석에서 이상한 점을 발견하고, 그것이 이치에 맞지 않음을 확인하는 것이다. 이 장을 읽으면서도 다산은 이상하다고 느꼈다. 보통 말하는 「관저」, 곧 『시』에 첫머리에 나오는 시에는 "슬퍼하면서도 상심하지 않는다"라는 느낌이 없다. 그러므로 이 장에는 무엇인가 숨은 뜻이 있다. 우선 「관저」의 내용을 살펴보자.

> 끼룩끼룩 물수리 물가에 있네. 요조숙녀는 군자의 좋은 짝이네.
> 들쑥날쑥 마름풀 이리저리 흔들리네. 요조숙녀는 자나 깨나 임을 구하네.
> 구해도 구하지 못해 자나 깨나 생각하네. 길고도 기나긴 밤, 이리저리 뒤척이네.
> 들쑥날쑥 마름풀 이리저리 캐네. 거문고 비파를 벗으로 삼네.
> 들쑥날쑥 마름풀 이리저리 고르네. 종과 북으로 즐거워하네.

이 시가 "즐거워하면서도 음탕하지 않다"라는 점은 받아들일 수 있다. 하지만 이것이 "슬퍼하면서도 상심하지 않는다"라는 느낌을 주는가? 고금주는 모두 요조숙녀가 임을 구하려고 했으나 구하지 못하여 슬퍼했고, 그럼에도 상심하지는 않았다고 설명했다. 하지만 다산은 이 설명을 받아들일 수 없었다. 아무리 봐도 이 시는 결국 요조숙녀와 군자가 만나 즐거워하는 모습을 그리기 때문이다. 그래서 그는 다른 독법을 생각하기로 했다.

이때 다산은 『춘추』에서 결정적인 단서를 발견한다. 『춘추』에는 『시』에 수록된 어느 한 시의 제목을 들어서 이어지는 3편의 시를 모두 가리키는 경우가 있었다. 『시』에 3부작이 종종 있고, 이 경우 3편의 제목을 모두 거론하기가 번거로우므로 제일 먼저 나오는 시의 제목만 가지고 3부작을 논하는 관례가 있는 것이다. 보통 말하는 「관저」도 다산이 보기에 3부작의 하나였다. 그러므로 본문의 「관저」는 「관저」 한 편이 아니라 「관저」 3부작을 가리킬 수 있다. 다산은 이렇게 생각하고 나머지 두 시 「갈담」과 「권이」를 읽었다. 그런데 「권이」를 보면 시가 슬프다.

아, 내 사랑하는 임은 광주리처럼 길옆에 버려져 있네.
흙과 돌로 덮인 산에 오르려 하나 내 말은 병이 들었네.

이렇게 애상이 넘치지만 시의 주인공은 우울과 아픔이 오래 가지 않도록 노력한다. 다산 눈에는 이것이 바로 "슬퍼하면서도 상심하지 않는다"라는 것이었다. 결론적으로 그는 본문의 「관저」가 「관저」 3부작을 가리킨다는 실로 참신한 주장을 했다. 이 주장은 '원의총괄'에 "'슬퍼하면서도 상심하지 않는다'라는 말은 「권이」를 두고 한 말이다"라고 기록되었다.

다산은 해설을 마치면서 "이 해석의 자세한 내용은 나의 「서암강학기」에 나와 있다"라고 했다. 「서암강학기」는 1795년 가을 금정 찰방으로 나가 있던 다산이 온양의 서암에서 주로 성호 우파에 속하는 선배 동학과 가진 공부모임을 기록한 글이다. 그에 따르면 이 모임에서 다산은 이미 이 장에 대한 고금주의 독법에 의문을 가졌고, 토론을 이끌어냈다. 이때 좌장이었던 이익의 증손자 이삼환이 다산의 의문에 다음과 같이 답했다.

우리 선생님께서 언급하신 「관저」가 「주남」 전체를 가리키는 것이 아님을 어찌 알겠는가? 「관저」는 모두 세 장인데 유독 시 앞의 '관저'라는 두 글자로 그 모두를 '관저장關雎章'이라고 한다. 그 뒤에 나오는 10편의 시도 '관저지십關雎之什'이라고 칭하니 이것과 무엇이 다르겠는가? (『정본 여유당전서』 4, 293)

이삼환이 말한 '관저장'은 다산이 말한 「관저」 3부작과는 다른 것 같다. 「관저」 자체가 세 장으로 구성되어 있다. 그래도 이 장의 참신한 독법은 이삼환에게 크게 빚졌다.

3.21

애공이 재아에게 '사'를 물으니 재아가 대답했다. "하후씨는 소나무로 했고, 은나라 사람은 측백나무로 했습니다. 주나라 사람은 밤나무로 했으니 백성이 전율하도록 하기 위해서였습니다." 선생님께서 듣고 말씀하셨다. "이루어진 일이니 말하지 않고, 마음대로 한 일이니 간하지 않으며, 이미 지나간 일이니 허물하지 않는다."

哀公問社於宰我. 宰我對曰; 夏后氏以松, 殷人以柏, 周人以栗, 曰使民戰栗.
子聞之曰; 成事不說, 遂事不諫, 旣往不咎.

'하후씨夏后氏'는 하나라를 가리키는데, 은나라나 주나라와 달리 본문에서 국호를 사용하지 않았다. 우임금이 순임금의 신하로 강물의 길을 열어 천하에 공을 세운 뒤 '사姒'라는 성과 '하후夏后'라는 씨를 받아 하후씨로 불렸는데, 나중에 왕이 되어 신분이 바뀐 뒤에도 국호를 새로 만들지 않고 겸손하게 원래의 이름으로 나라를 칭했다고 한다. 건국한 뒤 국호를 새로 만드는 것은 은을 세운 탕왕 이후의 전통이고, 그 이전에는 사람들이 질박하여 따로 국호를 짓지 않았다. 다산이 소개하는 그의 둘째형 정약전(1758~1816)의 설이다.

본문의 '사社'는 좁게는 토지신을 가리키지만 토지신을 모신 사원을 의미하기도 한다. 옛날 나라를 세우면 먼저 도읍의 경계를 정하기 위해 도랑을 파고, 다음에 토지신을 모신 사원을 지어 그 나라 도읍의 토지에서 가장 잘 자라는 나무를 심었다. 하나라 도읍에서는 소나무가, 은나라 도읍에서는 측백나무가, 주나라 도읍에서는 밤나무가 잘 자랐다. 이렇게 심은 나무는 전답의 신이 되었고, 해당 사원도 그 나무에 따라 이름했다. 가령 하나라의 토지신 사원은 송사松社다. 그래서 '사'는 토지신 사원에 심은 나무도 가리키게 된다. 금주는 여기에서 한 발 더 나아가 '사'가 토지신의 신주까지도 가리킨다고 했다. 옛날에는 사원에 심어진 나무를 가지고 토지신의 신주를 만들어 봉안했으므로 '사'가 그것까지도 가리킨다고 본 것이다. 그런데 모기령에 따르면 이것은 금주의 무지다. 옛날 토지신의 사원에는 지붕이 없었고, 나무가 아니라 돌로 신주를 만들었기 때문이다(『논어계구편』, 2:8a). 다산은 모기령을 인용했다. 여하튼 이 장에서 애공이 물은 것은 이 제도의 의미였다.

재아는 토지신 사원에는 그 나라 도읍의 토지에 가장 잘 맞는 나무를 심는다는 것을 몰랐고, 주나라에서 밤나무를 심은 뜻이 "백성이 전율하도록 하기 위해서였습니다"라고 답했다. 밤나무 '율栗'에는 '두려워하다'라는 의미가 있기 때문이다. 혹은 애공을 경계하려는 목적으로 일부러 이렇게 대답했다고 한다(황간). 무지 때문이든 의도한 것이든 재아의 답변은 사실에 부합하지 않았고, 또 군주가 백성을 전율토록 하는 나쁜 효과를 낳을 수 있으므로 공자는 재아를 꾸짖었다. 꾸짖는 말 중 '수遂'는 다산이 고금주와 다르게 해석했다. 고주에서는 '완수하다'라는 뜻이고, 금주에서는 '어쩔 수 없다'라는 뜻이며, 다산에게는 위에 옮긴 대로 '마음대로 하다'라는 뜻이다.

3.22

선생님께서 말씀하셨다. "관중의 그릇이 작구나!" 어떤 사람이 묻기를 "관중은 검소했습니까?"라고 하니 선생님께서 말씀하셨다. "관씨는 부인 셋을 들인 일이 있었고, 관의 일을 겸하도록 하지 않았으니 어찌 검소하다고 하겠는가?" "그러면 관중은 예를 알았습니까?" 선생님께서 말씀하셨다. "나라의 임금이라야 작은 벽으로 문을 가리는네 관씨도 작은 벽으로 문을 가렸고, 나라의 임금이라야 두 나라의 우호를 위해 술잔 되놓는 대를 두는데 관씨도 술잔 되놓는 대를 두었으니 관씨가 예를 안다면 누가 예를 알지 못하겠는가?"

子曰; 管仲之器小哉! 或曰; 管仲儉乎? 曰; 管氏有三歸, 官事不攝, 焉得儉? 然則管仲知禮乎? 曰; 邦君樹塞門, 管氏亦樹塞門, 邦君爲兩國之好, 有反坫, 管氏亦有反坫, 管氏而知禮, 孰不知禮?

관중은 이름이 관이오로 알다시피 여러 고사에서 회자되는 사람이다. 그는 기원전 7세기 제나라에 변란이 있을 때 공자 규를 따랐다가 규의 동생인 소백이 내란에서 승리하자 친구인 포숙아의 도움으로 제 환공이 되는 소백에게 귀순하여 재상이 되었고, 환공을 도와 그가 "아홉 번 제후를 회합한"(14.17) 춘추시대 다섯 패왕 중 하나가 되도록 공을 세웠다. 나아가 그는 이민족과 대별되는 중화의 문화 문물을 유지하는 데도 기여했다(14.18). 공헌으로 따지자면 웬만한 사람은 견주지도 못할 위인이었다. 그러나 그는 모시던 주군을 죽인 제 환공을 따라 영화를 누린, 절의를 팽개친 인물이기도 했다. 그에게 이렇게 양면이 있었기 때문에 그에 대한 한 사람의 평가는 사공과 절의라는 종종 내립되는 가치 중 어떤 것을 중시했는지 보여주는 시금석이 된다.

공자의 태도는 애매했다. 관중의 공은 높이 샀으나 그의 도덕성은 풍자했다. 말하자면 공자는 관중의 양면을 모두 인정했다. 한편 예상할 수 있듯이 성리학은 관중을 비판한다. 절의를 중시했기 때문이다. 그러면 다산의 입장은 무엇이었을까? 결론적으로 다산은 정주학자와 달랐다. 관중을 둘러싼 모든 논쟁에서 그는 성리학이 관중을 폄훼한다고 보았고, 그로부터 관중을 보호하려고 했다. 물론 그는 관중을 이상적 인격으로 이해하지 않았고, 도덕적 문제가 있음을 인정했다. 하지만 성리학의 폄훼는 도가 지나쳤다. 그래서 언제나 균형을 잡으려는 다산은 결과적으로 관중을 옹호하는 목소리를 냈다. 분명히 관중의 부정적인 면을 이야기하는 이 장에서도 다산은 금주는 물론 고주와도 다른 이해를 통해 관중을 감싼다.

일단 관중의 잘못 중의 하나인 '삼귀三歸'를 알아보자. 고주에 따르면 여기에서 '귀歸'는 여인이 시집가는 것을 말한다. 고주의 포함은 이 의미에 기초해서 '삼귀'가 성이 다른 세 명의 여인을 부인으로 맞아들이는 것이라고 했다. 포함을 계승하면서 황간은 더 자세하게 옛날 제도를 고증했다. 그에 따르면 과거 제후는 한 번 혼인할 때 세 명의 부인을 맞아들였다. 그중 한 명이 정부인이 되고, 나머지 둘은 각각 첩과 잉첩이 된다. 세 명의 부인은 또 각각 시첩 둘을 대동하므로 제후는 한 번 혼인에 아홉 명의 처첩을 두게 된다. 이것이 나중에 사람들이 눈살을 찌푸리는 '한 번 혼인에 아홉 여인'이라는 것이다. 이때 세 명의 부인이 모두 같은 성을 가지는 것이 원칙이라는 설도 있다. 곧 세 자매를 부인으로 삼는 것이다. 하지만 다산은 이 설보다는 부인 셋이 모두 다른 성이었다는 설을 지지한다. 결과적으로 제후는 혼인과 함께 성이 다른 부인 셋을 들인다. 그런데 관중은 대부이면서도 이 제후의 예를 따라 "부인 셋(三)을 들인(歸) 일이 있었다(有)." 이것이 고주의 설명이고, 다산은 고주를 받아들였다.

반면 금주는 '삼귀'가 관중이 지은 누대의 이름이라고 주장한다. 유향(기원전 77~6)의『설원』에 관중이 '삼귀'라는 이름의 누대를 지어 올렸다는 기사가 있기 때문이었다. 주희는 당연히 고주의 다른 설명을 알았다. 하지만 공자가 '삼귀'를 관중이 검소하지 않았다는 증거로 사용했기 때문에 이렇게 보는 것이 맞다고 판단했다.

금주의 해석은 모기령에 의해 낱낱이 논파된다. 그에 따르면『설원』의 기록은『선국책』의 보다 정확한 기록을 유향이 오독한 결과다.『전국책』은 우선 관중이 제후처럼 성이 다른 세 명의 여인을 들인 사실을 기록한다. 하지만 그 동기가 흥미롭다. 관중은 그렇게 함으로써 주군인 환공에 대한 나쁜 여론을 자신에게 돌리려고 했던 것이다. 환공은 당시 700명의 궁녀를 궁중에 두고 여색을 탐했고, 그 때문에 조야에서 원망이 일었다. 이에 관중은 더 문제가 되는 '삼귀'를 행하여 사람들로부터 그래도 관중보다는 환공이 낫다는 평을 이끌어내려고 했다. 이것이 사실이라면 관중의 '삼귀'는 사치라기보다 군주를 향한 단심의 표현이다.『전국책』은 이 일화를 소개하기 전 비슷한 사례로 송나라 자한이 군주의 잘못을 덮기 위해 호화로운 누대를 지은 일화를 소개하는데, 유향은 이 두 일화를 잘못 연결하여 관중의 '삼귀'를 누대의 이름으로 보았다. 다산은『전국책』의 문제가 되는 부분을 인용하고(『전국책』, 1:5b), 또 모기령의 논쟁도 상당 부분 인용하여(『논어계구편』, 2:2a) 자신이 모기령에 동의함을 밝혔다.

'삼귀'의 해석에서 고주를 지지하는 다산의 입장은 '원의총괄'에 기재되어 있다. "관씨의 '삼귀'와 관련해서는 마땅히 포함의 설을 따라야 한다." 고주와 금주 그리고 모기령을 모두 알았던 다산이 결국 고주를 택했다는 것은 그가 금주와『설원』을 의심하고,『전국책』의 기록을 받아들였음을 의미한다. 그리고『전국책』은 관중의 '삼귀'가 군주에 대한 충성의 표현이었다고 했다. 미묘하지만 이런 점을 통해서도 정주학의 매몰찬 비판에서 관중을 구하려는 다산의 노력을 엿볼 수 있다.

또한 "관중의 그릇이 작구나!"라는 말에 대한 다산의 이해가 금주와는 물론 고주와도 다르다는 점도 적어놓을 필요가 있다. 고주에게 이 말은 관중의 국량이 작았다는 뜻이다. '그릇이 작다'라는 표현의 사전적 의미다. 고주는 그 이상의 논평을 하지 않았다. 금주는 이 말이 "관중의 국량이 치우치고 일천하며 규모가 낮고 좁기 때문에 그가 몸을 바로 하고 덕을 닦아 그의 주인을 왕도로 인도하지 못했다"라는 뜻이라고 설명했다. 신랄한 비판이다. 다산의 해설은 다르다. "'그릇이 작다'라는 말은 담은 바가 크지 않다는 말이다." 나아가 다산은 이 말이 『맹자』에 나오는 "관중의 공이 작았다"(『맹자집주』, 2A:1)라는 말과 같은 의미라고 해설했다. 다시 말해서 공자는 관중의 인격이 아니라 공이 작았기 때문에 "그릇이 작구나!"라고 말했다는 것이다. 같은 말을 관중의 인격과 연결시켜 그를 소인배로 만드는 성리학의 시각과 완전히 다르다. 관중은 환공을 도와 그를 패왕이 아니라 성왕으로 만들 수 있었으나 그렇게까지 하지는 못했다. 그러므로 작지 않은 공을 세우기는 했으나 유교의 이상에 비교해볼 때 아직 그 공이 작다. 이것이 다산의 해석이다. 이러한 관점에서는 관중의 그릇이 작더라도 그를 매도하지 않는다. 이 역시 관중을 구하려는 다산의 노력을 반영한다.

이 장의 나머지 부분에서는 고금주와 다산 사이에 큰 이견이 없다. "관의 일(官事)을 겸하도록(攝) 하지 않았다"라는 말은 관중이 자신의 가신에게 나라의 일을 겸하도록 하지 않았다는 뜻이다. 책임이 막중한 제후는 자신의 신하에게 한 가지 직책만 맡기지만 관중 같은 대부는 자신의 가신이 겸직하도록 해야 하는데 관중은 그렇게 하지 않았다. 또 과거에는 모든 귀족이 바깥에서 안을 볼 수 없도록 집안을 가리는 구조물을 설치했는데, 천자는 문 밖에 담을 따로 세우고, 제후는 문 안쪽에 작은 벽(樹)을 세우고, 대부는 주렴을 설치하고, 사는 장막을 썼다. 본문의 '수樹'는 '병屛'과 같은 글자로 여기에서는 문 가운데 세우는 작은 벽이다. 이것은 제후의 예인데 관중도 "작은 벽(樹)으로 문(門)을 가렸다(塞)." '반점反坫'은 제후들이 회동할 때 처음 술을 주고받은 뒤 술잔을 되놓기 위해(反) 기둥 사이에 설치하는 흙으로 만든 대(坫)를 말한다.

3.23

선생님께서 노나라 태사에게 음악을 말씀하셨다. "음악은 이해할 수 있습니다. 처음 일어날 때는 소리를 합쳤다가 뒤이어 순일하고, 분명하고, 끊임없이 이어짐으로써 마치게 됩니다."

子語魯大師樂曰; 樂其可知也. 始作, 翕如也, 從之, 純如也, 皦如也, 繹如也,
以成.

'태사大師'는 악관으로 모든 악공을 지휘하는 사람이다. 대부의 직책이므로 대부인 공자와 서로 존대했을 것이다. '시작始作'은 글자로 풀면 '처음에 일어나다'라는 뜻이다. '흡여翕如'가 아악 협주에 쓰는 모든 음의 합주를 표현하는 말이라는 데는 의견이 일치한다. 단지 고금주는 그 음이 궁상각치우의 5음이라고 했고, 다산은 8음, 곧 여덟 가지 악기가 내는 소리라고 했다. 어떤 설명이 옳은지는 따지기 어렵다. '순여純如'도 비슷하다. 고금주는 이것이 여러 음이 조화를 이룬 상태라고 했고, 다산은 잡음이 들어가지 않은 순일한 상태라고 보았다. 이처럼 다산은 할 수 있으면 약간이라도 다르게 해석하려고 했다.

'종지從之'에 대한 다산의 해석은 의미가 더 크다. 고주는 이를 '여러 음을 방종(縱)하는 것'이라고 했다. 도덕적으로 방종하다는 게 아니라 시작할 때 5음을 합주했다가 다음 단계가 되면 각각의 음을 풀어놓는다는 뜻이다. 금주도 비슷하게 이해했다. 그러므로 고주에 따를 때 아악 협주는 시작할 때 합주하고, 이후 각 음이 자유롭게 연주되면서 본 악장으로 진행하고, 음들이 화합하고(純如), 명료하고(皦如), 끊임없이 이어지면서(繹如) 진행되다가 끝난다. 그러나 다산은 이 해석에 반대한다. "아악에는 음을 방종하는 법이 없다"라는 것이 그 이유였다. 그래서 그는 '종從'을 '따라가다(隨)', 곧 '뒤이어'라는 뜻으로 풀었다. 처음 합주가 끝나고 뒤이어 다른 단계로 진행한다는 것이다. 궁중의 전례에 사용되는 아악에는 일말의 풀어짐도 없어야 한다는 엄격한 사고를 보여준다고 하겠다.

3.24

의에서 사직을 지키는 사람이 공자를 뵙기를 청하며 말했다. "군자가 이곳에 이를 때마다 내가 만나 뵙지 않은 적이 없소." 따르는 자가 공자를 뵙게 하니 나오면서 말했다. "여러 사람은 어찌 잃은 것을 걱정하는가? 천하가 무도한 지 오래 되었으니 하늘이 우리 선생님을 목탁으로 삼은 것이다."

儀封人請見曰; 君子之至於斯也, 吾未嘗不得見也. 從者見之. 出曰; 二三子何患於喪乎? 天下之無道也, 久矣. 天將以夫子爲木鐸.

'의儀'는 위나라 변두리의 작은 읍이다. '봉인封人'은 보통 읍의 경계를 감독하는 관리라고 하지만 다산은 사직의 제단과 담을 지키는 관리라고 보았다. 주희는 이 사람이 『논어』에 종종 등장하는 은자 중의 하나라고 했고, 다산도 그렇게 생각했다. 이때 공자는 벼슬을 버리고 노나라를 떠나 위나라로 향했는데, 위나라에 도착해서 이 사람을 만났다.

이 장에 대한 다산의 해설은 고금주와 다르다. 그에 따라 읽는 방법도 달라지는데 그 다름은 시제의 다름을 통해 나타난다. 우선 고주는 '상喪'을 '덕을 잃는 것'으로 이해했다. 세상이 무도하므로 공자의 덕도 장차 잊힌다는 말이다. 시제는 미래다. 그러므로 고주에 따르면 해당 부분은 "여러 사람은 어찌 (성덕을) 잃는 것을 걱정하는가?"라는 정도가 된다. 한편 금주에서는 '상'이 '지위를 잃는 것'이다. 노나라에서 지위를 잃었음을 가리킨다. 옛날 예법에 벼슬하다가 지위를 잃으면 그 나라를 떠난다고 했으므로 공자는 노나라를 떠났다. 시제는 과거다. 다산은 이 문제에서는 금주를 따랐다.

그렇지만 마지막 구절에서 다산은 금주와도 달라진다. 금주는 여기의 '장將'을 보통처럼 '장차'라는 뜻으로 보고 하늘이 공자를 목탁으로 삼는 일이 장차 일어날 것이라고 해설했다. 고주도 마찬가지다. 이와는 달리 다산은 '장'을 어사로 본다.

'장'은 어사다. '천장이天將以'라는 말은 하늘의 마음을 헤아려본다는 뜻이지 앞으로 일어날 일을 두고 '장'이라는 글자를 사용했다고 볼 필요는 없다.

따라서 다산의 해석에서는 하늘이 이미 공자를 목탁으로 삼았다. 시제가 과거다. 이미 일어난 일이지만 하늘의 마음을 정확히 알 수는 없으므로 '장'이라는 어사를 사용해서 추측한다는 느낌을 주었다. 미세한 차이지만 이제 곧 서술하는 것처럼 사상적 함의를 가진다. 그러므로 다산을 따라서 『논어』를 읽을 때는 이 장의 마지막 구절을 미래 시제로 옮겨서는 안 된다.

하늘이 공자를 '목탁 木鐸'으로 삼는다는 것은 무슨 의미인가? 목탁은 작은 종 같은 것으로 몸체를 동으로 만들고 안에 나무 방울을 단 물건이다. 흔들면 소리가 나므로 사람들의 주의를 끌 수 있고, 따라서 특별히 전할 내용이 있는 이들이 이것을 흔들었다. 고주에 따르면 쇠 방울을 단 금탁金鐸과 나무 방울을 단 목탁이 있어서, 금탁은 군사와 관련된 일에, 목탁은 문교와 관련된 일에 사용되었다고 한다. 고금주는 '장'을 '장차'라는 뜻으로 보았으므로 고금주에 따르면 공자는 장차 문교와 관련하여 큰 역할을 할 것이었다. 마치 공자가 인류의 큰 스승이 되리라는 걸 의의 사직을 지키는 사람이 예언한 것처럼 들린다.

다산은 이 해석을 거부한다. "공안국의 주해는 그 말이 아첨과 유사하고, 또 말한 바를 증험할 수 없다." 고국인 노나라에서도 용납 받지 못해 유랑을 시작한 공자를 두고 장차 이렇게 큰 역할을 하리라고 말하는 것은 공자에 대한 아첨이고, 또 공자가 끝내 적당한 지위를 얻지 못했다는 사실과도 맞지 않다. 그래서 다산은 목탁이 길을 따라 울리는 것처럼, 곧 목탁을 가진 사람이 길을 따라 가면서 전달할 내용을 전하는 것처럼 공자가 사방을 주유하면서 잊혀가는 가르침을 전달하는 임무를 이미 부여받았다고 봐야 옳다고 주장한다. 본문의 마지막 구절은 그것을 표현한 것이다. 그렇다면 공자가 노나라를 떠난 순간부터 그는 하늘의 목탁이 된 것이고, 따라서 해당 구절은 이미 벌어진 일을 말한다. 공자로부터 신비를 걷어내고, 모든 성인으로부터 신성을 제거하여 그들의 가르침을 누구나 실천할 수 있는 것으로 만들려는 사람이 다산이었다. 공자를 인간으로 이해하면 의의 사직을 지키는 사람을 무슨 예언자로 만들 필요가 없다. 단지 시제가 다를 뿐이지만 이 다름에는 사상적 함의가 있다.

사실 주희도 하늘의 목탁으로서 공자를 주유하는 공자와 연결시켜 설명하는 견해가 있다고 했다. 다산은 이를 주희의 신설로 소개했다. 하지만 주희는 그것을 단지 일설로만 취급했고, 정작 자신은 문제가 되는 부분을 "하늘이 장차 우리 선생님이 지위를 얻고 가르침을 베풀도록 하여 지위를 잃은 상태가 오래가지 않도록 할 것"이라는 뜻으로 이해했다. 이것이 금주의 견해인데, 다산은 이 선해를 받아들이지 않았으므로 금주를 비판한다. 그런데 정작 비판한 사람은 주희가 아니라 남송시대의 인물인 보광(13세기경)과 진력(1252~1334)이다. 이런 면에서 주희에 대한 다산의 존경 혹은 조심을 엿볼수 있다. "따르는 자(從者)"는 공자를 수행하던 사람이고, '현見'은 '뵙다'라는 뜻이다.

3.25

선생님께서 '소'를 말씀하시기를 "아름다움을 다했고, 또 좋게 만드는 것을 다했다"라고 하시고, '무'를 말씀하시기를 "아름다움을 다했으나 좋게 만드는 것을 다하지는 못했다"라고 말씀하셨다.

子謂韶; 盡美矣, 又盡善也. 謂武; 盡美矣, 未盡善也.

'소韶'는 순임금의 음악으로 '소紹', 곧 '잇다'라는 의미를 가진다. 옛날 음악의 이름은 그 음악을 헌정한 사람의 공적을 기려 지었는데, 순임금은 요임금의 선양을 받아 평화롭게 권력을 계승했으므로 이렇게 이름했다고 한다. '무武'는 무왕 시대의 음악으로 글자 그대로 그가 무력으로 세상을 평정하여 질서를 회복했음을 상징한다. 이 두 음악을 두고 공자가 위에서처럼 평가했다. 여기에서 '진盡'은 고주에 따르면 '다하다'라는 뜻의 동사다. 보통 '진'을 부사로 보아 '진미盡美'를 '지극히 아름답다', '진선盡善'을 '지극히 선하다'라는 식으로 푸는데, 뜻으로는 안 될 것은 없으나 고주에서는 동사다. 금주는 확실하지 않다. 다산의 경우 '진선'에 대한 해석을 참고하면 역시 '진'을 동사로 보았음을 알 수 있다.

다산에 따르면 여기에서 '선善'은 '선하다' '착하다' 혹은 '좋다'라는 의미가 아니다.

> '선'은 '세상을 좋게 만든다(善世)' 혹은 '풍속을 좋게 만든다(善俗)'라고 할 때의 '선'으로 읽어야 한다. '미'는 일이 시작되었을 때의 아름다움을 가리키고, '선'은 일을 마칠 때 잘 마무리하는 것을 가리킨다.

"세상을 좋게 만든다" 혹은 "풍속을 좋게 만든다"라는 말은 『역』에 나온다. "그는 세상을 좋게 만들었으면서도(善世) 자랑하지 않았다"(『주역주소』, 1:19a). "군자는 어진 덕에 거하고 풍속을 좋게 만든다(善俗)"(9:12a). 따라서 이 장의 '선'은 "좋게 만드는 것"을 의미한다. 이것이 이 장에서의 다산의 독창적인 독법이므로 다산을 따라 『논어』를 읽을 때는 이 독법을 반영해야 한다.

이 독법은 사상적 의미를 지니고, 다산의 가치관을 보여준다. 그에 따르면 공자는 무왕이 "좋게 만드는 것을 다하지 못했다"라고 평가한 셈인데, 이것은 무슨 의미인가?

> 무왕은 천하를 얻은 뒤 7년 만에 붕어했으니 은나라의 완악한 무리가 아직 복종하지 않았고, 예악은 아직 흥기하지 못했다. 그러므로 그 음악이

아름다움을 다했으나 좋게 만드는 것을 다하지는 못했다.

무왕은 세상을 교화하는 공을 완전히 이루지 못한 채 죽었다. 그래서 그는 세상을 "좋게 만드는 것을 다하지 못했다." 이 논평의 중요성은 고주나 금주 특히 금주에서 무왕의 음악이 '진선'하지 못한 이유를 무엇이라고 설명했는지 검토할 때 드러난다. 고주에서 공안국은 "정벌로써 천하를 취했기 때문에 선을 다하시 못했다"라고 설명했다. 금주에서 주희는 "순임금의 덕은 본성에 의거해서 이루어진 것이고, 또 그는 읍양하고 겸손함으로써 천하를 소유했다. 무왕의 덕은 규율에 반한 행동에 의거해서 이루어진 것이고, 또 그는 정벌하고 죽임으로써 천하를 얻었다. 그러므로 그 실상이 같지 않다"라고 설명했다. 간단히 말하면 순임금은 완벽했으나 무왕에게는 흠이 있다는 말이다. 이것이 무왕에 대한 전통적 인식, 성리학에 의해 더 고착된 수천 년 간의 역사적 인식이었다.

앞에서 이미 다산이 정주학자의 폄훼로부터 관중을 구하기 위해 노력했음을 밝혔다(3.22). 무왕은 관중과 같은 유형의 인물이다. 무왕은 혁명을 완수하고 주나라를 세웠으므로 관중보다 공이 더 크지만 유형으로 보면 두 사람은 같다. 사공을 이루었으나 군주에게 충성하는 절의를 지키지는 않았다. 세상을 평정하고 질서를 회복하기는 했으나 무력과 전략으로 목적을 이루었다. 다산은 관중을 구하려고 했고, 무왕도 구해야 했다.

만약 공안국(그리고 주희)의 설을 따른다면 본문의 '선'을 '선악'이라는 말의 '선'으로 읽게 된다. 무릇 선과 악이 대대할 때 누군가가 '선을 다하지 못했다'라고 한다면 악으로 귀착될 뿐이다. (…) 하물며 탕왕과 무왕의 일은 작은 문제가 아니다. 그것이 선하다면 크게 선한 것이고, 그것이 악하다면 크게 악한 것이다. 그들이 큰 선을 따랐으나 작은 악에 저촉되었다고 하는 이런 이치는 없다.

본문의 '선'을 선악의 '선'으로 읽으면 결국 무왕을 악인으로 만든다는 비판이다. 이렇게 논한 뒤 다산은 무왕을 욕한다면 문왕이나 주공도 비난을 피해갈 수 없음을 냉정하게 지적한다.

이 일을 시작한 것은 문왕이고, 이 사업을 완성시킨 것은 주공이다. 만약 무왕을 놓고 선을 다하지 못했다고 한다면 그 죄와 죄안을 무왕 혼자에게 뒤집어씌우는 것으로 그런 이치는 없다. 그래서 급기야 문왕과 주공이 모두 선을 다하지 못했다고 한다면 한 집안의 세 성인이 모두 큰 죄를 뒤집어쓰게 되니 이것은 작은 일이 아니다.

만약 문왕과 주공을 존경한다면 무왕을 흠이 있는 사람으로 취급해서는 안 된다는 경고다. 물론 공자가 평가한 것처럼 순임금이 무왕보다 나은 것은 사실이다. 단지 순임금은 끝까지 사업을 잘 마무리하여 우임금에게 무사히 선양했기 때문에 우월하다. 곧 그의 업적이 무왕의 업적보다 뛰어났기 때문이고, 더 나아가 때를 잘 만났기 때문이지 그가 무왕보다 더 훌륭한 인격을 가졌기 때문에 우월한 것이 아니다. 도덕성을 기준으로 순임금과 무왕의 우열을 나눈 고금주와 달리 다산은 사공을 기준으로 둘의 우열을 나눈다. '원의총괄'은 이 논의를 "'무'가 '좋게 만드는 것을 다하지 못했다'라는 말은 공과 관련된 것이지 덕과 관련된 것이 아니다"라고 요약한다.

이렇게 절의와 사공이라는 두 개의 가치 중 정주학자와 비교할 때 사공을 훨씬 중시한 것, 그렇게 함으로써 균형을 잡으려고 했던 것이 다산이었다. 조선 유학사로 볼 때 다산과 같이 사공을 중시했던 집단은 처사가 아니라 조신이었으며, 사림이 아니라 관학파였다. 조선 유학사를 절의를 중시했던 안연형의 학자들과 사공에 주목했던 이윤형의 학자들 사이의 변주로 구성할 수 있다면 다산은 후자에 속하는 인물이었다. 무왕이나 관중을 논하면서 다산은 일관되게 이 장에서 보여준 입장을 견지한다.

3.26

선생님께서 말씀하셨다. "위에 있으면서도 관대하지 않고, 예를 행할 때 공경하지 않고, 상에 임해서 슬퍼하지 않으면 내가 무엇으로써 그를 보겠는가?"

子曰; 居上不寬, 爲禮不敬, 臨喪不哀, 吾何以觀之哉?

이 장에서는 고금주와 다산 사이에 아무런 이견이 없다. 단지 다산의 해설은 더 구체적이다. 그에 따르면 본문의 '상上'은 구체적으로 임금이나 목민관을 의미하고, "예를 행할 때"라는 것은 길례와 흉례 등을 행하는 것이며, "상에 임한다"라는 것은 조문을 하거나 곡을 하는 것을 의미한다. "내가 무엇으로써 그를 보겠는가?"라는 말은 볼 만한 구석이 없다는 의미다.

제4편

이인

里仁

4.1

선생님께서 말씀하셨다. "마을로는 인이 아름다우니 택할 때 인에 처하지 않으면 어떻게 안다고 하겠는가?"

子曰; 里, 仁爲美, 擇不處仁, 焉得知?

이 장에서 다산은 또다시 기발한 독법을 선보인다. 그는 '이인위미里仁爲美'라는 말에 익숙한 사람이 염려되었는지 '이里' 뒤에서 끊어 읽어야 한다는 것을 분명히 했다.

사실 '이인위미'는 해설하기 어려운 구절이다. 고주의 정현은 '이'를 '거하다(居)', '인仁'을 '인한 사람이 사는 곳'이라는 의미로 이해하면서 이 구절을 "인한 사람이 사는 마을(仁)에 거하는 것(里)이 아름다우니"라고 풀이했다. '인'이라는 한 글자의 의미가 장황하다. 그래서 형병은 '이인'이 '인한 사람이 사는 마을'을 의미한다고 했다. 이렇게 되면 '이인위미'는 "인한 사람이 사는 마을이 아름다우니"라는 뜻이 된다. 정현의 해석과 다르다. 형병은 『논어집해』와 다르게 해석할 때 반드시 알려주는데, 이 장에서는 그렇게 하지 않았다.

그렇게 하지 않았을 뿐만 아니라 형병은 또 '이'를 '거하다'라는 의미로 이해하기도 했다. 한마디로 혼란스럽다. 반면 금주는 '이인위미'를 "마을(里)은 인한 것(仁)이 아름다우니"라고 푼다. 인의 풍속을 가진 마을이 아름답다는 뜻이다. 다산은 이 독법도 받아들이지 않는다. 근본적 이유는 다음과 같다.

> 군자의 도는 자기에게 있는 것을 닦는 것이므로 어디를 가도 행해지지 않음이 없다. 만약 인한 사람의 마을만 택해서 거한다면 자기를 책망하지 않고 남을 먼저 책망하는 것이니 가르침이 아니다.

'이인위미'를 어떻게 읽든 고주와 금주는 모두 어떤 곳에 살 것인가 하는 문제에 초점을 맞추었다. 그래서 '처인處仁'의 '인'도 고금주에서는 '인한 사람이 사는 마을(고주)' 혹은 '인한 풍속이 있는 마을(금주)'을 가리킨다. 다산이 보기에는 이런 점이 문제였다. 풍수가도 아니고 유학자가 사는 곳에 구애되어 이 곳에 살까 저 곳에 살까 까다롭게 군다면 체면이 안 서고, 공자가 그런 사소한 일에 무슨 충고를 했다는 것도 어불성설이다.

어떻게 보면 고금주보다 더 자연스럽게 '이인위미'를 읽은 것은 정호(1032~1085)다. 그에 따르면 '이인위미'는 "인에 거하는 것(里)이 아름답다"라는 말이다. "'이'는 '거하다'라는 뜻이니 ('이인위미'는) 인을 택하여 그곳에 거하는 것이 아름답다는 말이다"(『이정전서』, 6:6b). '이'에 대한 고주의 정의를 계승하면서도 이 장을 사는 곳을 선택하는 문제와 연결 짓지 않았고, 또 자연스럽다. 다자이 준은 정호의 독법에 크게 공감하면서 왜 주희가 이 독법을 택하지 않았는지 이해가 되지 않는다고까지 했는데, 이 독법은 다산에게도 영감을 주었다. 그렇지만 다산은 결국 정호의 독법도 채택하지 않았다. 이유는 간단했다. 만약 '이'를 '거하다'라는 뜻으로 이해한다면 뒤에 나오는 '처인'

도 '거인居仁'이 되어야 할 텐데 그렇지 않다. 다산은 고주든 정호든 다자이든 '이'를 '거하다'라는 의미로 이해하는 것이 잘못이라고 보았다. "한유들이 종래 이 의미를 오해하여 '거하다'라는 의미로 이해했다." 그러면 그에게 '이'는 무슨 뜻인가?

다산은 '이'의 가장 기본적 의미로 돌아간다. '이'는 사람이 사는 곳, 곧 마을이다. 하지만 다산에게 이 '마을'은 물리적으로 존재하는 마을이 아니다, 추상적인 마을이다. 마치 사람이 한 마을에서 살아가듯이 누구나가 마음속에 자신의 마을과 집을 가진다. 그것은 한 사람이 살아가는 추상적 공간이며, 일상을 마치고 언제나 돌아가는 안식처다. 그것이 본문의 '이'다. 그러한 마음속 마을이 인의 가치로 꾸며진다면 그것이야말로 아름다울 것이다. 이 것이 '이인위미'의 의미다. 이 의미는 어쩌면 금주의 독법, 곧 "마을은 인한 것이 아름답다"라는 풀이로도 담을 수 있을지 모른다. 그렇지만 막 설명한 대로 다산은 '이인위미'를 전혀 다르게 이해하므로 다산을 따라 이 장을 읽을 때도 차이를 보여주도록 노력해야 한다. "마을로는(里) 인이 아름답다."

결국 이 장은 거주할 곳을 선택하는 문제에 대한 조언이 아니라 인의 집을 짓고 언제나 인의 집에 거하라는 교훈을 준다. '원의총괄'은 이 주장을 "'이인 위미'는 인에 거하라는 경계이지 이웃을 택한다는 의미가 아니다"라고 요약했다. 다산은 이런 가르침이 『맹자』에도 있고, 『순자』에도 있다고 보았다. 『맹자』에는 "무릇 인은 하늘의 높은 벼슬이며, 사람의 편안한 집이다. 아무도 막지 않았는데 사람답지 않은 것, 이것이 지혜롭지 않은 것이다"(『맹자집주』, 2A:6)라는 말이 있다. 『순자』에는 "인에는 마을이 있고, 의에는 문이 있다. 인이 그 마을이 아닌 곳에 거하면 예가 아니며, 의가 그 문이 아닌 곳으로 드나들면 의가 아니다"(『순사』, 19:5a)라는 말이 있다. 이 두 글의 교훈은 다산을 통해 이해한 이 장의 교훈과 같다. 그래서 다산은 말한다. "이 경문의 뜻을 위해서는 마땅히 『맹자』와 『순자』를 따라야 한다."

4.2

선생님께서 말씀하셨다. "인하지 못한 사람은 곤궁함에 오래 처하지 못하고 안락에 길게 처하지 못한다. 인한 사람은 인을 편안하게 여기고, 지혜로운 사람은 인을 이롭게 여긴다."

子曰; 不仁者, 不可以久處約, 不可以長處樂. 仁者安仁, 知者利仁.

이 장에서 다산은 '인仁'과 '지知'를 차별적으로 이해한 고주를 비판한다. 고주의 형병은 인한 사람은 본성으로부터 우러나서 인을 행하는 것이며, 따라서 편안하고, 지혜로운 사람은 단지 이익이 되기 때문에 인을 행하는 것이어서 이익이 되지 않으면 행하지 않는다고 주장했다. '인'이 '지'보다 우월하다는 인식이다. 성리학도 마찬가지였다. 주희는 '인'과 '지' 사이에 "깊은 것과 일천한 것의 같지 않음이 존재한다"라고 했고, 사양좌(1050~1103)는 "지혜로운 자를 두고 그가 본 것이 있다고 말하면 괜찮지만 마음속에 얻은 바가 있다고 말하면 안 된다"(『논어집주』, 2:9b)라고 했다. 인이 더 깊고 높은 덕목이다.

이들과 달리 다산은 인과 다른 덕목은 존재로서도 가치로서도 차이가 없다고 보았다. 이미 언급했지만 다산 사상에서 인은 효도든 우애든 어떤 도덕을 실천해도 얻을 수 있다. 따라서 '인'과 '효' 사이에 차별이 없고, '인'과 '지' 사이에도 차별이 있을 수 없다. 인이 다른 덕목과 다른 것은 오직 한 가지, 그것이 모든 덕목을 다 아우르는 도덕의 총명이라는 점뿐이다. 그래서 다산은

"인은 인륜을 완성한 덕이다. 뒤에 인을 말하는 것은 모두 이런 뜻을 지닌다" 라고 하며 인에 대한 자신의 정의에 못을 박았다.

4.3

신생님께서 발씀하셨다. "오직 인한 사람만이 남을 좋아할 수 있고 남을 미워할 수 있다."

子曰; 惟仁者, 能好人, 能惡人.

이 장에는 애매한 부분이 없다. 그렇지만 왜 인한 사람만이 이렇게 할 수 있는지는 고주와 금주, 다산의 생각이 조금 다르다. 고주는 인한 사람만이 남의 선악을 꿰뚫어볼 수 있다고 보았다. 인한 사람의 통찰력을 강조하는 설명이다. 금주는 인한 사람은 사심이 없어서 남의 선악을 공정하게 파악한다고 보았다. 인한 사람의 공명정대함을 강조하는 설명이다. 반면 다산은 인한 사람만이 남의 선악에 적절하게 대응한다고 보았다. 곧 인한 사람은 선인에게는 호감을 갖고, 악인에게는 혐오를 느낀다. 인한 사람의 실천력을 강조하는 설명이었다. 그런데 인한 사람이 이러한 실천력을 가지는 데는 이유가 있다.

> 선을 즐거워함을 마치 좋은 낯빛을 좋아하는 듯이 하고, 악을 미워함을
> 마치 악취를 미워하는 듯이 한 이후에야 능히 인을 이룬다.

이 책 『다산 논어』에서 '인'을 보통처럼 '어질다'라거나 '인간답다'라고 풀지 않고 그냥 '인'이라고 하는 이유가 여기에 있다. 다산의 인은 악에 분노를 느

끼고 악인을 징벌하는 실천이다. 무조건 보듬는 사랑이 아니라 선악을 판단하고 실천적으로 대응하는 일이다. 선악을 꿰뚫어보고 공정하게 판단하는 것도 필요하지만 그것만으로는 인이 아니다. 선에 기뻐하고, 악에 성을 내야 다산의 인이다.

4.4

선생님께서 말씀하셨다. "진실로 인에 뜻을 둔다면 악행은 없을 것이다."

子曰; 苟志於仁矣, 無惡也.

인에 뜻을 둔 사람은 아직 덕을 완전히 이루지 못했으므로 실수할 수 있다. 그렇지만 작심하고 악을 행하는 그런 일은 없을 것이다. 금주와 다산의 해설이다. 「이인」에는 인을 논하는 구절이 많은데, 이 장에서 다산은 간단하고 이해하기 쉬운 인의 정의를 다시 한 번 확인한다. "인은 효제충신의 총명이다. 부모를 섬길 때 효도하고, 나이 많은 사람을 섬길 때 공경하고, 임금을 섬길 때 충성을 다하고, 붕우와 사귈 때 믿을 수 있도록 하는 것, 이것이 인이다."

4.5

선생님께서 말씀하셨다. "부유하고 귀한 것은 사람이 원하는 것이지만 처하는 도로써 이루어진 것이 아니라면 처하지 않고, 가난하고 천한 것은 사람이 싫어하는 것이지만 버리는 도로써 이루어질 것이 아니라면 버리지 않는다. 군자가 인을 버리면 어떻게 이름을 이루겠는가? 군자는 식사를 마치는 사이에도 인을 어기지 않으니 급할 때도 반드시 이렇게 하고, 쓰러질 때도 반드시 이렇게 한다."

子曰; 富與貴, 是人之所欲也, 不以其道得之, 不處也. 貧與賤, 是人之所惡也, 不以其道得之, 不去也. 君子去仁, 惡乎成名? 君子無終食之間違仁, 造次必於是, 顚沛必於是.

다산의 창의적인 『논어』 읽기는 이 장에서도 계속된다. 여기에서의 핵심은 '도道'와 '득得'을 다르게 읽는 것이다. 고금주의 독법은 같은데, 비교를 위해서 논쟁이 되는 부분을 소개하면 다음과 같다.

> 고금주: 부유하고 귀한 것은 사람이 원하는 것이지만 그 도(道)로써 얻지(得) 않았다면 처하지 않고, 가난하고 천한 것은 사람이 싫어하는 것이지만 그 도(道)로써 얻지(得) 않았더라도 버리지 않는다.

고금주에서는 앞의 '도'와 뒤의 '도'가 내용적으로 다르다. 앞의 '도'는 부귀의 '도', 곧 부귀를 얻는 정당한 방법이고, 뒤의 '도'는 빈천의 도, 곧 빈천해질 수밖에 없는 길을 의미한다. 가령 나라에 공을 세워 포상을 받음으로써 부귀해지는 것이 부귀의 '도'고, 남을 속이려다 발각되어 벌을 받고 가난해지는 것이 빈천의 '도'다. 그러니까 고금주에서는 정당한 방법으로 부귀를 얻지 않았다면 부귀를 버려야 하고, 빈천이 마땅한 길로 빈천해지지 않았더라도 빈천에서 벗어나려고 해서는 안 된다. 사람이 때를 잘못 만나면 마땅하지 않은

데도 빈천해지는 일이 종종 있지만 공자는 그렇다고 해서 빈천을 거부해서는 안 된다고 가르친다는 것이다. 빈천이 마땅한 길을 통해 빈천해졌다면 어떻게 되는가? 당연히 벗어나려고 해서는 안 된다. 빈천해도 마땅하기 때문이다.

다산이 문제로 본 부분이 바로 이것이다. 빈천이 마땅해도 빈천을 벗어나려고 해서는 안 되고, 빈천이 자기 잘못 때문이 아니더라도 빈천을 벗어나려고 해서는 안 된다는 말인가?

> 진실로 이와 같다면 군자는 종내 가난하고 천한 것에서 벗어나는 날을 못 보게 된다. 한 번 빈천해지면 오로지 버리지 않는 것을 법으로 삼아 도인지 도가 아닌지 머리를 흔들며 묻지 않는다면 그것이 어찌 군자의 시중時中 하는 의리이겠는가? 오직 도로써 버릴 수 없을 때만 버리지 않을 뿐이다.

다산이 보기에 고금주의 해석은 부귀와 빈천에 대한 편견의 소산이다. 부귀에는 도덕이 없으므로 정당하지 않으면 벌레 보듯이 버려야 하고, 빈천에는 안빈낙도의 도덕이 있으므로 억울한 빈천이더라도 버리지 않는다는 것이 그 편견이다.

그래서 다산은 문제가 되는 부분을 새롭게 읽을 방법을 찾아야 했다. 일단 다산은 본문의 두 '도'가 같다고 본다. "'도'는 그렇게 된 연유로 의리의 올바름에 합하는 것이다." 이렇게 '도'를 이해하면 고금주가 말하는 부귀의 '도'와는 차이가 없지만 빈천의 '도'와는 차이가 많다. 빈천과 관련된 '도'도 의리의 올바름에 합하는 것이다. 이제 다산은 '득'을 또 새롭게 읽는다. '득'을 고금주처럼 '얻다'라는 뜻으로 이해하면 안 되기 때문이다. 빈천과 관련된 '도'가 의리의 올바름에 합하려면 그것이 빈천이 마땅한 '도'여서는 안 된다. 그래서 다산은 "'득'은 일을 이룬다는 뜻이다. 빈천을 버리는 것 역시 일을 이루는 것이다"라고 주장한다. '얻다'라는 뜻이 아니라 어떤 일을 '이루다'라는 뜻이라는 것이다. 다산의 주장대로라면 빈천을 버리는 일이 '도', 곧 "의리의 올바름에 합하는" 방법으로 이루어지지 않는 경우에만 빈천을 버리지 않는다. 만약 내게 빈천을 버릴 방법이 있고, 그 방법이 도덕적으로 문제가 없다면 공자는 말리지 않을 것이다. 군자라고 한 번 가난해졌다고 해서 영원히 가난에만 갇혀 있으라는 법이 어디 있는가? 다산의 이 기발한 독법은 '원의총괄'에 "'빈천貧賤'과 관련된 '득得'자는 '이루다'라는 뜻이다"라고 기록되었다. 위에서는 이 독법을 반영하여 본문을 옮겼는데, 앞의 '기도其道'는 "처하는 도"를 가리키고, 뒤의 '기도'는 "버리는 도"를 가리킨다.

다산이 발견한 이 '원의'는 그가 가난 속에서도 즐거움을 잊지 않은 안회를 흠모하여 결국 즐겁기 위해 가난을 선택하는 처사가 아님을 보여주는 하나의 증거다. 어찌 보면 다산은 억울하게 가난하고 천한 신세를 경험했다. 이 장을 고금주처럼 읽으면 다산은 그 가난을 거부하지 말아야 한다. 하지만 다산은 그러한 도덕적 요구가 부당하다고 보았다. 가난을 벗어나기 위해 노력하는 것이 비도덕은 아니기 때문이다. 만약 다산이 자신이 발견한 '원의'를 실천하는 지식인이었다면 그는 강진에서도 가난을 벗기 위해 노력했을 것이다. 그리고 그는 실제로 그랬다. 유배가 풀렸을 때 다산은 웬만한 세간과 재산을 가졌고, 그 때문에 유배지의 제자들과도 문제가 있었다. 그의 노력이 이 장을 새롭게 읽음으로써 시작된 것인지 아니면 그 노력에 의미를 부여하려고 이 장을 새롭게 읽은 것인지는 모르겠다. 부인할 수 없는 사실은 어떤 동기와 경로에 의해서든 다산은 이 장에서 또 다시 들어보지 못한 창의적인 독법을 제시했다는 점이다. 그러므로 다산을 따라 『논어』를 읽을 때는 이 독법을 반드시 반영해야 한다. 사실 다산의 독법은 왕충(27~약97)에게서 영감을 얻었다. 왕충은 "가난하고 천한 것은 사람이 싫어하는 것이지만 그 도로써 버리지 않는다면 버리지 않는다"(『논형』, 9:4a)라고 하여 다산으로부터 "그 말이 『논어집해』보다 낫다"라는 평을 받았다.

이 장의 후반부에는 다소 어려운 표현이 나오지만 해석을 두고는 고금주와 다산 사이에 이견이 없다. '조차造次'는 글자 그대로 볼 때 '막사(次)를 짓다(造)'라는 뜻으로 군대가 들판에 숙영하게 되었을 때 급히 막사를 짓는 것을 가리킨다. 그 때문에 시급한 상황을 가리키는 말이 되었다. '전폐顚沛'는 글자 그대로 볼 때 '넘어지고(顚) 뿌리가 뽑히다(沛)'라는 뜻으로 원래 비바람에 나무가 쓰러지는 것을 가리킨다. 그 때문에 위험한 상황을 가리키는 말이 되었다.

4.6

선생님께서 말씀하셨다. "나는 인을 좋아하는 사람이나 불인을 미워하는 사람을 아직 보지 못했다. 인을 좋아하는 사람은 더할 것이 없고, 불인을 미워하는 사람은 인을 행할 때 불인이 자신에게 들러붙지 않도록 한다. 하루라도 인에 힘을 쓸 수 있는 사람이 있는가? 나는 힘이 부족한 사람을 아직 보지 못했다. 아마 있겠지만 아직 내가 보지 못한 것이다."

子曰; 我未見好仁者, 惡不仁者. 好仁者, 無以尙之, 惡不仁者, 其爲仁矣, 不使不仁者, 加乎其身. 有能一日用其力於仁矣乎? 我未見力不足者. 蓋有之矣, 我未之見也.

다산을 따라 이 장을 읽을 때 주의할 것은 마지막 구절이다. "아마(蓋) 있겠지만 아직 내가 보지 못한 것이다." 옮긴 것을 보면 고금주와 차이가 없지만 숨어 있는 중요한 차이가 있다. 거의 모든 해설에서 이 말은 "힘이 부족한 사람"을 염두에 둔 것이다. 인을 실천하고 싶어도 힘이 부족한 사람이 있을지 모르지만 공자가 직접 보지는 못했다. 하지만 다산은 이렇게 해석해서는 안 된다고 보았다. 인의 실천에 역부족인 사람은 아예 있을 수 없기 때문이다. 있을 수가 없는데 공자가 "아마 있겠지만"이라고 말할 리 없다. 더욱이 공자는 이미 "나는 힘이 부족한 사람을 아직 보지 못했다"라고 말했다. 그렇다면 그것은 "공자가 이치로 미루어서 그러한 경우가 결단코 없다는 것을 알았다는 뜻"이다. 그러므로 그 말이 끝나자마자 공자가 다시 "아마 있겠지만"이라고 해서 방금 한 말을 부정할 수는 없다. 따라서 "아마 있겠지만 아직 내가 보지 못한 것이다"라는 말은 공자가 "아직 보지 못했다"라고 토로한 또 다른 사람, 곧 "인을 좋아하는 사람이나 불인을 미워하는 사람"을 염두에 둔 것이다. 그러므로 다산을 따라 『논어』를 읽을 때는 마지막 구절을 "힘이 부족한 사람"과 연결해서는 안 된다.

다산의 해석은 결국 인이 지고지상의 추상 개념이 아니라 누구나 생활 속에서 쉽게 실천할 수 있는 덕이라는 그의 생각을 보여준다. 성리학처럼 인을 인간의 본질이자 우주 세계의 원리로 보면 역부족을 한탄할 수도 있겠지만 부모에게 효도하고 윗사람에게 공손하면 그것이 곧 인인데, 어떻게 그것을 두고 역부족을 말할 수 있는가? 물론 『논어』에 "힘이 부족한 사람은 중도에서 쓰러진다"(6.11)라는 말이 있다. 제자 염구가 힘이 부족함을 호소했을 때 공자가 한 말이다. 역부족이 있을 수 있음을 암시한다. 하지만 염구가 역부족을 호소한 것은 공사의 노이지 인이 아니다. 다산은 말한다.

도체道體는 견고하고 높아서 간혹 뚫어 보려고 하거나 우러러 보려고 해도 힘이 부족한 경우가 있다. 그렇지만 인을 행하는 것은 자기로부터 나온다. 그런데 어떻게 힘이 부족한 경우가 있겠는가? 이것이 차이점이다.

공자의 도를 따라 하려고 해도 힘이 부족하다는 것은 이해가 된다. "도체는 견고하고 높기" 때문이다. 하지만 인은 쉽다. 생활 속에서 착한 사람 되는 것이 인이기 때문이다. 역부족일 수가 없다.

위의 인용문에서 다산이 '도체'라는 말을 사용한 것도 눈길을 끈다. 사실 다산 사상에서는 도를 실천하면서 역부족인 경우도 없다. 다산에게 도는 자기의 본성을 따르는 것이고, 인과 마찬가지로 자기로부터 나오기 때문이다. 그렇지만 '도체'는 다르다. 다산에게 '도체'는 하늘이다. 하늘은 만물의 근원이며, 온갖 이치가 나오는 바탕이기 때문에 미약한 인간이 하늘을 따라 하기는 쉽지 않다. 그래서 다산은 힘이 부족하다는 염구의 호소가 내용적으로 '도체'와 관련된다고 보았고, 그렇게 해서 아슬아슬하게 논리의 일관성을 유지했다. 하지만 난관은 쉽게 사라지지 않는다. '도용道用'을 거론하지 않았더라도 '도체'를 언급하면 이미 체용론적 사유이기 때문이다. 다산은 체용론이 불교의 이론이며 유학자가 사용해서는 안 되는 개념이라고 했다. 실천을 강조하여 인의 형이상학에서 멀어지려고 해도 철학적 논쟁에 개입하면 그게 쉽지 않은 것이다.

4.7

선생님께서 말씀하셨다. "사람의 허물은 그 치우친 데에 따라 다르니 허물을 보면 인한지 알 수 있다."

子曰; 人之過也, 各於其黨, 觀過, 斯知仁矣.

여기에서 '각各'은 모든 주해가에게 '각각하다', 곧 '다르다'라는 뜻의 동사다. 하지만 '당黨'을 놓고는 고금주와 다산의 해석이 달라진다. 고금주에서는 '당'이 '같은 부류' 혹은 '같은 무리'라는 의미다. 곧 사람의 허물은 그가 속한 무리에 따라 달라진다. 군자는 군자의 허물을 짓고, 소인은 소인의 허물을 짓는다. 그에 비해 다산에게 '당'은 '한쪽으로 치우치다(偏)'라는 뜻이다. 다산처럼 보면 사람의 허물은 그 사람이 어떤 것에 치우쳤는지에 따라 달라진다. 누군가 지혜에 치우쳤다면 그 사람은 종종 지혜 때문에 잘못을 저지른다. 가령 그는 남을 속일 수 있다. 누군가 용감함에 치우쳤다면 그는 종종 용감함 때문에 잘못을 저지른다. 가령 그는 질서를 어지럽힐 수 있다. 그러므로 사람이 어떤 허물을 지었는지 보면 그 사람을 알 수 있다. 인한 사람도 마찬가지다. 남을 너무 사랑해도 허물이 될 수 있다. 누군가 인에 치우쳐서 그런 잘못을 저질렀다면 잘못은 잘못이지만 그래도 그 사람이 인하다는 것은 알 수 있다. 이것이 이 장에 대한 다산의 해설이다. 그러므로 다산을 따라 『논어』를 읽을 때는 다산의 '당'이 고금주와 다르다는 것을 보여줘야 한다.

'당'에 대한 이해는 다르지만 금주와 다산의 독법은 같다. "허물을 보면 인한지 알 수 있다." 그렇지만 고주의 독법은 다르다. "사람의 허물은 그 무리에 따라 다르니 허물을 보는 것에서도 인함을 알 수 있다." 인한 사람은 "사람의 허물이 그 무리에 따라 다르다"라는 것을 알기 때문에 누군가의 허물을 보면 책망하기보다는 용서하며, 할 일을 하도록 유도한다. 이것이 인한 사람이 허물을 대하는 방법이고, 그런 방법으로 허물을 대하는 사람을 보면 그 사람이 인함을 알게 된다는 말이다. 금주 이전에는 모두가 이렇게 읽었다. 그러므로 사실 금주가 다른 것이다. 다산은 금주의 독법을 따랐지만 그저 답습하지는 않았다. '당'을 새롭게 이해했고, 또 자신과 금주의 독법이 왜 옳은지를 『예기』「표기」를 인용하여 증명하려고 했다. "인과 더불어 공을 같이 하는 것으로는 한 사람의 인을 알 수 없다. 인과 더불어 허물을 같이 할 때 그 사람의 인을 알 수 있다"(『예기주소』, 54:6a).

4.8

선생님께서 말씀하셨다. "아침에 도를 들으면 저녁에 죽어도 좋다."

子曰; 朝聞道, 夕死可矣.

이 장은 널리 알려진, 해설하자면 길게 할 수도 있는 공자의 가르침을 담지만 다산의 주해는 짧다. 이미 언급한 대로 '원의'를 발견했거나 수정해야 할 잘못된 견해가 존재하지 않으면 다산은 길게 논평하지 않았다.

단지 이 장에서 다산은 『논어고금주』에서는 처음으로 '도'에 대한 그의 정의를 소개한다. "하늘이 명한 것을 본성이라고 하고, 본성을 따르는 것을 도라고 한다"(『중용장구』, 1b). 이렇게 다산은 『중용』의 첫머리에 나오는 '도'의 정의를 그대로 자기 철학의 주요 명제로 받아들이며, 이 정의를 여러 번 확인한다. 다산의 경학을 두고 그가 주자학의 사서오경 체제에서 원래의 육경 체제로 돌아가려고 했다는 평가가 있는데, 사서 일색의 주자학적 경학에서 벗어나 사서와 육경을 동시에 강조하는 종합적 경학을 구축하려고 했다고 하면 동의할 수 있지만 혹시라도 그가 사서를 상대적으로 경시했다든지 아니면 사서보다 육경을 더 중시했다고 주장한다면 그것은 받아들이기 어렵다.

'도'라는 자기 철학의 주요 범주를 주자학이 발굴한 『중용』의 수장으로 정의한다는 사실 자체가 그가 사서를 경시하지 않았다는 점을 보여준다. 다산은 『중용』이 『예기』의 한 편이었다가 주희에 의해 사서의 하나로 인식된 역사를 언급하지만, 『중용』을 인용할 때는 『예기』의 「중용」으로 보다는 『중용』이라는 경전으로 접근한다. 그래서 이 책 『다산 논어』에서 『중용』을 인용할 때는 모두 주희의 『중용장구』에 의거하여 출처를 표기했다. 여하튼 다산은 "본성을 따르는 것이 도"라는 『중용』의 명제를 받아들였다. 그러면 다산에게 본성은 무엇인가? 그의 친절한 설명은 「양화」에 나온다(17.2).

4.9

선생님께서 말씀하셨다. "사가 도에 뜻을 두고서도 나쁜 옷과 나쁜 음식을 부끄러워한다면 같이 의논할 만하지 않다."

子曰; 士志於道, 而恥惡衣惡食者, 未足與議也.

보통 본문의 '사士'를 선비라고 옮기는데, 선비의 사전적 의미는 학식은 높으나 벼슬하지 않거나 벼슬에 뜻이 없는 사람이다. 다산은 '사'가 기본적으로 벼슬하는 사람을 가리킨다고 했으므로 적어도 『논어고금주』의 '사'를 선비로 옮기기는 어렵다.

벼슬하는 사람을 '사'라고 한다. 도를 공부하는 사람도 장차 벼슬을 하려는 것이므로 비록 벼슬하지 않고 있더라도 '사'라고 부른다.

그러니까 다산에 따르면 '사'에는 두 종류가 있다. 벼슬하는 '사', 곧 사대부와 벼슬하기 위해 공부하는 '사', 곧 학사다. 물론 '사'는 원래 '사仕'와 같은 글자이므로 벼슬하는 '사'가 일차적인 의미다. 『논어고금주』는 '사'라는 글자로 두 종류의 '사'를 전부 말하는데, 한글에서는 두 가지 의미를 다 가지는 말 하나를 고르기 힘들다. 아마도 가장 가까운 것은 유사儒士가 아닐까 싶은데, 거의 죽은 말이다. 그러므로 『다산 논어』에서는 '사'를 풀지 않고 그냥 사로 옮긴다.

위에 인용한 것처럼 다산은 '사'를 성리학과 다르게 이해한다. 성리학은 이익 추구를 경계했고, 벼슬을 하면 이익이 따라오기 때문에 벼슬을 위한 공부도 낮추어 보았다. 물론 다산도 벼슬만을 목적으로 하는 공부에 반대한다. 그런 동기로는 공부가 제대로 될 리 없다. 다산에게도 공부는 도를 이해하고 실천하는 과정이다. 하지만 공부하는 사람이 벼슬을 하고자 하는 것은 너무나 당연하다. 당연할 뿐만 아니라 공부의 본연한 목적에도 부합한다. 공부가 자족이어서는 안 된다. 안빈낙도보다는 나라를 위해 공부한 것을 쓰는 모습이 더 아름답다는 게 다산의 생각이었다. 이런 면에서도 다산은 영락없는 조신이었다.

한편 "의논할 만하지 않다"라는 말은 더불어 도를 의논할 만하지 않다는 뜻이다. 고금주와 다산이 동의하는 해석이다. 이를 설명하면서 다산은 "도에 뜻을 두었다는 것은 장차 마음을 다스리고 본성을 닦으려는 것인데 대체(마음)는 근심하지 않고 소체(육체)에게 아름다운 것만 원하니 어떻게 족히 더불어 의논할 만하겠는가?"라고 했다. 나아가 다산은 "인심은 소체를 따라서 발동하고, 도심은 대체를 따라서 발동한다"라고도 했다. '사'에 대한 생각은 성리학과 달랐지만 이런 평을 보면 그는 성리학에서 멀지 않다. 다시 한 번 확인하지만 그의 철학은 종합하려는 것이었다.

4.10

선생님께서 말씀하셨다. "군자가 천하를 대할 때는 주장하는 것도 없고 안 된다고 하는 것도 없으니 의로써 헤아릴 뿐이다."

子曰; 君子之於天下也, 無適也, 無莫也, 義之與比.

고주는 이 장을 다산과는 전혀 다르게 읽는다. "군자가 천하를 대할 때는 후하게 대하는 사람(適)도 없고 박하게 대하는 사람(莫)도 없으니 오직 의로운 사람과 친할(比) 뿐이다." 오랫동안 지배적이었던 이 독법을 대신하여 나중에 더 많은 사람이 받아들이는 독법을 처음 제시한 사람은 한유다. 그는 『논어필해』에서 '무적無適'을 '가한 것이 없다', '무막無莫'을 '불가한 것이 없다'라는 뜻으로 풀었고, 금주나 다산은 기본적으로 한유를 받아들였다. 단지 한유는 '비比'를 고주와 같이 '친하다(親)'라는 의미로 이해했고, 주희는 '좇다(從)'라는 의미로 이해했으며, 다산은 '헤아리다(校)'라는 의미로 이해했다. '비'에는 이 뜻이 다 들어 있으므로 풀이는 살짝 달라져도 뜻을 파악하는 데는 큰 차이가 없고, 어느 쪽으로 읽어도 군자는 의에 따라서 행동한다는 가르침을 얻을 수 있다.

일본 고학파를 대표하는 오규 나베마쓰는 학파의 이름에 걸맞게 거의 모든 논쟁에서 금주를 버리고 고주를 따르는데, 여기서도 마찬가지다. 그는 위에 소개된 고주의 독법을 지지하면서 혜원(673~?)의 『무량수경의소』나 『화엄음의』 그리고 경흥(7세기 말)의 『무량수경연의술문찬』 같은 불교 전적을 근거로 제시했다. 이에 대해 다산은 "불경은 선진시대의 고문이 아니고, 진晉의 유학자들이 지은 것이다. 당시 유학자 사이에 '적適'과 '막莫'을 친소나 후박의 뜻으로 이해하는 학설이 있었기 때문에 불경을 짓거나 해설하는 사람이 그 설을 습용한 것이다"라고 하면서 불교 전적을 근거로 삼는 태도를 문제 삼았다. 흥미로운 것은 오규가 인용한 경흥이 신라의 승려라는 점이다. 신라 승이 지은 책이 도쿠가 말기 일본 고학파의 고증에 인용된 것이다.

다산이 이 불교 저술을 모두 알았는지는 확인할 길이 없다. 하지만 그가 어느 정도 불교를 알았다는 것은 이 장에서 확인할 수 있다. 오규가 언급한 불교 전적 중의 하나가 징관(737~838)의『대방광불화엄경소』인데, 그는 이 것을 단순히 '징관소澄觀疏'라고만 언급했다. 하지만 다산은『논어고훈외전』에 소개된 오규의 견해를 인용하면서 '징관소'를 '징관화엄경소澄觀華嚴經疏'라 고 바꾸어 정보를 추가했다. 이 책에 대한 이해가 없었다면 그렇게 하지 못했 을 것이다. 잘 알려져 있듯이 다산은 승려 혜장惠藏(1772~1811)과 친분이 있 었고, 간혹 불교의 장단점을 이야기한다. 물론 다산에게 불교는 이단의 사상 이다.

4.11

선생님께서 말씀하셨다. "군자는 덕을 생각하고 소인은 땅을 생각 하며, 군자는 형벌을 생각하고 소인은 혜택을 생각한다."

子曰: 君子懷德, 小人懷土. 君子懷刑, 小人懷惠.

고주는 '회懷'가 '편안하게 여기다(安)'라는 뜻이고, '토土'는 사람들이 사 는 곳을 가리킨다고 했다. 그러므로 고주는 이 장을 "군자는 덕을 편안히 여 기고 소인은 사는 곳을 편안히 여기며, 군자는 형벌을 편안히 여기고 소인은 혜택을 편안히 여긴다"라고 읽는다. "형벌을 편안히 여긴다"라는 말은 형벌을 두려워하지 않는다는 뜻이다. 형벌을 받을 일이 없기 때문이다. 그에 비해 금주와 다산은 '회'를 '마음에 품다' 혹은 '생각하다'라는 뜻으로 이해했고, '회형懷刑'을 위에 옮긴 것처럼 "형벌을 생각하는 것"으로 보았다. 곧 독법에서 금주와 다산은 같다.

그렇지만 다산은 공자가 군자와 소인을 이렇게 구분한 이유를 놓고는 금주와 달리 생각했다. 금주는 이 장이 단순히 도덕을 추구하는 군자와 이익을 추구하는 소인을 대비한다고 보았다. 그러나 다산에 따르면 "공자가 이것을 말한 것은 군주가 이런 정서를 이해하기를 원했기 때문이다." 말하자면 군자는 무엇을 중시하고, 소인은 무엇을 중시하는지를 이해해서 각자를 대할 때 군주가 적절하게 조치하기를 원했다는 것이다. 금주는 도덕적 인격으로서의 군자를 세속적인 소인과 대비시키려고 했지만 다산은 군자도 살고 소인도 사는 나라에서 군주가 알아야 할 사람들의 정서에 주목하면서 이 장을 보다 현실적으로 읽으려고 했다. 사실 다산은 군주가 "신하를 내쳐 귀양을 보내거나 처형을 하는" 형벌을 경험했다. 옥사에 휘말려서 온 집안이 결딴나는 것을 목도한 다산은 임금에게 "형벌을 생각하는" 군자가 있음을 알리고 싶었는지도 모른다.

이때 '군자'는 다산에게 덕이 있는 사람이 아니라 벼슬자리에 있는 사람이다. "군자는 벼슬자리에 있는 사람이고, 소인은 들에 있는 백성이다." 물론 다산은 군자와 소인을 덕으로 구별하기도 한다. 하지만 덕을 통해서만 군자와 소인을 이해할 수는 없다. 원래 군자는 말 그대로 임금의 아들, 지위를 가진 사람을 가리키는 말이었기 때문이다. 그래서 다산은 다른 장에서 군자의 두 함의를 이렇게 연결한다. "옛날에는 벼슬자리에 있는 사람이 선한 사람이었다. 그래서 귀한 신분을 가진 사람을 군자라고 부르고, 천한 사람을 소인이라고 했다. 후세에는 반드시 그렇지 않았기 때문에 선한 사람을 군자라고 하고 악인을 소인이라고 했다"(4.16).

4.12

선생님께서 말씀하셨다. "이익에 기대어 행동하면 원망이 많다."

子曰; 放於利而行, 多怨.

고금주와 다산의 합의에 따르면 '방放'은 '의지하다(依)' 혹은 '기대다'라는 뜻이다. 『예기』 「단궁」은 공자가 죽기 전의 모습을 묘사한다. 공자가 "태산이 무너지려나? 대들보 나무가 부러지려나? 철인이 시들어가려나?"라고 노래를 불렀는데, 자공이 그것을 듣고 "태산이 무너지면 나는 장차 무엇을 우러르겠 는가? 대들보 나무가 부러지고 철인이 시들면 나는 장차 무엇에 의지하겠는 가(放)?"라고 탄식하고는 공자를 찾았다. 공자는 "사야, 너는 왜 이리 늦었느 냐?"라고 슬프게 묻고는 그로부터 이레 만에 죽었다(『예기주소』, 7:17b). 이 기사의 '방放'을 정현이 '의依'와 같다고 주해했다.

4.13

선생님께서 말씀하셨다. "능히 예와 겸양으로써 한다면 나라 일을 하는 데 무슨 어려움이 있겠는가? 능히 예와 겸양으로써 나라 일을 하지 못한다면 어떻게 예를 하겠는가?"

子曰; 能以禮讓, 爲國乎何有? 不能以禮讓爲國, 如禮何?

고주는 이 장의 앞부분을 '위국호爲國乎'에서 끊으면서 "능히 예와 겸양으 로써 나라를 다스릴 수 있는가(爲國乎)? 무슨 어려움이 있겠는가(何有)?"라고 읽었다. 위에서 보듯이 다산은 다르게 끊어 읽었는데, 금주의 독법이다.

하지만 다산은 '위국爲國'의 이해에서 고주는 물론 금주와도 달라진다. 고금주는 모두 '위爲'를 '다스리다(治)'라는 뜻으로 보아 '위국'을 '나라를 다스리는 것'으로 이해했다. 이렇게 되면 이 장은 군주를 가르킨다. 그에 비해 다산은 이 장이 보다 많은 사람에게 예와 겸양의 중요성을 이야기해주기를 바랐다. 그래서 그는 '위국'이 '위정爲政'과 같은 말이라고 주장했다. 그렇다면 이 장은 나라의 정사, 곧 나라 일에 참여하는 모든 사람이 새겨들을 말이 된다.

4.14

선생님께서 말씀하셨다. "자리가 없음을 근심하지 않고 자리에 서게 하는 것을 근심하며, 자기를 알아주지 않음을 근심하지 않고 알 수 있게 되기를 구한다."

子曰; 不患無位, 患所以立. 不患莫己知, 求爲可知也.

여기의 '위位'는 보통 추상적인 지위를 가리킨다고 보지만 다산은 "조정의 백관이 서 있는 자리"를 가리킨다고 했다. 경복궁 근정전 앞 품계석이 있는 자리가 바로 '위'다. '위'가 이렇게 구체적인 자리를 가리키면 본문에서 왜 "자리에 서게 하는 것(所以)을 근심한다"라고 했는지 명확해진다. 옛날 중국의 조정에도 이런 자리가 있었겠지만 지금 자금성에는 없다. 그러므로 다산의 해석은 조선을 반영했다고 하겠다. "알 수 있게 되기를 구한다"라는 말은 남이 나를 알 수 있도록 노력한다는 의미다. 고금주와 다산 사이에 큰 견해 차이가 없는 장이다.

4.15

선생님께서 말씀하셨다. "삼아! 내 도는 하나로써 꿰뚫고 있다." 증자가 말했다. "네." 선생님께서 나가신 뒤 문인이 묻기를 "무슨 말씀이시오?"라고 하니 증자가 답했다. "우리 선생님의 도는 충과 서일뿐입니다."

子曰; 參乎! 吾道一以貫之. 曾子曰; 唯. 子出, 門人問曰; 何謂也? 曾子曰; 夫子之道, 忠恕而已矣.

'삼參'은 공자의 제자 증삼이다. 아버지인 증점도 공자의 제자였고, 그도 약관이 되기 전에 공자의 문하에 들어가 배웠다. 공자보다 46살이 어려서 공자 제자 중에서 가장 어린 축에 속하는데도 본문에서 그를 증자라고 높였으므로 이 장은 증자의 문인이 기록했을 것이다. 그래서 형병은 증자에게 질문한 '문인門人'도 증자의 문인이라고 주장했다. 다산은 동의하지 않는다. "무슨 말씀이시오?"라고 묻는 말에는 공경하는 느낌이 전혀 없기 때문이다. 다산이 보기에 이 장의 '문인'은 공자의 문인이며, 당연히 증자보다 나이가 많았을 것이다. 증자는 나중에 성리학이 정리한 문묘 사성, 곧 공자를 모신 사원에 같이 봉안된 성인 넷 중에서도 안자 바로 다음의 높은 자리를 차지한 인물이었으므로 성리학의 관점에 영향 받아 증자가 '문인'을 하대할 수 있는 것처럼 보는 경우도 있는데, '문인'을 공자의 문인으로 본다면 옳지 않다.

"내 도는 하나로써 꿰뚫고 있다(一以貫之)"라는 말에는 무엇을 꿰뚫고 있는지 목적어가 없는데, 사실 원문에는 '그것(之)'이라는 목적어가 있다. 그러므로 본문을 "내 도는 하나로써 그것을 꿰뚫고 있다"라고 옮겨도 좋다. 고주는 '그것'이 '만사의 이치'라고 했고, 주희는 '만물'이라고 했으며, 다산은 고주를 따라 역시 '만사의 이치'라고 했다. 곧 이 장에서 공자는 도라는 지평 안에서는 어떤 '하나'가 만사의 이치 혹은 만물을 꿰뚫고 있다고 말했다.

그러면 '하나'는 무엇인가? 당연히 이것이 이 장의 핵심 질문이다. 고주는 '하나'가 '일리—理' 곧 '하나의 이치'라고 했다. 그러니까 고주에서는 '일리'가 만사의 이치를 꿰뚫고 있다. 하지만 고주의 '일리'는 무슨 대단한 철학적 범주가 아니다. 공자가 "하나로써 (만사의 이치를) 꿰뚫고 있다"라고 했으므로 상식적으로 '하나'는 '하나의 이치'라고 했을 뿐이다.

금주도 고주처럼 '하나'가 '일리'라고 했다. 그렇지만 금주에서 '일리'는 형이상학적 본체라는 어마어마한 개념이다. 그것은 "혼연하여 모든 개별에 두루 조응하니 비유하건대 천지가 지성무식至誠無息하여 만물이 모두 제자리를 얻은 것"을 말한다. 이때 "지성무식한 것은 도의 본체(體)이니 만 가지로 분화되는 것의 하나의 근본이다. 만물이 모두 제자리를 얻은 것은 도의 쓰임(用)이니 하나의 근본이 만 가지로 분화된 것이다." 금주에서는 '일리'가 도의 모든 것이다. 그러면 '충忠'과 '서恕'는 무엇인가? 그것은 방편적인 개념이다. 곧 증자가 성리학의 형이상학을 "이야기하기가 어려워서 배우는 자의 절목, 곧 자기를 다하고(忠) 자기를 미루어 나가는(恕) 절목을 통해 그것을 밝히려고 했다."

금주는 정이의 견해도 소개한다. 정이 역시 체용론적 사유를 통해 이 장을 이해하면서 '충'을 본체(體), '서'를 작용(用)으로 파악했다. 이것은 주희의 해설과 약간 다르다. 주희는 '하나'를 '일리'로 이해하고 그것을 본체(體)로 파악했지만 정이는 그 '하나'의 작용(用)으로서 '충'과 '서'를 다시 체용론적으로 이해했다. 그에 따르면 "'충'은 하늘의 도이고 '서'는 인간의 도이며, '충'은 망령됨이 없고 '서'는 '충'을 실천하는 방법이다. 또 '충'은 본체이고 '서'는 작용"이다. 이런 생각이라면 공자의 '하나'는 '충'이다. 체용론에서 작용은 본체를 반영하기 때문이다. 그래서 정이는 '서'를 '충'의 실천 방법으로 보았다.

이런 금주의 설명이 잘 이해되지 않는다면 이제 다산을 만날 차례다. 다산에게 공자의 도는 이렇게 복잡하고 어려운 것이 아니다. 그것은 사람의 도이며, 사람의 도란 인륜 이외에 다른 것이 없다. 부모에게 효도하고, 어른을 공경하는 것이 공자의 도지 무슨 천지의 지성무식을 들먹일 필요가 없다. 이 인륜을 구현하려면, 다시 말해서 공자의 도를 구현하려면 하나만 기억하면 된다. 그래서 공자가 "하나로써 꿰뚫고 있다"라고 한 것이다. 다산에 따르면 이 '하나'는 '서'다.

'서'는 '같다'라는 의미의 '여如'와 마음 '심心'을 합한 글자다. 내 마음과 다른 사람의 마음을 같게 만드는 것이 '서'이며, 그렇게 함으로써 다른 사람의 마음을 내 마음에 품는 일이다. 말하자면 충만한 공감 능력을 가지는 것이 '서'다. 그렇게 해서 내 마음을 통해 다른 사람의 마음을 헤아리고, 다른 사람의 마음을 내 마음으로 이해하면 인륜의 기틀이 마련된다. 효도는 내가 부모가 되었을 때 나도 효도하는 자식을 원한다는 것을 헤아리는 실천이고, 공경은 내가 어른이 되었을 때 나도 어른을 공경하는 젊은이를 원한다는 것을 헤아리는 실천이다. 내가 자식이라면 자애하는 부모를 바랄 것이기 때문에 그 마음을 내 마음에 품어서 자식을 대하고, 내가 젊은이라면 모범이 되는 어른을 원할 것이기 때문에 그 마음을 내 마음에 품어서 젊은이를 대한다. 간단하지 않은가? 이것이 인륜이다. 이런 도덕을 구현하는 데 '일리'니 '체용'이니 하는 공리공담이 필요하단 말인가?

다산이 '하나'를 '서'라고 한 데는 근거가 있다. 이 장에서 공자는 '하나'를 부연하지 않았지만 뒤의 한 장에서는 평생 준수해야 할 하나의 행동 강령을 '서'라고 분명히 말했다.

자공이 묻기를 "한 글자로 종신토록 행할 수 있는 것이 있습니까?"라고 하

니 선생님께서 말씀하셨다. "'서'일 것이다! 내가 원하지 않는 것을 남에게 베풀지 말라." (15.24)

살펴 보건대 "종신토록 행한다"라는 것은 부모를 섬기고 임금을 섬기며, 형제와 어울리고 붕우와 함께 하고, 백성을 돌보고 무리를 부리는 일을 놓고 사람과 사람이 서로 관계를 맺음에 한결같이 하나의 '서'자를 통해 실천한다는 것이다. 이것이 "하나로써 꿰뚫고 있다"라는 말의 뜻이 아니겠는가?

공자의 말을 빌면 '서'는 "자기가 원하지 않는 것을 남에게 베풀지 않는 것"이다. 곧 '서'는 유교의 황금률이며, 다산에 따르면 그 황금률이 모든 인류를 구현하는 단 하나의 준칙이다. 이렇게 공자의 '하나'를 '서'로 이해하면 '충'은 어느 자리에 있는지 궁금하다. 그에 대해 다산은 이렇게 말한다.

우리 선생님께서 본래 "하나로써 꿰뚫고 있다"라고 했는데도 증자가 '충'과 '서' 두 글자로 그것을 설명했으므로 배우는 자는 그것이 둘이지 하나가 아님을 의심한다. 하지만 『중용』에서 공자는 "'충'과 '서'는 도에서 멀지 않다"(『중용장구』, 8b)라고 말하고는 그 뜻을 풀이하면서 오직 '서' 한 글자를 통해서 설명했다. 그러므로 '충'과 '서'는 곧 '서'이니 본래 둘로 나눌 필요가 없다. "하나로써 꿰뚫고 있는 것"은 '서'고, '서'를 행하는 수단이 '충'이다.

여기에 인급된 『중용』의 문장은 다음과 같다. "'충'과 '서'는 도에서 멀지 않으니 자기에게 베풀어지기 원하지 않는 것을 남에게 베풀지 말라." 공자가

'충'과 '서'를 말한 뒤 "자기에게 베풀어지기 원하지 않는 것을 남에게 베풀지 말라"라고 그 뜻을 설명했으므로 결국 '충'과 '서'는 '서'로 대표된다. 그래서 '하나'는 '서'다. 단지 '충'은 '서'를 가능하게 하는 동력이다. '충'은 '중中'과 '심心'이 합해진 글자로 다른 사람을 섬길 때 자신의 양심에 맞게 행동하는 것, 곧 마음을 다하는 것이다. 내 마음을 다른 사람의 마음과 연결시킨 뒤(恕) 자신의 마음을 다해 행동하면(忠) 나는 남을 위해 남이 진실로 원하는 것을 실천할 수 있다. 이렇게 하면 인륜이 구현된다.

'원의총괄'은 이 논의를 "'일이관지一以貫之'는 내 마음으로 남의 마음을 재는(絜矩) '서'를 의미한다. 그것은 도를 전하는 요결이 아니다"라고 요약한다. '혈구絜矩'는 『대학』에 나오는 말로 자를 가지고 다른 물건을 재듯이 나의 마음으로 다른 사람의 마음을 헤아린다는 의미이며, '서'와 같은 개념이다. "도를 전하는 요결이 아니다"라는 말은 주희에 대한 비판이다. 주희는 성리학의 도통 의식에 입각하여 공자의 도가 증자에게 전해진 것은 그가 '일이관지'의 뜻을 이해했기 때문이라고 했다. 다산은 주희의 주장을 간단하게 무력화시킨다. "유가에는 도를 전하는 요결 같은 것이 없다." 불교도 아니고 유교에 무슨 도통이 있다는 말인가?

4.16

선생님께서 말씀하셨다. "군자는 의에 밝고, 소인은 이익에 밝다."

子曰; 君子喩於義, 小人喩於利.

이 장에서 주희는 "의는 천리의 마땅함이며, 이익은 인정이 원하는 것"이라고 했다. 다산은 이 해설을 보완했다. "의는 도심이 향하는 바이고, 이익은 인심이 나아가는 바다." 주희의 해설이 썩 마음에 들지 않았던 것이다. 다산은 왜 사람이 의리를 추구하기도 하고 이익을 좇기도 하는지에 대한 확고부동한 생각을 가지고 있었다. 위의 보완이 그의 생각을 요약한다. 다산의 인심도심설이다.

다산의 인심도심설은 인간이 모든 것을 주재하는 하늘로부터 본심(大體)과 육체(小體)를 부여받는다는 서술에서 시작한다. 본심은 양심 같은 것이다. 이 본심이 그대로 드러나면 도심이 되고, 외물에 간섭되면 인심이 된다. 그리고 도덕과 비도덕은 한 사람이 도심을 따르는지 인심을 따르는지에 따라 결정된다. 어떤 행위를 선택하는 것은 우리의 마음이므로 좋은 마음을 먹으면 좋은 사람이 되고 나쁜 마음을 먹으면 나쁜 사람이 된다. 간단하다. 이 좋은 마음이 어디에서 왔는지 궁금하다면 하늘에서 왔다. 이 좋은 마음만이 아니라 모든 것은 하늘에서 왔다.

한편 인정은 다산에게 육체가 있는 인간이 가지는 자연스러운 감정이다. 누구나 배불리 먹으면 기분 좋고, 따뜻한 곳에 누우면 편안하다. 그것이 인정이다. 주희는 위의 해설에서처럼 종종 인정과 천리를 대비하고 마치 악행이 인정으로부터 나오는 것처럼 서술했다. 하지만 다산은 인정을 존중한다. 그는 성인이 "천리에 부합하고 인정에 조화롭게 어울렸다"라고 말한다. 도덕적 원칙을 잘 지키기도 했지만 성인은 살과 피를 가진 사람의 자연스러운 감정을 배려해서 제도를 운영했다는 말이다. 가령 민생을 돌보는 것은 도덕적 기준에 부합하는 일이면서도 서민의 감정을 고려한 행동이다. 그러므로 다산에게는 인정의 고려가 천리에 어긋나는 행동을 초래하지 않는다. 이것도 다산이 이 장에서 주희를 보완한 이유나. '원의총괄'은 다산의 이런 생각을 "의에 밝고 이익에 밝은 것은 각각 도심과 인심에서 기인한다"라고 기록했다.

이 장에서 다산은 또 심학의 대표자 육구연(1139~1193)을 비판한다. 육구연은 이 장을 두고 "의에 뜻을 두면 사람은 의에 익숙해질 것이니 결국 의에 밝게 된다. 이익에 뜻을 두면 사람은 이익에 익숙해질 것이니 결국 이익에 밝게 된다"(『논어집주대전』, 4:29b)라고 했다. 뜻을 세우는 게 먼저고, 다음에 익숙해지며, 결국 이해하게 된다는 주장이었다. 하지만 다산은 잘못이라고 보았다.

> 밝게 된 뒤에 뜻을 세우고, 뜻을 세운 뒤에 익숙해지는 것인데 상산은 뜻을 세우는 것이 먼저이고, 밝게 되는 것이 나중이라고 했으니 그 논의가 잘못되었다.

이렇게 비판하면서 다산은 육구연과 주희 사이에 있었던 '아호지회'를 거론한다. 1175년 아호산에서 열린 '아호지회'는 마음속에서 진리를 발견할 것을 촉구하는 육구연 형제의 심학과 객관적인 이치의 연구를 권장하는 주희의 이학이 서로 공존할 수 없음을 확인하는 자리였다. 다산은 심학자라기보다는 이학자이며, 따라서 그가 이 역사적 토론회에 참석할 수 있었다면 틀림없이 육구연이 아니라 주희를 따랐을 것이다. 다산은 탄식한다. "아깝다! 그 자리에 참여하지 못함이!"

4.17

선생님께서 말씀하셨다. "훌륭한 사람을 보면 같아지기를 생각하고, 훌륭하지 못한 사람을 보면 안으로 스스로를 반성한다."

子曰; 見賢思齊焉, 見不賢而內自省也.

이 장은 독법과 해석에서 고금주와 다산 사이에 이견이 없다. 다산이 인용한 주희의 해설에 따르면 "같아지기를(齊) 생각하는 것은 자신도 이러한 선이 있음을 바라는 것이고, 안으로 스스로를 반성하는 것은 자신도 이러한 악이 있을까 두려워하는 것이다."

4.18

선생님께서 말씀하셨다. "부모를 섬길 때는 은근히 간할 것이니 뜻으로 따르지 않을 것을 드러내면서도 또 공경하여 어기지 않으며, 수고롭더라도 원망하지 않는다."

子曰; 事父母幾諫, 見志不從, 又敬不違, 勞而不怨.

다산은 본문 뒤에 특별히 "'현(見)'은 '현'으로 읽어야 한다"라고 써놓았는데, 이것이 이 장에 대한 다산 독법의 핵심이다. '현'은 '보이다' 혹은 '드러내다'라는 뜻이다. 고금주는 이 글자를 '견(보다)'으로 읽는다. 이 글자를 '견'으로 읽으면 해당 구절은 "(부모가) 뜻으로 따르지 않는 것을 보더라도(見)"라는 정도가 된다. 간언을 드렸는데도 부모가 따르지 않으면 이어 나오는 대로 하라는 의미다. 반면 '현'으로 읽으면 간언을 드리는 자식이 부모의 잘못된 명령을 따르지 않을 것임을 보여주는 것이다. 고주는 설령 부모가 간언을 받아들이지 않더라도 "공경히여 어기지 않아야 한다"라는 것이 이 장의 가르침이라고 했지만 다산은 그런 것이 공자의 가르침일 수 없다고 생각했다.

한 번 간하고서 부모가 따르지 않을 때 곧바로 부모의 명령을 따른다면 이것은 부모를 악에 빠뜨리는 것이다. 그렇다면 어디에 간하는 일이 존재하는가?

그러므로 부모에 대한 무조건적 순종은 선이 아니다. 금주도 부모가 따르지 않을 때 그저 순종해서는 안 되고, 계속 조언을 해야 한다고 본다. 하지만 다산은 좀 더 적극적이다. 부모의 잘못된 선택을 내가 따르지 않을 것을 분명히 표현해야 한다. 이렇게 함으로써 나는 부모에게 다시 생각하게 하는 계기를 제공한다. 그러나 반대한다는 뜻을 표현하기만 하면 그것은 반항이지 '기간幾諫' 곧 '은근히 간하는' 법이 아니다. 그러므로 한편으로는 반대하면서도 다른 한편으로는 부모를 공경하고, 또 부모의 뜻을 어기지 않도록 해야 한다. 이렇게 굳세고 온화한 두 면을 다 보여줘서 결국 부모가 다른 선택을 하도록 유도하는 것, 이것이 '기간'의 묘미다. 비록 수고스러운 일이기는 하나 대단히 효과적이다. "이렇게 하는데도 깨닫지 못하는 부모가 있겠는가? 성스럽도다! 기간하는 법이!"

『예기』「내칙」에도 부모에게 간하는 법이 기록되었다. "부모에게 잘못이 있으면 기운을 내리고 온화한 낯빛을 한 뒤 부드러운 목소리로 간한다. 만약 간언이 받아들여지지 않으면 공경과 효도를 다하여 부모가 기뻐하면 다시 간언을 드린다"(『예기주소』, 27:13b). 다산이 이해하는 '기간'도 「내칙」의 교훈과 크게 다르지 않고, 금주도 마찬가지다. 하지만 '현'을 '현'으로 읽으라는 권유는 다산의 것이다. 이 권유는 '원의총괄'에 "'현지부종見志不從'은 내 마음이 부모의 명령에 따르지 않음을 드러내는 것이다"라고 기록되었다.

4.19

선생님께서 말씀하셨다. "부모가 계실 때는 멀리 나가지 말 것이며, 나갈 때라도 반드시 일정한 곳이 있어야 한다."

子曰; 父母在, 不遠游, 游必有方.

다산에 따르면 앞의 '유游'는 벼슬이나 공부를 위해 멀리 나가는 것을 의미하고, 뒤의 '유'는 가까운 곳에 나가는 것을 의미한다. 다산의 독특한 이해다. 부모가 있을 때는 벼슬도 멀리 나가지 말고 공부하러 집을 떠나지도 말라는 것인데, 예외가 있다. "멀리 나가는 것은 그만둘 수 있는 일이다. 만약 임금의 명령에 따라 먼 곳으로 사신을 나가게 되는 경우는 이 제한에 들지 않는다." 효도도 좋지만 나라일이 우선이라는 주장이다. '방方'을 '일정한 곳'으로 보는 것은 고주를 따른 것이다.

4.20

선생님께서 말씀하셨다. "3년 동안 부모의 도를 고치지 않아야 효도라 할 것이다."

子曰; 三年無改於父之道, 可謂孝矣.

이 장은 「학이」 한 장의 일부분이다(1.11). 앞부분이 없으므로 맥락이 이상하지만 부모가 죽은 뒤 3년 동안을 말한다. 앞에 나오므로 금주나 다산은 중복으로 보고 더 이상 논의하지 않았다. 그런데 『논어집해』를 보면 「학이」에서는 공안국이 주를 달았고, 여기에서는 정현이 주를 달았다. 주의 내용도 약간 다르다. 그 때문에 형병은 본래부터 두 곳에 다 이 말이 있지 않았나 의심했다.

4.21

선생님께서 말씀하셨다. "부모의 연세는 알지 않을 수 없다. 한편으로는 기쁘고, 한편으로는 두려워한다."

子曰; 父母之年, 不可不知也. 一則以喜, 一則以懼.

부모의 연세를 생각해보고 기쁜 것은 부모가 이미 오래 살았다는 걸 확인할 수 있기 때문이다. 부모의 연세를 생각해보고 두려워하는 것은 이제 점점 쇠약해져 유명을 달리할 날이 다가옴을 짐작할 수 있기 때문이다. 고금주와 다산이 동의하는 해설이다.

4.22

선생님께서 말씀하셨다. "옛날에 말을 함부로 내지 않은 것은 몸이 따르지 못함을 부끄러워했기 때문이다."

子曰; 古者言之不出, 恥躬之不逮也.

행동으로 말을 실천하는 일이 쉽지 않으므로 옛날 사람은 말을 함부로 하지 않았다. 금주는 공자가 "옛날을 말함으로써 오늘날에는 그렇지 않음을 보여주려고 했다"라고 했는데, 다산도 동의한다. 다시 고금주와 다산 사이에 이견이 없는 장이다.

4.23

선생님께서 말씀하셨다. "규약해서 잘못을 저지르는 사람은 드물다."

子曰; 以約失之者鮮矣.

'약約'은 기본적으로 '묶는다'라는 뜻으로 '속束'과 같다. 돈 쓰는 것을 묶으면 검약이 되고, 행동을 묶으면 제약이 되며, 인간관계를 묶으면 약속이 된다. 자연적 인간을 '묶으면' 억압이 되겠지만 『논어』에서 '약'은 언제나 방만함에 대비되는 개념이다. 고주는 여기의 '약'이 물질적 방만함에 대비된다고보고 '검약'으로 이해했고, 금주와 다산은 물질적 검약을 포함해서 몸과 마음, 사업이 방만해지지 않도록 하는 것 모두를 '약'으로 이해했다. 아마도 '규약하다'라는 말이 가장 적절하지 않나 싶다. 물론 '묶는' 행위는 '풀어놓는'행위와 마찬가지로 중용이 아니다. 하지만 방만한 것보다는 규약하는 것이실수가 적다. 항상 근신하는 유교의 지혜다.

4.24

선생님께서 말씀하셨다. "군자는 말에는 어눌하고 행동에는 민첩하고자 한다."

子曰: 君子欲訥於言而敏於行.

이 장 역시 문장의 구조와 전하려는 뜻이 분명하여 고금주와 다산 사이에 아무런 이견이 없다. 금주에서 호인(1198~1156)은 "내 도는 하나로써 꿰뚫고 있다"(4.15)라는 말에서부터 이 장까지 모두 증자의 제자가 기록한 것이라고 했다. 여기까지 10장이 모두 부모에 대한 효도 그리고 독실한 자기 수양과 관련된 내용이어서 일관성이 있다고 생각했기 때문이다. 확증은 없지만 교훈들에 일정한 맥락이 있는 것도 사실이다.

4.25

선생님께서 말씀하셨다. "덕은 외롭지 않으니 반드시 이웃이 있다."

子曰: 德不孤, 必有鄰.

다산도 인용했지만 "덕이 외롭지 않다"라는 말은 『역』「곤괘·문언」에 나온다. "군자는 공경으로써 안을 곧게 하고 의로움으로써 밖을 방정하게 한다. 공경과 의로움이 서야 덕이 외롭지 않다"(『주역주소』, 2:10a). 고주는 이 장의 뜻을 「건괘·문언」에 나오는 "같은 뜻(同志)은 서로를 찾는다"라는 말로 보완하여 이해할 수 있다고 했는데, '동지同志'는 '동기同氣'의 오자다. 『역』에는 "같은 소리는 서로 응하고, 같은 기운(同氣)은 서로를 찾는다"(1:22a)라는 말이 있다. 『논어집해』같이 오랫동안 읽혔던 책에도 오자가 있는 것이 중국 고전의 현실이었다. 역시 독법이나 해석에서 다른 의견이 없는 장이다.

4.26

자유가 말했다. "임금을 섬길 때 촐싹대면 치욕을 받게 되고, 붕우를 사귈 때 촐싹대면 소원해진다."

子游曰; 事君數, 斯辱矣. 朋友數, 斯疏矣.

고주와 금주, 다산은 '삭數'을 다르게 이해했다. 다산은 이 글자를 입성으로 읽어야 한다고 했는데, 『광운』에 따르면 그럴 경우 이 글자는 '빈번하게 하다' 혹은 '빨리 하다'라는 뜻이다(『중수광운』, 5:13a). 입성의 한자어는 우리 한자음으로 볼 때 ㄱ, ㅂ, ㄹ의 음가로 끝난다. '삭'은 '수' '삭' '촉' 세 가지 음으로 읽히는데, 다산이 입성으로 읽어야 한다고 했으므로 적어도 『논어고금주』에서는 '수'로 읽을 수 없다. '촉'으로 읽을 때는 '빽빽하다'라는 뜻이다. '수'로 읽으면 숫자를 가리키거나 '셈을 하다'라는 동사로 사용된다.

육덕명의 『논어음의』에 따르면 정현은 이 글자를 '수'로 읽고, '셈을 하다'라는 의미라고 했다(『경전석문』, 24:5b~6a). 그러면 본문은 "임금을 섬길 때 계산을 하면 치욕을 받게 되고, 붕우를 사귈 때 계산을 하면 소원해진다"라는 정도가 된다. 고주는 '삭'으로 읽고, '빨리 하다'라는 뜻으로 보았다. 그러면 본문은 "임금을 섬길 때 조급하게 하면 치욕을 받게 되고, 붕우를 사귈 때 조급하게 하면 소원해진다"라는 정도가 된다. 금주는 '삭'으로 읽으면서 '빈번하게 하다'라는 뜻을 가진다고 보았다. 그러면 본문은 "임금을 섬길 때 빈번하게 하면 치욕을 받게 되고, 붕우를 사귈 때 빈번하게 하면 소원해진다"라는 의미가 된다. "빈번하게 한다"라는 것은 간언이나 충고를 빈번하게 한다는 뜻이다.

이들과 달리 다산은 '삭'이 의미상 정현을 제외한 모든 주해가의 해석을 다 담는다고 보았다. 심지어는 '빽빽하다'라는 '촉'의 의미까지도 담는다. "'삭'은

'빈번하게 하다' '빨리 하다' '빽빽하게 하다'라는 뜻을 가진다. 때도 없이 뵙고, 말이 간결하지 않으며, 싫어함이 없이 계속 무엇인가를 구하는 것이 모두 '삭'이다. 이 글자가 반드시 한 가지 일만을 가리킬 필요는 없다." 이런 복잡한 의미를 모두 담는 말이 '촐싹대다'가 아닌가 싶다.

제5편

공야장

公冶長

5.1

선생님께서 공야장을 두고 말씀하시길 "가히 처로 줄 만하다. 비록 포승줄에 묶여 있었지만 그의 죄가 아니었다"라고 하시고, 자신의 딸로 처를 삼게 했다. 선생님께서 남용을 두고 말씀하시길 "나라에 도가 있을 때는 버려지지 않고, 나라에 도가 없을 때는 형륙을 면할 것이다"라고 하시고, 형의 딸로 처를 삼게 했다.

子謂公冶長; 可妻也. 雖在縲絏之中, 非其罪也. 以其子妻之. 子謂南容; 邦有道不廢, 邦無道免於刑戮. 以其兄之子妻之.

「공야장」에는 인물평이 많이 나오는데, 고주는 공야장과 남용에 대한 평가를 따로 다루었다. 곧 고주에서 이 장은 두 장으로 나뉜다. 금주는 두 인물평이 연관된다고 보고 하나로 합쳤다. 다산은 금주를 따랐다.

공야장과 남용은 모두 공자의 제자다. 고주에 따르면 공야장은 노나라 사람으로 성이 공야이고 이름이 장이나. 이것은 『공자가어』 「칠십이제자해」의 정보인데, 다산은 『공자가어』를 위서로 보았지만 여기에서는 이 설을 취한다.

그런데 『사기』 「중니제자열전」은 그가 제나라 사람이며, 자장子長이라는 자를 썼다고 했다(『사기』, 67:19a). 그렇다면 '공야장'은 성(公治)에 자(長)를 붙인 것이고, 본래 이름은 따로 있을 수 있다. 과연 황간은 범녕(약339~401)을 인용하면서 그의 이름이 지芝라고 했다. 이어 나오는 남용도 남궁이라는 성과 자용子容이라는 자를 섞은 것이므로 공야장의 원래 이름은 공야지일 수 있다. 물론 다산은 황간이 인용한 범녕의 설을 알지 못했다. 황간의 『논어의소』는 남송 말에 중국에서 사라졌다가 청대에 일본에서 역수입되었는데, 조선에는 한참이나 지나서 알려졌다. 다산과 거의 동시대인 홍석주(1774~1842) 등이 『논어의소』의 진위를 놓고 논쟁한 것을 보면 그 즈음 알려지는 했겠으나 『논어고금주』를 집필할 당시 다산으로서는 이 책을 직접 열람할 수 없었다. 다행히 이 책이 중국으로 역수입되는 데 큰 역할을 한 사람이 다산이 참고한 다자이 준이고, 그의 『논어고훈외전』에는 『논어의소』의 주가 많다. 다산은 그를 통해 『논어의소』의 일부나마 참고할 수 있었다. 이 장에서 나중에 다산이 소개하는 황간의 설도 『논어고훈외전』에 나온다. 하지만 앞에 언급한 범녕의 설은 없다. 다산이 몰랐을 것이다.

이 장에 따르면 공자는 공야장이 옥에 갇힌 적은 있지만 그의 잘못 때문이 아니었다고 하면서 사위로 삼았다. 이 장의 '처妻'는 '처로 삼다' 혹은 '어떤 사람을 처로 주다'라는 뜻이다. 사위로 삼았다면 공야장에게 어떤 살 만한 점이 있었을 것이다. 공야장의 사적에 대한 다른 기록이 없기 때문에 도대체 그가 무엇 때문에 옥에 갇혔고, 또 어떤 훌륭한 점을 가졌는지 정확히 알 길은 없다. 그런데 황간은 『논석』이라는 책을 인용하면서 한 이야기를 전한다. 그에 따르면 공야장은 새들의 대화를 알아듣는 능력이 있었다고 한다. 한번은 그가 새들의 이야기를 듣고 아들을 잃은 노파에게 아들이 어디에서 죽었는지를 알려주었다. 하지만 오히려 그 때문에 아들을 죽인 것으로 오해를 받아서 옥에 갇혔고, 나중에 실제로 그가 새들의 대화를 알아듣는다는 것이 밝혀져 옥에서 풀려났다. 황간은 "포승줄(縲絏)에 묶여 있었다"라는 공야장의 이력이 이 이야기와 관련이 있다고 보았다.

이것은 물론 황당한 이야기다. 황당하기 때문에 고주에서 형병은 자세히 소개하지도 않고 "사리에 맞지 않기 때문에 여기에서는 취하지 않는다"라고 일축했다. 금주도 비슷하다. 이런 난삽한 문제에 휘말리기를 싫어하는 금주는 공야장이 정체를 놓고 딴은히 "고 살알 수 없다"라고만 이야기하고 입을 닫는다. 다산은 어떤가? 다산은 이성적인 사람이다. 그는 냉정하게 상식과 이치에 맞지 않는 이야기를 낭설로 본다. 그런 그가 이런 이야기를 받아들일 리 없다. 그는 오히려 형병이나 주희보다 한 발 더 나간다.

> 정말로 이 설과 같다면 어떻게 공자가 "그의 죄가 아니었다"라고 할 수 있겠는가? (…) 이런 것은 모두 신기한 술수이며, 바른 이치(正理)에 합치하지 않는다. 비록 사람을 죽이지 않았더라도 그것 때문에 옥에 갇히게 되었다면 어떻게 "그의 죄가 아니었다"라고 할 수 있겠는가?

형병은 사리에 맞지 않기 때문에 취하지 않았고, 주희는 알 수 없다고 했지만 다산은 정말로 공야장이 새들의 대화를 알아듣는 따위의 잡술에 능했다면 벌을 받아 마땅하다고 판단했다. 무엇 때문인가? '바른 이치'에 합치하지 않기 때문이다. 이처럼 다산은 '이치(理)'를 모든 판단의 준거로 삼았다.

남용의 정체도 애매하다. 그에 대한 기록이 하나 더 있기는 하다. 「선진」의 한 장이다. "남용이 '백규' 시를 세 번 반복하니 공자가 형의 딸로 처를 삼게 했다"(11.6) 두 곳의 기록을 보면 남용은 공자의 조카사위다. 그리고 그는 또 '백규'라는 시를 반복해서 읊조린 사람이다. 그런데 『공자가어』에 '백규'를 반복해서 읊조린 공자의 제자가 나온다. 남궁도였다(『공자가어』, 3:7b). 그러므로 남용의 원래 이름이 남궁도였음을 알게 되는데,『공자가어』는 그가 노나라 사람이고, 자는 자용이라고 했다(9:4b). 또『예기』「단궁」에는 남궁도 처의 시모, 그러니까 남궁도의 모친이 죽었는데 공자가 남궁도의 처에게 이렇게 저렇게 해야 한다고 충고하는 기록이 있다(『예기주소』, 6:29a). 공자가 외간 여자에게 이런 충고를 했을 리 만무하므로 그녀는 공자의 조카 정도 될 것이고, 그렇다면 남궁도가 공자의 조카사위인 것이 맞는 듯하다.

여기까지의 정보만 있었다면 다산이 '원의총괄'에 "남궁도와 남궁열 그리고 남궁괄은 마땅히 세 명의 다른 사람이다"라고 기록된 주장을 하지 않았을 것이다. 그렇지만 남용에 대해서는 파편적인 정보가 꼬리를 문다.『사기』「중니제자열전」에서 사마천은 여기 남용의 이름이 남궁괄이라고 했다(『사기』, 67:19b). 이것이 이야기를 복잡하게 만든 최초의 기록이다. 만약 사마천이 맞다면 남용은 남궁도 이외에 남궁괄이라는 이름을 하나 더 가지는 셈이다. 그리고 그가 남궁괄이라면『논어』에 그에 관한 기록이 또 있다.「헌문」의 한 장에서 공자는 남궁괄의 질문을 들은 뒤 그를 군자라고 평가했다(14,6). 그런데 사마정(679~732)은『사기색은』에서「헌문」의 글을 거론하면서 공자의 제자 남궁괄은 노나라 맹희자의 아들 중손열이며, 노나라 남쪽에 위치한 궁, 곧 남궁에 살았기 때문에 남궁이라는 씨를 갖게 되었다고 했다(『사기색은』, 18:3b). 그래서 이제 남용은 남궁열이라는 이름을 하나 더 갖게 된다. 이와 관련하여 정현은 앞에서 언급한「단궁」의 기록을 두고 "남궁도는 맹희자의 아들 남궁열이며, 자가 자용이다. 그의 처는 공자 형의 딸이다"(『예기주소』, 6:29a)라고 해설했다.

남용이 맹희자의 아들 중손열(남궁열)이라면『사기』「공자세가」에는 그와 관련된 유명한 일화가 있다. 맹희자는 죽기 전 중손열과 그의 형 중손하기(맹의자)가 공자를 섬겨 예를 배울 수 있도록 대부들에게 부탁했고, 중손열은 공자의 제자가 된 후 공자와 함께 주나라로 가서 노자를 만나고 노자가 공자에게 충고하는 말을 들었다(『사기』, 47:4b). 그런데 「공자세가」에서 중손열은 남궁경숙으로 등장한다. 남궁이라는 씨와 '경敬'이라는 시호 그리고 둘째라는 의미에서의 '숙叔'이라는 글자를 결합한 이름이다. 이렇게 남용은 여기저기에서 다른 이름으로 등장하기 때문에 형병은 급기야 "그렇다면 그의 이름은 도縚 혹은 괄适 혹은 열閱이며, 자는 자용이고, 씨는 남궁으로 맹손씨의 후예다"라는 결론을 내렸다. 이때 그는 『세본』이라는 지금은 온전하게 전해지지 않는 책을 거론하면서 "중손확(맹희자)이 남궁도를 낳았다"라는 기록도 함께 인용한다.

다산은 이 형병의 결론을 받아들이지 않는다. '원의총괄'에 기록된 대로 남궁도, 남궁괄, 남궁열이 모두 다른 사람이라고 보았기 때문이다. 그에 따르면 여기에 나오는 남용은 남궁도고, 남궁괄은 공자의 제자가 아니라 공자가 군자로 평가한 어느 나라의 대부였으며, 남궁열은 맹희자의 아들 중손열, 곧 남궁경숙이다. 그런데 사실 이 장에서 다산은 형병을 반박하기 위해 단순히 모기령을 인용했다. 단지 자신의 견해는 「헌문」의 남궁괄을 논하면서 자세히 밝히겠다고 했을 뿐이다. 심지어 다산은 "남용은 남궁에 살았고, 시호를 경숙이라고 하며, 맹의자의 형이었다"라고 한 금주를 비판할 때도 단순히 모기령을 인용한다. 남궁경숙을 맹의자의 형이라고 한 것은 금주의 심각한 착오인데, 다산은 길게 논하지 않고 모기령을 인용하여 주희의 실수를 드러낸다. 이렇게 모기령의 주장을 다산이 보완 없이 '원의총괄'에 기록한 것도 드문 일이다.

5.2

선생님께서 자천을 두고 말씀하셨다. "군자로구나, 이 사람이여! 노나라에 군자가 없었다면 이 사람이 어디에서 이것을 얻었겠는가?"

子謂子賤; 君子哉若人! 魯無君子者, 斯焉取斯?

자천은 공자의 제자인 노나라 사람 복불제를 가리킨다. '약인若人'은 '이와 같은 사람(若此人)'이라는 의미다. 마지막 구절에서 앞의 '사斯'는 '이 사람' 곧 자천을 가리키고, 뒤의 '사'는 '이것' 곧 자천이 가지고 있는 덕을 의미한다. 모두가 동의하는 해설이다. 공자는 여기에서 자천을 칭찬하면서 덩달아 노나라에 군자가 많음을 암시했다.

공자는 왜 자천을 칭찬했을까? 유향의 『설원』에 관련 고사가 있다. 공자가 벼슬하고 있는 자천을 찾아갔는데, 자천은 벼슬을 하면서 얻은 것이 세 가지 있다고 했다. 벼슬이 힘들다고 부정적으로 답하지 않고 배우는 사람답게 벼슬을 하면서도 배운 바가 있다고 이야기했기 때문에 공자는 그를 칭찬했다. 자천에 앞서 공자는 공멸과 먼저 이야기를 나누었는데, 공멸은 자천과 달리 벼슬을 하면서 잃은 것이 세 가지라고 대답했다. 둘의 태도가 다른데, 공자는 자천을 마음에 들어 했다(『설원』, 7:12a~b). 이 이야기는 왕숙의 『공자가어』에도 그대로 나온다(『공자가어』, 5:6b~7a). 그렇지만 다산은 이 고사를 믿지 않았다. 공자가 죽었을 때 자천은 스물 남짓한 나이였기 때문이다.

그런데 『설원』과 『공자가어』의 기록에는 한 가지 차이가 있다. 『설원』은 공멸이 공자의 제자라고 했고, 『공자가어』는 그가 공자의 형의 아들, 곧 조카라고 했다. 다산은 위의 이야기를 『설원』에서 인용했다. 그러면서도 그는 유향이 공멸을 공자의 조카라고 말한 것처럼 인용한다. 현행본 『설원』에는 당연히 그런 말이 없다. 『논어고금주』에는 이런 불일치, 특히 인용과 관련한 잘못된 정보가 종종 있다. 다산이 기억에 의존해 인용하면서 혼동을 일으켰을 수도 있고, 다산이 참고한 판본이 현행본과 달랐을 수도 있고,『논어고금주』에 나오는 수많은 오자와 오식의 결과였을 수도 있고, 자료를 직접 보지 않고 재인용을 하면서 빚어지는 실수일 수도 있다.

5.3

자공이 "저 사는 어떻습니까?"라고 물으니 선생님께서 대답하셨다. "너는 그릇이다." "어떤 그릇입니까?" "호와 연이다."

子貢問曰; 賜也何如? 子曰; 女, 器也. 曰; 何器也? 曰; 瑚璉也.

다산은 공자가 자천을 칭찬하는 말을 듣고 자공이 이 질문을 했다고 했다. 편장의 배열에 맥락이 있다고 본 것이다. 금주의 견해다. 고주는 이 장을 「공야장」에 나오는 많은 인물평 중의 하나로 보고 앞 장과의 연관성을 특별히 언급하지 않았다. 또한 다산은 고금주와 달리 '호瑚'는 은나라의 종묘 제사에서 서직, 곧 곡식을 담을 때 사용하던 제기고, '연璉'은 하나라의 종묘 제사에서 같은 목적으로 사용하던 제기라고 했다. 이것은 '호'가 하나라의 제기, '연'이 은나라의 제기라는 고금주의 설명과 정반대되는 주장이다. 다산의 주장은『예기』「명당위」에 근거한다. "하나라에는 네 개의 연이 있었고, 은나라에는 여섯 개의 호가 있었다"(『예기주소』, 31:24b). 이렇게 다산은 고금주보다 경전의 기록을 더 신뢰했다. 다산의 일관된 태도다. 그가 보기에『논어』는 『논어』로 해석하는 것이 제일 좋고, 그것이 여의치 않으면 경전을 가지고『논어』를 읽는 것이 바람직하다.

금주는 "너는 그릇이다"라는 공자의 답변을 "군자는 그릇처럼 되지 않는다"(2.12)라는 말과 연결해서 설명한다. 곧 군자는 특정한 기능을 가진 그릇이 되기보다 세상을 두루 경영할 인재가 되어야 하는데, 자공은 아직 그 단계까지 도달하지 못했다는 것이다.

이런 해석은 당연히 자공을 낮추어보는 것이다. 실용보다는 도덕을 중시했던 성리학은 공자의 제자 중 정사나 사공과는 담을 쌓은 안회(안연), 민손(민자건), 증삼(증자)을 높였고, 다른 제자를 깎아내렸다. 이것은 그들의 계획이었고, 지속적 노력이었다. 성리학으로부터 부당한 대우를 받은 공자의 제자가 한둘이 아니지만 이 장에서의 희생양은 자공이다. 비록 금주도 '호'와 '연'이 그릇 중에서는 귀한 그릇이라는 점을 들면서 자공을 어느 정도 인정했지만 그들의 해석에 따르면 자공은 잘 알려지지도 않은 자천보다 못한 사람이 된다. 자공은 아직 군자가 못 되었고, 자천은 공자로부터 군자라는 평가를 받았기 때문이다. 다산은 물론 이런 금주의 해석을 거부했다.

공자는 자공을 안자에 비견하여 둘 중 누가 낫느냐는 질문을 한 바 있다. 그렇다면 공자는 자공에게 큰 기대를 가졌고 또 그를 인정했던 것이다. 그런데도 한 쪽으로 치우친 그릇에 비유하여 폄하하는 것은 옳지 않다.

그래서 다산은 왜 공자가 자공을 은나라와 하나라에서 사용된 제기에 비유했는지를 달리 설명한다. 자공은 하·은·주 삼대의 문물을 꿰뚫고 있었기 때문이라는 것이다. 이런 해석을 통해 자공은 '그릇 같은' 제자에서 하·은·주의 문물에 통달한 제자로 격상된다.

5.4

어떤 사람이 "옹은 인하기는 하지만 말이 많지는 않습니다"라고 하니 선생님께서 말씀하셨다. "어찌 말이 많은 것을 쓰겠는가? 사람을 대함에 말이 끊이지 않아 자주 남들에게 미움을 받을 뿐이다. 그가 인한 것은 모르겠지만 어찌 말이 많은 것을 쓰겠는가?"

或曰; 雍也仁而不佞. 子曰; 焉用佞? 禦人以口給, 屢憎於人. 不知其仁, 焉用佞?

본문의 '영佞'은 보통 말재주라고 옮긴다. 고주도 금주도 그렇게 보았다. 하지만 다산은 그것이 부녀자처럼 말을 많이 하는 것을 의미한다고 주장했다. 다산도 어쩔 수 없는 옛날 사람이라 여성에 대한 이런 전형화를 서슴지 않는다. '구급口給'도 고주나 금주는 말재주(口)로 이 말 저 말을 갖다 붙이는 것(給)을 의미한다고 보았지만 다산은 '급'을 '공급하다(供)'라는 뜻으로 보고 '구급'을 '말(口)을 공급하는(給) 것', 곧 말을 끊임없이 하는 것으로 이해한다. 그러나 본문의 교훈을 놓고는 고금주와 다산의 생각이 같다. 말재주를 부리거나 말을 많이 하는 것은 결코 아름다운 일이 아니어서 "자주(屢) 남들에게 미움을 받을 뿐이다"라는 것이다.

여기에 나오는 옹은 중궁이라는 자를 가진 공자의 제자 염옹이다. 이른바 공문사과 중 안연, 민자건, 염백우와 함께 덕행에서 발군이었다고 하며, 다산에 따르면 염백우의 아들이므로 부자가 함께 덕행으로 공문에서 이름이 높았다. 그런데 이런 훌륭한 제자에게도 공자는 인을 허여하지 않았다. 공자의 제자 중 공자가 약간이라도 인의 덕이 있다고 인정한 것은 비록 3개월 동안만 그랬다는 단서를 달았지만 안연이 유일하다. 제자에게만 그런 것이 아니다. 공자 스스로도 자신이 인을 갖추지 못했음을 여러 차례 고백했다. 이렇게 인이 어려운 것이기 때문에 금주는 "인의 도는 지극히 커서 본체를 보전하여 쉼이 없는 사람이 아니면 그것을 구비했다고 인정하기 어렵다"라고 말한다. 하지만 이미 설명한 것처럼 다산에게 인은 그렇게 어려운 것이 아니며, 어려운 것이 아니어야만 한다. 그래야 사람들에게 사람답도록 노력하라는 권유를 할 수 있기 때문이었다.

> 인은 인륜의 지극히 착함을 가리키는 이름이다. 그래서 "내가 인을 원하면 인에 이른다"(7.31)라고 했고, "힘써서 서恕를 하고 행동하면 인을 구하는 것이 이보다 가까운 것이 없다"(『맹자집주』, 7A:4)라고 한 것이다. 인이 어찌 고원한 행위이겠는가?

그렇다면 왜 공자는 인에 그렇게도 인색했을까? 다산에 따르면 거기에는 교육적 목적이 있다. 곧 인이 성취하기 어려워서가 아니라 인을 쉽게 인정해주면 사람들이 인을 실천하는 데 나태해질까 염려되었다는 것이다. 이렇게 다산은 인을 낮고 쉬운 곳에 내려놓으려는 자신의 계획과 좀체 인을 인정하지 않는 공자를 조화시키려고 했다.

5.5

선생님께서 칠조개에게 벼슬을 하도록 하시니 대답하기를 "저는 아직 그것에 자신이 없습니다"라고 했다. 선생님께서 기뻐하셨다.

子使漆雕開仕, 對曰; 吾斯之未能信. 子說.

칠조개는 공자의 제자로 성이 칠조고, 이름이 개다. 그의 학식이 웬만하다고 생각하여 공자가 벼슬을 권유했는데, 칠조개가 사양했다. 고금주는 칠조개가 도에 뜻을 두고 있었기 때문에 그랬다고 해설한다. 공자의 권유를 사양함으로써 칠조개는 자신이 도에 뜻을 두었다는 것을 보였고, 그 때문에 공자가 기뻐했다.

다산은 이런 해설을 받아들이지 않는다. 그는 처사의 독야청청한 삶을 높이 사지 않았기 때문이다. 또 다산은 공부가 부족해서 사양했다는 공안국, 황간, 한유 등의 주장을 받아들이지 않는다. 칠조개는 공자의 제자이고, 또 공자가 벼슬을 하도록 권장한 사람이다. 공부가 부족하거나 소양이 부족했다고 말할 수 없다. 그래서 그에게 이 장은 지극히 상식적인 대화다. 공자는 자격이 있다고 보아 벼슬을 권유했고, 칠조개는 아직 준비가 덜 됐다고 사양했다. 공자는 그가 이미 자격이 되는데도 자만하지 않는 것을 보고 기뻤다.

다산에게 '그것(斯)'은 벼슬하는 것이다. 고주도 '그것'이 벼슬하는 도리를 의미한다고 했다. 문맥으로 당연히 그렇게 봐야 할 텐데도 금주는 그것이 이치(理)를 의미한다고 주장했다. 과연 성리학다운 주장이다. 다산은 구태여 반박하지 않았지만 당연히 동의할 수 없었을 것이다.

5.6

선생님께서 말씀하셨다. "도가 행해지지 않으니 작은 뗏목에 올라 바다로 나아가리라! 나를 따를 사람은 유일 것인가?" 자로가 듣고 기뻐하니 신생님께서 말씀하셨다. "유는 용맹을 좋아하는 것이 나보다 더하여 살피는 바가 없다."

子曰; 道不行, 乘桴浮于海! 從我者其由與? 子路聞之喜, 子曰; 由也, 好勇過我, 無所取材.

이 장은 "도가 행해지지 않는" 세상을 탄식하는 공자를 보여준다. 그런데 자로가 등장하고, 급기야 공자가 자로를 두고 '무소취재無所取材'라는 알쏭달쏭한 말을 하자 주석가들은 공자의 탄식은 뒷전으로 하고 과연 이 말이 무슨 뜻인지를 놓고 토론을 벌였다. 다른 말로 하면 공자가 왜 탄식을 했는지를 놓고는 이견이 없다. 안타까움이 깊었기 때문에 공자는 뗏목을 타고 바다로 나아가겠다는 다짐 아닌 다짐을 했다. 고주에서 마융은 '부桴'가 대나무로 엮은 작은 뗏목이라고 했는데, 그렇다면 공자가 실제로 바다로 나아가려고 하지는 않았다는 점이 더 확실해진다. 다산도 그런 일이 벌어질 수 없다고 보았고, '부'에 대한 고주의 설명을 받아들였다. 이와는 달리 형병은 '부'를 작은 뗏목으로 이해하면서도 공자가 실제로 그렇게 계획했다고 보았다. 『논어』에 "선생님께서 구이에서 살려고 하셨다"(9.14)라는 말이 있기 때문이다. 하지만 다산은 형병처럼 이해해서는 안 된다고 본다. "무릇 작은 뗏목에 올라 바다로 나아가는 것은 삼척동자도 그것의 불가함을 알기 때문"이었다. 이 부분이 중요하다. 누구나 뗏목 타고 바다로 나아가겠다는 게 진심으로 하는 말이 아님을 안다. 공자도 그런 계획을 실행할 생각이 없었다. 그렇다면 삼척동자도 아는 일을 자로는 몰랐을까?

고금주를 포함하여 거의 모두는 이 장이 용감하지만 무식한 자로를 보여준다고 이해했다. 그는 공자가 지나가면서 한 말을 심각하게 받아들이고 기뻐했다. 그러나 다산이 보기에 이런 해석은 이치에 맞지 않다. 자로는 제법 큰 나라에서 세금 걷는 일을 할 수 있다고 공자가 인정한 인재다. 바로 다음 장에 나온다. 조선이라면 호조판서와 선혜청 제조를 동시에 역임할 재목이다. 그런데 삼척동자도 불가함을 아는 일을 두고 자로가 바보마냥 희희낙락했다고 이 장을 읽는 것이 가당한가?

자로에 대한 편견 때문에 많은 주해가는 '무소취재'를 자로의 어리석음을 드러내는 표현으로 보았다. 가령 정현에 따르면 이 말은 뗏목을 만들 "재목(材)을 취할 곳이 없다"라는 뜻이다. 그렇다면 공자는 바다로 나아가고 싶다고 했다가 자로가 정말로 따라갈 의향을 보이자 "그런데 배를 만들 재목이 없는 걸?"이라고 말한 셈이다. 정현도 이것이 자로를 놀리는 말이었다고 했다. 또한 같은 고주에서 하안은 '재材'가 어조사 '재哉'와 같은 글자라고 주장했다. 그러면 '무소취재'는 단순히 "취하는 곳이 없다"라는 뜻이다. 자로는 용감해서 자신만 믿지 다른 사람의 생각을 취하지 않는다는 말이다. 역시 자로의 단순함을 힐난하는 해석이다. 금주의 해석도 방향이 같다. 그에 따르면 '무소취재'는 "재량하는 바가 없다"라는 뜻이다. 이 해석에서 '재'는 '재량한다'라는 뜻의 '재裁'와 같다. 곧 분별력이 없는 자로는 이치를 재량하는 능력이 부족했다. 모두 자로를 바보로 만드는 해석이다.

다산은 이 모든 해석을 거부한다. 거부할 뿐만 아니라 사람들이 자로를 얼마나 부당하게 대해왔는지를 통박한다.

> 선유의 붓끝에서 자로는 어리석고 매사를 이해하지 못하는 사람이 된다. 그렇게 하여 그들은 자로를 읽는 사람이 그를 우롱하고 조소하기를 마치 미친 사람한테 하듯이 하도록 했다. 이것은 큰 폐단이다.

자로의 누명을 벗기려는 다산의 노력은 『논어고금주』 전편에 걸쳐 경주된다. 이것은 물론 덕행의 제자만 존경하는 성리학의 편견을 바로잡으려는 그의 계획의 일부다. 그래서 다산은 이 장에서 다른 독법을 제시해야 했다.

그에 따르면 "작은 뗏목에 올라 바다로 나아가리라!"라는 공자의 말을 들은 자로는 이미 그것이 실제의 계획이 아님을 알았다. 그래도 그는 기뻤다. 존경하는 스승이 위험하기 그지없는 계획에 함께 할 사람으로 자신을 지목했기 때문이다. 곧 자로는 공자와 함께 바다로 나아가게 되어서가 아니라 스승이 자신을 인정해줘서 기뻤다. 아마도 그는 "저는 어디든지 선생님을 따르겠다"라는 정도의 말을 했을지 모른다. 그리고 그가 기뻐하는 것을 보고 공자는 그의 용감함을 다시 인정하면서 그가 용감하기 때문에 상황을 살피지 않고 언제나 자신의 계획을 따르려고 한다고 말을 맺는다. 이런 맥락에서 '무소취재'는 다산에게 "살피는(栽) 바가 없다"라는 뜻이 된다. 이 독법은 금주와 유사하고 그로부터 영감을 얻었다. 하지만 맥락은 완전히 다르다. 금주에서는 "유는 용맹을 좋아하는 것이 나보다 더하다"라는 문장과 자로가 "살피는 바가 없다"라는 문장을 역접으로 연결한다. "유는 용맹을 좋아하는 것이 나보다 더하지만 살피는 (혹은 이치를 재량하는) 바가 없다." 하지만 다산의 해석에서는 두 문장이 순접으로 연결되며, 자로가 용맹을 좋아하는 것이 살피는 바가 없는 이유가 된다.

따라서 공자는 자로를 놀리지도 꾸짖지도 않았다. "뒤의 구절은 단지 공자 스스로 자신의 본의를 해설한 것이지, 먼저 자로를 높였다가 나중에 누른 말이 아니다." 오히려 다산이 보기에 이 장은 스승에 대한 충정과 제자에 대한 애정이 충만한 아름다운 대화다.

이 장은 한편으로 자로가 도를 행하려는 뜨거운 마음을 가졌음을 보여주고, 다른 한편으로는 자로가 목숨을 버리면서도 스승을 따를 것임을 알려준다. 한 성인과 한 현인이 의기로써 서로 허여하는 것이 천 년이 지난 뒤에도 오히려 감격스러운데 자로가 어찌 기쁘지 않았겠는가?

이렇게 아름다운 대화를 사람들은 왜곡한다. 왜곡할 뿐만 아니라 그 오독을 근거로 공문의 고제인 자로를 능멸한다. 이것이 어찌 견딜 수 있는 일이겠는가? 다산은 이렇게 일갈한다. "(자로가) 어찌 후세에 장구章句나 가지고 노는 부패한 유자가 모욕하고 농락할 수 있는 사람이겠는가?" "삼척동자도 아닌데 자로가 공자와 함께 가게 된 것을 기뻐했다니 이런 이치가 있겠는가?" 이상의 논의는 '원의총괄'에 "'작은 뗏목에 올라 바다로 나아가리라!'라는 말은 본래 자로의 산남을 형용하려고 한 말이다"라고 기록되었다. 다산의 이런 논설을 보면 부지불각 사이에 자로를 얼마나 부정적으로 이해해왔는지 반성하게 된다. 그러므로 다산을 따라 『논어』를 읽을 때 습관적으로 금주를 따라 옮기는 것은 자로에게 씌워진 무고를 더하는 일이다.

5.7

맹무백이 묻기를 "자로는 인합니까?"라고 하니 선생님께서 대답하셨다. "모르겠습니다." 다시 물으니 선생님께서 말씀하셨다. "유는 천승의 나라에서 부세를 다스리도록 할 만합니다만 그가 인한지는 모르겠습니다." "구는 어떻습니까?" 선생님께서 말씀하셨다. "구는 천 호의 가구가 있는 고을이나 백승의 집안에서 행정을 책임지도록 할 만합니다만 그가 인한지는 모르겠습니다." "적은 어떻습니까?" 선생님께서 말씀하셨다. "적은 관복의 띠를 두르고 조정에 서서 빈객과 함께 이야기하도록 할 만합니다만 그가 인한지는 모르겠습니다."

孟武伯問; 子路仁乎? 子曰; 不知也. 又問. 子曰; 由也, 千乘之國, 可使治其賦

也, 不知其仁也. 求也何如? 子曰; 求也, 千室之邑, 百乘之家, 可使爲之宰也,

不知其仁也. 赤也何如? 子曰; 赤也, 束帶立於朝, 可使與賓客言也, 不知其仁

也.

　이 장에는 맹손씨의 가장이었던 맹무백과 공자의 긴 대화가 기록되었다. 하지만 '부賦'의 해석을 제외하고는 고금주와 다산 사이에 이견이 없다. 맹무백은 노나라의 강력한 집안의 우두머리였으므로 겨우 대부의 말석을 차지하고 있던 공자에 견주어 볼 때 신분이 높으면 높았지 결코 공자가 하대할 수 있는 상대가 아니었다. 이들의 대화가 한국에서 이루어졌다면 맹무백은 '하오'를 쓰고 공자는 '합쇼'를 쓰거나, 아니면 서로 대부라는 입장에서 양자가 똑같이 '하오'를 썼을 것이다. 공자를 존경한 나머지 공자가 맹무백에게 하대를 한 것처럼 옮기는 경우가 있는데, 옳지 않다. 이 장에서 처음 등장하는 '적赤'은 공자의 제자 공서적, 성이 공서이고 이름이 적인 제자다. 자가 자화여서, 공서화로도 불린다. 외모나 행동거지가 점잖았으므로 외교 임무에 적당했다고 하는데, 『논어』에도 그가 제나라에 사신으로 가는 일화가 나온다(6.3).

　이 장에서 맹무백은 공자의 제자를 이름으로 불렀는데, 유독 자로에게는 자를 사용했다. 자로의 이름은 중유이므로 자로를 다른 제자처럼 대한다면 "자로는 인합니까?"가 아니라 "유는 인합니까?"라고 물어야 한다. 맹무백이 다른 쟁쟁한 제자보다도 자로를 더 높이 보았다는 증거다. 자로에 대한 질문도 그가 인한지를 묻는 것이었다. 한 번이 아니라 두 번을 묻는다. 고주가 설명하듯이 맹무백은 자로가 인하다고 생각했기 때문에 이렇게 거듭 물었다. 그에 비해 다른 제자를 놓고는 그저 "어떻습니까?"라고 묻는다. 두 번째 거론되는 제자 염구도 공자의 주요한 제자였지만 맹무백은 자로를 더 조심스럽게 대했다. 자로는 공자보다 단지 아홉 살 어렸다고 하므로 나이 때문일 수도 있다. 하지만 자로가 보통 생각하는 것보다 훨씬 많은 존경을 받았을 수도 있다.

'부賦'에 대한 다산의 독특한 해석도 이런 점과 관련이 있다. 고금주는 '부'를 병부兵賦, 곧 군대의 일을 가리키는 것으로 본다. 병사며 무기가 전부田賦, 즉 농지에 대한 세금으로 마련되기 때문에 병부를 '부'라고 했다는 것이다. 그렇다면 공자는 자로가 군사 지휘하는 일 정도는 할 수 있다고 인정한 셈이다. 이런 능력은 문인의 사상인 유교에서 괄시를 받는다. 따라서 고금주처럼 보면 자로는 기껏 군졸이나 다스릴 사람으로 다른 능력은 없었다. 다산은 이런 해석을 받아들일 수 없었다. 그에 따르면 '부'는 글자 그대로 부세, 곧 세금을 부과하고 징수하는 일을 가리킨다. 다산도 '부'에 병부의 의미가 있음을 알았지만 이 장에 적용될 것은 아니라고 했다. 따라서 다산에게 자로는 국가 경영의 핵심 임무를 수행할 인재였다.

5.8

선생님께서 자공에게 말씀하셨다. "너와 회는 누가 더 나은가?" 자공이 대답하기를 "저 사가 어찌 감히 회를 바라보겠습니까? 회는 하나를 들으면 열을 알고, 저 사는 하나를 들으면 둘을 압니다"라고 하니 선생님께서 말씀하셨다. "같지 않다. 나와 너는 그와 같지 않다."

子謂子貢曰, 女與回也孰愈? 對曰; 賜也何敢望回? 回也聞一以知十, 賜也聞一以知二. 子曰; 弗如也, 吾與女弗如也.

안회(回)는 과연 뛰어난 제자였던 것 같다. 이 장에서 공자는 뜬금없이 자공(賜)과 그를 비교한다. 무슨 구체적인 계기가 있었을 테지만 알 수 없다.

이 장에서는 공자의 마지막 말을 두고 독법이 달라진다. 위에 옮긴 것은 고주의 독법으로 다산이 따랐다. 이때 '여與'는 '……와'라는 조사다. 이와는 달리 금주는 '여'를 '허여하다(許)'라는 뜻으로 보고, "네가 그와 같지 않다고 하는 것을 내가(吾) 허여한다(與)"라고 읽었다. 고주처럼 읽으면 공자가 안회보다 못하다고 자인하는 모양이어서 보기가 좋지 않았을 것이다. 그러나 금주처럼 읽으면 공자는 자공이 안연보다 못하다고 하고는("같지 않다") 또 그것을 거듭 확인하여 못을 박았다. 성인의 말로는 박절하다.

다산이 고주를 따른 것도 성인이 박절할 수 없기 때문이다. 고주의 포함은 "나와 너는 그와 같지 않다"라고 한 이유가 "자공을 위로하기 위해서"였다고 했다. 이미 자공이 안회보다 부족하다고 했으므로 이제 자공을 위로하기 위해 자공만 아니라 자신도 안회보다 못하다고 했다는 것이다. 다산도 그렇게 보았다. 그래서 '원의총괄'도 "오여여불여吾與女弗如'에 관련해서는 마땅히 포함의 설을 따라야 한다"라는 주장을 이 장의 '원의'로 기록했다. 다산은 많은 고전을 인용하여 이것이 '원의'임을 증명하려고 했다. 특히 왕충의 『논형』「문공」이 결정적이다. 「문공」은 지금 논의하는 구절을 "나와 네가 함께 그와 같지 않다(吾與女俱弗如也)"라고 인용했기 때문이다. 이렇게 '함께(俱)'라는 말이 추가되어 있으면 금주처럼 읽을 수 없다.

5.9

재여가 낮에 누웠더니 선생님께서 말씀하셨다. "썩은 나무에는 조각을 할 수 없고, 더러운 흙으로 올린 담장에는 흙손질을 할 수 없으니 재여에게 무슨 질책을 하겠는가?" 선생님께서 말씀하셨다. "처음에 내가 남을 대할 때는 말을 듣고 그 행동을 믿었는데, 이제 내가 남을 대할 때는 말을 듣고 그 행동을 보니 재여로 인해 이것을 바꾸었다."

宰予晝寢. 子曰; 朽木不可雕也, 糞土之牆不可杇也, 於予與何誅? 子曰; 始吾於人也, 聽其言而信其行, 今吾於人也, 聽其言而觀其行. 於予與改是.

재여는 공자의 제자로 자가 자아이므로 때로는 재아라고도 한다. 여기에서는 공자에게 호된 욕을 먹지만 공문십철 중의 하나로 특히 '언어'에 뛰어났다고 한다. 그래서 고주는 "공자가 심히 질책한 것은 이것을 빌미로 삼아 가르침을 베풀려고 한 것뿐이다. 재여가 실제로 공부를 게을리 하는 사람은 아니었다"라고 하면서 재여를 옹호한다. 반면 언제나 엄격한 금주는 "재여의 뜻과 기운이 어둡고 나태하여 가르침을 베풀 수가 없었다"라고 그를 비난한다. 공문의 제자를 정주학의 폄하에서 구하려고 한 다산에게는 고주가 솔깃할 텐데 별다른 논평이 없다. 공자가 재여를 심히 질책한 것은 분명하기 때문이다. 설령 제자들의 명예 회복을 돕는다는 방향성을 가졌더라도 다산은 그 방향성 때문에 사실을 훼손하지는 않았다.

이 장에서 다산은 '주침晝寢'을 참신하게 읽는다. 고금주는 이 말이 '낮에 잠을 자는 것'을 의미한다고 보았다. 그렇지만 낮에 잠을 잤다고 공자가 이렇게까지 제자를 비난했다는 것은 이치에 맞지 않다. 사람이 피곤하면 낮이고 밤이고 잠을 자는 것이 당연하지 않은가? 그래서 다산은 이렇게 말한다. "피곤이 극에 달해서 낮에 삼을 잤다면 오히려 괜찮다."

그런데 막상 고전을 보면 '침寢'이 '자다'라는 뜻으로 사용된 예가 없다. 『설문』에서는 이 글자가 '눕다(臥)'라는 의미라고 했고(『설문해자』, 7B:6b), 『시』 「소아」도 이 글자를 '일어나다(興)'라는 말에 대비했다(『모시주소』, 18:35a). 『논어』에도 공자가 '침불언寢不言'했다는 말이 있는데(10.17), 이때도 '침'은 '눕다'라는 뜻이지 '자다'라는 뜻이 아니다. '자다'라는 뜻으로 보면 공자가 자면서 말을 하지 않았다는 것이므로 뜻이 성립하지 않는다. 당연히 이 장의 '주침'도 "낮에 누웠다"라고 읽어야 할 것이다. 이렇게 읽는 것은 이치에도 맞다. 사람이 피곤하면 잠을 잘 수 있지만 시도 때도 없이 드러눕는 것은 나태함의 표현이기 때문이다. "썩은 나무에는 조각(雕)을 할 수 없고, 더러운 흙으로 올린 담장에는 흙손질(杇)을 할 수 없다"라는 지청구를 먹을 만하다. '원의 총괄'은 이 독법을 "주침'은 낮에 누웠다는 뜻이다"라고 기록했다.

여기의 '침'을 가장 먼저 '눕다'라고 푼 사람은 정현이다. 이 풀이는 둔황에서 발굴된 『논어정씨주』에 나온다. 다산은 『논어정씨주』를 몰랐을 텐데 그가 제안한 참신한 독법이 가장 오랜 독법과 같은 것이 신기하다. 구태여 소개할 필요는 없지만 한유는 '주'를 '화畵' 곧 '그리다'라는 말의 잘못된 글자로보고 "재여가 침실에 그림을 그려놓았더니"라고 읽기도 했다. 또 송의 왕무(1151~1213)는 '침'을 침실을 의미하는 것으로 보고 "재여가 낮에 침실에 있었더니"라고 읽었다(『야객총서』, 30:3a). 모두 다산이 소개하되 받아들이지않은 독법이었다.

5.10

선생님께서 말씀하셨다. "나는 아직 강직한 사람을 보지 못했다."

어떤 사람이 대답하기를 "신정이 있습니다"라고 하니 선생님께서 말

쏨하셨다. "정은 욕심스러우니 어찌 강직하겠는가?"

子曰; 吾未見剛者. 或對曰; 申棖. 子曰; 棖也欲, 焉得剛?

신정은 공자의 제자로 알려져 있는데, 사적이 불분명하며 이름도 여러 가지다. 고주는 『공자가어』 「칠십이제자해」에 나오는 신속申繢(『공자가어』, 9:7a)도 이 사람이고, 『사기』 「중니제자열전」에 나오는 신당申棠(『사기』, 67:27a)도 이 사람이라고 했다. 그렇다면 이 사람은 벌써 이름이 셋이다. 그런데 현행본 『공자가어』를 보면 신속은 신궤申繢로 되어 있고(『공자가어』, 9:7a), 현행본 『사기』에서 신당은 신당申黨이다(『사기』, 67:27a). 이것만으로도 혼란스러운데, 왕응린은 자신이 본 『공자가어』에는 신속이 신적申繢이라고 했고(『곤학기문』, 7:13a), 『사기색은』에서 사마정은 같은 『공자가어』를 말하면서 그가 신료申繚로 되어 있다고 했다(『사기색은』, 18:6a). 이름이 일곱이다. 한마디로 고전도 모두 믿을 것은 못 되고, 신정의 정체를 밝히려는 노력은 헛수고가 될 가능성이 높다. 그래서 다산은 신정의 정체를 놓고 단순히 왕응린을 인용한다(『곤학기문』, 7:13a~b). 사실 이 사람 이름을 신정으로 읽는지 신장으로 읽는지도 확실하지 않다.

다산은 강직함과 욕심이 양립할 수 없음을 『역』을 통해서 해설한다. 다산의 해설을 그의 『주역사전』을 통해 보충하여 이해하면 다음과 같다(『정본 여유당전서』16, 261 참조). 태괘의 상괘는 곤괘로 순음이고, 하괘는 건괘로 순양이다. 이때 건괘의 상효는 강직함을 상징하고, 곤괘의 상효는 욕심에 빠지기 쉬운 상태를 상징하는데, 이 두 효가 자리바꿈을 하면 태괘의 지괘인 손괘損卦가 된다. 그런데 손괘의 상사는 "군자는 화를 가라앉히고 욕심을 누른다"(『주역주소』, 7:17b)라는 것이다. 강직함을 상징하는 효를 욕심에 빠지기 쉬운 상태를 상징하는 효와 바꾸었더니 손괘의 상사가 나왔다. 그러므로 욕심은 강직함으로 억눌러야 하며, 이 둘은 양립불가능하다. 그런데도 본문에서 어떤 사람이 욕심 많은 신정을 두고 강직하다고 했으므로 공자가 인정하지 않았다.

사실 이런 복잡한 설명 없이도 강직함과 욕심은 당연히 양립할 수 없다. 다른 때 같으면 다산도 알아듣기 쉽게 설명했겠지만 『주역』은 그가 공들여 연구한 경전이다. 그의 눈에 이 장을 『주역』과 연결하여 설명할 길이 보였으므로 길게 설명한 듯하다.

5.11

자공이 "내가 남이 나에게 베풀기를 원하지 않는 것을 저도 남에게 베풀지 않고자 합니다"라고 하니 선생님께서 말씀하셨다. "사야, 네가 미칠 바가 아니다."

子貢曰; 我不欲人之加諸我也, 吾亦欲無加諸人. 子曰; 賜也, 非爾所及也.

다산에 따르면 '아我'는 '남'과 다른 '나'고, '오吾'는 화자로서의 '나'다. 다시 말하면 '아'는 화자를 가리키지 않으며, 타자와 대비되는 자아다. 따라서 "내가 남이 나에게 베풀기를 원하지 않는 것"은 자공이 원하지 않는 것이 아니라 모든 '나'가 원하지 않는 것이다. 뒤에 나오는 '오'는 자공이며, "저도 남에게 베풀지 않고자 합니다"라는 말은 자공 개인의 포부다. 그러므로 다산을 따라 『논어』를 읽을 때는 '아'를 '저'라고 옮겨서는 안 된다.

여기에서 자공이 실천하고자 한 것은 다른 사람의 마음을 내 마음으로 여기는 것, 곧 '서'다. 그런데 자공이 이미 그렇게 했다고 한 것도 아니고 단지 그렇게 하고자 한다는 포부를 밝혔음에도 공자는 자공을 억눌렀다. 다산은 "자공이 간혹 쉽게 이야기했으므로 우리 선생님께서 억눌렀다"라고 보았다.

고주도 참고할 만하다. 고주는 '가㈔'를 금주나 다산처럼 '베풀다'라는 뜻으로 보지 않고, '능멸한다(凌)' 혹은 '억누르다'라는 뜻으로 보았다. 그렇다면 이 장은 "저는 남이 저를 억누르기를 원하지 않고, 저도 남을 억누르지 않고자 합니다"라는 말로 시작한다. 이 독법에서는 '아'와 '오'를 구분하지 않는다. 또 "내가 미칠 바가 아니다"라는 말은 내가 남을 억누르지 않는 일은 가능하지만 남이 나를 억누르는 것은 내 마음대로 되지 않는다는 뜻이다. 이렇게 읽으면 이 장은 '서'와 상관없다. 그래서 다산은 고주를 받아들이지 않았다. 다산에게 '서'는 공자의 도를 꿰뚫는 것이며, 인의 실천을 확실히 보장하는 길이다. 그만큼 중요한 덕이었다.

한편 금주는 자공이 희망한 것은 인이지 '서'가 아니라고 하면서 "서는 자공이 노력해볼 수 있지만 인은 자공이 미칠 바가 아니었다"라고 해설했다. 다산은 인을 대단한 것으로 만드는 이런 해설에 눈살을 찌푸린다. "인은 인륜을 완성한 덕이며, '서'는 인을 완성하는 방법이다. 익으면 인이 되고, 덜 익으면 '서'가 되는 것이 아니다."

5.12

자공이 말했다. "우리 선생님의 문장은 들을 수 있었으나 우리 선생님께서 본성과 천도를 말씀하시는 것은 들어보지 못했다."

子貢曰; 夫子之文章, 可得而聞也, 夫子之言性與天道, 不可得而聞也.

'문장文章'은 까다로운 말이다. 고주에서는 '문채(文)의 드러남(章)'이라는 뜻인데, 다산은 그런 뜻이라면 자공이 "들을 수 있었다"라고 했을지 의심했다. 금주에서는 덕이 '밖으로(文) 드러남(章)'이라는 뜻인데, 고주와 마찬가지로 문제가 있다. 그래서 다산은 "'문장'은 『시』 『서』 『예』 『악』에 대한 학설을 가리킨다"라고 했다. 공자가 자주 이야기하던 주제였으므로 문맥으로는 통한다. 하지만 어떻게 풀지 몰라 위에서는 그대로 '문장'이라고 옮겼다.

이 장에 따르면 공자는 본성과 천도 같은 형이상학적 주제의 토론을 꺼려했다. 실제로 사상사에서는 공자가 이런 주제를 다루지 않았다고 본다. 그렇지만 다산은 "지혜가 정미한 것을 변론할 수 있는 게 된 뒤에야 성과 천도를 말할 수 있기 때문에" 공자가 말을 아낀 것뿐이라고 판단했다. 곧 공자의 주제이기는 했으나 더불어 말할 사람이 없으므로 잘 거론하지 않았다는 것이다. 『논어』에는 이런 주제의 토론이 없는데, 어떻게 공자의 주제였는지 확신할 수 있는가? 다산에 따르면 증거는 『중용』이다. 공자가 『중용』을 쓰지는 않았지만 그 사상은 공자의 생각을 십분 반영하기 때문이다. 『중용』의 첫 장이 본성과 천도를 다룬다.

어쨌든 고금주와 다산은 모두 이 장을 위에 옮긴 것처럼 읽었다. 단지 한유는 '여與'를 '같다'라는 뜻으로 보고 연관된 구절을 "우리 선생님께서 성과 천도가 같다고 말씀하시는 것은 들어보지 못했다"라고 읽는다. 한유의 『논어필해』는 『논어』를 기발하게 읽는 경우가 많은데, 다산은 거의 동의하지 않는다. 이 장에서도 마찬가지였다.

5.13

자로는 들은 것이 있는데 아직 그것을 행하지 못했으면 오직 다시 듣는 것이 있을까 두려워했다.

子路有聞, 未之能行, 惟恐有聞.

이미 언급한 것처럼 「공야장」에는 공자의 인물평이 많다. 인물평이 아닌 장이 셋 있는데, 앞 장과 이 장 그리고 공자의 한탄을 담은 뒤의 한 장(5.26)이다. 앞 장은 공자에 대한 것이고, 뒤에서도 공자의 말을 기록한다. 그러므로 정말 예외적인 것은 이 장이다. 이 장은 온전히 자로를 묘사한다. 또 이 장을 두고는 누구도 자로를 흠잡을 수 없었다. 금주도 "자로는 선한 것을 들으면 반드시 행하는 데 용감했다"라고 하면서 자로에 대한 인색함을 감춘다. 공문에서 자로의 자리를 다시금 생각하게 하는 장이다.

5.14

자공이 묻기를 "공문자는 왜 '문'이라고 했습니까?"라고 하니 선생님께서 말씀하셨다. "명민하면서도 배우기를 좋아하고, 아랫사람에게 묻기를 부끄러워하지 않는 것, 이것을 '문'이라고 한다."

子貢問曰; 孔文子, 何以謂之文也? 子曰; 敏而好學, 不恥下問, 是以謂之文也.

공문자는 위나라의 대부 공어로 '문文'은 그의 시호다. 그는 공자가 죽기 일 년 전인 기원전 480년에 죽었다. 이 장에서 자공은 그의 시호에 대해서 묻는데, 시호는 죽은 뒤에 얻게 되므로 이 대화는 공어가 죽은 해 아니면 그다음

해 4월 공자가 죽기 전에 있었다. 이때 자공은 공문자의 행실에 문제가 있는데도 '문'이라는 좋은 시호를 얻었으므로 그 이유를 물었다.

『춘추』에 공어에 대한 기록이 많이 있다. 다산은『춘추』를 통해 금주의 소식(1037~1101)을 보완하면서 공어가 누구인지 살펴본다. 공어는 위나라의 왕자인 태숙질에게 부인을 내쫓고 자신의 딸인 공길을 처로 들이도록 했다. 태숙질은 원래 부인의 동생을 총애했고, 나중에 공길을 처로 맞이했음에도 처제를 집안으로 들여 두 명의 부인을 둔 것처럼 행동했다. 이에 분노한 공어는 태숙질을 처단할 계획을 갖고 공자에게 자문을 구했다. 대부가 왕자를 죽이는 능상의 음모였다. 공자는 답변을 하지 않고 곧바로 위나라를 떠났다. 공어는 위나라의 세력가였다. 태숙질은 결국 위나라에서 도망쳤고, 그의 동생 태숙유가 형의 자리를 대신했다. 공어는 공길을 다시 태숙유에게 주어 혼인하도록 했다.

공어에게는 다른 면모도 있었다. 우선 그는 위 영공을 보좌하여 오랫동안 국정을 안정적으로 운영했다. 그가 태숙질에게 부인을 내치라고 권유한 것도 그 부인이『논어』에도 나오는 미남자 송조(송나라의 조)의 딸이었고, 송조가 위 영공의 부인인 남자와 지저분한 일을 벌인 뒤 반란을 일으켜 위나라에서 도망갔기 때문이었다. 곧 공어는 태숙질을 보호하기 위해 부인과 결별할 것을 권유했고, 대신 자신의 딸과 결혼하도록 했다. 그가 태숙질을 처단하려고 한 것도 태숙질이 처제와 상간하는 음행을 저질러 자신과 공길에게 망신을 주었기 때문이었다.

그러나 사정이 어찌 됐든 그는 모시던 왕자의 본부인을 내쫓도록 했고, 그 자리에 자신의 딸을 앉혔으며, 윗사람을 해치려고 했고, 그것도 모자라 딸을 다시 시동생에게 시집가도록 했다. 행실에 문제가 많다. 그런데도 금주의 소식은 그를 악인이라고 단정하지 않았다. 그는 공어의 흠결도 소개했지만 그가 또한 "명민하면서도 배우기를 좋아하고, 아랫사람에게 묻기를 부끄러워하지 않는" 장점을 가졌다고 인정했다. 다시 말해서 소식에 따르면 그에게는 '문'이라는 시호를 받을 만한 구석이 있었다.

하지만 다산은 단호했다. 그에게 공어는 덜 것도 뺄 것도 없는 악인이었다. 그러므로 그에게 살 만한 구석이 있었다는 주장도 받아들일 수 없었다. 공자는 그 때문에 위나라를 떠났는데, 이 장에서 오히려 그를 칭찬했다면 그것도 이치에 맞지 않다.

그래서 다산은 이 장을 고금주와 다른 방식으로 읽는다. 곧 그에 따르면 "명민하면서도 배우기를 좋아하고, 아랫사람에게 묻기를 부끄러워하지 않았다"라는 말은 공어를 평가한 말이 아니다. 단순히 시법, 곧 시호를 내리는 법을 설명한 것뿐이다. 과연 시법에는 "학문에 부지런하고 묻기를 좋아하는" 사람에게 '문'이라는 시호를 내린다는 규정이 있다. 공자는 단순히 '문'이라는 시호는 이러저러한 사람에게 준다고 했을 뿐 공어를 놓고는 가타부타 아무 말도 하지 않은 것이다.

> 어떤 나라에 있으면 그 나라 대부를 비방하지 않는다. 그러므로 시법을 들어서 자공의 질문에 답을 한 것이니 공어에게 살 만한 것이 없음을 말한 것이고, 기실 그를 기롱한 것이다.

그렇기 때문에 "공자가 공문자의 선함을 도외시하지는 않았다"라는 소식의 평가는 잘못이다.

> 필경 그 사람의 큰 악이 분명하게 드러나서 백에 하나라도 취할 것이 없었기 때문에 자공이 왜 그렇게 시호를 하게 되었냐고 물은 것이다. 왜 그렇게

시호를 하게 되었냐는 질문은 그 사람됨이 시호와 부합하지 않았음을 보여준다.

다산의 이 해석은 '원의총괄'에 "공문자는 본래 악인이다. '아랫사람에게 묻기를 부끄러워하지 않았다'라는 것은 권도로 한 말(權辭)이다"라고 기록되었다. "권도로 한 말"이라는 것은 "어떤 나라에 있으면 그 나라의 대부를 비방하지 않는다"라는 원칙에 따라 직접 비방하지 않으면서도 공어를 허여하지 않기 위해 취한 방편적 언급이라는 뜻이다. 이렇게 보면 다산은 성리학자보다 더 엄격할 때가 있다.

5.15
선생님께서 자산을 두고 말씀하셨다. "군자의 도 네 가지를 가졌다. 자기를 행할 때 조심스럽고, 윗사람을 섬길 때 공경하며, 백성을 기를 때 은혜롭고, 백성을 부릴 때 마땅하게 했다."

子謂子産; 有君子之道四焉, 其行己也恭, 其事上也敬, 其養民也惠, 其使民也義.

자산은 정나라의 대부로 간공과 정공을 도와 정나라의 사업을 크게 일으킨 유명한 재상이다. 공자보다 대략 반세기 앞선 인물로 기원전 522년에 죽었다. 이름이 교僑였는데, 정 목공의 손자였으므로 공손교, 곧 공의 손자 교로도 알려졌고, 나중에 그의 후손이 국씨가 되었으므로 국교國僑로도 알려졌다. 그의 아버지의 자가 자국子國이었는데, 당시 공족은 공실에서 분리하여 가문을 만든 뒤 곧잘 선조의 자를 따라서 씨를 만들었다. 춘추시대를 통틀어 사공으로 말하면 손에 꼽을 정도로 많은 업적을 남겼고, 그 때문에 공자도 여기저기서 자산을 좋게 평가했다. 공자는『논어』에서 세 번 그를 언급하는데, 이 장을 포함하여 두 번 긍정적으로 언급했고, 다른 한 곳에서도 그의 뛰어난 업무 능력을 인정했다. 공자가 자산을 높이 보았다는 증거는『춘추』에도 적지 않고,『공자가어』에도 비슷한 기록이 있다. 다산은 이 장에서 자산이 얼마나 훌륭한 사람이었고 나라와 백성을 위해 얼마나 많은 일을 했는지 명나라 유학자 왕복례의『사서집주보』를 인용하면서 길게 설명한다. 본문의 "자기를 행한다(行己)"라는 말은 내 몸과 관련된 모든 행사, 곧 행동거지를 의미하고, '의義'는 여기에서 '마땅하다(宜)'라는 뜻이다.

그렇지만 성리학자에게 자산은 마뜩한 인물이 아니었다. 정치 일선에서 정책을 고안하고 집행한 자산은 현실과 타협했고, 자연히 절의정신 혹은 도덕적 순수성에서 손색이 있었기 때문이었다. 그래서 금주에서 오역(1100~1154)은 "그 일을 헤아려가면서 칭찬을 하는 것은 오히려 아직 부족한 점이 있다는 것이니 자산이 군자의 도 네 가지를 가졌다는 경우가 이것이다"라고 하여 이 장이 결국 자산의 숨은 결점, 열거된 장점보다 훨씬 더 많은 결점을 암시한다고 주장했다. 부정적 함의가 없는 이 장을 두고도 이러한 해석을 이끌어내는 것을 보면 성리학의 도덕적 소명 의식이 많은 예단을 만들었음을 알 수 있다. 이들이 조선에서는 공리를 중시하는 관학파를 비판하며 등장하여 결국 나라의 학문을 장악한 사람이 된다. 그들과 달리 다산은 조신이 되기를 희망했으므로 오역을 비판하지 않을 수 없었다.

징 자산은 자기를 완성하고 사물을 완성하여 그 칭찬하는 조목이 네 가지에 달하니 이 사람은 덕을 온전히 한 사람이다. 오역의 설은 어찌 그 좋아하고 싫어함이 사람의 상정에 반하는 것이 아니겠는가?

다산은 앞에서 이미 무왕이나 관중에 대한 정주학의 비판에 반대하면서 그들을 옹호했다. 그들은 세상을 위해 부정할 수 없는 공을 남겼기 때문이었다. 이제 남긴 업적으로 인해 보호되어야 할 사람의 목록에 자산이 추가된다.

5.16

선생님께서 말씀하셨다. "안평중은 남과 사귀기를 훌륭히 하여 오래되었어도 남을 공경했다."

子曰: 晏平仲善與人交, 久而敬之.

안평중은 제나라의 대부 안영을 가리킨다. '평'은 그의 시호이고, 아마도 둘째였으므로 '중'이라고 했을 것이다. 공자보다 약간 앞선 인물로 기원전 500년에 죽었다. 정나라에 자산이 있었다면 제나라에는 안영이 있었다. 그는 자산과 함께 사공에서 뛰어났던 춘추시대의 걸출한 인물 중의 하나였다. 사람들은 보통 누군가를 오래 사귀면 긴장감이 떨어져 함부로 대하기 쉬운데, 안영은 그렇지 않았다는 것이 본문에서 말하는 바다. 고금주와 다산은 모두 이렇게 해석했고, 황간은 약간 다르다. 다산도 밝힌 것처럼 황간의 『논어의소』에는 본문의 '이경而敬' 두 글자 사이에 '인人'이 삽입되어 있다. 이렇게 되면 해당 부분은 "오래되었어도 남들이 그를 공경했다"라고 옮겨야 한다. 평소에 좋은 관계를 만들어놓았기 때문에 오래되었어도 그에 대한 사람들의 존경이 변하지 않았다는 말이다. 이렇게 판본에 따라 독법이 변하는 경우는 얼마든지 있으므로 다산은 "반드시 그렇지는 않을 것이다"라고 하면서도 적극적으로 황간을 부정하지는 않았다.

앞 장과 달리 이 장에서는 금주도 따로 안영의 흠결을 언급하지 않았다. 사실 공자가 제나라로 가서 경공에게 유세할 때 공자의 등용을 막은 사람이 안영인데, 정주학이 트집을 잡지 않은 것은 이례적이다. 경전은 아니지만 『안사춘추』에는 공자가 그를 군자라고 칭송하는 대목이 있다(『안자춘추』, 8:2a).

5.17

선생님께서 말씀하셨다. "장문중은 '채'를 보관했고, 두공은 산 모양으로 조각하고 동자기둥에는 물풀무늬를 그려 넣었다. 어찌 그가 안다고 하겠는가?"

子曰; 臧文仲居蔡, 山節藻梲, 何如其知也?

장문중은 노나라의 대부 장손진이다. 공자보다 한 세기 앞선 인물이며, 기원전 587년에 죽었다. '문'은 시호이고, 역시 둘째였으므로 '중'이라고 했을 것이다. 당시 예를 잘 안다는 명망이 있었는데, 공자는 이 장에서도 그렇고 뒤에 나오는 다른 장(15.14)에서도 그를 비판한다.

이 장에 대한 다산의 독법은 고주와 같다. '채蔡'는 채나라 땅에서만 난 한 지기 넘는 거북으로 군수가 점을 칠 때 사용했던, 따라서 귀중하게 여겼던 물건이었다. 장문중은 대부임에도 이 거북을 집에 보관하고 있었으므로 예를 참월했다. '절飾'은 지붕을 떠받치는 기둥 위 구조물로 공포라고도 하고 두공이라고도 한다. '산절山飾'은 그 두공을 산 모양으로 조각하여 만들었다는 말이다. 눈에 안 띄는 부분까지 멋있게 조각을 해넣었으니 역시 대부가 취할 수 있는 규모는 아니었다. '절梲'은 지붕을 견디기 위해 대들보 위에 올려놓는 짧은 기둥으로 동자기둥이라고 한다. '조절藻梲'은 그 동자기둥에 '조' 곧 물풀무늬를 그려 넣는 것을 의미한다. 역시 대부가 취할 멋은 아니었다.

고주에서 포함은 '채'를 보관한 것은 예를 참월한 것이고, 두공과 동자기둥을 아름답게 꾸민 것은 사치한 것이라고 했다. 그러나 형병은 후자 역시 예를 참월한 것으로 보았다. 예를 참월했기 때문에 결국 사치를 보였다는 것이었다. 다산은 형병의 설을 받아들였다. 이렇게 앞뒤로 예에 어긋나는 일을 했으므로 공자는 예를 모르는 장문중의 무지를 비판했다.

금주 전까지는 모두가 이런 해설을 받아들였다. 금주도 크게 다르지는 않다. 그렇지만 고주와 달리 금주는 두 가지 다른 참월의 사례가 서로 연관된다고 생각했다. 장문중이 '채'를 보관한 건물의 두공과 동자기둥을 장식했다고 본 것이다. 한 발 더 나아가 금주는 장문중이 '채'를 보관한 건물을 그렇게 장식한 이유도 추측했다. 곧 장문중은 점치는 거북이의 신령스러움을 믿었고, 거북이에게 아부하려고 했다는 것이다. 그렇다면 장문중은 거북이나 떠받드는 어리석은 사람이다. 이렇게 어리석기 때문에 공자는 그를 두고 무지한 사람이라고 비판했다. 금주의 해석에서 장문중은 예를 알지 못한다기보다는 단순히 지혜롭지 못하다.

다산은 공을 들여 금주의 이 견해를 반박했다. 그에 따르면 '채'와 '산절조절'은 연관이 없고, 따라서 장문중은 거북이에게 아첨하려고 하지도 않았으며, 두공과 동자기둥을 장식한 건물은 '채'를 보관한 건물이 아니라 그의 묘당이었다. '원의총괄'은 이 주장을 "'채'를 보관한 것은 한 가지 일이고, '두공을 산 모양으로 조각하고 동자기둥에 물풀무늬를 그려 넣었다'라는 것은 또 다른 일이니 서로 연관 지어서는 안 된다"라고 기록했다. 사실 다산만이 아니다. 모기령과 오규도 비슷한 맥락에서 금주를 비판했다. 그러므로 금주를 제외한 모두는 이 장의 해석을 놓고 의견의 일치를 이룬 셈이다. 단지 다산은 '채'를 보관하는 특별한 상자가 있었다고 주장한 모기령을 반박하면서 '채'를 감실에 보관했을 것이라고 추측했다.

그런데 이 징에서 나산이 정말로 많은 공을 들여 연구한 것은 옛날 사람이 '채'라는 점치는 거북, '채'가 아니더라도 점치는 거북과 거북점을 어떻게 다루었는지 하는 문제였다. 이 연구의 결과를 보고하면서 다산은 자신이 거북점을 금주와는 달리 생각했음을 보여주었다. 금주는 장문중이 거북점 따위를 맹신해 '채'에 아부하는 어리석음을 저질렀다고 했지만 다산은 필요할 때 거북점을 치는 것은 당연하다고 보았다.

장문중의 죄는 점치는 거북과 관련된 것이지 그것을 보관하는 방을 설치했다는 데 있지 않다. 그의 죄는 '채'를 보관한 데 있지 점치는 거북을 보관한 데 있지 않다.

금주는 장문중이 '채'를 보관할 곳을 마련한 것 자체를 문제 삼았지만 다산은 문제 삼지 않았다. 또한 장문중이 군주만 가질 수 있는 '채'라는 거북을 보관했기 때문에 문제인 것이지 점치는 거북을 보관한 것은 아무런 문제가 되지 않는다.

옛날 성인들이 가장 소중하게 생각했던 것은 점치는 거북이다. 이 거북을 포획하는 일이나 거북의 등을 태워 점을 치는 일과 관련된 예는 가장 엄격했다. 어찌 이 성인들이 모두 알지 못했다고 할 것인가?

다산은 합리주의자인데 왜 거북점을 옹호했을까? 짐작이지만 경전에 거북점의 사례가 다수 기록되었기 때문일 것이다. 다산은 경전주의자이고, 『서』의 일부와 『예기』의 일부분 그리고 『좌전』의 일부를 제외하고는 경전에 오류가 없다고 생각했다. 그러므로 많은 경전의 기록에서 다수의 선현이 실천한 고례를 단순히 비합리적이라는 이유로 무시하기 어려웠을 것이다.

5.18

자장이 물었다. "영윤 자문은 세 번 벼슬하여 영윤이 되었으나 기뻐하는 빛이 없었고, 세 번 그만두었으나 화내는 빛이 없었으며, 옛 영윤의 정사를 반드시 새 영윤에게 고했으니 어떻습니까?" 선생님께서 말씀하셨다. "충실한 것이다." "인한 것입니까?" "알지 못하겠지만 어찌 인하다고 하겠는가?" "최자가 제나라의 임금을 죽이자 진문자는 말 40필을 가지고 있었음에도 그것을 버리고 나라를 떠났습니다. 다른 나라에 이르러서는 '우리 대부 최자와 같구나' 하고 그 나라를 떠났고, 또 다른 나라로 가서는 '우리 대부 최자와 같구나' 하고 그 나라를 떠났으니 어떻습니까?" "깨끗한 것이다." "인한 것입니까?" "알지 못하겠지만 어찌 인하다고 하겠는가?"

子張問曰; 令尹子文三仕爲令尹, 無喜色. 三已之, 無慍色. 舊令尹之政, 必以告新令尹. 何如? 子曰; 忠矣. 曰; 仁矣乎? 曰; 未知, 焉得仁? 崔子弑齊君, 陳文子有馬十乘, 棄而違之. 至於他邦, 則曰; 猶吾大夫崔子也, 違之. 之一邦, 則又曰;

猶吾大夫崔子也, 違之. 何如? 子曰; 淸矣. 曰; 仁矣乎? 曰; 未知, 焉得仁?

이 장에서는 두 명의 대부가 품평에 오른다. 첫 번째 인물 영윤 자문은 초나라에서 영윤이라는 재상 벼슬을 지낸 인물로 자가 자문子文이다. 본래 이름은 투누오도鬪穀於菟라고 한다. 투가 그의 성이고, 누오도가 이름인데, 초나라의 방언으로 호랑이(於菟)에게서 젖(穀)을 얻어먹은 사람이라는 뜻을 가진다. 대어나사마사 버려져서 호랑이에게서 자랐는데, 그 때문에 등에 호랑이 무늬(文)가 있어서 자문이라는 자를 얻었다고 한다. 고주는 이런 이야기에 관심이 많고, 금주는 관심이 없고, 다산은 그 중간이다.

영윤 자문에 대한 공자의 평가는 '충忠'이라는 글자로 요약되는데, 다산은 이것이 군주에 대한 충성만을 의미하는 것이 아니라고 특별히 주의를 주었다. 그에 따르면 "진실한 마음으로 남을 섬기는 것이 충"이다. '충'에 대한 다산의 정의가 이렇기 때문에 『다산 논어』는 이 개념을 '자기 마음을 다하는 것' 혹은 '충실한 것'으로 일관되게 옮겼다. 좋은 자리에 임명되든 물러나든 개의치 않고 영윤 자문은 충심으로 자기 소명을 다하여 심지어 물러날 때도 신임 재상이 어려움을 겪지 않도록 상황을 잘 설명했기 때문에 자기 마음을 다했다. 고주는 본문의 '이已'를 '그만두게 된 것', 곧 자의에 반해서 물러난 것으로 이해했지만 다산은 스스로 그만두는 것으로 이해했다. 이렇게 보면 영윤 자문은 때가 되어서 물러난 것이지 일시라도 나라로부터 버림받지 않았다. '충'과 '이'의 해석에서 미묘한 차이가 있는 것을 제외하면 이 장의 독법을 두고는 고금주와 다산 사이에 이견이 없다.

두 번째 인물은 진문자다. 성이 '진'이고, '문'은 시호이며, '자'는 미칭이다. 진陳라 공실 출신이어서 진씨 성을 가지게 되었는데 진나라가 망한 뒤 제나라로 망명했고, 그 뒤에는 전田이라는 성을 사용했으므로 전문자라고도 한다. 이름은 수무須無다. 이 사람에 대한 공자의 평가는 '청淸'이라는 글자로 요약된다. 신하가 임금을 죽이는 더러운 꼴을 참지 못하고 막대한 손해를 감수하면서도 나라를 떠났으므로 깨끗하게 행동한 사람이라는 평을 받을 만했다.

그런데 공자는 이 두 사람을 놓고도 그들의 인을 인정하지 않았다. 인을 지고의 가치로 보는 성리학은 왜 공자가 인에 이렇게 인색했는지 쉽게 설명한다. 이들이 '충'이나 '청'까지는 도달했지만 아직 인의 경지에는 못 올랐다고 이야기하면 된다. 그렇지만 인을 다른 덕과 질적으로 구별하지 않는 다산은 언제나 공자의 이런 망설임을 설명해야 하는 의무를 진다. 이 장에서는 이들의 사적이 '충'과 '청'을 증명하기에 부족한 점이 있었다고 했다.

> 두 선생께서 인의 이름을 얻지 못한 것은 단지 그 지극히 선한 자취가 밝게 드러나는 사례가 없었기 때문이다.

본문에 기록된 것 외에 그들의 선한 행동을 증명할 충분한 증거, 특히 그들의 선행으로부터 세상이 어떤 고마운 일을 경험하게 되었는지에 대한 증거가 부족했기 때문에 공자는 "모르겠지만"이라고 말하면서도 인을 인정하지 않았다는 설명이다.

반면 금주는 이들의 행동이 과연 천리와 의리에서 나온 것인지 의심할 여지가 충분하다고 보았다. 그렇지 않다면 그들은 아직 인욕을 완전히 떨치지 못한 셈이다. 그래서 금주는 실제로 이들에게 적지 않은 잘못이 있었다고 했다. 가령 영윤 자문은 한낱 제후국이면서도 왕이라는 호칭을 함부로 사용하여 주나라를 능멸한 초나라의 재상이었으며, 진문자는 고국에 있을 때 군주를 시해한 최저(崔子)의 행위를 막지 못했을 뿐만 아니라 몇 년이 되지도 않아

다시 제나라로 돌아가는 우스운 꼴을 보였다. 무왕이나 관중 그리고 자산 같은 현실의 문화 영웅을 대하는 정주학의 태도를 안다면 금주의 이러한 비판이 낯설지 않다. 그리고 다산이 결국 정주학의 비판에서 이들을 구하기 위해 노력할 것이라는 점도 예상할 수 있다. 과연 다산은 이들을 옹호한다. 초나라가 칭왕한 것은 영윤 자문이 벼슬하기 몇 십 년 전에 벌어진 일이었으며, 거백옥도 군주를 시해하려는 다른 신하의 음모를 알고 진문자처럼 나라를 떠났으나 공사가 그를 군자라고 칭하며 존경을 보였다는 것이다.

> 남의 신하가 된 사람의 의리는 섬기는 바를 위해 자기 마음을 다하는 것이
> 니 화하華夏를 침범한 것이 반드시 죄가 되지는 않는다.

초나라의 신하로서 영윤 자문이 초나라에 충성을 바친 것은 설령 그로 인해 주나라를 능멸하는 일이 벌어졌다고 해도 잘못이 아니라는 말이다. 이렇게 강상을 어지럽힌다는 비판을 받을 소지가 충분한 발언을 하면서까지 영윤 자문을 옹호하려고 한 것을 보면 이런 인물을 정주학의 무고에서 구하려는 다산의 의지가 얼마나 강했는지 알 수 있다.

또 한 가지 흥미로운 점은 이 장에서 다산이 최술(1740~1816)을 인용한다는 사실이다. 최술은 다산보다 불과 20여 년 앞서 태어난 인물이며, 꺾이지 않는 비판 정신으로 무장하여 청대 고증학자 중에서도 가장 용감하게 중국 고전의 진위를 검증하고 중국 고대사의 진실을 드러내는 데 앞장섰던 인물이다. 이 장에서도 그는 영윤 자문이 세 번 영윤이 되고 세 번 자리에 물러났다는 본문의 증언을 의심하여 다른 문헌 증거들, 특히 『춘추좌씨전』의 증거로 볼 때 이런 일은 일어날 수 없었다고 결론을 내렸다. 감히 『논어』의 기록을 부정하는 대담함을 보여준 것이다. 이에 대해 『논어고금주』는 『논어』에

오류가 있을 수 없다는 다산의 시각을 반영하여 "『좌전』에는 간혹 빠진 기록이 있다. 자장의 말에 혹시 잘못이 있었다면 공자가 대답을 통해 반드시 그것을 바로잡았을 것이다"라고 하면서 최술의 결론을 배척한다. 최술의 이 논의는 그의 대담한 논평을 망라한 『고신록』 연작 중 『상고신록』에 나온다.

그런데 『고신록』은 최술이 죽은 뒤에 출판된 책이다. 중국 고전의 가치를 송두리째 뒤흔드는 최술의 연구는 그 위험성과 재정적 문제 때문에 최술 당대에 출간될 기회를 얻지 못했고, 그가 죽은 뒤에야 출판되었다. 최술은 1816년에 죽었고, 『논어고금주』는 1813년에 완성되었다. 최술의 일부 연구는 최술이 살아 있을 때 동시대인에게 알려졌다고 했으므로 구태여 시간을 맞추자면 다산이 위에 거론된 최술의 논변을 알았을 가능성이 아예 없지는 않다. 하지만 중국의 연구가 조선에 전해지는 시간, 그리고 그렇게 흘러들어온 중국의 저술이 강진이라는 시골까지 전해지는 시간을 생각하면 다산이 최술을 참조했다고 보기는 어렵다. 『논어고금주』는 고염무, 염약거 같은 명말 청초의 인물 그리고 1718년에 죽은 모기령 같은 청초의 인물까지는 참고하지만 그 이후의 인물은 거의 참고하지 않으며, 대부분의 참고 자료는 명말 이전에 이루어진 연구다. 그러므로 이 장에서 『논어고금주』가 『상고신록』에 나오는 최술의 견해를 인용하고 있다는 사실은 『논어고금주』가 1813년 이후에도, 다산에 의해서 혹은 다산이 아닌 후학에 의해서 개정 보완되었다는 사실을 보여준다. 그러므로 최술의 견해는 다산이 아닌 『논어고금주』가 배척했다고 보는 것이 안전하다.

5.19

계문자가 세 번 생각한 뒤에 행동했다고 하니 선생님께서 이를 듣고 말씀하셨다. "두 번이라도 했다면 괜찮았을 것이다."

季文子三思而後行. 子聞之曰; 再斯可矣.

계문자는 노나라 대부 계손행보로 공자보다 대략 한 세기 앞선 인물이다. '문'은 그의 시호이고, '자'는 미칭이다. 이 장에서는 마지막 구절을 놓고 고주와 금주, 다산이 다른 견해를 제시한다. 고주는 해당 부분을 "두 번만 했어도 괜찮았을 것이다"라고 읽는다. 계문자는 덕이 있었기 때문에 세 번 심사숙고하지 않고 두 번만 생각한 뒤에 행동했더라도 문제가 없었을 것이라는 말이다. 금주는 "두 번이라야 괜찮다"라고 읽는다. 세 번 생각하고 행동하면 오히려 잘못 생각할 수 있기 때문에 너무 오래 생각하기보다는 두 번 정도가 적당하다는 뜻이었다. 계문자뿐만 아니라 누구에게나 주는 교훈이다. 반면 다산의 독법에서는 공자가 계문자에게 냉소적인 평가를 내린다.

> 계문자가 진실로 한 번이나 두 번이라도 생각을 했다면 어찌 그가 악의 무리를 짓고 원망을 초래하는 일이 있었겠는가?

두 번이라도 생각했다면 그가 악을 짓지는 않았다는 해석이다. 다산은 두가지 점을 고려했다. 계문자가 노나라의 정사를 도울 때 적지 않은 문제가 있었다는 점이 하나고, 생각은 많이 하면 할수록 좋다는 점이 다른 하나였다. 다산은 전자를 근거로 고주를 비판했고, 후자를 근거로 금주를 비판했다. 다산은 또 고주와 금주 이외에 다자이의 독법도 소개하는데, 다자이는 문제가 되는 부분을 "두 번 생각했다고 해야 맞다"라고 읽었다. 계문자의 행실로 봤을 때 세 번 생각했다고 볼 수 없기 때문에 두 번 생각했다고 말해야 옳다는 견해였다. 다산은 이들 모두와 달리 읽었다. 그러므로 다산을 따라 『논어』를 읽을 때는 다산 독법이 어떻게 다른지 보여줘야 한다. 이 논의는 '원의총괄'에 "'재사가의再斯可矣'는 계문자가 원래 세 번을 생각할 수 없었다는 뜻이다"라고 기록되었다.

이 장에서는 명나라 말기의 풍운아 이지(1527~1602)가 다산에게 영감을 주었다. 그는 계문자가 어떻게 세상 사람들로부터 거짓된 존경을 받았는지 증언하면서 그의 신중함을 전한을 망하게 한 왕망(기원전 45~기원후 23)의 겸손에 비교하고, 다른 사람들은 다 그에게 속았지만 공자만은 속지 않았다고 주장했다(『분서』, 218~219). 그는 이 장을 다산처럼 읽었고, 그렇게 읽어야만 하는 근거도 다산의 근거와 같았다.

그렇지만 이지는 어떤 사람인가? 그는 보통 양명좌파라고 하는 태주학파의 일원이다. 인간의 주관성을 극적으로 옹호하면서 배우지 않은 어린아이의 마음을 성인의 마음과 동일시했고, 인간의 사욕을 긍정했으며, 개인적으로도 많은 기행을 벌였다. 당연히 유교 관료사회는 그를 위험한 인물로 지목했고, 결국 옥에 갇힌 그는 스스로 생명을 끊음으로써 끝까지 정주학의 세상에 반항했다. 이지의 행동이나 사상은 다산과 섞일 수 없다. 이지의 정체를 몰랐기 때문에 다산은 이지의 주장을 『논어고훈외전』에서 보고 이 장의 '원의'를 밝히기 위해 인용했던 것이다. 다산처럼 박학한 학자가 명말 양명학의 전개를 몰랐던 것을 보면 조선도 닫힌 세상이기는 했다.

5.20

선생님께서 말씀하셨다. "영무자는 나라에 도가 있을 때는 지혜로 웠고, 나라에 도가 없을 때는 어리석었으니 그 지혜로움은 미칠 수 있지만 그 어리석음은 미칠 수 없다."

子曰; 甯武子, 邦有道則知, 邦無道則愚. 其知可及也, 其愚不可及也.

영무자는 위나라의 대부 영유로 공자보다 대략 한 세기 앞선 인물이다. '무'는 그의 시호이고, '자'는 미칭이다. 옮긴 것만 놓고 보면 이 장에서 고주와 금주, 다산 사이에 아무런 차이가 없다. 그러나 이 장의 가르침을 놓고는 생각이 다르다.

고주와 금주는 '어리석음'이 무엇을 의미하는가를 놓고 의견을 달리하는데, 다산은 금주를 따른다. '원의총괄'은 금주와 다산이 공유하는 견해를 요약하여 "'나라에 도가 없을 때 어리석었다'라는 것은 자기 몸을 잊고 어려움을 무릅썼다는 말이다"라고 했다. 반면 고주는 어리석었다는 것이 "거짓으로 어리석은 척하여 사실처럼 보이게 한 것"을 의미한다고 했다. 금주와 다산이 일신의 안위를 돌보지 않고 분골쇄신하는 어리석음으로 본 데 비해 고주는 난세에 몸을 보신하게 해주는 어리석음으로 본 것이다. 사실 고주의 해석은 살신성인하는 유교와 어울리지 않고, 노자적인 처세술을 반영한다. 그리고 다산은 노불을 배척했다. 그러므로 다산은 반드시 금주를 따라야 함을 강조하면서 "오직 주자만이 그 뜻을 드러냈다"라고 하여 주희의 탁견에 갈채를 보냈다. 만약 고주를 따르면 공자가 난세에는 어리석음을 가장하여 몸을 보신하라는 충고를 한 것이므로 다산에게는 이 오역이 작은 일이 아니었다.

이제 자기 몸만 보전하고 처자식만 보호하려는 신하들은 시세와 권세에 따라서 입을 다물고 손을 포갠다. 말을 할 때마다 명철보신이라면서 임금이 위태롭고 나라가 망하는데도 기꺼이 살피지 않는다. 그러면서도 그들은 그것을 영무자의 어리석음이라고 하니 오호라, 무자가 어찌 그랬겠는가!

다산이 보기에는 난세를 당했을 때 몸을 돌보지 않고 헌신하는 것이야말로 참된 어리석음이었고, 이렇게 하는 것은 "마음을 다하고 사랑하는 태도가 극에 이르지 않은 사람들이 억지로 할 수 없는 것"이었다. 그렇기 때문에 공자는 영무자의 어리석음을 따라 하기 쉽지 않다고 말했다. 실상 공자는 영무자의 어리석음을 따라 하기가 어렵다고 했지 영무자가 어리석은 척하는 것을 따라 하기 어렵다고 하지 않았으므로 금주와 다산의 해석이 설득력이 있다.

이렇게 다산은 이 장에서 금주와 같은 교훈을 읽었지만 영무자의 사적을 놓고는 달리 이해했다. 특히 본문에서 말하는 "나라에 도가 있을 때"와 "나라에 도가 없을 때"가 구체적으로 언제를 가리키는가와 관련해서 의견을 달리한다. 금주는 치세가 위나라 문공 때이고, 난세는 문공을 이은 성공 때라고 했다. 다산도 인정하듯이 문공 때는 위나라에 탈이 없었고 문공도 훌륭한 군주였다는 평가를 받았다. 반면 성공 때는 나라 안팎으로 전쟁과 정변이 일어나 급기야 형인 성공이 동생인 공자 하를 죽이는 등 흉흉한 일이 많이 일어났다. 그러므로 치세는 문공, 난세는 성공이라는 것이 금주의 주장이었다.

하지만 다산은 이 설명이 심각한 오류라고 보았다. 무엇보다도 영무자는 성공이 즉위한 뒤 몇 년이 지나서야 부친인 영장자를 대신해서 국정에 참여했기 때문이다. 영장자는 그즈음에 죽었고, 아버지가 살아 있는 동안에는 아들이 대부의 직을 이어 국정에 참여할 수 없기 때문에 다산은 그렇게 추론했다. 그러므로 문공의 시대를 영무자의 지혜로움을 보여주는 치세로 이해할 수 없다. 영무자가 활약하지 않은 시기였기 때문이다. 그렇다면 "나라에 도가 있었던 때"는 언제였나?

성공은 즉위한 지 얼마 되지 않아 성복지전城濮之戰이라는 큰 전쟁에 휘말려 초나라로 망명했다. 그 뒤 그는 진 문공에 의해 구금되는 등 위기를 넘기고 기원전 630년 다시 위나라로 돌아오는데, 다산은 이때부터 그가 죽은 기원전 600년까지의 30년 동안을 본문에서 말하는 치세로 이해했다. 이때 춘추의 패권은 진 문공에게 있었고, 성공은 진 문공에게 핍박을 받았다. 진 문공이 아직 군주가 되지 못하고 떠돌아다닐 때 그를 홀대했기 때문이다. 그래서 성공은 문교를 진작하고 예악을 진흥하는 좋은 정치를 하지는 못했다. 하지만 그가 환국한 이후 위나라에서는 큰 변란이 없었다. 그러므로 치세로 볼 수 있다. 다산에 따르면 영무자는 주군인 성공이 망명하던 30년 동안 무려 일곱 번이나 자신의 몸을 돌보지 않는 헌신으로 성공을 보호했고, 죽을 고비에서 살려냈으며, 급기야 그가 무사히 환국하여 다시 군주가 되는 데 결정적인 공헌을 했다. 이것이 본문에서 말하는 어리석음이었다. 반면 성공이 다시 정권을 잡은 뒤 영무자는 『춘추』의 기록에 거의 나타나지 않는다. 이때 영무자는 "나라에 도가 있는" 세상에서 은퇴하여 몸을 보전하는 지혜로움을 보여주었다. 이것이 본문에서 말하는 영무자의 지혜로움이었다.

다산은 선행 연구 덕분에 이미 『춘추』에 해박했고, 경전으로 증언된 역사적 사실에 부합하지 않는 금주의 설명을 용인할 수 없었다. 그는 이 장에 대단히 긴 주를 남겼는데, 그 대부분은 위에 간략히 요약한 역사적 사실을 다룬다. 이 논의 중 다산은 간난에 빠진 군주를 도우려는 영무자의 단심이 얼마나 아름다웠는가를 열정적으로 변론한다.

나라가 위기에 빠졌는데도 몸을 온전히 하여 해를 멀리한다면 남의 임금
이 된 자는 장차 누구와 나라를 다스릴 것인가!

다산의 눈에 영무자의 어리석음은 군주의 잘못을 바로잡기 위해 죽음을
불사한 비간의 어리석음에 비견되었다. "비간도 역시 크게 어리석었고, 오직
크게 어리석었기 때문에 능히 인을 이룰 수 있었다." 이 부분 다산의 웅변을
보면 이때 다산은 십중팔구 자신의 주군 정조를 그리워했으리라 짐작된다.
사실 성공은 환국하는 과정에서 그의 망명 중 나라를 돌보았던 동생을, 그
것도 돌아오는 형을 환영하기 위해 마중 나온 동생을 죽였으므로 환국 뒤의
그의 치세가 "나라에 도가 있는" 세월이었는지 의심해볼 수도 있다. 성리학
자에게 성공은 야욕을 채우기 위해 죄 없는 동생을 죽인 혼군이었다. 하지만
다산은 성공을 변호한다. 동생을 직접 죽인 것이 아니라 자신의 명령 없이
동생을 죽인 부하를 말리지 못했을 뿐이라는 것이다. 성공에 대한 변호에서
도, 영무자에 대한 극찬에서도 임금에게 충성을 다 바치지 못하고 유배지로
떨어진 자신과 이제는 돌아간 주군에 대한 회한을 느낄 수 있다.

5.21

선생님께서 진에 계실 때 말씀하셨다. "돌아갈진저! 돌아갈진저! 내
문하의 젊은이들은 과감히 나아가거나 굳건히 지켜 고운 무늬의 비
단을 만들었지만 마름질할 줄 모른다."

子在陳曰; 歸與! 歸與! 吾黨之小子狂簡, 斐然成章, 不知所以裁之.

이 장에서 공자는 이제 노나라에 있는 자기 문하의 젊은이들을 이야기한다. 이때 공자는 이미 자신을 등용하여 난세를 바로잡을 군주가 없음을 알았고, 노나라로 돌아가서 후학을 가르칠 의향을 가지고 있었다. 노나라를 떠난 뒤 공자는 진나라를 세 번 지났는데, 이 장은 그 마지막 방문이 끝나갈 때의 말을 기록했다고 한다.

다산은 이 장을 고주나 금주와 달리 읽는다. 먼저 다산은 본문의 '간簡'이 '견狷'과 유사한 의미를 지닌다고 보고 그것이 "하지 않는 바가 있는 것"을 가리킨다고 했다. 나중의 한 장에서 공자는 "중도를 행하는 사람과 함께 하지 못한다면 반드시 광자나 견자와 함께 할 것이다. 광자는 진취하고, 견자(狷)는 하지 않는 것이 있다"(13.21)라고 했는데, 다산은 그것을 참고한 것이다. 그의 원칙대로 다산은 이 장에서 『논어』를 통해 『논어』를 읽기를 원했다. 그에 비해 고주는 '간'을 '대大'와 같은 의미로 보았다. 그러면 본문의 '광간狂簡'은 "큰 도를 향해 진취하는 것"을 의미하고, 관련 구절은 "내 문하의 젊은이들은 진취적이고 큰 생각을 가지고 있어서" 정도가 된다. 반면 금주는 '간'을 '략略'과 같은 것으로 보았다. 그러면 '광간'은 "뜻은 크지만 일에 소홀한 것"을 의미하고, 관련 구절은 "내 문하의 젊은이들은 진취적이지만 소홀하여" 정도가 된다.

이어지는 구절에서 다산은 '비연斐然'을 비단의 아름다운 무늬를 나타내는 표현으로, '장章'을 비단을 짜기 위해 어느 정도 실을 촘촘히 사용했는지 보여주는 단위로 이해했다. 그러므로 그 의미를 확장하면 '장'은 비단 옷감을 가리킨다. 결과적으로 다산에게 '비연성장斐然成章'은 "고운 무늬(斐然)의 비단(章)을 만들었다(成)"라는 뜻이 된다. 제자들이 '광'이나 '간'이라는 삶의 태도를 통해 이미 일정한 성취를 이루었다는 것에 대한 은유적 표현이었다. '원의 총괄'은 이 견해를 "'비연성장'은 본래 비단옷으로 은유한 말이다"라고 기록했다.

　다산과 달리 고주는 '비연'이 아름다운 문채를 가리킨다고 하면서도 '성장'을 '마음대로 문장을 만든 것'이라고 이해하여 공자 제자들의 문제점을 부각했다. 금주는 다산과 유사하게 '비연성장'을 이해했지만 다산과 달리 그것을 비단을 짜고 옷을 만드는 과정과 연결시키지 않았다. '비연성장'을 비단과 연결시킨 것이 다산이 이 장을 다르게 읽은 방법이다. 그러므로 다산의 해석에서 마지막 구절은 제자들이 이미 비단을 짜놓았으나 그것을 재단하여 옷을 만드는 방법, 곧 마름질하는 방법을 모른다는 점을 지적한다. 모르기 때문에 공자는 노나라로 돌아가 그들을 훈도하겠다는 포부를 암시했다.

　이렇게 이 장에서 다산은 다시 한 번 공자의 제자를 온정적으로 파악했다. 다산이 부분적으로 금주를 비판한 것도 그 때문이다. 금주는 당시 공자 제자들의 문제가 "적중함을 지나쳐서 올바름을 잃고 혹시 이단에 빠질" 가능성을 가진다는 점이라고 했다. 하지만 "비단을 이미 완성했다고 칭찬하고서도 이단에 빠질까를 염려하는 그런 경우는 없다"라는 게 다산의 생각이었다.

5.22

선생님께서 말씀하셨다. "백이와 숙제는 옛날의 나쁜 일을 염두에 두지 않았으니 이에 원망함이 드물었다."

子曰; 伯夷叔齊, 不念舊惡, 怨是用希.

　이 장은 누구나 알고 있는 백이와 숙제에 대한 공자의 품평을 기록했다. 이 둘은 고죽국이라는 나라의 왕자로, '백伯'과 '숙叔'이라는 글자를 쓴 것으로도 알 수 있듯이 백이는 첫째이고 숙제는 셋째였다. 형병은 이들이 묵씨墨氏였고, 백이는 윤允, 숙제는 지智라는 이름을 가지고 있었으며, '이夷'과 '제齊'는 모두 시호였다고 설명했다. 이것은 『사기색은』의 기록인데(『사기색은』, 17:2a), 현행본 『사기색은』에는 숙제의 이름이 치致로 되어 있다. 『수서』는 고죽국이 고려 지역에 있었고 주나라 때 기자를 봉했던 곳이라고 했으므로(『수서』, 67:17a) 만약 사실이라면 고죽국은 한국과 관련이 깊은 나라였다. 그런데 웬일인지 이들의 부왕은 셋째인 숙제에게 왕위를 이으라고 한 뒤 죽었다. 숙제가 큰형 백이에게 양보하려고 하자 백이는 부왕의 명을 어길 수 없다면서 나라를 떠났고, 숙제도 백이가 마땅히 차지해야 할 자리를 자신이 차지할 수 없다며 나라를 떠났다. 둘이 떠나자 아들 중 둘째인 백이의 동생이 왕위에 올랐다. 이것이 이들을 둘러싼 고사 중 제일 먼저 일어난 일이다.

나라를 떠난 백이와 숙제는 주의 문왕이 어질다는 이야기를 듣고 그에게 귀순하려고 했다. 하지만 그들이 도착했을 때 문왕은 이미 죽었고, 무왕이 부친 문왕의 목주木主를 앞에 세우고 은의 주왕을 정벌하기 위해 길을 떠나고 있었다. 그들은 무왕의 행렬을 가로막고 선왕의 장례가 끝나지 않았는데 군대를 일으킨 것은 불효이고, 신하로서 임금에 반란하는 것은 불충이라고 간했다. 이것이 두 번째 고사다. 무왕은 이들의 간언을 듣지 않고 급기야 주왕을 징벌하여 주나라를 세웠다. 이들은 주나라의 곡식을 먹기를 거부하고 수양산에 들어가 굶어죽었다. 이것이 마지막 고사다.

위에서 옮긴 것에서는 잘 드러나지 않지만 다산은 이 장을 고주나 금주와 다르게 해석한다. 이 장에 대한 고금주의 해석에 따르면 백이와 숙제는 자신들이 경험했던 다른 사람의 악행(舊惡)을 오랫동안 마음속에 담아두지 않았고, 그렇기 때문에 다른 사람들이 그들을 원망하는 일(怨)이 드물었다(希).

그렇지만 다산은 이 해석이 잘못이라고 보았다. 그에게 '구악舊惡'은 백이와 숙제 두 형제와 그들의 아버지 그리고 왕이 된 다른 형제 사이에 있었던 옛날의 악연 혹은 나쁜 일을 의미한다. 그들의 아버지는 뜬금없이 셋째를 총애하여 모든 혼란의 빌미를 제공했고, 둘째는 백이와 숙제가 떠난 틈을 타 얼른 왕위에 올랐다. 그래서 이들 부자와 형제 사이에는 나쁜 인연이 있었다. 그러나 백이와 숙제는 그 나쁜 기억을 마음에 두고 있지 않았다. 그래서 백이와 숙제는 "이에 원망함이 드물었다(怨是用希)." 곧 백이와 숙제가 그들의 아버지와 형제를 원망하지 않은 것이지 다른 사람이 백이와 숙제를 원망하지 않은 것이 아니다.

이런 해석의 배경에는 다시 『논어』로써 『논어』를 읽는다는 다산의 원칙이 있다. 뒤에 나오는 한 장에서 공자의 제자 염유와 자공은 당시 위나라를 방문했던 공자가 할머니의 명을 받아들여 아버지를 거부하고 왕이 된 출공과 같은 행동을 취했을 것인가를 두고 이야기를 하던 중 공자의 의사를 떠보기 위해 그를 찾아가 "백이와 숙제는 어떤 사람입니까?"라고 묻는다. 공자가 "옛날의 현인이다"라고 답하자 자공은 "원망했습니까?"라고 다시 묻는다. 이에 대한 공자의 대답은 "원망했겠느냐?"라는 것이었다. 백이와 숙제는 원망을 품지 않았다는 것이다(7.15). 나중에 해설을 보면 알겠지만 이때 백이와 숙제가 원망하지 않았다는 것은 그들의 아버지를 원망하지 않았다는 뜻이다. 『논어』에 이렇게 관련된 구절이 있으므로 그를 통해 지금 이 장을 읽어야 한다는 게 다산의 주장이었다. '원의총괄'은 "'옛날의 나쁜 일을 염두에 두지 않았다'라는 말은 부자 사이, 형제 사이에 있었던 일과 관련된 것이다"라고 이 장에 대한 다산의 독특한 해석을 기록했다.

5.23

선생님께서 말씀하셨다. "누가 미생고를 정직하다고 하는가? 어떤 이가 식초를 구했는데, 그의 이웃에서 구해주었다."

子曰; 孰謂微生高直? 或乞醯焉, 乞諸其鄰而與之.

미생고는 노나라 사람으로 성이 미생이고, 이름이 고다. 당시 정직하다고 이름이 났던 보양인데, 그렇게 믿을 만하다고 이름난 사람에 또 미생尾生이 있다. 이 사람은 어떤 상황 속에서도 약속을 지키는 신뢰의 화신 같은 사람으로, 다리 밑에서 만나자는 약속을 지키기 위해 물이 불어 몸이 잠기는데도 다리를 붙잡고 자리를 떠나지 않아 급기야 익사했다고 한다. 사는 것보다 약속이 더 중요했던 사람이다. 그런데 『한서』「고금인표」는 이 두 사람이 같은 사람이라고 했고, 두 사람 사이에 유사성이 있으므로 다산도 『한서』의 기록을 받아들였다.

본문에서 공자는 미생고를 질타하는 것이 분명한데, 왜 그랬는지는 확실하지 않다. 고주와 금주는 모두 어떤 이가 식초를 구하러 왔을 때 자기에게 식초가 없으면 곧바로 없다고 해야 하는데 그 사실을 숨기고 이웃에게 식초를 얻어 빌려주었으므로 그 행동이 정직이라는 가치에 맞지 않다고 했다. 전체적인 맥락에서는 다산도 비슷하다.

그렇지만 미생고가 누구에게 사실을 숨겼는가를 놓고는 다산의 생각이 고금주와 다르다. 다산에 따르면 미생고는 식초를 구하러 온 사람에게 사실을 말하지 않은 것이 아니라 식초를 구하러 간 이웃에게 사실을 말하지 않았다. 틀림없이 미생고는 자신이 쓸 것이라고 하면서 이웃에게 식초를 얻어왔을 것이기 때문이다. 우리 생활 속의 경험을 보면 미생고가 그랬을 개연성이 높다. 물론 이것은 하나의 추측에 불과하다. 하지만 고주와 금주의 해설도 추측에 불과하다. 그것이 추측에 불과하다면 고금주의 추측을 진리인 양 그대로 받들기보다 달리 추측해보는 것도 나쁘지 않다. 이것이 다산의 태도다. 적어도 『논어고금주』에서 다산은 반골인 게 확실하다. '원의총괄'은 과감하게도 다산의 이 추측을 '원의'로 기록했다. "미생고의 정직하지 못함은 이웃에서 식초를 빌렸다는 사실이 아니라 이웃에게서 식초를 빌릴 때 했던 말 때문에 드러난다."

어쨌든 미생고는 그렇게 비판받을 만한 일을 하지 않았다. 정말로 공자가 다른 사람을 돕기 위해 방편적으로 한 말을 정직을 해치는 거짓으로 이해했다면 공자는 깐깐하기 그지없는 사람이다. 과연 깐깐하기로는 누구에도 뒤지지 않는 정이는 금주에서 "미생고가 왜곡한 것은 비록 작으나 정직을 해치는 결과는 크다"라고 하여 작은 일을 크게 만들었다. 그렇지만 다산은 이런 융통성 없는 고지식함을 좋아하지 않는다. 다시 한 번 확인하지만 그는 현실을 다루는 사람이지 남산골의 선비가 아니었다. 그래서 다산은 미생고에 대한 공자의 질책을 가벼운 비판으로 이해하고, "미생고가 철저하게 정직하지 못했던 것을 기롱한 것이지 그에게 심하게 죄를 물은 것은 아니었다"라고 주장했다. 더 나아가 다산은 미생고의 융통성 있는 태도를 옹호한다.

> 다른 사람에게 빌려서 어떤 이의 구함에 응답하는 것은 그 자체로 항상 있는 일이고, 또 두터운 풍속이다. 그러므로 미생고에게 죄를 묻고 그를 성토하는 것은 원래의 뜻이 아닌 듯하다. 깐깐하게 작은 신뢰를 지키는 것을 군자는 취하지 않는다.

이 인용문에서는 "깐깐하게 작은 신뢰를 지키는 것을 군자는 취하지 않는다"라는 말이 얼른 눈에 들어온다. 이것이 그의 철학이라면 그의 삶 속에서

도 깐깐하게 작은 신뢰를 지키기보다 대의와 훗날을 생각하는 어떤 선택을
발견할 수 있을 것이다.

5.24

선생님께서 밀씀하셨다. "말을 솜씨 있게 하고 낯빛을 좋게 하여 공
손함을 이루는 것을 좌구명이 부끄럽게 여기니 나 구도 부끄럽게 여
긴다. 원망을 숨기고 그 사람과 벗하는 것을 좌구명이 부끄럽게 여
기니 나 구도 부끄럽게 여긴다."

子曰; 巧言令色足恭, 左丘明恥之, 丘亦恥之. 匿怨而友其人, 左丘明恥之, 丘
亦恥之.

좌구명은 공자와 동시대 사람으로 다산은 그가 공실의 기록을 담당하는
노나라의 태사였다고 소개한다. 바로 이 사람이 공자가 지었다고 하는『춘
추』의 해설서 중 하나인『춘추좌씨전』의 저자라고 이해하는 것이 보통인데,
다산은 그렇게 보지 않았다.

이 사람을『춘추좌씨전』의 작자로 소개한 사람은 위대한 역사를 썼으나
부정확한 정보를 많이 수록하여 후대 연구자에게 큰 곤란함을 주는 사마천
이었다. 그는『사기』「십이제후연표」에서 공자의 제자들이『춘추』의 참된 의
미를 이해하지 못할까 두려워하여 노나라 군자 좌구명이『좌씨춘추』를 펴냈
다고 했다(『사기』, 14:2b). 사마천이 그를 노나라 군자라고 소개한 것은 이 장
에서 공자기 좌구명을 높이 평가했기 때문이다.

그런데 사마천의 기록은 사실과 부합하지 않는다.『춘추좌씨전』에는 공

자 동시대의 인물이 경험할 수 없었던 일을 이 책의 저자가 인지했다는 증거가 있기 때문이다. 가령 『춘추좌씨전』에는 기원전 7세기의 인물로 진晉나라에서 제나라로 귀화하여 제나라의 대부가 된 진경중이 나중에 그의 후손이 제나라의 군주가 된다는 것을 예견하는 기록이 있다(『춘추좌씨전』, 8:35b). 이렇게 신통한 점사는 후대의 일을 아는 사람이 기록했을 가능성이 높다. 진나라의 대부 필만도 마찬가지다. 그의 점사는 나중에 진나라가 대부의 찬탈에 의해 한나라, 위나라, 조나라 셋으로 분열될 것임을 암시하고 있는데 (10:6b~7a), 이 일은 공자가 죽은 뒤 백 년도 훨씬 지나서 일어났다. 다산은 이러한 의심을 공유하면서 위의 두 경우뿐만 아니라 『춘추좌씨전』에 5세기 중반에 죽은 지백의 일이 기록되었다는 점 그리고 역시 비슷한 시기에 죽은 조양자의 시호가 소개되었다는 점까지 지적했고, 결론적으로 좌구명이 『춘추좌씨전』의 저자일 수 없다는 일부 학자의 주장, 특히 주희의 주장에 동의한다.

이 난제에 대응하려는 하나의 노력은 본문의 좌구명과 구별되는 또 다른 좌구명이 있었다는 가설이었다. 이 가설은 당나라 담조(750년경)와 조광 (770년경)에게서 시작되었고, 그들에게 영향을 받은 육순(?~805)의 논설을 통해 알려졌다. 이 가설에서 본문의 좌구명은 성이 좌구고, 명이 이름이다. 성이 좌구이므로 이 사람은 좌씨인 『춘추좌씨전』의 저자가 될 수 없다. 반면 또 다른 좌구명은 성이 좌고, 이름이 구명이다. 그리고 이 사람이 바로 『춘추좌씨전』의 저자다. 주희도 부친의 친구인 등명세의 연구 결과라고 하면서 이와 같은 견해를 소개했다.

본문의 좌구명을 『춘추좌씨전』의 저자로 보지 않았다는 점에서 주희와 다산은 의견의 일치를 보여준다. 하지만 본문의 좌구명과 『춘추좌씨전』의 관계에 대한 두 사람의 의견은 다르다. 주희는 본문의 좌구명을 『춘추좌씨전』과 전혀 연결시키지 않았다. 그래서 그는 『논어』의 좌구명을 단지 "옛날에 이름이 났던 사람"으로만 소개한다. 하지만 다산은 『한서』 「예문지」의 기록을 근거로 그를 노나라의 태사로 소개했다. 그리고 그가 사관이었다면 노나라의 역사를 담은 『춘추』와 어떤 연관성을 가질 개연성이 농후하다. 그래서 다산은 그를 『춘추』와 연결시킨다.

다산의 견해를 종합하면 본문의 좌구명은 노나라의 사관으로 다산이 '춘추책서'라고 부르는 노나라 왕실 관련 역사를 기록했던 사람이다. 이 기록은 책으로 만들어지지 않은 채 알려지지 않은 경로를 통해 후대에 전해졌는데, 나중에 『춘추』가 학관의 공식 교재로 채택되고 난 뒤 이미 존재했던 『춘추공양전』이나 『춘추곡량전』과 유사한, 그러나 더 뛰어난 해설서를 만들려고 했던 어떤 사람이 좌구명의 '춘추책서'에 바탕하여 『춘추좌씨전』을 집필했다. 그것을 『좌씨전』이라고 한 것은 좌구명의 성이 '좌'였기 때문이다. 곧 이 사람은 좌구명의 명망을 이용하여 자신이 쓴 책에 권위를 부여하려고 했다. 어쨌든 『춘추좌씨전』은 노나라의 사관 좌구명의 기록을 바탕으로 집필되었기 때문에 옛날 일을 많이 반영한다. 한편으로 이 사람은 새로 『춘추좌씨전』을 쓰는 과정에서 당시에 널리 알려진, 그러나 좌구명이나 공자는 몰랐을 사실을 부지불각 간에 집어넣었고, 그래서 오늘날 학자들이 책의 진위까지 의심하게 하는 단서를 제공했다. 결국 다산에 따르면 『춘추좌씨전』은 한대의 작품이지만 그 안에는 좌구명의 기록이 반영되었고, 공자가 '노나라의 『춘추』'를 집필한 것처럼 그의 존경을 받았던 좌구명은 노나라 공실에 소속된 사관으로서 공실의 역사를 공식적으로 기록했다.

이제 본문으로 돌아가 보면 독법에서 고주와 금주, 다산 사이에 큰 이견은 없다. 한 가지 애매한 표현은 '주공足恭'인데, 다산은 형병이 소개한 일설을 받아들였다. 먼저 고주에서 공안국은 이것을 '족공'으로 읽으면서 그것이 글자 그대로 옮길 때 '발로 공손한 것'을 의미한다고 했다. '발로 공손하다'라는 것은 성큼성큼 발을 내딛지 않고 조심스럽게 앞으로 뒤로 발을 옮기면서 공손한 태도를 보여주는 것을 의미한다. 반면 금주는 이 표현을 '주공'으로 읽으면서 그것이 '지나치게(足) 공손한 것'을 의미한다고 했다. 한편 형병은 공안국의 설을 받아들이면서도 '주공'으로 읽어야 한다는 일설을 소개하고, 이 설을 따를 경우 '주'는 '완성하다'라는 뜻이라고 했다. 다산이 받아들이는 것은 형병의 일설이므로 다산을 따라 『논어』를 읽을 때 금주처럼 읽으면 안 된다.

어쨌거나 독법으로 보면 이 장에는 다산의 창견이 없다. 하지만 다산은 좌구명에 대한 참고할 만한 해설을 제시하여 이 장을 읽는 흥미를 더했다. '원의총괄'은 이 장에서의 다산의 논설을 "좌구명은 두 사람이 아니다"라고 요약했는데, 노나라의 좌구명이 있고 『춘추좌씨전』을 쓴 좌구명이 따로 있는 것이 아니라 본문의 좌구명, 노나라의 좌구명과 『춘추좌씨전』의 '좌씨'는 같은 사람이라는 주장이었다.

5.25

안연과 계로가 모시고 있는데 선생님께서 말씀하셨다. "어찌 너희의 뜻을 각자 말하지 않겠는가?" 자로가 말했다. "원컨대 수레와 말, 예복과 가벼운 갖옷을 붕우들과 함께 쓰다가 그것들이 못쓰게 되더라도 유감이 없고자 합니다." 안연이 말했다. "원컨대 선함을 자랑하지 않고, 수고로운 일을 남에게 베풀지 않고자 합니다." 자로가 "원컨대 선생님의 뜻을 듣고 싶습니다"라고 하니 선생님께서 말씀하셨다. "늙은 사람이 나를 편안하게 여기고, 붕우가 나를 믿으며, 나이 어린 사람이 나에게 안기도록 하는 것이다."

顏淵季路侍. 子曰; 盍各言爾志? 子路曰; 願車馬衣輕裘, 與朋友共, 敝之而無憾. 顏淵曰; 願無伐善, 無施勞. 子路曰; 願聞子之志. 子曰; 老者安之, 朋友信之, 少者懷之.

고주와 금주, 다산은 이 장을 거의 유사하게 읽는데, 미세하게 다른 부분이 있다. 먼저 다산은 본문의 '의衣'가 조정에 나갈 때나 제사에 참여할 때 입는 예복을 통칭한다고 했다. 그에 비해 고주는 단순히 의복을 가리킨다고 했고, 금주는 '옷을 입다'라는 뜻으로 보았다. 또 다산은 '선善'을 고주처럼 자신의 선함을 가리키는 말로 보았고, 금주는 자신이 잘하는 일로 보았다. '무시로無施勞'에 대해서도 다산은 고주를 따랐고, 반면 금주는 '시施'를 과장하는 것, '노勞'를 공로로 보아 "공을 과장하지 않는다"라고 읽었다. 마지막에 나오는 공자의 희망도 다산은 고주를 따라 위에 옮긴 것처럼 읽었다. 반면 금주는 고주처럼 읽을 수 있다고 하면서도 "늙은 사람을 편안하게 하고, 붕우를 믿으며, 나이 어린 사람을 품는 것이다"라는 방식으로 비틀어 읽는 독법을 먼저 이야기했다. 하지만 내용적으로 볼 때는 고금주와 다산의 해석 사이에는 아무런 차이가 없다. 나이 든 사람을 잘 봉양하여 그들이 나를 편안하게 느끼도록 하거나 그들을 편안하게 하며, 친구들과 믿음으로 사귀어 나를 믿게 하거나 그들을 믿고, 나이 어린 사람은 사랑으로 대하여 나에게 안기도록 하거나 내가 안아주도록 하는 게 공자의 희망이었다. 공자의 희망과 비교해서 계로(자로)는 재물보다 의를 중시하고 싶다는 원망을 피력했고, 안회는 겸손하고 남을 배려하는 게 자신의 희망이라고 했다.

이 장을 기록한 사람은 글의 첫머리에서 자로보다 나이가 어린 안연을 먼저 놓았다. 안연을 높이려고 한다면 이런 단순한 사실에도 큰 의미를 부여할수 있다. 그렇지만 다산은 별다른 이유가 있었던 것이 아니라고 본다. 단순히이 장을 기록할 시점에서 안연은 죽고 자로는 살아 있었기 때문일 뿐이다. 죽은 사람을 더 기억하는 의미에서 안연을 앞에 두었다는 주장이었다. 그런데안연이 언제 죽었는지는 논란거리다. 다산의 입장도 간단지는 않다. 이 점은 뒤의 한 장(11.9)에서 더 논의할 것이다.

5.26

선생님께서 말씀하셨다. "그만이로구나! 나는 아직 자기의 잘못을보고 능히 안에서 스스로 쟁송하는 사람을 보지 못했다."

子曰; 已矣乎! 吾未見能見其過而內自訟者也.

"그만이로구나!"라는 말은 앞으로도 이와 같은 사람을 보지 못하리라는데 대한 탄식이다. 이 장에서는 '송訟'이라는 글자가 논란을 낳는다. 고금주의해석은 비슷해서 '책망하는 것'(고주) 혹은 '허물하는 것'(금주)을 의미한다.이와는 달리 다산은 글자의 원래 뜻대로 관청의 뜰 앞에서 소송하는 것, 곧'쟁송하다'라는 의미로 이해해야 한다고 주장했다. 그렇다면 소송을 두고 서로 다투는 상대가 있을 텐데, 다산에 따르면 그것은 천명과 인욕이다.

천명과 인욕은 안에서 서로 싸우니 자기를 이긴다는 것(克己)은 이 둘의쟁송에서 이기는 것이다. 사람이 자신의 잘못을 보고 이 둘이 안에서 논변하도록 하면 반드시 시비를 가리고 어떻게 잘못을 고칠까를 알게 될 것이다.

이 인용문에서 다산이 주장한 것처럼 성리학도 도덕적 원리인 천리와 인간의 욕망을 대립하는 것으로 이해하고 욕망의 억제를 통해 천리를 구현하려고 했다. 단지 여기에서 다산은 천리 대신 천명이라는 개념을 사용했을 뿐이다. 하지만 '원의총괄'은 이 해석을 소개하면서 천명을 천리로 바꾸어 "내사송內自訟'은 천리와 인욕이 쟁송하는 것을 뜻한다"라고 했다. 다산의 천명이 성리학의 천리와 다르지 않음을 보여준 것이다. 이런 점만 보더라도 다산을 성리학과 결별시키는 시도가 성공하지 못할 것임을 알 수 있다.

5.27

선생님께서 말씀하셨다. "열 집이 있는 마을에도 반드시 충실함과 믿음직함이 나 구와 같은 사람이 있을 것이나 그도 나 구의 호학하는 것과 같지는 않다."

子曰; 十室之邑, 必有忠信如丘者焉, 不如丘之好學也.

『논어』는 많은 인물평을 기록한 「공야장」을 공자의 스스로에 대한 품평으로 마무리한다. 공자에 따르면 공자를 가장 공자답게 만드는 것은 배우기를 좋아한다는 점이었다. 다산에 따르면 '충'과 '신'은 한 사람의 바탕(質)과 같은 것이어서 공자 정도 되는 선량한 바탕을 가진 사람은 어디에나 있다. 하지만 문채(文)로 수식되지 않은 바탕은 완성되지 않은 그릇이어서 반드시 문채를 둘러야 하는데, 공부가 바로 문채를 두르는 일에 해당한다. 바탕과 문채, '문'

과 '질'이 서로 조화를 이루어야 공자 같은 인격이 된다고 본 것이다. 고금주도 이 장으로부터 같은 교훈을 읽었다.

형병에 따르면 위관(220~291)은 본문의 '언(焉)'을 뒤로 붙여 읽는 독법을 선보였다고 한다. 이때 '언'은 '어찌(安)'라는 뜻이므로 위관의 독법에 따르면 본문은 "······반드시 충실함과 믿음직함이 나 구와 같은 사람이 있을 것이니 어찌 나 구의 호학하는 것과 같지 않은가?"라는 정도가 된다. 이렇게 읽어도 같은 교훈을 얻을 수 있다. 다산도 재미있다고 생각했던지 이 독법을 소개했다.

제6편

옹야

雍也

6.1

선생님께서 말씀하셨다. "옹은 남쪽으로 면하게 할 만하다." 중궁이 자상백자를 물으니 선생님께서 말씀하셨다. "괜찮다. 호방하다." 중 궁이 "거함에 공경하고 행함에 호방하여 백성에게 임하면 또한 괜찮지 않겠습니까. 거함에 호방하고 행함에도 호방하면 너무 호방한 것이 아니겠습니까?"라고 하니 선생님께서 말씀하셨다. "옹의 말이 맞다."

子曰; 雍也. 可使南面. 仲弓問子桑伯子. 子曰: 可也簡. 仲弓曰; 居敬而行簡, 以臨其民, 不亦可乎? 居簡而行簡, 無乃太簡乎? 子曰; 雍之言然.

이 편 「옹야」에도 「공야장」과 같이 인물평이 많이 나오는데, 첫 번째 기록된 사람은 앞에서도 소개되었던(5.4) 공자의 제자 염옹이다. 중궁이 그의 자다. 그런데 그에 대한 공자의 품평이 대뜸 "남쪽으로 면하게 할 만하다"라는 것이나. 이 품평이 이어지는 대화와 어떻게 연관이 되는지도 본문만 봐서는 불분명하다. 그래서 고주는 공자의 품평을 따로 떼어 한 장으로 만들고, 뒤의 대화는 별도의 장으로 취급했다. 곧 『논어집주』 이전 이 장은 원래 둘로 나누어졌다. 금주는 별다른 설명이 없이 두 장을 하나로 합쳤는데, 모두 염옹에 대한 기록이었기 때문일 것이다.

다산도 금주처럼 위의 기록 전체를 한 개의 장으로 보는데, 그 이유가 눈길을 끈다. 다산이 보기에 공자는 뒷부분의 대화를 나눈 뒤에 염옹을 이 장의 첫머리에 나온 것처럼 평가했다. 공자가 대뜸 제자를 두고 "남쪽으로 면하게 할 만하다"라고 말한 것은 다산의 눈에도 뜬금이 없었는데, 그는 뒤의 대화를 보고 맥락을 이해했다. 다시 말하면 염옹과의 대화를 통해 공자는 그가 백성을 어떻게 다스려야 하는지 잘 알고 있다고 확신했고, 그 때문에 그를 두고 "남쪽으로 면하게 할 만하다"라고 평가했다. 그러므로 다산에게는 위의 글 전체가 반드시 한 장이 되어야 했다.

'남쪽으로 면하다'라는 뜻을 가진 '남면南面'은 모든 군주, 천자든 제후든 모든 군주가 신하를 대할 때 취하는 격식을 가리킨다. 남쪽이 밝고, 군주는 밝은 남쪽을 보면서 밝은 정치를 해야 하기 때문이다. 그렇다면 제자를 놓고 "남쪽으로 면하게 할 만하다"라고 한 공자는 강상을 어지럽힌 혐의가 있다. 그래서 고주에서 포함은 이 표현이 단지 "제후의 정치를 맡길 만하다"라는 뜻이라고 주장하여 공자의 혐의를 벗기고자 했다. 비슷한 맥락에서 금주도 이 표현이 단지 염옹에게 "군주의 풍모가 있었다"라는 점을 보여준다고 했다. 특히 원황은 금주에서 옛날 백성을 다스리는 지위에 있던 사람들은 모두, 가령 지방관도 남면을 했다고 하면서 "어찌 우리 선생님이 제자를 두고 임금이 될 만하다고 허여하는 그런 이치가 있겠는가?"라고 하며 '임금의 자리에 오를 수 있는 염옹'이라는 함의를 적극 부정했다. 이들 모두 "남쪽으로 면하게 할 만하다"라는 말이 정말로 염옹이 임금의 자리에 오를 만하다는 뜻은 아니라고 본 것이다. 하지만 형병은 '남면'이 제후가 되는 것을 의미한다고 했고, 다산은 그보다 한 발 더 나아가 천자든 제후든 임금은 모두 '남면'을 한다고 하여 심지어 염옹도 천자가 될 수 있음을 암시했다. 다산이 이렇게 과감한 주장을 한 것은 '남면'이 군주를 상징한다는 증거가 『예기』 같은 유교의 경전 그리고 제자서에 너무나 많기 때문이다. 다산도 역시 강상을 중시하지만 그렇다고 해서 경전과 문헌의 증거를 무시하면서 말의 뜻을 비틀 수는 없었다.

그러면 왜 공자는 염옹을 두고 "남쪽으로 면하게 할 만하다"라고 했을까? 자상백자를 평가하면서 다스림의 요체를 잘 이해했음을 보여주었기 때문이다.

자상백자는 사적이 불분명한 사람인데, 다산은 금주를 따라 노나라 사람으로 본다. 금주의 호인은 그를 『장자』에 나오는 자상호와 같은 인물로 보았다. 다산도 이 해설을 인용했으므로 그것을 받아들였다고 할 수 있다. 『장자』에서 자상호는 하늘에 올라 안개 속에서 노니는 것을 꿈꾸었던 사람인데, 그가 죽자 공자가 자공을 시켜 조문을 했다고 한다. 자공이 도착해 보니 그의 친구들이 시체 옆에서 노래를 부르며 즐거워하고 있었다. 언짢아진 자공은 그들의 행동이 예에 맞지 않다고 질책했다. 그랬더니 오히려 친구들이 "자네 같은 사람이 예의 의미를 어찌 알겠는가?"(『장자주』, 3:13a)라고 자공을 꾸짖었다. 사적이 알려져 있지 않지만 이런 고사를 통해서 적어도 다산이 이해하는 그의 사람됨을 엿볼 수 있다. 자상백자를 언급하는 또 다른 고사는 『설원』에 나오는데, 거기에서는 자상백자가 공자를 만난다. 공자는 그를 "바탕(質)은 아름답지만 문채(文)가 없는" 사람으로 이해했고, 반면 자상백자는 공자를 "바탕은 아름답지만 문채가 너무 번잡한" 사람으로 이해했다. 이때 자상백자는 옷도 안 입고 공자를 만났다고 한다(『설원』, 16b~17b). 다산은 『설원』의 고사를 믿지 않았지만 이 고사도 다산이 이해하는 자상백자를 보여준다.

그러므로 자상백자는 호방한 사람이다. 다산은 본문의 '간簡'이 '번거롭지 않은 것' 곧 호방하거나 소탈한 것을 가리킨다고 했는데, 금주의 견해다. 고주도 '간'이 '소략한 것(略)'을 의미한다고 하여 유사하게 이해했다. 이것이 자상백자에 대한 공자의 평가였다. 그런데 염중궁은 공자의 평가를 해석하여 자상백자는 혼자서도 호방하고 사람들과의 관계에서도 호방하여 중용을 잃었다고 판단했다. 혼자서 거할 때는 공경해야(敬), 곧 세세한 것도 세심하게 살펴야 나중에 남들을 호방하게 대하더라도 실수가 없기 때문이었다. 자상백자에 대한 자신의 평가를 이렇게 이해하는 것을 보고 공자는 염옹이 임금이 될 만한 자질을 가졌다고 인정했다. 다산의 설명이다.

본문의 '행간行簡'을 금주는 "호방함을 행한다"라는 식으로 풀어 '간'을 '행'의 목적어로 보았지만 다산에게는 그렇지 않다. 다산은 '행'을 정령을 내려서 남을 다스리는 것으로 이해했다.

6.2

애공이 "제자 중에 누가 배우기를 좋아합니까?"라고 물으니 공자가 대답했다. "안회라는 사람이 배우기를 좋아하여 옮겨 화를 내지 않았고, 허물에 두 마음을 갖지 않았습니다. 불행히도 단명하여 죽고 지금은 없으니 아직 배움을 좋아하는 사람을 듣지 못했습니다."

哀公問; 弟子孰爲好學? 孔子對曰; 有顏回者好學, 不遷怒, 不貳過. 不幸短命死矣, 今也則亡, 未聞好學者也.

이 장에서 공자는 단명한 제자 안회를 추억한다. 안회는 공자의 제자 중에서도 발군이었다고 모두가 인정하는 사람으로 『장자』도 걸핏하면 안회를 통해 도가의 마음을 이야기했다. 그는 가난 속에서도 즐거움을 잃지 않은 사람인데(6.10), 그 경계가 도가의 가치관과 유사해서 도가 사상이 안회에게서 시작되었다는 주장도 있다. 이 점은 뒤에서 좀 더 설명할 것이다(8.5).

성리학의 도통을 거부하고 공문 제자를 평등하게 대하려는 다산도 안회의 탁월함을 인정한다. 공자가 그를 특별하게 생각했다는 증거가 『논어』에 많기 때문이다. 경전의 기록을 중시하는 다산은 경전 속의 증거를 부정하지는 않는다. 논란이 있지만 이 사랑 받았던 제자 안회는 29살에 머리가 백발이 되고 32살에 세상을 떴다고 한다. 그 때문에 이 장에서 공자는 안회가 죽은 후 다시 그처럼 배우기를 좋아하는 사람을 보지 못했다고 토로한다.

다산은 몇 가지 측면에서 이 장을 독특하게 읽었다. 첫 번째는 '불천노不遷怒'라는 말이다. 고주는 이 말이 "노함을 바꾸지(遷) 않는 것"을 의미한다고 했다. 안회의 노함은 반드시 이치에 합당한 것이어서 나중에라도 그 분노를 고칠 필요가 없었다는 것이다. 안회는 언제나 정당한 분노를 보여주었고, 그의 분노가 향하는 곳을 보면 무엇이 잘못되었는지를 알 수 있었다. 이에 비해 금주는 이 말이 "노함을 옮기지(遷) 않는 것"을 의미한다고 했다. 누군가 때문에 분노하게 되더라도 그 분노를 다른 사람에게 옮기지 않았다는 의미다. 안회의 분노는 그 자신이 아니라 상대방 때문에 일어나는 것이어서 상대방이 바뀌면 그의 분노도 멈추었다는 게 금주의 설명이었다.

다산은 일단 금주의 손을 들어준다. 그가 보기에는 한곳으로부터 시작된 분노를 다른 곳으로 옮기지 않는 것이 '불천노'였다. 하지만 그것이 한 사람에 대한 분노를 다른 사람에게 옮기지 않는 것을 의미하지는 않는다. 그렇게 종로에서 뺨 맞고 한강에서 화풀이하는 식의 행동은 보통 망가진 사람이 아니면 하지 않을 것이기 때문이다. "이런 일들은 미쳐 돌아버린 사람이나 하는 것이다. 어찌 안자 같은 인품을 가진 이후에 할 수 있는 일이겠는가?" 금주처럼 보면 '불천노'는 너무나 쉬운 일이므로 안자를 칭찬하는 공자의 말로 적당하지 않다는 생각이었다. 그래서 다산은 '불천노'가 "옮겨(遷) 노하지 않는 것"을 의미한다고 주장한다.

　　가난이나 고통 때문에 남을 원망하거나 탓하지 않는 것, 이것이 "옮겨 노
　　하지 않는 것"이다.

　가령 가난에서 시작된 분노를 옮겨 언제나 분노하는 마음을 가지지 않는 것, 이것이 다산이 말하는 '불천노'의 의미다. 안회가 가난 때문에 분노하지 않았고, 분노하기는커녕 배우는 즐거움을 잃지 않았다는 증언이 『논어』에 있기 때문이다. 『논어』로써 『논어』를 이해하려는 다산은 '불천노'를 이렇게 읽었다.

　두 번째는 '불이과不貳過'다. 고주나 금주는 모두 이 표현이 '잘못을 두 번 하지(貳) 않는 것'을 의미한다고 했다. 그렇지만 다산은 받아들이지 않는다. 이 문제와 관련해서 다산이 주목하는 것도 고전이다. 고전에서 '이貳'라는 글자는 '두 마음을 갖는 것'이라는 뜻으로 광범위하게 쓰인다. 곧 이럴까 저럴까 하는 태도를 보이는 것이 '이'다. 그래서 고전에서는 배반을 이야기할 때도 이 글자를 쓰고, 원래 생각과 다른 생각을 품을 때도 이 글자를 사용한다. 그러므로 이 글자의 원래 뜻을 수용해서 '불이과'를 이해하는 것이 좋다. "허물에 두 마음을 갖지(貳) 않는다." 누구나 허물을 지으면 그것을 고치려는 도심과 허물을 무시하려는 인심의 싸움이 마음속에서 일어나게 마련인데, 도심이 원하는 대로 허물을 고치는 것이 현자의 태도다. 곧 허물을 지었을 때

도심을 저버리고 인심을 따르지 않는 것이 "허물에 두 마음을 갖지 않는 것"이다. 어떻게 읽어도 '불이과'가 함축하는 안회의 삶은 달라지지 않지만 다산을 통해『논어』를 읽을 때는 그의 독특한 해석을 반영해야 한다. 이 주장은 '원의총괄'에 "'불이과'는 (허물에) 마음이 양쪽으로 속하지 않았다는 뜻이다"라고 기록되었다.

마지막은 '망亡'이다. 고주와 금주는 모두 이 글자를 '무'로 읽었다. '무'로 읽어도 '없다'라는 뜻이지만 고금주에서 없는 것은 배움을 좋아하는 사람이다. 곧 고금주에 따르면 관련 구절은 "불행히도 단명하여 죽었습니다. 지금은 (배움을 좋아하는 사람이) 없으니 아직 배움을 좋아하는 사람을 듣지 못했습니다"라는 정도가 된다. 이렇게 옮겨놓으면 직관적으로도 알 수 있듯이 고금주는 공자로 하여금 같은 말을 반복하게 한다. 그래서 다자이는 "'망'은 기본 뜻대로 읽어야 하니 이제는 안회가 이 세상에 없다는 말이다"라고 주장했다. 다산은 다자이를 받아들였다.

6.3

자화가 제나라에 사신으로 갔는데 염자가 그의 어머니를 위해 곡식을 청했다. 선생님께서 말씀하셨다. "여섯 말 넉 되를 주라." 염유가 더 청하니 선생님께서 말씀하셨다. "열여섯 말을 주라." 염자가 곡식 쉰 섬을 주니 선생님께서 말씀하셨다. "적이 제나라에 갈 때 살찐 말을 타고 가벼운 갖옷을 입었다. 내가 들으니 군자는 급한 사람을 돕지 부유함을 잇지 않는다."

子華使於齊, 冉子爲其母請粟. 子曰; 與之釜. 請益. 曰; 與之庾. 冉子與之粟五乘. 子曰; 赤之適齊也, 乘肥馬衣輕裘. 吾聞之也, 君子周急, 不繼富.

앞에서 공자는 자화(공서적)가 사신을 영접하거나 사신으로 나가는 일에 쓰일 수 있다고 했는데(5.7), 여기에서 자화가 사신으로 나간다. 고주는 이때 자화가 노나라의 사신으로 제나라를 방문했다고 보았는데, 금주는 그가 공자의 일로 제나라로 갔다고 본다. 나라의 공식적인 사신이 아니라 공자 개인의 사신이었다는 것이다. 만약 자화가 노나라의 사신이었다면 공자 같은 대부가 본문에 나오는 것처럼 개인적인 편의를 봐줄 수 없다. 군주로부터 임무를 받은 사신의 안팎일에 공자가 개입하면 공자는 분수에 넘는 일을 하는 것이다. 그래서 금주는 공자의 행위가 그렇게 되지 않도록 사행의 성격을 다르게 이해했다. 다산은 이 문제를 놓고는 "알 수 없다"라고 했다. 어쨌든 사신으로 나가는 제자의 남겨진 어미를 위해 공자의 또 다른 제자 염자가 곡식을 청하면서 이야기가 시작된다.

염자는 염구(염유)를 가리키는데, 본문이 그를 염자라고 기록했다. 염자는 공자가 '공 선생님'이라는 뜻이듯이 '염 선생님'이라는 뜻인데, 『논어』에서 이렇게 '자'라는 미칭으로 불린 제자는 네 명뿐이다. 유약 유자, 민손 민자, 증삼 증자, 염구 염자다. 그러므로 염구는 공자의 문하에서 상당한 존경을 받았을 것이다. 그는 공자의 제자 중에서 정치적으로 가장 성공했으며, 세상을 떠돌아다니는 공자를 노나라로 다시 모셔 제자를 가르치도록 하는 데 결정적 공헌을 했다. 그렇지만 염구에 대한 평가는 그렇게 긍정적이지 않다. 무엇보다도 그가 『논어』의 악인인 계씨 집안의 계강자 밑에서 벼슬했기 때문이다. 악인을 위해 복무했으므로 그에게도 악인의 잔상이 있었다. 그러나 이미 여러 번 이야기한 대로 다산은 공자의 제자에 대한 무고를 벗기려고 일관되게 노력했다. 그 때문에 그는 이 장을 고금주와 같은 방식으로 읽으면서도 전혀 달리 해석했다.

고금주는 이 장에서 공자가 주는 교훈이 마지막 구절, "군자는 급한 사람을 돕지 부유함을 잇지는 않는다"라는 말에 있다고 본다. 자화는 살찐 말과 좋은 옷을 입고서 사행을 나갔으므로 부자인 것이 분명한데, 부자인 동료를 위해 곡식을 청하는 것도 모자라 임의로 많은 곡식을 준 염유는 자화의 부유함을 잇게 했으므로 공자가 이를 나무랐다는 것이다. 이런 해석에서는 어쩔 수 없이 염구를 비난하게 된다. 염구는 부자보다 가난한 자를 먼저 생각해야 한다는 기본적인 도리도 이해하지 못한 사람이 된다. 그렇지만 다산의 눈에는 이치에 맞지 않는 해석이었다.

자화가 정말로 부유했다면 어찌 염자가 공자에게 곡식을 청하는 그런 이치가 있었겠는가?

염구는 염자로 불린 사람이다. 그런 사람이 공자의 허락도 없이 부자에게 마음대로 곡식을 내주는 행동을 하겠는가? 기존의 해석이 이치에 맞지 않으므로 다산은 다른 해석을 찾아야 했다.

다산에 따르면 자화는 가난했다. 동문이 그의 어머니를 위해 곡식을 청했으므로 그가 가난했다는 것은 명약관화한 일이다. 그럼에도 불구하고 자화는 좋은 말과 좋은 옷을 입고 길을 떠났다. 어머니를 위한 양식보다는 사신으로의 위엄을 우선시했기 때문이다. 그러나 그가 좋은 말과 좋은 옷을 준비할 수 있었다면 그 돈으로 어머니를 위한 양식을 마련할 수도 있었다. 다산이 보기에 공자는 바로 그 점을 못마땅하게 생각했다. "우리 선생님의 노여움은 자화가 삿옷과 말을 아름답게 하면서도 어머니를 위한 기본 양식을 잊었다는 점에 있었다." 따라서 공자가 마지막에 한 말은 일종의 풍자였다. 자화가 가난하다는 것을 잘 알았지만 공자는 자화를 힐책하기 위해 그가 부자가 아니더냐고 말했다.

그러면 그런 자화를 위해 염구가 곡식을 청한 것은 비판할 일인가? 다산은 그렇지 않다고 말한다. 그에 따르면 공자도 자화의 어머니를 도울 생각이 있었다. 그럼에도 공자가 얼른 많은 양의 곡식을 내주지 않은 것은 염구가 공자의 가르침을 이해하여 나중에 자화가 돌아왔을 때 그를 계발해주기를 바랐기 때문이었다. 그러므로 염구가 공자의 허락도 없이 많은 곡식을 내주었을 때 공자는 내심으로 기뻤을 것이다. 그가 스승의 교훈과 속마음을 모두 이해하여 스승이 선뜻 하지 못한 일을 대신했기 때문이다.

염자는 이미 우리 선생님의 뜻을 알았다. 안으로는 그 뜻을 받들면서 자화가 돌아오면 알려주기로 하고, 밖으로는 곡식 내주는 것을 두텁게 하여 우리 선생님의 예모를 선양했으니 이것은 훌륭한 제자의 일이다.

이렇게 다산의 해석을 통해 염구는 기본적인 도리도 모르는 제자에서 스승의 교훈을 받들면서도 스승을 대신해 자화의 가난한 어머니를 보살피는 뛰어난 제자로 거듭난다. 이런 함의를 모르고 고금주는 "오로지 곡식이 많네 적네 하면서 다투어 의리를 세우려고 하니 어찌 잘못이 아니겠는가?" 이 독창적 해석은 '원의총괄'에 "자화의 죄는 어머니를 위해 양식을 남겨놓지 않은 데 있다"라고 기록되었다.

다산의 기록에 따르면 이 해석은 제자 이강회가 먼저 이야기했다. 그는 염구가 곡식 쉰 섬을 준 것은 "공자의 뜻에 적중한 것이지 마음대로 준 것이 아니다"라고 하여 다산 해석의 골격을 제공했다. 이강회는 자가 굉보로 윤선도(1587~1671)의 사위였던 선조가 강진에 터를 잡으면서 강진 사람이 되었고,

약관의 나이에 48세이던 다산의 제자가 되었다. 다산의 회고에 따르면 그가 『논어고금주』를 쓰게 된 것도 경학에 매진하던 이강회의 막힌 부분을 뚫어 주기 위해서였다고 한다(『정본 여유당전서』4, 217).

6.4

원사가 읍재가 되었는데 그에게 곡식 900말을 주니 사양했다. 선생님께서 말씀하셨다. "그러지 말아라. 너의 이웃과 마을 사람들에게 주어라."

原思爲之宰, 與之粟九百, 辭. 子曰; 毋, 以與爾鄰里鄕黨乎.

원사는 공자의 제자 원헌으로 '사思'는 그의 자다. '재宰'는 여기에서 한 고을의 행정을 책임지는 읍재를 가리킨다. 고금주와 다산 모두 이때 공자가 사구라는 벼슬을 하여 식읍을 가지게 되었으므로 원헌을 등용하여 읍재로 삼았다고 설명했다. 원문에는 곡식 '구백九百'의 단위가 나오지 않지만 공안국은 900말을 가리킨다고 보았고, 다산도 받아들였다. 공자가 무엇 때문에 이 많은 곡식을 주었는지 또 왜 원헌이 그것을 사양했는지는 명확하지 않다. 고금주가 설명하는 대로 원헌의 녹봉이었을 수도 있다. 그렇다면 원헌은 검소한 나머지 녹봉으로 준 곡식을 많다고 사양했고, 공자는 녹봉을 사양해서는 안 된다고 가르친 셈이다.

다산은 달리 생각했다. 첫째는 '주었다(與)'라는 말에 주목해야 한다. '주었다'라는 것은 개인적으로 준 것을 의미한다. 녹봉은 나라에서 주는 것이므로 공자가 주었다고 표현할 수 없다. 둘째는 원헌이 사양했다는 점에 주목해야 한다. 원헌이 아무리 청렴했더라도 녹봉을 사양하는 일은 애당초 발생할 수 없다. 그래서 다산은 공자가 원헌의 녹봉에 더해서 개인적으로 900말의 곡식을 주었고, 그것이 별도로 하사된 물건이었기 때문에 원헌이 사양했다고 보았다. 이것은 사실 다산이 소개하는 둘째형 정약전의 해석이었다. 그와 함께 다산은 원헌이 대단히 가난했다는 사실을 상기시킨다. 원헌이 가난했다는 이야기는『한시외전』등에 제법 나온다. 원헌처럼 식구들 먹일 걱정이 있는 사람이라면 더더욱 녹봉으로 준 곡식을 사양하는 일은 없었을 것이다.

금주는 이 장과 앞 장을 합했다. 금주처럼 자화를 부자로 보면 공자는 정말로 자화의 어머니에게 곡식 주기를 꺼려한 것이고, 인색했다는 혐의를 받을 수 있다. 그렇기 때문에 이 장과 앞 장은 연결해서 봐야 한다. 이 장에서 공자는 사양하는 원헌에게 군이 900말이라는 많은 양의 곡식을 준다. 그러므로 공자는 인색한 것이 아니라 부자를 돕고 싶지 않았을 뿐이다. 다산은 앞 장을 금주와 다르게 이해했기 때문에 두 장을 연결해야 할 필요를 못 느꼈고, 고주처럼 이 장을 별개로 해설했다.

6.5

선생님께서 중궁을 두고 말씀하셨다. "검은 소의 새끼가 붉고 또 뿔이 있다면 비록 쓰지 않으려고 하더라도 산천이 그것을 버리겠는가?"

子謂仲弓曰: 犂牛之子, 騂且角, 雖欲勿用, 山川其舍諸?

이 장에서 다시 염옹(염중궁)이 나오는데, 앞에서 공자는 그를 두고 "남쪽으로 면하게 할 만하다"라고 극찬했다(6.1). 그래서 고주와 금주는 모두 이 장에서도 공자가 그를 칭찬한다고 보았다. 그런데 여기에서 공자는 염옹을 어떤 소의 새끼에 비유하면서 그것이 '성차각騂且角'이라는 특징을 지녔다고 했다. 그러므로 공자가 다시 염옹을 칭찬한다면 '성차각'은 어떤 좋은 상태를 가리켜야 한다. 과연 고주와 금주는 모두 이것이 "붉고(騂) 또 똑바로 자란 뿔이 있는 것(角)"을 의미한다고 했다. 이렇게 붉은 빛이 나고 아름다운 뿔을 가신 소는 붉은색을 숭상했던 주나라에서 중요한 제사의 희생으로 쓰였다. 염옹은 그런 소에 비유할 수 있는 인재였다. 하지만 고금주에 따르면 그는 '얼룩덜룩한 소(犁牛)'의 새끼였다. 염옹은 출중했지만 그의 아버지는 변변치 못했고, 그래서 사람들은 그를 무시했다. 하지만 공자는 설사 협량한 사람이 염옹을 무시하더라도 산천의 신은 그를 버리지 않을 것이라고 자신했다. 출신보다는 능력이 더 중요하기 때문이다.

그러나 다산은 고금주의 이러한 해석이 온당치 않다고 보았다. 고금주대로라면 공자는 염옹을 칭찬하기 위해 그의 아버지를 '얼룩덜룩한 소'에 비교했다. 이렇게 자식을 높이기 위해 부모를 흠잡는 일이 있을 수 있는가?

> 중궁의 아버지가 설령 선하지 않았다고 하더라도 그를 배척하고 매도하면서 "얼룩덜룩한 소의 새끼"라고 하는 것은 군자의 말이 아니다. 공자가 어찌 이랬겠는가?

지금도 자식을 높이기 위해 부모를 폄하하지 않는데, 옛날 양반인 다산은 더 말할 것도 없다. 다산은 공자가 이러한 도리를 알지 못했다고 상상할 수 없었고, 따라서 지배적인 해석을 받아들일 수 없었다. 그래서 다산은 전대미문의 독법을 제시해야 했고, 그렇게 했다. 그에 따르면 이 장은 염옹에 대한 칭찬이 아니다. 오히려 이 장은 염옹 같은 인재도 결국 부모만 못하다는 흔한 '진리'를 말하며, 그럼에도 불구하고 네가 아예 버림받지는 않으리라는 위안을 염옹에게 전한다.

이 새로운 『논어』 읽기의 핵심은 '성차각'에 대한 다산의 참신한 해석이다. 그에 따르면 '성'은 '붉다'라는 뜻이다. 하지만 주나라가 붉은색을 숭상해서 붉은 소를 큰 제사의 희생으로 사용했다는 것은 오직 하늘에 대한 제사, 곧 양사陽祀에만 적용되는 이야기다. 주나라의 제도를 기록한 『주례』에 따르면 주나라에서도 "음사陰祀에는 검은색 희생을 사용했다"(『주례주소』, 12:25b). 음사란 땅의 귀신과 관련된 여러 종류의 제사, 사직이나 오악五嶽에 대한 제사를 가리킨다. 음사에는 검은 소를 사용했더라도 양사에는 붉은 소를 사용했으므로 염옹이라는 소가 붉기만 하다면 그것도 훌륭하다. 하지만 문제는 그것에 뿔이 있다는 점이다. 다산에 따르면 하늘에 제사할 때 사용하는 소는 『예기』 「왕제」에 기록된 대로 그 뿔이 누에고치나 밤톨만큼 작아야 하는데(『예기주소』, 12:30a), '각'은 제대로 크게 자란 뿔을 의미하기 때문이다. 따라서 "붉고 또 뿔이 있는(騂且角)" 소는 양사에서는 뿔이 있기 때문에, 음사에서는 붉기 때문에 쓰이지 않으며, 아무런 쓸모가 없다. 하지만 이런 소도 희생으로 사용하는 제사가 있다. 바로 산천을 위한 제사다. 다산에 따르면 산천을 위한 제사에서는 희생을 산 채로 바치는 것이 아니라 제사 이전에 도축해서 고기만 바친다. 그러므로 설령 "붉고 또 뿔이 있는" 소라도 이런 제사에는 쓰일 수 있다. 염옹이 그랬다.

고금주는 염옹의 뛰어남을 드러내기 위해 그의 아버지를 '얼룩덜룩한 소'로 만들어버렸다. 하지만 다산은 염옹의 아버지에 대한 폄하를 그대로 놔둘 수 없었다. '이우犁牛'라는 말도 다시 해석해야 했다. 다산은 사마정의 『사기색은』에 근거하여 '이'를 '검다(黑)'라는 뜻으로 풀면서 '이우'는 "검은 소를 가리킨다고 했다. 그리고 우리는 이미 주나라의 음사에는 검은 소가 쓰였음을 알고 있다. 그러므로 염옹의 아버지가 "검은 소"라는 것은 그가 땅을 위한 제사 같은 큰 사업에 쓰이는 인재라는 뜻이다. 그에 비해 "붉고 또 뿔이 있는" 염옹은 아버지처럼 큰 제사에 쓰일 수는 없으나 산천을 위한 제사에는 쓰일 수 있다. 그러면 염옹의 아버지는 도대체 누구인가?

고금주는 염옹의 아버지에 대한 구체적인 정보를 제공하지 않은 채 단지 그가 신분이 천하고 행실이 불선했다고만 했다. 나중에 모기령은 그가 『논어』에도 나오는 사마우(12.3, 12.4, 12.5)라고 했다. 뒤의 한 장에서 공안국은 사마우의 본래 이름이 '이犁'라고 했는데, 모기령은 이 정보에 착안하여 이 장의 '이우'는 '이름이 이인 사마우'라는 의미라고 주장했다. 그렇다면 염옹은 사마우의 아들이다. 다산은 "한 사람의 아버지의 이름을 놓고 풍자를 하는 것은 성인의 언행이 아니다"라고 하면서 이 설에 동의하지 않았다. 사실 사마우는 사마환퇴로 알려진 상퇴의 아우로 귀족 출신이기 때문에 고금주가 말하는 것처럼 천한 신분이 아니었다.

다산도 하나의 설을 제기했다. 그는 왕충의 『논형』에서 염옹 아버지의 정체에 대한 중요한 단서를 찾았다. 왕충은 부자관계를 가진 역사적 인물을 나열하면서 염백우, 곧 염경과 염옹을 그중의 한 사례로 거론했던 것이다(『논형』, 30:13b). 이때 거론된 역사적 인물은 우왕의 아버지였던 곤과 우왕, 순임금의 아버지였던 고수와 순임금, 백우(염백우)와 중궁(염옹), 안회의 아버지였던 안로와 안회, 공자와 공자의 아버지, 그리고 묵자와 묵자의 아버지였다. 이렇게 부자관계를 가진 역사적 인물의 한 조합으로 염백우와 염옹이 거론되었으므로 이 둘은 확실히 아버지와 아들이었다. 그러면 염백우는 누구인가? 그는 이른바 공문십철의 하나로 이름을 올린 사람이다. 역시 공문십철의 하나인 염옹보다 뛰어난 아버지였다고 할 만한 사람이었고, 다산에 따르면 본문의 "검은 소"였다. 옮긴 것만 놓고 보면 고금주와 다산 사이에는 '얼룩덜룩한 소'(고금주)가 "검은 소"(다산)로 바뀐 차이밖에 없지만 내용적으로는 이처럼 현격하게 다르다. '원의총괄'은 다산의 이 참신한 해석을 "'이우지자犂牛之子'는 아버지가 아들보다 낫다는 것을 비유한 말이다"라고 기록했다.

물론 다산이 고금주를 비판했듯이 다산의 견해도 반격을 받을 수 있다. 가령 '이'를 '검다'라는 뜻으로 이해하는 근거인 『사기색은』의 주해가 그보다 이른 고주를 뒤집을 결정적 증거가 되는지 의심해볼 수 있다. 또 자신의 견해를 보충하기 위해 다산이 추가로 제시한 근거도 비판적 검토의 대상이다. 가령 염백우가 염옹의 아버지라는 점은 『논형』에만 간접적으로 기록되었는데, 『논형』은 일률적으로 아버지보다 뛰어난 아들이라는 관점에서 앞에 거론한 부자관계를 언급했다. 물론 『논형』은 염백우를 '병에 걸린 아버지'로 소개했고, 다산이 주장하듯이 병에 걸린 것이 악덕은 아니다. 그러므로 『논형』의 염백우와 염옹을 그 자체로만 보면 아들보다 못한 아버지의 사례가 아닐 수도 있다. 하지만 다른 사례에서는 아들보다 못한 아버지라는 관점이 너무나 뚜렷하게 드러난다. 만약 『논형』이 그런 관점으로 염백우와 염옹을 소개했다면 이 장에 대한 다산의 이해는 설득력을 잃는다. 실상 염옹의 아버지가 불선했다는 고주의 설명은 사마천의 『사기』에서 왔고, 하안과 동시대의 사람이었던 왕숙의 『공자가어』에도 같은 정보가 있다. 다산은 이 기록들도 받아들이지 않았고, 특히 『공자가어』는 그것이 위서임을 다시 한 번 확인한다.

다산 '원의'가 얼마나 설득력이 있는지와 상관없이 여기에서 다산이 왜 아무도 부정하지 않았던 고금주의 해석을 받아들이지 않았는가는 분명하다. 아버지를 낮추고 아들을 높이는 그런 이치는 적어도 다산의 나라 조선에는 존재하지 않았기 때문이다.

6.6

선생님께서 말씀하셨다. "회는 그 마음이 석 달 동안 인을 어기지 않았다. 그 나머지는 며칠이나 한 달에 이를 뿐이다."

子曰; 回也, 其心三月不違仁, 其餘則日月至焉而已矣.

이 장에서 공자는 제자 안회를 다시 한 번 칭찬했고, 그를 위해 안회를 다른 제자와 비교했다. 고금주는 이 장의 후반부를 "그 나머지는 하루 혹은 한 달에 한 번 (인에) 이를 뿐이다"라고 읽었다. 다른 제자는 기껏해야 그 정도로만 인을 어기지 않았을 뿐인데, 안회는 자그마치 "석 달 동안 인을 어기지 않았다"라는 것이다. 형병은 "석 달"이 "하늘의 기운이 한 번 변하는" 기간을 가리키며, 따라서 안회는 한 계절 내내 인을 어기지 않았다고 했다. 형병을 이어 금주는 "석 달"이 정말 석 달이 아니라 긴 시간을 가리킨다고 했다. 다산도 이 견해에 동의하면서 안회가 석 달이 지난 뒤에 곧바로 인에 어긋나는 행동을 하지는 않았다고 설명했다.

그런데 다산이 보기에 안회를 제외한 다른 제자를 파악하는 고금주의 시각은 문제다. 고금주를 따라 이 장을 읽으면 공자의 많은 제자는 도무지 제대로 된 사람이 아니다. 그들은 심한 경우 한 달에 한 번 정도 인의 마음을 갖는다. 그렇다면 다른 시간에는 인에서 멀어졌다는 이야기다.

> 잠시 이르렀다가 곧바로 뒤로 물러선다면 그들이 악에서 떠나는 일이 드문 것이다. 공문 제자들이 비록 안자에는 못 미친다고 하더라도 그들의 불인함이 어찌 이 지경에 이를 것인가?

그래서 다산은 문제가 되는 부분을 "그 나머지는 며칠이나 한 달에 이를 뿐이다'라고 읽었다. 석 달 동안은 아니더라도 나머지 제자들이 인을 어기지 않는 것은 "혹은 한 달에 이르고 혹은 며칠에 이르렀다"라는 말이다. 이렇게 읽으면 안회와 다른 제자의 차이는 많이 좁혀지고 안회만큼 우뚝하지는 못하더라도 그들도 제법 인을 실천하는 사람이 된다. 이런 해석은 공문 제자를 성리학의 폄훼에서 구하려는 다산의 일관된 계획을 반영한다. '원의총괄'은 이 독법을 "'일월지日月至'는 '능히 오래하는 사람이 드물다'라는 말과 같다"라고 기록했다. 사실 고금주는 (하루 혹은 한 달에) '한 번'이라는 말을 임의로 추가했으므로 사상적 맥락을 고려하지 않더라도 충분히 문제 삼을 수 있다.

이 장에서 다산이 내린 인에 대한 정의도 새겨들을 만하다.

> 인은 사람을 향한 사랑이다. 자식은 부모를, 동생은 형을, 신하는 임금을, 목민관은 백성을 향한다. 무릇 사람과 사람이 서로 향할 때 서로 사랑을 다하는 것을 인이라고 한다.

지금 보아도 좋은 인의 정의다. 자식이 부모를 향하듯이 백성은 목민관을 향한다고 한 데서 다산이 얼마나 절실하게 목민관의 자애로움을 기대했는지 알 수 있다. 『목민심서』는 이런 절실함 속에서 태어난 책이다.

6.7
계강자가 물었다. "중유는 정사에 종사하게 할 만합니까?" 선생님께서 말씀하셨다. "유는 과감하니 정사에 종사하는 데 무슨 어려움이 있겠습니까." "사는 정사에 종사하게 할 만합니까?" "사는 통달했으니 정사에 종사하는 데 무슨 어려움이 있겠습니까." "구는 정사에 종사하게 할 만합니까?" "구는 재주가 있으니 정사에 종사하는 데 무슨 어려움이 있겠습니까."

季康子問; 仲由可使從政也與? 子曰; 由也果, 於從政乎何有? 曰; 賜也可使從政與? 曰; 賜也達, 於從政乎何有? 曰; 求也可使從政也與? 曰; 求也藝, 於從政乎何有?

계강자는 노나라 군주를 억눌렀던 세 대부의 가문 중에서도 가장 강력했던 계손씨의 가장이다. 그 가문의 여러 가장 중 공자가 가장 마지막에 경험했던 사람이다. 그는 기원전 492년에 아버지인 계환자를 이어 계손씨의 우두머리가 되었는데, 이때 공자는 세상을 주유하는 중이었다. 기원전 484년 제나라가 노나라를 공격했을 때 계강자는 위에서 거론된 세 명의 공자 제자 중 "재주가 있는" 염구를 등용하여 위기를 벗어났고, 이 공으로 계강자의 신임을 얻게 된 염구의 청으로 계강자는 예를 갖추어 공자를 노나라로 환국하게 했다. 따라서 공자가 세상을 주유하는 중에 노나라에 들른 적이 없다면 이 장은 공자가 노나라로 귀국한 기원전 484년 이후에 있었던 대화다.

공자는 세 제자 모두 정사에 종사하게 할 만하다고 대답했다. 대화의 내용은 제법 길지만 모두들 위에 옮겨진 정도로 읽는다. 자공이 "통달했다(達)"라는 말이 사리에 통달했음을 의미한다는 점에도 모든 주해가 동의한다. 단지 다산은 이 장에서 일본 고학파의 태두 오규 나베마쓰를 비판하는데, 이 비판은 고학파를 보는 다산의 관점을 보여주기 때문에 소개할 필요가 있다.

오규는 "정사에 종사한다(從政)는 것은 대부가 되는 것을 의미한다"라는 주희의 발언이 잘못되었음을 지적했다. "정사에 종사한다"라는 표현은 사 계급의 관료에게 적용되지 대부에게 적용되지 않는다는 것이다. 다산은 오규의 주장을 배척하면서 대부를 두고 "정사에 종사한다"라는 표현을 사용한 경우가 경전에 많다는 것을 반증으로 제시했다. 이 반론 과정에서 다산은 일본 고학파의 잘못된 학문 경향을 꼬집었다.

> 이제 저들은 반드시 한결같이 주자의 설을 반대하고자 하여 그의 주를 억누르며 "정사를 하는 것(爲政)"은 대부이고 "정사에 종사하는 것"은 사라고 하니 어찌 또한 심술心術의 병이 아니겠는가?

다산은 오규 소라이 같은 고학파의 주석가가 반주자학의 목적의식을 지나치게 강하게 가졌기 때문에 그것이 "심술의 병"이 되었다고 보았다. 그 목적의식으로 인해 그들은 결국 공자를, 그리고 공자를 해설한 주희를 제대로 이해하지 못했다는 것이다. 다산이 보기에 이 "심술의 병" 때문에 그들이 놓친 것은 주자학의 강점이었다.

오규 소라이만 "심술의 병"을 가진 것은 아니었다. 주희 경학 비판의 선봉에 선 모기령도 마찬가지였다. 다산은 "심술의 병"이라는 똑같은 표현을 사용하면서 모기령의 문제점을 지적했고(7.18), 나아가 당대 학자의 맹목적 주자 비판을 통박할 때도 그들이 "심술의 병"을 가지고 있었다고 진단했다(12.1). 다산은 비판할 때 비판하더라도 주자학의 공로를 간과해서는 안 된다고 생각했고, 그 판단에 기반해서 새로운 『논어』 읽기, 혹은 제4기 유학의 건설에 성과를 내려고 했다. 과연 17세기 이후 동아시아에서 공통적으로 전개된 주자학 비판 운동에서 이른바 조선의 '실학'이 달랐던 것은 그 속에 주자학이 살아 있다는 점이다. 이렇게 반주자학 운동에서도 주자학을 폐기하기보다 지양하려 한 데에서 한국 유학의 특성을 관찰할 수 있다.

6.8

계씨가 민자건을 비의 읍재로 삼으려고 하니 민자건이 말했다. "나를 위해 말을 잘 해주시오. 그래도 만약 나에게 왕래하는 사람이 있다면 나는 반드시 문수 가에 있을 것이오."

季氏使閔子騫爲費宰. 閔子騫曰; 善爲我辭焉. 如有復我者, 則吾必在汶上矣.

민자건의 이름은 민손이며, '자건子騫'은 그의 자다. 공자의 뛰어난 제자로 안연과 함께 덕행으로 이름났기 때문에 성리학자에게 안연에 버금가는 존경을 받았다. 이 장의 계씨가 정확하게 누구인지는 특정하기 어렵다. 하지만 다산에 따르면 이 장의 일은 공자가 자로를 시켜 공산불요(혹은 공산불뉴)가 장악한 비읍(費)를 점령한 기원전 498년 이전에 있었기 때문에 그의 견해에서 본문의 계씨는 계환자다. 계환자는 기원전 505년부터 기원전 492년까지 계씨의 가장이었다. 노나라가 이 계씨 가문에 준 식읍이 비라는 곳이었는데, 이곳은 제법 규모도 있고 또 군사적 요해처였다. 계씨는 이 식읍을 다스리기 위해 여러 명의 읍재를 임명했는데, 그중 남괴와 양화, 공산불요 등은 이곳의 이점을 십분 활용하여 계씨 집안에 반기를 들기도 했다. 그러므로 이곳에 누구를 보내 다스리게 하는가는 계씨 집안의 오랜 숙제였다. 그들은 민자건이 점잖은 사람임을 알았으므로 숙제를 해결하기 위해 민자건을 등용하려고 했다. 하지만 민자건은 거부했다. 여기까지는 모두가 받아들이는 설명이다. 그렇다면 왜 민자건은 계씨의 제의를 거부한 것일까? 이 문제를 놓고 다산은 고금주와 전혀 다른 견해를 제시한다.

고금주는 쉽게 설명한다. 계씨는 악인이었고, 악인에게 종사하는 것은 현인이 할 일이 아니있기 내문에 민자건은 사양했다. 계씨는 악이고, 민자건은 선이라는 도덕적 이분법이었다. 그렇지만 이 설명은 다산이 보기에 "이치에 맞지 않는 것"이었다. 무엇보다도 공자가 대사구로 벼슬할 때 자로를 시켜 계씨에게 반란을 일으킨 공산불요의 비읍을 공격, 점령한 일이 있기 때문이다. 계씨라는 악의 무리에게 종사하는 것이 비도덕이라면 공자와 자로도 죄를 지은 셈이다. 또한 모기령과 그의 아들 모원종이 지적하듯이 공자의 제자 중에는 계씨에게 벼슬한 사람이 적지 않다. 자로도 있고, 앞 장에서 언급한 염유도 있다. 금주에서 정이도 "중니의 문하에서 대부의 집안에 벼슬하지 않은 사람은 민자(민자건)와 증자 등 수 명에 불과하다"라고 하여 이 사실을 인정했다. 그렇다면 이들도 모두 비판의 대상이 된다. 이렇게 스승부터 제자에 이르기까지 모두가 악의 무리에 종사한 사람이 되는 일은 성인의 문하에서 일어날 수 없다. 따라서 고금주의 설명은 이치에 맞지 않다.

> 공자와 자로가 민자건이 의를 지키려는 것을 보고도 오히려 깨닫지 못하고 같이 불의함에 빠지는 이런 이치가 있을 수 있는가? 계씨에게 벼슬하는 것은 공문에서 부끄러워 할 바가 아니었다.

그래서 다산은 이치에 맞는 설명을 해야 했다. 그에 따르면 민자건은 계씨의 제의를 승낙할 경우 딜레마를 경험하기 때문이 제의를 거부했다. 곧 계씨를 위해 비의 읍재가 된다면 민자건은 비읍을 잘 다스려 고을을 살찌우도록 충심을 다해야 한다. 그것이 도덕이다. 자신을 등용한 주인을 위해 정성을 다하는 것이 신하가 해야 할 일이기 때문이다. 하지만 비읍은 노나라의 이른바 '암읍巖邑', 그 경제적, 군사적 중요성으로 인해 공실에 위협이 될 수 있는 지방의 요충지였다. 그러므로 이 고을을 발전시키면 노나라 공실에는 해가 된다. 자신을 등용한 계씨를 위해서는 비읍을 발전시켜야 하고, 그러면 노나라에 해가 되는 자가당착적인 상황이 벌어지는 것이다. 민자건은 이 때문에 계

씨의 제의를 거부했다. 그가 계씨의 사신이 계속해서 자신에게 왕래한다면
(復) 제나라를 흐르는 문수라는 강가로 도망가겠다고 한 것도 그것이 딜레마
를 피할 유일한 고책이기 때문이었다.

만약 비읍이 노나라의 '암읍'이 아니었어도 민자건은 이 제의를 거부했어
야 했는가? 다산에 따르면 아니다. 위의 인용문에서 다산은 "계씨에게 벼슬
하는 것은 공문에서 부끄러워 할 바가 아니었다"라고 말했다. 만약 계씨에게
복무하는 일이 농시에 노나라를 위한 일이었다면 공자의 제자는 당연히 계
씨를 따라야 한다. 그래서 공자는 계씨를 위해 공산불요를 비읍에서 내쫓지
않았는가? 만약 계씨를 본질적으로 악한 무리로 보면 이러한 타협은 나오지
않는다. 성리학자가 그랬다. 그들에게 계씨는 무조건적 악이었으므로 자로나
염유 같은 제자는 단견으로 계씨에게 봉사하는 잘못을 저지른 사람이었다.
하지만 다산의 생각은 달랐다. 다산이 여기저기에서 정의하듯이 사士란 벼
슬하기 위해서 공부하는 사람이다. 공자도 그랬고, 공자의 제자도 그랬다. 그
러므로 계씨가 비록 도덕적으로 존경받을 만한 집안은 아니지만 기회가 주
어진다면, 그리고 그 기회를 잡는 것이 나라의 기반을 크게 무너뜨리는 일이
아니라면 그렇게 하는 것이 당연했다.

이러한 생각은 당연히 정주학의 사유가 아니며, 조선 사림의 가치관을 반
영하지도 않는다. 이러한 생각은 조선 초기 태종이나 세조에 종사했던 조신
계열의 학자들, 졸저『조선 초기 관학파의 유학사상』에서 정의한 이른바 관
학파 유학자의 사유다. 그래서 이 장에서 독자는 다시 다산은 안연이 아니라
이윤이 되고자 한 사람이며, 사림이 아니라 조신을 추구했다는 점을 확인하
게 된다.

독법을 놓고 볼 때 다산은 이 장에서 두 가지 독창적인 읽기를 선보인다.
그 하나는 본문의 '복復'을 고금주처럼 '부'로 읽지 않고 '복'으로 읽어 '왕래하

다'라는 동사로 이해한 것이다. 따지고 보면 고금주처럼 이 글자를 '부' 곧 '다시'라는 부사로 보면 관련 문장에는 동사가 없고, 다산이 지적하듯이 "문장이 성립하지 않는다." 충분히 참고할 만하다. 다른 하나는 본문의 '사辭'를 고금주처럼 '사양하다'라는 동사로 보지 않고 '사명辭命'이라는 명사로 본 것이다. 고금주를 따르면 관련 구절은 "나를 위해서 잘 사양해주시오"라는 정도가 되는데, 다산을 따르면 '선善'이 동사가 되고, 관련 구절은 위에서처럼 "나를 위해 말을 잘 해주시오"라고 옮기게 된다. 이러한 글자 풀이는 이 장에 대한 다산의 이해와도 관련이 있다. 고금주처럼 보면 민자건은 계씨의 제의를 결단코 사양하게 되지만 다산의 해석에서는 그가 힘써 사양하지 않았으며, 나아가 계씨의 제의 자체가 악이라는 느낌도 사라진다. 그러므로 다산을 따라 『논어』를 읽을 때는 다산의 이 독창적 독법을 반영해야 한다.

6.9

백우가 병에 걸렸는데, 선생님께서 문안을 가셔서 남쪽 창을 통해 그 손을 잡고서 말씀하셨다. "이 사람을 잃겠구나. 운명이로구나! 이 사람이 이 병에 걸리다니! 이 사람이 이 병에 걸리다니!"

伯牛有疾, 子問之, 自牖執其手曰: 亡之. 命矣夫! 斯人也而有斯疾也! 斯人也而有斯疾也!

백우는 공자의 제자 염경으로 다산에 따르면 염옹(염중궁)의 아버지다 (6.5). 공문의 높은 제자였으며, 앞 장에서 소개한 민자건과 함께 덕행으로 명망을 얻었다. 그가 병에 걸려 운명하기에 이르렀는데, 공자가 그를 찾아가

영결했다. 고주와 다산에 따르면 본문의 '망亡'은 '잃다'라는 뜻의 '상喪'과 같은 글자다. 곧 이 장에서 공자는 어진 제자를 잃음(亡)을 탄식했다.

고금주는 이때 백우가 나병(斯疾)을 앓았다고 보았다. 『회남자』에 관련 기록이 있기 때문인데(『회남홍렬해』, 7:16a), 다산은 받아들이지 않았다. 나병이라면 공자가 환자의 손을 잡지는 않았을 것이라는 게 그 이유였다. 이것은 사소한 문제인 듯하다. 하지만 제자를 문병한 공자가 왜 방안으로 들어가지 않고 남쪽 창문을 통해서 그의 손만 잡고 영결했는가와 관련된다.

가령 모기령처럼 백우가 나병을 앓았다는 견해를 받아들이면 공자가 방에 들어가지 않은 이유는 병 때문이다. 그런데 모기령에 앞서 주희는 공자가 예를 어기지 않기 위해서 방에 들어가지 않았다고 해설했다. 곧 백우는 스승이 병문을 온다는 소식을 듣고 자신의 누운 자리를 보통 병자가 눕는 방의 북쪽 벽에서 남쪽 창가로 옮겼는데, 이렇게 되면 방안으로 들어온 스승은 자연스럽게 북쪽에 앉아 남쪽에 누운 제자를 보게 된다. 임금이 신하를 볼 때 남면하는 예를 참고하여 스승을 높이려는 안배였다. 하지만 이렇게 되면 공자는 임금 대접을 받게 되고 윗사람을 능멸하는 죄를 짓는다. 스승을 임금처럼 대하려는 제자의 의도는 가상했지만 공자는 차마 그 대접을 받을 수 없었다. 그래서 공자는 방에 들어가지 않았다. 모기령과 주희의 이견을 검토한 다산은 다시 그 병이 나병이었다면 공자가 백우의 손을 잡을 이치가 없다고 밝히면서 "주자의 뜻은 바꿀 수 없다"라고 주희의 손을 들어주었다.

주희를 겨냥한 모기령의 비판은 계속된다. 그는 주희가 이 장을 해설하면서 '북유北牖', 곧 '북쪽 창'이라는 표현을 사용했다는 점을 트집 잡아서 주희의 무지를 폭로했다(『논어계구편』, 2:22b). 옛날 제도를 보면 방에는 남쪽으로 난 하나의 창문만 있고 북쪽에는 창이 없다. 그런데도 주희는 그것을 모르고 '북쪽 창'이라는 표현을 사용한 것이다. 옛날 제도가 그랬던 것은 맞고,

그렇기 때문에 본문의 '유牖'는 비록 남쪽을 특정하는 글자가 없더라도 "남쪽 창"으로 옮겨야 한다. 이에 비해 방의 북쪽에는 벽이 있고, 그것을 '용牗' 혹은 '북용北牗'이라고 한다. 그럼에도 불구하고 주희는 '북유'라는 말을 사용했다. 고제에 어두운 주자학의 약점을 여실히 드러내는 실수였다.

다산은 사실과 관련해서는 모기령이 옳다고 인정했다. '북유'라는 말은 없다. 하지만 그렇다고 해서 주희를 이렇게 얕보는 것은 옳지 않다. '북유'라는 말은 『예기』에도 두 군데 나오는데, 특히 「상대기」에는 사대부가 병에 걸리면 "머리를 동쪽으로 향하게 하여 북쪽 창(北牖) 아래에 눕는다"(『예기주소』, 44:1b)라는 기록이 있다. 다산에 따르면 주희는 단순히 이 문장을 보고 '북유'라는 말을 답습했을 뿐이다. 그런데도 모기령은 주희를 소리 높여 비판하니 잘못이 아닌가?

> 북쪽에는 본래 창이 없으므로 단지 "'북유'는 마땅히 '북용'이라고 해야 한다"라고만 말하면 될 뿐이다. 그럼에도 기를 쓰고 화를 내면서 (주희를) 매도를 하는 것은 무슨 까닭인가? 「상대기」의 잘못된 글자를 주자가 잘못 썼다는 말인가?

결론적으로 다산은 모기령의 태도가 바르지 않다고 보았다. 간단히 지적하면 될 일로 주희를 욕보이려고 한 것이다. 이것이 다산이 파악하는 모기령의 '심술의 병'이었다. 사실도 중요하지만 다산에게 더 중요한 것은 선현을 대하는 후학의 '태도'였다. 우리에게 익숙한 비평이 아닌가?

6.10

선생님께서 말씀하셨다. "어질구나 회는! 한 대그릇의 밥과 한 표주박의 마실 것으로 누추한 거리에 사는 것을 두고 남들이 근심을 이기지 못하는데, 회는 그 즐거움을 고치지 않았다. 어질구나 회는!"

子曰; 賢哉, 回也! 一簞食, 一瓢飮, 在陋巷, 人不堪其憂, 回也不改其樂. 賢哉, 回也!

공자의 특출한 제자 안회의 높은 경지를 이야기할 때 항상 인용되는 말이 이 장에 나온다. 그는 가난하면서도 "즐거움(樂)"을 버리지 않았다. 그 "즐거움"이란 도대체 무슨 즐거움이었을까? 구체적인 설명은 없다. 그렇기 때문에 안회의 즐거움이 무엇인지 이해하는 것은 유학자의 숙제였다. 사실 안회의 즐거움은 공자의 즐거움을 닮았다. 뒤의 한 장에서 공자는 가난 중에 팔을 베고 누워도 "즐거움이 그 가운데 있다"(7.16)라고 진술했다. 공자나 안회는 가난에 아랑곳없이 즐거워한 것이다. 따라서 유학을 배우는 사람은 공자와 안회의 즐거움을 이해해야 했다. '공안지락孔顔之樂', 곧 '공자와 안자의 즐거움'이라는 말이 생겼고, 이것이 유교의 화두라고 말하는 사람도 나타났다. 금주에서 정이는 "옛날 주무숙(주돈이)에게서 배울 때 매번 중니와 안자가 즐거워했던 바의 즐거움이 무엇이었는지를 찾아보도록 했다"라고 회고하기도 했다. 선문의 스승이 제자에게 화두를 던지고 그 뜻을 생각해보도록 하는 광경과 흡사하다.

그렇지만 다산이 보기에 선가의 화두와 유교의 '공안지락'에는 큰 차이가 있다. 선가의 화두에는 정답, 적어도 언어를 통해 명확하게 서술될 답이 없지만 공자와 안회의 슬거움이 무엇인지는 누구나 분명히 알 수 있고 누구나 분명히 말할 수 있기 때문이다. 실상 공자와 안회의 즐거움이 무엇이었는지 이해하기는 쉽다. 가난에 굴하지 않고 역경 속에서도 도덕을 따르고 덕을 기르는 것이 그들의 즐거움이었다. 표현은 여러 가지일 수 있지만 내용적으로는 이것이 정답이다. 문제는 이 즐거움을 생활 속에서 실제로 구현하기가 쉽지 않다는 데 있다. 이것이 공자를 따르는 사람에게 주어진 과제다. 숙제는 아는 데 있지 않고 실천하는 데 있다. 지혜를 중시하는 불교에서처럼 아는 데부터 걸려 넘어지면 실천은 멀고도 멀다. 유교는 그렇지 않다. 유교의 가르침은 알기 쉽고, 나아가 누구나 알기 쉬운 것이어야 하며, 단지 실천이 문제일 뿐이다. 가난 때문에 도덕을 배신하지 않아야 한다는 것은 누구나 수긍할 수 있지만 그렇게 철두철미하게 도덕을 배신하지 않는 삶을 산 사람은 공자와 안회뿐이었다. 그래서 '공안지락'이라는 말이 나온 것이다. 그것이 무슨 거창한 진리를 담고 있어서 유학자의 숙제가 된 것이 아니다. 그러므로 사실 '공안지락'이 유교의 화두라는 것은 잘못된 이야기다. 그것은 머리로 풀어야 할 알쏭달쏭한 문제가 아니고 누구에게나 주어진 실천 과제일 뿐이다.

다산은 이러한 생각을 명나라 유학자인 왕복례를 비판하면서 피력한다. 다산에 따르면 왕복례는 육학陸學, 곧 육구연의 심학을 추종한 사람이다. 육구연의 심학은 정주학으로부터 언제나 선불교에 간섭되었다는 비판을 받았고, '공안지락'을 불교의 화두처럼 이해하는 것이 육학의 경향이었기 때문이었다. 하지만 사실 왕복례는 '공안지락'과 불교의 화두의 차이를 정확히 이해했고, 그 때문에 양자의 차이와 관련하여 독자에게 혼동을 줄 수 있는 서술을 금주에서 삭제해야 한다는 주장까지 했다(『사서집주보』, 5:12a). 다산이 왕복례의 다른 저서를 보고 그를 육학자로 단정했는지는 분명하지 않지만 그렇지 않다면 다산의 왕복례 비판은 그의 원망을 낳을 만하다.

본문 읽기와 관련하여 다산의 독법은 두 가지 점에서 보통 독법과 다르다. 그 하나는 본문의 '음飮'을 여섯 가지 마실 것, 곧 물과 맑은 국, 식혜, 죽, 단술, 기장으로 만든 술의 통칭으로 보았다는 점이다. 그러므로 다산을 따라 『논어』를 읽으면서 '일표음一瓢飮'을 많은 한글 번역처럼 '한 표주박의 물'이라고 옮겨서는 안 된다. 다른 하나는 "남들이 근심을 이기지 못한다"라는 표현과 관련되어 있다. 지배적 독법에서 "남들이 근심을 이기지 못한다"라는 말은 가난한 환경에서 사는 것 자체를 사람들이 견디지 못한다는 의미다. 하지만 고주의 형병은 이 표현이 그런 가난 속에서 사는 안회를 바라보는 것조차 사람들이 견디지 못한다는 의미로 보았다. 곧 그의 가난한 삶을 보고 사람들이 동정과 연민에 견딜 수 없을 정도로 안회는 가난하게 살았는데, 정작 안회는 아랑곳하지 않고 즐거움을 보존했다는 말이다. 다산은 두 가지 다른 독법이 있음을 밝히면서 "두 가지 중 어느 것이 나은지는 알지 못하겠지만 잠시 구설(형병)을 따른다"라고 했다.

6.11

염구가 "선생님의 도를 기뻐하지 않는 것은 아닙니다만 힘이 부족합니다"라고 하니 선생님께서 말씀하셨다. "힘이 부족한 사람은 중도에서 쓰러진다. 지금 너는 구획을 짓고 있다."

冉求曰; 非不說子之道, 力不足也. 子曰; 力不足者, 中道而廢, 今女畫

앞 장에서 안회는 가난에도 즐거움을 잃지 않았는데, 이 장의 염구는 공자의 도를 좋아하지만 실천하기에는 힘이 부족하다고 고백한다. 금주는 염구가 안회를 칭찬하는 공자의 말을 듣고서 이렇게 말했다고 했는데, 실제로 그랬다고 보기는 힘들다. 단지 두 장이 같이 붙어서 안회와 염구가 대비되기는 한다.

'원의총괄'은 "'중도이폐中道而廢'는 힘이 다하여 몸이 쓰러지는 것을 가리킨다. 스스로 사업을 그만둔다는 뜻이 아니다'라는 다산의 주장을 이 장의 '원의'로 기록했다. 이 '원의'는 '폐廢'를 '그만두는 것'으로 이해한 고금주에 대한 반론이다. 다산의 '폐'는 걸으려는 의지가 있어도 힘이 없어서 쓰러지는 것이고 고금주의 '폐'는 힘이 부족하다고 느낄 때 걸으려는 생각을 접는 것이다.

'중도이폐'라는 말은 『예기』「표기」에도 나오고, 「중용」에서도 '반도이폐半道而廢'라는 비슷한 말을 찾을 수 있다. 이 말들을 두고 정현은 '폐'를 '그만두다'라는 뜻으로 읽어야 한다고 했다. 물론 다산에게 정현의 해설은 오류다. 특히 「표기」의 문장을 보면 '폐'를 다산처럼 읽는 것이 일리가 있다. "도를 향해 가다가 중도에 쓰러지는 것(廢)은 몸이 늙는 것을 잊고 시간이 부족한 것을 의식하지 못하는 것이다. 부지런히 날마다 힘을 쓰다가 죽은 뒤에서야 그친다"(『예기주소』, 54:11b~12a). 사실 다산만 '폐'를 '그만두다'라는 뜻으로 읽지는 않았다. 다자이도 같은 주장을 폈다. 그렇지만 다산은 『설문해자』, 엄밀하게 말하면 『강희자전』에 인용된 『설문해자』에 의거하여 '폐'를 왜 '그만두다'라는 뜻으로 읽어야 하는지 사전적으로 입증하려고 했으므로 다자이의 주장을 더 발전시켰다고 하겠다.

6.12

선생님께서 자하에게 말씀하셨다. "너는 군자의 학자가 되고 소인의 학자가 되지 말라."

子謂子夏曰; 女爲君子儒, 無爲小人儒.

공자는 유자儒者였고, 그 때문에 그의 가르침을 따르는 사람도 유자라고 했고, 그들이 이룬 집단을 유가라고 했다. 이들은 원래 예에 능통한 예학자였다. 그런데 예에 능통하려면 제도와 역사를 이해해야 했으므로 이들은 또 공부하는 사람이기도 했다. 고금주와 다산은 모두 본문의 '유儒'를 '학자'로 정의한다. 참고로 『주례』는 '유'를 사회를 이끌고 백성을 다스리는 아홉 신분 중의 하나로 소개했다. 가령 목민관은 땅을 통해 백성을 얻고, 윗사람은 귀함을 통해, 선생은 어짊을 통해, 가문의 종자는 종족의 관계를 통해 백성을 얻는다. 이때 '유'는 "도를 통해 백성을 얻는"(『주례주소』, 2:21a) 사람이다. 고전을 읽는 그들의 가치를 '도'로 표현하고 그들이 '도'를 통해 백성과 관계한다고 소개한 것이다.

그러므로 유가란 원래 '학자들의 학파'다. 유가는 영어로 직역하면 공자교 Confucianism라는 말로 곧잘 소개되는데 서양 선교사의 오역이다. 그들은 마치 자신들의 가르침을 그리스도를 중심에 놓고 그리스도교Christianity라고 불렀듯이 공자를 중심에 놓고 중국의 가르침을 가리킬 단어를 만들었다. 그렇지만 유가에서 공자는 중요한 스승이기는 하나 가르침 전체는 아니다. 그래서 공자에 주목한 이 용어는 오역이고, 대안으로 가끔 사용되는 용어가 '학자들의 학파School of Scholars'다. 본문의 '유'를 학자로 이해하는 것이 상례였으므로 이 대안은 괜찮아 보인다.

공자에 따르면 이들 학자에는 군자의 학자가 있고, 소인의 학자가 있다. 고주는 이들이 결국 도를 밝히려고 하는가 아니면 개인적 명예를 얻으려고 하는가에 따라 달라진다고 했고, 다산은 이 설명을 받아들였다. 금주는 이들이 의를 추구하는가 개인적 이익을 추구하는가에 따라 달라진다고 했고, 다산은 이 설명도 좋다고 했다. 단지 다산은 이들이 공부의 규모에 따라 달라진다는 견해는 받아들이지 않았다. 자하는 자기 문인들에게 청소하고 응대

하는 일 같은 작은 일을 강조했다고 하는데(19.12), 이 때문에 자하의 공부는
규모가 작았다는 평이 있었다. 그래서 왕복례는 공자가 큰 주제를 다루는 학
자가 되라는 뜻에서 본문처럼 가르쳤다고 보았다(『사서집주보』, 5:13a). 하지
만 다산은 다르게 보았다. 유학에는 규모가 작아도 도와 의로움에 가닿을 수
있는 길이 많기 때문이다.

6.13

자유가 무성의 읍재가 되니 선생님께서 물었다. "너는 사람을 얻었
느냐?" "담대멸명이라는 사람이 있는데 갈 때 지름길을 이용하지
않고, 공실의 일이 아니면 일찍이 저 언의 방에 온 적이 없습니다."

子游爲武城宰. 子曰; 女得人焉耳乎? 曰; 有澹臺滅明者, 行不由徑, 非公事, 未
嘗至於偃之室也.

자유는 공자의 제자로 이름이 언언이었기 때문에 자신의 방을 가리켜 "언
의 방(偃之室)"이라고 했다. 보통 이 "언의 방"이 그의 집에 있는 방을 가리킨다
고 보는데, 다산은 자유의 집무실을 가리킨다고 보았다. 그 앞에 나오는 '공
사公事'는 노나라 공실과 관련된 일을 가리키기 때문에 "언의 방"은 사실이
아닌 집무실이 되어야 한다는 것이다. 금주는 '공사'가 '공공과 관련된 일', 가
령 향음주례나 향사례 같은 고을의 공적인 행사 혹은 법령의 검토 같은 공적
인 성격의 일을 가리킨다고 했지만 다산은 달리 생각했다. 그가 보기에 '공
사'는 '공실의 일'이며, 무성은 노나라의 공실이 직접 다스리는 고을이었으므
로 결국 무성의 정사와 관련된 일이 '공사'다.

다산은 또 "갈 때 지름길(徑)을 이용하지 않았다"라는 말이 담대멸명의 관청 출입과 관련된다는 참신한 견해를 제시했다. 고금주는 이것을 담대멸명의 사람됨을 보여주는 표현으로 보았다. 지름길로 다니지 않는 평소 처신을 통해 그의 공명정대함이 드러났다는 것이다. 하지만 다산은 현실에서 어떤 일이 일어나는지를 주목한다. 누구든 경우에 따라 지름길로 다니지 않을 수 없는 것이 현실 아닌가? 사람이 어떻게 언제나 지름길을 피할 수 있으며, 또 지름길로 다니지 않는 것이 어떻게 한 사람의 고매한 인격을 보여주는가? 『예기』나 『사기』 그리고 『공자가어』 등에 "군자는 지름길로 다니지 않는다"라는 말이 나오기는 한다. 그렇지만 다산이 보기에 그 말은 『논어』의 이 장, 정확히 말하면 이 장에 대한 잘못된 독해에 영향을 받아 후인이 만든 것일 뿐이다. 사실 조선처럼 대로가 발전하지 않은 나라에서 지름길 혹은 샛길을 피해 다니기란 힘든 일이었을 것이다.

그래서 다산은 "갈 때 지름길을 이용하지 않았다"라는 말이 관청에 출입할 경우에 담대멸명은 지름길을 사용하지 않았다는 뜻이라고 보았다. 곧 담대멸명은 관청에 출입할 때 누구나 그가 관청에 간다는 것을 알도록 대로를 사용했다. 그가 자유의 집무실에 갈 때는 사익을 추구하는 비밀스러운 만남을 위해서가 아니라 언제나 노나라 공실과 관련된 일을 처리하기 위해서였으므로 관에 간다는 사실을 감출 필요가 없었다. 이 해석은 '원의총괄'에도 기록되었다. "'행불유경行不由徑'은 관청에 들어갈 때 대로를 이용했다는 뜻이다." 그러므로 다산을 따라 『논어』를 읽을 때는 '행불유경'에 대한 다산의 참신한 해석이 드러나도록 해야한다.

이 장을 현실적으로 이해한다는 일관성을 가지고 다산은 "너는 사람을 얻었느냐?"라는 질문도 다르게 이해한다. 고주나 금주에서 이 질문은 무성에서 현자를 발견했는지를 묻는 것이다. 하지만 이 질문은 다산에게 행정을 보좌해 줄 사람을 얻었는지를 묻는다. 그러므로 자유가 얻은 담대멸명은 고금주에서는 현자이지만 다산의 해석에서는 자하의 집정을 도와주는 인재이자 보좌관이다. 고금주에서 공자는 한 고을의 행정 책임자로 부임한 제자가 덕있는 사람을 발견했는지에 관심을 가지지만 다산의 해석에서 공자는 제자가 성공적인 행정을 도와줄 인재를 확보했는지에 관심을 가진다. 다산은 한 사람의 덕이 아니라 행정의 효율성에 주목한 것이다. 옮긴 것만 놓고 보면 이런 해석의 차이가 드러나지 않지만 이 장 전체를 정사의 실제적 수행이라는 측면에서 읽는 것이 다산의 독특함이다.

여하튼 담대멸명은 공평무사했던 모양이다. 이 사람은 담대라는 복성을 가졌고, 멸명이 그의 이름이며, 자가 자우다. 복성을 가진 사람이 대개 그렇듯이 담대멸명의 선조는 고대 중국의 주변부, 지금의 쑤저우 출신이었다. 근처에 있는 담대라는 호수 주변이 그의 고향이었다. 이 지역은 원래 오나라에 속했는데, 나중에 오나라가 노나라를 공격했을 때 노나라가 오나라의 군사를 격퇴한 뒤 점령하여 결국 노나라에 속하게 되었다. 왕응린에 따르면 "공자의 제자 중에는 언언만이 오나라 출신"(『곤학기문』, 7:24a)이었는데, 그가 오나라 출신이었으므로 원래 오나라 지역이었던 무성의 읍재가 되었던 것 같다. 담대멸명의 집안은 무성에 자리 잡은 후 대대로 그곳에 살았고, 그래서 담대멸명은 무성의 읍재가 된 자하를 만나게 되었다. 이런 사실은 자잘한 사적의 고찰에도 관심이 있는 다산이 왕응린의 연구와 『춘추』를 읽으면서 밝혔다. 한편 사마천은 담대멸명이 눈을 돌릴 만큼 추하게 생긴 사람이었고, 그 때문에 공자가 그의 재주를 알아보지 못했다가 나중에 "내가 외모로 사람을 취했다가 자우(담대멸명)를 잃었다"(『사기』, 55:16b)라고 한탄했다고 했다. 그러면서도 사마천은 「중니제자열전」에서는 담대멸명을 공자의 제자로 기록한다(67:17b). 공자가 잃었다고 한탄한 사람이 나중에 그의 제자가 되었다니 기록이 맞는지 아리송하고, 공자가 외모로 사람을 취했다는 증언은 더욱 고개를 갸웃하게 만든다. 이런 불분명한 기록은 신기하고 재미있는 것을 좋아한 사마천의 고질에서 나왔을 수 있다.

6.14

선생님께서 말씀하셨다. "맹지반은 공을 자랑하지 않았다. 군사들이 도망갈 때 뒤를 감당했으면서도 성문에 들어설 때는 자신의 말을 채찍질하며 '내가 감히 뒤에 있고자 한 것이 아니라 말이 앞으로 나아가지 않았다'라고 했다."

子曰; 孟之反不伐. 奔而殿, 將入門, 策其馬曰; 非敢後也, 馬不進也.

맹지반은 노나라의 대부로 기원전 484년 제나라가 노나라를 침공했을 때 참전했다. 이때 노나라 군사는 제나라에 일시 패퇴하게 되었는데, 맹지반은 도망가는 군사들 뒤에서 추격하는 적군을 막으면서 제일 마지막에 퇴각했다. 본문의 '전殿'이 도망치는 우군의 뒤에 머문다는 뜻을 지닌다. 그러면서도 정작 도성에 들어갈 때 그는 자신의 공을 내세우지 않고 말 때문에 뒤로 처지게 되었다고 말하는 겸손을 보였다. 공자는 이 언행을 높이 평가하여 칭찬을 남겼다. 이 전쟁에서 노나라는 결국 승리를 거두었고, 이때 계강자에게 등용되어 좌군을 지휘한 공자의 제자 염구는 승전 후 계강자에게 당시 위나라에 머무르던 공자를 고국으로 모실 것을 요청하게 된다.

그런데 따지고 보면 맹지반에게는 일단 전투에서 패한 책임이 있다. 맹지반은 맹손씨의 일원으로 위에 언급한 전쟁에서 맹손씨가 우군을 맡음에 따라 전투에 참가했는데, 이 맹손씨의 우군이 도망을 가는 통에 노나라 군대 전체가 일시 붕괴되는 곤란을 경험했다. 비록 맹지반이 우군 전체를 지휘하지는 않았지만 주요 지휘관의 한 사람으로 그 역시 책임이 없다고 할 수 없다. 그런데도 공자는 패전의 책임을 묻지 않고 맹지반의 겸손을 칭찬했다.

애남영(1583~1646)에 따르면 여기에는 공자의 숨은 의도가 있다. 당시 제나라가 공격을 해오자 계손씨는 곧바로 군사를 수습하여 방어에 나섰는데, 다른 큰 가문인 맹손씨는 얼른 행동에 나서지 않고 닷새나 지나서야 겨우 군사를 점검하고 싸움에 나섰다. 맹손씨는 노나라를 실질적으로 책임진 계손씨와 관계가 좋지 않았기 때문이다. 다산은 이때 계손씨가 나라를 구하기 위해 분투노력한 것을 높이 사서 계손씨가 악의 세력만은 아니었다는 입장을 가지게 된다. 여하튼 계손씨와 맹손씨의 사이가 좋지 않은 것은 당시 노나라의 큰 걱정이었다. 그런데 맹손씨의 일원인 맹지반은 전공이야 어찌 됐든 위와 같은 겸허를 보여주었다. 만약 맹손씨와 계손씨가 모두 이러한 겸양을 보여줬다면 두 집안은 화해를 하고 노나라는 평안을 누릴 수 있었다. 그래서 공자는, 항상 나라의 안위를 생각하는 이 늙은 도덕주의자는 맹지반의 좋은 점만 부각하려고 했다(『애천자선생집고』, 223~224). 다산은 애남영의 이 논설이 좋다고 보고 길게 인용했다.

언급한 대로 맹지반은 맹손씨의 일원이었다. 다산은 두예를 인용하여 그의 성이 '맹'이고, 자가 '반反'이었다고 했다. 다산이 인용한 주에서 두예는 그의 이름이 지측之側이라고 했으므로 두예에 따르면 맹지반의 원래 이름은 맹지측이다. 그렇지만 자는 '지반'이 아니라 단지 '반'이다. 특이한 경우다. 이와 관련하여 금주는 그의 이름을 측이라고 소개했다. 그렇다면 맹지측은 원래 그의 이름이 아니라 '맹씨의 측'이라는 뜻이 된다. 나아가 맹지반도 '맹씨의 반', 곧 '맹손씨 중 반이라는 자를 가진 사람'이라는 뜻일 것이다. 그런데 금주에서 호인은 이 사람이 『장자』에 나오는 맹자반孟子反과 같은 사람이라고 소개한다. 맹자반에서는 '맹'이 성이고, '자반'이 자다. 당시에는 한 사람의 자 앞에 미칭인 '자子'를 넣어 소개하는 것이 보통이었으므로 맹자반이라는 호칭은 그런 격식에 맞다. 하지만 맹지반은 특이하다. 『논어』가 맹자반을 맹지반으로 잘못 적은 것이 아닌가 의심할 수도 있다. 하지만 사실 공자의 시대에는 아직 이런저런 격식이 완전히 갖추어진 상태가 아니었다. 원본 『논어』가 맹지반이라고 했으면 어떤 연유에서든 이 사람은 맹지반으로 불린 것이다. 그렇다면 『장자』가 이 장의 맹지반을 격식에 맞게 고치면서 맹자반이라고 했을 것이다.

6.15

선생님께서 말씀하셨다. "축관 타의 말재주나 송 공자 조의 미색이 없다면 지금 세상에서 화를 면하기가 어렵구나!"

子曰; 不有祝鮀之佞, 而有宋朝之美, 難乎免於今之世矣!

'축타祝鮀', 곧 위나라 종묘에서 '축을 읽는 직책에 있었던 타'라는 사람은 기원전 506년 위나라와 채나라의 회동에서 말재주로 상대방을 설득하여 위 영공의 위신을 높였고, 그로 인해 말재주가 뛰어난 사람으로 알려졌다. 자는 자어인데, 성이 무엇인지는 분명하지 않다. 축관 타로 인해 가문이 명망을 얻었으므로 나중에 후손들이 축이라는 성을 택했을 가능성도 있다. '송조宋朝', 곧 '송나라에서 온 소'라는 사람은 송 공실 출신으로 송 공실의 성이 자子였으므로 원래 이름은 자조子朝다. 위 영공의 부인인 남자南子, 곧 '남쪽에서 온

자라는 성을 가진 부인'이 고국인 송나라에 있을 때 공자 조와 통했는데, 혼인 뒤에도 그를 잊지 못하고 남편인 위 영공을 설득하여 위나라로 데려왔을 정도로 미색이 뛰어났다고 한다.

이 장을 읽을 때는 대략 세 가지 방법이 있다. 고주는 "축관 타의 말재주가 없이 송 공자 조의 미색만 있다면"이라고 읽는다. 문장 구조로 볼 때 부드럽지만 다산이 지적하듯이 이렇게 읽으면 공자가 송 공자 조의 미색을 아까워하는 느낌을 준다. 공자의 사상과 어울리지 않는다. 금주는 "축관 타의 말재주와 송 공자 조의 미색이 없다면"이라고 읽는다. 화를 면하기 위해서는 교언과 영색 두 가지가 모두 있어야 한다는 뜻인데, 문장 구조로 보면 자연스럽지 않다.

그에 비해 다산은 위에 옮긴 것처럼 읽었다. 곧 축관 타의 말재주 혹은 송 공자 조의 미색 둘 중 하나는 있어야 위험을 면할 수 있는 시대였다는 뜻이다. 다산은 본문의 '이유而有'가 '혹유或有'라는 말과 같기 때문에 이렇게 읽을 수 있다고 했다. 김이상은 '이유'의 '이而'가 '여與'와 같은 글자라고 했는데(『논어집주고증』, 3:14b), 다산은 이렇게 보아도 뜻이 통한다고 했다. 그러므로 다산을 통해 『논어』를 읽을 때는 다산이 타의 말재주와 조의 미색을 '혹은'이라는 말로 연결했다는 점을 분명히 해줘야 한다.

언제나 고주를 따르는 모기령은 이 장 역시 고주에 근거하여 읽었다. 그러면서도 그는 앞에서 언급한 사상적 불일치를 의식하여 공자 조의 '아름다움'이 얼굴의 미색이 아니라 내면의 아름다운 덕을 가리킨다고 했는데(『논어계구편』, 3:8b~9a), 어떻게 하든 고주를 따르고 주희를 비판하려는 의도를 담은 억설로 보인다. 과연 "이러한 괴담으로 주자를 공격하려고 하니 어렵구나!"라는 다산의 비난을 받을 만하다.

6.16

선생님께서 말씀하셨다. "누가 방문을 거치지 않고 밖으로 나갈 수 있겠는가? 어찌 이 도로 말미암지 않는가?"

子曰; 誰能出不由戶? 何莫由斯道也?

다산에 따르면 옛날 방을 만들 때는 남쪽으로 창을 내고 동쪽으로 방문(戶)을 날려 서쪽과 북쪽은 벽으로 막았다고 한다. 방에 문이 하나밖에 없으므로 밖으로 나가려면 그곳을 거칠 수밖에 없었다. 공자가 생각할 때 사람이 사람으로 살아갈 때는 성현의 도를 따라 살아갈 수밖에 없는데 사람들이 그렇게 하지 않으므로 이렇게 말했다. 다산은 공자의 대상 없는 질문이 남을 비난하기 위한 것이 아니라 이미 밖을 나가본 사람이 아직 출구를 찾지 못하는 사람들을 보면서 안타까워서 한 말이라고 했다. 그러므로 당연히 다산은 공자가 출세하려면 자신의 도를 따르라고 했다는 고주를 받아들일 수 없었다. 『예기』「예기」에도 이 장과 유사한 말이 있다. "방에 들어갈 때 방문을 거치지 않는 사람이 없다"(『예기주소』, 23:3a).

그러면 여기의 도는 무엇인가? 다산은 도를 정의할 때 항상 『중용』의 첫장을 인용한다. "하늘이 명한 것이 본성이고, 본성을 따르는 것이 도다"(『중용장구』, 1a). 다산의 하늘은 성리학의 하늘과 다르지만 그의 사유구조가 성리학에서 크게 멀지 않음을 보여주는 증거다.

6.17

선생님께서 말씀하셨다. "바탕이 문채를 이기면 조야하고, 문채가

바탕을 이기면 문서를 다루는 사람과 같다. 바탕과 문채가 조화를
이룬 이후에야 군자다."

子曰; 質勝文則野, 文勝質則史, 文質彬彬然後君子.

금주의 보광은 여기의 '사史'가 "『주례』에 등장하는 태사太史나 소사小史 등
을 말한다"라고 했다. 그래서 '사'를 사관으로 옮기는 경우도 있는데, 다산에
따르면 잘못이다. 사관은 문서도 다루지만 그 이상의 일도 하고 의리도 이해
한다. 반면 본문의 '사'는 문서를 다룰 줄만 알고 도덕에는 무지한 사람이다.
다산은 옛날 관청에 배치되어 있던 서사胥史가 이런 사람이었다고 하는데,
한글이 아니므로 위에서처럼 옮긴다.

이 장에서 공자는 '문文'과 '질質'의 균형이 필요하다고 이야기했으므로 다
산은 자연스럽게 다시 한 번 자신의 문질론을 서술한다. '문'은 무늬를 의미
하므로 본래의 바탕을 수식하여 꾸민 것은 모두 '문'인데, 문질론에서는 특
히 예악을 가리킨다. '질'은 아직 무늬를 올리지 않은 바탕이므로 인간을 낙
관적으로 파악하는 유학의 주류에서는 때 묻지 않은 순수함을 가리킨다. 다
산도 인간의 자연 상태를 도덕적 순수함과 연결시키기 때문에 그의 문질론
에서 '질'은 구체적으로 '충忠'이나 '신信' 같은 덕을 가리킨다. '원의총괄'은 이
장에서 다산이 "'문'과 '질'에 대한 잘못된 논의를 분변한다"라고 했다. 그러므
로 '잘못된 논의'가 무엇인지 밝히면 다산이 문질론이 드러난다.

다산이 지적한 첫 번째 잘못된 논의는 삼대 하·은·주의 문화를 각각 '충'
'질' '문'과 연결시켜 설명하는 것이다. 이 문제는 앞에서도 이미 설명했으므
로(2.23) 길게 부연할 필요는 없지만 간단히 말하면 이렇게 각 조대마다 하
나의 경향이 우세했다면 삼대는 모두 균형을 잃었다. 따라서 삼대의 성왕도
단지 한 사람의 야인이거나 "문서를 다루는 사람"에 불과하다. 우왕, 탕왕, 문

왕, 무왕이 모두 편벽한 사람이 된다. 다산에 따르면 이러한 논의는 본래 "한 나라 유자의 참위 잡설로 공자가 이야기한 것도 맹자가 말한 것도 아닌," 한마디로 이단 사설이다.

두 번째 잘못된 논의는 '문'보다 '질'을 근본으로 보는 성리학의 이론이다. 보광은 "조야한 것은 오히려 근본에 가깝다. 문서를 다루는 사람처럼 되는 것은 말단을 따르는 것이다"라고 했는데, 성리학의 '질' 우위론을 잘 보여준다. 물론 '질'이 없는 '문'은 있을 수 없다. 정말로 예악의 문화를 꽃피우려면 반드시 '충' '신'의 바탕이 전제되어야 한다. 예악을 실천하는 사람에게 내적 충실함이 없다면 진정한 예악은 없고, 가짜의 번잡한 예와 허구의 음악만 난무할 뿐이다. 그러므로 먼저 '질'이 있어야 '문'이 있으며, 이 때문에 선현들은 '질'을 먼저 이야기했다. 하지만 그렇다고 해서 '질'이 '문'보다 더 중요하지는 않다. 공자가 말하는 것처럼 어디까지나 '문'과 '질'은 조화를 이루어야 한다. 오히려 '질' 없는 '문'이 존재하지 않는다면 결국 주목해야 할 것은 '문'이다. '문'이 존재한다면 '질'은 이미 존재하기 때문이다. 곧 '문'이 문명의 성패를 가르는 요소다. 바로 이 점 때문에 공자는 항상 주나라를 따르겠다고 이야기했다. 하나라나 은나라에 비해 주나라는 문채가 성했다. 그렇다면 주나라는 이미 '질'을 갖추었고, 거기에서 더 나아가 '문'을 완성시킨 것이다. 그렇기 때문에 주나라가 공자의 이상사회가 되었다. 이런 논리로 다산은 '질'을 중시하는 성리학의 문질론을 상대적으로 볼 때 '문'을 중시하는 자신의 문질론으로 바꿔놓는다.

오늘날의 고루한 유자는 항상 주나라 말기 '문'이 승했다고 하니 또한 잘못된 것이 아닌가? 만약 주나라 말기에 정말로 '문'이 승했다면 주나라는 다시 흥기했을 것이다.

마지막 잘못된 논의는 당시 부진했던 문명을 발전시키는 방안과 관련이 된다. 다산도 다른 유학자와 마찬가지로 당시 '문'과 '질'의 균형이 파괴되었다고 본다. 그런데 성리학은 이 균형을 회복하기 위해 '질'을 먼저 회복해야 한다고 말한다. 다산의 눈에는 이것이 잘못이었다. 그가 보기에 문제는 항상 '문'에 있다. '문'을 회복하면 '질'은 자연스럽게 회복되고 양자는 궁극적으로 균형을 이룬다. 그의 시각에서 문채가 빛나는 문화는 항상 문질빈빈한 문화이기 때문이다.

> 지금은 그렇지 않으니 '질'로 돌아가고자 하면 먼저 '문'을 닦아야 한다. 왜인가? 선왕의 도가 밝아지지 않으면 끝내 '질'로 돌아갈 수 없기 때문이다. 그 기세가 서로 타고 서로 망하게 함이 이와 같은데도 유학자들은 입만 열면 곧 '문'을 억제하는 것을 위주로 말하니 어찌 시무를 아는 사람들이라고 하겠는가?

이런 논설이 다산을 예악주의자로 규정하는 근거다. 이 정체성에 걸맞게 그의 저서 대부분은 예악을 다루었다. 다산의 주군 정조 역시 왕실의 의례를 부흥하기 위해 노력한 사람이었다.

6.18
선생님께서 말씀하셨다. "사람이 살아가는 것은 정직함 때문이니 속이고도 살아가는 것은 요행히 면하는 것이다."

子曰; 人之生也直, 罔之生也, 幸而免.

이 장은 고금주와 다산이 모두 대체적으로 이렇게 읽었다. 고주는 "살아가는 것(生)"을 태어나서 죽을 때까지의 평탄한 삶이라고 보았는데, 이렇게 보면 평생 무탈하게 살기 위해서는 정직해야 한다는 교훈을 얻는다. 정직하지 않으면 벌을 받거나 분란에 휘말려 천수를 누리지 못하게 될 것이다. 하지만 다산은 이 장을 꼭 요절하거나 장수하는 일과 연결시켜 말할 필요는 없다고 보았다. 요절하고 장수하는 것은 인력으로 어떻게 할 수 없는 일이기 때문에 그저 정식을 보늠고 살 뿐이지 정직하다고 꼭 수를 누리는 보상을 받지는 않는다. 내용적으로 약간 차이가 있지만 그렇다고 해서 다산의 해석이 고주와 다르다고 하기는 어렵다. 금주도 크게 다르게 읽지 않았다.

단지 『논어정씨주』에 소개되어 있는 정현의 독법은 완전히 다르다. 그는 이 장의 앞부분을 "사람이 태어나서는 정직하니"라고 읽었다. 물론 『논어정씨주』는 둔황에서 발견되었으므로 다산이 참고할 수 없었다. 그런데 『논어필해』에 소개된 한유의 독법도 정현의 것과 유사하다. 그는 본문의 '직直'을 '덕悳'으로 봐야 한다고 주장하면서 앞부분을 "사람이 태어나서는 덕이 있으니"라고 읽었다. 이 독법은 다산도 참고했지만 동의하지 않았다. 그러므로 그가 설령 정현의 독법을 알았더라도 받아들이지 않았을 것이다.

다산은 송사에 연루된 어떤 사람이 거짓말로 풀려나서 위기를 모면하는 것을 보고 공자가 이 말을 했으리라고 추측했다. 맥락상 꼭 그런 추측이 필요하지 않은데도 그렇게 설명한 것은 아마도 거짓말이 난무하는 송사를 목도한 그 자신의 경험 때문이었는지도 모른다.

6.19

선생님께서 말씀하셨다. "아는 것은 좋아하는 것보다 못하고, 좋아하는 것은 즐거워하는 것보다 못하다."

子曰; 知之者不如好之者, 好之者不如樂之者.

고주와 금주는 모두 알고, 좋아하고, 즐거워하는 대상이 '도'라고 보았다. 그렇다면 여기에서 공자는 머리로 도를 아는 것보다 도를 좋아하는 것이 낫고, 도를 즐거워하는 것이 최상이라고 한 셈이다. 하지만 다산은 이 장이 반드시 도에만 적용되지는 않는다고 보았다. 그는 금주에 소개된 장식(1133~1180)의 해설을 인용하여 이 장의 말을 음식 먹는 것에 비유하면서 아는 것은 그것이 먹을 수 있는 음식이라는 것을 아는 것이고, 좋아하는 것은 먹고 나서 그 맛을 좋아하는 것이며, 즐거워하는 것은 그 맛을 좋아하면서도 또 배부름을 느끼는 것이라고 설명했다. 그러므로 다산을 통해 『논어』를 읽을 때는 이 장을 도를 배우는 일에 연결시키는 것이 적절하지 않을 수 있다.

6.20

선생님께서 말씀하셨다. "중간의 자질을 가진 사람 이상에게는 높은 이치를 말해줄 수 있으나 중간의 자질을 가진 사람 이하에게는 높은 이치를 말해줄 수 없다."

子曰; 中人以上, 可以語上也, 中人以下, 不可以語上也.

본문의 '어(語)'는 단순히 서로 대화하는 것이 아니라 말을 통해 가르치는 것을 의미한다. 고금주와 다산의 일치된 견해다. 본문에서는 '중인(中人)'만을 이야기했지만 이미 '중인'을 이야기했으므로 자질로 볼 때 사람은 여러 등급으로 나누어질 수 있음을 알 수 있다. 다산은 형병이 소개한 구품설을 따른다. 곧 상상, 상중, 상하, 중상, 중중, 중하, 하상, 하중, 하하의 아홉 등급이다. 형병에 따르면 이 아홉 등급에서 상상은 성인이고, 하하는 가장 어리석은 사람이나. 이 두 능급은 가르칠 수 없다. 성인은 가르치지 않아도 이미 알고, 가장 어리석은 사람은 가르쳐도 소용이 없다. 그러므로 가르칠 대상은 중간의 일곱 등급에 속하는 사람인데, 이중 한중간에 있는 사람은 이리로도 저리로도 갈 수 있다. 그러므로 본문에서 "중간의 자질을 가진 사람"이 두 번 등장한다. 이때 "높은 이치(上)"란 가장 지혜로운 사람이 깨달은 것을 가리킨다. 삶의 결론 같은 것이고, 복잡하고 어려운 주제다. 이런 주제는 준비된 사람에게 이야기해야지 자질이 부족하고 훈련되지 않은 사람에게는 이야기해도 학습 효과가 없다. 이상은 기본적으로 형병의 설이지만 다산도 대체로 수용한다.

금주는 이러한 자세한 구분이 불필요하다고 여겼는지 상중하 세 등급만 가지고 본문을 해설했다. 뛰어난 사람에게는 복잡한 주제를 이야기할 수 있지만 둔한 사람에게는 당장 그렇게 할 수 없다. 중간에 있는 사람은 노력에 따라 이렇게도 저렇게도 될 수 있다. 또한 금주에서 요로(1193~1264)는 "이 말은 중간 자질을 가진 사람 이하에게 끝내 높은 이치를 말해줄 수 없다는 의미가 아니다. 그들이 절실히 묻고 가까운 곳에서 생각하여 아래로부터 나아가 중간까지 나아가도록 한다면 그들에게도 점차 높은 이치를 말해줄 수 있다"라고 했다. 요로의 말대로라면 궁극적으로 모든 사람에게 높은 이치를 알려줄 수 있나. 배움을 통해 모든 사람이 성인이 될 수 있다는 성리학의 사유를 보여준다.

이 장을 놓고 유학이 차별을 용인했다고 비판할 수 있다. 어쩔 수 없는 일이다. 남을 가르쳐본 사람은 누구나 경험하듯이 배우는 사람의 자질은 천차만별이다. 태도의 문제도 있지만 자질의 문제도 있다. 그것이 현실이다. 현실에는 개인마다 차이가 존재한다. 물론 이 학습에서의 차이가 사회적 차별로 제도화하는 것을 용인해서는 안 된다. "높은 이치"의 학습에서는 지지부진하지만 남을 더 잘 배려하고, 용감하며, 공부를 넘어선 다른 일에서 탁월한 사람이 많기 때문이다. 그러므로 유학은 학습에서의 차이를 사회적 차별로 구조화한 역사를 조장하거나 방관했다는 점에서 비판받아야 한다. 하지만 그렇다고 하더라도 본문에는 실용적이고 현실적인 내용이 있다. 유학은 항상 현실에 주목하고, 종교적 이상의 현란함에 현혹되지 않으며, 그것으로 남을 현혹시키려고 하지도 않는다.

6.21

번지가 지혜로움을 물으니 선생님께서 말씀하셨다. "백성으로서의 의로움에 힘쓰고, 귀신을 공경하면서 멀리하면 지혜롭다 할 것이다." 인을 물으니 선생님께서 말씀하셨다. "인한 사람은 어려운 일은 남보다 먼저하고, 얻는 일은 남보다 뒤에 하니 가히 인하다 할 것이다."

樊遲問知. 子曰; 務民之義, 敬鬼神而遠之, 可謂知矣. 問仁. 曰; 仁者先難而後獲, 可謂仁矣.

'원의총괄'에는 기록되지 않았지만 다산은 이 장을 몇 가지 점에서 다르게 읽는다. 첫째, '민지의民之義'는 "백성으로서의 의로움"을 가리킨다. 이때 "백성으로서의 의로움"이란 "선을 행하고 악을 제거하는" 일을 말한다. 곧 백성의 도덕적 의무가 '민지의'다. 이 의무를 다하는 사람은 이 장이 말하는 대로 지혜롭다. "천하의 일 중 악을 제거하는 것보다 중요한 일이 없다는 것을 알면 지혜롭다고 할 수 있기" 때문이다. 금주도 '민지의'를 '사람으로서의 의로움'으로 풀었으므로 다산과 금주는 서로 통한다. 하지만 고주는 '민지의'를 '백성을 교화敎化하는 의로움'으로 해석하면서 위정자가 이에 힘쓴다고 했으므로 다산과 완전히 다르다.

둘째, '원遠'은 보통 금주를 따라서 '멀리하다'라는 뜻으로 옮긴다. "귀신을 공경하면서도 멀리하면(遠) 지혜롭다고 할 것이다." 그런데 고주에서 포함은 '원'이 결국 귀신을 '모독하지 않는 것'을 의미한다고 했다. 곧 무엇인가와 너무 가까워져 불경한 행동을 하지 않도록 일정한 거리를 두는 것이 '원'이다. 다산은 이 해석을 받아들였다. 그렇다면 이것은 '공경하는 것(敬)'과 같은 뜻이다. 공경도 역시 상대방과 일정한 거리를 두어야 실천할 수 있다. 그러므로 다산의 독법에서는 '공경하는 것'과 '멀리하는 것'을 금주처럼 역접으로 연결하면 안 된다. 위에 옮긴 것처럼 순접으로 이어야 한다.

셋째, 다산은 '선난이후획先難而後獲'도 다르게 읽었다. 고금주에 따르면 이 구절은 "어려운 일은 먼저 하고(先) 얻는 것은 나중에 한다(後)"라는 정도다. 그러나 다산은 이렇게 읽으면 문제가 생긴다고 보았다.

> 농사짓는 사람은 힘을 다해 밭을 갈고, 장사하는 사람은 위험을 무릅쓰고 바람찬 파도를 넘는다. 이들 또한 어려운 일을 먼저 하고 얻는 것은 나중에 하시 않음이 없다. 장차 그들도 모두 인하다고 할 것인가?

고금주처럼 읽으면 개인의 이익을 위해 어려운 일을 먼저 하고 나중에 이익을 도모하는 것도 인이 된다. 이런 오해의 소지가 있기 때문에 이 구절은 달리 해석해야 한다. 이때 염두에 두어야 할 것은 인이 사람과의 관계에서 성취된다는 점이다. 인은 남에 대한 사랑이며, 남을 이해하고 남의 입장에서 남이 원하는 것을 실천하는 일, 곧 '서恕'가 인의 유일한 방법이다. "'서'를 행한 이후에 인을 이루게 된다는 것은 중니씨가 항상 했던 말이다." 지금 번지는 인을 물었으므로 그에 대한 공자의 대답에 당연히 '서'가 있어야 한다. 그런데 사람들은 보통 어려운 일은 뒤로 미루고, 얻는 것을 먼저 하려 하지 않는가? 그것이 인지상정이다. 그러므로 인한 사람은 그들이 뒤로 미룬 어려운 일을 그들보다 먼저 하고, 그들이 먼저 하고자 하는 얻는 일은 그들보다 나중에 한다. 이것이 '선난이후획'의 의미다. 곧 다산에게 '선先'과 '후後'는 각각 "남보다 먼저 하다" "남보다 뒤에 하다"라는 뜻이다. '남보다'라는 말을 추가하지 않고 '선'과 '후'를 그렇게 풀 수 있는지는 모르겠지만 독특한 독법이고 일리가 있는 해석이다.

6.22

선생님께서 말씀하셨다. "지혜로운 사람은 물을 좋아하고, 인한 사람은 산을 좋아한다. 지혜로운 사람은 움직이고, 인한 사람은 고요하다. 지혜로운 사람은 즐거워하고, 인한 사람은 오래 간다."

子曰; 知者樂水, 仁者樂山. 知者動, 仁者靜. 知者樂, 仁者壽.

알다시피 '요樂'는 '좋아하다'라는 뜻일 때는 '요'로 읽는다. 앞의 두 구절에서는 '요'이고, 뒤에 나오는 글자는 '낙(즐거워하다)'이다.

고금주는 본문의 '수壽'를 '수를 누리다' 혹은 '오래 살다'라는 뜻으로 풀었다. 이렇게 관련 구절을 "인한 사람은 오래 산다"라는 식으로 풀면 당장 석 달 동안 인을 어기지 않은 안회는 왜 요절했는가 하는 질문이 있을 수 있기 때문에 주희는 특별히 "인에는 스스로 수를 누리는 이치가 있으니 안자(안회)의 경우를 집어넣어 이 구절을 이해해서는 안 된다"라는 설명을 덧붙였다. 하시만 다산이 보기에는 궁색한 해설이었다. 우선 한 개인의 수명이 그 사람의 덕과 연관된다는 것을 인정하기 어렵고, 무엇보다도 인을 장수의 방법처럼 만드는 것은 유학이 아니라 양생술에서나 취할 수법이다. 그러므로 '수'는 실제로 장수하는 것이 아니라 덕이 오래 가는 것을 의미한다. 다산에 따르면 『노자』가 이런 의미에서 '수'라는 글자를 사용했다. "죽어서도 잊히지 않는 사람은 오래 살 것이다(壽)"(『노자도덕경』, 33장). 과연 『노자』에서도 '수'는 장수를 의미하지 않는다. 이렇게 다산은 '수'를 고금주와 달리 이해했으므로 다산을 따라 『논어』를 읽을 때는 그 점을 드러내야 한다.

이 장에서 다산은 또 "인한 사람은 고요하다"라는 말에 대한 공안국의 해설을 비판한다. 공안국은 인한 사람이 고요할 수 있는 이유가 무욕하기 때문이라고 했는데, 다산이 보기에 이것은 도가의 해설이다. 다산에게 인은 언제나 힘을 다해 '서'를 행하는 것을 의미한다. 남을 사랑하려는, 남을 이해하고 남이 원하는 것을 실천하려는 악착같은 욕심이 있어야 인을 이룰 수 있다. 그러므로 인한 사람이 마치 청정무위한 것처럼 오해를 불러일으키면 안 된다.

또 다산은 "지혜로운 사람은 즐거워한다"라는 말에 대한 정현의 해설을 비판한다. 정현은 지혜로운 사람은 언제나 자신의 계획대로 사업을 성취하므로 즐거워할 수밖에 없다고 했다. 하지만 다산에게 이것은 소진이나 장의, 신불해, 한비 같은 형명가의 생각을 대변하는 해설이다. 정현처럼 보면 지혜는 결국 성공을 위한 도구, 권모술수의 지혜가 되기 때문이다. 공문의 지혜는 결과에 대한 고려 없이 순리를 이해하고 순리대로 행동하는 것을 의미한다. 그리고 체득한 순리대로 행동하면 "처하는 곳마다 자득하지 않음이 없다." 그래서 공자가 "지혜로운 사람은 즐거워한다"라고 한 것이다. 이렇게 해서 다산은 상징으로 가득한 이 장을 해석하면서 양생가, 도가, 형명가 같은 이단의 사유를 모두 배척했다. 단지 그는 노장에는 상대적으로 유연한 입장을 취한다. 『노자』와 『장자』의 고전적 지위를 어느 정도 인정했기 때문이다.

이 장에 많은 상징이 있는데, 이제 다산의 해설을 참고하여 그 상징의 함의를 서술하면 다음과 같다. 지혜로운 사람은 이치를 이해하고 이치에 따라 행동하는 사람이다. 그래서 그는 물길을 따라 흐르는 물과 같다. 인한 사람은 '서'를 행하는 사람이며, 그렇게 함으로써 남을 돕는다. 그래서 그는 그 풍부한 자원으로 사람의 생활을 윤택하게 하는 산과 비교된다. 곧 "지혜로운 사람은 물을 좋아하고, 인한 사람은 산을 좋아한다." 물은 흐르니 지혜로운 자는 당연히 움직이고, 산은 제자리에 있으니 인한 사람은 흔들리지 않는다. 흐르는 물은 언제나 제자리를 찾아가니 즐겁고, 고요한 산은 아무와도 경쟁하지 않으니 오래 간다.

6.23

선생님께서 말씀하셨다. "제나라가 한 번 변하면 노나라에 이르고, 노나라가 한 번 변하면 선왕의 도에 이를 것이다."

子曰: 齊一變, 至於魯, 魯一變, 至於道.

이 장에서 공자는 마치 제나라와 노나라 사이에 우열이 있는 것처럼 이야기한다. 제나라는 일변해서 기껏 노나라가 될 뿐이다. 그래서 고주와 금주는 우열의 이유를 설명하려고 했다. 노나라는 주공을 기려 그의 후손에게 준 나라이고, 제나라는 문왕과 무왕을 도와 주나라가 천하의 왕자가 되는 데 큰 기여를 했던 여상(강상), 곧 문왕을 만나게 되는 늙은 나이까지 낚시를 하며 어진 주군을 기다렸다는 강태공을 봉한 나라였다. 그런데 주공이 태공보다 낫다. 그러므로 노나라가 제나라보다 낫다. 이것이 고주의 설명이었다. 한편 금주에서 정이와 주희는 이른바 패도를 추구한 제 환공과 관중을 끌어들인다. 제 환공과 관중이 패도를 지향하여 나라를 망친 이후 제나라의 습속이 완전히 변하여 선왕의 유풍이 모두 사라졌고, 따라서 그래도 주공의 영향이 남은 노나라가 제나라보다 낫다. 이렇게 금주는 두 나라의 우열을 논하면서 제 환공과 관중에 대한 불쾌함을 드러냈다.

하지만 다산은 두 나라의 우열을 통해 이 장을 이해하지 않는다. 그에게는 "태공과 주공이 모두 다 성인"이며, 당시 제나라와 노나라는 누가 더 낫다고 할 것도 없이 "모두 쇠락했다." 그러면 왜 제나라는 일변해도 노나라밖에 되지 못하는 것일까?

다산이 보기에 이것은 너무나 당연했다. 그 당연한 이유는 본문의 '도道'가 '선왕의 도'를 가리킨다는 점에 있다. 그것은 무슨 추상적인 도가 아니라 선왕에 의해 실제로 적용되었던 다스림의 도를 가리킨다. 이 선왕의 도를 가장 발전시킨 나라가 주나라이므로 좀 더 구체적으로 이 도는 주나라의 도다. 그리고 주나라의 도를 완성시킨 문화적 영웅이 주공이며, 주공을 봉한 나라가 노나라다. 그러므로 노나라와 선왕의 제도는 상대적으로 가깝다. 반면 다산에 따르면 태공은 처음부터 주공과는 다른 방식으로 나라를 다스리려고 했다. 주나라가 친친親親, 곧 가족 관계를 중시하고 그것의 사회적 확대를 통해 나라를 다스리려고 했다면 제나라는 상현(尚賢), 곧 능력 있는 사람을 중용하여 그들의 행정력을 통해 나라를 다스리려고 했다. 다른 말로 주나라는 도덕을 통한 사회 통합을 추구했고, 제나라는 사공을 통한 사회 통합을 추구했다. 당연히 유교의 본령은 친친이다. 그렇기 때문에 노나라가 유교의 본령에 가깝고, '선왕의 도'에 가깝다. 하지만 다산은 친친이 상현보다 낫다고 단정하지 않는다. 두 나라가 단지 다를 뿐이다. 성리학이 제 환공과 관중을 맹렬히 비판할 때 언제나 그들을 옹호했던 것이 다산이다.

6.24

선생님께서 말씀하셨다. "술잔 고가 모가 나 있지 않으면 고이겠는가? 고이겠는가?"

子曰; 觚不觚, 觚哉? 觚哉?

고주와 금주가 이 장을 읽는 방법은 눈에 띄게 다르다. 다산은 금주를 따랐다. 이 장에는 '고觚'라는 글자가 네 번 나오는데, 그것은 기본적으로 일정한 형태를 가진 술잔을 가리킨다. 이 술잔은 원래 위아래로 길게 여섯 개 혹은 여덟 개의 모서리를 가지고 있었다고 한다. 그런 모양 때문에 이 글자는 모서리를 의미하게 되었는데, 여기에서는 두 번째 '고'가 그 뜻을 가진다. 이것이 다산이 받아들인 금주의 견해였고, 그를 반영하여 본문을 옮기면 위와 같다.

고주도 '고'는 일정한 형태를 지닌 그릇을 가리킨다고 했다. 단지 그것을 일상생활에서도 사용한 술잔으로 보는 금주와 다산과 달리 고주는 의례에 사용한 술잔, 곧 의례용 주기酒器로 보았다. 더 큰 차이는 고주가 두 번째 '고'를 금주와는 전혀 다르게 이해했다는 데 있다. 형병의 부연 설명에 의거하면 두 번째 '고'는 '적다'라는 뜻의 '과寡'와 같은 의미다. 이 술잔은 두 홉의 술을 담을 수 있었는데, 그 술의 양이 적었으므로 같은 글자가 '적다'라는 의미를 지니게 되었다. 나아가 형병은 『한시외전』을 인용하면서 이 술잔을 '적다(觚)'라는 뜻으로 명명한 이유는 술을 절제하라는 경계를 주기 위해서였다고 설명했다. 그런데 노 사람들은 이런 경계를 무시하고 호주를 일삼으므로 공자가 위와 같은 말을 하게 되었다. 그러므로 고주에 따라 본문을 읽으면 "술잔 고로 적게 마시지(觚) 않으면 고이겠는가? 고이겠는가?"라는 정도가 된다.

고주와 금주의 독법은 이렇게 갈라지지만 양자가 이해하는 이 장의 교훈은 유사하다. 곧 '고'라는 술잔의 이름, 정확하게는 그 이름의 함의와 어울리지 않는 일이 '고'의 사용에서 벌어지면 그 술잔은 '고'라는 정체성을 지킬 수 없다. 그런데 그런 일이 나라를 다스리는 영역에서도 일어나서 임금과 신하가 이름에 걸맞지 않은 행동을 한다. 그렇다면 그들을 임금이며 신하라고 할 수 있겠는가? 공자는 이런 비판을 하려고 했다.

하지만 차이도 있다. 고주는 이런 일이 벌어졌을 경우 올바르게 나라를 돌볼 수 없는 결과가 초래된다는 점에서 문제라고 보았고, 금주는 이런 일이 벌어져서 임금이나 신하가 그 명분에 맞지 않는 행동을 하는 것 자체를 문제로 보았다. 이 문제에서도 다산은 금주에 동의한다. 결국 이 장은 공자의 명실론名實論, 이름과 실질의 상위가 어떤 문제를 낳으며 그것을 어떻게 극복할 것인가 하는 논의를 담는다. 그래서 '원의총괄'은 이 장의 논의를 놓고 "'고불고觚不觚'는 명실에 대한 논변이다"라고 기록했다. 그런데 사실 대다수가 그렇게 생각한다. 단지 다산은 여기에서 소개하지 않은 많은 견해를 배격하면서 이 장이 공자의 명실론을 보여준다고 결론을 냈다. 곧 이 장의 '원의'는 '명실'의 관점에서 이 장을 이해하지 않는 견해는 잘못이라는 '원의'다.

오늘날 고고학적으로 발굴되는 '고'의 대부분에는 모서리가 없다. 그 대부분은 둥글면서도 긴 몸통에 넓은 바닥면, 그리고 때로는 그보다 더 넓은 주둥이를 가진다. 그렇지만 수가 많지 않기는 해도 발굴되는 '고'의 일부분에는 이 장이 거론한 모서리, 몸통 부분에 세로로 길게 자리한 모서리가 있다. 금주나 다산에 따르면 공자는 원래 모서리가 있어야 할 '고'에 모서리가 사라진 현실을 개탄하므로 그를 감안하면 발굴되는 '고' 중 모서리가 있는 것이 더 오래되었고, 모서리가 없는 것은 '고'의 정체성을 잃은 나중의 '고'다. 또한 고고학의 보고에 따르면 '고'는 전례에 사용된 예기가 아니라 여러 회합에서 널리 쓰인 술잔이라고 한다. 오래된 책 『논어』가 고고학의 현실과 어느 정도 어울리는 것 같아 흥미롭다.

6.25

재아가 묻기를 "인한 사람은 누군가 함정 속에 인이 있다고 말하더라도 좇아가겠습니까?"라고 하니 선생님께서 말씀하셨다. "어찌 그렇겠는가? 군자는 멀리 가게 할 수는 있어도 빠지게 할 수는 없고, 속일 수는 있어도 현혹시킬 수는 없다."

宰我問曰; 仁者, 雖告之曰井有仁焉, 其從之也? 子曰; 何爲其然也? 君子可逝也, 不可陷也, 可欺也, 不可罔也.

잘 알려진 이 장을 보통 어떻게 읽는지 안다면 다산이 얼마나 다르게 읽었는지 금세 알아차릴 수 있다. 당연히 다산을 통해 『논어』를 읽을 때는 이 독법의 신선함을 제대로 반영해야 한다.

고주와 금주에는 한 가지 작은 차이만 있다. 고주는 '정유인언井有仁焉'의 '인仁'을 '인한 사람'으로 보았고, 금주는 유면지(1091~1149)의 제안에 따라 '인人'과 같은 글자로 보았다. 나머지 부분에서 고주와 금주는 같은데, 그에 따라 본문을 옮기면 다음과 같다. "재아가 묻기를 '인한 사람은 누군가 인한 사람이(혹은 사람이) 우물에 빠져 있다고 말하더라도 따라 들어갈 것입니까?'라고 하니 선생님께서 말씀하셨다. '어찌 그렇겠는가? 군자는 우물에 가게 할 수는 있어도 빠지게 할 수는 없고, 속일 수는 있으나 현혹시킬 수는 없다.'" 위에서 옮긴 것과는 많이 다르다.

먼저 다산이 왜 위에서처럼 본문을 읽었는지 알아볼 필요가 있다. 다산이 이렇게 독창적인 독법을 제시하게 된 데는 고금주처럼 본문을 읽을 경우 공자가 인한 사람에 대해 설명한 부분을 반드시 인한 사람에게만 적용시킬 수 없다는 문제가 있었다. 고금주에 따르면 인한 사람은 남의 말을 듣고 우물에 가지만 사람을 구하기 위해 우물 속으로 몸을 던지지는 않는다. 그러면 몸을 던지지 않고 어떻게 할 것인가? 고주는 분명히 답을 하지 않았다. 하지만 금주는 "대개 몸이 우물 위에 있어야 우물 안에 있는 사람을 구할 수 있으므로 우물 속으로 따라 들어간다면 다시는 사람을 구할 수 없을 것이다"라고 하면서 우물에 도착한 인한 사람은 우물 위에서 가령 두레박 같은 것을 던져서 사람을 구할 것임을 암시했다. 그러니까 인한 사람은 우물에 가서 사람을 구하기는 하나 우물에 따라 들어가는 바보 같은 짓은 하지 않는다. 그런데 이것이 꼭 인한 사람만 할 수 있는 행동인가? 다산은 질문한다.

(사람이 빠졌다고 하면) 비록 군자가 아니더라도 누가 우물에 가서 보지 않을 것인가? 이 일을 두고서는 악인도 현혹시킬 수 없다. 꼭 군자라야 현

혹할 수 없고 몸을 아래로 던지게 만들지 못한다고 할 수 있는가? 그 뜻이 성립하지 않는다.

이렇게 보면 고주든 금주든 근본적으로 공자의 교훈을 잘못 읽은 셈이다. 지금 공자는 인한 사람이 어떤 사람인지를 설명하려고 한다. 그런데 그가 인한 사람에게만 적용되는 심리적, 실천적 경향이 아니라 보통사람들 모두가 하는 일을 가지고 인을 설명했다고 하면 말이 되는가? 그래서 다산은 재아의 질문에 대한 공자의 답변에 인한 사람만 가지는 어떤 특징이 있어야 한다고 생각했고, 해당 부분을 고금주와 전혀 다르게 해석했다. 그에게 본문의 '서逝'는 고금주에서처럼 우물에 가게 만드는 것이 아니라 위험으로부터 멀어지는 것을 의미한다. '함陷'은 고금주에서처럼 우물에 빠지는 것이 아니라 사사로운 이익을 추구하는 일에 빠지는 것을 의미한다. 이렇게 되어야 공자의 말을 통해 인한 사람의 심리와 행동을 이해할 수 있다. 축자 해석을 한다는 이 책 『다산 논어』의 원칙 때문에 위에서는 '서'와 '함'을 단지 "멀리 가게 하는 것," "빠지게 하는 것"이라고 풀었지만 뜻으로 보면 이 두 글자는 각각 "위험에서 멀리 가게 하는 것" 그리고 "이익을 좇는 데 빠지는 것"이라는 의미다. "속일 수는 있어도 현혹시킬 수는 없다"라는 구절은 모두가 이렇게 읽었지만 내용적으로 볼 때 고주와 금주에서는 인한 사람을 잠시 속여 우물에 가도록 할 수 있어도 우물에 빠지도록 현혹할 수는 없다는 뜻이며, 다산에게는 일반적으로 볼 때 인한 사람을 잠시 속일 수는 있지만 이치에 맞지 않는 소리로 기망할 수는 없다는 뜻이다.

그러므로 다산의 해석에서 본문은 이제 꼭 우물에 대한 이야기일 필요가 없다. 아니 어떻게 보면 우물을 둘러싼 '실없는' 논의는 그만두어야 한다. 그래서 다산은 본문의 '정井'이 함정이라는 뜻을 가진 '정阱'과 같은 글자라고 주장한다. 나아가 다산에게는 '정유인언'의 '인'이 고주처럼 '인한 사람'도 금주처럼 '사람'도 아닌 덕으로서의 인이 된다. 그래서 "함정 속에 인이 있다(井有仁焉)"라는 말은 빠지면 죽을 도리밖에 없는 함정(阱) 속에 인이 있다는 가정이 된다. 이 주장은 '원의총괄'에 "'정유인井有仁'은 마땅히 '정유인阱有仁'으로 봐야 한다'라고 기록되었다. 이런 다산의 해석에서 재아는 지금 "인한 사람은 죽는 것이 예상되더라도 인을 좇습니까?"라고 공자에게 묻고 있는 셈이나. 그런데 사실 고금주의 해석에서도 재아의 질문은 같은 함의를 지닌다. 사람을 구하기 위해 우물에 몸을 던지는 것은 죽을 것을 예상하면서도 인을 추구하는 행위이기 때문이다. 이렇게 돌고 돌아 다산은 광범위하게 받아들여지는 일반적인 해석에서와 같은 뜻을 재아의 질문으로부터 이끌어냈다.

이 질문에 대한 공자의 답은 무엇이었나? 사실 공자는 재아의 질문에 직접 대답하지 않았다. "죽더라도 함정(혹은 우물) 속으로 들어가 인을(혹은 사람을) 구할 것입니까?"라는 제자의 질문에 공자는 "함정(혹은 우물) 속으로 들어가는 것은 어리석은 짓이므로 인한 사람은 그렇게 하지 않는다'라고 대답했을 뿐이다. 물론 이것은 간접적인 부정이다. 한데 공자의 대답을 읽은 다산은 더 확실한 답을 준비한다. "어찌 군자가 인의 이름을 탐하여 반드시 죽고야 마는 험지에 몸을 던지겠는가?"

여기에서 다산이 "인의 이름을 탐한다'라는 표현을 쓴 것에 주목해야 한다. 다산은 인을 추구하기 위해 몸을 함정 속으로 던지는 행위가 인의 이름을 탐하는 공명심에서 비롯된 행동, 곧 개인이 이익을 추구하는 행동이라고 생각한 것이다. 그는 인을 위한 극단적 행동을 자제해야 한다는 것을 넘어서 그렇게 하는 것이 개인의 이익을 위한 행동이라고 주장한다. 다산에 따르면 그래서 공자가 "(인한 사람은 이익을 좇는 데) 빠지게 할 수는 없다'라고 말했다. 인의 이름을 얻기 위해 몸을 던지는 사람은 이익에 빠진 것이므로 인한 사람은 그렇게 하지 않는다는 것이다.

이렇게 이 장에 대한 다산의 참신한 해설을 따라가다보면 공자가 '살신성인'이라는 말을 남겼다는 사실을 떠올리게 된다. "뜻있는 사와 인한 사람은 삶을 구하여 인을 해치지 않고 몸을 죽여서 인을 이룬다"(15.9). 사실 여기 재아의 질문도 공자의 이 말에 대한 의구심을 표현한 것일지 모른다. 다산도 "군자에게 살신성인하는 의리가 있으므로 재아가 그것을 의심하여 이렇게 물었다"라고 하여 이 점을 확인한다. 하지만 다산이 볼 때 '살신성인'은 인을 이루기 위해 죽으라는 말이 아니다. '살신성인'을 말하는 장에 그가 남긴 '짧은' 주해를 보더라도 다산은 '살신성인'을 몸을 아끼기보다는 인의 성취에 마음을 두라는 은유적 교훈으로 읽었다. 하기는 다산도 살신성인한 사람은 아니다. 그는 믿음을 위해 죽음을 택한 그의 형과는 다른 선택을 했다. 그 다른 선택에 이런 생각이 영향을 미쳤든지 그 다른 선택 때문에 이런 생각을 하게 되었는지는 모르지만 양자 간에 어떤 관련이 있음을 짐작할 수 있다.

6.26
선생님께서 말씀하셨다. "군자가 글을 널리 배우고 예로써 규약하면 또한 어기지 않을 수 있다."

子曰; 君子博學於文, 約之以禮, 亦可以弗畔矣夫.

다산에 따르면 군자는 널리 배우고 싶은 생각이 있기 때문에 지식이 넘쳐 다른 곳에 눈길이 갈 수 있다. 그래서 공자가 예로써 절제시키면 도에서 멀어지지 않는다는 교훈을 주었다고 한다. 단지 한유는 본문의 '반畔'을 '치우치다'라는 뜻으로 이해하고, 이렇게 하면 어느 한곳에 치우치지 않을 수 있다고 주장했는데, 다산은 받아들이지 않는다. 한유의 제자 이고(774~836)는 『논어필해』에서 한유의 주를 보충하면서 "문이 승하면 어지럽게 흐를 수 있으니 반드시 간이하게 하고 절제해야 한다"라고 했다. 한유도 이 장에서 같은 교훈을 얻었다고 할 수 있지만 다산은 거의 모든 경우 한유의 독법에 동의하지 않는다.

6.27

선생님께서 남자를 보니 자로가 좋아하지 않았다. 우리 선생님께서 맹세하며 말씀하셨다. "내가 보지 않았다면 하늘이 미워할 것이다! 하늘이 미워할 것이다!"

子見南子, 子路不說. 夫子矢之曰; 予所否者, 天厭之! 天厭之!

이 장을 옳게 이해하기 위해 다산은 『논어고금주』를 통틀어 가장 긴 주해 중의 하나를 남겼다. 그만큼 할 말이 많았고, 이 장에 대한 오독을 바로잡아야겠다는 절실함도 컸다.

다산의 독법을 고금주와 비교해 보면 두 가지가 눈에 띈다. 첫째, 다산은 본문의 '부否'를 '그렇게 하지 않다'라는 뜻으로 풀면서 구체적으로는 "(남자를) 보지 않았다면"이라는 의미로 이해했다. 고주 역시 '부'를 '그렇게 하지 않다'라는 뜻으로 이해했지만 구체적으로는 그것이 "(남자를) 좋은 의도로 보지 않았다면"이라는 의미를 지닌다고 보았다. 고주에 따르면 공자가 남자를 본 이유는 남자를 통해 위 영공에게 영향력을 행사하여 위나라의 정사를 바로잡기 위한 데 있었다. 그렇기 때문에 공자는 자신이 "(남자를) 좋은 의도로 보지 않았다면(否)"이라고 하면서 맹세를 시작했다는 것이다. 그렇지만 과연 '부'라는 한 글자에 이렇게 장황한 의미를 부여할 수 있는지는 의문이다.

반면 금주는 '부'가 '잘못된 행동을 하는 것', 특히 예에 어긋나는 행동을 하는 것을 가리킨다고 보았다. 그러므로 금주에 따를 때 '여소부자予所否者'는 "내가 잘못된 행동을 했다면"이라고 옮겨야 한다. 그렇다면 공자는 지금 제자 앞에서 자신이 위 영공의 부인 남자를 만났을 때 예에 어긋나는, 혐의를 받을 만한 일을 하지 않았다고 맹세하는 셈이다. 이것은 공자의 성품을 감안해도 그렇고, 스승과 제자의 일반적 관계를 봐서도 언뜻 받아들일 수 없는 설명이다. 고주에서 공안국도 스승이 제자 앞에서 맹세하는 일이 비상식적이라고 생각했던지 그가 전해들은 구설을 통해 이 장을 해설하면서도 "도를 행하는 것은 부인의 일이 아니고 제자가 좋아하지 않았다고 그 앞에서 맹세를 하니 이 해석은 의심할 만하다"라고 하여 자신이 소개한 구설에 스스로 의문을 남겼다.

독법에서 두 번째 차이는 고금주가 본문의 '염厭'을 '버리다'라는 뜻으로 이해한 반면 다산은 '미워하다'라는 뜻으로 이해했다는 것이다. 이것은 사실 큰 차이는 아니다. 하늘로부터 버림을 받는 것이나 미움을 받는 것은 내용적으로 동일하다. 이외에 고주는 금주나 다산과 달리 본문의 '소所'가 맹세하는 말의 머리에 흔히 사용된 허사라는 점을 밝히지 않았다는 차이점도 있으나 이 차이는 본문을 옮기는 데 전혀 영향을 주지 못한다. 독법으로만 놓고 보면 다산과 고금주 사이에 이런 정도의 차이만 존재한다. 하지만 이 장의 해석을 놓고 다산은 그야말로 참신한 견해를 제시했다.

다산에 따르면 고주와 금주를 비롯한 수많은 주석가가 이 장을 잘못 이해했다. 긴 주해에서 그는 많은 견해를 소개하고 비판한다. 이 장에서 그가 비판하는 견해로는 고주와 금주 이외에도 『사기』의 기록, 왕충, 난조, 무파(?~309), 왕필(226~249), 이충(4세기), 한유, 양신(1488~1559), 채모(281~356), 모기령, 손혁(12세기), 장수(16세기 말), 다자이 준 등의 해석, 그리고 『공총자』의 기록 등이 있다. 물론 다산은 이 견해들을 모두 부정하지는 않는다. 다산은 이들의 견해를 비판하면서도 그중 받아들일 수 있는 해석은 받아들여 이 흥미로운 장에 대한 자신의 독창적인 해석을 완성시켰다. 이 장에 대한 다산의 해석은 두 조목에 걸쳐 '원의총괄'에 기록되었는데, 그중 하나는 다산이 발견한 '원의'를 "선생님께서 남자를 본 것은 반드시 난을 구제하고 (부자 사이의) 은혜를 보존하기 위한 것이었다"라고 요약했다. 이것이 무슨 뜻인지를 알아보자.

다산이 볼 때 무수한 주석가가 이 장을 잘못 해석한 데는 크게 볼 때 세 가지 이유가 있다. 첫째, 공자와 남자의 만남을 은밀한 사적 만남 혹은 비정상적인 통교로 본 점이다. 사실 공자 같은 도덕주의자가 미모도 뛰어나고 앞에서 설명한 것처럼 송 공자 조와의 사련으로 입방아에 오르내렸던 위 영공의 부인 남자를 만났다면 그 자체가 떳떳하지 않았을지도 모른다. 이러한 혐의는 주로 사마천이 조장한 것이다. 사마천은 「공자세가」에서 공자와 남자의 만남을 기록하면서 공자가 한 번 만나자는 남자의 청을 거절하다가 더 이상 거절할 수 없어 그녀를 만났는데 이때 "부인은 장막 안에 있었다. 공자가 문에 들어서 북쪽을 향해 머리를 조아리고 두 번 절을 했다. 부인이 차고 있던 패물 소리가 짤랑거렸다"(『사기』, 47:14b)라고 하면서 이 만남의 광경을 어떻게 보면 선정적으로, 마치 본 듯이 기록했다. 이 기록을 통해 사마천은 후대의 독자에게 공자가 남자를 만나지 않으려고 했는데 거절하지 못해 만났고, 그 만남의 순간에 이상한 기류가 흘렀다는 인상을 깊이 심어주었다. 역대 많은 주석가는 공자가 이렇게 떳떳하지 못한 만남을 가졌기 때문에 "자로가 좋아하지 않았다"라고 이해했다. 그래서 공자는 맹세를 하며 아무 일도 없었다고 발명하는 일이 벌어졌다.

그렇지만 이것은 고례를 잘 모르는 데서 나오는 오해였다. "옛날에는 한 사람이 그 나라에 벼슬을 하면 주군의 부인(小君)을 뵙는 예가 있었기" 때문이다. 사실 다산에게 이 정보를 처음 준 것은 주희다. 주희는 공자가 떳떳치 않은 일을 하지 않았다고 주장하기 위해 공자와 남자의 만남은 예에 합당했음을 밝히려고 했다. 그렇지만 그렇게 밝혔음에도 불구하고 주희는 공자가 남자를 만난 것은 성인에게 "가한 것도 없고 불가한 것도 없어서" 남자 같은 음탕한 여인을 만나도 괜찮았기 때문이라고 말해 이 중요한 발견의 가치를 퇴색시켰다. 하지만 다산은 주희로부터 이 정보를 얻어서 그것을 이 장의 '원의'를 발견하기 위한 핵심적 도구로 사용했고, 이 고례를 입증하기 위해 수많은 전거를 경전으로부터 찾았다. 그래서 이 고례의 발견 역시 '원의총괄'에 기록되었다. "본래 대부가 군주의 부인을 뵙는 예가 있다."

이 장에 대한 오독을 낳은 두 번째 이유는 문제가 되는 만남이 공자가 위나라를 처음 방문한 노 정공 13년(기원전 497)이 아니라 두 번째 방문한 노 애공 2년(기원전 493)에 일어났다는 사실을 간과했기 때문이다. 공자가 두 번째 방문에서 남자를 만났다는 것은 『논어집주』의 「서설序說」에서도 확인되고 위에서 언급한 『사기』 「공자세가」의 기록을 통해서도 확인된다. 그러므로 다산 주장의 독특함은 공자가 위나라를 두 번째 방문했을 때 남자를 만났다는 데 있지 않고, 그가 이 두 번째 방문이 기원전 493년에 있었다고 보는 데 있다. 보통은 공자가 이해에 위나라를 세 번째로 방문했다고 보기 때문이다. 다산은 일반적으로 말하는 첫 번째와 두 번째 방문을 하나로 묶었고 일반적으로 말하는 세 번째 방문을 두 번째 방문으로 이해했다. 이 사실은 중요하다. 이해에 위 영공이 죽었기 때문이다. 곧 다산에 따르면 공자가 남자를 만난 것은 위 영공이 죽은 뒤지 위 영공이 살아 있을 때가 아니다. 위 영공이 죽었으므로 공자는 미망인에 조문하고 더 나아가 어지러운 위나라 정세에 관한 자신의 해법을 알려주려고 했다. 위 영공이 죽으면서 위나라는 큰 혼란에 빠졌기 때문이다. 이렇게 되면 공자는 『사기』가 이야기하는 것처럼 마지못해 예답禮答으로 남자를 만난 것도 아니고 고주가 주장하는 것처럼 위 영공에게 영향력을 행사하여 위나라에 도가 행해지도록 하기 위해 남자를 만난 것도 아니다. 공자는 한 나라의 신하가 군주의 부인을 뵙는다는 고례에 근거하여, 또 조문을 하며 위나라의 정사를 논의하기 위해서 남자를 만났다. 그러므로 그 만남에는 혐의도 없고, 해명할 무엇도 존재하지 않는다. 이 점을 몰랐기 때문에 많은 주석가는 이 장에서 엉뚱한 노력을 기울였다.

그렇다면 왜 공자는 자로 앞에서 맹세를 했을까? 이에 대한 답변은 역대 주석가의 오해를 낳은 세 번째 이유와 관련이 있다. 많은 주석가가 당시 위나라의 정세를 제대로 이해하지 못했고, 이 정세를 둘러싼 공자와 자로의 첨예한 입장 차이도 몰랐던 것이다.

이 이야기는 다시 남자에게서부터 시작된다. 앞에서도 잠깐 밝힌 것처럼 '남자'는 '남쪽(송나라)에 온 자씨 성의 여인'이라는 뜻이다. 이 여인이 위 영공과 혼인하기 전 송 공자 조와 통했고, 혼인 뒤에도 그를 위나라로 데려와 사통했다는 것은 다산도 부인하지 않는 사실이다. 그런데 위 영공에게는 괴외蒯聵라는 이름을 가진 맏아들, 후궁에게서 태어난 서자이지만 영공이 죽으면 위나라의 군주가 될 태자가 있었다. 성격이 강직했던 괴외는 한 나라의 소군小君인 남자의 음행이 부끄러웠고, 급기야 그녀를 죽일 계획을 세웠다. 남자는 괴외의 친어머니도 아니었다. 하지만 일이 성사되기 전에 음모가 발각되었고, 그는 위나라에서 도망하여 송나라로, 또 다시 진晉나라로 유랑하게 되었다. 태자의 지위도 박탈되었다.

그에게는 동생인 공자 영郢이 있었고, 또 이름이 첩輒인 아들이 있었다. 이들은 괴외의 음모에 관여하지 않았으므로 위나라에 남았고, 공족으로의 지위도 유지했다. 그때 위 영공이 죽었다. 위 영공이 죽자 당연히 후계 문제가 논의되었다. 미망인 남자는 위 영공의 둘째 아들인 공자 영에게 선군을 잇도록 했다. 하지만 공자 영은 망명한 형을 대신해 군주가 되는 것을 꺼렸다. 그러자 남자는 괴외의 아들인 첩에게 권유했다. 의외로 첩은 이를 사양하지 않았고, 위나라의 출공出公이 되었다. 이때 '출出'은 '출黜'과 같은 의미로 '쫓겨나다'라는 뜻이다. 그는 나중에 아버지인 괴외에 의해 쫓겨났기 때문이다. 여하튼 위나라에서 이런 일이 벌어지고 있을 때 원래 태자였던 괴외도 위로 환국하여 군주가 되고자 했다. 환국을 하려다보니 이미 자기 아들이 군주의 자리에 앉아 있었다. 아버지 괴외는 아들에게 자리를 양보할 것을 요구했으나 첩은 거부했다. 분노한 괴외는 자신을 후원하는 진나라의 세력을 등에 업고 아들이 다스리는 자신의 고국을 징벌하려고 했다. 이것이 공자가 남자를 만나기 직전 위나라의 복잡한 정세였다. 이 사건은 춘추시대에 벌어진 요란한 사건 중의 하나이고, 또 다산이 많이 거론하는 사건이므로 길게 소개했다. 다산에 따르면 이 요란한 일을 목도하면서, 또 곧 있을 아버지와 아들 사이의 혈투를 예감하면서 공자는 남자를 만났다.

다산에 따르면 이때 공자는 다시 괴외를 받아들여 괴외를 군주 자리에 앉히고, 그렇게 함으로써 위나라 공실 세력 간의 분쟁과 아버지와 아들 사이의 분란을 해결하라고 남자에게 제안했다. 반면 자로는 모후를 암살하려고 한 괴외를 용서할 수 없었다. 그래서 그는 처음부터 공자의 생각을 마뜩치 않게 보았다. 더욱이 그는 아버지에 의해 쫓겨난 몸이 아닌가? 그는 괴외에게 비판적이었다. 자로가 괴외를 배척했다는 점은 그가 나중에 위 장공이 된 괴외에게 살해당했다는 사실로 입증된다. 그리고 다산이 보기에 공자가 괴외의 복귀를 지지했다는 점은 뒤에 나오는 공자의 말, 백이와 숙제에 대한 그의 평가로 입증된다(7.15).

이렇게 스승과 제자는 목전에서 벌어지는 분란을 두고 전혀 다른 생각을 했다. 스승이 남자를 만나 어떤 제안을 할 것인지 알았던 자로는 처음부터 그 만남이 못마땅했다. 하지만 공자는 남자를 만났다. 다산에 따르면 이것이 자로가 그 만남을 좋아하지 않은 이유다. 무슨 불설한 혐의가 있어서가 아니라 괴외를 용납하려는 스승의 생각이 마음에 들지 않았기 때문에 화가 난 것이었다. 공자는 아끼는 제자를 위해 자신이 왜 그러한 제안을 했는지 설명하려고 했다. 하지만 자로는 고집불통이었다. 공자는 급기야 맹세를 하면서까지 자신이 남자를 보지 않았다면(否) 하늘이 자신을 미워했을 것(厭)이라고 말했다. 한 나라의 분란을 해결하고 부자관계를 회복할 길이 있는데도 침묵하는 것은 하늘이 원하는 바가 아니었기 때문이다. 이렇게 해서 다산은 이 장을 둘러싸고 고금주와 전혀 다르고도 흥미로운 해설을 만들어냈다. '원의총괄'은 이 해설을 "선생님께서 남자를 본 것은 반드시 난을 구제하고 은혜를 보존하기 위한 것이었다"라고 옳게 요약했다.

이 장을 다산처럼 이해하면 남자를 단순히 음행 방자한 여인으로만 치부할 수 없다. 그녀는 공자와 위나라의 대사를 논할 자격이 있는 인물이어야 한다. 그래서 다산은 어찌 보면 남자에 대한 변호라고 여길 말을 남겼다.

남자의 행동은 그 음행에서 삼강三姜(애강哀姜, 문강文姜, 목강穆姜: 강씨인 제나라 출신으로 노나라 군주와 혼인했던 세 명의 음탕한 부인들)보다 더하지 않은데도 저들을 말할 때는 그들과 대부의 회동을 믿어 예에 어긋나지 않는 것으로 보고 남자는 의심하여 괴변으로 이해하니 어찌 의혹된 것이 아니겠는가?

선유는 모두 남자가 음란했다 하여 공자가 마땅히 들어가 보지 않았어야 했다고 말하지만 무릇 군주 부인의 음탕함과 정숙함은 대부가 감히 물을 일이 아니다.

이렇게 해서 다산은 공자의 누명을 벗겨주었다. 주희도 공자의 누명을 벗기기 위해 공자가 남자를 만난 것이 예에 어긋난 것은 아니었다고 했지만 다산만큼 총체적으로, 그리고 전혀 새로운 시각으로 공자를 옹호하지는 못했다.

만약 정말로 그랬다면(공자가 자로에게 약점을 잡혀서 하늘에 맹세를 했다면) 우리 선생님께서는 예를 어긴 것만이 아니라 하늘까지 속인 것이다. 그를 어찌 성인이라고 할 수 있겠는가? 이것은 큰 일이므로 분변하지 않을 수 없다.

마지막으로 이 장을 읽는 독특한 독법들 몇 가지를 소개한다. 하나는 본문의 '남자'가 노나라 계손씨의 가신이었던 남괴를 가리킨다는 설로, 송의 손혁이 제기하고 장수가 받아들였다. 다른 하나는 본문의 '시矢'가 '맹세하다'라는 뜻이 아니라 '진술하다'라는 뜻을 지닌다는 설로 동진의 채모가 처음 주장했고, 한유, 양신, 모기령 등이 지지했다. 더 재미있는 독법은 본문의 '부좀'를 '비'로 읽어 '비색되다' 곧 '막히다'라는 뜻으로 보는 것이다. 이렇게 되면 본문에서 공자가 맹세하는 말은 "내 처지가 막혀 있는 것은 하늘이 나를 싫어하기 때문이다! 하늘이 나를 싫어하기 때문이다!"라고 옮기게 된다. 이 독법은 난조가 처음 제기했는데, 그에 앞서 왕충은 본문의 '비'를 '비루하다'라는 뜻을 지닌 '비鄙'와 같은 글자로, 또 '염'을 '누르다'라는 뜻을 지닌 '압壓'과 같은 글자로 보면서 해당 부분을 "내 처지가 비루한 것은 하늘이 나를 누르기 때문이다! 하늘이 나를 누르기 때문이다!"라고 읽기도 했다. 이들과 유사하게 본문을 읽어 다산에게 '왕충의 지류'로 비판된 사람으로 목파, 왕필, 이충, 한유, 양신 등이 있다. 이 모두가 공자를 구하기 위한 고육책이었으나 다산이 보기에는 쓸데없는 노력이었다.

6.28

선생님께서 말씀하셨다. "중용의 덕이 지극하구나! 백성 중에 오래 간직하는 사람이 드물다."

子曰; 中庸之爲德也, 其至矣乎! 民鮮久矣.

다산도 인용하지만 주희는 '중中'이 '지나치거나 모자람이 없는 것'을 의미한다고 했다. 양적으로 양 극단의 중간을 찾는 것이 아니라 질적으로 가장 적당한 지점에 서는 것이 '중'이다. 우리가 보통 사용하는 중용이라는 말의 함의는 이 '중'자에 다 들어 있다. 보통 중용은 '지나치거나 모자람이 없는 것'을 의미하기 때문이다. 그러면 '용庸'은 무슨 뜻인가? 그것은 '상常(고주)' 혹은 '평상平常(금주)'이라는 의미다. 곧 '용'은 무엇인가가 항상 존재한다는 뜻이다. 물론 항상 존재하는 것은 '중'이다. 그러므로 엄격하게 볼 때 '중용'은 '언제나 존재하는 중용'이라는 뜻이다.

다산은 이 장을 고금주와 다르게 읽는다. 고주와 금주는 마지막 구절을 "백성이 드문 지가 오래 되었다"라고 읽었다. 그러면 이 장은 백성이 중용을 실천하지 않은 지가 오래 되었다는 탄식을 담는다. 반면 다산에 따르면 공자는 현재 백성 중에 중용의 덕을 오래 간직하는 사람이 드물다고 말했다. 다산은 자신이 옳게 읽었다는 것을 보여주기 위해 비슷한 뜻을 가진 경전의 여러 문장을 인용하는데, 특히 중요한 것은 『중용』이다. "중용을 택하면서도 능히 그것을 한 달 동안 지키지도 못한다"(『중용장구』, 5a). 이 문장은 사람들이 중용의 덕을 오래 간직하지 못하는 것이 공자의 걱정이었음을 보여준다. 더 중요한 정보는 본문과 유사한 『중용』의 한 구절에서 찾을 수 있다. "중용은 지극하구나! 백성 중에 능히 오래 간직하는 자가 드물다(民鮮能久矣)"(3b). 이렇게 '구久' 앞에 '능能'이라는 글자가 있으면 고금주처럼 읽을 수 없다. 고금주에서 '오래 되었다'라는 것은 부정적인 의미이기 때문이다. 다산처럼 '구'를 '오래 간직하다'라는 긍정적인 뜻으로 이해해야 '능'이 붙을 수 있다. 다산은 자신의 독법이 맞다는 확신을 가졌기 때문에 "아마도 이 경전(『논어』)에는 한 글자(能)가 빠져 있는 듯하다"라고 했다.

6.29

자공이 묻기를 "만약 널리 백성에게 베풀고 능히 무리를 구제한다면 어떻습니까? 인이라고 할 만합니까?"라고 하니 선생님께서 말씀하셨다. "어찌 인에만 그치겠는가? 반드시 성인됨이라고 할 것이다! 요순도 그것을 병통으로 여기셨다. 무릇 인은 자기가 서고자 할 때 남도 세우고, 자기가 통달하고자 할 때 남도 통달하게 하여 능히 가까운 곳에서 취하여 미루어 나가는 것이니 가히 인의 방법이라고 할 것이다."

子貢曰; 如有博施於民, 而能濟衆, 何如? 可謂仁乎? 子曰; 何事於仁? 必也聖

乎! 堯舜其猶病諸! 夫仁者, 己欲立而立人, 己欲達而達人, 能近取譬, 可謂仁
之方也已.

널리 백성에게 베풀면 은택을 받는 사람은 많아지지만 그 베풂의 양이 줄
어들기 때문에 대중을 완벽히 구제하지 못한다. 널리 베풀고 동시에 무리를
구제하는 일은 쉽지 않다. 다산의 생각이다. 그러므로 공자는 만약 이런 공
을 세운 사람이 있다면 인한 사람을 넘어서 성인의 자격이 있다고 했다. 본문
의 '사事'는 여기에서 '단지 (어떤 것에만) 해당하다'라는 뜻이다. 고금주의 공
통된 해설이다. 나중에 성리학은 '성인됨(聖)'을 배울 수 있다는 주돈이의 선
언으로부터 출발하지만 원래 '성인됨'은 인격이 아니라 세상에 남긴 공로를
보고 부여하는 덕이었다. 아무리 훌륭한 인격이라도 공을 세우지 못하면 성
인이 되지 못했다.

그래서 요와 순 같은 전설적 성왕도 이런 문제를 두고 고심했다. 당연히 아
무런 지위도 없는 사람은 '성인됨'을 감히 꿈 꿀 수 없었으므로 공자는 할 수
있는 일에 주목하여 자공의 거창한 가정을 사람답게 사는 일, 곧 인의 실천
이라는 차원으로 바꾸어버린다.

인의 사업과 관련된 처음 두 구절을 형병은 "자기가 서고자 하면 남을 먼
저 세우고"라는 식으로 읽는다. '먼저'라는 말이 추가되어 있다. 뜻으로는 이
렇게 읽어도 무방하나 말을 추가한 해석이다. 한편 본문의 '능근취비能近取譬'
는 고주와 금주가 다르게 읽는다. 고주는 "능히 가까운 곳에서 (남에게) 미루
어나가는 것(譬)을 취하여"라고 읽었고, 금주는 위에 옮긴 것처럼 읽었다. 모
두 인을 위해서는 "가까운 곳," 곧 자기 자신이 원하는 바에 근거하여 "(남에
게) 미루어나가는 것," 곧 남을 이해하는 것이 필요하다는 뜻이므로 어느 독
법을 취해도 공자의 교훈을 읽는 데는 문제가 없다. 하지만 다산은 금주를

인용했다. 이 표현은 '서恕'를 다르게 표현한 것이며, 다산의 사상에서 '서'는 인을 실천하는 유일한 길이다.

제7편

술이

述而

7.1

선생님께서 말씀하셨다. "전술하되 창작하지 않고, 믿으면서 옛것을 좋아하니 가만히 나를 우리 노팽에 비하노라."

子曰; 述而不作, 信而好古, 竊比於我老彭.

이 편 「술이」의 모든 장에는 공자가 등장한다. 그래서 고주는 이 편이 공자의 뜻과 행동을 기록했다고 했다. 그 첫 장에서 공자는 자신을 옛날의 지식을 전술하기만 하고 창작하지 않는 사람으로 소개한다. 과거 공자는 보통 『시』와 『서』를 편집했고, 십익十翼을 통해 『역』을 해설했고, 또 『춘추』를 저술했다고 알려졌다. 스스로 저술한 것은 『춘추』뿐인데, 다산은 그 저본이 되는 노나라의 역사 기록이 있었다고 했으므로 "전술하되(述) 창작하지(作) 않았다"라는 말은 공자에 대한 전통적 이해에 부합한다고 하겠다. 이렇게 전술에 열심이었던 것은 물론 그가 옛것을 좋아했기 때문이었다. 다산에 따르면 공자가 "믿었던 것"도 옛날 선왕의 도였다.

본문에 등장하는 '노팽老彭'은 정체가 불분명한 사람이다. 고주나 금주는 모두 이 사람이 은나라의 대부로 공자처럼 옛것을 좋아하는 사람이었기 때문에 은나라의 후예인 공자가 자신을 이 사람에게 비교했다고 설명한다. 금주에 따르면 공자는 노팽에게 일종의 연대감을 느꼈고, 그래서 "우리(我) 노팽"이라는 표현을 사용했다고 한다. 다산은 이 설명을 받아들인다. 이 견해에서는 이 사람의 정체에 대한 더 이상의 고찰이 불가능하다.

그런데 다산은 고금주의 설명 외에도 노팽의 정체에 대한 다른 주장을 여럿 소개한다. 다산이 인용하는 인물과 고전은 다수지만 그 설은 대략 두 가지로 분류된다. 그 하나는 '노팽'이 노자(老)와 팽조(彭)를 가리킨다는 설이고, 다른 하나는 '늙은(老) 팽조(彭)' 곧 700년 혹은 800년을 살았다는 장수의 대명사 팽조를 지칭한다는 설이다. 전자는 정현이 가장 먼저 제기했고, 왕필, 양시(1053~1135), 왕응린 등이 지지했다. 후자는 동진의 최찬이 제일 먼저 이야기한 듯하고, 이궤(?~619)가 지지했다. 다산이 소개하는 여러 주장의 출처는 형병의 『논어정의』와 왕응린의 『곤학기문』이다. 그런데 사실 형병이 소개한 최찬과 이궤의 설은 당 육덕명의 『논어음의』에 먼저 등장한다(『경전석문』, 26:3a~b). 그럼에도 불구하고 여기에서 다산은 『논어음의』를 언급하지 않는다. 『논어고금주』에서 다산은 때때로 『논어음의』를 인용하기는 하지만 아마도 직접 보지는 않은 듯하다.

짐작컨대 요즘의 독자는 노자와 팽조의 이야기를 액면 그대로 받아들이지 않을 것이다. 700~800년을 산 사람이 있다는 것은 우스운 이야기고, 최근 중국 학계의 흐름은 조금 다르지만 노자도 역사적 인물이 아니라고 보는 견해가 우세하기 때문이다. 현재 대부분의 학자는 『노자』가 공자의 시대보다 앞설 수 없다고 생각한다. 하지만 이것은 지금의 평가이고, 과거에는 모든 지식인이 노자가 실존 인물이며 공자보다 선배였다고 믿었다. 우선 말썽 많은 사마천의 『사기』에 증언이 있고, 유교의 경전 『예기』에도 같은 성격의 기사가 있기 때문이었다. 경전에 기록이 있으므로 노장을 이단이라고 생각하는 유학자도 노자를 부정하기 어려웠다. 다산이 모든 '이단'의 사상가 중에 노자를 가장 유연하게 취급하는 것도 그 때문이다. 하지만 노자를 가리킬지도 모르는 '노팽'에 공자가 자신을 겸손히 비교한 것은 유학자에게 역시 심드렁한 일이다. 그래서인지 다산은 위의 견해들을 소개만 하고 가타부타 아무런 논평도 하지 않는다.

7.2

선생님께서 말씀하셨다. "묵묵히 기억하고, 배우면서 싫어하지 않고, 남을 가르치면서 게을리 하지 않는 것, 어찌 이것들이 나에게 있을까 하는가?"

子曰; 默而識之, 學而不厭, 誨人不倦, 何有於我哉?

이 장의 앞의 세 구절을 놓고는 모두가 대체로 위에서처럼 읽는다. 하지만 마지막 구절은 제각각이다. 먼저 고주는 이 구절을 둘로 나누어서 "이것들이 누구에게 있는가(何有)? 나에게 있구나(於我哉)!"라고 읽는다. 금주에 익숙한 사람은 이런 독법도 있는지 고개를 갸웃할지 모르는데, 황간과 형병을 포함하여 금주 이전에는 모두 이렇게 읽었고, 고주를 좋아하는 모기령도 이렇게 읽었다(『논어계구편』, 3:14b). 하지만 다산은 "잘못이다. 무슨 말을 하는지 모르겠다"라고 하면서 냉소에 부친다.

금주의 독법은 또 전혀 다르다. "이것들 중 어느 것(何)이 나에게(於我) 있는가(有)?" 이 독법을 따르면 문제가 되는 구절을 부드럽게 읽을 수 있다. 하지만 이렇게 읽으면 공자는 앞에서 진술된 세 가지가 자신에게 없다고 고백하는 셈이다. 그런데 같은 편 「술이」의 한 장에서 공자는 스스로를 소개하면서 "배우면서 싫어하지 않고, 남을 가르치면서 게을리 하지 않는 것은 가히 말할 수 있을 것이다"(7.35)라고 하지 않았는가? 이 장의 두 번째, 세 번째 구절과 거의 같은 표현을 사용하면서 자신이 이 정도는 실천한다고 자신한 것이다. 그러므로 금주를 따라 이 장을 이해하면 공자의 말에 모순이 생긴다. 사실 배우는 일에 싫증을 내지 않았고, 가르치는 일을 게을리 하지 않았다는 것은 공자에 대한 전형적 묘사이고, 『맹자』도 말한 바다(『맹자집주』, 2A:2). 그래서 금주는 여기에서 공자가 겸양했다고 설명했다. 그렇지만 그렇게 보기에는 공부와 교육에 대한 공자의 자신감이 너무 인상적이고, 금주의 설명은 궁색하다.

이 어려움을 돌파하는 다산의 해법은 문제가 되는 구절을 위에 옮긴 것처럼 읽는 것이다. 위에서는 주어진 글자 그대로 옮겼으므로 의미가 다소 불분명할 수 있는데, 좀 더 부연하자면 공자는 지금 앞에서 열거된 세 가지 내용이 자신에게 있는지를 질문하는 것은 쓸데없는 일이라고 말한다. 이 독법은 누군가가 공자에게 세 가지 내용 중 무엇이 당신에게 있는가를 질문했다고 가정한다. 그리고 공자는 "어찌(何) 이것들이 나에게(於我) 있을까 하는가(有哉)?"라고 반문한다. 다산은 아무리 겸손하더라도 공자가 이 세 가지를 자임하지 않는 일이 있을 수는 없다는 생각으로 이렇게 말을 만들었다.

이 기발한 독법의 근거가 없지는 않다. 『논어』에는 지금 문제가 되는 '하유어아재何有於我哉'라는 표현이 또 한 번 등장하는데, 그 장의 발화구조도 지금 이 장과 유사하다. 공자가 어떤 것들을 열거하고, 그 뒤에 말을 맺으면서 이 표현을 사용한다. 그런데 그것 중의 하나가 "술 때문에 곤란을 받지 않는 것"이다(9.16). 이 장의 '하유어아재'를 금주처럼 읽으면 뒤에서 공자는 술 때문에 곤란을 받고 있다고 고백하는 셈이다. 아무리 공자가 겸손했더라도 상식에 맞지 않다. 그래서 다산은 자기 독법의 정당성을 주장하고 이 표현이 다시 등장할 때도 여기와 같은 식으로 읽었다. 고주도 이 표현이 다시 등장할 때 여기와 같은 식으로 읽었다. 금주도 마찬가지였다. 자기 해석에 대한 고집들이 느껴지는 광경이다.

7.3

선생님께서 말씀하셨다. "덕이 닦이지 않고, 배움이 밝혀지지 않고, 의를 듣고도 그곳으로 옮기지 않고, 불선한 것을 고치지 못하는 것, 이것이 나의 걱정이다."

子曰; 德之不修, 學之不講, 聞義不能徙, 不善不能改, 是吾憂也.

앞 장에 이어 이 장에서도 공자는 마치 자신이 덕을 닦고 배우는 일을 성실히 하지 않아 걱정이라는 듯 말한다. 앞 장을 공자의 겸손으로 이해한 금주는 이 장에서도 공자가 그렇게 걱정한 것이 맞고, 그것 역시 겸손의 표현이었다고 설명한다. 받아들일 수 있는지와 상관없이 적어도 일관성 있는 해설이었다. 고주는 일관성을 잃었다. 앞 장에서 재미있는 독법을 제안하여 공자가 배우고 가르치는 일에서만큼은 오만할 정도로 자신했다고 해설한 고주는 여기에서는 공자가 위에 열거된 모든 것에 대해 정말로 근심했다고 보았다. 다산은 어떤가?

다산도 금주처럼 일관성을 잃지 않았다. 옮긴 것만 보면 얼른 눈에 띄지 않지만 그의 독법은 고금주와 미묘하게 다르다. 고금주는 처음 두 구절을 "덕을 닦지 않고, 배움을 강습하지 않는 것"이라고 읽는다. 이렇게 되면 덕을 닦지 않고 배움을 강습하지 않는 주체는 공자 자신일 가능성이 높다. 하지만 다산은 본문의 '불수不修'가 "현재 사라졌는데도 다시 다스려지지 않는 것"을 의미하고, '불강不講'이 "현재 어두워졌는데도 다시 밝혀지지 않는 것"을 의미한다고 했다. 이렇게 보면 이것은 공자 자신이 아니라 당시 상황의 묘사다. 다산이 말하는 '덕', 곧 '본심의 올곧음'에 관심을 기울이지 않고, 다산이 말하는 '배움', 곧 '선왕의 도예道藝'를 추구하는 일이 없는 혼란스러운 세상에 대한 묘사가 되는 것이다. 따라서 공자의 걱정은 그렇게 하지 못하는 자신에 대한 염려가 아니라 세태에 대한 염려이고 개탄이다.

이와 관련하여 다산은 본문의 '오吾'가 '기己'와 같은 글자라고 했다. 두 글자 모두 '나'를 의미하는데 다산은 구태여 이런 주를 달았다. 물론 여기에는 이유가 있다. 앞의 한 장에서 다산은 '아我'와 '오吾'를 구분하면서 '아'는 화자와는 상관없는 일반적 자아를 의미하고, '오'는 화자 자신을 가리킨다고 했다 (5.11). 위 본문에는 '오'라는 글자가 나오기 때문에 앞에서의 해설에 따르면 여기 표현된 근심은 공자 자신에 대한 근심이라는 혐의를 받는다. 그렇지만 여기에서의 '오'는 사실 '기'를 의미한다. 이렇게 되면 공자 자신에 대한 근심이 아니라 내가 남을 근심한다는 것을 더 잘 보여줄 수 있다.

7.4
선생님께서 편안히 계실 때는 말을 자세하게 하셨고, 낯빛은 편안하셨다.

子之燕居, 申申如也, 夭夭如也.

이 장은 공자가 집에 거처할 때의 모습을 기록했다. 다산은 이 장을 고금주와 다르게 읽었다. 우선 고금주는 본문의 '신신申申'과 '요요夭夭'가 공자의 용모를 형용한다고 보았다. 고주에 따르면 '신신'은 온화한 모습, '요요'는 편안한 모습을 가리키고, 금주에 따르면 '신신'이 편안한 모습, '요요'가 즐거운 낯빛을 가리킨다. 이에 비해 다산은 '신신'은 공자의 말하는 태도를, '요요'는 얼굴빛을 형용한다고 주장했다. 이 주장은 「향당」을 참고한 것이다. 사적 공간에서 공자가 어떤 태도를 취했는지에 대한 기록이 「향당」에 많기 때문이다. 그런데 다산에 따르면 「향당」에는 공자의 말하는 태도와 그의 용모를 동시에 기록한 구절이 많다. 그러므로 여기에서도 그렇게 봐야 한다. "어떻게 이 장만 유독 용모를 기록한 것일 수 있겠는가?"

고금주와 달리 '신신'을 "말을 자세하게 하는 것"으로 이해하는 것도 「향당」을 참고한 것이다. 「향당」에서 공자는 조정이나 마을의 모임에서 항상 과묵하고 말을 아끼는 사람으로 묘사되는데, 공적 공간에서의 모습과 위에 기록된 사적 공간에서의 모습은 마땅히 대조되어야 한다. 곧 공자는 자기 집에서 제자와 대화할 때는 과묵하다기보다 자상했다. 제자와의 대화를 기록한 이 책 『논어』에서 공자가 같은 말을 반복하는 경우가 종종 있다는 것이 다산이 발견한 증거였다. 물론 '신신'이 말을 자세하게 하는 것을 의미한다는 경전적 근거도 있다. 그러한 증거에서 '신'은 언제나 말을 거듭하는 것이다. 한글에 '신신당부하다'라는 표현이 있는데, 이때의 '신신'이 본문의 '신신'임을 감안하면 다산의 설명이 그럴 듯하다.

7.5

선생님께서 말씀하셨다. "심하구나, 나의 노쇠함이! 오래구나, 내가 다시 꿈에서 주공을 보지 못한 것이!"

子曰; 甚矣, 吾衰也! 久矣, 吾不復夢見周公!

고금주와 다산이 같은 방식으로 읽고 이해하는 장이다. 보통은 이 장이 늙어가는 공자의 탄식을 담았다고 이해한다. 그렇게 되면 이 장은 늙음을 아쉬워하는 노래, 탄로가嘆老歌다. 물론 그런 뜻이 없지는 않다. 하지만 고금주와 다산은 모두 이 장의 탄식으로부터 공자가 젊었을 때는 꿈에서 주공을 자주 보았음을 추론한다. 유교의 어떤 성인보다도 주공을 흠모했던 젊은 공자는 꿈에서 그를 만날 정도로 열정적으로 민멸된 선왕의 도를 회복하려고 했다는 것이다. 그래서 다산은 "공구(공자)와 묵적(묵자)은 낮에는 시를 외고 책을 읽고 소업을 익혔으며, 밤에는 직접 문왕과 주공 단旦을 만나 질문했다"(『여씨춘추』, 24:10b)라는 『여씨춘추』의 기록까지 인용한다. 자신 스스로 선왕의 도를 구현해내려고 했던 다산은 감성이 풍만한 이 장에서도 건설적인 함의를 도출해내려고 했다.

7.6

선생님께서 말씀하셨다. "도에 뜻을 두고, 덕에 자리를 잡고, 인에 기대고, 예에 노닌다."

子曰; 志於道, 據於德, 依於仁, 游於藝.

이 장도 고금주와 다산이 거의 같은 방식으로 읽고 이해한다. 단지 본문의 '도道'가 무엇인지, '덕德'이 무엇인지, '인仁'이 무엇인지를 설명하는 방법은 다 다른데, 다산의 정의는 알기 쉽고 간명하다. 다산은 이런 개념을 복잡하게 이야기하지 않는다. 그는 성리학의 설명은 물론이고, 잡다한 내용을 길게 나열하는 한나라 경학(여기에서는 정현)의 해설도 대부분 치지도외한다.

그래서 다산에 따르면 '도'는 누구나 아는 것처럼 이곳에서 저곳으로 가는 길이다. 삶의 목표에 도달하기 위해서는 이 '도'를 따라가야 한다. 그러므로 '도'는 따라가야 할 길이고, 다른 식으로 말하면 인간의 본성이 가라고 하는 대로 걷는 길이다. '덕'은 다산에게 언제나 '곧은 마음'과 관련이 된다. '덕'은 '덕悳'으로도 쓰는데, 이 글자는 '직直(곧다)'과 '심心(마음)'을 합친 글자이기 때문이다. 그러므로 나의 본심이 아무 것에도 걸리지 않고 곧바로 표현되면 그것이 '덕'이다. '인'은 이미 여러 번 밝혔듯이 두 사람(二人)의 관계를 잘 유지하기 위한 행동이며, 남에 대한 사랑이다. 그러므로 '인'은 인간관계가 전제되지 않으면 성립하지 않는다. 반면 '덕'은 나의 곧은 마음이므로 반드시 인간관계가 전제되지는 않는다. 그래서 다산은 "덕에 자리를 잡는 것은 스스로를 수양하는 방법이고, 인에 기대는 것은 남을 접하는 방법"이라고 했다.

반면 본문의 '예藝'가 육예六藝를 가리킨다는 데는 모두가 동의한다. 육예는 유교의 여섯 가지 교육 과목이다. 예법, 음악, 활쏘기, 말 다루기, 글씨 쓰기, 셈하기의 여섯 가지를 말한다. 쉬운 주제인 것 같지만 그 내용을 자세히 들여다보면 복잡하다. 가령 예법에는 길례, 흉례, 군례, 빈례, 가례 등 이른바 오례가 있고, 음악에는 여섯 가지 음악이 있고, 활쏘기에도 다섯 가지가 있고, 이런 식이다. 『주례』에 따르면 이 과목들은 원래 나라의 경영에 참여할 귀족의 사제(國子)에게만 교수되었다. 이 장에서 공자가 귀족의 자제를 염두에 두고 이런 말을 했는지 아니면 자신의 제자를 염두에 두고 이런 말을 했는지는 확실하지 않다. 만약 후자였다면 그는 이렇게 말함으로써 교육의 문호를 넓힌 셈이다.

7.7

선생님께서 말씀하셨다. "육포 열 개 묶음 이상을 행한 경우에는 내가 가르치지 않음이 없었다."

子曰; 自行束脩以上, 吾未嘗無誨焉.

다산에 따르면 사람과 사람이 관계를 맺는 데는 두 종류가 있다. 하나는 혈연으로 관계를 맺는 것, 곧 부모 자식이나 형제 관계처럼 하늘이 정한 인연으로 만나는 것이고, 다른 하나는 의로써 관계를 맺는 것, 곧 가치관이 맞아서 만나는 것이다. 혈연을 제외한 모든 경우가 이에 속하는데, 군신 관계나 부부 관계, 사제 관계 같은 것이 대표적이다. 전자의 경우는 태어날 때부터 관계를 맺기 때문에 처음 인연을 맺을 때 별도의 예가 필요 없지만 후자의 경우 선택에 의한 만남이므로 그것을 기리는 예가 필요하다. 이 예는 신분이 높으면 높을수록 복잡해지지만 어떤 형식의 새로운 만남이라도 반드시 있어야 하는 요소가 있다. 흔히 '지贄(폐백)'라고 부르는 예물이다. 예물의 종류도 형편에 따라서 다양한데, 다산에 따르면 대부는 기러기를 규격이 잘 규정된 보자기에 싸서 교환했고, 그들보다 신분이 높은 상대부는 검은 양을 사용했다. 황간의 주는 이 부분의 설명을 보완해주는데, 가령 군주는 옥을 사용했고, 그 밑으로 사회적 신분에 따라 검은 양, 기러기, 꿩, 오리, 닭 등을 사용했으며, 가장 검소한 예물이 말린 육포 열 개를 묶은 '속수束脩' '포(脩)를 묶은

(束) 것'이었다. 이 장에서 공자는 최소한 이 정도 예물을 가지고 와서 가르침을 청하는 경우는 모두 제자로 받아들였다고 말했다.

지금도 그렇게 하는 사람이 있는지 모르겠지만 이전에는 배움의 대가로 선생님께 답례할 경우 마치 예물을 보자기에 싸듯 돈을 보이지 않게 봉투에 집어넣고는 그 위에 '속수'라는 말을 써서 드리고는 했다. 그 관행은 이 장을 참고한 것이었다. 하지만 본문에서 공자가 말하는 것은 스승과 제자가 처음 만날 성우다. 처음 사제관계를 맺을 때는 적어도 '속수'로 최소한의 예를 갖추어야 한다는 말이다. 매달 '속수'를 가져와야 한다는 뜻이 아니다. 다산의 제자 이강회는 이런 예물이 없이 만나는 경우를 야합이라고 한다고 했다. '속수' 정도마저 가져올 수 없는 사람이 배우고자 할 경우도 있을 텐데 사제관계를 맺는 데 무슨 물건을 요구하는가 하는 따가운 시선을 보낼 수도 있지만 이런 비판은 극단을 상정해서 평범을 비판하는 경우다. 요즘은 선생이 학생을 확보하기 위해 별 일을 다 하지만 주희가 말하듯이 옛날에는 선생이 학생을 찾아가서 가르치는 예가 없었다.

지금까지 서술한 내용은 다산만의 독창적인 해설이 아니다. 다산의 해설이 자세하고 친절하지만 다른 주해가도 뼈대에서는 모두 공감할 것이다. 다산은 이 장을 달리 읽지도 않았다. 그런데도 다산은 이 장에 자못 긴 주를 달았다. 이 긴 주해는 모두 '속수'라는 말의 또 다른 함의를 소개하고, 궁극적으로는 그것을 비판한다. 고금주가 합의한 독법을 다산이 받아들였음에도 불구하고 다산으로 하여금 장황한 고찰을 하게 만든 사람은 모기령과 다자이 준이다. 그들도 속수의 '합의된' 의미를 부정하지는 않았다. 하지만 한나라의 유학자처럼 '말'을 정확하게 정의하는 데 관심이 많았던 이들은 여러 고전을 뒤져 '속수'가 다른 의미로 쓰이는 경우를 찾아내 보고했다. 다산은 그들이 보고한 것을 검토하고, 비판하고, 필요하면 보충했다.

결론적으로 '속수'에는 네 가지 뜻이 있다. 그 하나는 이미 소개한 '육포 열 개 묶음'이고, 나머지는 '비단 한 묶음(束)과 육포(脩)'와 '허리띠를 묶고(束) 장신구를 단 것(脩)' 그리고 '몸가짐을 단속하고(束) 행동거지를 조심함(脩: 修)'이다. 세 번째 뜻과 관련하여 이렇게 외출할 때 모양을 갖춰 허리띠를 차고 장신구를 다는 것은 15세 이상에게 요구되는 사항이므로 그 뜻이 확대되어 '속수'가 '15세가 된 사람'을 가리키기도 한다. 그렇지만 아무리 '속수'라는 '말'의 고찰이 자세하더라도 본문을 읽는 데는 영향을 주지 않는다. 모두가 첫 번째 뜻을 받아들이기 때문이다. 그럼에도 불구하고 긴 논설을 남긴 다산을 보면 모기령과 다자이만큼은 아니지만 그 역시 '말'의 정확한 정의에 관심을 가졌음을 알 수 있다.

이 장의 고증학적 고찰이 모기령과 다자이에 의해 촉발되었다고 했지만 연구를 보고하는 과정에서 두 사람 모두 실수를 한다. 모기령은 중요한 전거의 하나로 『수서』 「유현전」을 인용하는데, 정작 인용된 문장은 「유현전」이 아니라 이어 나오는 「유작전」에 나온다. 다자이는 「유작전」으로 출처를 표시했지만 그것이 『수서』가 아니라 『북사』에 들어 있다고 했다. 다산도 모기령과 같은 실수를 했지만 나중에는 다자이의 보고를 염두에 두고 유현과 유작을 같이 이야기했다.

7.8

선생님께서 말씀하셨다. "분통해 하지 않으면 열어주지 않고, 슬퍼하지 않으면 계발해주지 않는다. 한 모퉁이를 들었는데 세 모퉁이로 응답하지 않으면 다시 말하지 않는다."

子曰; 不憤不啓, 不悱不發. 擧一隅不以三隅反, 則不復也.

다산은 이 장을 다시 고금주와 조금 다르게 읽는다. 고주와 금주는 모두 본문의 '분憤'이 마음으로 발분하는 것, 곧 배움을 위한 열정을 가지는 것을 의미하고, '비悱'가 말하고자 애를 쓰지만 쉽게 정리해내지 못해 답답해하는 것을 의미한다고 했다. 본문의 앞 두 구절을 각각 배우려고 하는 사람의 열망과 말의 부속함에 연결시킨 것이다. 그들의 해석에 따르면 공자는 적어도 이런 자세를 가진 사람이라야 가르치기를 시작하고(啓) 막힌 곳을 뚫어주었다(發). 곧 '계발'해줬다. 이에 비해 다산은 '분'과 '비'를 간명하게 글자 그대로 이해한다. 사전적 정의대로 '분'은 화가 나는 것이고, '비'는 슬퍼하는 것이다. 알고 싶은데 알 길이 없어 벽에 맞닥뜨리고 있는 것 같은 자기 자신에게 화가 나는 것이 '분'이고, 미몽에서 벗어나고 싶은데 벗어날 길이 없어 슬퍼하는 것이 '비'다. 다산에 따르면 이런 학생을 보았을 때 공자는 벽에 창을 열어주고(啓), 미몽을 걷어주었다(發). 물론 공자가 이런 자세를 본 뒤에야 가르침을 주었다고 보는 점에서는 고금주와 다산이 같다. 글자의 풀이가 약간 다를 뿐이다.

이런 자세를 갖춘 학생은 말하자면 입학시험을 통과한다. 하지만 이 장에 따르면 공문에 입학하여 배우기 시작한 학생이라도 그들이 뒷부분에서 묘사되는 이해 능력을 보이지 않으면 공자는 더 가르치지 않았다. 책 같은 사각형의 물체 한 구석을 들어 그 아래에 무엇이 있는지 보여주었는데, 나머지 세 구석 아래 무엇이 있는지를 유추하지 못하는 제자에게는 길게 이야기하지 않았다. 다산의 비유로 볼 때 가령 순임금이 남쪽으로 순행을 했다는 사실을 알려주면 그가 동쪽으로도, 서쪽으로도, 북쪽으로도 순행했을 것임을 짐작해야 한다. 이것은 말하자면 다음 학년으로 올라가기 위한 진급시험이다. 이 진급시험에 떨어진 학생은 공자의 졸업장을 받지 못할 것이다. 앞 장에서 공자의 제자가 되기 위한 형식적 요건을 이야기했다면 이 장에서는 배우는 자의 자세와 자질을 이야기한다. 꽤 까다로운 요구사항이다. 선생이 까다롭지 않으면 학생의 배움이 견고하지 않기 때문이다.

7.9

선생님께서는 상사가 있는 사람 옆에서 먹을 때 배불리 먹은 적이 없었다.

子食於有喪者之側, 未嘗飽也.

다산에 따르면 여기에서 "상사가 있는 사람(有喪者)"이란 가족을 잃어 조문을 받기 위한 빈청을 차리고 망자를 매장할 때까지의 기간, 곧 초상初喪 중의 상주를 의미한다. 보통 삼년상이라고 하는 25개월에 걸친 복상 기간 전체에 해당하는 말이 아니다. 아마도 이 장이 복상 기간 전체에 해당한다고 하면 너무 과하다고 생각했던 것 같다. 다산의 합리적, 현실주의적 사고를 감안하면 그랬을 가능성이 높다. 과거에는 우선 초상을 치르고, 13개월 뒤 소상 小喪을 치르고, 25개월 뒤 대상大喪을 치러 탈상했는데, 초상 중의 상주는 음식도 먹지 않고 아궁이에서 아예 불씨를 뺐다. 상주의 슬픔과 고통이 대단한 기간이므로 공자는 그런 사람 옆에서 "배불리 먹은 적이 없었다."

다산의 생각에 따르면 소소하지만 이런 것이 인이다. 다른 사람의 고통을 같이 느끼고 그 고통에 동참하는 것이 '서'이고, '서'를 실천하면 인이 된다. 고주는 이때 공자가 상가의 일을 도왔기 때문에 상주를 옆에 두고 먹게 되었고, 먹지 않으면 일을 도울 수 없기 때문에 먹기는 먹되 배불리 먹지 않았다고 설명했는데,『예기』「단궁」에서 상을 당한 사람 옆에서는 누구든 배불리 먹지 않는다고 한 것을 보면(『예기주소』, 8:7a) 반드시 그렇게 볼 일은 아닌 듯하다.

7.10

선생님께서는 한 날에 곡을 했으면 노래를 부르지 않았다.

子於是日, 哭則不歌.

『논어의소』와『논어집주』에서 이 장은 앞 장과 연결되어 한 장으로 되어 있다. 모두 상을 당한 사람에 동정하는 공자의 모습을 기록했다고 보았기 때문이다. 하지만 다산은『논어주소』를 따라 두 문장을 별도의 장으로 취급했다.

본문의 '시일是日'은 이미 존재한 특정한 날이 아니라 어떤 날이든 조문을 가서 곡을 한 그날을 가리킨다. 고금주와 다산이 모두 동의하는 해석이다. 다산은 독특하게 본문에서 말하는 노래가 요즘 말하는 노래가 아니라 시를 읊는 것이라고 본다. 고주나 금주에는 이런 설명이 없고,「단궁」에도 "남에게 조문을 하면 이날에는 음악을 하지 않는다"(9:6b)라는 말이 있는 만큼 반드시 다산처럼 봐야 하는 것은 아니다. 그런데도 이렇게 설명한 것을 보면 양반이 노래하는 것을 점잖지 않다고 본 조선의 정서가 반영되지 않았나 싶다.

다산의 참신한 해설은 또 있다. 공자가 이 장에 묘사된 것처럼 한 것은 보통 조곡과 노래를 한 날에 함께 하는 것이 예용禮容에 어긋나기 때문이었다고 보는데, 다산은 이 설명도 가능하지만 충분하지 않다고 논평한다. 그가 보기에 같은 날에 조곡을 먼저 하고 나중에 노래를 하는 것은 옳지 않지만 노래를 먼저 하고 나중에 곡을 하는 것은 문제가 되지 않는다. 현실에서 종종 일어나는 상황으로 볼 때 아침에 일어나서 노래를 하고, 곧 시를 읊고, 뒤에 부음을 들어 조문하고 곡을 하는 경우가 허다하기 때문이다. 따라서 단순히 조곡과 노래를 한 날에 같이 하면 안 된다고 할 것이 아니라 한 날에 먼저 조곡하고 나중에 노래하는 것은 옳지 않다고 해야 한다는 것이 다산의 생각이었다. 엄밀하게 살피고, 따질 것은 아무리 작은 문제라도 따지는 다산의 꼼꼼함이 드러난다.

7.11

선생님께서 안연에게 말씀하셨다. "'쓰이면 행하고, 버려지면 감춘다'라고 했으니 오직 나와 너만 이것이 있구나!" 자로가 묻기를 "선생님께서 삼군을 통솔한다면 누구와 함께 하시겠습니까?"라고 하니 선생님께서 말씀하셨다. "맨손으로 범을 치고 맨몸으로 강을 건너면서 죽어도 후회를 하지 않는 자와는 내가 함께 하지 않을 것이다. 반드시 일에 임해서는 두려워하고, 도모하기를 좋아하며 성공하는 자일 것이다."

子謂顏淵曰; 用之則行, 舍之則藏, 惟我與爾有是夫! 子路曰; 子行三軍則誰與? 子曰; 暴虎馮河, 死而無悔者, 吾不與也. 必也臨事而懼, 好謀而成者也.

안연에 대한 칭찬으로 시작된 이 장에서 자로가 중간에 불쑥 나오는 것을 두고 고주는 "오직 안연만을 아름답게 여기는 공자를 보고 자로는 자기가 용감하다고 생각하고 이런 질문을 했다"라고 했다. 그렇다면 자로는 안연을 부러워했든지 시기했든지 한 것이다. 그래서 언제나 자로를 낮추는 금주는 "삼군을 통솔하는 질문을 하는 데 이르러서는 그 논의가 더욱 비루하다"라고 자로를 힐난했다. 그러나 다산은 자로의 질문에 대한 공자의 대답이 "자로의 용맹을 억누르기 위한 것"이었다는 점만 인정하고, 그 질문의 배경은 언급하지 않는다. 다산은 자로를 현인으로 보았으므로 명확히 밝히지는 않았더라도 지고를 폄하하는 금주의 설명을 좋게 보지 않았을 것이다. 사실 내용으로 보면 이 장은 두 장으로 만들어도 상관이 없다.

이 장에서 다산은 독특하게도 앞에 나오는 두 구절, 보통 '용행사장用行舍藏'이라는 고사성어로 압축되는 두 구절을 예로부터 전해지는 고어로 보았다. 분명하지는 않지만 아마도 '행'과 '장'이 운을 이루기 때문인 듯하다. 따라서 다산을 통해 『논어』를 옮길 때는 이 점을 반영해야 한다. 모두가 동의하는 대로 여기에서 "쓰인다(用)"라는 것은 등용된다는 뜻이고, "버려진다(舍)"라는 것은 불우하여 재주를 알아주는 사람을 못 만난다는 뜻이다. "행한다(行)"라는 것은 자신의 도와 능력을 행사하는 것이고, "감춘다(藏)"라는 것은 자신의 몸과 재주를 감춘다는 뜻이다. 이렇게 공자가 참여하려고만 하거나 자족하려고만 하지 않고 때를 보아 출처를 정했다는 것은 여러 곳에서 증명된다. 다산에 따르면 "쓰이는데도 행하지 않으면 몸을 깨끗이 하려고 인륜을 어지럽히는 사람이고, 버려졌는데도 감추지 않으면 염치없는 녹을 구하는 자다."

삼군은 큰 제후의 나라에서 운용하는 군사의 규모로 좌군, 우군, 중군으로 구성된다. 이에 비해 작은 나라는 1군만을 보유하고, 천자는 6군을 운용했다고 한다. 주희와 다산에 따르면 1군은 1만 2500명으로 이루어져 있다. 또한 무기 없이 범과 싸우는 것을 '포호暴虎'라고 하고, 배가 없이 강을 건너는 것을 '빙하憑河'라고 하는데 '포호빙하' 역시 성어로 회자된다. 자로의 용맹함을 묘사한 말이다. 글자 수는 많지만 해석에 이견이 없으므로 다산의 주 역시 간략하다.

7.12

선생님께서 말씀하셨다. "부귀함이란 구할 수 있다면 비록 채찍을 잡는 하사라도 내가 하는 것이지만 만약 구할 수 없다면 내가 좋아하는 것을 따르는 것이다."

子曰; 富, 而可求也, 雖執鞭之士, 吾亦爲之, 如不可求, 從吾所好.

위에서는 본문의 '부富'를 '부귀'로 옮겼다. 다산에 따르면 "부를 말하면 귀함은 그 가운데 있다." 이 장에 대한 다산의 독자성은 그가 '부' 뒤에 '구句'라는 글자를 집어넣어 그곳에서 끊어 읽어야 한다고 주장한 데서 드러난다. 다산이 원문에 '구'라는 글자를 집어넣을 때는 그곳에서 끊어 읽는 것이 원의를 이해하는 데 결정적일 때다.

이렇게 '부' 뒤에서 끊어 읽는 것은 들어보지 못한 일이다. 고금주를 비롯하여 역대 모든 주해가는 그렇게 하지 않았고, 그렇게 하지 않을 경우 이 장은 "부유함을 구할 수 있다면(富而可求也) 비록 채찍을 잡는 하사라도 내가 하겠지만 만약 구할 수 없다면 내가 좋아하는 것을 따르겠다"라는 정도가 된다. 부귀는 억지로 구해서 얻을 수 있는 것이 아니므로 그것을 추구하기보다 내가 좋아하는 것, 곧 옛날의 도를 따르며 살겠다는 공자의 다짐을 담는다. 이런 해석에서 부귀는 추구할 수 있는 것도 아니고, 추구해서도 안 된다. 도덕적 순수에 주목하는 성리학자, 가령 소식은 금주에서 공자가 이렇게 말한 것이 "결단코 부귀를 구하지 않겠다는 뜻을 밝힌 것"이라고 하면서 부귀를 추구해서는 안 된다는 교훈을 읽었다.

다산에게는 이러한 해석이 문제였다. 이미 몇 번 서술한 것처럼 다산에게 부귀의 추구 자체는 악이 아니다. 단지 부귀를 얻기 위해 도덕을 방기하는 것이 악이다. 조정에 나아가 벼슬을 하는 것은 문제가 아니다. 단지 벼슬할 때가 아닌데 봉록이 아쉬워 벼슬하는 것이 문제다. 그러면 다산에게는 부귀를 추구할 길이 있는가? 있다. 벼슬을 하면 부귀를 얻을 수 있다. 그러므로 벼슬을 하기 위해 준비하는 것이 궁극적으로 부귀를 구하는 방법이다.

하지만 난세라면 사정이 다르다. 난세에 벼슬을 하려는 것은 억지로 부귀를 구하는 일이며, 비도덕이다. 앞 장에서도 공자는 "버려지면 감춘다"라고 하지 않았는가? 실상 다산의 시각에서 이 장은 "쓰이면 행하고, 버려지면 감춘다"(7.11)라는 말의 부연이다. 곧 다산은 "구할 수 있다면"이라는 표현이 치세를, "구할 수 없다면"이라는 표현이 난세를 의미한다고 보았다. 이렇게 보면 공자는 치세라면 자신이 하사下士의 직책, 임금이 행차하는 길에 어가의 말 채찍을 잡고 벽제하는 말단 관리 조랑씨條狼氏의 직책이라도 맡겠지만 난세라면 자신이 좋아하는 일을 하겠다고 말하는 셈이다. 고금주에서는 부귀보다는 자신이 좋아하는 것을 따른다는 것이 이 장의 주제였는데, 다산의 해석에서는 치란과 출처가 주제가 된다. 이렇게 신선한 해석을 제시함으로써 다산은 부귀에 대한 자신의 유연한 생각, 현실주의적이고 관료주의적 경향, 그리고 인상적인 도전을 보여주었다.

7.13

선생님께서 신중히 한 것은 재계하는 일과 전쟁과 질병이었다.

子之所愼, 齊戰疾.

'제齊'는 '가지런히 하다'라는 뜻으로 제사를 지내기 전 생각을 가지런히 하여 조상에게 예를 올릴 준비를 하는 것을 말한다. '재齋'와 바꿔 쓸 수도 있다. 시끄럽고 번거로운 일을 피하면서 심신을 정화하는 것으로 고주에 따르면 제사 전 일주일 동안 진행된다. 본문의 '전戰'은 전투가 아니라 본격적인 전쟁으로 양쪽이 진을 친 뒤 시작하는 싸움을 말한다. 공자는 "내가 전쟁을 하면 이긴다"(『예기주소』, 23:26a)라고 했는데, 전쟁을 신중히 대한 공자는 그만큼 준비도 철저히 했다는 말이 된다. 고금주와 다산이 모두 같은 방식으로 이 장을 읽고 해석했다.

7.14

선생님께서 제나라에 계실 때 '소'를 듣고는 석 달 동안 고기 맛을 몰랐고, "음악을 만든 것이 이 경지에 이를 줄 생각하지 못했다"라고 말씀하셨다.

子在齊聞韶, 三月不知肉味, 曰; 不圖爲樂之至於斯也.

'소韶'는 순임금 때의 음악으로 앞의 한 장에서 공자가 '진선진미'하다고 극찬한(3.25), 유학자에게는 완벽한 음악이다. 『사기』「공자세가」에 따르면 노소공 25년인 기원전 517년 소공은 계씨를 축출하려다 실패하고 외려 자신이 망명길에 올라 제나라로 갔다. 이때 공자도 제나라에 갔다. 그는 제나라 태사와 음악을 이야기하다 "소의 소리(韶音)를 듣고는 석 달 동안 그것을 배우면서 고기 맛을 몰랐다"(『사기』, 47:6a). 여기에서 보듯이 사마천은 공자가 '소'를 배우는 석 달 동안 고기 맛을 몰랐다고 기록했다. 이 기사는 다산에게 중요했다. 그것이 두 가지 논쟁을 정리해주기 때문이었다.

첫째, 고주는 공자가 '소'의 아름다움에 취해서가 아니라 분노를 했기 때문에 고기 맛을 몰랐다고 주장한다. '소'는 천자의 음악이고, 순임금처럼 훌륭한 덕을 가진 성왕을 위해 연주하는데 일개 제후국, 그것도 무도한 제나라에서 마음대로 '소'를 연주하므로 공자가 분을 이기지 못했다는 것이다. 화가 나서 공자는 고기 맛을 잃을 정도였다. 이 해석에서 본문의 '사斯'는 제나라를 가리키며, 해당 부분은 "(소의) 음악을 연주하는(爲) 일이 이 나라(斯)에 이를 줄 생각하지 못했다"라고 읽는다. 반면 금주와 다산의 독법에서 '사斯'는 대단히 아름다운 경지를 가리키고, '위爲'는 음악을 만든다는 뜻이다. 어쨌든 『사기』의 기록을 보면 공자는 분노가 아니라 아름다움을 느꼈다. 분노한 사람이 석 달 동안 '소'를 열심히 배웠을 리는 없기 때문이다. 다산은 『사기』를 참고하지 않더라도 고주는 받아들일 수 없다고 하면서 "만약 무도한 나라에서도 '소'를 연주했다면 그것은 순임금의 영광"이라고 평했다.

둘째, 다산에 따르면 한유는 본문의 '삼월三月'이 '음音'의 오자라고 주장했다. 원래 '음'이었는데, 형태가 비슷해서 나중에 옮겨 적는 사람이 '삼월'로 잘못 적었다는 주장이었다. 나중에 정이도 이렇게 주장했는데, 왜 이런 '개정'이 필요하다고 보았는지 한유의 이유는 알 수 없지만 정이의 이유는 금주에 진술되었다. 곧 정이는 아무리 순임금의 음악이지만 공자가 한낱 음악을 듣고 석 달 동안이나 고기 맛을 몰랐다면 이른바 완물상지玩物喪志, 어떤 물건을 좋아하여 도덕에의 뜻이 약해졌다는 혐의를 받을 수 있다고 보았다. 그에게는 음악도 그런 '물건'이었으므로 성인이 석 달 동안이나 음악에 심취했다는 것이 이해되지 않았고, 그래서 '삼월'은 (주희는 부정하지만) '음'으로 개정되어야 했다. 이렇게 개정하면 관련 부분은 "선생님께서 제나라에 계실 때 '소'의 소리(韶音)를 듣고는 고기 맛을 몰랐다"라고 읽게 된다. 하지만 이 주장도 『사기』에 의해 거부된다. 이들의 주장처럼 『사기』의 기록에 '소음韶音'이라는 말이 나오기는 하지만 곧이어 또 '삼월'이라는 말이 나오기 때문이다.

다산은 위의 주장을 한유의 것으로 소개했는데, 사실 한유의 『논어필해』에는 이 주장은 물론 아예 이 장 자체가 없다. 『논어필해』는 주를 단 경우에만 원문을 수록했기 때문이다. 그런데 좀 더 살펴보면 이 주장을 한유의 것으로 '의심하면서' 소개한 사람은 모기령이다(『논어계구편』, 4:1a). 그런데 모기령도 이 주장을 직접 확인한 것은 아닌 것 같다. 그는 아마도 조희변(13세기)의 『독서부지』의 기록, 곧 한유가 이런 견해를 제시했는데 정이의 문하에서는 모두 다 이 설을 받아들였다는 기록을 보았던 듯하다.

이쯤에서 다시 고주로 돌아가보자. 이 장에서 가장 인상적인 다산의 논변은 고주와 관련된다. 고주에서 형병은 순임금의 후예를 봉한 진陳나라의 귀족 진완(기원전 706~?)이 제나라로 망명하여 순임금의 음악이 제나라까지 흘러들어간 경과를 설명하면서 결론적으로 천자의 음악이 제후국에 전해진 것 자체가 문제였다고 해설했다. 이 해설을 받아들인다면 중화의 제후국인 조선은 천자의 음악을 연주해서도 보존해서도 안 된다. 하지만 조선에도 훌륭한 아악의 전통이 살아 있었다. 그래서 다산은 형병의 주장을 단호히 거부한다. 경전의 수많은 증거를 볼 때 제후국에서도 순임금의 음악은 물론 요임금, 문왕, 무왕의 음악을 보존하고 연주했음을 알 수 있기 때문이다.

이로 보건대 사대四代의 음악은 나라마다 다 있었고, 단지 종묘의 제사를 위한 음악으로만 사용하지 않았다. 후세에는 통달한 유자가 진실로 적어 사람들이 오직 주의 성왕이 노나라에 천자의 음악을 주었다고만 알고 (…) 또 기杞나라, 송나라, 진나라 세 제후국만이 천자의 후예로 고대의 음악을 보유하게 되었다고 하니 어찌 고루하지 않은가?

이 주장의 입증을 위해 다산이 인용한 전거를 일일이 옮기지는 못하지만 그것들을 읽어보면 경전에 대한 다산의 선행 학습이 『논어고금주』를 풍요롭게 하는 데 많은 기여를 했음을 알 수 있다. 중화의 질서 속에서 제후국의 권리를 옹호하는 것은 다산의 일관된 입장이다.

7.15

염유가 "우리 선생님께서는 위나라 임금을 하셨을까?"라고 하니 자공이 말했다. "알았다. 내가 장차 여쭤보리라." 자공이 들어와 묻기를 "백이와 숙제는 어떤 사람입니까?"라고 하니 선생님께서 말씀하셨다. "옛날의 현인이다." "원망했습니까?" "인을 구하여 인을 얻었으니 어찌 원망했겠느냐?" 자공이 물러나와 말했다. "우리 선생님께서는 하지 않았을 것이다."

冉有曰; 夫子爲衛君乎? 子貢曰; 諾. 吾將問之. 入曰; 伯夷叔齊, 何人也? 曰; 古之賢人也. 曰; 怨乎? 曰; 求仁而得仁, 又何怨? 出曰: 夫子不爲也.

다시 한 번 나산은 여태껏 아무도 말하지 않은 새로운 방법으로 이 장을 읽는다. '원의총괄'은 이 장의 창신을 요약하여 "우리 선생님께서는 위나라

임금을 하셨을까(夫子爲衛君)'라는 말에서의 '위爲'는 마땅히 '관중은 증서도
하지 않으려고 했다(管仲曾西之所不爲)'(『맹자집주』, 2A:1)라는 말에서의 '위爲'
처럼 읽어야 한다'라고 했다. 과연 이 장의 많은 논설은 '위'라는 한 글자에
대한 다산의 독창적인 이해에 기반을 둔다. 참고로 보통 이 글자는 고주의 정
현을 따라 '조助', 곧 '돕다'라는 뜻을 가진다고 본다. 그러면 이 장의 첫 구절
은 "우리 선생님께서는 위나라 임금을 도울 것인가?"라는 뜻이다.

　여기의 '위나라 임금'은 나중에 출공이라는 시호를 갖는 희첩姬輒, 보통 첩
으로 많이 불리는 인물을 가리킨다. 앞에서도 설명했지만 첩은 괴외의 아들
로 원래 태자였던 괴외가 부왕인 위 영공에게 쫓겨나 망명 중일 때 위 영공
이 죽자 위의 군주가 되었다(6.27). 그런데 위 영공이 죽었다는 소식을 들은
괴외 역시 환국하여 군주가 되려고 했다. 이렇게 아버지가 돌아와 임금이 되
려고 하는데 놀랍게도 아들 첩은 임금 자리의 사양을 거부하면서 괴외의 입
국을 물리적으로 막았고, 이 때문에 부자 사이에 큰 싸움이 벌어지게 되었
다. 고금주를 비롯한 모두는 이 장의 대화가 이때, 곧 첩이 장군 석만고를 보
내 척戚이라는 위나라 변방 지역에 머물러 있던 괴외를 포위했을 때를 배경
으로 한다고 본다. 이런 보편적 해설에서 염유의 질문, "우리 선생님께서는 위
나라 임금을 도울 것인가?"라는 질문은 일촉즉발의 위기를 맞은 위나라에
서 공자는 과연 당시 군주였던 첩을 도울 것인가 하는 질문이다. 이 궁금증
을 해소하기 위해 공자를 만난 자공은 직접적인 질문 대신 백이와 숙제에 대
해 물었고, 그들에 대한 공자의 긍정적 평가를 듣고 공자가 첩을 돕지 않으
리라 판단했다. 공자의 평가에 따르면 백이와 숙제는 서로 군주의 자리를 양
보하다 급기야 고국마저 떠난 인물, 임금의 자리를 양보했으면서도 나중까지
원망하는 마음이 없었던 인한 사람이었기 때문이다.

　그렇지만 다산이 보기에 이 보편적 해설에는 여러 문제가 있었다. 우선 이

장의 대화가 언제 있었는지를 잘못 이해했다. 여태껏 주석가들은 괴외와 첩의 결전이 막 일어나려고 할 때 위나라에 있었던 공자와 그의 제자 사이에서 이 장에 기록된 대화가 있었다고 보았다. 곧 첩이 석만고를 보내 척을 포위함으로써 시작된 10년 전쟁의 시작 지점에 있었던 대화였다. 석만고가 척을 포위한 것은 노 애공 3년 기원전 492년이었다. 위 영공은 이보다 일 년 전인 기원전 493년에 죽었고, 괴외가 척에 도착한 것도 같은 해 겨울이었다 하지만 선생이 시작된 것은 영공이 죽은 다음 해였다. 이 점은 대단히 중요하다. 다산에 따르면 공자는 위 영공이 죽은 해 위나라에 들렀다가 곧바로 위나라를 떠나 다른 나라를 전전했고, 이 전쟁이 일어나는 시점에는 이미 위나라를 떠난 지가 오래 되었기 때문이다. 그래서 다산은 "공자의 마음에서 위나라는 없어진 지 오래 되었다. (위의 군주를) 돕고 안 돕고를 놓고 무슨 논의가 있을 수 있겠는가?"라고 질문한다.

요컨대 다산에게 이 장은 공자가 괴외를 공격하려는 첩의 편에 설 것인가 하는 문제를 다루지 않는다. 이 점은 이치를 따져보아도 알 수 있다. 첩은 태자였던 자신의 아버지가 군주가 되려는 것을 물리적으로 저지했다. 한마디로 패륜이었다. 그런데 공자의 문하에서 첩을 도울 것인지 아닌지를 놓고 토론이 벌어진다면 그것이 이치에 맞는가?

> 그렇지만 괴첩剌輒(輒)은 군주의 자리에 가만히 앉아서 석만고가 자신의 아버지를 배척하는 것을 좌시하고만 있었고, 부끄러운 낯빛을 하면서도 자리를 지켰다. 천하에 괴첩을 위해 왼쪽 소매를 걷어붙일 사람이 있기는 한가?

따라서 공자가 첩을 도울 것인가 말 것인가는 다산에게 처음부터 성립되지 않는 질문이었다. 그렇다면 염구는 무엇을 궁금해 한 것일까?

다산은 염구의 질문이 첩이 처음 임금 자리에 오를 때와 관련된다고 보았다. 위 영공이 죽자 미망인이 된 남자는 당초 괴외의 동생 공자 영에게 자리에 오르라고 권유했다가 그가 완강히 사절하자 괴외의 아들인 첩을 택했다. 이때는 그의 아버지 괴외가 환국하지도 않았고, 위나라의 군주가 되겠다는 의사를 피력하지도 않았다. 말하자면 위나라에는 첩 이외에 임금 자리를 계승할 다른 사람이 없었다. 물론 첩도 아버지가 망명 중이라는 사실을 의식했다. 하지만 임금이 되라는 것은 할머니의 명령이기도 했다. 이러한 상황이라면 임금이 될 것인지 말 것인지 정말 고민이 될 수 있다. 다산에 따르면 염구는 이 상황에서 공자라면 어떤 선택을 할 것인지가 궁금했다. 그리고 위에서처럼 질문했다. 그러므로 문제가 되는 '위'라는 글자는 '돕다'라는 뜻으로 읽어서는 안 된다.

'위'에 대한 지배적 독법을 받아들일 수 없다면 새로운 독법을 찾아야 하는데, 이를 위해 다산에게 큰 도움을 준 것이 『맹자』의 한 구절이었다. 거기에는 제나라의 관중을 비판하는 증자의 손자 증서의 말이 나온다. 맹자는 그것을 인용하면서 "관중은 증서도 하지 않으려고 했다(不爲)"라고 말했다. 본문의 '위'도 이 경우처럼 '누구와 같은 행동을 취하다'라는 뜻이다. 곧 염구의 질문은 공자라면 첩처럼 임금이 되었겠느냐는 질문이다. 이러한 다산의 해석을 반영하면 해당 부분을 "우리 선생님께서는 위나라 임금을 하셨을까?"라고 옮기게 된다. 이때 시제는 과거다. 이 장의 대화는 기원전 492년에 있었고, 첩은 기원전 493년에 이미 위의 군주가 되었기 때문이다. 따라서 다산을 통해 『논어』를 읽을 때는 시제를 옳게 반영해야 한다.

다산과 달리 모기령은 당시 첩에게 아버지 괴외를 배척해야만 하는 사정이 있었다고 했다. 사실 망명 중의 괴외는 무력했으므로 다른 나라가 도와

주지 않았다면 아무리 아들이지만 위의 군주에 맞설 수 없었다. 이때 괴외를 도와준 것이 진晉나라였다. 진나라는 옛날 망명 중이던 진 공자 중이, 나중에 춘추의 다섯 패자 중의 하나가 된 진 문공이 위나라를 지날 때 흙을 주워 먹어야 했던 치욕을 경험한 이후로 위나라와 적이 되어 언제나 복수할 마음을 가졌다. 그래서 진나라는 강력한 군주였던 위 영공이 죽자 망명 태자 괴외를 위나라에 보냄으로써 분란을 일으키고자 했다. 진나라는 군사를 일으켰고, 괴외를 보위하여 무단으로 위나라의 변성인 척에 주둔했다. 모기령은 『춘추』에서 공자가 이 사건을 첩의 입장에 동조하는 방식으로 서술했으며, 위나라 사람들이 모두 진나라에 악감정을 가지고 그 군사를 격퇴하려고 했다는 점 등을 들어 공자가 사실은 첩을 지지했다고 보았다(『논어계구편』, 3:9b~10a). 그러므로 정현의 해석대로 염구는 스승이 첩을 도울 것인가 궁금해 했다는 것이다.

하지만 다산은 펄쩍 뛴다. 이것은 잘못된 이해일 뿐만 아니라 성인에 대한 무고였다. 다산이 보기에 『춘추』는 문제의 사건을 있는 그대로 기록했을 뿐이지 누구를 편들지 않았고, 위나라 사람이 진나라 군사를 격퇴하려고 한 것은 사세에 따른 자연스러운 반응이었으며, 더욱이 위 영공이 괴외를 내쫓을 때 괴외의 우군 역시 모두 위나라를 떠난 만큼 당시 위나라의 여론이 사태를 이해하는 결정적 요소가 될 수 없었다. 모기령의 주장을 읽은 다산의 결론은 이것이었다.

소산(모기령)이 성인을 무고함이 한결같이 이런 지경에까지 이르렀던 것이다.

그런데 다산이 이렇게까지 모기령을 책망한 데는 이유가 있었다. 따지고 보면 위나라에서 벌어진 것과 같은 골육 간의 갈등은 다산도 경험한 바였다. 미친 행동을 일삼는 아들 사도세자를 뒤주에 가둔 영조는 위 영공이었고, 뒤주에 갇힌 사도세자는 망명한 괴외였다. 조선의 이 비극은 사도세자가 뒤주 안에서 죽음으로써 일단락되었지만 그의 아들이 왕으로 등극하면서 이야기가 다시 시작돼 정조는 사도세자의 원한을 달래기 위해 수원 화성을 짓는 등 많은 일을 했다. 이때 다산이 정조를 도와 기중기를 설계하는 등 활약한 일은 많이 알려졌다. 말하자면 다산은 정조를 이해했고, 아버지에게 버림받은 사도세자의 명예를 회복하여 부자 사이의 은혜를 다시 복원하려는 그의 주군을 도왔다. 따라서 그의 생각으로는 정조가 그랬던 것처럼 위나라의 이 부자, 괴외와 첩도 부자 사이의 관계를 회복해야 했다. 어떤 것이 위나라에 더 많은 이익을 가져다주는가의 문제가 아니라 무조건 부자 관계를 회복해야 했다. 그리고 그런 관점에서 볼 때 자격이 있는 아버지가 왕위에 오르려고 할 때 아들은 당연히 양보를 해야 했다. 그런데도 모기령은 아버지를 배척한 첩을 옹호했다. 어찌 개탄하지 않을 일인가?

모기령에 대한 다산의 비판은 급기야 첩을 옹호하는 논리를 전개하는 『춘추공양전』에 대한 비판으로 이어진다. 『춘추공양전』에는 "첩의 의로움은 성립될 수 있는가? 있다. 어떻게 가능한가? 아버지의 명령으로 할아버지의 명령을 거부할 수는 없고, 할아버지의 명령으로 아버지의 명령을 거부할 수는 있기 때문이다"(『춘추공양전』, 27:6b~7a)라는 말이 있다. 일반적으로 아들은 아버지의 명령을 거부할 수 없기 때문에 아버지도 아버지의 아버지인 할아버지를 거역할 수가 없다. 첩이 군주가 된 것은 할아버지의 미망인 남자의 뜻이므로 결국 할아버지의 뜻이고, 따라서 이것을 아버지의 명령으로 바꿀 수 없다는 것이다. 『춘추공양전』의 이 논리는 다산에게 어떻게 비추어졌을까? 그에 따르면 이것은 '패륜난상悖倫亂常', 곧 인륜을 무너뜨리고 강상을 어지럽히는 말이었다. 경전인『춘추공양전』마저 비판할 정도로 다산은 열정적으로 괴외를 옹호했던 것이다.

앞의 인용문에서도 나왔지만 이 장의 해설에서 다산은 '괴첩'이라는 용어를 사용한다. 엄밀히 보면 이 용어는 이상하다. 이것은 '첩'을 가리키는 말인데, 그 앞에 '괴'라는 아버지 이름의 첫 글자를 붙였다. 괴외나 첩이나 성이 '희'였으므로 다산이 만약 첩의 성까지 표현하려고 했다면 희첩이라고 해야 한다. 하지만 추노변밀한 다산에게는 '괴첩'이라고 할 이유가 있었는지도 모른다. 곧 다산은 첩이 괴외에 속한 한 개인, 괴외의 아들이라는 점을 확실히 하기 위해 성어의 원리로 볼 때 문제가 있음에도 첩을 '괴첩'이라고 했을 수 있다.

이 장의 나머지 부분에서는 다산과 고금주가 다르지 않다. 자공은 공자의 입장을 알기 위해 백이와 숙제를 거론하며 우회적으로 질문했고, 공자가 그들을 옛날의 현인으로 평가하는 것을 보면서 만약 공자였다면 설령 할머니가 할아버지 선왕의 유지임을 들면서 등극을 권유했더라도 사양했을 것이라는, 위나라 임금처럼 하지 않았을 것이라는 결론을 얻었다.

7.16

선생님께서 말씀하셨다. "먹는 것은 거친 밥이고 마시는 것은 물이며, 팔을 굽혀 그것을 베고 누웠어도 즐거움이 그 가운데 있으니 불의하면서 부귀한 것은 나에게 뜬구름과 같다."

子曰; 飯疏食飲水, 曲肱而枕之, 樂亦在其中矣, 不義而富且貴, 於我如浮雲.

앞에서 안회는 한 대그릇의 밥과 한 표주박의 마실 것으로 누추한 거리에 살면서도 즐거움을 찾았다고 했는데(6.10), 여기에서 공자는 거친 밥과 물만 먹으면서 팔을 베고 누워도 즐거움이 있다고 했다. 이미 설명한 대로 이 두 장을 참고해 '공안지락', 곧 '공자와 안자의 즐거움'이라는 말이 나왔다.

다산은 이 장의 앞 두 구절을 참신하게 읽는다. 고금주는 본문의 '반飯'과 '음飮'을 동사로 보고 각각 '먹다'와 '마시다'라는 뜻이라고 했는데, 다산은 위에 옮긴 것처럼 명사로 본다. 그에 따르면 '반'은 "대그릇에 담겨 있는 것", 곧 밥과 같은 먹을 것이고 '음'은 『주례』에 소개된 여섯 가지 마실 것의 통칭이다. 대그릇에 맛있는 밥이 담겨 있을 수도 있지만 공자 앞에 놓인 것은 거친 밥이고, 사람이 마시는 것도 여러 종류이지만 공자가 들이키는 것은 그중에서도 가장 소박한 맹물이라는 것이다. 고금주를 받아들이면 문제가 되는 구절은 "거친 밥(고주에서는 나물밥)을 먹고 물을 마시며"라고 옮기게 되는데, 이렇게 해도 뜻에서는 다산의 읽기와 완전히 같다. 그런데도 다산이 구태여 위에서처럼 읽은 것은 아마도 '음'을 『주례』에서 말하는 여섯 가지 마실 것으로 봐야 한다는 확신을 가졌기 때문인 듯하다. 그 점이 '원의총괄'에 기록되었다. "'음수飮水'의 '음飮'은 『주례』에 나오는 '여섯 가지 마실 것(六飮)'의 '음飮'과 같다." 그러므로 다산을 통해 『논어』를 읽을 때는 다산이 이렇게 보았다는 것을 보여줘야 한다.

본문의 '부운浮雲'이 무엇을 은유하는가에 대한 해설이 저마다 다른 것도 흥미롭다. 고주는 그것이 내가 소유하지 않은 것을 의미한다고 했다. 하늘 위에 떠 있는 구름이 내 것이 아니듯이 공자는 불의한 부귀를 자신의 것으로 보지 않았다는 말이다. 금주에서 주희는 그것이 헛된 것을 의미한다고 보았다. 이 시각에서 불의한 부귀는 결국 사라지고 말 환상에 불과하다. 이에 비해 다산은 그것이 손을 뻗어도 만질 수 없는 것을 의미한다고 보았다. 공자는 뜬구름을 잡을 수 없다는 것을 알았기 때문에 불의한 부귀 때문에 마음이 흔들리지 않았다는 게 그의 설명이었다. 나머지 부분에서는 고주와 금주, 다산 사이에 아무런 이견이 없다.

7.17

선생님께서 말씀하셨다. "나에게 몇 년을 빌려주어 '쉰에 『역』을 배운다'고 한다면 큰 잘못이 없을 것이다."

子曰; 加我數年, 五十以學易, 可以無大過矣.

이 장을 읽는 방법은 공자가 어떻게 『역』을 공부했는가에 대한 이해를 둘러싸고 달라진다. 고주에서 형병은 공자가 이 말을 했을 때 나이를 꼭 집어 47세라고 했다. 공자 스스로가 몇 년을 더하면(加) 쉰이 된다고 했기 때문이다. 그의 주를 유연하게 이해하면 대충 그 정도의 나이였다는 주장으로 이해할 수 있다. 황간은 이때 공자가 45세 혹은 46세였다고 했는데, 이 추측 역시 마찬가지다. 어쨌거나 고주는 이때 공자가 몇 년을 더하면 쉰이 되는 나이였다고 보았다. 이와 관련하여 형병은 이 장을 "나에게 몇 년을 더하면 쉰이니 『역』을 배우면 큰 잘못이 없을 것이다"라고 읽었다. 공자가 먼저 자기 나이를 밝히고, 이때부터 『역』을 공부하면 남은 삶에서 큰 문제를 겪지 않으리라고 예상했다는 것이다. 『역』은 '궁리진성窮理盡性'하는 책, 이치를 궁구하고 본성을 다하도록 도와주는 책이어서 그것을 이해하면 세상의 이치를 알게 되기 때문이다. 이깃이 왜 하필 나이 쉰과 연결되는지는 공자 스스로 밝힌 자신의 성장 과정, 특히 "쉰에는 천명을 알았다"(2.4)라는 말을 보면 알 수 있다. 천명을 아는 나이에 천명을 알려주는 고전을 배우는 것은 너무나 자연스러운 일이었다.

반면 금주는 공자가 어떻게 『역』을 배웠는지 이해하기 위해 『사기』를 참고한다. 『사기』 「공자세가」에서 사마천은 "공자는 만년에 『역』을 좋아했다(喜易)(…) 『역』을 읽을 때(讀易) 책을 묶은 가죽 끈이 세 번이나 끊어졌다"(『사기』, 47:29a~b)라고 적고는 이 장과 비슷한 공자의 말을 인용했다. 그런데 사마천이 인용한 공자의 말에는 '오십'이 없다. 게다가 사마천은 공자가 만년에 『역』을 좋아했다고 했다. 이런 점들에 주목하여 금주는 이 장의 공자가 70세에 가까웠을 것이라고 추측했다. 그러면 본문의 '오십'은 무엇인가? 주희는 이것이 "오자임에 틀림없다"라고 보았다. 원래는 '마침내'라는 뜻을 가진 '졸卒'인데, 그 초서체가 '오십'이라는 글자와 유사하므로 나중에 옮겨 적는 사람이 실수를 했다는 것이었다. 이와 함께 금주는 본문의 '가加'가 『사기』에서는 '가假'라는 점을 지적하면서 고주처럼 '더하다'라는 뜻이 아니라 '빌리다'라는 뜻으로 봐야 한다고 주장했다. 그래서 금주를 따를 때 이 장은 "나에게 몇 년을 빌려주어 마침내 『역』을 배운다면 큰 잘못이 없을 것이다"라고 옮기게 된다. 늙은 공자가 『역』을 배우기 위해 몇 년 더 살 것을 소망했다는 말이다.

다산은 고주와 금주가 모두 합당하지 않다고 보았다. 고주처럼 공자가 나이 쉰이 다 되어서 『역』을 공부하기 시작했다고 본다면 그때까지 공자는 『역』을 읽지 않았다는 말이다. 그런데 전통적인 관점에서 공자는 『역』의 열 가지 해설서인 십익을 쓴 사람이었다. 쉰이 될 때까지 『역』을 안 읽었다는 건 말이 안 된다. 공자는 틀림없이 쉰 이전에 『역』을 공부했을 것이다. 이때 다산은 『논어』를 읽을 때는 『논어』를 통해 『논어』를 읽는 것이 가장 중요한 원칙임을 상기시킨다. 『논어』에는 "쉰에는 천명을 알았다"라는 말이 있다. 천명을 알기 위해 공부해야 하는 고전이 무엇인가? 『역』이다. 그러므로 『논어』를 통해 『논어』를 읽는다면 공자가 쉰 이전에 이미 『역』을 배웠음을 알 수 있다. 단지 이 장에서 나이 쉰을 운운한 것은 그의 나이가 쉰을 향해 갈 때 옛날부터 전해 내려오는 "나이 쉰에 『역』을 배운다"라는 말을 생각해냈기 때문이었다. 이 말을 떠올린 공자는 옛말 그대로 자신이 쉰에 『역』을 (계속) 배운다면 큰 과오를 저지르지 않으리라 생각했고, 이 장에 기록된 말을 남겼다. 이것이 다산이 이 장을 읽은 방법이다. 그러므로 다산을 통해 『논어』를 읽을 때는 그의 창의적 해석을 반영해야 한다.

어쨌든 다산은 이렇게 이해했고, 그렇기 때문에 금주는 어불성설이었다. 나이 쉰이 다 되어서 『역』 공부를 시작하는 것도 늦은데, 일흔이라니. 그러면 사마천의 기록은 어떻게 된 일인가?

『사기』는 공자가 만년에 『역』을 "좋아했고(喜)" "읽었다(讀)"라고 했지 본문에서처럼 "배웠다(學)"라고 하지 않았다. 익히 섭렵한 고전이라도 그 가치에 따라 늙어서까지 좋아하고 읽을 수 있지 않은가? 공자의 『역』에 대한 사랑이 그랬다. 결론적으로 다산은 본문의 '오십'이 오자라는 주희의 설을 단호하게 거부했고, '원의총괄'은 이를 "'오십이학역五十以學易'에 관련해서는 마땅히 구설을 따라야 한다"라고 요약했다.

그렇지만 다산은 사실 구설을 완전히 따르지 않았다. 그는 '오십'을 오자로 볼 것인가 하는 문제에서만 구설을 따랐다. 고주와 달리 그는 "쉰에 『역』을 배운다"라는 말이 옛말이라고 했다. 그는 또 이 장의 앞부분을 '오십'에서 단구하여 위에 소개한 대로 "나에게 몇 년을 더하면 쉰이니"라고 읽는 형병을 따르지 않았다. '가加'를 고주처럼 '더하다'라는 뜻으로 보지 않고 금주처럼 '빌려주다'라는 뜻으로 보기도 했다. 그러므로 이 장에 대한 '원의총괄'의 요약은 불완전하며, 그것이 정말 다산이 정리한 것이라면 왜 "구설을 따라야 한다"라는 불완전한 말로 자신의 참신한 제안을 가렸는지 짐작하기 어렵다.

7.18

선생님께서 평소에 말씀하신 것은 『시』와 『서』 그리고 집행하는 예
이니 모두 평소에 말씀하셨다.

子所雅言, 詩書執禮, 皆雅言也.

이 장의 쟁점 중의 하나는 '아언雅言'이 무엇을 의미하는가다. 다산은 금주
를 따라 '아雅'를 '평소'라는 뜻으로 보았고, 이것이 보통 취하는 견해다. 하
지만 고주는 '아언'이 '정언正言', 곧 올바로 말하는 것을 의미한다고 했다. 이
때 올바로 말한다는 것은 어떤 글자도 휘諱를 하지 않고 원래의 발음대로 읽
는 것을 가리킨다. '휘'란 '꺼려하다'라는 뜻으로 어떤 특정한 글자를 원래 발
음 그대로 읽기를 꺼려하는 것을 말한다. 우리가 다른 사람에게 부모의 존함
을 소개할 때 "무슨 글자 무슨 글자를 쓰신다"라고 말하는 것도 이렇게 소개
하지 않으면 자식이 부모의 이름을 부르는 꼴이 되기 때문이다. 곧 부모의 이
름을 부르는 것을 휘하기 위해서 부모님 존함을 그렇게 소개한다. 다른 예로
옛날에는 새해 벽두를 가리키는 원단元旦이라는 말을 원조라고 읽었다. 이성
계가 왕이 된 뒤 새로 택한 이름인 단旦을 그대로 발음하지 않기 위해서였다.
마찬가지로 공자의 이름이 구丘였으므로 과거 유학자는 책에 이 글자가 나오
면 '구'라고 하지 않고 '모'라고 읽었다. 역시 공자의 이름을 휘하기 위해서였
다. 이렇게 휘해야 하는 글자가 많으면 생활에 불편을 주므로 조선의 왕은 대
개 잘 사용하지 않는 글자를 택해 이름을 지었다. 이런 관례 때문에 높일 사
람의 이름을 '휘'라고도 한다. 그런데 고주에 따르면 이 규범이 적용되지 않
는 경우가 있었다. 『시』와 『서』를 읽거나 '『예』를 잡을 때(執禮)'가 그런 경우였
다. 이 세 고전은 선왕의 말을 기록한 것이므로 그중의 어떤 글자든 후왕의
권위를 지키기 위해서 휘할 필요가 없었다. 그러므로 공자는 이런 경전을 언

급할 때는 "모두 올바로 말했다(雅言)."

이런 고주의 해석에 의문을 제기하면서 '아언'을 "평소에 말씀하신 것"이라고 이해한 사람이 주희의 스승 정호였다. 반면 정호의 아우 정이는 고주를 따랐다. 두 형제를 스승으로 모신 주희는 두 사람의 의견이 갈릴 경우 대부분 정이를 따른다. 그래서 『논어집주』에 나오는 '정자程子'는 특별한 경우가 아니면 거의 다 정이다. 그렇지만 주희는 이 장에서만큼은 정호를 따른다. 다산은 주희가 정호를 따른 몇 안 되는 경우 중의 하나가 이 장이고, 다른 하나는 나중에 나오는 "선생님께서는 이익과 명과 인을 드물게 말씀하셨다"(9.1)라는 장임을 예리하게 지적한다. 이 장은 공자가 평소 어떤 주제를 이야기했는지 밝혔고, 나중의 장은 공자가 어떤 주제를 잘 이야기하지 않았는지를 밝혔다. 주희는 이 두 장에서만큼은 특별히 정호를 따른 것이다. 이렇게 두 장이 서로 대비가 되도록 읽어야 제자를 가르칠 때 공자의 주제가 명확히 드러나므로 '아언'은 "평소에 말씀하신 것"으로 이해해야 한다. 이런 이유 때문에 다산은 금주를 따랐다.

반면 본문의 '집례執禮'는 고주가 더 잘 설명했다. 고주는 이 말을 『예』를 잡는 것'이라고 풀었고, 금주는 '예를 집행하는 것'이라고 풀었다. 고주에서 '아언'은 어떤 글자도 휘하지 않고 읽는 것이기 때문에 '예禮'가 『예』라는 경전을 가리킨다. 단지 『예』는 『시』나 『서』와 달리 낭송하지 않는다. 그렇기 때문에 『예』를 읽는다'라고 하지 않고 '집執'이라는 글자를 써서 『예』를 잡는다'라고 한다. 왕응린은 고주의 이 해석을 지지했고, 또 보충했다(『곤학기문』, 7:17b~18a). 반면 '아언'을 '평소에 말씀하신 것'으로 이해하는 금주는 공자가 평소에 『시』와 『서』라는 책 그리고 '집례' 곧 예를 집행하는 일을 말했다고 설명했다. 나산은 고주를 약간 비틀었다. 그에게 '집례'는 "일에 임해서 집행하던 예"를 의미한다. 이때 '예'는 전례 자체가 아니라 전례를 거행하기 위해

적은 글, 조선에서 많이 사용하던 홀기笏記를 의미한다. 전례의 절차를 적어 놓은 글이다. 다산은 고주를 참고하여 '예'를 문자의 '예'로 보았지만 그의 '예'는 『예』라는 경전을 가리키지는 않는다.

이런 논쟁을 두고 모기령은 다시 고주를 따르고 금주를 배격했다. 그는 과감하게도 '아'라는 글자가 '평소'라는 뜻으로 쓰인 사례가 없다고 주장했는데, 다산은 여러 고전을 검토하면서 이 주장을 반박하고는 모기령을 두고 이런 논평을 남겼다.

> 무릇 주자가 말한 것은 오직 한결같이 반대하는 것을 일로 삼았으니 이것은 소산(모기령)의 심술의 병이다.

물론 이 논평이 모기령에 대한 다산의 모든 생각을 보여주지는 않는다. 그는 모기령의 학문의 굉박함을 인정했고, 다산의 『논어』 읽기에서 모기령의 연구는 빠뜨릴 수 없는 주요한 참고 자료였다. 단지 모기령의 '심술'만 놓고 보면 위의 논평이 모기령에 대한 다산의 단안이었다. 다산의 임금 정조도 모기령의 책을 구해 읽고서는 모기령의 심사가 고약하다고 했다. 임금을 그리는 사람이 임금이 싫어한 사람을 꺼려한 것도 당연하다.

7.19

섭공이 자로에게 공자를 물으니 자로가 대답하지 않았다. 선생님께서 말씀하셨다. "너는 어찌 그 사람됨이 발분하여 먹는 것을 잊고, 즐거워하여 근심을 잊으면서, 장차 늙음이 이르는 것을 알지 못한다고 말하지 않았느냐?"

葉公問孔子於子路, 子路不對. 子曰; 女奚不曰; 其爲人也, 發憤忘食, 樂以忘
憂, 不知老之將至云爾?

　여기의 섭공은 원래 이름이 심제량으로 이 장에서는 제후국의 군주처럼
'공'으로 소개되었지만 실제로는 초나라에 속한 섭葉이라는 고을의 현윤이
있다고 한다. 고대 중국의 변방에 자리한 초나라는 주대의 봉건제로 보면 겨
우 공작, 후작, 백작 다음 가는 자작의 나라였으므로 이 제도의 세계관에서
는 그 군주를 초자楚子라고 했다. 그렇지만 오히려 이런 관행 때문에 초나라
군주는 기원전 704년부터 '자'라는 칭호 대신 주나라 천자만 사용할 수 있는
'왕'이라는 칭호를 무단으로 사용하여 초왕楚王을 자임했다. 나라도 크고 군
사력도 강한데 홀대가 심했으므로 오히려 크게 반발한 것이다. 그 이후로 초
나라는 주 봉건제의 이단아이자 항존하는 위협이었다. 원래 제후인 군주가
왕을 칭했으므로 초나라의 일개 대부로 섭을 다스리던 심제량도 '공'으로 불
렸다. 그러므로 주의 제도를 존중하는 공자 같은 사람에게 섭공은 이름부터
명분에 어긋나는 인물이었다. 본문에서 자로는 공자가 어떤 사람인가를 묻
는 섭공의 질문에 대답하지 않았는데, 주해가들은 간단히 대답할 길이 없었
기 때문에(고주와 금주) 혹은 질문이 적절하지 않아서(금주) 그랬을 것이라
고 추측했다. 다산은 전자의 설명을 받아들인다.
　이 이야기를 들은 공자는 자신을 위에 옮긴 대로 소개해야 했다고 말한다.
주희는 금주에서 "발분하여 먹는 것을 잊는 것"은 공자가 공부하는 것의 의
미를 체득하지 못했을 때를 가리키고, "즐거워하여 근심을 잊는 것"은 그 의
미를 깨달은 뒤를 가리킨다고 했는데, 다산도 이 둘을 각각 배우는 일 그리
고 도를 즐거워하는 일과 연결시켰다. 다산에 따르면 공자는 "자신이 아무

것도 구하지 않는다는 것을 섭공이 알도록," 곧 자신이 안빈낙도하는 사람이라는 것을 알리려고 했다고 한다. 독법과 해석에서 다산의 읽기는 고금주와 큰 차이가 없다.

7.20

선생님께서 말씀하셨다. "나는 나면서부터 아는 사람이 아니다. 옛것을 좋아하고, 민첩하게 앎을 구하는 사람이다."

子曰; 我非生而知之者, 好古, 敏以求之者也.

이 장에서 공자는 또 자신을 소개한다. 그에 따르면 그는 상고주의자이며, 학생이다. 보통 마지막 구절의 '지之'가 그 앞의 '고古', 곧 옛것을 의미한다고 보지만 다산은 '호고好古' 뒤에 '구句'자를 집어넣어 "옛것을 좋아하는 것"을 따로 취급해야 함을 분명히 했다. 그에 따르면 '지'는 첫 구절의 '앎(知)'을 가리키기 때문이다. 옛것을 좋아하는 학생 공자, 이 정의는 공자를 이해하려는 모든 사람이 받아들일 수 있다. 바로 앞 장에서도 공자는 자신이 결국 학생임을 밝혔다.

그럼에도 불구하고 공자를 날 때부터 아는 사람으로 신비화하는 선전은 공자가 성인이 된 한대 이후 지속적으로 유포되었다. 신기하고 장황한 이야기를 좋아하는 한나라의 학풍은 급기야 공자를 신과 같은 인물로 조작해내기도 했다. 성리학은 한당 유학에 비해서 훨씬 더 이성적이므로 공자에 대한 황당한 묘사를 모두 받아들이지는 않지만 그들도 공자가 날 때부터 아는 사람이었다고 종종 주장했다. 하지만 여기에서 공자는 분명히 자신이 날 때부터 아는 사람이 아니었다고 했다. 그래서 금주에서 윤돈은 일종의 절충을 모색하여 공자를 비롯한 모든 성인이 "날 때부터 아는 것은 의리일 따름"이며 나머지 구체적인 지식은 공부를 통해서 얻어야만 한다고 했다. 그런데 다산은 더 합리적이며 현실적이다.

> 공자는 아버지의 묘소가 어디 있는지 몰라 추만보의 처에게 물었다 생각해보면 어찌 그가 태어나면서부터 신령스러웠을 것인가? 그는 태어나면서부터 아는 사람이 아니었다.

『예기』「단궁」에는 공자가 세 살 때 아버지를 여의었고, 나중에 어머니가 돌아가셨을 때 합사할 아버지의 묘소를 알지 못해 거리에 빈청을 두었으며, 아버지 묘의 소재를 알고 난 뒤 어머니를 합사했다는 이야기가 나온다(『예기주소』, 6:12b~13a). 그런데 「단궁」에서 공자는 추만보의 아내가 아니라 어머니에게 물었다. 다산이 혼동했거나 아니면 오자일 것이다.

7.21

선생님께서는 괴이한 일, 힘에 관련된 일, 어지럽히는 일, 신에 대한 일은 말하지 않았다.

子不語怪力亂神.

이 징은 공사가 관심을 두지 않았던 주제를 소개한다. 고금주와 다산이 동의하는 해석에 따르면 본문의 '역力'은 천하장사의 영웅담 같은 것을 말하고,

'난亂'은 자식이 부모를, 신하가 임금을 죽이는 등의 강상을 어지럽히는 일을 말한다. 그런데 정말로 공자가 이런 일들을 말하지 않았나? 따지고 보면 그는 종종 신하가 임금을 죽이는 당대의 현실을 개탄했고, 뒤의 한 장에서는 하도 힘이 세서 뭍에서 배를 끌고 다녔다는 천하장사 오奡를 이야기하기도 한다(14.6).

이 불일치에 대응하는 방법은 세 가지다. 첫째는 황간처럼 '어語'와 '언言'의 차이에 주목하는 것이다. 이 두 글자는 모두 '말하다'라는 뜻을 가지지만 차이가 있다. '어'는 묻는 말에 대답하는 것이고, '언'은 스스로 말하는 것이기 때문이다. 본문에서는 '어'를 썼으므로 공자가 이 네 가지 주제에 대한 질문에 대답하지 않았다는 것이지 아예 언급하지 않았다는 것은 아니다. 그렇지만 이 '묘안'은 뒤에 나오는 한 장 때문에 무색해진다. 그 장의 대화는 천하장사 오에 대한 남궁괄의 질문에 공자가 대답을 하면서 진행되기 때문이다. 곤란하다. 그래서 『논어의소』에서 이충은 본문의 '괴력怪力'과 '난신亂神'을 묶어서 읽는다. 곧 공자는 '괴이하게 힘쓰는 일(怪力)' 그리고 '어지러운 신(亂神)'을 말하지 않았다는 것이다. 이렇게 읽으면 공자는 힘쓰는 일은 이야기를 했지만 괴이하게 힘쓰는 일은 이야기하지 않았다. 신은 이야기했지만 어지러운 신은 이야기하지 않았다. 재미있는 독법이지만 다산은 그것이 다른 고전, 가령 『대대례기』의 기록과 조화되지 않는다고 하면서 거부한다.

마지막 방법은 공자가 이 네 주제를 '항상' 이야기하지 않았다고 보는 것이다. 곧 본문에서 "말하지 않았다(不語)"라는 것은 한 번도 말하지 않았다는 것이 아니라 자주 말하지 않았다는 의미다. 이런 시각에서 사양좌는 금주에서 본문의 네 주제를 성인이 항상 이야기한 네 주제, 곧 강상과 덕과 다스림과 인간에 대조시킨다. 다산은 금주를 받아들였다.

7.22

선생님께서 말씀하셨다. "세 사람이 걸어갈 때라도 반드시 나의 스승이 있으니 그 좋은 것을 택해서 따를 것이다. 그 좋지 않은 것은 고친다."

子曰; 三人行, 必有我師焉, 擇其善者而從之. 其不善者而改之.

짤 알려신 이 장을 다산은 잘 알려진 대로 읽지 않는다. 보통은 이 장을 "세 사람이 걸어갈 때는 반드시 나의 스승이 있으니 그 선한 사람을 택해서 따르고 그 선하지 않은 사람으로는 (자기의 잘못을) 고칠 것이다"라고 읽는다. 형병과 주희가 이렇게 읽었는데, 얼핏 보기에는 다산의 읽기와 별반 차이가 없지만 그렇지 않다.

우선 다산에게 '삼인행三人行'은 "동행하는 사람의 숫자가 작음을 의미한다." 꼭 세 사람이 아니라 동행하는 사람의 숫자가 작더라도 언제나 그 가운데서 스승을 만날 수 있다는 말이다. 그러므로 다산을 참고했을 때는 '삼인행'을 "세 사람이 걸어갈 때는" 혹은 "세 사람이 걸어간다면"이 아니라 위에서처럼 "세 사람이 걸어갈 때라도"라고 옮겨야 한다. 다산과 달리 형병과 주희는 세 사람 중 하나는 자기 자신이고, 다른 하나는 선한 사람, 또 다른 사람은 불선한 사람이라고 보았다. 그러므로 선한 사람을 택해서 따르고, 선하지 않은 사람을 보고는 그의 불선함이 혹시 자신에게도 있지 않나 살펴서 그것을 고쳐 나간다면 공부에 정진이 있다. 하지만 현실과 실제에서 논하기를 좋아하는 다산은 이 해석을 받아들이지 않는다. 나와 함께 걷고 있는 두 사람 중 한 사람은 선하고 다른 한 사람은 불선한 상황은 잘 일어나지 않기 때문이디.

세 사람이 우연히 동행하는데 어떻게 반드시 한 사람은 선하고 다른 한 사람은 악해서 매번 같을 수 있는가? 군자가 동행하면 세 사람이 모두 선하고, 도둑이 동행하면 세 사람이 모두 악할 것이다.

냉정한 평가다. '삼인행'에 대한 다산의 해석은 '원의총괄'에도 기록되었다. "'삼인행'은 동행하는 사람의 수가 작다는 말이다." 그러므로 다산을 통해 『논어』를 읽을 때는 그의 독자적인 해석을 반영해야 한다.

당연히 다산에게 본문의 '선자善者'는 '선한 사람'을 가리키지 않는다. 아무리 작은 규모의 사람들이 모여 있더라도 그들에게서 항상 발견할 수 있는 어떤 '좋은 점'을 말한다. 도덕적으로 선한 것이 아니라 배우거나 본받을 만한 '좋은 점'이다.

"반드시 나의 스승이 있다"라는 것은 도학의 스승을 말하지 않는다. 각 지역의 속요거나 백공의 기예거나 하나의 좋은 점이라도 배울 것이 있으면 모두 내 스승이 된다.

『논어고금주』의 제일 첫 장에서 다산은 배움의 대상이 반드시 도덕 윤리만은 아니라고 했다. 배우는 사람이 지식을 획득할 수 있는 모든 것이 배움의 대상이라는 것이다. 여기에서도 그는 배움의 영역을 확장함으로써 자신이 재건하려는 유학의 지평이 도학 이상의 것임을 분명히 했다. 다산의 '이학'에는 도덕의 이치만이 아니라 가요의 이치, 기예의 이치도 포함되는 것이다. 그래서 다산의 공부는 무엇이든 남의 좋은 점을 배우는 일이다. 정해진 스승이 있는 것이 아니라 무엇이든 배울 수 있다면 그 사람이 나의 스승이 된다. 사실 고주의 하안은 공자가 이 장에서 "정해진 스승이 없다는 점을 말했다"라고 했다. 다산의 해석은 이 설명과 맥을 같이 한다.

다산이 보기에는 이렇게 내가 만나는 사람들에게서 좋은 점을 취해서 연마하는 것만으로도 배움은 일단락된다. 그렇다면 "그 좋지 않은 것은 고친다"라는 말은 무엇인가? 금주는 선한 사람과 불선한 사람이 모두 나의 스승이라고 했다. 불선한 사람도 자신의 반면교사가 된다는 말이다. 하지만 다산은 그렇게 보지 않는다. 좋지 않은 것을 보면 자신을 반성할 수는 있지만 그것은 다산이 말하는 배움의 일부가 아니다. 다산에게 배움은 주제가 무엇이든 스승으로부터 앎을 전수받는 과정이기 때문이다. 그래서 그는 "그 좋지 않은 것은 고친다"라는 말이 그 앞에 나오는 "그 좋은 것을 택해서 따른다"라는 말을 타고 발화되었다고 본다. 내친 김에 한 말이지 배우는 일과는 관련이 없다는 뜻이다. 그래서 "그 좋지 않은 것은 고친다"라는 말은 그 앞의 구절과 마침표 같은 것으로 구별되어야 하지 않을까 싶다.

7.23

선생님께서 말씀하셨다. "하늘이 나에게 덕을 주었으니 환퇴가 나를 어떻게 할 것인가?"

子曰; 天生德於予, 桓魋其於予何?

환퇴는 군사를 지휘하는 사마라는 벼슬을 한 사람으로 이름이 퇴魋다. 기원전 7세기에 송나라를 다스렸던 송 환공의 후예이므로 환퇴라고도 불렸는데, 원래 씨는 상尙이므로 상퇴尙魋라고도 한다. 사마환퇴 혹은 사마상퇴는 그의 벼슬과 이름을 섞은 명칭이다. 송 환공의 아들인 공자 상尙으로부터 나왔으므로 선조의 이름을 씨로 삼았는데, 성은 송나라의 공족들과 같이 자子다. 그래서 상퇴의 형제들은 성과 이름만으로 불린 경우도 있는데, 그 형제 중의 하나가 자우子牛다. 그런데 뒤에 나오는 사마우(12.3, 12.4, 12.5)의 또 다른 이름이 자우다. 그래서 다산은 정현, 공안국 등 많은 주해가처럼 사마우, 곧 자우를 상퇴의 아우로 보았고, 나중에 나오는 사마우의 탄식을 여기에 나오는 상퇴의 일과 연결시켜 설명했다. 그런데 정작 사마천은 사마우의 이름이 아니라 자가 자우라고 했다(『사기』, 67:22b). 곧 사마우가 상퇴의 아우인지 아닌지는 확실하지 않다. 확실한 것은 다산이 그렇게 보았다는 점이다.

이 장과 관련하여 사마천은 이때 환퇴가 공자에게 해를 가하려 했다고 했다.

> 공자는 조曹나라를 떠나 송나라로 갔다. 그가 제자들과 함께 큰 나무 아래에서 예를 익히는데, 송 사마 환퇴가 공자를 죽이려고 하면서 나무를 뽑았다. 공자는 그곳을 떠났다(47:15a~b).

사마천에 따르면 이때 제자들이 공자에게 빨리 떠날 것을 재촉했으므로 공자가 이 장에 기록된 말을 했다.

사마천은 왜 상퇴가 공자를 죽이려고 했는지는 설명하지 않았다. 고금주나 다산도 아무런 해설을 하지 않았다. 그러나 사마우가 등장하는 나중 장들에 대한 다산의 해설을 보면 대충 그 이유를 짐작할 수 있다. 곧 상퇴는 자신을 지극히 총애했던 송 경공에 반기를 들어 난을 일으켰는데, 이때 사마우는 형과 뜻을 달리하여 동참하지 않았다. 형이 난을 일으킨 뒤에는 형의 비극적 최후를 예감하여 탄식했다. 그 뒤 사마우는 형을 피해 이곳저곳을 전전하다가 노나라 성문 밖에서 객사한다. 만약 환퇴가 공자를 보았을 때 공자의 제자이자 자신의 동생인 사마우의 죽음을 놓고 공자를 원망했다면 공자를 죽일 이유가 있었을 것이다. 물론 이것은 사마우가 상퇴의 아우라는 것을 전제로 한 추측이다. 분명한 것은 이 장이 "공자는 근심과 두려움이 없었다"라는 사실을 보여준다는 점뿐이다. 이 점은 다산과 고금주가 모두 동의했다.

7.24

선생님께서 말씀하셨다. "너희는 내가 무엇을 숨겼다고 생각하느냐? 나는 너희에게 숨긴 것이 없다. 나는 행하면서 너희에게 보여주지 않은 것이 없다. 이것이 나, 구다."

子曰; 二三子以我爲隱乎? 吾無隱乎爾. 吾無行而不與二三子者, 是丘也.

'이삼자二三子'는 공문의 제자를 두루 가리키는 말이다. 다산이 소개한 일설에서는 뛰어난 제자만을 가리킨다고 주장했는데, 그런 주장에는 이유가 있다. 이 장에서 공자는 모든 것을 제자와 공유했다고 했다. 공자에게는 뛰어난 제자 72인이 있었고, 따르는 제자 3000명이 있었다고 하는데, 이 숫자를 그대로 믿지는 못하더라도 많은 제자가 있었던 것은 사실이다. 그중에는 평범한 제자도 있었을 것이다. 그런 제자에게도 공자가 모든 것을 보여주었다면 공자의 탁월함을 어떻게 확보할 것인가? 그래서 금주에서 정이는 "성인이 가르칠 때 항상 스스로를 낮추어서 사람들에게 나아가는 것이 이와 같으니 자질이 평범하거나 낮은 사람들이 그 경지에 미칠 것을 애써 생각하게 하고자 함이 아니다"라고 하면서 공자의 경계가 뭇 제자의 미칠 바가 아님을 강조하려고 했다. 금주가 본문의 '여與'를 고주처럼 '함께하다'라는 본래의 뜻으로 풀지 않고 '보여주다(示)'라는 뜻으로 이해한 것도 마찬가지다. 함께했다고 하는 것보다는 보여줬다고 해야 스승과 제자 사이의 위계가 서는 것이다. 다산은 '이삼자'에 대한 일설은 받아들이지 않았지만 '여'는 '보여주다'라는 의미로 이해했다. 절충적인 태도였다.

위에서 공자는 제자를 상대로 말하면서도 자신의 이름(丘)을 언급한다. 다산에 따르면 아무리 존귀한 사람이라도 계약서에는 자기 이름을 그대로 써넣는다. 곧 공자는 지금 자신이 말한 바가 계약서처럼 명명백백함을 보여주려고 한 것이다.

7.25

선생님께서는 네 가지로써 가르쳤으니 글과 덕행과 충실함과 믿음직함이었다.

子以四敎, 文行忠信.

다산에 따르면 '문文'은 선왕이 남긴 글이고, '행行'은 덕행이다. 이 둘은 관찰할 수 있는 것, 곧 외면적인 것이다. 반면 '충실함(忠)'은 마음속에 감추는 것이 없는 것이며, '믿음직함(信)'은 말을 할 때 남을 속이지 않는 것이다. 이 둘은 쉽게 관찰할 수 없는 것, 곧 내면적인 것이다.

이 네 가지를 공문사교孔門四敎라고 하는데, 또 공자의 제자를 놓고는 공문사과孔門四科를 말하기도 한다. 뒤의 한 장에 나오는 덕행, 언어, 정사, 문학이 그것이다(11.3). 오규는 이 둘을 연결시켜 본문의 '문'이 문학, '행'이 덕행, '충'

이 정사, '신'이 언어에 해당한다고 주장했다. 재미있는 주장이지만 다산은 견강부회로 보았다. 사실 공자가 직접 공문사교나 공문사과를 말하지는 않았다. 단지 공문의 주제를 이해하기 위한 참고일 뿐이므로 그것들을 억지로 짜 맞출 필요는 없겠다.

7.26

선생님께서 말씀하셨다. "성인은 내가 만나볼 수 없으니 군자라도 만나볼 수 있으면 좋겠다."

子曰; 聖人, 吾不得而見之矣, 得見君子者, 斯可矣.

고금주는 이 장을 뒤의 장과 연결하여 한 장으로 취급했다. 다산은 "고본을 보면 아래 상과 구별하여 두 개의 장으로 만들었으니 이제 따른다"라고 하여 자신이 이른바 '고본'에 의거하여 분장했다고 했으나 그 고본이 무엇인지는 확실하지 않다. 육덕명은 아래 장의 일부를 설명하면서 "옛날에는 별개의 장으로 삼았다"(『경전석문』, 24:10a)라고 했고 형병도 이를 인용했는데, 아마도 이 언급을 참고한 듯하다.

이 장에서 공자는 성인은 감히 바랄 수도 없고, 군자조차도 쉽게 만나볼 수 없음을 아쉬워한다. 앞에서도 설명한 것처럼 성인은 뛰어난 덕으로 세상을 교화하여 공을 이룬 사람이므로 다산의 설명대로 "문과 질을 겸비한" 군자라도 성인에 견줄 수는 없다.

다산은 군사라는 말을 아래와 같이 설명했다. 옛날에는 덕이 있는 사람이 벼슬을 했기 때문에 지위를 가진 사람을 '대군大君의 아들'이라는 의미에서 군자라고 불렀다. 곧 군자는 원래 높은 지위에 있는 사람을 가리킨다. 나중에는 반드시 덕이 있는 사람이 벼슬을 한 것은 아니었기 때문에 군자가 높은 지위보다는 남을 다스릴 만한 덕을 가진 사람을 가리키게 되었다. 성왕의 시대가 지나고 일어난 일이다. 고주는 이 장의 '군자'도 성인보다는 못하나 역시 뛰어난 통치자를 의미한다고 했지만 다산은 군자라는 말의 변천사를 이렇게 이해했기 때문에 받아들이지 않았다. 고주에서는 공자가 여기에서 자신을 받아줄 군주가 없음을 한탄하고 있으나 다산이 보기에는 덕에 등 돌리는 세상을 한탄한다.

7.27

선생님께서 말씀하셨다. "선한 사람은 내가 만나볼 수 없으니 한결같은 사람이라도 만나볼 수 있으면 좋겠다. 없으면서도 있는 척하고, 비었으면서도 가득한 척하고, 적으면서도 많은 척하면 한결같기가 어렵다."

子曰; 善人, 吾不得而見之矣, 得見有恒者, 斯可矣. 亡而爲有, 虛而爲盈, 約而爲泰, 難乎有恒矣.

이 장의 문장 구조는 앞 장과 유사하기 때문에 고금주에서는 앞 장에 붙어 있다. 그래서 금주는 이 장의 '자왈子曰'을 삭제해야 한다고 보았다. 고주도 이 장의 '선인善人'이 앞 장의 '군자'와 같은 의미이므로 내용적으로 앞 장과 연결된다고 보았다. 하지만 다산에게 '선인'과 '군자'는 다른 개념이다. '선인'은 악을 없앰으로써 선을 이룬 사람이고, '군자'는 남을 다스릴 만한 덕을 가진,

문질이 조화된 사람이다. 양자가 같지 않으므로 고주처럼 억지로 연결시킬 수 없다. 일부는 또 '선인'보다 '군자'가 더 높은 차원의 개념이라는 것을 전제로 두 장 사이에 "군자는 내가 만나볼 수 없으니 선한 사람이라도 만나볼 수 있으면 좋겠다"라는 말이 있었다고 보았는데, 다산은 이 주장도 받아들이지 않았다. '선인'과 '군자'는 그렇게 우열로 구분할 수 없기 때문이었다. 두 개념이 같으면서도 다르기 때문에 다산은 이 장을 앞 장과 분리했다

앞 상에서 군자가 성인을 뒤따르는 인격이듯이 이 장의 "한결같은 사람"도 "선한 사람"보다는 덜 완성된 인격이다. 하지만 한결같은 사람은 적어도 변절하지 않고 허황되지 않다. 그래서 공자는 어떻게 개인의 허황됨이 드러나는지 세 조목을 이야기해놓았다. 다산에 따르면 이 세 조목에는 차이가 있다. "없으면서도(亡) 있는 척하는" 것은 아예 그릇도 없고 내용물도 없는 것을 가리키고, "비었으면서도 가득한 척하는" 것은 그릇은 있으나 내용물이 없는 것을 가리키며, "적으면서도 많은 척하는" 것은 내용물이 있기는 하나 빈약한 것을 가리킨다. 또 다산은 본문의 '약約'을 양이 적은 것이라고 풀었는데, 무엇인가를 묶어놓으면(約) 그 양이 적어지기 때문이다. 한편 '태泰'는 많다는 뜻이다. 마치 태괘의 내괘가 양효 셋으로 가득 찬 것처럼 안이 충실한 것을 '태'라고 하기 때문이다. 고주는 '약'을 안이 궁핍한 것, '태'를 밖으로 사치한 것으로 이해했지만 다산은 받아들이지 않았다.

7.28

선생님께서는 낚시는 했지만 그물을 치지는 않았고, 주살질은 했지만 자는 새를 쏘지는 않았다.

子釣而不綱, 弋不射宿.

이 장은 공자의 선량함을 보여준다. 그물을 치지 않은 것은 물고기를 남김없이 잡지 않기 위해서였고, 자는 새를 쏘지 않은 것은 무방비 상태의 사냥감을 죽이지 않기 위해서, 또 밤에 사냥을 하여 남을 놀라게 하지 않기 위해서였다. 주살질(弋)이란 화살에 끈을 묶어 사냥하는 방법이다. 모두가 동의하는 해설이다.

위에서 "그물을 치는 것"으로 푼 '강綱'은 그물 자체가 아닌 그물코를 꿰뚫는 굵은 줄, 곧 벼리를 의미한다. 그래서 고주의 공안국과 황간은 여기의 그물이 그냥 그물이 아니라 바늘을 단 그물이었다고 설명했다. 바늘을 벼리에 매달았으므로 본문에서 '강'이라고 했다는 것이다. 이와는 달리 형병과 주희는 그것이 강물을 가로질러 그물을 놓아 고기를 잡는 방법을 가리킨다고 보았다. 다산은 "우리 집 열수洌水의 물가에서 고기 잡는 사람들이 간혹 이 물건(바늘들을 단 그물)을 사용한다"라고 하면서도 과연 옛날에도 그런 도구가 존재했는지에 의문을 표한다. 결국 그는 형병과 주희를 따랐다. 이들의 해석에서는 '강'이 '그물'을 뜻하는 '망網'과 같은 글자 혹은 와자訛字, 와전되어 전해진 글자가 된다. 다산의 주를 읽으면 떠나온 고향 풍경을 회상하는 그의 모습이 그려지는 듯하다.

7.29

선생님께서 말씀하셨다. "대개 알지 못하면서도 책을 짓는 사람이 있겠지만 나에게는 이런 것이 없다. 많이 듣되 그 좋은 것을 택하여 따르고, 많이 보고 그것을 기록하는 것이 앎의 다음이다."

子曰; 蓋有不知而作之者, 我無是也. 多聞, 擇其善者而從之, 多見而識之, 知
之次也.

이 편 「술이」의 첫 장에서 공자는 자신이 "전술하되 창작하지는(作) 않는
다"(7.1)라고 했다. 다산은 여기의 '작作'도 창작하는 것, 곧 책을 짓는 것은
의미한나고 본다. 고주의 견해와 같다. 이렇게 보면 이 장 전체는 책을 짓는
일과 관련된다. 반면 금주는 '작'을 '일을 짓는 것(作事)'으로 풀어 이 장이 일
반적인 행동의 준칙을 가르친다고 이해했다.

다산에게 이 장은 책을 짓는 일과 관련되기 때문에 "그 좋은 것을 택하여
따른다"라는 것은 존재하는 기록 중 받아들일 만한 것은 남기고 그렇지 않
은 것은 삭제하는 산정 작업, 일종의 편집 행위를 의미한다. 실제로 전통적인
관점에서 보면 공자는 『시』와 『서』를 산정했다. 같은 식으로 본문의 "많이 보
고 그것을 기록하는 것(識)"은 정보를 수집하고 개괄하는 일이다. 다산은 공
자가 십익, 곧 『역』의 해설서를 쓰고 『서』의 서문을 작성한 것이 이의 구체적
사례라고 보았다.

공자는 이렇게 지식을 정리, 해설하여 후대에 전했다. 그 스스로가 옛날부
터 전해지는 지식을 좋아했기 때문이다. 그런데 그렇게 전해진 지식도 처음
에는 누군가가 만들었을 것이다. 유교 전통에서 보면 선왕이 그렇게 창작한
사람이었다. 물론 다산에게는 그들도 "태어나면서부터 안" 사람은 아니다. 이
장의 해설에서 분명히 못을 박았듯이 그는 그런 사람이 존재하지 않는다고
보았다. 그렇지만 창작한 선왕들은 전술하고 정리한 공자보다 낫다. 그래서
본문에시는 전술하고 정리하는 것이 "앎의 다음"이라고 했다.

재미있게도 다산은 이 장에서 옛날 창작한 사람으로 노자를 거론한다. "하

나의 책을 짓는 것이 '작'이다. 노자가 『도덕경』을 지은 것 같은 경우가 그것이다." 물론 그는 노자를 "알면서 책을 지은 사람"이라고 소개하지는 않았다. 도가에 대한 그의 일반적 평가를 참고하면 그렇게까지 생각하지는 않았을 것이다. 그래도 다산은 노자가 하나의 물꼬를 텄다는 사실, 새로운 사상을 만들었다는 점을 인정했다. 이와 관련하여 포함은 "대개 알지 못하면서도 책을 짓는 사람"이 "당시 천착하여 망령되게 전적을 짓는 사람"을 가리킨다고 했다. 하지만 다산은 오히려 천착이었다고 말하는 것이 섣부른 판단이라고 하면서 포함을 비판한다. 포함은 제자백가를 비판했고, 다산은 포함의 지나친 비판을 경계했던 것이다. 이른바 '이단'의 사상 중 다산이 가장 높이 인정한 책이 『노자』다.

7.30

호향 사람들은 같이 말하기가 어려웠는데, 그곳 동자가 공자를 뵈니 문인들이 어리둥절했다. 선생님께서 말씀하셨다. "'찾아오는 것은 허락하고, 물러가는 것은 허락하지 않는다'라고 했으니 어찌 그리 심한가? 사람이 몸을 깨끗이 하여 찾아오면 그 깨끗함을 허락하지 지난 일을 담아두지 않는다."

互鄉難與言, 童子見, 門人惑. 子曰; 與其進也, 不與其退也. 唯何甚? 人潔己以進, 與其潔也, 不保其往也.

이 장에서 다산은 다시 독창적 독법을 선보인다. 그 핵심은 공자의 말 중 처음 두 구절을 옛날부터 전해지는 말, 고어로 본 것이다. '원의총괄'도 이 점을 기록했다. "'찾아오는 것(進)은 허락하고(與), 물러가는 것(退)은 허락하지 않는다'라는 말은 고어다." 그러므로 다산을 통해 『논어』를 읽을 때는 이 독창성을 반영해야 한다. 다산 독법이 어떻게 다른가를 쉽게 알아보기 위해 고주와 금주에 따라 문제가 되는 부분을 옮기면 다음과 같다.

고주: "그 진보함(進)을 허락하고 퇴보함(退)을 허락하지 않는 것이니 어찌 그리 심한가? 사람이 몸을 깨끗이 하여 찾아오면(進) 그 깨끗함을 허락하는 것이니 물러난 이후의 일(往)을 보증하는 것(保)은 아니다."

금주: "사람이 몸을 깨끗이 하여 찾아오면(進) 그 깨끗함을 허락하는 것이니 이전의 일(往)을 보증하는 것(保)은 아니다. 찾아오는 것(進)을 허락한 것이지 물러간 뒤(退)를 허락한 것은 아니다. 어찌 그리 심한가?"

이 장에서 주로 논의할 것은 공자의 말이지만 그 앞부분도 달리 읽는 방법이 있다. 다산이 '임공琳公'이라고 소개한 사람은 이 장의 시작 부분을 "호향의 같이 말하기 어려운 동자가 공자를 뵈니"라고 읽어 "같이 말하기 어렵다"라는 특징을 호향 전체가 아니라 공자를 찾아온 동자에게만 적용시켰다. 동자는 관례를 치르지 않은 미성년의 남자다. 이렇게 되면 호향을 일괄적으로 폄훼하지 않아도 된다. 하지만 다산은 문장의 구조로 볼 때도 어색하고 또한 고을을 전반적으로 평가하는 경우가 종종 있다고 하면서 '임공'의 독법을 받아들이지 않았다.

다산은 구체적인 이름을 밝히지 않은 채 '임공'이 승려였다고 소개했다. 만약 승려였다면 한글 번역본 『논어고금주』에서도 주장했듯이 남조 송의 승려인 혜림慧琳(433~?)일 가능성이 높다. 그는 혜림惠琳으로도 알려져 있으며, 유교 문헌에 밝았다고 한다. 소개된 '임공'의 독법은 『논어의소』 『논어정의』

『논어고훈외전』 등에 나와 있는데, 어느 곳에서도 그가 승려라고 단정하지 않았다. 다산이 제공한 "승려였다"라는 정보가 어느 곳에서 나왔는지, 정말 혜림을 가리키는지는 모르겠다.

이제 다시 논란이 되는 부분을 살펴보면 우선 금주는 문장의 순서를 임의로 바꾸었다. 이 장에 착간이 있어 뜻을 알기가 어렵지만 그래도 말이 통하도록 하려면 이렇게 글의 순서를 바꾸어야 한다는 게 금주의 주장이었다. 지금 공자는 왜 호향의 동자 같은 사람을 만났는지 설명해야 하므로 이렇게 순서를 바꾸면 공자는 우선 "깨끗함을 허락한다"라는 일반론을 먼저 말하고 자신이 "찾아오는 것을 허락했을 뿐"이라고 부연한다. 물론 이렇게 본문을 훼손시키는 것은 다산이 받아들이지 않는다.

금주가 이 장에 착간이 있었다고 주장한 것도 이해는 된다. 앞뒤의 글이 서로 호응하는 것 같으면서도 그렇지 않기 때문이다. 가령 고금주의 독법에서는 공자가 이미 진보함(進: 고주)이나 찾아옴(進: 금주)을 허락했는데 또 금세 깨끗함(潔)을 허락한다고 말한다. 뭘 허락했는지 알쏭달쏭하다. '퇴退'나 '왕往'이 무엇을 의미하는지도 애매하고, 이 글자들이 '진'이라는 글자와 어떻게 호응하는지도 애매하다. 그래서 고주에서는 첫 번째 '진'이 '진보하다'라는 의미이고, 두 번째 '진'은 '찾아오다'라는 의미다. 또 '퇴'는 '퇴보하다'라는 의미이고, '왕'은 공자를 만나고 물러간 후를 가리킨다. 한편 금주에서 '진'은 모두 '찾아오다'라는 의미이지만 '왕'은 공자를 만나기 이전을 가리키고, 이제는 '퇴'가 공자를 만나고 물러간 후를 가리킨다. 뒤죽박죽이다. 그렇기 때문에 금주는 순서를 바꾼 뒤에도 이 장에는 분명히 빠진 글자가 있다고 다시 주장했다.

이렇게 꼬인 문제를 단숨에 해결하는 다산의 묘안은 공자 말의 첫 두 구절을 고어로 보는 것이었다. 이렇게 보면 공자가 한 말이 대폭 줄어든다. 말들을 얽히게 만든 문장의 복잡한 구조가 금세 간단해진다. 공자가 한 말은 "어찌 그리 심한가? 사람이 몸을 깨끗이 하여 찾아오면(進) 그 깨끗함을 허락하지 지난 일(往)을 담아두지(保) 않는다"라는 말뿐이다. 이 말은 이해하기도 쉽다. '진'은 앞에서나 뒤에서나 '찾아오다'라는 뜻이고, '왕'이나 '보保'라는 글자도 본뜻에 맞다. 고주나 금주처럼 글자를 비틀지도 않았고 장황하게 설명하지 도 않았다. 여기에서 '왕'을 '지난 일'로 푼 것은 원래 고환(425?~488?)을 침 고한 형병의 견해다. 형병도 공안국의 해석을 쉽게 받아들일 수 없었기 때문 에 이렇게 반대 의견을 냈고, 다산도 형병의 뜻이 좋다고 보았다.

다산의 '고어'는 "찾아오는 사람 막지 않는다"라는 속어와 같은 뜻을 전달 한다. 공자는 자신이 왜 호향 동자를 만났는지 암시하기 위해서 이 고어를 먼 저 인용했다. "찾아오는 것은 허락하고, 물러가는 것은 허락하지 않는다." 다 산에 따르면 이것이 남을 대하는 인심이다. 이렇게 고어를 인용한 공자는 자 신이 왜 호향 동자를 만났는지 부연한다. 이전에는 어땠는지 모르지만 지금 은 "몸을 깨끗이 하여" 찾아왔고, 또 "찾아오는 것을 허락하는" 것이 상례이 므로 공자가 동자를 만났다는 말이다. 이때 공자는 호향 동자가 과거 어떤 일을 했는지 마음에 담아두지 않았다.

다산의 독법을 두고 문제가 되는 부분이 고어라는 증거가 무엇인지 질문 할 수 있다. 과연 증거는 없다. 그렇지만 적어도 다산처럼 읽으면 이 장의 뜻 이 훨씬 쉽다. 공자의 가르침을 현실 속에서 누구나 손쉽게 이해할 수 있도록 풀어내려는 다산의 진취 정신이 다시 빛나는 순간이다.

7.31

선생님께서 말씀하셨다. "인이 멀리 있는가? 내가 인을 하고자 하면 이에 인이 이른다."

子曰; 仁遠乎哉? 我欲仁, 斯仁至矣.

인의 실천은 나로부터 시작되기 때문에 내가 마음만 먹으면 언제든지 인을 구현할 수 있다는 말이다. 금주는 또다시 인을 '마음의 덕'으로 정의했는데, 거듭 이야기한 것처럼 다산은 이런 정의를 거부한다. 실천 없이 마음에 내재하는 인이라는 건 존재하지 않기 때문이다. 그에게 인은 언제나 남에 대한 사랑이다. 그러므로 남과 관계 맺고 남의 입장을 헤아려서 행동하면 그것이 인이다. 인의 성취가 그렇게 어려운 일이 아니라는 점을 강조하기 위해 다산이 종종 인용하는 문장이다. 달리 읽기는 쉽지 않다.

7.32

진나라 사패가 묻기를 "소공은 예를 알았습니까?"라고 하니 공자가 대답했다 "예를 알았습니다." 공자가 물러나자 무마기에게 읍하며 나아가 말하기를 "내가 들으니 군자는 편당하지 않는다고 하는데 군자도 편당을 하는가? 임금께서 오나라에서 여인을 취했는데 성이 같아서 오맹자라고 했으니 임금이 예를 알았다면 누가 예를 모르겠는가?"라고 했다. 무마기가 그대로 고하니 선생님께서 말씀하셨다. "나 구는 다행이다. 진실로 잘못이 있으면 사람들이 반드시 아는구나."

陳司敗問; 昭公知禮乎? 孔子曰; 知禮. 孔子退. 揖巫馬期而進之曰; 吾聞君子
不黨, 君子亦黨乎? 君取於吳, 爲同姓, 謂之吳孟子, 君而知禮, 孰不知禮? 巫馬
期以告, 子曰; 丘也幸. 苟有過, 人必知之.

'사패司敗'는 법률의 집행을 관장하는 벼슬로 공자도 한때 역임했던 사구
司寇에 해당한다. 고주에 따르면 진나라와 초나라만 사구를 사패라고 불렀다
고 한다. 대부에게 주어지는 벼슬이므로 이름이 안 알려진 이 사람도 대부였
음을 알 수 있다. 공자도 대부였으므로 공자와는 서로 존대하는 사이고, 우
리말로 보면 공자의 제자에게 '해라'는 못했더라도 '하게'를 했을 것이다. 위에
서 본문을 옮길 때도 이런 점을 반영했다. 또한 본문의 소공은 노 소공을 가
리키는데, 그는 공자가 노나라를 떠나기 10여 년 전인 기원전 510년에 망명
을 떠나 귀국하지 못하고 죽었다. 반면 공자는 노나라를 떠난 이후에야 진나
라의 사패를 만날 수 있었으므로 소공에 대한 질문과 답은 모두 과거의 일
을 논하는 것이다. 따라서 시제는 과거가 되어야 한다.

노 소공은 오나라에서 부인을 얻었는데, 오나라 공실도 노나라와 같이 주
나라 왕실의 성인 희성姬姓이었다. 노나라는 주 무왕의 아들인 주공을 봉한
나라이고, 오나라는 주 문왕의 큰아버지인 태백을 봉한 나라였기 때문이다.
당시 군주의 부인은 출신지와 성으로 지칭되었으므로 소공의 부인은 당연
히 오희吳姬라고 해야 하는데, 이렇게 되면 소공이 같은 성을 가진 여인을 부
인으로 취한 사실이 드러나므로 방편적으로 부인을 '오맹자吳孟子'라고 불렀
다. '오맹자'란 '오나라(吳)의 맏딸(孟)로 자성(子)을 가진 여인'이라는 뜻인데,
자성은 송나라의 성이므로 이렇게 부름으로써 부인이 마치 동성이 아닌 것
처럼 보이려고 한 것이다.『예기』「방기」등이 명시하듯이 동성을 부인으로
맞는 것은 주나라의 예에 어긋나는 것이었고, 또 부인을 규범에 맞게 부르지

않는 것도 예에 어긋난 일이었다. 진의 사패는 공자에게 질문할 때부터 이것을 풍자할 생각이 있었다. 하지만 그는 공자에게 구체적으로 묻지 않고 단지 소공이 예를 아는 사람이었는지 물었다.

물론 공자는 소공이 예에 어긋나는 행동을 했음을 잘 알았다. 『춘추』에도 관련된 내용이 나오기 때문이다. 하지만 그것을 자신의 입으로 밝힐 수는 없었다. 자기 나라의 악, 곧 주군의 잘못된 점을 다른 나라 사람에게 이야기하지 않는 게 당시의 규범이었다. 공자는 이 규범을 지키기 위해 소공이 예를 알았다고 대답했다. 진 사패의 질문이 구체적이지 않았으므로 소공의 구체적인 잘못을 들춰낼 수도 없었다. 고주에 따르면 공자는 이렇게 함으로써 다른 사람의 입을 통해 소공의 잘못을 알릴 수 있다고 보았고, 그것이 최상이라고 생각했다. 자신은 임금의 잘못을 감춤으로써 예를 지키고, 또 다른 사람을 통해 소공이 예를 어겼음을 세상에 알릴 수 있기 때문이었다. 이 최상의 '고발'을 위해 필요한 게 한 가지 있었다면 공자가 스스로의 잘못을 인정하는 일이었다. 그리고 공자는 그렇게 했다. 그렇게 함으로써 소기의 목적을 이루었다.

위에서 진나라 사패는 무마기에게 공자의 잘못을 이야기했는데, 무마기는 공자의 제자다. 원래 이름은 무마시巫馬施로 무마가 성이다. 집안 대대로 말을 관리하는 벼슬을 했기 때문에 관직 이름을 성으로 삼았다고 한다. 기期는 그의 자다. 그런데 『사기』는 그의 자를 자기子旗로 소개한다(『사기』, 67:24b). 다산은 '기旗'가 맞다고 했는데, 이것은 『논어』를 읽을 때는 『논어』의 기록을 우선시한다는 자신의 일반적 원칙을 따르지 않은 것이다. 어떤 이유로 그랬는지는 확실하지 않다. 본문은 길고, 기록된 대화가 오고 간 배경도 복잡하지만 고금주와 다산 사이에 특별한 이견이 없는 장이다.

7.33

선생님께서는 사람들과 노래를 하다가 좋거든 반드시 반복하도록
한 이후에 화답했다.

子與人歌而善, 必使反之, 而後和之.

공자는 음악에 대한 소회를 적지 않게 남겼다. 젊어서 제나라 갔을 때는
순임금의 음악을 듣고서 "석 달 동안 고기 맛을 몰랐고"(7.14), 순임금과 무왕
의 음악을 두고는 "아름다움을 다했다" 혹은 "좋게 만드는 것을 다했다"라고
했으며(3.25), 노나라 태사의 연주에 갈채를 보냈고(8.15), 그 스스로 "음악은
이해할 수 있다"(3.23)라고 자신하기도 했다. 그런데 이 소회는 모두 공자가
연주를 감상한 뒤에 나왔으며, 예외 없이 궁중의 전례 음악인 아악의 감상이
었다.

그런데 이 장에서 공자는 사람들과 노래를 부른다. 이 노래가 어떤 종류였
는지는 알 수 없지만 전례 음악이 아니라는 점은 확실하다. 전례 음악을 공자
가 좋다고 해서 마음대로 다시 연주하도록 할 수는 없기 때문이다. 속요일 수
도 있다. 공자가 산정했다고 하는 『시』에도 보통 '풍風'으로 범주화되는 각 지
역의 민요가 수록되었으므로 공자가 아송雅頌만을 좋아했다고는 할 수 없
다. 어쩌면 그가 즐겨 노래를 했기 때문에 조문하기 위해 곡을 한 날에는 노
래를 하지 않았다는 기록(7.10)이 남았는지도 모른다.

그렇지만 다산은 앞에 이어 이 장에서도 본문의 '가歌'를 노래를 부르는 것
이 아니라 긴 호흡으로 시를 읊는 것을 가리킨다고 보았다. 이렇게 보면 공자
와 음악에 대한 흥미로운 추론은 모두 쓸데없다. 다산도 감정을 드러내는 속
요를 꺼려했던 조선의 양반이었던 것 같다.

7.34

선생님께서 말씀하셨다. "문장은 어찌 내가 남들과 같지 않겠느냐
만 군자다움을 몸소 실천하는 것은 내가 아직 얻지 못했다."

子曰; 文莫吾猶人也, 躬行君子, 則吾未之有得.

이 장의 첫 구절은 해석이 분분하다. 고주는 '문막文莫'이 관용적 표현으로
서 '문불文不'과 같은 말이라고 했다. 관용적 표현으로서 '문불'은 '문장이 없
음'이라는 뜻이다. 그래서 고주에 따를 때는 첫 구절을 "문장의 없음은 내가
남들과 같지만" 정도로 읽게 된다. 문장에서 공자 자신은 남들보다 낫지 않
다는 뜻이다. 물론 겸사다.

'문막'을 '힘쓰다'라는 뜻으로 푸는 견해도 있다. 이 견해는 방이지
(1611~1671)가 『통아』에서 결론적으로 제시했다(『통아』, 7:5a). 그에 따르면
'민면(閔勉, 閔免, 僶勉)' '밀물(密勿, 蠠沒)' '모막(侔莫)' '문막'은 모두 같은 의미를
지니는 말로 '힘쓰다' 혹은 '노력하다'라는 의미다. 그는 이 추론을 위해 3세
기의 주석가 난조를 참고했다고 했는데, 그가 참고한 난조의 견해는 "연과 제
지방에서는 '힘쓰다'라는 말을 '문막'이라고 한다"라는 것이다. 그런데 사실
난조에 앞서 이런 해석의 물꼬를 튼 사람은 양웅(기원전 53~18)이다. 그에
따르면 "'모막'은 '힘쓰다(强)'라는 뜻이다"(『방언』, 7:3a). 방이지는 양웅을 언
급하지 않았다. 이들 방이지, 난조, 양웅의 견해는 『논어계구편』(『논어계구
편』, 4:6a), 『강희자전』(『어정강희자전』, 25:42b), 그리고 『논어고훈외전』에
소개되어 있다. 다산도 이들을 모두 소개했다. 『논어계구편』 『강희자전』 『논
어고훈외전』 세 책은 『논어고금주』의 주요한 참고 자료이기 때문이다. 다산
은 이들 외에 비슷한 견해를 가졌던 진규(12세기)도 소개하는데, 그의 설은
『논어계구편』에만 실려 있다. 이들의 견해에 따르면 본문의 첫 구절은 "힘쓰

는 것은 내가 남들과 같지만"이라고 읽을 수 있다.

이런 다른 해석이 있었지만 다산은 결국 금주를 따른다. 금주는 '막'이 의문을 나타내는 말이라고 했다. 다산은 이 해석을 부연하여 그것이 '어찌 (남들과 같지) 않겠는가?'라는 뜻이라고 했다. 양웅 등의 해석을 받아들이지 않은 이유를 놓고 다산은 "『논어』는 고오古奧한 문자가 아니다"라고 말했는데, 『논어』는 오묘한 함의를 가진 난해한 글자를 사용하지 않았다는 뜻이다. 새겨들 만한 언급이다. 다산이나 금주처럼 읽으면 이 장에서 공자는 문장에 관한 한 자신이 최소 남들과 같다고 자임한 셈이다. 다산은 공자가 문장과 학문에는 자임했고, 덕행에는 겸손을 보였다고 했다. 이 장에서도 공자는 문장에는 자임했고, "군자다움(君子)을 몸소(躬) 실천하는(行)" 덕행에는 겸손했다.

7.35

선생님께서 말씀하셨다. "성과 인 같은 것은 내가 어찌 감당하겠는가? 그러나 배우면서 싫어하지 않고, 남을 가르치면서 게을리 하지 않는 것은 가히 말할 수 있을 것이다." 공서화가 말했다. "그것이 바로 제자들이 배울 수 없는 것입니다."

子曰; 若聖與仁, 吾豈敢? 抑爲之不厭, 誨人不倦, 則可謂云爾已矣. 公西華曰; 正唯弟子不能學也.

앞 장에서 다산은 공자가 문장과 학문에는 자임했고 덕행에는 겸손했다고 했는데, 이 징이 그 점을 다시 확인한다. '성聖'은 세상을 교화하여 공을 남기는 것이고, '인仁'은 실천을 통해 남을 사랑하는 것이므로 모두 덕행에 해당한다. 배우고 가르치는 것은 문학과 학문의 일이다. 금주는 본문의 '위爲'를 '행하다'라는 뜻으로 보고 해당 구절을 "도를 행하면서 싫어하지 않고"라는 식으로 풀었는데, 도학주의적 해석이다. 도학자가 가르치는 주제는 성인의 도다. 공자의 교훈을 이렇게 좁게 해석하는 것은 취미에 안 맞으므로 다산은 고주를 따라서 '위'를 '배우는 것'으로 이해했다.

공자의 제자 공서화는 스승이 겨우 자임한 것도 제자들은 쉽게 배울 수 없다고 하면서 자신을 낮추고 스승을 높였다. 스승에 대한 예를 다하려는 제자의 노력이 가상하다. 예는 자신을 낮추는 일이다. 고주는 공서화가 '성'과 '인'을 바랄 수도 없었음을 암시했다고 했는데, 다산이 보기에는 쓸데없이 공서화를 얕잡아 보는 해석이었다. 공서화는 스승을 높이려고 한 것이므로 확대 해석은 자제해야 한다는 생각이었다.

이 장에서 다산은『논어고금주』에서 처음으로 '실리實理'라는 말을 사용한다. 나는 이 책의 '들어가는 말'에서 다산학을 실학이 아니라 실리학으로 정의하고자 한다고 했으므로 이 말이 어떤 맥락에서 사용되었는지 살펴볼 필요가 있다.『논어고금주』에서 '실리'라는 말은 모두 네 번 나온다(7.35, 10.6, 17.2, 17.17). 이 장에서 다산은 '인'과 '도'가 언제나 짝을 이룬다는 모기령을 비판하면서 그 둘을 병렬하는 예가 고전에 있더라도 그것은 단지 은유를 위한 것이지 '실리'를 보여주는 것은 아니라고 비판한다.「향당」의 한 장에서는 오행의 상생, 상극 관계라는 것이 "어떻게 '실리'를 가지고 있겠는가?"라고 반문한다. 또한「양화」에서는 성리학의 핵심 개념인 본연지성이 '실리'와 양립할 수 없다고 비판하기도 하고, 오색을 오행에 배속시키는 황간의 견해를 '실리'에 어긋난다고 배격하기도 했다. 한마디로 이 개념을 사용할 때마다 다산은 무엇인가를 비판한다. 다산의 '실'은 '허'를 비판하고 극복하는 것이기 때문이다.

살펴보면 다산의 철학에서 '실리'는 '실심實心'에 대응하는 개념이다. '실리'는 세상을 움직이는 참된 이치이며, '실심'은 사람의 참된 마음이다. 이것들은 모두 하늘이 부여했으며 '실심'을 통해 '실리'를 이해하고 참된 사람으로 살아가는 것이 다산의 목표다. 어떻게 보면 이것은 성리학의 정신이기도 하다. 자연이 부여한 마음의 영명함으로 자연과 인간 속에 존재하는 이치를 이해하여 성인이 되는 것이 성리학의 목표이기 때문이다.

하지만 다산의 '실리'와 '실심'에는 '실'이 있다. 이것은 모든 헛된 이론과 거짓에 대항한다는 선언이다. 다산이 성리학의 주요 범주인 본연지성을 실제의 이치가 아닌 허황한 개념으로 본 것도 그 때문이다. 그것은 '실리'가 아니다. 다산의 '실리'는 인간의 일상, 생활, 실천, 인간관계, 정서, 실제적인 목표를 반영하며, 또 자연의 실제적인 원리를 투영한다. 물론 성리학도 '실리'를 이야기했고, 주희도 모든 사태와 존재는 '실리'가 작용한 결과라고 선언했다(『주자어류』, 64:33b). 그러므로 성리학과 다산학의 갈등이 있다면 그것은 결국 무엇이 정말로 '실'인가에 대한 다툼이다. 그런데 주희가 말한 것처럼 모든 존재와 사태가 '실리'로부터 나온다는 말은 사실인가? 다산이 보기에는 그렇지 않다. 그는 항상 성리학의 존재론, 특히 '이理'의 발생론을 '실'이 아닌 것으로 보고 비판한다(『중용강의보』, 87b). 어떻게 개념이 세계를 낳는다는 사유가 현실과 어울리고, 실제적일 수 있는가? 성리학의 '실'에 대한 이론적 비판도 가능하다. 그렇지만 엄밀히 보면 '실리'의 싸움은 이론의 정밀함을 다투는 것, 곧 '이理'의 싸움이 아니다. 그것은 '실'의 싸움이며, 진리는 존재하고 모든 인간은 공부함으로써 진리를 이해할 수 있다는 '이理'의 철학을 누가 더 우리가 사는 현실에 잘 접목시키는가의 다툼이다. 성리학의 실패를 반성하면서 이학을 현실에 잘 접목시킨다면 그것이 실리학의 승리이며, 송명 이학의 발전인 것이다.

7.36

선생님께서 병이 깊어지니 자로가 기도하기를 청했다. 선생님께서 말씀하셨다. "예에 있는가?" 자로가 대답하기를 "있습니다. 뇌문에 '너를 위해 위 아래로 하늘의 신명과 땅의 귀신에게 기도한다'라고 했습니다"라고 하니 선생님께서 말씀하셨다. "나 구는 기도한 지 오래 되었다."

子疾病, 子路請禱. 子曰; 有諸? 子路對曰; 有之. 誄曰; 禱爾于上下神祇. 子曰; 丘之禱久矣.

다산에 따르면 "아픈 것(疾)이 심해진 것이 병病"이다. 다자이는 '질'과 '병'이 중복이므로 '병'을 삭제해야 한다고 했고, 육덕명도 "일부 판본에는 '자질병子疾病'으로 되어 있고, 황간본도 마찬가지다. 정현본에는 '병'이 없다"(『경전석문』, 24:10b)라고 하여 고본에서 이 장은 '자질子疾'로 시작한다는 암시를 주었다. 이때 육덕명이 인용한 정현본은『논어정씨주』다. 이 책은 한동안 사라졌다가 나중에 둔황에서 발견되었는데, 육덕명을 보면 당나라 때까지는 통용되었던 모양이다. 어쨌거나 다산은 다자이에 동의하지 않았다. 그러므로 다산에 따르면 이때 공자는 병이 심했다. 자로가 귀신의 힘을 빌릴 생각을 하자 공자가 반문한다. "예에 있는가(有諸)?" 이 반문을 고주에 따라 옮기면 "그런 일이 있었는가?"가 되고, 금주에 따라 옮기면 "그런 이치가 있는가?"가 된다. 이 차이는 고주와 금주, 다산의 경향성을 드러낸다. 고주는 사실에, 금주는 이치에, 다산은 예에 주목했다.

본문의 '뇌誄'는 뇌문, 곧 "죽음을 애도하여 그 행적을 서술한 글"이다. 오늘날의 추도문 같은 것이다. 인용된 옛날의 뇌문에 나오는 '신神'은 하늘의 신, '지祇'는 땅의 귀신을 가리킨다. 공자가 "기도한 지 오래 되었다"라고 한 것은 평소 그의 행동이 신명에 부끄러움이 없었음을 말한다. 무릇 귀신에게 기도하는 것은 귀신에게 잘못을 속죄하여 도움을 받기 위해서인데, 공자는 속죄할 것이 없었다. 자로의 충심을 생각해서 그의 청을 박절하게 거절하지는 않았으나 이렇게 말함으로써 그는 귀신에게 기도하는 것이 부질없음을 보여주었다. 다산은 다음과 같은 영파노수(생몰년 불상)의 말에 크게 공감한 듯하다. "자로는 제단 앞에서 기도했고, 우리 선생님께서는 집에서 기도하셨다. 자로는 축사祝史를 통해 기도했고, 우리 선생님께서는 정신精神으로 기도하셨다." 고금주와 다산 사이에 큰 이견이 없는 장이다.

7.37

선생님께서 말씀하셨다. "사치하면 불손하고, 검약하면 고루하니 불손하기보다는 차라리 고루할 것이다."

子曰; 奢則不孫, 儉則固, 與其不孫也, 寧固.

고금주와 다산이 동의하는 해석에 따르면 사치(奢)와 검약(儉)은 모두 문제다. 그렇지만 물건으로 사치하면 그런 물건을 가지지 못한 윗사람을 낮추어 보게 되므로 고루한 것보다 더 위험하다. 그렇기 때문에 공자가 차악을 선택하는 의미에서 위에서처럼 말했다. 금주에서 조설지(1059~1129)는 공자의 이 말이 "부득이하게 당시의 폐단을 구제하는 것"이라고 했다. 이것은 성리학이 항상 비판하는 주나라 말기의 사치함을 겨냥한 논평이었는데, 앞에서도 소개한 것처럼 다산은 성리학의 이러한 인식이 잘못되었음을 누차 이야기했다. 여기에서도 그는 조설지에 반대하여 사치보다는 검약, 불손보다는 고루함을 용납하는 것은 주나라와 관계없는 "고금에 통하는 의리"라고 했다.

7.38

선생님께서 말씀하셨다. "군자는 평안하고 넓으며, 소인은 오랫동안 슬퍼한다."

子曰; 君子坦蕩蕩, 小人長戚戚.

'탄坦'은 감정의 기복이 없이 고른 모습, '탕탕蕩蕩'은 관대한 모습, '척척戚戚'은 슬픈 모습을 나타낸다. 이렇게 보는 데는 고금주와 다산 사이에 이견이 없지만 왜 군자는 평안하고 소인은 그렇지 못한지를 설명하는 방식은 약간씩 다르다. 고주는 군자는 스스로 허물할 것이 없기 때문에 마음이 평안하고, 소인은 잘못을 저지르기 때문에 근심이 많다고 했다. 금주는 군자는 이치를 따르기 때문에 평안하고, 소인은 사물에 부림을 당하기 때문에 근심한다고 했다. 이에 비해 다산은 군자는 자신의 지위에 따라 행동하기 때문에 평안하고, 소인은 얻고 잃는 것을 걱정하기 때문에 근심한다고 했다. 모두 참고할 만하다.

7.39

선생님께서는 온화하면서도 엄격하고, 위엄이 있으면서도 사납지 않고, 공손하면서도 편안해 하셨다.

子溫而厲, 威而不猛, 恭而安.

이 장은 「술이」의 마지막 장이다. 그런데 자세히 보면 이 장은 「술이」의 다른 장과 좀 다르다. 「술이」의 한 장이 공자를 묘사할 때는 언제나 구체적인 사안에 대한 공자의 태도를 기록했지 여기처럼 공자의 인격을 개괄적으로 서술하지 않았기 때문이다. 「술이」에서 "선생님께서는 이러저러하셨다"라는 장을 찾아보면 그 차이를 금세 느낄 수 있다. 과연 육덕명은 일부 판본(정현본)에는 이 장의 '자子' 뒤에 '왈曰'이 있다고 했다(『경전석문』, 24:10b). 그렇다면 이 장은 공자의 말을 기록한 것으로 "선생님께서 말씀하셨다. '온화하되 엄격하고⋯⋯'"라는 정도가 된다. 육덕명은 또 황간본에는 '자' 앞에 '군君'이 있다고 했다. 그렇다면 이 장은 "군자는 온화하면서도 엄격하고⋯⋯"라는 정도가 된다. 현행 황간본은 육덕명이 말한 것과 달리 본문과 같은데, 황간본이 일본에서 중국으로 역수입되는 과정에서 그렇게 바뀌었을 가능성이 높다. 다산은 「술이」가 모두 공자를 기록했음을 들어 황간본을 받아들이지 않았지만 정현본은 판단하지 않았다.

본문에는 대립하는 태도가 여럿 등장한다. 이렇게 대립하는 태도가 한 인격 안에 충돌 없이 공존한다면 그 인격은 중용의 덕을 가지는 것이다. 공자가 그랬든지, 그래야 한다고 공자가 말했든지, 아니면 군자는 일반적으로 그랬든지 그랬다. 이런 식으로 중용의 덕을 말하는 사례로 고요의 아홉 가지 덕(皐陶九德)이 있다(『상서주소』, 3:26a).

제8편

태백

泰伯

8.1

선생님께서 말씀하셨다. "태백은 지극한 덕이라고 할 만하다. 세 번 천하를 양보했는데도 백성이 그를 칭송할 수 없었다."

子曰; 泰伯, 其可謂至德也已. 三以天下讓, 民無得而稱焉.

태백은 은을 정벌하여 천자의 나라가 되기 전의 주나라, 제후국이었던 주나라를 다스린 고공단보 희단, 나중에 태왕으로 불린 인물의 큰아들이었다. 태백太伯이라고도 하며, 주나라의 공족이었으므로 당연히 희성이지만 이름이 무엇인지는 확실하지 않다. 원래는 태왕을 이어 주를 다스리게 되어 있었으나 아버지는 막내아들인 계력에게 왕위를 주려는 뜻을 가졌다. 금주의 설명을 빌면 태왕이 은을 정벌하려고 했음에도 불구하고 태백이 반대했기 때문이라고 한다. 혹은 계력의 아들, 나중에 주 문왕이 되는 희창에게 왕재가 있었으므로 태왕이 계력을 통해 그에게 나라를 주려고 했다는 설명도 있다. 어쨌거나 아버지의 뜻을 짐작한 태백은 태왕이 병에 걸리자 약초를 캔다는 핑계로 동생인 중옹과 함께 나라를 떠난 뒤 다시 돌아오지 않았다. 이렇게 함으로써 아버지 태왕의 계획에 가장 큰 장애물이었던 자신을 스스로 제거한 것이다.

태백이 중옹과 함께 사라지자 계력이 군주가 되었고, 그의 아들 희창은 제후로서 천하의 삼분의 이를 소유했으며, 희창의 아들 희발은 은을 정벌하고 주 왕조를 열어 무왕이 되었다. 태백이 나라를 떠난 뒤 세 명의 군주를 거쳐 주나라는 천자의 나라가 된 것이다. 나라를 떠난 태백은 지금의 쑤저우 지역에 도착하여 토착민의 지도자가 되었고, 태백이 죽자 그의 아우인 중옹이 이들을 이끌었다. 이때 태백은 스스로를 구오句吳라고 불렀으므로 나중에 주나라는 태백이 다스린 지역을 오吳로 봉했고, 태백은 오태백吳泰伯이라고도 불렀다. 태자였던 사람이 동생과 함께 나라를 사양하고 떠나 은거했다는 점에서 백이, 숙제의 이야기와 유사하다. 하지만 백이와 숙제는 나라를 등진 뒤에도 은을 정벌하러 떠나는 주 무왕의 앞을 가로막고 고언을 하는 등 역사에 등장하지만 태백과 중옹은 역사에서 자취를 감추었다. 곧 사양하고 은거한 덕이라는 측면에서는 그들이 백이, 숙제보다도 뛰어났다. 그렇기 때문에 사람들은 그가 한 일을 몰랐고, 그를 훌륭하다고 칭송할 수도 없었다. 그래서 공자는 이 장에서 "지극한 덕이라고 할 만하다"라는 평가를 내린다.

이 장의 논란거리는 "세 번 천하를 양보했다"라는 말이다. 세 번 양보했다는데 어떻게 세 번인가? 고주에서 정현은 아버지 태왕이 죽었음에도 주나라로 돌아가지 않아 계력에게 상주 역할을 하도록 한 것이 첫 번째 양보이고, 계력이 부고를 보냈음에도 상주가 되지 않으려고 달려가지 않은 것이 두 번째 양보이고, 상이 끝난 뒤에는 아예 머리를 밀고 몸에 문신을 하여 주나라에 돌아가지 않을 것임을 분명히 한 것이 세 번째 양보라고 했다. 이에 비해 금주는 예의를 갖추어 사양한 것, 곧 어떤 일을 사양할 때 세 번을 양보하는 범절에 맞추어 나라를 사양한 것을 의미한다고 했다. 반면 『논어의소』가 소개하는 범녕과 목협, 그리고 청대 고증학자 고염무 등은 계력에게 천하를 양보한 것이 첫 번째 양보, 문왕 희창에게 천하를 양보한 것이 두 번째 양보, 그리고 무왕 희발에게 천하를 양보한 것이 세 번째 양보라고 주장했다(『일지록』, 7:9b~10a). 무왕 이전 주나라는 일개 제후국이었지만 결국 주나라가 천하를 소유하게 되었으므로 이 일을 놓고 "천하를 양보했다"라는 표현이 가능했다.

이러한 수상에 대한 다산의 입장은 명확하다. 그것들은 추측일 뿐이라는 것이다. 정현의 설에 따르면 상이 끝난 뒤에도 단발하고 문신함으로써 태백이 양보를 했다고 하는데, 어불성설이다. 부왕의 상에도 오지 않은 아들을 계속 태자로 생각할 수 있겠는가? 태자가 아니라면 양보할 위치에 있지도 않았다. 금주의 설명도 받아들이기 힘들다. 태백은 약초를 캔다는 핑계를 대고 도망치듯 주나라를 빠져 나왔는데, 어떻게 세 번 사양하는 예를 갖출 수 있겠는가? 범녕과 목협, 고염무의 주장도 억측이다. 태백이 언제 죽었는지는 모르지만 그가 죽자 그의 동생이 무리의 지도자가 되었으므로 오래 살지는 못했다. 그런 그가 그의 동생과 조카와 조카손자에까지 양보를 했다는 게 받아들일 수 있는 설명인가? 그래서 다산은 이렇게 결론을 내린다.

왕위를 세 번 주고 세 번 사양했다는 것은 반드시 관련된 사실이 있겠지만 지금은 전적이 인멸되어 고징할 길이 없다. (…) 아마도 의심을 남김으로써 차선을 삼는 것이 나을 것이다.

증거가 없으므로 억지로 고찰하여 결론을 내릴 필요가 없다. 이렇게 해서 다산은 자신이 실증적이고 합리적인 연구를 선호한다는 점을 보여주었다.

8.2

선생님께서 말씀하셨다. "공손하면서도 예가 없으면 편하지 않고, 신중하면서도 예가 없으면 즐겁지 않고, 용감하면서도 예가 없으면 질서가 없고, 곧바르면서도 예가 없으면 여유가 없다. 군자가 자기 친족에게 두터이 하면 백성이 인에 흥기하고, 옛 신하를 버리지 않으면 백성이 배반하지 않는다."

子曰; 恭而無禮則勞, 愼而無禮則葸, 勇而無禮則亂, 直而無禮則絞. 君子篤於親, 則民興於仁, 故舊不遺, 則民不偸.

고주와 금주는 이 장을 대체로 이렇게 읽는다. 다산은 글자 풀이를 약간씩 달리했다. 가령 고금주에서 '노勞'는 '수고롭다'라는 뜻이고, '사葸'는 '두려워하다'라는 뜻이며, '난亂'은 '난을 일으키다'라는 뜻이다. 위에 옮긴 것과 비교하면 다소 다름을 알 수 있다. '교絞'는 남을 헐뜯는 것(고주) 혹은 남을 재촉하고 박절하게 구는 것(금주)을 의미하는데, 다산의 풀이는 금주와 유사하다. 대부분의 경우에서처럼 여기에서도 그는 자신의 글자 풀이를 경전을 통해 입증하려고 했다. 차이는 크지 않지만 이 글자들을 엄밀하게 정의하고자 한 것이다. 어쨌든 이 장은 예로 절제하지 않으면 어떤 태도도 문제를 낳는다는 점을 가르친다.

"군자가 자기 친족에게 두터이 하면"이라는 말로 시작되는 이 장의 뒷부분은 백성을 어떻게 계도할 것인가를 다룬다. 앞부분과 반드시 연관되지 않기 때문에 금주는 이 장을 둘로 나눌 수 있다고 했다.

이 장에서는 '고구故舊'에 대한 다산의 해석이 눈길을 끈다. 고금주에서 '고구'는 '옛 친구'인데, 다산은 위에서처럼 "옛 신하"로 이해한다. 이렇게 푸는 가장 중요한 전거는 『국어』「제어」에 나오는 "정치를 함에 옛 신하를 여관처럼 대하지 않으면 백성이 배반하지 않을 것입니다(政不旅舊, 則民不偷)"(『국어』, 6:10a~b)라는 말이다. 관중이 제 환공에게 준 조언인데, 문장 구조가 유사하므로 다산은 이 문장에 근거하여 '고구'를 독특하게 읽었다. '여관처럼 대하다(旅)'라는 것은 자주 찾지 않는 것을 의미한다. 정조가 죽고 조정으로부터 버림받은 "옛 신하"가 다산이다. 왠지 그가 '고구'를 "옛 신하"로 읽어 자신의 처지를 풍자하려고 했다는 생각이 든다. "배반하지 않는다(不偷)"라는 말은 선왕을 배신하지 않고 선왕의 혈육, 말하자면 순조를 보필한다는 말이다.

8.3

증자가 병이 들어 문하의 제자들을 불러 말했다. "내 발을 열고 내 손을 열어 보아라. 『시』에 이르기를 '두려워하고 조심히 하여 마치 깊은 못에 나아가는 듯이 하고 마치 얇은 얼음을 밟는 듯이 한다'라고 했다. 지금 이후에야 내가 면한 것을 알겠구나, 제자들아!"

曾子有疾, 召門弟子曰; 啓予足, 啓予手. 詩云, 戰戰兢兢, 如臨深淵, 如履薄氷. 而今而後, 吾知免夫, 小子!

이 편 「태백」은 공자의 가르침과 함께 증자의 교훈도 기록한다. 이 장이 그 첫 번째다. 『논어』가 '자'로 높인 공자의 제자는 단지 네 사람인데, 그중에서도 그 교훈이 기록된 제자는 유자 유약과 증자 증삼 둘뿐이다. 또 유자의 교훈은 「학이」에만 나오고, 증자의 교훈은 여러 편에 나온다. 특히 「태백」은 다섯 장에 걸쳐 증자의 교훈을 소개한다. 이 때문에 증자 문하에서 지금의 『논어』를 정리, 편찬했다는 주장도 가능하다.

물론 증자는 중요한 인물이다. 종래 그는 『대학』의 저자였고, 또 공자의 가르침에 기초해서 『효경』을 만든 사람이었다. 그가 정말 『효경』을 만들었는지는 의문이지만 적어도 유교 전통에서 그는 효의 상징이다. 증자를 효자로 묘사하는 『맹자』와 함께 『논어』의 이 장도 증자가 그런 상징성을 가지는 데 큰역할을 했다.

본문을 보면 깊은 병에 든 증자는 제자들을 불러 이불을 걷고 자신의 손과 발을 보도록 한다. 부모가 주신 몸을 얼마나 잘 관리했는지 보라는 것이었다. 그렇게 잘 보존할 수 있었던 비결은 그가 인용한 「소민小旻」이라는 시에 있다. 이 시에서 '전전戰戰'은 두려워하는 모양이며, '긍긍兢兢'은 조심하는 모양이다. 읽기에 따라서는 이 시의 후반부도 '전전'과 '긍긍'에 연결시킬 수있다. 곧 "깊은 못에 나아가는 듯이 하는 것"은 '전전'이고, "얇은 얼음을 밟는 듯이 하는 것"은 '긍긍'이다. 한마디로 몸을 보존하기 위해 조심하고 또 조심했다는 말이다. 대부분은 이 장면을 설명하면서 "몸과 머리카락과 피부는부모에게 받은 것이니 감히 훼상하지 않는 것이 효도의 시작"(『효경주소』,1:4b)이라는 『효경』의 첫 문장을 상기시킨다. 이 장에서 증자가 말하고자 한요점을 『효경』의 첫 문장이 알려주기 때문이다. 이렇게 해서 『효경』은 증자를 통해 『논어』와 연결된다. 고금주든 다산이든 다 받아들이는 설명이다.

하지만 다산은 새롭게 읽는 것이 가능하면 아무리 사소하더라도 그냥 지나치지 않았다. 이 장에서 다산은 "내가 면한 것을 알겠구나"라는 말이 구체적으로 무엇을 면했다는 것인지를 두고 고금주와 논쟁한다. 고주에서 주생렬은 '환난을 면한 것'을 의미한다고 했다. 증자는 평생 부모가 준 몸을 훼손하는 환난을 면하기 위해서 노력했고, 삶을 마감하면서 그런 환난으로부터영원히 구제되었다. 금주는 '훼상을 면한 것'이라고 주장했다. '환난'을 '훼상'으로 바꾸었지만 고주와 뜻은 같다.

다산에 따르면 이러한 해석은 모두 잘못이다. '환난'은 몸을 손상하는 것 이외에도 많은 의미를 지니므로 모호하고, '훼상'은 몸의 손상을 의미하기는 하지만 구체적으로 어떤 손상인지를 말하지 않는다. 그래서 다산은 죽음과 함께 증자가 '형륙을 면한 것'이라고 주장한다. 신체의 '훼상'은 벌을 받거나 사고를 당해서 일어나지만 군자는 오직 사법적 징벌만 걱정한다. 공자가 "군자는 형벌을 생각한다"(4.11)라고 말한 것도 그 때문이다. 증자의 말은 무겁게 읽어야 한다. 그는 심각한 훼상을 염려했지 신체의 가벼운 훼상, 사고로 일어난 손상을 염려하지는 않았다. '원의총괄'은 다산의 이 판단을 '원의'로 기록했다. "'내가 면한 것을 알겠구나'라는 말은 형륙을 면하는 것을 말한다." 앞 장에서 다산은 옛 신하를 저버리지 않는 것이 나라를 평온하게 만드는 길이라고 했다. 이 장에서 다산은 형륙을 면하기 위해 노력하는 것이 증자의 뜻이라고 말했다. 모두 다산의 경험을 반영하는 것일지 모른다.

8.4

증자가 병이 들어 맹경자가 병문을 하니 증자가 말했다. "새가 장차 죽을 때는 울음이 슬프고, 사람이 장차 죽을 때는 말이 선합니다. 군자가 도에 귀하게 여기는 것이 세 가지가 있으니 몸을 움직일 때는 성급함과 태만함을 멀리하고, 안색을 바르게 할 때는 믿음직함을 가까이 하며, 말을 할 때는 비루함과 뒤틀림을 멀리합니다. 제기를 다루는 일은 그것을 맡는 사람이 있습니다."

曾子有疾, 孟敬子問之. 曾子言曰; 鳥之將死, 其鳴也哀, 人之將死, 其言也善.
君子所貴乎道者三, 動容貌, 斯遠暴慢矣, 正顏色, 斯近信矣, 出辭氣, 斯遠鄙倍矣. 籩豆之事, 則有司存焉.

맹경자는 고주에서 마융이 그렇게 소개한 이후 노나라의 세력가 중손씨(맹손씨)의 중손첩을 가리키는 것으로 알려졌다. 그가 정말 중손첩이라면 증자가 병이 들어 죽은 기원전 435년 근처에는 이미 아버지 중손체(맹무백)를 이어 중손씨의 가장이 되었을 것이다. 반면 증자는 평생 벼슬을 하지 않은 사람이다. 아무런 지위가 없었다. 그렇다면 왜 중손씨처럼 큰 가문을 다스리는 대부가 평범한 선비인 증자를 찾아 문병을 했는지 설명이 되지 않는다. 그래서 『설원』에서는 증자가 맹경자가 아니라 지금은 정체를 알 수 없는 맹의라는 사람과 이 장의 대화를 나눈다(『설원』, 19:16b). 또 본문에서 증자의 말은 '증자왈曾子曰'이 아니라 '증자언왈曾子言曰'로 시작한다. 『논어』에는 이런 사례도 없다.

여하튼 증자는 죽음이 임박했음을 직감했고, 죽음을 앞둔 자신이 충심으로 조언을 남기려고 한다고 말한다. 여기 "새가 장차 죽을 때는 울음이 슬프다"라는 말은 보통 죽음의 위중함이나 비장함을 상징한다고 이해하는데, 다르게 보는 경우도 있다. 가령 이충은 새 같은 미물은 죽을 때 두려움에 떨면서 슬프게 울 뿐이라고 해설한다. 그러므로 사람이 죽을 때 죽음의 두려움에 압도되어 좋은 말을 남기지 못하면, 혹은 사람다운 행동을 하지 못하면 그는 금수처럼 죽는 것이다. 다산도 이 해설을 그대로 인용했는데, 그것을 읽은 다산의 평이 흥미롭다. "살피건대 이 해석이 극히 좋다. 그러나 경문의 뜻은 이 해석이 말하려는 바와 그렇지 않은 것 사이에 있다." 말하고자 하는 뜻은 좋으나 그것이 본문의 의미인지는 확실하지 않다는 말이다. 죽음을 대하는 다산의 입장을 엿볼 수 있다.

이어 나오는 증자의 교훈을 읽는 방법을 두고는 고주와 금주 사이에 차이가 있다. 다산은 "주자의 뜻은 바꿀 수 없다"라고 하면서 확실히 금주의 편을 들었다. 반면 고주를 따라 해당 부분을 글자 그대로 옮기면 "용모를 움직이면 이에 포악하고 오만함을 멀리할 수 있고, 안색을 바르게 하면 이에 믿음직함을 가까이할 수 있으며, 말을 내면 이에 비루하고 어그러짐을 멀리할 수 있다"라는 정도가 된다. 곧 고주에서는 "용모를 움직이는 것" 등이 나의 행동이고, 그다음에는 그런 행동이 가져다주는 좋은 결과가 나온다. 그런데 "용모를 움직인다"라는 것은 어떻게 움직인다는 말이며, "말을 낸다"라는 것은 어떻게 말을 한다는 말인가? 이 점이 애매하므로 고주는 어떻게 해야 한다는 것을 임의로 첨가했다. 가령 "용모를 근엄하게 움직이면" 이런 식으로 말을 넣었다. 그 때문에 금주는 새롭게 읽었고, 위에 옮긴 것처럼 증자의 말 전체를 내가 어떻게 해야 한다는 교훈으로 이해했다. 엄밀히 보면 금주의 독법도 매끄럽지는 않지만 다산은 받아들였다.

'원의총괄'은 이 장에서 다산이 발견한 '원의'가 있다고 했다. 여기까지 다산은 기본적으로 금주를 따랐기 때문에 그 '원의'가 무엇인지 궁금하다. 다산이 발견한 '원의'는 본문의 '폭暴'이 '성급하다' 혹은 '조급하다'라는 뜻을 지닌다는 사실이다. 이 뜻을 다산은 '졸급猝急'이라는 말로 표현했다. 그에 반해 고주와 금주는 해당 글자를 '포'로 읽어 '포악하다'라는 뜻으로 이해한다. 그런데 '원의총괄'은 이 '원의'를 요약하면서 "'폭만暴慢'의 '폭'은 마땅히 입성으로 읽어야 한다"라고 했다. 입성의 한자어는 우리 한자음으로 볼 때 ㅂ, ㄱ, ㄹ의 음가로 끝나기 때문에 '폭'으로 읽어야 한다면 입성이 맞다. 하지만 북송 때의 음운서인 『광운』에서는 이 글자가 '졸급'의 뜻을 가진 '폭'일 때는 거성이며(『원본광운』, 4:67a), 입성으로 읽을 때는 '따듯하게 하다' 혹은 '햇볕에 말리다'라는 의미를 지닌다고 했다(5:3b). 앞뒤 사정을 정확히 알 길이 없으므로 적어만 둔다.

어찌 되었든 '폭'에 대한 다산의 '원의'는 한편으로 경전에 근거했고, 다른 한편으로는 추론에 근거했다. '폭'이 '성급하다'라는 뜻으로 쓰인 경우는 많으므로 경전의 근거는 따로 말할 것이 없다. 그의 추론은 이것이다.

몸을 움직일 때는 두 가지 병이 있다. 하나는 급하게 망동하는 것이고, 다른 하나는 게으르게 느릿느릿 움직이는 것이다. 이 둘이 모두 예에 적중하지 않으므로 멀리하고자 해야 한다.

어떻게 보면 지나치게 사소한 차이를 '원의'로 기록하지 않았나 싶다. 다산이 얼마나 세세하게 글자 하나하나를 검토했는지 다시 확인할 수 있기는 하다.

마지막에 나오는 '변두籩豆'는 제기다. 고주에 따르면 대나무로 만들어 대추나 밤을 담는 것이 '변籩'이고, 나무로 만들어 장이나 식혜를 담는 것이 '두豆'다. 증자가 구태여 제기 다루는 일을 첨언한 것은 맹경자가 사소한 일에 지나친 관심을 가졌기 때문이라고 한다. 요즘 단체의 행정 업무 혹은 제사의 절차를 담당하는 사람을 유사라고 하듯이 '유사有司'는 제기의 진설과 관련된 책임을 맡은 사람을 가리킨다.

8.5

증자가 말했다. "능한데도 능하지 않은 사람에게 묻고, 많은데도 적은 사람에게 묻고, 있으면서도 없는 듯이 하고, 들어찼으면서도 빈 듯이 하며, 남이 범하여도 보복하지 않는 것, 이전에 내 벗이 일찍이

이것에 종사했다."

曾子曰; 以能問於不能, 以多問於寡, 有若無, 實若虛, 犯而不校, 昔者吾友嘗
從事於斯矣.

"많은데도 적은 사람에게 묻는다"라는 것은 많이 아는데도 조금 아는 사람에게 묻는다는 뜻이고, 본문의 '벗'은 안회를 가리킨다. 모두가 동의하는 내용이다. 다산은 '이전에(昔)'라는 말을 보면 여기의 '벗'이 안회임을 안다고 했다. 안회는 일찍 죽었기 때문이다.

가만히 보면 이 장에서 증자가 말한 삶의 태도는 유가적이라기보다는 도가적이다. "있으면서도 없는 듯이 하고, 들어찼으면서도 빈 듯이 하며, 남이 범하여도 보복하지 않는다"라는 말은 도가의 살아가는 방법, 그 처세술을 닮았다. 『노자』에도 비슷한 말들이 있다. "선행은 자취를 남기지 않는다(『노자도덕경』 27장)." "마음을 비우고 배를 채운다(3장)." "원망을 덕으로 갚는다(63장)." 특히 "남이 범하여도 보복하지 않는 것"은 공자가 유학자의 삶이 아니라며 주의를 주었던 태도다(14.35). 아마도 그렇기 때문에 금주는 본문의 '교挍(고금주에서는 校)'를 '헤아리다'라는 뜻으로 풀었을 것이다. 그렇지만 다산은 고주를 따라 '교'를 '보복하다'라는 뜻으로 이해했다. 『한시외전』은 안회가 이런 삶의 태도를 가졌음을 알려준다.

자로가 말했다. "남이 나를 잘 대해주면 나도 잘 대해줄 것이고, 남이 나를 잘 대해주지 않으면 나도 잘 대해주지 않을 것이다." 자공이 말했다. "남이 나를 잘 대해주면 나도 잘 대해줄 것이고, 남이 나를 잘 대해주지 않으면 나는 그와 함께 상황에 따라 나아가기도 하고 물러서기도 할 것이다." 안회가 말했다. "남이 나를 잘 대해주면 나도 잘 대해줄 것이고, 남이

나를 잘 대해주지 않아도 나는 잘 대해줄 것이다."(『한시외전』, 9:3b)

『한시외전』의 이 기사가 정말 안회의 생각을 보여주는지는 모르겠다. 하지만 적어도 많은 사람이 "남이 범하여도 보복하지 않는" 태도를 안회와 연결시켰다는 점은 알 수 있다. 위의 세 가지 입장을 두고 공자는 "자로의 주장은 야만인의 주장이고, 자공의 말은 친구 사이에서 있을 수 있는 말이며, 안회의 말은 친속 사이에서 있을 수 있는 말이다"(9:4a)라는 평가를 내렸다. 나중의 한 장에서 공자가 여기에 묘사된 안회와 같은 삶의 태도를 경계한 것 역시 친속 관계가 다른 인간관계와 같지 않기 때문이었다.

이 장에서 증자가 말한 벗이 정말로 안회라면 그가 자족을 중시하는 선진 도가의 원류라는 주장은 더욱 힘을 얻는다. 이 주장을 가장 먼저 제기했던 사람은 곽말약인데, 그는 주로 『장자』를 읽으면서 안회와 도가를 연관시켰다. 우선 심재心齋나 좌망坐忘 같은 『장자』의 주요한 개념이 공자와 안회의 대화에 등장하고, 「전자방」에 나오는 안회의 말은 「자한」에 등장하는 안회의 말(9.11)과 대단히 유사하다. 결론적으로 곽말약은 『장자』가 안연학파에서 나왔다고 주장했다(『십비판서』, 5장). 이 장을 읽으면서도 안회와 도가적 삶을 연결시킬 수 있다.

8.6
증자가 말했다. "어리고 외로운 임금을 부탁할 수 있고, 백 리 되는 나라의 운명을 맡길 수 있으며, 큰 일을 대할 때 빼앗을 수 없다면 군자인가? 군자인 사람이다."

曾子曰; 可以託六尺之孤, 可以寄百里之命, 臨大節而不可奪也, 君子人與? 君
子人也.

고주는 '육척六尺'이 15세를 가리킨다고 했다. 남자가 그 나이가 되면 키가
대략 6척, 곧 여섯 자가 되기 때문이다. 지금은 한 자가 30센티미터 정도지만
주나라의 기준으로는 23센티미터 정도였기 때문에 6척의 남자라도 아직 성
인이 아니나. 형병은 '육척'이 반드시 15세를 가리키지는 않고, 그보다 어린
남자는 다 포괄한다고 했다. 다산도 이 설명을 받아들였으므로 위에서는 '육
척'을 '어리다'라고 풀었다.

한편 '백리百里'는 사방이 100리인 제후의 나라를 가리킨다. 나중에 중국
이 커지면서 제후국도 큰 영토를 가졌지만 이것이 원래 제후국의 표준 크기
였다. 이런 나라의 종묘와 사직에 관련된 사업이 다산이 이해하는 "큰 일(大
節)"이다. 고주의 해석이다. 반면 금주는 '대절大節'이 한 사람의 큰 절개를 의
미한다고 보았다. 그래서 금주에서는 '탈奪'이 절개를 빼앗는 것을 의미한다.
그에 비해 고주에서 '탈'은 어떤 사람이 종묘, 사직과 관련된 "큰 일"을 책임지
고 있을 때 그로부터 나라를 빼앗는 것을 의미한다. 다산은 '탈'을 설명하지
않았지만 '대절'을 고주에 따라 이해했으므로 '탈'도 고주처럼 이해했다고 보
는 것이 옳겠다. 큰 틀에서는 별다른 이견이 없는 장이다.

8.7

증지기 말했다. "사는 크고 굳세지 않으면 안 되니 짊어진 것은 무
겁고 길은 멀다. 인을 자신의 짐으로 삼았으니 또한 무겁지 않은가?

죽은 이후에야 그치니 또한 멀지 않은가?"

曾子曰; 士不可以不弘毅, 任重而道遠. 仁以爲己任, 不亦重乎? 死而後已, 不亦遠乎?

앞에서도 밝힌 것처럼 이 책 『다산 논어』에서는 '사士'를 보통처럼 '선비'가 아니라 그냥 '사'로 옮긴다. 선비는 벼슬에 뜻이 없지만 다산의 '사'는 벼슬을 하기 위해 도를 공부하는 사람이기 때문이다.

다산에 따르면 본문의 '홍弘'은 양으로 말한 것이고, '의毅'는 힘으로 말한 것이다. 무거운 짐을 지고 먼 길을 가려면 폭도 넓어야 하고, 의지도 강해야 한다. '사'가 짊어진 짐은 인인데, 공자의 제자로만 따지면 이 짐을 짊어지고 가장 오래 걸은 사람은 안회다. 그는 삼 개월 동안 이 짐을 내려놓지 않고 길(道)을 걸었다. 그만큼 이 짐은 무겁다. 가장 뛰어났던 공자의 제자도 그 짐을 지고 고작 석 달 동안 걸었다. 하지만 '사'는 죽을 때까지 이 짐을 짊어지고 걸어야 한다. 멀고도 먼 길이다. 그래서 유학자의 삶은 고달프다. 그런데도 이들은 그 고달픔이 아름답다고 하니 그것도 우습다면 우스운 일이다.

8.8

선생님께서 말씀하셨다. "시에서 일어나고, 예에서 서며, 음악에서 이룬다."

子曰; 興於詩, 立於禮, 成於樂.

고금주와 다산은 모두 이 장이 수신의 차례를 보여준다고 했다. 다산의 설명에 따르면 시를 읽으면 착한 마음이 일어나기 때문에 그것이 먼저고, 예를 익혀 몸을 단속하는 법을 배움으로써 본격적인 공부로 나아가며, 음악을 통해 자신의 뜻을 남들과 조화시킨다. 그런데 이 장과 달리 『예기』「내칙」은 13세가 되면 음악과 시를 먼저 배우고, 20세가 되면 비로소 예를 익힌다고 했다(『예기주소』, 28:28a~b). 「내칙」은 소학을 위한 것이고, 이 장은 대학을 위한 것이기 때문이다. 금주의 교묘한 설명이다.

이 상에는 무엇이 일어나고, 무엇이 서며, 무엇을 이루는지 구체적 정보가 없다. 그러면 다양한 해석이 가능하다. 예를 들어 왕필은 이 장이 나라를 다스리는 과정을 보여준다고 했다. 곧 백성의 정서를 아는 것이 다스림이 시작이므로 시를 통해 그것을 이해하고, 그 뒤에 예를 통해 백성의 관계를 조절하며, 결국 사람들이 음악을 통해 기쁨을 표현함으로써 좋은 정치가 완성된다.

8.9

선생님께서 말씀하셨다. "백성은 말미암게 할 수는 있지만 알게 할 수는 없다."

子曰; 民可使由之, 不可使知之.

이 장은 공자의 반동성을 드러내고자 할 때 종종 인용된다. 이렇게 해라 저렇게 해라 백성을 부릴 수는 있지만 가르칠 수는 없고, 따라서 가르쳐서도 안 된다는 뜻을 담은 것처럼 보이기 때문이다. 『논어』를 읽는 방법은 여러 가지이므로 그렇게도 볼 수 있고, 만약 그런 뜻이라면 비판을 면할 수도 없다.

그렇지만 공자는 가르침에 개방적이지 않았던가? 그는 최소한의 예를 갖추어 가르침을 청하는 사람을 거절해본 적이 없다고 했고(7.7), 유사한 생각을 종종 보여주었다. 그러므로 이 '오해'는 자세히 살펴봐야 한다.

오해가 있다면 그 오해는 본문의 '불가不可'라는 말 때문에 생긴다. 이 말은 '할 수 없다'라는 뜻과 '해서는 안 된다'라는 뜻을 동시에 지닌다. 여기에서 '불가'가 '할 수 없다'라는 뜻을 넘어서 '해서는 안 된다'라는 것까지 의미를 연장하면 오해가 생긴다. 실제로 이렇게 의미를 연장한 사람이 있다. 모기령과 다자이 준이다. 다산은 이 장에서 모기령과 다자이 준을 열심히 비판하는데, 그 비판의 핵심도 '불가'를 '해서는 안 된다'라는 의미로 확대 해석해서는 안 된다는 것이었다.

우선 본문의 '민民'이 누구를 가리키는지 확인할 필요가 있다. 요즘은 『논어』의 '민'이 귀족 관료와 대비되는 피지배계급을 가리킨다고 보기도 한다. 실제로 '민'이 '인人'과 함께 등장할 경우 그렇게 구별된다. 그렇지만 본문처럼 '민'이 단독으로 쓰였을 경우는 반드시 평민 백성을 의미하지 않는다. 가령 "백성(民)으로서의 의로움에 힘쓴다"(6.21)라고 할 때의 '민'은 적어도 다산의 독법에 따르면 모든 사람을 가리킨다. 또 "중용의 덕이 지극하구나! 백성(民) 중에 오래 간직하는 사람이 드물다"(6.28)라고 할 때나 "세 번 천하를 양보했는데도 백성이(民) 그를 칭송할 수 없었다"(8.1)라고 할 때도 마찬가지다. 이런 예는 얼마든지 찾을 수 있다. 만약 본문의 '민'이 모든 사람을 가리킨다면 공자는 지금 계급에 상관없이 사람이 이해하기 어려운 무엇인가가 있다고 말하는 셈이다. 고주가 이렇게 이 장을 읽었다. 곧 고주에 따르면 "이 장은 성인의 도가 심원하여 사람들이(人) 쉽게 알지 못함을 말했다."

그렇지만 현실적인 다산은 고주와 달리 '민'이 사농공상 중에서 사 계급을 제외한 나머지 평민 백성을 가리킨다고 본다. 금주도 마찬가지다. 곧 다산이 보기에 공자는 평민 백성에게 성인의 도를 가르쳐서 이해하게 할 수는 없다고 말했다. 그에게도 백성이 알 수 없는 것은 '사도斯道'다. 다산의 눈에는 이것이 현실이다. 그는 평민 백성에게 도를 이해시킬 수 없는 현실이 존재한다고 보았다. 그에게 그러한 현실을 극복할 대안이 없는 것은 아쉬운 일이지만 말이다.

이와 관련하여 모기령은 본문을 재미있게 해석한다. 그에 따르면 "말미암게 할 수는 있다"라는 말은 백성에게 농사짓는 기술이나 장사하는 방법 등을 알려주고 그것에 따라 살아가도록 할 수 있다는 의미이고, "알게 할 수는 없다"라는 말은 그러한 기술이나 방법의 이론적 원리를 알게 할 수 없다는 의미다. 그러므로 그러한 원리를 가르치는 것도 무익하다. 무익할 뿐만 아니라 사실 유해하다. 그렇게 무의미한 교육을 하면 결국 백성이 생업에 종사할 시간을 빼앗기 때문이다(『사서개착』, 16:17b~18a). 평민 백성에게 생업에 종사할 시간을 더 주어야 한다는 선의에서 이렇게 해석했는지는 모르겠다. 하지만 그는 자신의 해석이 백성을 평생 부려먹겠다는 독한 뜻을 가졌음을 자각하지 못했다.

다자이의 생각은 더 독하다. 그는 군자와 소인은 원래부터 구분되며, 군자에게는 군자의 소업이 있고 소인에게는 소인의 소업이 있어서 이 둘을 혼동해서는 안 된다고 생각했다. "반드시 하나의 군자가 뭇 백성을 다스린 이후에 천하가 다스려진다. 만약 천하사람 모두를 깨닫게 해서 백성이 모두 군자가 된다면 천하에는 백성이 없어진다. 백성이 없으면 나라도 없다." 이렇게 모두가 사회적 분업을 통해 주어진 소임을 다함으로써 사회 질서를 유지하도록 하는 데 강조점을 두는 것이 다자이가 속한 일본 고학파의 사회정치적 견해다. 그들은 개인이 학문과 수양을 통해 성인으로 성장할 수 있다는 가능성을 처음부터 인정하지 않으며, 오히려 그런 가능성을 인정하는 맹자의 전통, 성리학적 사유를 사회의 안녕을 어지럽히는 해악적 요소로 간주한다. 그러므로 개인은 개인의 임무를 다하면 그뿐이다. 그렇게 주어진 의무, 특히 공동체의 질서와 인간관계의 조화에 필요한 의무를 다함으로써 개인이 사회에 이바지한다면 그것이야말로 잘 산 삶이다. 성인에 대한 쓸데없는 망상을 버리고 본분에 충실해라. 이것이 다자이의 스승 오규 나베마쓰가 기틀을 잡은 고학파의 사유다. 그에 따라 다자이는 본문의 '불가'를 '해서는 안 된다'라는 것으로 이해한다. 그렇지만 다산이 보기에 다자이는 성인을 모르고, 성인의 말을 모르며, 성인의 뜻을 몰랐다.

> 공자가 자신의 입으로 친히 "(다산에 따르면) 가르치면 다른 부류가 없다"(15.39)라고 했음에도 오히려 백성이 알게 해서는 안 된다고 하니 이런 이치가 있는가?

> 그러므로 맹자는 "사람들은 모두가 요순이 될 수 있다"(『맹자집주』, 6B:2)라고 했다. 어찌 차마 나 한 사람의 사욕에 몰두하여 머리 검은 백성을 우매한 사람으로 보면서 스스로 강해지기를 도모하고, 남들이 요순이 되는 길을 막겠는가?

다산은 다자이의 해석이 정도에서 많이 벗어났다고 보았다. 그의 비판은 '원의총괄'에도 기록되었다. "'백성은 말미암게 할 수 있다'라는 말은 백성에게 도를 감춘다는 의미가 아니다." 다산이 보기에 공자는 "숨기려고 하지 않았다. 힘이 따르지 않은 것이다. 공자가 말한 바는 형세가 그렇다는 것이지 그래야 한다고 한 것은 아니었다."

8.10

선생님께서 말씀하셨다. "용맹함을 좋아하면서 가난을 싫어하면 난을 일으키게 된다. 사람이면서도 인하지 않은 것을 미워함이 너무 심하면 난을 일으키게 된다."

子曰; 好勇疾貧, 亂也. 人而不仁, 疾之已甚, 亂也.

용맹한 사람이 자신의 불우에 분개하여 난을 일으키는 것은 역사의 상례다. 다산은 옛날에는 천한 사람이 가난했으므로 본문의 "가난(貧)" 속에 '천함'도 포함되었다고 했는데, 그렇다면 농민 전쟁이나 평민의 항거는 모두 "용맹함을 좋아하면서 가난을 싫어해서" 일어난 일이다.

첫 번째 '난亂'의 주체는 용감한 사람이지만 두 번째 '난'의 주체는 누구인지 명확하지 않다. 사람 같지 않은 사람을 너무 미워한 나머지 그 사람을 징벌하기 위해 내가 난을 일으킬 수도 있고, 미움을 받는 사람이 난을 일으킬 수도 있다. 전자라면 가령 폭군을 징벌하기 위해 난을 일으키는 경우다. 이 경우에는 난을 일으키는 사람이 용맹해야 하고 또 부조리를 심히 미워해야 한다. 후자라면 가령 군주가 못된 신하를 너무 미워해서 불만을 가지게 된 신하가 난을 일으키는 경우다. 이런 사례도 많다. 전자의 해석을 따르면 불인한 지도자가 되어서는 안 된다는 교훈을 얻는다. 후자의 해석을 따르면 거느리는 사람을 너무 미워하지 말라는 교훈을 얻는다. 다산은 후자를 따랐다.

8.11

선생님께서 말씀하셨다. "주공의 재능이 가진 아름다움이 있더라도 만약 교만하고 인색하다면 그 나머지는 볼 것이 없다."

子曰; 如有周公之才之美, 使驕且吝, 其餘不足觀也已.

공자는 주공을 언제나 동경했는데도 이 장에서 이렇게 말한 것은 교만과 인색의 해악에 대해 극언하기 위해서였다. 교만과 인색은 우선 덕을 쌓는 데 해악적이다. "교만은 자신의 선함을 자랑하는 것이고, 인색은 자신의 악을 고치는 데 인색한 것이다." 또 교만과 인색은 정치적으로도 해악적이다. "교만하면 군자가 이르지 않고, 인색하면 소인이 따르지 않는다." 교만한 지도자에게는 재능 있는 사람이 다가오지 않고, 인색한 지도자에게는 백성이 헌신하지 않는다. 이런 정치적 해석은 다자이의 것이다. 다자이는 내면적 수양을 중요하게 고려하지 않았기 때문에 『논어』의 금언을 가능하면 정치적으로 해석하려고 했다. 다자이를 인용함으로써 다산도 내면의 수양 일면에만 치우치지 않음을 보여주었다. 언제나 그런 것처럼 균형을 잡으려는 것이 다산학의 기본 태도다.

8.12

선생님께서 말씀하셨다. "3년을 배우고도 벼슬에 나아가지 않는 사람은 쉽게 얻을 수 없다."

子曰; 三年學, 不至於穀, 不易得也.

고주와 금주는 이 장을 전혀 다르게 읽는다. 고주에 따라 이 장을 옮기면 "3년을 배우고도 선(穀)에 이르지 않은 사람은 쉽게 얻을 수 없다"라는 정도가 된다. 고주는 '지至'를 '이르다'라는 뜻으로 보았고, '곡穀'은 '선善'과 같은 글자로 보았다. 이렇게 읽으면 본문은 배움을 장려하는 말이다. 3년 공부하고 선에 이르지 않기란 쉽지 않으므로 3년만 참고 공부하면 좋은 사람이 된다. 반드시 그렇다는 것은 아니지만 그렇게 되기가 쉽다. 하지만 금주는 '지'를 '취趣'와 같은 글자로 보아 '나아가다'라는 뜻으로, '곡'은 보통처럼 '벼슬하는 것'으로 보았다. 그렇게 '곡'을 이해한 것은 원래 정현이다. 곧 금주는 '곡'을 놓고 성현을 따랐다. 다산은 이 문제에서 자신이 정현을 따른다고 했다. 분명히 말하지 않았지만 해설의 맥락을 보면 다산은 '지'도 금주를 따라 이해했음을 알 수 있다. 금주처럼 읽으면 이 장은 고작 3년을 공부한 뒤 벼슬에만 관심을 갖는 세속을 한탄하는 말이다. 곧 공자는 여기에서 안회나 증삼 혹은 민손처럼 유유자적하는 학자를 쉽게 얻을 수 없음을 슬퍼한다.

옮긴 것만 놓고 보면 다산은 이 장을 금주처럼 읽었다. 하지만 사림이기보다 조신이기를 원했던 다산은 금주의 해석을 그대로 받아들이지 않는다. 그는 공자가 녹봉에만 관심을 갖는 세태에 탄식했다는 점을 인정하면서도 공자가 공부를 통해 벼슬을 얻으려는 학문의 동기 자체를 문제 삼지는 않았다고 보았다.

군자가 벼슬하기 위해서 도를 배우는 것은 아니다. 그러나 군자는 벼슬하기를 원하지 않은 바가 없다. 만약 녹봉에 뜻을 두는 것을 모두 잘못이라고 한다면 덕을 온전히 할 수 있는 사람이 적을 것이다.

다산이 보기에 공부를 하는 사람이 벼슬에 관심을 가지는 것은 너무나도 당연한 일이다. 오히려 그것은 "덕을 온전히 할 수 있는" 길이다. 벼슬을 하면 가난에서 벗어날 수 있고, 여러 유혹을 견딜 현실적 힘을 얻기 때문이다. 단지 공부를 벼슬의 방법으로만 생각하면 그것은 잘못이다. 다산은 학문과 벼슬에 대한 일반론을 이렇게 이야기한다. "옛날에는 공부하고 남음이 있으면 벼슬을 하고, 벼슬하고 남음이 있으면 공부를 했다." 공부는 성인의 도를 연마하는 것이로되 그것만이어서는 안 된다. 만약 준비가 되었다면 관직에 나아가 나라에 도움이 되어야 한다. 벼슬할 때는 의무를 충실히 하되 여유가 있으면 성인의 도를 연마하는 일도 게을리 하지 않는다. 학문과 벼슬의 조화를 주장하는 다산의 학사學仕 병진론이다.

8.13

선생님께서 말씀하셨다. "믿음을 돈독히 하여 배움을 좋아하고, 죽을 때까지 지켜 도를 닦는다. 위태로운 나라에는 들어가지 않고, 어지러운 나라에는 거하지 않는다. 천하에 도가 있으면 나타나고, 도가 없으면 숨는다. 나라에 도가 있을 때는 가난하고 천한 것이 부끄러움이고, 나라에 도가 없을 때는 부유하고 귀한 것이 부끄러움이다."

子曰; 篤信好學, 守死善道. 危邦不入, 亂邦不居. 天下有道則見, 無道則隱. 邦有道, 貧且賤焉, 恥也, 邦無道, 富且貴焉, 恥也.

다산은 대체로 금주를 따라 이 장을 읽었다. 고주와 금주 사이에도 큰 차이가 없다. 단지 고주에서 본문의 '선도善道'는 '좋은 도'를 의미하며, 그것이 죽을 때까지 지키는 대상이 된다. 하지만 금주는 '선善'을 '좋게 하다'라는 의미의 동사로 보았고, 다산도 유사하게 '닦다(繕)'라는 뜻으로 이해했다. 다산에 따르면 "믿음을 돈독히 하는 것"은 배움을 좋아하기 위한 전제이며, 마찬가지로 "죽을 때까지(死) 지키는 것(守)"도 도를 닦는 전제다.

고주와 금주 사이에는 더 큰 차이도 있다. 쉽게 말하면 고주는 "위태로운 나라"가 "어지러운 나라"보다 낫다고 보았다. 그렇기 때문에 "위태로운 나라"는 들어가려다 말 정도지만 "어지러운 나라"는 이미 들어왔더라도 떠나야 한다. 곧 망할 나라이기 때문이다. 반면 금주에서 "위태로운 나라"는 큰 위기에 빠진 나라고, "어시러운 나라"는 질서와 기강이 문란해서 장차 위태로워질 나라다. 그러므로 "위태로운 나라"에는 아예 들어갈 생각을 말아야 하고, "어지러운 나라"는 설령 벼슬을 하고 있더라도 떠나야 한다. 이렇게 금주가 고주의 해설을 바꾼 데는 이유가 있다. 성리학에는 "위태로운 나라에서 벼슬하는 사람은 그 나라를 떠나지 않는 의리가 있기 때문"이다. 곧 성리학자는 자신이 녹을 먹고 있다면 나라가 큰 위기에 빠져 곧 망할지라도 떠날 수 없다고 생각한다. 오직 "어지러운 나라" 정도의 약한 위기에서만 일신을 보존하기 위해 그 나라를 떠날 수 있다.

다산은 이 작은 논란을 가볍게 처리한다. 문제가 되는 두 구절은 서로 바꿀 수 있기 때문이다. "위태로운 나라" 자리에 "어지러운 나라"가 들어가도 되고 거꾸로도 좋다. 이렇게 이해하면 고주와 금주는 의미 없는 논쟁을 하는 셈이다. 사실 이 장의 교훈은 "나타나고(見)" "숨는(隱)" 것, 곧 출처에 신중해야 한다는 것이다. 출처의 선택은 유학의 주요 과제이므로 이 교훈에 집중하면 고주와 금주의 상위는 대수롭지 않다.

8.14

선생님께서 말씀하셨다. "그 지위에 있지 않으면 그 정사를 도모하지 않는다."

子曰; 不在其位, 不謀其政.

간단한 장이지만 고주와 다산은 미묘한 차이를 보여준다. 고주는 이 장에서 맡은 소임에 집중하라는 교훈을 얻는다고 주장했다. 누구든 자기 업무를 수행하는 데 몰두해야지 다른 사람의 일에 참견하거나 간섭해서는 안 된다. 이 해석에서는 본문의 '위位'가 '자리'라는 뜻이다. 반면 다산은 이 장이 "천하여 지위(位)가 없는 사람이 벼슬한 사람의 정사를 도모해서는 안 된다"라는 교훈을 준다고 생각했다. 대신에게는 대신의 정사가 있고, 읍재에게는 읍재의 정사가 있으므로 자신의 신분을 생각해서 어떤 일을 도모할지를 알아야 하는 것이다. 고주가 전문성을 강조했다면 다산은 신분을 강조한다. 신분제의 유지는 다산의 일관된 입장이었다.

이 장은 「헌문」에도 나온다(14.27). 「헌문」에서 다산은 이 말 뒤이어 나오는 증자의 말과 붙여 한 장을 만들었다. 증자의 부연 설명을 통해 이 말의 뜻을 이해하라는 것이다. 증자가 한 말은 "군자는 생각이 그 지위를 벗어나지 않는다"(14.27)라는 것이었다.

8.15

선생님께서 말씀하셨다. "태사 지의 시작과 「관저」의 마지막은 그 소리가 쟁쟁하게 귀에 가득하구나!."

子曰; 師摯之始, 關雎之亂, 洋洋乎盈耳哉!

'사지師摯'는 노나라의 악사를 지휘하는 태사(師)의 직위에 있던 이름이 지
摯인 사람을 가리킨다. 이 사람은 『논어』에 두 번 나오는데, 지금 이 장과 나
중 「미자」의 한 장에서다. 공안국은 「미자」에서 그가 노 애공 때의 사람이라
고 했다. 그렇다면 그는 공자와 동시대 인물이다. 하지만 왕응린은 정현 등을
인용하면서 주 평왕 때 사람일 수도 있고, 주 여왕 때의 사람일 수도 있다고
했다(『곤학기문』, 7:13b~14a). 여왕이나 평왕은 서주와 동주 교체기, 공자
의 시대보다 훨씬 이전의 인물이다. 그렇다면 태사 지는 공자와 동시대가 아
니다. 이 장에서 공자는 마치 자신이 지의 연주를 직접 들은 것처럼 이야기
하는데, 만약 지가 여왕이나 평왕 때의 인물이라면 공자는 지의 영향을 받은
다른 사람의 연주를 들었다. 다산은 이 논란을 소개하고 "지금은 고찰할 수
없다"라고 결론 내렸다.

다산의 해석에서 본문의 '시始'와 '난亂'은 서로 대비되는 말로 '시'는 연주
의 시작 부분, '난'은 마지막을 가리킨다. 금주도 '시'와 '난'을 각각 '시작'과
'끝'으로 이해한다. 하지만 금주에서 '시'는 연주의 시작이 아니라 태사 지가
관직을 시작하던 때. 금주에 따르면 공자가 노나라로 돌아와 음악을 정리
했는데, 그때 마침 태사 지가 관직에 봉사하기 시작했다. 공자는 자신이 정리
한 음악을 태사 지가 연주하는 것을 보고 찬탄을 금치 못했다. 금주는 이렇
게 설명했는데, 해석이 억지스럽다. 더욱이 이렇게 보면 공자가 자신의 업적
에 찬탄을 보낸 꼴이다.

이에 비해 고주는 본문의 앞 두 구절을 붙여 읽는다. 그러므로 고주를 따
리 이 징을 읽으면 "태사 지가 「관저」의 어지러움(亂)을 처음 바로잡았을(始)
때 (그 연주가) 쟁쟁하게 귀에 가득하구나!"라는 정도가 된다. 그러나 이 해

석은 자연스럽지 않다. 이렇게 읽으려면 '시始'가 '처음 바로잡다'라는 뜻이어야 하는데, 원래 고주에서 정현은 '시'가 '수首(처음)'와 같은 글자라고만 했다. 난감한 것은 정현을 따를 때 이 장의 앞 두 구절에 동사가 없다는 점이다. 그래서 형병은 나중에 '시'가 '수리首理', 곧 '처음 다스렸다' 혹은 '처음 바로잡았다'라는 뜻이라고 부연했다. 물론 이것은 임의로 글자를 첨가한 것이며, 당연히 다산은 고주를 받아들이지 않았다.

다산의 독법은 고금주의 애매함을 극복하려고 한 창의적 결과물이다. 이때 '시'는 연주의 시작, 구체적으로 「관저關雎」 3부작의 시작을 의미한다. 다산이 앞의 한 장에서도 주장한 것처럼 과거 『시』의 악곡을 연주할 때는 반드시 세 편의 시를 묶어서 한 악장으로 삼았으며, 하나의 악장은 보통 가장 먼저 등장하는 시의 제목으로 불렸다(3.20). 그러므로 본문의 '관저'는 「관저」 「갈담」 「권이」 세 편의 시를 함께 가리킨다. 다산의 해석에 따르면 본문에서 태사 지는 「관저」 3부작의 처음(始)을 연주했고, 이 연주는 「관저」 3부작의 마지막 편(亂)으로 끝났다. 그리고 그 연주를 들은 공자가 "그 소리가 쟁쟁하게 귀에 가득하구나!"라는 찬탄을 남겼다.

앞에서도 암시한 것처럼 '난'의 풀이에서 다산은 금주의 도움을 받았다. 그런데 금주는 "「관저」의 마지막(亂)으로 풍風(각 지역의 민간 가요)의 시작(始)을 삼는다"(『사기』, 47:28a)라는 『사기』의 기사에서 영감을 얻어 '난'을 '끝'으로 해석했다. 하지만 『사기』의 가장 이른 주해가인 당나라 장수절에 따르면 이 기사에서 '난'은 종종 그렇듯이 '치治', 곧 '다스리다'라는 뜻으로 읽어야 한다. 장수절은 해당 기사를 "「관저」의 질서 있음을 풍의 시작으로 삼는다"라고 읽었다. 주희는 이 기사를 오독함으로써 '난'을 새롭게 해석했고, 그 해석에서 영감을 받아 다산은 이 장의 새로운 해석을 내 놓았다. 사실 다산도 『사기』의 이 기사를 언급한다. 하지만 다산에 따르면 사마천 역시 '관저지란'을 오독했다. 그것이 「관저」 3부작의 마지막임을 몰랐든 아니면 '난'을 '다스리다'라는 뜻으로 잘못 이해했든 사마천이 오독했다는 것이 다산의 판단이었다. 그러므로 그의 관점에서 볼 때 사마천은 『논어』를 오독했고, 주희는 다시 사마천을 오독했는데, 그가 주희를 참고하여 잘못을 바로잡음으로써 『논어』의 원의가 살아난 셈이다. 하지만 다산의 이 뜻 깊은 논의는 '원의총괄'에 수록되어 있지 않다. '원의총괄'에 대한 의심이 계속되는 이유다.

8.16

선생님께서 말씀하셨다. "거리낌이 없으면서도 곧바르지 않고, 어리석으면서도 조심하지 않고, 재주가 없으면서도 믿음직하지 않으면 나는 모르겠다."

子曰; 狂而不直, 侗而不愿, 悾悾而不信, 吾不知之矣.

여기에서 '광狂'의 기본 함의는 미치광이다. 주변을 고려하지 않고 자기 원하는 대로만 하는 것이 미치광이의 행동이다. 『논어』에 나오는 모든 '광'은 이 기본 뜻에서 벗어나지 않는다. 그런데 미치광이처럼 행동하는 것이 긍정적일 때도 있다. 큰 목표를 향해 앞뒤를 재지 않고 나아갈 때, 곧 진취할 때 그렇다. 공자가 중도의 사람 다음으로 같이 하고 싶은 사람이 '광자狂者'라고 했을 때나(13.21) 제자들을 '광간狂簡'하다고 했을 때는(5.21) 이런 긍정적 함의가 부각된다. 이런 경우를 제외하고 『논어』에서 '광'은 정말 미친 것은 아니더라도 부정적인 의미에서 미치광이처럼 행동하는 것을 가리킨다. 본문의 '광'도 마찬가지다. 다산은 이 글자가 '거리낌 없이 행동하다'라는 뜻의 '사肆'와 같다고 했다.

이런 사람은 보통 정직하다. 남의 평가나 시선은 염두에 두지 않기 때문이다. 하지만 이런 사람이 곧바르지도 않다면 그것은 문제다. 이어지는 구절도 모두 같은 구조다. 어리석은 사람(侗)은 보통 자신감이 없으므로 조심스러워 하게 마련인데, 어리석은 사람이 조심스러워 하지도 않는다면 문제다. 재주가 없는 사람(悾悾)도 같다. 고금주와 다산은 이 장을 대체로 이렇게 읽었다. 단지 고주는 '동侗'을 아직 충분히 자라지 못한 어린아이처럼 행동하는 것, 그리고 '공공悾悾'을 몸가짐을 조심스러워 하는 것으로 이해하여 몇 글자의 풀이를 달리했을 뿐이다.

고주와 금주는 제일 마지막 구절을 놓고도 약간 달라지기는 한다. 고주는 해당 구절을 "나는 그 이유를 모르겠다"라는 의미로 읽었고, 금주는 "나는 어떻게 할지 모르겠다"라는 의미로 읽었다. 이렇게 읽어도 저렇게 읽어도 이런 사람들은 이해할 수도 격려할 수도 없다는 뜻을 전달한다.

8.17

선생님께서 말씀하셨다. "배움은 마치 미치지 못하는 듯이, 오직 잃을까 두려워하는 듯이 한다."

子曰; 學, 如不及, 惟恐失之.

다산은 이 장을 고금주와 다르게 읽었다. 고금주는 같은데, 그에 따르면 이 장은 "배움은 마치 미치지 못하는 듯이 하며 오직 잃어버릴까를 두려워해야 한다"라는 정도가 된다. "미치지 못하는 듯이 한다"라는 것은 언제나 설정한 학습 목표에 미치지 못한 것처럼 매진해야 한다는 의미이고, "오직 잃을까 두려워한다"라는 것은 이미 습득한 내용이라도 혹시 잊어버릴까 걱정하며 계속 환기해야 한다는 의미다.

고금주와 다르게 다산은 이 장을 '학學' 뒤에서 끊어 읽는다. 이렇게 끊어 읽으면 따라 나오는 구절은 배우는 특정한 행위를 지시하지 않고, 일종의 은유다. 곧 다산에 따르면 여기에서 공자는 마치 관문을 향해 가는 사람이 문이 닫히기 전에 그곳에 "미치지 못하는 듯," 혹은 욕심 많은 사람이 금이나 옥을 발견하여 "오직 잃을까 두려워하는 듯" 학문을 대해야 한다고 가르친다. 뜻으로는 고금주나 다산이 모두 이 장에서 언제나 열심히, 만족하지 않고 배워야 한다는 교훈을 얻지만 다산의 독법에서는 '여如'가 문장 마지막까지 걸린다. 뒤의 두 구절은 은유이기 때문이다.

8.18

선생님께서 말씀하셨다. "높고 크도다, 순임금과 우왕이 천하를 소유한 것이! 그 일에 간여하지 않으셨다."

子曰; 巍巍乎舜禹之有天下也! 而不與焉.

유교 전통에서 순임금과 우왕은 특별하다. 다른 왕과 달리 선양을 통해서 왕이 되었기 때문이다. 그들의 덕이 너무나 우뚝했으므로 요임금은 아들 단주 대신 순임금에게 양위했고, 순임금 역시 아들 상균 대신 우왕에게 왕위를 주었다. 이 때문에 이 장은 그들을 병칭했다. 그들은 다른 왕과는 구별되는 "높고 큰(巍巍)" 덕을 보여주었다.

다산은 이 장에서도 바로 앞 장에서처럼 본문의 '야也' 뒤에서 끊어야 한다는 표시를 남겼다. 독특한 구두법인데, 이유가 있다. 보통은 '호' 뒤에서 단구하고, 나머지는 붙여 읽는다. 그래서 가령 금주는 이 장을 "높고 크도다! 순임금과 우왕은 천하를 소유했으면서도 (그 자리에) 개의치(與) 않았다"라고 읽는다.

다산이 이 장을 독특하게 끊어 읽은 것은 사실 '불여不與'라는 말을 오해할 소지가 있기 때문이었다. 가령 왕충은 금주와 같이 이 장을 구두하면서도 '불여'가 "정사에 관여하지 않았다"라는 뜻이라고 했다. 곧 왕충의 해석에서 순임금과 우왕은 왕이 된 뒤에 조용히 제자리를 지켰을 뿐 적극적으로 정치에 개입하지 않았고, 그랬음에도 천하는 평화로웠다. 그 때문에 공자는 "높고 크도다!"라고 찬탄을 보냈다. 금주는 '불여'를 "개의치 않았다"라고 풀었기 때문에 왕충과 좀 다르지만 그래도 순임금과 우왕이 아무 것도 하지 않았다는 인상을 주는 것은 마찬가지다.

이런 해석은 순임금과 우왕이 무위 정치를 한 것처럼 생각하게 만든다. 앞에서도 다산은 유교의 성왕을 무위 정치와 연결시키는 것을 단호히 배격했다(2.1, 6.22). 그래서 다산에게 '불여'는 두 성왕이 왕위에 오른 뒤가 아니라 왕위에 오르는 과정과 관련된다. 그들은 왕이 되기 위해 노력하지 않았음에도 왕이 되었다. 곧 그들은 왕이 되는 일에 "간여하지 않으셨다(不與)." 왕이 되고 나서 다스리는 일에 관여하지 않은 것이 아니다. 다산은 그 점을 보여주기 위해 이 장을 달리 단구해야 한다고 보았다. 그러므로 다산을 통해 『논어』를 읽을 때는 그의 독법이 어떻게 다른가를 보여줘야 한다.

8.19

선생님께서 말씀하셨다. "크도다, 요임금의 임금됨이여! 높고 크도다! 오직 하늘이 크거늘 오직 요임금이 그것을 본받았으니 넓고 아득해서 백성이 이름 할 수가 없었다. 높고 크도다, 그의 공을 이룸이여! 빛나도다, 그 문장을 가짐이여!"

子曰; 大哉堯之爲君也! 巍巍乎! 惟天爲大, 唯堯則之, 蕩蕩乎民無能名焉. 巍巍于其有成功也! 煥乎其有文章!

순임금과 우왕을 기린 앞 장에 이어 이 장에서 공자는 또 다른 성왕인 요임금을 칭송한다. 그의 덕은 "크다"라는 말로 요약된다. 그는 세상에 존재하는 것 중에서 가장 큰 하늘을 본받았기(則) 때문이다. 그 큰 덕은 너무 "넓고 아득해서(蕩蕩)" 사람들이 어떻게 형언해야 할지 몰랐다. 그렇지만 그의 공업은 "높고도 컸으며(巍巍)," 특히 그가 세운 문물과 제도(文章)를 통해 똑똑히 관찰할 수 있었다.

금주에서 윤돈은 또 다시 요임금의 무위 정치를 암시한다. "천도는 위대해서 무위하면서도 공을 이루거늘 오직 요임금이 그것을 본받아서 천하를 다스렸다." 앞에서도 설명한 것처럼 다산은 이런 식의 해석을 완강히 거부했다. 한 나라를 다스리는 왕이라면 무위가 아니라 유위해야 하며, 부지런히 일해야 한다. 더욱이 큰 공을 남긴 왕이라면 다른 왕보다 더 노력했음이 분명하다. 그러므로 성왕의 무위 정치란 성인에 대한 오해다. 이것이 다산의 논리였다. 하지만 이 장에서 다산은 윤돈을 언급하지 않는다. 이미 자신의 견해가 충분히 진술되었다고 생각했을지도 모르겠다.

8.20

순임금은 신하 다섯 명을 가졌는데 천하가 다스려졌다. 무왕이 말씀하셨다. "나에게는 다스리는 신하 열 명이 있다." 공자가 말했다. "인재 얻기가 어려운 것이다. 그렇지 아니한가? 당우 시대 군신 간의 사귐이 이때 성해졌는데도 부인이 있었으니 아홉 명뿐이었다. 천하를 셋으로 나누어 그 둘을 가졌음에도 은나라에 복종하여 섬겼으니 주나라의 덕은 가히 지극한 덕이라고 할 만하다."

舜有臣五人而天下治. 武王曰; 予有亂臣十人. 孔子曰; 才難. 不其然乎? 唐虞之際, 於斯爲盛, 有婦人焉, 九人而已. 三分天下, 有其二, 以服事殷. 周之德, 其可謂至德也已矣.

이 장에서 다산은 역대 주해가들이 말끔하게 정리하지 못한 문제를 해결하기 위해 다시 참신한 독법을 선보인다. 본문의 '당우지제唐虞之際'의 재해석이다. 여기에서 '당唐'은 요임금이 다스린 나라고, '우虞'는 순임금이 다스린 나라다. 요임금은 '당'이라는 지역에서, 순임금은 '우'라는 지역에서 나왔으므로 그들이 다스린 나라를 이렇게 불렀다. '당우지제'에 대한 참신한 독법뿐만이 아니다. 다산은 또한 이 장에서 은연 중 무왕을 폄훼하는 금주를 통박하면서 선왕을 차별하는 성리학의 폐단을 고발한다. 당연히 '원의총괄'에 들어가야 할 논의들이지만 들어가 있지 않다. 그래서 이 장에서의 다산 『논어』 읽기의 신선함과 과감성은 다른 경우보다 훨씬 더 강하게 '원의총괄'을 누가 정리했는지 의심하게 만든다. 한편 다산은 이 장을 해설하면서 약간의 부정확함을 드러내기도 하는데, 이 점도 아래에서 설명하겠다.

일단 기본 정보를 알아볼 필요가 있다. 이 정보는 주로 고주가 제공했고, 금주와 다산은 비판 없이 소개했다.

순임금의 다섯 신하는 우, 직, 설, 고요, 백익을 가리킨다. 이중 우는 나중에 순임금을 이어 왕이 되었으므로 순임금에게는 한 명의 성인과 네 명의 현인이 있었다. 반면 무왕이 거느렸던 "다스리는 신하(亂臣)" 열 명은 주공, 소공, 태공, 필공, 영공 이 다섯 명의 공과 태전, 굉요, 산의생, 남궁괄, 그리고 한 명의 여성이다. 이 한 명의 여성을 놓고는 두 가지 설이 있는데, 고주는 문왕의 부인인 문모 곧 태사라고 했고, 금주는 문왕의 부인이면 무왕의 어머니인데 어머니를 신하로 삼을 수는 없으므로 태사가 아니라 무왕의 부인인 읍강을 가리킨다고 했다. 다산은 고주를 따른다. 무왕의 신하 열 명 중 주공은 성왕에 버금가는 공업을 이루었으므로 성인으로 간주되어 순의 신하 우에 비견되고, 주공에 뒤지지 않는 공을 세운 소공과 태공은 순의 신하 중 상대적으로 비중이 큰 직과 설에 비견된다. 그러면 이제 순임금에게는 고요와 백익 둘이 남는데, 무왕에게는 아직 일곱 명의 신하가 남아 있다. 이 숫자의 비교는 중요하다. 다산은 유능한 신하의 숫자라는 점에서는 무왕이 순임금보다 나았다고 주장하기 때문이다. "진실로 다섯 명과 열 명은 서로 동등하게 볼 수 없다."

　　"나에게는 다스리는 신하 열 명이 있다"라는 무왕의 말은 『상서』 「태서」에도 나오고, 『춘추좌씨전』에도 나온다. 이것도 나중의 해설을 위해 필요한 정보다. 순임금에게 다섯, 무왕에게 열 명의 신하가 있었다는 것을 알게 된 공자는 이렇게 훌륭한 왕에게도 고작 그 정도의 신하가 있었을 뿐이라는 사실에 탄식하면서 그 사실이 결국 인재를 얻기가 어렵다는 점을 보여준다고 정리했다. 그래서 고주는 인재가 귀하다는 것이 이 장의 핵심적 교훈이라고 했다. 그러나 다산에게는 반드시 그것이 핵심은 아니다.

　　따져 보면 앞에서 공자는 먼저 순임금과 우왕을 칭송했고, 이어 요임금에 감탄했으며, 여기에서는 주의 무왕과 문왕을 언급한다. "천하를 셋으로 나누어(三分天下)"라는 구절 이전은 무왕을 놓고 한 말이고, 그 이후는 문왕을 놓고 한 말이다. 그러므로 앞 장들에 이어 이 장도 당연히 무왕과 문왕에 대한 공자의 찬탄이다. 그렇다면 이 장에는 무왕의 훌륭함을 묘사하는 구절이 반드시 있어야 한다. 다산은 그것이 '당우지제'라는 말로 시작되는 부분이라고 보았다. 무왕에게는 열 명의 신하, 친족 관계에 있는 한 여인을 제외하면 아홉 명의 뛰어난 신하가 있었고, 그 점에서 무왕은 순임금보다 우월하기 때문이다.

고주도 비슷하게 생각했다. 현명한 신하를 다수 가진 점에서 무왕이 순임금보다 나았다. 하지만 고주는 '당우지제'를 '요임금과 순임금이 교체할 때(際)'라는 의미로 해석한다. 따라서 고주를 따라 해당 부분을 글자대로만 읽으면 "당우의 교체기는(唐虞之際) 이에 와서 성해졌다(於斯爲盛)"라는 정도가 된다. 말이 안 된다. 말이 안 되므로 주해가들은 임의로 말을 첨가하여 문제가 되는 구절이 "당우의 교체기로부터 볼 때 (혹은 당우의 교체기와 비교해 볼 때) 인재를 얻은 것이 이에 와서 성해졌다"라는 뜻이라고 해설했다. 이때 "이에 와서(於斯)"란 "무왕 때에 와서"라는 의미다. 옮긴 것을 보면 알겠지만 매끄러운 해석을 위해 많은 단어가 임의로 첨가되었다. 단어 하나를 첨가하는 것도 고전의 원문을 엄격하게 읽는 다산 같은 사람에게는 용납할 수 없는 일인데, 이렇게 많은 단어를 첨가해야 말이 된다는 것은 한마디로 그 독법에 문제가 있다는 증거다.

그래서 금주는 해당 부분을 고주와 다르게 읽었다. 그에 따르면 문제가 되는 부분은 "당우의 교체기가(唐虞之際) 이보다(於斯) 더 성했다(爲盛)"라는 의미다. '당우지제'에 대한 고주의 풀이를 받아들이면서도 그 뒤의 말을 교묘하게 비틀어 결국 인재를 확보한 측면에서도 "당우의 교체기" 곧 요순의 시대가 무왕의 시대보다(於斯) 나았다고 해석을 한 것이다. 그렇지만 이 해석은 이 장의 증언을 무시했다. 이 장은 순임금에게 다섯 명, 무왕에게는 열 명의 신하가 있었다고 했다. 또한 해당 부분을 이런 식으로 비교하려면 '어사於斯'라는 표현은 "성했다(爲盛)"라는 말 뒤에 나와야 한다. 그래서 다산은 금주도 받아들이지 않는다.

이 난감한 문제를 푸는 다산의 해법은 '당우지제'를 "당우 시대 군신 간의 사귐(際)"이라는 의미로 이해하는 것이었다. 이것은 고주의 해설, 곧 '당우지제'가 '요와 순이 만나는 때(際)'를 의미한다는 해설을 약간 수정한 것인데, 이 수정을 통해 이제 '당우지제'는 "성왕 군주와 현명한 신하가 서로 만나 사귀는 것"이라는 의미로 바뀐다. 이러한 군신 간의 좋은 사귐은 본문이 증언하듯이 무왕 때 성했고, 그렇기 때문에 본문에서 "당우 시대 군신 간의 사귐이 이때(무왕 때) 성해졌다"라고 말했다. 다산이 이 새로운 독법에 발견할 때 핵심적으로 참고했던 자료가 『장자』다. 『장자』에는 "인의의 선비들은 사귐(際)을 귀하게 여긴다"(『장자주』, 8:18b)라는 말이 있다. 다산은 이 말에서 영감을 얻어 본문의 '제際'를 '사귐'으로 풀었다.

이러한 창의적 『논어』 읽기를 통해 다산은 무왕에게 순임금보다 나은 점이 있었음을 확인했다. 그가 그렇게 한 데에는 배경이 있다. 성리학은 선왕에 대한 편견을 가졌고, 다산은 그것을 바로잡아야 했던 것이다. 앞에서도 서술했듯이 성리학자에게 무왕은 골칫거리였다. 그는 공자의 이상시대 주나라를 세운 역사 영웅이면서도 왕에 대한 충성을 저버리고 왕의 나라를 공격하여 정벌했다. 이런 사람을 찬양하면 왕에 도전하려는 신하의 충동을 어떻게 막을 수 있으며, 사회의 강상을 어떻게 유지할 수 있겠는가? 그래서 그들은 기회가 있으면 무왕을 폄훼하는 발언과 해설을 계속했다. 이 장에 대한 금주의 해설에서도 빈조우는 "공자께서 무왕의 말에서 시작하여 문왕의 덕을 언급하고 또 태백과 함께 문왕을 '지극한 덕'이라고 칭하셨으니 그 뜻이 은미하다"라고 말한다. 이 장은 무왕을 소개하면서 시작했고, 문왕의 덕에 대한 묘사, "주나라의 덕은 가히 지극한 덕이라고 할 만하다"라는 말로 끝났다. 그런데 공자는 이 편의 제일 첫 장에서 태백을 두고도 "지극한 덕"이라고 평가했다. 결국 공자는 "지극한 덕"인 문왕과 태백을 높이고 무왕을 상대적으로 경시했다. 이것이 범조우가 발견했다고 하는 '은미한' 뜻이었다.

이 장에서 공자는 왕을 누를 충분한 힘이 있었음에도 왕에게 복종한 문왕을 통해 "주나라의 덕"을 설명했으므로 "지극한 덕"이 문왕을 가리킨다는 주장은 받아들일 수 있다. 하지만 정작 주나라를 세운 것은 무왕이며, 그도 문왕만큼 공을 세웠다. "주나라의 덕"을 문왕에게만 헌정할 이유가 없다. 다산은 이러한 불공정을 염두에 두고 성리학자의 부조리한 가치관을 질타한다.

(왕위를 사양한) 태백을 미화한다면 (왕위를 물려받은) 문왕은 비판받아야 한다. 어찌 무왕만 "좋게 만드는 것을 다하지 못했다"(3.25)라고 할 것인가? 또 명분으로 볼 때 문왕을 두고 어찌 성실하게 명분을 지켰다고 할 수 있는가? 당우와 삼대 시대의 법에 따르면 천자의 나라는 천 리의 영역을 가지고 상공은 백 리에 불과하다. (상공인) 문왕은 천하를 셋으로 나누어 그 중 둘을 가졌으니 어찌 그가 명분을 지켰다고 할 것인가? 또 주나라가 마침내 은을 정벌한 것은 주공이 한 일이니 어찌 무왕이 홀로 그것을 했겠는가? 송나라의 선유들은 무왕에게 편견을 가져 항상 불만의 뜻을 가지고 있었으니 그 논의가 불공정하다.

이것이 강상 윤리에 지나치게 집중하여 세상에 남긴 실질적 업적을 무시하는 성리학에 대한 다산의 질책이며, 무왕에 대한 그의 열렬한 변호다. 무왕에 대한 변호의 연장선에서 다산은 절의에서는 하자가 있지만 사공으로는 누구에게도 뒤지지 않는 관중을 변호했고, 성리학으로부터 패도의 상징으로 비난 받는 제 환공 역시 옹호했다. 이런 논설은 결국 다산의 세계관을 반영한다. 한 마디로 그는 절의와 의리를 중시하는 사림의 세계관이 아니라 사공과 현실을 고려하는 조신의 세계관을 가졌다. 혹은 그가 극단적인 사림의 세계관을 조신의 세계관을 통해 지양함으로써 양자 사이의 균형을 잡으려고 했다고 할 수도 있다.

이제 다산의 부정확함노 말해본다. 첫 번째 문제는 본문의 '난신십인亂臣十人'이라는 표현과 관련된다. 이때 '난亂'이 '다스리다'라는 의미의 '치治'와 같은 뜻이라는 데는 모두가 동의한다. 그런데 다산은 육덕명본에는 이 표현이 '난십인亂十人'으로 되어 있다고 소개한다. 과연 육덕명은 원래 '난십인'이며, 일부 판본의 '난신십인'은 잘못이라고 했다(『경전석문』, 24:11b). 왕응린은 이 문제를 더 자세하게 논변했다. 그는 『곤학기문』에서 『상서』 「태서」에는 '난신십인'이라고 되어 있지만 『춘추좌씨전』이 무왕의 신하 열 사람을 언급할 때는 '난십인'이라고 했다는 점을 근거로 육덕명을 고증학적으로 뒷받침했다(『곤학기문』, 2:23b~24a). 『춘추좌씨전』이 본래의 『논어』를 보여준다는 것이다. 그렇지만 다산은 왕응린의 주장을 받아들이지 않았다. "「태서」는 충분히 믿을 수 있는 글이 아니지만 그곳에서 '난신십인'이라고 한 것은 본래 이 『논어』의 경문을 훔친 것이다. 그러므로 (『논어』의) 구본에 원래 '난신'이라고 되어 있었음을 알 수 있다." 다산이 「태서」를 믿을 수 없다고 한 것은 그것이 동진의 매색이 조작해낸 이른바 『위고문상서』에 속하기 때문이다. 다산은 『위고문상서』를 불신했으며, 매색의 위조를 언제나 통렬하게 비판했다. 그럼에도 불구하고 그는 「태서」가 원래 『논어』의 경문을 반영했을 것이라는 추측에 입각해 『춘추좌씨전』의 기록이나 『위고문상서』의 기록에 신뢰를 보냈다. 물론 위의 본문에도 '난신십인'이므로 그가 『춘추좌씨전』보다 현행본 『논어』를 더 신뢰했다고 할 수도 있다.

그런데 흥미롭게도 현행본『춘추좌씨전』에는 '난십인'이 아니라 '난신십인'이다(『춘추좌씨전』, 38:43a). 그러므로 '난십인'이라는 표현은 육덕명의『논어음의』이외에는 현재 어느 곳에서도 찾을 수 없다. 그러면 왕응린의 주장은 무엇인가? 이 의혹은『곤학기문』에 주를 단 염약거를 통해 해소된다. 그는 "내 조사에 따르면 현행본『좌전』에는 '신(臣)'이라는 글자가 있다"(『곤학기문』, 2:24a)라고 했다. 곧 염약거의 시대인 멸망청초의 통행본『춘추좌씨전』에는 '난신십인'이었다. 송대의 왕응린이 참고한『춘추좌씨전』은 염약거가 본『춘추좌씨전』과 다른 판본이었다는 의미다. 만약 다산이『곤학기문』을 참고했다면 틀림없이 염약거의 주를 확인했을 것이다. 그리고 염약거가 남긴 정보를 확인했다면 그가 불신하는「태서」를 들먹일 필요도 없었다.

다산이 이 장을 연구하면서 왕응린을 직접 참고하지 않았다는 사실은 다른 경로를 통해서도 확인된다. 본문의 '난신(亂臣)'을 "다스리는 신하(治臣)"라는 뜻으로 봐야 한다는 점을 논의하면서 그는『통의』라는 책을 인용한다. 이 책이 어떤 책인지는 알 수 없다. 그런데 그가『통의』에서 인용한 내용은 왕응린의『사서집주고증』에 그대로 나온다. 그럼에도 불구하고 다산은『사서집주고증』이 아니라『통의』를 인용했다. 그런데 다산과 마찬가지로 같은 내용을 인용하면서 그 전거로『통의』를 댄 사람이 더 있다. 다자이 준이다. 곧 다산은 왕응린을 다자이의『논어고훈외전』을 통해 재인용하면서 그가 종종 참고한『사서집주고증』대신『통의』를 전거로 제시했다.

다산의 부정확함과 관련된 또 다른 문제는 그가 인용한『태평어람』의 기사와 관련된다.『태평어람』은 송나라 이방(925~996)이 편찬한 일종의 백과전서로 중국 경학사에서 필수불가결의 자료다. 해당 기사를 인용하면서 다산은 그것이 '주생렬자(周生烈子)'라는 사람의 말이라고 했다. 그렇지만『태평어람』은 이 기사를 '주생렬자'가 아니라 전국시대 사상가 열자列子의 이름으로 기록했다. 이 '열자'에 '주생'이라는 말을 덧붙인 것은『곤학기문』에서『태평어람』의 같은 기사를 인용한 왕응린이다(『곤학기문』, 7:18b). 그는 열자를 주나라 때 사람으로 보고 그를 주나라의 사람(周生) 열자列子로 소개했다. 하지만 왕응린은 해당 기사를『태평어람』에서 인용했다는 사실은 밝히지 않았다. 그러므로 다산은 이 기사가『태평어람』에 있다는 사실을 다른 책을 통해 알게 된 것이 확실한데, 그 책은『패문운부』이다.『패문운부』는 청 강희제의 칙명으로 편찬된 사전으로 자매본『강희자전』은 낱글자를 다뤘고 이것은 어구를 다뤘다. 사실『패문운부』는『논어고금주』의 가장 중요한 참고 자료 중 하나다. 여하튼『패문운부』에 따르면 문제가 되는 열자의 말은『태평어람』에서 왔다(『어정패문운부』, 7F:29b). 그렇지만 또『패문운부』는 그 말이 열자의 것이라고 밝히지는 않았다. 결국 다산은『곤학기문』과『패문운부』를 교차 참고하면서 열자의 말을 인용하고 그 출처를『태평어람』이라고 한 것이다. 그런데 이 기사를 인용하면서 다산은 '주생周生 열자列子'의 '열列'을 '열烈'로 잘못 적었다. 다산이 잘못 적지 않았으면 신조선사본『여유당전서』에 흔히 보이는 오자일 수도 있다. 어쨌든 이 사소한 실수는 더 큰 오해를 불러일으킨다.『논어집해』의 주요한 주석가 중의 하나가 주생렬周生烈이고, '주생렬자'는 '주생렬 선생'이라는 뜻이기 때문이다. 이렇게 되면 인용된 기사의 발화자가 아예 다른 사람으로 뒤바뀐다. 이외에도 다산은『태평어람』을 인용하면서 말의 순서를 뒤바꾸기도 했다.

이러한 '부정확함'은『논어고금주』의 피할 수 없는 운명이다. 다산은 이 책을 자신이 보고 싶었던 참고 자료를 모두 구해볼 수 없었던 강진의 귀양처에서 집필했다. 그는 나자이만 볼 수 있었던『통의』는 물론이고, 그 중요성을 알고 있던『태평어람』같은 책도 직접 볼 엄두를 내지 못했다. 그래서 그는『강희자전』이나 『패문운부』 같은 사전류를 뒤적이며 그곳에 나오는 단편적 정보에 의거해 자료에 대한 갈증을 해소했다. 그러면서도 그는 극복할 수 없는 한계에 굴하지 않고 '원의'를 찾으려고 분투했다. 그런 다산의 모습을 상상해 보면 어떤 처연함마저도 느껴진다.

한편으로 이러한 '부정확함'은 다산 경학의 기본적 지향과도 관련이 있을지 모르겠다. 그의 경학은 '의미'를 중시한 성리학적 경학과 '말'을 중시한 청대 고증학이나 일본 고학파의 경학을 지양하여 의미와 말 사이에서 균형을 잡음으로써 새로운 지평을 열려고 했다. 그렇기 때문에 그의 경학은 말의 연구에서 성리학보다 훨씬 더 정치하고, 의미의 연구에서 고증학이나 고학보다 심오하다. 이 말을 뒤집으면 말에 대한 그의 연구는 모기령이나 다자이보다 더 세밀하지 않다는 뜻이 된다. 그는 세밀할 수 없었고, 더 세밀할 필요를 느끼지도 않았을 것이다. 말에 대한 그의 연구는 결국 『논어』 경문의 정확한 의미를 발견하는 목적을 가졌기 때문이다. 그런 면에서 이 장의 다산 해설 중 가장 중요한 것은 무왕에 대한 그의 변호였다.

8.21

선생님께서 말씀하셨다. "우왕은 내가 사이를 둘 수 없다. 음식은 박하게 하되 귀신에게는 효성을 드리고, 의복은 남루하게 하되 예복에는 아름다움을 다하고, 궁실은 낮추되 도랑에는 힘을 다했으니 우왕은 내가 사이를 둘 수 없다."

子曰; 禹, 吾無間然矣. 菲飮食而致孝乎鬼神, 惡衣服而致美乎黻冕, 卑宮室而盡力乎溝洫. 禹, 吾無間然矣.

「태백」의 마지막 장에서 공자는 앞에 이어 다시 우왕을 칭송한다. 유교 전통에서 우왕은 근면함과 검소함의 상징이다. 순임금에게 국토 건설의 책임자로 등용되어 홍수를 방지하기 위해 힘쓸 때 그는 아내가 출산한 것을 알고도, 또 나중에 아이가 부르는 소리를 듣고도 감히 집에 들어갈 생각을 못했다고 한다. 그 정도로 책임을 다하기 위해 근면했고, 이 장이 묘사한 검소함도 보여주었다. 본문의 '비菲'는 '박하게 하다'라는 뜻이다. '발黻'은 여러 의미를 지니지만 여기에서는 가죽으로 만든 무릎 덮개를 가리키며, '면冕'은 면류관이다. 모두 예복의 일부분이다. '구溝'와 '혁洫'은 모두 농지를 구획하는 도랑을 의미하는데, '혁'이 '구'보다 커서 '구'는 1리마다 그리고 '혁'은 10리마다 만들었다고 한다. 다산이 인용하는 고주의 설명이다.

이 장의 논란거리는 '간間'이라는 글자다. 이 글자의 기본 의미는 물론 '사이'인데, 이 기본 의미가 이 장에서 어떻게 전용되는지는 확실하지 않다. 고주는 이것이 '간측間廁'이라는 뜻이라고 했는데, 비난한다는 의미다. 이와 비슷하게 금주는 '사이를 만들다'라는 의미로 이해했다. 이 의미가 확대되면 사이를 만들어서 비난한다는 뜻을 가진다. 다산은 고주의 풀이를 놓고는 "무슨 해석인지 모르겠다"라며 퉁명스럽게 반응했다. 금주의 풀이를 놓고는 그것이 오직 제삼자가 어떤 두 사람 간에 사이를 만드는 것, 사이를 만들어 비난을 쏟아냄으로써 두 사람을 이간질하는 경우에만 쓰일 뜻이라고 하면서이 경우에는 적절하지 않다고 했다.

그래서 다산은 '간'이 나와 남 사이에 거리를 두는 것, 곧 "사이를 두는 것"을 의미한다고 주장한다. 공자에게 우왕은 연모의 대상이었으므로 공자는 자신과 우왕 사이에는 아무런 사이도 없다고 말했다는 것이다. 그러므로 다산을 통해 『논어』를 읽을 때는 이러한 그의 독특한 이해를 반영해야 한다.

제9편

자한

子
罕

9.1

선생님께서는 이익과 명과 인을 드물게 말씀하셨다.

子罕言利與命與仁.

이 장을 읽는 방법은 여러 가지다. 참고로 어떤 독법이 가능한지를 열거해 본다.

> 선생님께서는 이익을 드물게 말씀하셨고, 명과 인은 드물게 허여하셨다.
> 선생님께서는 이익을 드물게 말씀하셨고, 명과 함께 하고 인과 함께 했다.
> 선생님께서는 이익을 명이나 인과 함께는 드물게 말씀하셨다.
> 선생님께서는 이익을 명이나 인과 함께가 아니라면 드물게 말씀하셨다.
> 선생님께서는 이익과 명과 인을 널리 말씀하셨다.

첫 번째는 황간의 독법으로, 그는 본문의 '여與'를 '허여하다'라는 동사로 이해하고 '드물다(罕)'는 말이 '말하고(言)' '허여하는 것(與)' 모두에 적용된다고 보았다. 『논어』에서 공자가 사람의 인함을 드물게 허여한 것을 염두에 둔 해석이다. 두 번째는 요즘 종종 채택되는 독법인데, 송대의 사승조가 처음으로 제시했다고 한다. 이 독법에서 '여'는 '더불다'라는 뜻이다. 이익을 멀리 하고 천명과 인을 즐겨 논했던 공자 사상의 특징을 반영한 해석이다. 세 번째 것은 명대의 원창유가 제시한 독법으로 다산이 소개했다. 이때 '여'는 '함께'라는 뜻의 부사인데, 문장 구조로 볼 때 어색하기 때문에 다산은 받아들이지 않았다. 네 번째 것은 다자이가 스승 오규의 독법이라고 소개했다. 다산은 오규의 독법이 원창유의 것과 같다고 했으나 위에 옮긴 것처럼 같지 않다. 원창유는 공자가 이익과 명 혹은 이익과 인을 함께 논하지 않았다고 했고, 오규는 공자가 이익을 이야기할 때는 언제나 명 혹은 인과 함께 논했다고 했기 때문이다. 그런데 오규의 독법이 가능하려면 문장 어디든 부정사가 하나 있어야 한다. 다자이는 이 독법이 "천고에 탁월하다"라고 했지만 납득하기 어렵다. 다섯 번째는 본문의 '한罕'을 '널리'라는 뜻을 가진 '한䎛'의 가차자로 보는 독법인데 누구의 것인지는 불분명하다. 필연성도 개연성도 없어서 단지이 장이 얼마나 많은 사람을 고심케 했는지를 보여주는 증거가 될 뿐이다.

이런 독법들과 달리 고주와 금주, 다산은 모두 이 장을 위에 옮긴 대로 가장 평이하게 읽는다. 이것이 가장 알기 쉽지만 이렇게 읽었을 때는 왜 공자가 명과 인을 드물게 말했다고 했는지 의문이 든다. '명命'은 『논어』의 21개 장에서 언급되며, '인仁'은 106번이나 등장한다.

그러므로 이 장을 평이하게 읽을 때는 그것이 무슨 의미인지 설명해야 했다. 고주는 여기에서 '이利'가 사적 이익이 아니라 자연이 사람에게 주는 이로움 같은 것을 의미한다고 하면서 오직 탁월한 지적 능력을 가진 사람만 이장의 세 가지의 개념을 이해할 수 있기 때문에 공자가 "드물게 말했다"라고 설명했다. 금주는 '이'를 사적 이익으로 이해하면서 이익은 멀리 해야 하기 때문에 공자가 드물게 이야기했고, '명'과 '인'은 은미하거나 너무 큰 주제여서 드물게 이야기했다고 해설했다. 이외에도 본문의 '언言'은 누가 묻지 않아도 말하는 것을 가리키는데 공자는 이런 주제를 놓고 항상 질문에 답하는 형식으로만 이야기했기 때문에 "드물게 말했다"라는 주장도 있고, "드물게 말함으로써" 이런 주제에 대한 제자들의 숙고를 촉구했다는 주장도 있다.

다산은 이런 해설들을 수용하지 않았다. 창의적인 그는 여기에서도 새로운 해설 방법을 고안해냈다. 곧 다산에 따르면 이 장의 기록은 글자 그대로 이해해야 한다. 정말로 공자는 '이'와 '명'과 '인'을 드물게 이야기했다. 그러면 『논어』의 많은 곳에서 공자가 '인'을 논한 것은 어떻게 설명할 것인가? 이 질문에 대한 다산의 대답은 이렇다. "말한 것은 드물었다. 그에 대한 기록을 빠뜨리지 않고 기록했을 뿐 실상 말한 경우가 많지 않다." 곧 '인'에 대한 공자의 언급은 하나도 남김없이 『논어』에 기록되었다. 그만큼 '인'이 중요했기 때문이다. 일생 동안 계속된 수많은 대화에서 공자가 고작 106번에 걸쳐 '인'을 말했다면 과연 "드물게 말했다"라고 할 수 있을지도 모른다.

9.2

달항 고을의 사람이 "크도다, 공자여! 널리 배워서 이름을 이룬 바가 없다"라고 했다. 선생님께서 듣고서 문하의 제자들에게 말씀하셨다. "내가 무엇을 잡을까나? 말 모는 일을 잡을까? 활 쏘는 일을 잡을까? 나는 말 모는 일을 잡겠다."

達巷黨人曰; 大哉孔子! 博學而無所成名. 子聞之, 謂門弟子曰; 吾何執? 執御乎? 執射乎? 吾執御矣.

'달항達巷'은 500가구가 모여 사는 규모의 마을, 곧 '당黨'의 이름이다. 그곳의 어떤 사람이 공자의 박학에 경탄하면서 그가 널리 배웠기 때문에 어느 한 가지 이름으로만 그의 뛰어남을 말할 수가 없다고 했다. 이 말을 들은 공자는 위에 기록된 대로 겸손을 보였다. 여기에서 '잡다(執)'라는 것은 어느 하나에 집중하는 것을 말한다. 공자는 이름을 이루기 위해서 하나의 전문만을 택해야 한다면 어느 것을 택해야 하는지 자문하고 결국 말 모는 일(御)을 택하리라 했다. 말 모는 일은 유교의 교육 과목인 육예 중의 하나인데, 말을 타고 달리는 것이 아니라 구종처럼 남이 탄 말을 모는 것이므로 육예 중 가장 낮다. 그러므로 공자의 말을 보면 결국 그가 박학을 포기하고 하나의 전문을 택하지 않을 것임을 알 수 있다. 유학자는 전문가가 아니라 교양인이기 때문이다. 공자는 앞에서 이미 "군자는 그릇처럼 되지 않는다"(2.12)라고 말한 바 있다.

여기에 나오는 "달항 고을의 사람"이 누구인지는 확실히 알 수 없다. 공자의 스승으로 항탁이라는 사람이 있었다고 하는데, 동중서는 그를 달항 고을 출신으로 소개했다. 이에 기반하여 왕응린은 "달항 고을의 사람"이 향탁을 가리킬 수도 있다고 했다(『곤학기문』, 7:13b). 하지만 다산은 왕응린의 설을 '길에서 듣고 길에서 말하는' 소문 같은 것으로 보면서 논박조차도 길게 하지 않았다. 동중서는 항탁이 배우지도 않고 알아서 일곱 살에 공자의 스승이 되었다고 했다. 언제나 합리적인 것, 곧 '이치에 합당한 것'을 탐색하는 다산이 이 같은 설을 탐탁해 했을 리가 없다.

9.3

선생님께서 말씀하셨다. "삼실로 만든 예관이 예이지만 지금은 명주
실을 쓰니 검소하다. 나는 무리를 따를 것이다. 당 아래에서 절하는
것이 예이지만 지금은 당 위에서 절을 하니 교만하다. 비록 무리에
어긋나더라도 나는 아래에서 절하는 것을 따르겠다."

子曰; 麻冕禮也, 今也純, 儉. 吾從衆. 拜下禮也, 今拜乎上, 泰也. 雖違衆, 吾從下.

'마면麻冕'은 많은 논쟁을 낳은 용어다. 이런 전례의 세절을 다루는 문제가
나오면 늘 그렇듯이 다산도 길게 논했다. 다산에 따르면 결론적으로 '마면'은
삼실(麻)로 만든 예관禮冠, 특히 교제라는 큰 제사에 사용된 검은색 예관이
다. 전례의 중요성을 반영하여 대단히 촘촘하게 직조되었고, 면관이 다 그렇
듯이 앞쪽을 낮게 뒤쪽을 높게 만들어 마치 허리를 구부리고 절을 하는 듯
한 모양을 하도록 고안되었다. 그렇게 함으로써 관을 쓴 사람의 겸손함을 보
인 것이다. 고주에서 공안국은 '마면'이 '치포관緇布冠'을 가리킨다고 해설하
여 관례에 쓰는 치포관과 혼동케 했는데, 다산은 '치포관'이라는 말은 검은
(緇) 베(布)로 만든 관의 통칭으로 '마면' 역시 검기 때문에 공안국이 그리 해
설했다고 해명했다. 또한 고주와 금주는 모두 30새(升)의 베로 이 관을 만들
었으며, 1새는 삼실 80올로 만들었다고 했는데, 다산은 "오늘날 민간에서는
40올을 1새라고 하는데, 가장 정교한 베도 15새를 넘지 않는다"라고 하면서
이 해설의 진위를 의심했다. 상식적으로 삼실 80올로 1새를 만들고 30새를
쓴다는 설명은 받아들이기 힘들기 때문이다. 하지만 다산은 더 이상 고찰할
수 없다고만 했다.

이렇게 만든 면관을 쓰고 제사에 참여하는 것이 예, 곧 『주례』에 규정된
절차에 합당함에도 불구하고 공자 당대에는 삼실 대신 명주실로 만든 면관

을 사용했던 모양이다. 지금으로 보면 명주실이 삼실보다 더 귀한 듯하지만 다산의 설명에 따르면 명주실로 면관을 만드는 것이 삼실로 정교하게 만드는 것보다 훨씬 더 간편하고 사람의 손이 덜 갔으므로 공자는 명주실이 더 검소하다고 보았다. 이때 명주실을 의미하는 글자는 '치純'로, '순'이 아니라 '치'로 읽어야 한다. 명주실로 만든 면관도 면관의 상징성을 충분히 나타낼 수 있으므로 억지스럽게 고례에 집착하기보다는 사람들을 따라서 명주실로 만든 면관을 쓰겠다는 게 공자의 생각이었다. 쓰임을 절약하고 검소하려는 그를 보여준다.

그렇지만 공자는 또 다른 관행에는 부정적이었다. 군주와 신하의 모임에서는 군주가 당 위에 있으면 신하가 당 아래에서 절을 하고, 군주가 그 절을 만류하고 당 위로 올라오라고 하면 그때 위로 올라가서 절을 마치는 것이 예였다. 그럼에도 불구하고 권신의 발호가 심했던 공자의 시대에는 신하가 곧바로 당 위로 올라가 절을 하고는 했다. '마면'의 경우와는 달리 이렇게 예에 어긋나는 행동을 해서 얻는 것은 전혀 없고, 단지 신하의 교만함(泰)만 드러날 뿐이다. 공자는 관행에 어긋나더라도 예를 지키겠다고 하여 교만을 멀리해야 함을 가르쳤다. 이 장에서의 다산의 긴 논설은 모두 예에 관련된 용어의 올바른 뜻을 찾기 위한 것이었고, 독법과 해석에서는 고금주와 이견이 없었다.

9.4

선생님에게는 네 가지가 결코 없었다. 억측함이 없었고, 기필함이 없었고, 고집함이 없었고, 나를 먼저 생각하는 것이 없었다.

子絶四, 毋意, 毋必, 毋固, 毋我.

본문의 '절絕'을 옮기는 두 가지 방법이 있다. 하나는 글자의 기본 뜻대로 '끊다'라고 옮기는 것이고, 다른 하나는 '무無'의 강한 표현으로 보아 '결코 없다'라고 옮기는 것이다. 두 가지 방법이 유사한 듯하지만 '끊었다'라고 하면 고약한 습관을 끊듯이 원래는 있었는데 지금은 끊었다는 의미다. 그러므로 '끊다'라고 풀면 원래 공자에게는 위에 열거된 고질이 있었다는 뜻이 된다. 이 차이에 유의한 것이 금주이고, 다산도 금주를 받아들였으므로 위에서도 "결코 없었다"라고 옮겼다.

다산은 공자에게 없었던 네 가지 고질을 위에 옮긴 것처럼 이해한다. 이때 '의意'를 '억측하다'라는 의미의 '억憶'과 같은 글자로 본 것은 다산의 창안이다. 다산은 『강희자전』에 소개된 가의(기원전 200~기원전 169)의 '복服(붕새)'이라는 시를 참고하여 이렇게 볼 수 있다고 보았다. 이에 비해 고주는 '의'를 '임의로 하다'라는 뜻으로 보았고, 금주는 '사사로운 뜻(私意)'으로 이해했다. 금주는 '아我'도 '사사로운 자기(私己)'를 의미한다고 했는데, '의'와 '아'가 각각 '뜻'과 '자아'를 의미한다고 주장은 했으나 공자에게 뜻(意)이나 자아(我) 자체가 없었다고 할 수 없으므로 '사사로운' 뜻과 자아로 한정한 것이었다. 하지만 다산처럼 이해하면 그렇게 한정할 필요가 없다. 네 가지 고질은 모두 자신을 생각과 판단과 행동의 중심에 놓을 때 생기므로 이 장을 통해 결국 공자가 관계를 통해 생각하고 판단하고 행동했음을 알게 된다.

9.5

선생님께서 광에서 두려워하셨다. 선생님께서 말씀하셨다. "문왕께서 이미 돌아가셨으니 글이 여기에 있지 않은가? 하늘이 장차 이 글을 없애려고 한다면 뒤에 죽는 사람이 이 글에 관여하지 못했을 것이다. 하늘이 이 글을 없애려고 하지 않는다면 광의 사람들이 나를 어떻게 하겠는가?"

子畏於匡. 曰; 文王旣沒, 文不在茲乎? 天之將喪斯文也, 後死者不得與於斯文也. 天之未喪斯文也, 匡人其如予何?

다산은 다시 한 번 이 장을 여태껏 없던 방식으로 이해하면서 긴 논의를 벌인다. '원의총괄'은 이를 "'하늘이 장차 이 글을 없애려고 하지 않는다면'이라는 말에서의 '글'은 『주역』을 가리킨다"라고 요약했다. 본문의 '문文'이 『주역』, 더 특정하면 『주역』을 해설하는 열 가지 해설서인 십익을 가리킨다는 것이다.

이 장은 이때 공자가 정나라에 속한 광이라는 지역에서 "두려워했다"라고 기록했다. 고주와 금주는 아무리 위험해도 성인이 두려움을 느낀다는 게 좀 멋쩍다고 생각했는지 공자가 실제로 두려움을 느끼지는 않았고 단지 뭇사람의 정서에 기반해서 그렇게 기록했다거나(고주) 아니면 '외畏'는 두려움을 느끼는 것이 아니라 마음으로 경계하는 것을 의미한다고 설명했다(금주). 하지만 언제나 합리적이고자 하는 다산은 이런 해명을 부질없다고 생각한다. "성인에게도 역시 일곱 가지 정서가 있다. 병사들이 당도했는데도 두려움을 느끼지 않는 그런 이치가 있는가?" 공자에게서 신비를 걷어내려는 다산의 일관된 노력이 돋보이는 반문이다.

공자가 광에서 두려움을 느낄 수밖에 없는 어떤 일을 경험했는지는 『사기』

「공자세가」가 알려준다. 노 정공 15년인 기원전 495년 공자는 위나라를 떠나 진陳나라로 가는 도중 광을 지나게 되었다. 이때 제자 안극顏刻이 공자의 말을 몰았다. 그는 광의 성벽이 허물어진 것을 보고는 자신이 이전에 그곳을 통해 광으로 들어갔노라고 회상했다. 이 말을 들은 광 사람들은 그가 7년 전인 기원전 502년 노나라의 양호(양화)와 함께 광에 무단으로 침입하여 분탕질을 친 안극임을 알아차렸다. 당시 양호는 노나라의 군사를 지휘하여 정나라를 공격하는 도중에 광에 들어가 쑥대밭을 만들고 빠져나왔다. 안극을 알아본 사람들이 마침 그가 모는 말 위에 탄 공자를 보니 생김새가 양호와 비슷했다. 분노한 사람들은 공자와 그의 일행을 닷새 동안 구금하고 위협했다. 그때 공자가 이 장의 말을 했다(『사기』, 47:13b~14a). 여기의 안극은 『사기』에서는 안각顏剋이다. 그렇지만 경전의 글자를 논할 때는 『사기』보다 더 권위 있는 육덕명의 『논어음의』에 안극이라 나오므로(『경전석문』, 24:12a) 보통 말하는 것과 달리 '극'을 오자라고 단언할 수 없다.

이런 곤경을 겪었을 때 공자는 문왕은 이미 죽었고, 그렇기 때문에 문왕에 의해서 대표되는 '문'이 자신에게 있으며, 그런 한 광 사람들이 자신을 어떻게 하지는 못하리라고 말한다. 이 '문'이 무엇인가가 다산의 핵심 주제다. 이에 대해서 고주는 특별한 주를 남겨놓지 않았다. 하지만 금주는 '문'이 '도가 드러난 것(文)'을 의미하며, 구체적으로 예악과 제도를 가리킨다고 했다. '문'이 문화나 문물을 가리킨다는 해석이었다.

다산은 이 해석에 문제를 제기한다. 무엇보다도 '문'이 문화 문물을 가리킨다면 왜 공자는 문왕만 언급했는가 하는 의문이 든다. 고대 중국의 문화 문물을 대변하는 사람은 많다. 위로는 전설적인 복희, 신농, 요임금과 순임금부터 아래로는 주공에 이르기까지 많은 문화적 영웅이 있다. 그런데도 왜 하필 문왕이 이 집체적인 문화 문물을 대표하는지 납득할 수 없다. 또 '사문斯文'이라는 표현도 잘 들여다봐야 한다. 지금은 그것이 유교 문화를 가리키는 말로 사용되지만 원래 '사斯'는 어떤 사물이 '여기'에 있음을 알려주는 지시대명사다. 그러므로 '사문'이라는 말을 썼다면 그 '문'은 '여기'에 있는 구체적인 사물이어야 한다. 추상적 개념이 아니라 구체적 사물에 쓰는 말이 '사'이기 때문이다. 사실 '문'을 금주처럼 이해하면 당시 아무런 지위도 없던 공자가 자신을 문화 문물의 계승자로 자임하는 꼴이어서 현실성이 떨어진다. 지금이야 공자가 중요한 사람이지만 당시는 자신을 그렇게 크게 생각할 여지가 없었다.

문화 문물이 아니라면 문왕에 의해 대변되는 어떤 구체적 '문'이 있는가? 있다. 『역』이다. 전통적 이해에서 『역』은 복희가 8괘를 만들고, 문왕이 64괘를 만들었으며, 주공이 괘사와 효사를 짓고, 공자가 해설서인 십익을 썼다. 『역』은 결국 64괘의 상징과 해설로 구성되므로 문왕이 『역』이라는 책, 그 글을 대변할 수 있다. 그리고 공자는 이제 십익을 씀으로써 『역』에 중요한 공헌을 하려고 준비하는 중이었다. 그는 어쩌면 단전과 상전 같은 십익의 주요 부분을 이미 죽간에 써서 품에 지녔을지도 모른다. 그런 그가 광에서 위험에 처해 이 장의 말을 했다면 여기에서의 '문'은 구체적으로 『주역』의 '글'을 가리키는 것으로 이해해야 한다. 이상이 '문'에 대한 다산의 독창적 해석인데, 다산은 이 해석 전체가 그의 형 정약전의 것이라고 밝혔다.

다산의 설명에는 약간 애매한 점도 있다. 문제가 되는 '글'이 『역』의 경문, 곧 64괘의 괘사와 효사를 의미하는지 아니면 공자가 쓴 십익을 의미하는지 하는 문제다.

다산에 따르면 정약전은 우선 본문의 '문'이 십익 중의 단전과 상전을 가리킨다고 했다. 다산도 이 의견에 동의하여 "이른바 '사문'이 단전과 상전이 아니겠는가?"라고 말했다. 그렇지만 알다시피 십익은 문왕이 아니라 공자의 글이다. 더욱이 다산에 따르면 정약전은 "그러므로 『주역』 한 권은 공자의 몸에서 떠나지 않았을 것이다. 광 땅을 지나면서 어려움이 있었으므로 그것을 가리켜 말했을 뿐이다"라고 하여 '문'이 십익이 아니라『주역』경문을 가리키는 것처럼 말했기도 했다. 나아가 다산에 따르면 정약전은 광 땅의 일이 있을 당시 공자가 아직 십익을 찬술하지는 않았다고 했다. 이런 설명을 종합하면 당시 공자가 지녔던 것은『주역』의 경문과 십익의 초고다. 그리고 '문'은 이 둘을 함께 가리킨다. 이렇게 봐야만 다산의 해설, 다산이 소개한 정약전의 해설을 모두 아우르게 된다. 그렇지만 그래도 왜 다산과 손암이 '문'을 단전과 상전으로 단정했는지, 왜 '원의총괄'은 '문'이『주역』을 가리킨다고 했는지는 풀리지 않는 의문으로 남는다.

　『논어고금주』전체를 놓고 보았을 때 다산은 어떤 용어나 개념을 복잡하고 추상적으로 설명하지 않는다. 일상을 통해 누구나 이해하기 쉽도록 설명하는 것이 다산 경학의 한 방향이다.『논어고금주』에 등장하는 '문'도 다산에게는 모두 구체적인 글을 가리킨다. 가령 공자의 '문장文章'은 문헌에 대한 그의 생각을 가리키며(5.12), 제자를 가르칠 때 이용했던 '문'도 구체적인 글이다(9.11). 이 장에서의 '문'도 마찬가지다. 그것을 금주처럼 '도가 드러난 것'으로 정의하면 뜻이 애매하기 그지없다. 다산이 비판하는 대로 '문'이 도가 드러난 것이라면 도는 원래 감춰진 것인가? 이런 애매한 정의는 복잡한 문제를 낳고, 그 때문에 실천은 더뎌진다. 그래서라도 이런 용어는 알기 쉽게 설명해야 한다. 단지 '문'이 구체적인 글을 가리키지 않는 경우도 있다. '질質'과 대비되어 사용될 때다. 그럴 때의 '문'은 문채라는 의미를 지닌다. 다른 경우는 모두 글이고, 이 장에서는 특히『역』과 관련된 글이다.

9.6

태재가 자공에게 묻기를 "우리 선생님은 성인이신가? 어찌 그리 능한 게 많으신가?"라고 하니 자공이 답했다. "진실로 하늘이 거리낌 없이 베푼 성인에 가까우며, 또 능한 게 많으신 것입니다." 선생님께서 듣고 말씀하셨다. "태재는 나를 아는가? 나는 어려서 천했으므로 하찮은 일에 능한 것이 많다. 군자는 능한 것이 많은가? 많지 않다."

大宰問於子貢曰; 夫子聖者與? 何其多能也? 子貢曰; 固天縱之將聖, 又多能也. 子聞之曰; 大宰知我乎? 吾少也賤, 故多能鄙事. 君子多乎哉? 不多也.

'태재大宰'는 육경을 통솔하는 관직으로 주나라의 제도로는 총재冢宰에 해당하며, 상대부에게 주어지는 높은 직책이다. 춘추시대에는 오나라와 송나라 두 나라만 이 직을 두었는데, 다산은 여기 나오는 태재가 오나라의 태재 비嚭를 가리킨다고 본다. 기원전 483년 오나라가 태재 비를 보내 노나라와 동맹을 맺으려고 할 때 노나라 애공이 자공에게 응대하도록 했는데, 형병은 이때 위의 대화가 있었으리라 추측했고, 다산도 공감했다.

이 장에서 뜻이 분명하지 않은 구절은 '고천종지장성固天縱之將聖'이다. 이 구절을 읽는 방법에서 다산은 금주를 따랐으므로 위에서도 금주에 기초하여 옮겼다. 금주에 따르면 '종縱'은 '한도가 없이 베풀다' 혹은 '거리낌 없이 베풀다'라는 의미에서의 '사肆'와 같고, '장將'은 어떤 것에 '자못 가깝다'라는 뜻의 '태殆'와 같다. "하늘이 거리낌 없이 베풀었다(天縱)"라는 것은 공자가 성인의 완벽한 자질을 가졌다는 의미이며, "가깝다(將)"라는 것은 그럼에도 불구하고 성인이라는 단정을 유보하여 겸양을 보인 것이다. 금주와 달리 고주는 '장'을 '크다(大)'라는 뜻으로 보았고, 확실하지는 않지만 '종'도 단순히 '풀어놓다' 혹은 '내리다'라는 정도로 본 것 같다. 그러므로 고주에 따라 이 '구절'을 옮기면 "진실로 하늘이 내린 큰 성인이시며"라는 정도가 된다.

오규는 이 구절을 다르게 읽었다. 그에게 '종'은 '따르다'라는 뜻이고, '장'은 '차此'와 같은 글자다. 곧 이 구절은 "진실로 하늘이 따른다면 또 성인이 될 것이며"라는 뜻이다. 다산은 이미 금주를 따랐으면서도 오규의 독법을 놓고 "이 설이 심히 좋다. 아마도 이것이 바른 뜻일 것이다"라고 평을 했다. 금주와 오규의 독법은 양립할 수 없다. 그럼에도 다산은 그가 받아들이는 독법을 소개할 때처럼 금주를 소개하고, 나중에는 오규를 극찬했다. 이 곤란에 어떻게 대처해야 할지 모르겠다. 아마도 다산은 결정을 유보한 채 두 개의 독법을 두고 계속 고민하지 않았나 싶다.

이 장에서는 태재의 질문 의도나 자공의 대답이 함의하는 바를 놓고도 다른 이해가 가능하다. 우선 태재의 의도를 놓고 고주는 그가 공자의 성인됨을 불신하여 질문을 던졌다고 본다. 곧 태재는 성인이라면 작은 일에 다능해서는 안 되는데도 공자가 다능하므로 그가 정말 성인이 맞느냐고 물었다. 이에 대해 자공은 태재의 의심을 해소하면서 공자는 완벽한 성인의 자질이 있고 또 거기에 더해서 다능하다고 답했다. 그렇다면 자공은 태재의 의심을 해소하려고 한 것이다. 이와는 달리 금주에 따르면 태재는 다능함이 성인의 필요조건이라고 생각했다. 그리고 그는 공자가 다능한 것을 알고는 그가 성인이냐고 놀라움과 의심을 섞어서 질문했다. 태재가 이런 의도로 질문했다면 자공의 대답은 다능함이 성인됨의 필요조건이 아님을 암시한다. 그의 대답에서 다능함은 부차적인 요소이기 때문이다. 이 경우 자공은 성인됨과 다능함을 구별하려고 한 것이다. 이런 논의를 두고 다산은 서분붕(약1560~1642)의 설을 소개한다. 서분붕에 따르면 태재는 다능함을 성인됨의 필요조건으로 생각하지 않았으며, 단순히 호기심으로 이런 질문을 했다. 그런데 다산은

"이 설이 정교하다"라고 하면서 서분붕에 동의했다. 이것도 이 장이 주는 곤란함이다. 다산은 이미 주희의 견해, 곧 태재가 다능함을 성인됨의 필요조건으로 이해했다는 견해를 받아들였기 때문이다.

여하튼 자공과 태재 사이의 대화를 전해들은 공자는 먼저 "태재는 나를 아는가?"라는 반응을 보였다. 이것은 태재가 자신을 안다는 긍정일 수도 있고, 정반대로 부정일 수도 있다. 고주는 전자다. 곧 공자는 태재가 자신의 다능함을 안다는 것에 약간의 놀라움을 표시했고, 이어서 자신이 왜 다능한지 설명했다. 금주는 후자다. 성리학자에게 태재는 무엇이 한 사람을 성인으로 만드는가에 무지한 사람이었기 때문이다. 그렇다면 공자는 자신의 중요한 정체성은 언급하지 않고 단지 태재가 관심을 가지는 다능함만 설명한 셈이 된다. 이 논의를 두고 다산은 원황(1533~1606)의 설을 소개한다. 원황은 고주와 금주의 견해는 모두 잘못되었고 공자의 반응은 단지 그다음에 이어지는 말을 이끌어내기 위한 말머리 역할을 한다고 주장했다. 다산은 "이 설도 또한 좋다"라고 하면서 원황에 동의했다. 이 문제를 두고서는 다산이 다른 말을 하지 않았으므로 원황의 견해가 다산의 견해라고 해도 좋다.

이 장에서 궁극적으로 말하려고 하는 것은 무엇인가? 자공을 통해서는 공자가 성인의 자질을 가졌음을 알 수 있다. 공자를 통해서는 다재다능한 것이 도덕적 인격의 필요조건이 아님을 알 수 있다. 한편 공자 같은 도덕주의자도 인생의 굴곡을 견디기 위해 사소한 재주를 익혀야 했다는 것도 알 수 있다.

9.7

뇌가 말했다. "선생님께서 말씀하시길 '내가 쓰이지 않았기 때문에 재주가 많다'라고 하셨다."

牢曰; 子云, 吾不試, 故藝.

고주에서 정현은 '뇌牢'가 공자의 제자인 자뇌를 가리킨다고 했다. 형병은 더 보충하여 그가 금뇌라고 했는데, 『공자가어』를 참고한 해설이다. 다산은 『공자가어』를 위서로 보았지만 이 장에서는 '뇌'를 금뇌로 이해했다. 그러면 이 제자의 이름은 '뇌'인데, 이 장을 기록한 사람은 이 제자의 이름을 그대로 사용했다. 이렇게 기록자가 공자의 제자를 이름으로 언급한 경우는 『논어』에 하나밖에 없다. "헌이 부끄러움을 물으니(憲問恥)"(14.1)라고 시작하는 「헌문」의 제일 첫 장이다. 윗사람이 아니라면 어른의 이름을 함부로 부를 수 없는 것이 옛날의 관례였고, 『논어』를 기록한 사람이 공자의 제자보다 윗사람일 수는 없기 때문이다. 그래서 다산은 「헌문」의 첫 장은 원헌 자신이 기록했고, 이 장은 금뇌 자신이 기록했다고 보았다.

금주는 이 장을 앞 장과 합했다. 두 장이 모두 공자의 다재다능함을 말하기 때문이다. 그러나 고주는 두 장에 연관성이 있더라도 발화 시점이 다르므로 별개의 장으로 취급해야 한다고 판단했다. 다산은 고주를 따랐다. 본문의 '시試'는 '등용되다' 혹은 '쓰이다'라는 뜻의 '용用'과 같다.

9.8

선생님께서 말씀하셨다. "내가 아는 것이 있었던가? 아는 것이 없었

다. 속된 사람이 나에게 물을 때 아는 것이 없거든 나는 그 양쪽 끝
을 두드리며 힘을 다한다."

子曰; 吾有知乎哉? 無知也. 有鄙夫問於我, 空空如也, 我叩其兩端而竭焉.

이 장에서 공자는 자신이 "아는 것이 없다"라는 충격적인 고백을 한다. 공
부를 좋아했고, 다른 것은 몰라도 남을 가르치고 옛것을 배우는 데 근면
한 것만큼은 자부했던 공자가 이렇게 고백하면 읽는 사람은 당황하게 된다.
그래서 주해가들은 박학한 공자와 무지한 공자를 어떻게 조화시킬까 고민
했다.

금주의 해결책은 간단하다. 공자가 겸손했다는 것이다. 공자는 성인이어서
그 말이 낮고, 낮기 때문에 필부에게도 감화를 준다. 이에 비해 맹자 같은 현
인은 그 말이 높고, 높기 때문에 도의 자부심을 지킨다. 이 장은 공자의 '낮
은 말'을 보여준다. 곧 실제로 아는 것이 없었던 것이 아니라 공자는 단지 없
는 듯이 했을 뿐이다. 본문의 '공공여空空如'도 공자를 묘사하는 말이 아니다.
위에서 질문을 한 어느 "속된 사람(鄙夫)"을 묘사한다. 이 사람이 아무런 내용
도 없이 텅 빈 듯한(空空如) 질문을 하더라도 공자는 정성을 다해 대답하려고
노력했다. 이런 해설을 반영하면 이 장은 "나는 아는 것이 있는가? 아는 것이
없다. 속된 사람이 나에게 물을 때 마치 텅 빈 것 같더라도 나는 그 양쪽 끝
을 두드리며 힘을 다한다"라는 정도가 된다.

고주의 해결책은 본문의 '지知'를 특별하게 이해하는 것이다. 고주에 따르
면 '지'는 지식이 아니라 '뜻으로만 알고 있는 것(知意)'이다. 뜻이 복잡해 어색
하지만 고주의 설명은 그렇다. 그러므로 이 장에서 "내가 뜻으로만 알고 있는
것이 있는가? 뜻으로만 알고 있는 것이 없다"라고 말한다. "뜻으로만 안다"라
는 말은 남들한테 알리지 않고 자기만 아는 것을 의미한다. 이렇게 앞을 풀

면 그에 이어지는 구절은 쉽게 해결된다. 자기만 알고 있는 것이 없다는 선언을 한 뒤 공자는 어떻게 자신이 모든 질문과 궁금증에 친절하게 답해왔는지를 설명한다. 이 해석에서 '공공여'도 질문하는 사람을 묘사한다. 질문자가 마음을 비우고 마치 텅 빈 것처럼(空空如) 질문하는 경우 공자는 정성을 다해 대답을 하려고 노력했다. 이런 해설을 반영하면 이 장은 "내가 뜻으로만 알고 있는 것이 있는가? 뜻으로만 알고 있는 것이 없다. 속된 사람이 나에게 물을 때 그 마음이 비어 있거든 나는 그 처음과 끝(兩端)을 발동시켜 힘을 다한다"라는 정도가 된다. 고주는 '양단兩端'을 '처음과 끝'으로, '고叩'를 '발동시키다'라는 뜻으로 보았다. 금주는 위에 옮긴 것처럼, 곧 다산이 받아들인 것처럼 각각을 '양쪽 끝' 그리고 '두드리다'라는 의미로 풀었다. 뜻으로는 큰 차이가 없다.

이 문제를 두고 다산은 다시 한 번 기발한 해결책을 제시한다. 그 핵심은 이 장의 앞부분을 과거 시제로 이해하는 것이다. 곧 공자는 이전에 "아는 것이 없었다." 하지만 지금은 그렇지 않다. 그러면 그는 어떻게 앎을 축적했는가? 앞부분에 이어지는 말이 그 과정을 설명한다. 그는 속된 사람이 아무리 엉뚱한 질문을 하더라도, 그래서 자신이 답할 수 없어서 마치 속이 텅 빈 것 같을 때라도 그 질문의 양쪽 끝을 두드리고 열심히 연구하여 대답하려고 노력했다. 이 노력이 공자의 호학이며, 그 결과가 박학이었다. 이때 '공공여'는 공자를 묘사하는 말로 공자가 알지 못하는 주제를 맞이했을 때의 상태다. '원의총괄'은 이 기발하고도 흥미로운 해석을 "'그 양쪽 끝을 두드린다'라는 말은 남의 질문을 기회로 삼아 나의 지식을 증진시킨다는 것을 뜻한다"라고 요약했다. 그러므로 다산을 통해 『논어』를 읽을 때는 이 재미있는 독법을 반영해야 한다.

이런 과정을 통해서 어떤 '앎'이 증진되었는가도 논할 만하다. 고주나 금주는 모두 성인의 앎을 거창하게 이해했다. 고주는 그것이 남에게는 말하지 못할 오의나 되는 것처럼 설명했고, 금주는 그것이 "성인이라도 더할 수 없는" 굉장한 것이라고 했다. 하지만 다산의 해석에서 공자가 쌓은 앎은 구체적이고 현실적이다. 그 앎은 기본적으로 어떤 속된 일상인의 질문에 답하면서 획득했기 때문이다. 일상인이 고매한 형이상학적 진리를 물을 리 없으므로 그들의 질문은 대부분 실생활과 관련되었을 가능성이 높다. 다산에 따르면 공자는 이런 질문에도 열심히 답하려고 "전적을 살펴보면서 처음과 끝을 연구하고, 뿌리와 말단을 드러냈다." 곧 성인의 앎은 실용적이었고, 도덕의 이치 곧 의리만이 아니라 사물의 이치 및 생활의 이치를 포함하는 것이었다. 이렇게 다산은 공자의 당혹스러운 고백을 이해하는 흥미로운 독법을 제시하면서 동시에 자신의 학문이 실용과 실질을 다룬다는 암시를 주었다.

9.9

선생님께서 말씀하셨다. "봉조가 이르지 않고 강에서는 그림이 나오지 않으니 나는 그만인가보다!"

子曰; 鳳鳥不至, 河不出圖, 吾已矣夫!

'봉조鳳鳥'는 옛날 성왕이 출현할 때 등장한다고 믿었던 어떤 것이다. 높은 확률로 은나라 왕실의 권위를 보여주는 상징물이었던 것 같고, 그렇기 때문에 은나라의 후예인 공자가 특별히 언급한 듯하다. 후에 이것은 봉황이라는 새가 되어 형병이 소개한 대로 "앞은 기린 같고 뒤는 사슴 같으며, 목은 뱀 같고 꼬리는 물고기 같고, 무늬는 용의 무늬요 등은 거북등이며, 제비의 턱에

닭의 부리를 한" 기괴한 모양을 하게 되었는데, 이런 묘사는 모두 나중에, 특히 신이한 이야기를 좋아한 한대의 위서를 통해서 퍼졌다. 그러므로 『논어』에서 '봉조'를 만나면서 봉황을 떠올리는 것은 역사적 맥락에 맞지 않는다. 다산은 '봉조'라는 말이 등장하는 이른 기록, 가령 『국어』 「주어」를 보면 그것은 천신의 일종이었지 "새라고 말할 수 없다"라고 했으므로 다산에 따라 『논어』를 읽을 때는 '봉조'를 봉황새라고 해서는 안 된다.

본문의 '하河' 역시 '황하'로 옮기는 게 맞는지 의심이 간다. 그것이 지금의 황하를 가리키는 것은 맞지만 황하라는 말은 선진의 전적에는 나오지 않는다. 지금보다 상상할 수 없을 만큼 작았던 고대 중국의 영역을 관통하는 큰 강은 황하 하나밖에 없었으므로 옛날 사람들은 그 강을 '강(河)'이라고만 불렀다. 그러므로 이 장의 '하'는 '황하'보다는 '강'이라고 옮겨야 할 것이다.

본문의 '도圖'도 지금 이야기하는 하도河圖와 다르다. 지금의 하도, 곧 1부터 10까지 수를 두 종류의 점으로 표시해서 모든 운동을 수비학적으로 설명하려는 도식은 『논어』의 시대에는 존재하지 않았다. 그 기원을 정확히 밝히기는 어렵지만 아마도 그런 도상을 창안한 것은 도교의 도사일 것이다. 그리고 도교의 영향을 받은 성리학자, 특히 주희가 그의 『주역본의』에서 하도와 낙서洛書를 소개하면서 마치 그것들이 『역』을 이해하는 요체인 것처럼 선전한 뒤 하도가 널리 알려졌다. 유교 경전에서 '하도'라는 말은 『서』 「고명」의 기사에서 유일하게 나오는데, 그 기사는 "적도와 대훈 그리고 홍벽과 완담을 서쪽 회랑에 두고, 대옥과 이옥 그리고 천구와 하도를 동쪽 회랑에 두었다"(『상서주소』, 17:29a)라고 되어 있다. 여기에서 적도는 붉은 칼, 대훈은 선왕의 유훈을 적은 문건을 가리키고, 홍벽과 완담은 모두 옥이나 돌로 만든 장식품이다. 대옥과 이옥 역시 옥이고, 천구는 아마도 하늘의 모양을 형상한 물건인 듯하다. 그리고 제일 마지막에 '하도'가 나온다.

이 '하도'를 지금의 하도와 연결시키도록 만든 사람은 『상서주소』를 주해한 전한시대 사람 공안국이다. 그는 위 기사를 놓고 "하도는 팔괘다. 복희가 천하를 다스릴 때 용마龍馬가 강에서 나왔는데 마침내 그 무늬를 보고 팔괘를 그려 그것을 하도라고 했다"(17:29b)라고 하면서 '하도'를 설명했다. 이런 설명이 전한시대부터 여러 경로로, 『관자』나 『대대례기』 같은 곳의 언급을 통해 유포되어 지금 말하는 하도의 기원이 되었다. 하지만 『서』의 원문을 보면 용마가 강에서 나왔다는 신기한 내용은 물론이고 그것이 팔괘를 가리키는지도 의심스럽다. 하늘의 모양을 형상하는 천구와 함께 병렬되는 것을 보면 '강', 지금의 황하의 모양을 그린 도상일 수도 있다. 어쨌든 본문의 '도'를 지금의 하도와 연결시키는 것은 위태롭다.

기본적으로 이것이 하도를 보는 다산의 관점이다. 「고명」에 '하도'라는 말이 나오기 때문에, 그리고 「고명」은 『위고문상서』에 속하지도 않기 때문에 다산은 그런 것이 있었음을 부정하지는 않는다. 하지만 그 정체는 "또한 옥이나 돌 같은 종류였을 것"이다. 「고명」은 주나라 성왕이 죽기 전 다음 왕인 강왕을 잘 보필하라 부탁하면서 남긴 유훈인데, 위에 인용된 기사는 유훈을 남기기 위해서 성왕이 신하를 만날 때 어떤 장식품을 어떻게 배치했는지를 보여준다. 그 대부분은 '옥이나 돌'로 만든 것이었다. 단적으로 다산은 하도의 출처를 두고 이렇게 말한다. "용마의 등에 하도의 무늬가 있었다는 설은 본래 위서에서 나온 것이니 받아들일 수 없다."

그럼에도 불구하고 다산은 '하도'가 팔괘를 가리킨다고 보았다. 용마 운운하는 설은 미신이라고 판단했으면서도 그것과 팔괘의 관계는 차마 부정하지 못했다. 돌이켜보면 선진 경전에 '하도'라는 말이 나온 이후 한대의 유학자는 많은 위서를 창작하고 온갖 신비한 이야기를 지어내 하도의 기원을 설명했다. 그것이 그 당시 학풍이었다. 이에 비해 송대의 유학자는 위서를 불신하고 한대 유학의 횡설수설에 의심을 보내면서 성현의 가르침을 더 합리적으로 이해하려고 노력했다. 그것이 또 그 당시의 학풍이었다. 그렇지만 주희는 하도에 깃든 신비를 제거하지 못했고, 제거하기는커녕 그것을 조장했다.

다산은 그런 신비를 제거하면서 이 유산을 더 합리적으로 이해하려고 노력했다. 물론 그 역시 본문의 '하도'를 팔괘와 완전히 단절시킬 수 없었다. 유교의 많은 전적이 연관성을 증언했기 때문이다. 그렇지만 그는 이런 문제를 보다 합리적으로 이해해야 한다는 방향만은 설정해줬다. 알기 쉽게, 모두 다 알아들을 수 있도록 이야기를 하라. 그래야 사람들이 무엇을 할지 알고 할 일을 하게 된다. 이것이 다산의 정신이었다. 다산은 이치를 추구하는 사람이고, 그 이치는 언제나 전통의 이치와 맞닿아 있지만 그 이치를 구체적으로 추구하고 알기 쉽게 설파하려는 것이 다산이었다. 그러므로 이 정신을 발양하는 것이 그의 미완의 사상을 계승하는 일이 된다.

어쨌든 본문의 '봉조'나 '하도'는 모두 "성인이 천명을 받을 때" 등장했다. 이런 것이 "이르지 않고" "나오지 않는" 것은 세상의 타락을 은유한다. 그래서 공자는 "나는 그만인가보다!"라고 탄식했다. 왕충은 "우리 선생님이 왕이 될 수 없음에 스스로 상심한 것"(『논형』, 9:11a)이라고 논평했는데, 다산은 공자를 왕으로 만든 것은 후인이며, 공자는 재상이 되려고 했지 왕이 될 뜻이 없었다면서 왕충을 비판했다. 다산에게 공자는 좋은 신하였다.

9.10
선생님께서는 부모상의 상복을 입은 사람이나 관을 쓰고 조복을 입은 사람이나 눈이 먼 사람을 보면 그들을 대할 때 어린 사람이라

도 반드시 일어나셨고, 그들을 지나갈 때는 반드시 걸음을 빨리 하
셨다.

子見齊衰者, 冕衣裳者, 與瞽者, 見之, 雖少必作, 過之, 必趨.

'재최齊衰'는 상복 다섯 종류 중에서 두 번째로 중한 상복을 의미하지만 다
산에 따르면 여기에서는 가장 가까운 친족인 주친周親의 상복을 의미한다.
그러므로 "부모상의 상복"으로 옮긴다. '의衣'는 웃옷, '상裳'은 하의를 의미하
는데, 여기에서는 '면冕'과 함께 모두 조정에 나아갈 때 입는 조복을 구성한
다. 그러니까 공자는 상을 당한 사람, 관직에 있는 사람 그리고 몸이 불편한
사람을 대할 때 특별한 예를 취한 것인데, 이때 이들을 대하는 방법이 같다
는 데 주목해야 한다. 다시 말해 그는 벼슬아치와 눈이 먼 사람을 다르게 대
하지 않았다. 고주와 금주는 모두 상을 당한 사람에게는 슬픔을 표하고, 관
직에 있는 사람에게는 존경을 표하고, 몸이 불편한 사람에게는 연민을 표하
기 위해 이런 예의를 갖추었다고 했지만 다산은 옳지 않은 설명이라고 보았
다. 슬픔을 표시하고, 존경을 보여주고, 연민을 나타낸다면 취하는 행동도 다
를 것인데, 공자는 모두를 같은 방식으로 대했기 때문이다. 그래서 다산은 공
자가 이들 모두에게 공경을 보였다고 했다. 과연 자리에서 일어나거나 지나
갈 때 걸음을 재촉하는 것은 모두 공경의 몸짓이다. 단지 각각에 대한 공경의
근저에는 부모에게 효도하려는 마음, 임금에게 충실하려는 마음, 그리고 남
에게 정성을 다하려는 마음이 있어서 서로 구별될 뿐이다.

이 장에는 두 개의 '견見'이 나오는데, 다산에 따르면 앞의 '견'은 이들이 오
는 것을 멀리서 본 것이고, 뒤의 '견'은 이들과 조우해서 예로 대하는 것을 가
리킨다. 금주는 본문의 '소少'를 '좌坐'로 바꾸어야 한다는 견해를 소개했는
데, 그렇게 되면 해당 부분은 "이들을 대할 때 비록 앉아 있었더라도 반드시

일어나셨고"라고 옮기게 된다. 하지만 다산은 황간본에는 '소' 뒤에 '자者'가 있다는 사실을 특기하여 이렇게 고칠 수 없음을 밝혔다. 본문은 특별히 '고자瞽者'만 이야기했는데, 몸이 불편한 것 중에 눈이 먼 것이 가장 불편해서 모두를 대변하기 때문이다.

9.11

안연이 소리를 내며 탄식하면서 말했다. "우러르면 더욱 높고, 뚫으려고 하면 더욱 단단하다. 바라보면 앞에 있는데, 홀연히 또 뒤에 있도다. 우리 선생님께서는 차근차근 사람을 잘 이끄시어 글로 나를 넓히시고, 예로 나를 단속하시니 그만두려고 해도 그렇게 하지 못한다. 이미 내 재주를 다했으나 세우신 것이 다시 우뚝하니 비록 따르려고 하나 말미암을 데가 없다."

顔淵喟然歎曰; 仰之彌高, 鑽之彌堅, 瞻之在前, 忽焉在後. 夫子循循然善誘人, 博我以文, 約我以禮, 欲罷不能. 旣竭吾才, 如有所立卓爾, 雖欲從之, 末由也已.

이 장은 제법 길지만 모두들 대체로 위에 옮긴 대로 읽는다. '위연喟然'은 탄식하는 소리이고, '미彌'는 '더욱'이라는 뜻이며, '순순循循'은 차례에 맞게 차근차근 일을 진행시키는 모양이다. 앞에서 설명한 것처럼 『논어고금주』에서 '문文'은 '질'과 대비되지 않는 한 모두 구체적인 글을 가리키는데, 다산에 따르면 여기에서는 육경을 의미한다. 마지막 구절의 '말末'은 '무無'와 같다.

고금주와 다산은 여기에서 안연이 공자의 '황홀한' 경계를 묘사했다는 데 동의한다. '황홀恍惚'은 감각적으로 인지할 수 없는 존재를 묘사하는 말로 원래 『노자』의 말이다. 『노자』에서 이 말은 '하나' 곧 만물의 근원이자 귀착지의 모습이다. 이 하나는 "보이려고 해도 보이지 않고" "들으려고 해도 들리지 않고" "만지려고 해도 그럴 수 없는" 또 "따라가려고 해도 그 뒤를 볼 수 없고, 맞아들이려고 하여도 그 머리를 볼 수 없는" 그런 대상이다(『노자도덕경』 14장). 이 장에서 안연은 공자를 두고 "바라보면 앞에 있는데, 홀연히 또 뒤에 있다"라고 감탄했는데, 표현이 유사하다. 그래서 이 장은 안회를 선진 도가의 원류로 이해하려는 주장에 힘을 실어준다.

그런데 『논어』에서 안회는 이렇게 수다스러운 사람이 아니다. 그는 공자에게 배울 때 아무 말도 하지 않아서 공자로부터 어리석은 사람이라는 의심을 사기도 했다(2.9). 그런 안회가 이런 요란한 찬사를 늘어놓는 것은 어쩐지 석연치 않다. 그래서 오늘날 문헌학자 중 몇몇은 이 장을 『논어』의 의심스러운 형성 과정을 보여주는 증거로 본다. 옛날 사람 다산은 요즘 견해를 알 수 없었지만 오늘날 문헌 비평을 알았다면 그의 태도도 달라졌을지 모른다. 그는 비판하는 사람이었기 때문이다.

9.12

선생님께서 병이 깊어지니 자로가 문인에게 소신이 되도록 했다. 병이 조금 차도를 보이니 말씀하셨다. "오래 되었구나, 유가 거짓을 행함이! 소신이 없는데도 소신이 있는 것으로 만들었으니 내가 누구를 속일 것인가? 하늘을 속일 것인가? 또 나는 소신의 손에서 죽기보다는 차라리 너희 손에서 죽지 않겠느냐? 또 내가 비록 큰 장례는 얻지 못하더라도 내가 길에서 죽겠느냐?"

子疾病, 子路使門人爲臣. 病間曰; 久矣哉, 由之行詐也! 無臣而爲有臣, 吾誰
欺? 欺天乎? 且予與其死於臣之手也, 無寧死於二三子之手乎? 且予縱不得大
葬, 予死於道路乎?

앞에서 공자의 병이 깊어졌을 때 자로는 공자를 위해 기도하기를 청했다
(7.36). 이 장에서 자로는 다시 위중한 공자 옆을 지킨다. 기도하기를 청했을
때 공자는 마다했고, 이 장에서는 자로를 꾸짖었다. 얼핏 보면 자로는 스승을
위하면서도 어떻게 해야 스승을 위하는지 모르는 사람 같다. 금주가 이렇게
설명했다. 하지만 자로에 대한 선입견을 걷어내면 병자를 돌보는 그의 입장
이 병이 위중할 때도 도덕적 고결함을 잃지 않으려 했던 공자의 입장과 반드
시 같지 않음을 이해할 수 있다. 자로가 기도하기를 청했을 때 공자는 하늘
에 부끄러움이 없기 때문에 새삼스레 하늘에 빌 필요가 없다고 했지만 죽어
가는 스승을 안타까워하는 제자는 그것을 알면서도 하늘에 빌어보려고 했
다. 병든 공자는 처지에 맞는 장례를 치르고 싶었지만 제자 자로는 그것을 알
면서도 가능한 한 후장을 치르려고 했다. 다산이 이렇게 보았다.

이런 시각에서 다산은 본문의 '신臣'을 다르게 이해한다. 그에 따르면 여기
에서 '신'은 보통의 신하가 아니라 '소신小臣'이다. '소신'이란 병자가 운명할 때
몸을 부축하는 역할을 맡는 사람이다. 죽기 전에 이렇게 부축을 받는 것이
예이므로 지위가 있는 사람은 모두 소신의 손에서 죽고, 병자가 죽으면 소신
이 솜을 코에 갖다 대고 숨이 끊어졌는지 확인한다. 이것은 기본적으로 군주
를 위한 예이지만 대부도 가신에게는 군주와 같으므로 대부를 위해서도 역
시 이러한 예를 갖춘다. 이때 대부에게 가신이 있으면 그의 가신이 소신의 역
할을 한다. 하지만 오랫동안 밝은 군주를 찾아 세상을 여행하다 돌아온 공자

에게는 가신이 없었다. 그러므로 자로는 제자에게 소신의 역할을 하도록 안배했다.

이렇게 소신까지 준비했다면 장례가 거창하게 진행되리라는 것을 알 수 있다. 임금의 장례를 치르지는 못하겠지만 공자가 대사구라는 직책을 역임한 만큼 상대부, 곧 경의 장례를 치를 것이다. 깊은 병에 든 공자를 보며 자로는 스승이 죽으면 상대부의 장례를 치르고자 했다. 하지만 공자의 뜻은 달랐다. 벼슬을 한 지는 이미 오래 되었고, 따라서 그런 장례도 온당하지 못하다고 생각했다. 이 점에서 공자와 자로가 달랐다. 자로는 스승의 장례를 후하게 치르려고 했고, 공자는 소박한 장례를 원했다. 병이 조금 나아지자 공자는 저간의 사정을 알았다. 자로가 소신을 준비해놓은 지는 오래 되었다. 그래서 공자는 "오래 되었구나, 유가 거짓을 행함이!"라고 탄식했다. 그리고 검소한 장례를 치르고 싶다는 뜻을 다시 한 번 내비쳤다. 이것이 다산이 설명하는 이 장의 배경이자 맥락이다.

다산과 달리 고금주는 이때 자로가 문인에게 공자의 가신이 되어 공자를 군주처럼 대하도록 했다고 보았다. 이렇게 보면 자로의 죄가 중하다. 단순히 몸을 부축하는 소신의 역할을 하도록 한 것이 아니기 때문이다. 그래서 상태가 잠깐 나아진 공자는 자로를 꾸짖는데, 단순히 이 일만 가지고 꾸짖는 것을 넘어서 오래 전부터 그가 거짓을 행했다고 나무란다. 고금주는 그렇게 보았다.

고금주처럼 이해하면 자로는 평소부터 스승을 속이는 무뢰배다. 하지만 무뢰배에 불과한 제자가 공자가 위기에 처할 때 언제나 곁에서 애를 쓰는 것은 앞뒤가 맞지 않는다. 그래서 다산은 그렇게 자로를 폄하해서는 안 된다고 보았다. 자로는 단지 스승을 위해 최대한 두터운 장례를 치르려고 했고, 그 때문에 문인에게 장례의 일정한 역할을 맡도록 했을 뿐이다. 결국 다산은 이미 여러 번 그랬던 것처럼 이 장에서도 자로를 낮추어 보는 선배 유학자의 폐단을 고치려고 했다. 그들이 자로를 어떻게 낮추어 보았는지는 금주가 잘 보여준다. "종종 스스로 거짓을 행하고 하늘을 속이는 일에 빠지면서도 알지 못하니 자로를 두고 하는 말이다." 고금주와 달라지는 다산의 해석이 '신'이라는 글자의 해석에 달려 있으므로 다산을 통해 『논어』를 읽을 때는 이 점을 반영해야 한다. '원의총괄'은 이 다른 해석을 "'문인위신門人爲臣'의 '신'은 병자의 몸을 부축하는 소신을 의미한다"라고 요약했다.

'신'을 소신으로 보면 뒤이어 나오는 '대장大葬'도 다르게 해석해야 한다. 고금주는 이것이 '군신의 예장禮葬'을 의미한다고 했다. 군신 관계의 예법에 맞는 장례, 곧 군주를 위한 장례를 의미한다고 본 것이다. '신'을 '가신'으로 보았기 때문에 이런 해설이 나왔다. 하지만 다산처럼 이해하면 '대장'은 군주를 위한 장례가 아니라 격식을 갖춘 모든 장례를 의미한다. 군주의 장례도 '대장'이지만 경이나 대부의 장례도 '대장'이다. 본문의 '대장'은 격식을 갖춘 상대부의 장례다.

나머지 부분에서는 고금주와 다산 사이에 이견이 없다. 본문의 '간間'은 '병에 약간의 차도를 보이는 것'을 의미한다. '무녕無寧'은 다산이 주를 달지 않았는데, 고금주는 모두 이것이 '영寧'과 같다고 했다. '영'으로 보면 해당 부분은 "또 나는 소신의 손에서 죽기보다는 차라리 너희 손에서 죽겠다"라는 정도가 된다. 뜻으로는 같다.

9.13

자공이 "여기 아름다운 옥이 있다면 그것을 궤 안에 싸서 간직하시겠습니까, 좋은 장사치를 구해서 파시겠습니까?"라고 하니 선생님께서 말씀하셨다. "팔아야지! 팔아야지! 나는 장사치를 기다리는 사람이다."

子貢曰; 有美玉於斯, 韞櫝而藏諸? 求善賈而沽諸? 子曰; 沽之哉! 沽之哉! 我待賈者也.

이 장에서 자공은 공자에게 그의 학식을 세상이라는 시장에서 팔 것인지 아니면 궤 안에 두고 자족할 것인지를 묻는다. 옛날 군자는 곧잘 옥에 비교되었으므로 비유를 통한 자공의 질문이 적절하다. 궤를 뜻하는 '독櫝'은 거의 모든 판본에 '독匵'인데, 두 글자는 서로 통한다. 다산도 두 글자가 같다고 했다. 그렇지만 그가 구태여 전자를 택한 데는 어떤 이유가 있었을 것이므로 위에서는 다산을 따랐다. 또 고금주는 '온韞'을 '감추다(藏)'라는 뜻으로 풀었지만 이어서 같은 글자가 나오므로 다산은 중복이라고 보았다. 그에 따르면 '온'은 '가죽으로 싸는 것'을 의미한다. 이것은 원래 고주에서는 소개하지 않은 정현의 주장이다.

이 장에서 다산이 강조한 '원의'는 본문의 '고賈'라는 글자와 관련이 있다. 이 글자는 '고'로도 읽고, '가'로도 읽는데 '고'로 읽으면 '장사치'고, '가'로 읽으면 '값'이다. 다산은 '고'로 읽어야 한다고 주장하면서 '가'로 읽을 수도 있다는 육덕명을 비판한다. 만약 '가'로 읽으면 본문의 '선가善賈'는 '좋은 값'을 의미하는데, 그렇다면 공자는 좋은 대접 받기를 원한 것이다. 자신의 재주를 좋은 값에 팔려고 한 꼴이다. 이것은 "높은 관직과 두터운 봉록으로 도를 파는 것이다." 공자를 크게 오해하게 만드는 해석이므로 다산은 '원의'를 찾아내 이 글자를 '고'로 읽고, 공자가 '선고善賈' 곧 "좋은 장사치"를 기다렸다고 이해했다. "좋은 장사치"란 물론 현명한 군주를 상징한다.

다산은 육덕명을 비판하면서 이 문제에 대한 고금주의 입장이 불분명하다고 했다. 과연 고주는 '고'를 설명하지 않았다. 하지만 금주는 '가'로 읽어야 한다고 주장했다. 곧 다산이 직접 비판하지는 않았지만 금주는 '값'이라는 뜻을 취했다. 또한 육덕명은 이 글자에 두 가지 음이 있다고만 했지 어느 음이 옳다고 하지는 않았다(『경전석문』, 24:12b). 물론 육덕명이 '가'로 읽는 빌미를 제공하기는 했다. '원의총괄'은 다산의 주장을 "'선고'는 좋은 장사치를 가리킨다"라고 요약했다. 오규도 다산과 같은 견해를 이야기했다.

'고'인지 '가'인지는 제일 마지막 구절을 읽을 때 더 중요해진다. '고'라면 공자는 "장사치를 기다리는 사람"이다. 언제든지 출사할 준비가 되었으므로 옥을 사겠다는 장사치만 만나면 된다. 반면 '가'라면 공자는 "(좋은) 값을 기다리는 사람"이다. 이런 사람은 장사치를 만나도 자신을 팔지 않을 수 있다. 장사치를 만나고 장사치가 좋은 값을 불러야 한다. 한마디로 '가'로 읽으면 옥을 팔기는 더 어렵고, 공자가 세상에 나아가는 데는 더 까다로운 조건이 붙는다. 그래서 '가'로 읽은 금주는 "반드시 도를 구부려 남을 따르거나 옥을 자랑하여 팔기를 구하지는 말아야 한다"라고 하면서 이 장의 논의를 마무리한다. 세상에 나아가는 '출出'보다 산림에 은거하는 '처處'에 더 비중을 둔 것이다. 하지만 '고'로 읽는 다산은 "군자는 보석을 품고 밝은 왕을 기다려 그 도를 판다"라고 말한다. '처'보다는 '출'에 기우는 해설이다. 이것 역시 사림이기를 원한 성리학자와 조신이기를 원한 다산의 차이다.

이러한 차이 때문에 마지막 구절을 옮기는 방법도 미묘하게 달라진다. 금주에서는 공자가 "팔아야지! 팔아야지! 그러나 나는 값을 기다리는 사람이다"라고 말한다. "팔아야지!"라는 말을 뒤의 말과 역접으로 연결시켜 공자가 "값을 기다렸다"라는 점을 더 부각시킨다. 하지만 원문을 보면 그렇게 역접으로 이을 근거가 전혀 없다. 더욱이 공자는 여기에서 "팔아야지!"라는 말을 두 번 반복한다. 강조한 것이다. 선입견 없이 읽으면 자연히 "팔아야지"라는 말에 방점이 놓인다. 이 말에 방점을 놓으면 출사하기를 간절히 원하는 공자를 보게 된다.

9.14

선생님께서 구이에서 살려고 하시니 어떤 사람이 "누추한 곳이니 어찌 하시렵니까?"라고 말했다. 선생님께서 말씀하셨다. "군자가 살았으니 어찌 누추함이 있겠는가?"

子欲居九夷. 或曰; 陋, 如之何? 子曰; 君子居之, 何陋之有?

왕충에 따르면 "공자는 도가 중국에 행해지지 않는 것에 낙심했고, 뜻을 잃은 것을 마음으로 한스럽게 여겼다. 그래서 구이에서 살고자 했다"(『논형』, 9:12a). 『후한서』에 따르면 여기의 구이는 견이, 우이, 방이, 황이, 백이, 적이, 현이, 풍이, 양이를 가리킨다(『후한서』, 115:1a). 형병은 또 다른 설로 구이가 현도, 낙랑, 고려, 만절, 부유, 색가, 동도, 왜인, 천비를 가리킨다고 했는데, 다산은 현도나 낙랑은 한 무제가 세운 사군의 이름이므로 공자가 알 수 없었다고 이 설을 정확하게 비판한다. 한편 다산은 형병의 설 역시 『후한서』에 나온다고 했는데, 『후한서』에는 나오지 않는다. 형병이 말한 설은 공영달(574~668)이 『예기주소』의 소에서 비슷하게 소개했지만(『예기주소』, 12:39a) 같지는 않다. 찾아보면 형병이 말한 대로 구이를 소개하는 것은 『이아주소』의 주다(『이아주소』, 6:15b). 그런데 『이아주소』에 이 주를 단 사람이 형병이다. 곧 다산이 비판한 설은 형병의 창작이다.

본문의 '군자君子'가 누구인지는 확실하지 않다. 현재 군자가 구이의 땅에 산다는 뜻인지("군자가 사니"), 이전에 그랬다는 건지("군자가 살았으니"), 아니면 가정인지("군자가 산다면") 여러 해석이 가능하다. 군자가 지금 산다면 구이를 높인 것이고, 이전에 그랬다면 누군가가 있었을 것이고, 가정이라면 장차 구이로 갈 공자 자신을 가리킬 수 있다. 다산은 두 번째 입장이다. 나아가 다산은 이 '군자'가 기자라고 했다. 조선시대 대부분의 유학자처럼 다산도 기자를 역사적 인물로 보았던 것이다. 그래서 그는 '군자'가 공자를 가리킨다는 견해를 원나라 유학자 하이손을 인용하면서 비판했다.

그런데 흥미롭게도 『논어고금주』는 하이손을 인용하면서 "이상적(1804~1865)의 『은송당집』에도 이 설이 있다"라고 적었다. 이상적은 다산보다 한참 아래의 인물로 『논어고금주』가 완성된 1813년에 겨우 9세였다. 『논어고금주』는 다산이 유배에서 풀려난 이후에도 수정된 흔적이 있으므로 다산이 죽은 1836년 이전 저작은 나중에라도 인용될 수 있다. 그렇지만 고전번역원에 따르면 이상적의 『은송당집』이 나온 것은 1848년이다. 다산이 볼 수 없었던 책이 다산의 『논어고금주』에 언급되고 있는 것이다. 사실 다산, 아니 『논어고금주』가 인용한 하이손의 『십일경문대』의 글도 『은송당집』에 그대로 나온다(『은송당집』, 249b). 높은 확률로 『논어고금주』가 하이손의 글을 『은송당집』에서 재인용했을 것이다. 물론 다산이 하지는 않았다. 이것은 『논어고금주』에 후인의 손때가 묻었다는 증거의 하나다. 누가 어느 정도까지 수정이나 보충을 했는지는 모르지만 『논어고금주』가 모두 다산이 쓴 것이라고 할 수는 없다.

9.15

선생님께서 말씀하셨다. "내가 위나라에서 노나라로 돌아온 후에 음악이 바르게 되었으니 '아'와 '송'이 각각 그 자리를 얻었다."

子曰; 吾自衛反魯, 然後樂正, 雅頌各得其所.

공자는 노 애공 11년 기원전 484년 위나라에 있었다. 이때 위의 대부 공어가 공자에게 군사와 관련된 일을 묻자 공자가 떠날 뜻을 가졌다. 마침 노나라에서 폐백을 보내 예로 권하자 공자는 노나라로 되돌아왔다. 노 정공 13년 기원전 497년에 노나라를 떠난 지 13년 만이었다. 보통은 『사기』 「공자세가」에 의거하여 공자가 노 정공 14년인 기원전 496년에 노나라를 떠났다고 보는데, 다산은 497년이라고 본다. 적어도 이 문제에서는 「공자세가」가 아니라 『춘추좌씨전』 같은 다른 기록을 더 신뢰했기 때문이다. 노나라로 돌아와서 공자가 제일 먼저 한 일의 하나가 『시』를 산정하는 일이었다. 다산은 이 일을 "음악이 바르게 되었다"라는 위의 말과 연결했다. 곧 다산이 보기에 공자는 『시』를 산정한 일을 회상하면서 "음악이 바르게 되었다"라고 했다. 『시』에 수록된 시는 모두 노래의 가사, 음악의 말이었기 때문이다.

공자로 인해 "'아'와 '송'이 각각 그 자리를 얻었다"라고 한다면 공자는 그것을 어떻게 정리했다는 것인가? 이 질문은 왕응린이 대답했다. 그는 공자와 거의 동시대 사람으로 노나라를 방문하여 『시』의 노래를 품평한 오나라의 공자 계찰과 그보다 앞서 '송'의 노래를 품평한 초 장왕의 견해를 종합하여 검토하고, 그것을 현행본 『시』의 구성과 비교하면서 이 질문에 대답했다. 곧 정리 이전 '아'는 문왕의 덕을 노래한 '대아'와 주나라의 쇠퇴를 노래한 '소아'로 나누어졌고, '송'은 기본적으로 은나라를 정벌한 무왕의 공덕을 노래하되 곡을 지은 순서로 정리되었다. 현재 『시』에 있는 '아'와 '송'의 노래도 각각 정사의 변화를 논하고 선왕의 공덕을 노래한다. 하지만 노래를 정리한 방법은 달라서 '아'는 규모에 따라 '대아'와 '소아'로 나뉘고, '송'은 성격에 따라 노래를 선후로 배치한다. 왕응린은 이것이 바로 공자가 『시』를 산정한 결과이며, 또 "'아'와 '송'이 각각 그 자리를 얻었다"라는 말의 구체적 의미라고 주장했다 (『곤학기문』, 7:18a). 다산은 왕응린에 적극적으로 동의했다.

9.16

선생님께서 말씀하셨다. "나가서는 공경을 섬기고, 들어와서는 부형을 섬기며, 상사에는 감히 힘쓰지 않음이 없고, 술 때문에 곤란을 받지 않는 것, 어찌 이것들이 나에게 있을까 하는가?"

子曰; 出則事公卿, 入則事父兄, 喪事不敢不勉, 不爲酒困, 何有於我哉?

'하유어아재何有於我哉'라는 애매한 표현은 앞에서도 나왔다(7.2). 고주와 금주, 다산이 저마다 다른 방식으로 이 표현을 읽었는데, 여기에서도 마찬가지다. 고주는 "누구에게 있는가? 나에게 있다"라고 읽었다. 금주는 "무엇이 나에게 있는가?"라고 읽었다. 다산은 고주가 공자를 지나치게 오만하게 만들고, 금주는 지나치게 겸손하게 만든다고 보았다. 고주에 따르면 공자는 자신만이 장이 묘사하는 삶의 태도를 가졌다고 선언하고, 금주에 따르면 공자는 심지어 "술 때문에 곤란을 받지 않는 것"조차 쉽게 해내지 못한다며 겸양한다. 그래서 다산은 위에 옮긴 것처럼 읽었다. 이런 삶의 태도를 이미 체득했으므로 그것이 공자에게 있는지를 질문한다면 쓸데없는 일이라는 의미다. '곤困'은 어떤 것에 구박되어 곤란을 받는 것을 의미하며, 따라서 '주곤酒困'은 술을 주체하지 못해 문제를 일으키는 것이다.

이 장에 '공경公卿'이라는 말이 나오는데, 사회의 계서적 질서를 유지하는 데 열심인 오규는 이 용어를 자세히 검토했다. 주나라 제도에서 '공'은 천자에게 직접 종사하는 삼공(태사, 태부, 태보) 같은 최고 관료를 의미할 수도 있고, 천자로부터 봉토를 받아 지역을 다스리는 제후를 가리킬 수도 있다. 만약 전자라면 '공'과 '경'을 붙여 사용하는 것이 문제가 안 된다. '공'도 '경'과 마찬가지로 천자의 신하이기 때문이다. 하지만 후자라면 '공'과 '경'을 병렬할 수 없다. '공'은 군주이고, '경'은 신하이기 때문이다. 그러므로 이 장의 '공경'은 천자의 공경임을 알 수 있다. 그렇다면 이 장에서 공자는 노나라 신하가 아니라 주나라 백성의 입장에서 발언한 셈이다.

그렇지만 공자는 노나라 사람이고, 주나라 공경을 직접 섬길 일이 없었다. 그래서 오규의 제자 다자이는 제후국에서도 '공경'이라는 말을 사용했다고 지적한다. 그에 따르면 여기의 '공'은 신하로서의 '공'을 가리키되 천자의 삼공이 아니라 제후를 보좌하는 소사, 소부, 소보를 가리킨다. 이렇게 봐야 명분에 어긋남이 없이 공자가 '공경'을 말할 수 있기 때문이었다. 명분에 훨씬 더 민감한 일본의 풍토를 보여주는 이 논의가 흥미롭다고 생각했던지 다산은 자세히 소개했다.

9.17

선생님께서 냇가에 서서 말씀하셨다. "가는 것이 이와 같구나. 밤낮을 쉬지 않는다."

子在川上曰; 逝者如斯夫. 不舍晝夜.

이 장에서 공자는 흘러가는 냇물을 보고 영탄한다. 본문의 '사斯'는 흐르는 물을 가리킨다. 또한 '사舍'는 '쉬다'라는 뜻이다. 이 글자가 집을 의미할 때가 있는데, 그것 역시 '쉬다'라는 의미에서 발전한 것이다.

이 말을 통해 공자의 어떤 생각을 읽을 수 있으며, 구체적으로 공자는 어떤 "가는 것(逝者)"을 냇물에 비유했을까? 이 문제를 두고 고금주와 다산의 의견이 갈린다. 고주에서 포함은 "가는 것"이 지나가는 것, 곧 한 번 가서 돌아오지 않는 것을 의미한다고 했다. 또 포함을 부연하면서 형병은 "가는 것"이 이미 지나가버린 일을 의미한다고 했다. 공자의 삶을 통해 돌이킬 수 없는 많은 일이 일어났고, 공자는 그것들이 모두 다 지나가버렸음을 느끼고 탄식을 머금었다는 것이다. 반면 금주는 "가는 것"이 천지의 변화를 가리킨다고 했다. 냇물이 쉬지 않고 흘러가듯이 자연은 쉬지 않고 움직인다. 그렇기 때문에 자연으로부터 배우려는 군자는 스스로 노력하여 쉬지 않아야 한다. 이런 설명은 고주와 뚜렷이 구별된다. 고주에서는 공자가 탄식하고, 금주에서는 격려한다.

다산은 "가는 것"이 인생이라고 했다. 노골적으로 비판하지는 않았지만 그는 금주가 옳지 않다고 보았다. 천지의 변화는 가기만 하지 않고 되돌아오기도 하기 때문이다. 한마디로 봄은 가지만 또 오기도 한다. 그러므로 경문을 엄격하게 읽는 다산에게 금주의 설명은 정확하지 않았다. 그런데 놀랍게도 '원의총괄'은 "가는 것"이 인생이라는 다산의 주관적 판단을 '원의'로 기록했다. "'서자逝者'는 인생을 가리킨다." 완전히 새로운 해석이라고 하기도 어렵고 해석의 근거에 대한 별다른 연구도 없는 견해를 '원의총괄'에 실은 것이다. '원의총괄'에 실려야 하고 실리기 충분한 많이 견해가 실리지 못했다는 점을 다시 생각나게 하는 대목이다.

금주를 비판했으면서도 다산은 이 장에서 금주와 유사한 교훈을 읽는다.

"가는 것"이 인생이라고 했다고 해서 마치 그가 공자를 통해 인생의 허무와 무상을 느낀 것처럼 생각하면 곤란하다. 오히려 인생은 한 번 가면 되돌아오지 않기 때문에 주어진 시간이 가기 전에 할 일을 해야 한다.

군자가 덕에 나아가고 공업을 닦을 때는 때에 미치도록 해야 함에도 배우는 자가 항상 이 기미를 잊고 있으므로 우리 선생님께서 이를 경계한 것이다.

금주가 천지 변화의 부지런함에서 교훈을 얻으라고 했다면 다산은 인생이 흘러간다는 사실에서 교훈을 얻으라고 했다. 그러므로 다산을 따라 읽을 때는 이 장에 느낌표가 없다. 이 장은 탄식이 아니라 교훈이다. 사실 이것이 유학자의 자세다. 유교는 회한에 젖기 전에 무엇을 해야 하는지를 부지런히 살피는 정신이다. 금주가 이 장을 고주와 다르게 해석한 것도 이 때문이다. 고주에서는 이 장에 회한의 느낌표가 있다.

9.18

선생님께서 말씀하셨다. "나는 덕을 좋아하기를 색을 좋아하는 것만큼 하는 사람을 보지 못했다."

子曰; 吾未見好德如好色者也.

『사기』에 따르면 공자가 위나라에 있을 때 위 영공이 부인 남자와 함께 수레에 타고 공자가 뒤를 따르도록 한 다음에 요란하게 저자 거리를 지났는데, 그때 공자가 이 말을 했다고 한다(『사기』, 47:15a). 위 영공의 행동이 깔끔하지 않다고 본 공자는 이 때문에 위나라를 떠났다. 이 장을 읽은 다산의 한 줄 논평이 흥미롭다. "덕을 좋아하는 것은 도심이고, 색을 좋아하는 것은 인심 인데, 인심은 오히려 절절하고, 도심은 오히려 냉담하다." 색을 좋아하는 마음이 더 절절하므로 색보다 덕을 좋아하는 사람이 드문 것은 당연한데, 그 당연을 "오히려"라고 말한 데서 세상에 대한 다산의 아쉬움이 느껴진다.

9.19

선생님께서 말씀하셨다. "비유하건대 산을 만들 때 흙 삼태기 하나를 더하지 못해 그치더라도 내가 그친 것이며, 비유하건대 땅을 고를 때 흙 삼태기 하나를 엎어서 나아가더라도 내가 나아간 것이다."

子曰; 譬如爲山, 未成一簣止, 吾止也. 譬如平地, 雖覆一簣進, 吾往也.

"산을 만든다"라는 것은 흙을 부어 인공적으로 산을 만드는 것을 가리킨다. 완성까지 흙 삼태기 하나가 모자라도 결국은 자신의 책임이므로 최후까지 덕에 나아가는 일을 게을리 하지 말아야 한다. 이렇게 인공적으로 산을 만드는 일은 흔치 않았다. 그래서 다산은 그런 일이 실제로 있었다는 것을 북경의 북해 공원을 묘사한 『철경록』과 『양서』「완효서전」을 인용하여 보여 준다. 『논어고금주』에는 『남사』「완효서전」이라고 되어 있지만 『양서』가 맞다 (『양서』, 51:11b). 다산이 참고했을 『패문운부』에 『남사』로 되어 있다(『어정 패문운부』, 15B:29b). 『패문운부』나 『강희자전』처럼 황제의 칙명으로 편찬된 책에도 잘못된 인용이 적지 않은 것을 보면 오늘날처럼 기술의 도움을 받지 않고 고전을 연구하는 것은 실로 어려운 일이었음을 알 수 있다.

본문의 '오_圬'는 다산에게 산을 만들거나 땅을 고르는 사람이다. 반면 고주
에서 '오'는 그런 사람을 지켜보는 관찰자, 가령 제자의 수업을 관찰하는 스
승 같은 사람이다. 제자가 산을 만들거나 땅을 고르다 그치면 스승도 도와주
지 않고 그친다. 곧 "나도(吾) 그친다." 반대로 제자가 열심히 나아가면 "나도
나아간다(往)." 다른 부분은 모두가 대체로 위에서처럼 읽는다.

9.20

선생님께서 말씀하셨다. "말을 할 때 태만함을 보이지 않은 사람은
회로구나!"

子曰; 語之而不惰者, 其回也與!

이 장은 공자가 무슨 말을 할 때 안회가 태만함을 보이지 않았다고 하는
데 어떻게 하는 것이 태만함을 보이지 않는 것인지는 다른 해석의 여지가 있
다. 다산은 단순히 안회가 경청했다는 뜻으로 이해한다. 형병의 견해와 같다.
반면 금주는 공자가 말을 하면 안회는 그 가르침을 실천하는 데 게을리 하지
않았다고 이해했다. 고주의 하안도 마찬가지다. 듣는 태도가 아니라 가르침
의 실천 때문에 공자가 안회를 칭찬했다는 것이다. 그렇다면 '어지_{語之}'를 "말
을 하면"이라고 옮겨야 한다. 다산은 하안(금주)의 견해는 잘못이라고 했으
므로 다산을 통해 『논어』를 읽을 때는 '어지'를 금주처럼 풀어서는 안 된다.
　고주와 금주는 모두 오직 안회만 이 장에서 묘사된 대로 했으며, 다른 제
자는 그렇게 하지 못했다고 주장했다. 그렇지만 이 장을 다산처럼 읽으면 그
렇게 볼 수 없다. 선생님이 말을 하는데 다른 제자라고 태만했을 리 없다. 공

자도 안회를 칭찬했을 뿐이지 다른 제자와 비교하지 않았다. 그럼에도 불구하고 안회만 나오면 그를 다른 제자와 비교하는 것은 고주와 금주, 특히 금주의 고질이다. 다산은 다르다. 공문의 제자를 차별 없이 존중하려는 게 그의 입장이다.

9.21

선생님께서 안회를 두고 말씀하셨다. "아깝구나! 나는 그가 나아가는 것은 보았으되 멈추는 것은 보지 못했다."

子謂顔淵曰; 惜乎! 吾見其進也, 未見其止也.

공자는 앞에서 공부를 산을 만들고 땅을 고르는 일에 비유하면서 "나아가고(進)" "멈추는(止)" 것을 이야기했다(9.19). 그가 원한 대로 언제나 나아가기만 하고 멈추지 않은 사람이 안회인데, 애석하게도 요절했다. 보통은 그래서 공자가 "아깝구나!"라고 했다고 본다. 하지만 다산에 따르면 공자가 정말로 아깝게 생각한 이유는 그가 죽지 않고 계속 나아갔다면 어느 경계까지 나아갔을지 헤아릴 수 없기 때문이었다. 물론 그 안타까움도 안회의 요절과 떼어 생각할 수 없겠다.

9.22

선생님께서 말씀하셨다. "싹이 나고서 꽃이 피지 않는 경우도 있고,

꽃을 피우고도 열매를 맺지 않는 경우도 있다."

子曰; 苗而不秀者有矣夫, 秀而不實者有矣夫.

이 장은 모두가 대체로 이처럼 읽는다. 단지 형병은 이 장 역시 안회를 두고 한 말이라고 했는데, 이 때문에 고주와 금주 사이에 이견이 있었다. 만약 공자가 요절한 안회를 두고 이 말을 했다면 안회는 꽃을 피우지 못했거나 열매를 맺지 못한 사람이다. 곧 그는 덕을 완성하지 못한 채 죽었다. 이러한 함의 때문에 금주에서 진력은 형병을 겨냥하여 "혹자는 이 장에서 공자가 안자를 애석해 했다고 하는데, 잘못이다"라고 했다. 성리학자에게 안회는 이미 열매를 맺은 사람이므로 금주에서 이 장은 배우려는 보통 사람에게 해당된다.

다산도 이 논쟁에 끼어들었고, 고금주를 모두 비판했다. 그에 따르면 이 장을 안회든 누구든 한 사람의 공부에 빗대 해석하면 안 된다. 공자는 이 장에서 요절하고 장수하는 일과 관련된 사람의 운명, 다산의 용어를 빌리면 '천지가 사물을 낳는 이치(天地生物之理)'를 말했기 때문이다.

하늘이 이미 한 사람을 낳았으면서도 충분한 시간을 주지 않아 그 능력을 확충시키지 못하도록 했으니 이것이 소위 "하늘은 믿기 어렵다(『상서주소』, 7:37b)"라는 말의 의미다.

한 사람이 태어나 성숙할 때까지 많은 시간이 필요함에도 불구하고 하늘은 종종 싹만 틔우게 하거나 꽃만 피우게 한다. 다산에 따르면 이것이 '천지가 사물을 낳는 이치'다. 사람의 운명이 그렇다. 그러므로 이 장은 안회에게도 적용된다. 그도 충분히 살지 못했기 때문이다. 하지만 고주처럼 안회가 덕을 완성시키지 못하고 죽었다는 뜻을 끌어낼 필요는 없다. 그것이 초점이 아니기 때문이다. 다산은 이 장을 한 사람의 공부와 연결시키면 사람이 태어나고 죽는 이치의 묘미를 충분히 맛볼 수 없다고 지적했다.

'천지가 사물을 낳는 이치'는 성리학의 개념이다. 하지만 다산은 그것을 성리학과는 다르게 사용한다. 성리학에서 '천지가 사물을 낳는 이치'는 만물이 존재하는 이유이고, 만물이 따라야 할 도덕적 준칙이며, 또 만물을 낳는 근거다. 하지만 다산의 '천지가 사물을 낳는 이치'는 단지 만물이 존재하는 이유일 뿐이다. 요절하든 장수하든 한 사람이 그렇게 존재하는 이유가 다산의 '천지가 사물을 낳는 이치'다. 다시 말하면 천지가 한 사람을 그렇게 낳았으므로 그 사람은 요절하거나 장수한다. 이런 '천지가 사물을 낳는 이치'는 도덕적 준칙도 아니고 만물을 낳는 근거도 아니다. 어떤 사람은 요절하도록 태어난다는 생각에서는 어떤 도덕적 준칙도 발견할 수 없다. 그 '이치(理)'는 만물을 낳는 근거도 아니다. 만물을 낳는 것은 '이치'가 아니라 천지이기 때문이다. 여기에서 '이치'는 천지가 만물을 낳는 굉장한 일에 깃든 오묘한 규칙성을 가리킨다.

물론 다산의 '이치'도 도덕적 당위일 수 있다. 하지만 그런 경우에는 언제나 구체적 인간관계가 전제된다. 예를 들어 부모 자식 간에 혹은 군주와 신하 사이에는 윤리적 당위로서 '이치'가 있다. 하지만 그런 '이치'를 말하기 위해서는 먼저 부자관계와 군신관계가 있어야 한다. 요컨대 다산은 구체를 초월하는 보편적 당위를 말하기 위해 '이치'라는 개념을 사용하지 않는다. 다산이 '일리一理' 같은 성리학의 주요 개념을 받아들이지 않는 것도 이 때문이다. 만물을 낳는 발생론적 근거로서의 '이치'는 더 말할 것도 없다. '이치' 같은 개념이 만물을 낳을 수는 없다. 위의 인용문에서도 볼 수 있듯이 다산학에서 만물을 낳는 것은 오직 하늘이다.

9.23

선생님께서 말씀하셨다. "뒤에 태어난 사람은 두려워할 만하다. 어찌 나중에 올 것이 지금보다 못하다고 알겠는가? 마흔이나 쉰이 되어서도 이름이 들리지 않으면 이것은 또한 두려워할 만하지 않다."

子曰; 後生可畏, 焉知來者之不如今也? 四十五十而無聞焉, 斯亦不足畏也已.

'후생後生'은 선생의 반대말이다. 친구로 삼을 범위를 벗어나 나보다 먼저 태어난 사람이 선생이고, 나보다 뒤에 태어난 사람이 후생이다. 후생의 자산은 이른바 연부역강의 무한한 가능성이다. 어떻게 발전할지 아무도 모르므로 두려워할 만하다. 고금주는 "지금(今)"이 공자의 현재를 가리킨다고 보았다. 그렇다면 "나중에 올 것(來者)"은 후생의 미래를 가리킨다. 하지만 다산은 잘못이라고 보았다. 이렇게 되면 은연중 공자와 후생을 비교하기 때문이다. 유교 전통에서는 부모나 스승을 다른 사람과 비교하지 않으므로 공자가 그렇게 이야기했을 리 없다는 게 다산의 판단이었다.

> 우리 선생님과 뒤에 태어난 나이 적은 사람의 덕을 헤아리고 힘을 계량하여 장단을 서로 겨루게 되니 이런 이치가 있는가?

그래서 다산에게 "지금"은 "공자와 제자가 서로 만나고 있는 지금", 제자들의 현재를 의미한다. 그렇다면 "나중에 올 것"은 그들의 미래다. 곧 공자는 "항상 당시를 가장 성한 때라고 생각하는" 제자들을 향해 지금보다 나중이 더 훌륭할 수 있다는 점을 상기시키면서 분발을 촉구한다. 이것이 다산의 다른 해석이므로 다산을 통해 『논어』를 읽을 때는 이 점을 반영해야 한다.

이 장에서 금주는 "마흔이나 쉰이 되어서도 이름이 들리지 않는" 상황을

"늙어서도 이름이 들리지 않으면"이라고 풀이했다. 옛날에는 마흔이나 쉰이 충분히 늙은 나이였다. 그러므로 지금은 이 장의 "마흔이나 쉰"을 융통성 있게 봐야 한다. 『대대례기』에서 증자도 이 장과 비슷한 말을 했는데, 마흔이나 쉰이 되어도 명성을 얻지 못한 사람을 구제할 촌평이 하나 더 붙어 있다. "일흔이 되어도 무너지지 않는다면 비록 나중에 잘못이 있더라도 가히 면할 수 있다"(『대대례기』, 4:10a~b).

9.24

선생님께서 말씀하셨다. "법에 맞게 이야기하는 말을 따르지 않을 수 있겠느냐만 고치는 것이 귀하다. 유순하게 도우려는 말을 기뻐하지 않을 수 있겠느냐만 그 뜻을 이어가는 것이 귀하다. 기뻐하면서도 그 뜻을 이어가지 않고, 따르면서도 고치지 않으면 나는 어떻게 할지 모르겠다."

子曰; 法語之言, 能無從乎, 改之爲貴. 巽與之言, 能無說乎, 繹之爲貴. 說而不繹, 從而不改, 吾末如之何也已矣.

'법어지언法語之言'과 '손여지언巽與之言'은 애매한 말이다. 고금주와 다산은 약간씩 다르게 해석했다. 고주에서 '법어지언'은 올바른 도를 통해서 하는 말이고, '손여지언'은 공손하고 근실하게 하는 말이다. 금주에서 '법어지언'은 바르게 하는 말이고, '손여지언'은 기쁘게 이끄는 말이다. 다산은 위에 옮긴 대로 읽었다. 다산은 특히 '손여巽與'를 '유순하게(巽)' '도우려는(與)' 것으로 해석해야 한다고 하면서 고주를 비판했다. 하지만 맥락으로는 고금주와 다산 사이에 큰 차이가 없다. 한마디로 '법어지언'은 누가 봐도 정당해서 거부할 수 없는 말이며, '손여지언'은 남을 배려하는 듣기 좋은 말이다. 남에게 법에 맞는 말을 할 때는 그에게 문제가 있기 때문인데, 말을 할 때는 들을 것처럼 하다가 정작 문제를 고치지 않는다면 그에게는 똑같은 말을 할 필요가 없다. 남을 배려하면서 도움이 되는 조언을 했는데도 조언한 사람의 의도를 헤아려 개선을 하지 않는다면 그런 사람에게도 똑같은 조언을 할 필요가 없다. 본문의 "어떻게 할지 모르겠다"라는 말은 이런 사람을 도울 방법이 없다는 것이다.

본문의 '역繹'을 위에 옮긴 것처럼 '(그 뜻을) 이어가다'라는 의미로 이해하는 것은 다산의 독창적 해석이고, 고주와 금주는 모두 이 글자를 '살피다' 혹은 '고찰하다'라는 뜻으로 풀었다. 이럴 경우는 조언하는 사람의 뜻을 살핀다는 의미이므로 다산처럼 읽을 경우와는 약간 다르다. 하지만 역시 맥락에서는 큰 차이가 없다.

9.25

선생님께서 말씀하셨다. "충실함과 믿음직함을 위주로 하고, 자기보다 못한 사람을 벗하지 않으며, 허물이 있으면 고치기를 꺼려하지 않는다."

子曰; 主忠信, 毋友不如己者, 過則勿憚改.

이 장은 「학이」에도 그대로 나온다(1.8). 고주는 기록한 사람이 다르므로 두 번 나왔다고 했는데, 다산도 받아들였다. 그런데 「학이」에는 이 말 앞에

"군자는 무겁지 않으면 위엄이 없으니 배워도 견고하지 않다"라는 말이 더 붙어 있다. 그래서 모기령은 「학이」의 글도 두 장으로 나누어야 한다고 했고(『논어계구편』, 1:10b~11a), 다산도 동의했다.

"충실함과 믿음직함을 위주로 한다"라는 것은 충실함과 믿음직함을 인생의 지침으로 삼는다는 의미다. 고주는 해당 구절을 "충실하고 믿음직한 사람을 위주로 하고"라는 식으로 읽었는데, 다산은 잘못이라고 보았다.

9.26

선생님께서 말씀하셨다. "삼군에게서 장수를 빼앗을 수 있지만 필부에게서 뜻을 빼앗을 수는 없다."

子曰; 三軍可奪帥也, 匹夫不可奪志也.

'삼군三軍'은 대국의 군대다. 1군이 1만2500명이므로 삼군이면 큰 규모의 군대다. 하지만 아무리 세력이 강하더라도 군사가 단합하지 않으면 그들로부터 장수를 빼앗을 수 있다. 단합 여부는 군사들에게 달려 있으므로 내가 어떻게 할 수 없다. 내가 그런 일이 일어나지 않으리라는 보장을 못한다. 반면 나의 뜻은 나에게 달려 있다. 맹자는 대장부를 설명하면서 "부귀도 음탕하도록 만들지 못하고, 빈천도 움직이도록 만들지 못하며, 위무도 굴하도록 만들지 못한다"(『맹자집주』, 3B:2)라고 했다. 대장부가 그럴 수 있는 이유는 그의 뜻이 그에게 달려 있기 때문이다.

다산에 따르면 본문의 '필부匹夫'는 한 사람의 장부라는 뜻이다. 보통은 필부를 서민으로 이해하지만 다산이 보기에는 잘못이다. 필마단기라는 말에서도 알 수 있듯이 '필匹'은 원래 '하나'라는 뜻이다. 과거 서민 남자는 처 하나만을 가졌으므로 그들을 필부라고도 했지만 원래의 뜻은 아니다. 그러므로 필부와 대장부 사이의 거리는 그렇게 멀지 않다. 뜻을 빼앗기지 않는 필부가 대장부다.

9.27

선생님께서 말씀하셨다. "베를 넣은 낡은 겉옷을 입고 여우나 담비 가죽옷을 입은 사람과 같이 서 있으면서도 부끄러워하지 않을 사람은 유일할 것이다! '질투하지도 않고 구하지도 않으니 어찌 착하지 않은 일을 하겠는가?'" 자로가 항상 이 시를 읊고 다니니 선생님께서 말씀하셨다. "이 도를 어찌 충분히 선하다고 하겠는가?"

子曰; 衣敝縕袍, 與衣狐貉者立, 而不恥者, 其由也與! 不忮不求, 何用不臧? 子路終身誦之. 子曰; 是道也, 何足以臧?

이 장은 자로의 아름다움을 기록한 『논어』의 몇 개 장 중의 하나다. 가진 것이 없더라도 부끄러워하지 않았다는 점에서 그는 가난을 개의치 않은 안회와 같다. 하지만 안회는 가난 속에서도 도를 추구하는 즐거움을 느꼈다. 공자는 이 장에서 자로에게 그런 점이 부족하다고 아쉬워한다. 자로는 '안빈安貧'은 했으나 '낙도樂道'는 하지 못한 것이다. 다산에 따르면 아쉽다는 것이지 자로를 비난한 것은 아니었다.

이 장에서 논란이 있는 글자는 '온포縕袍'의 '온縕'이다. '포袍'는 몸을 따뜻하게 하기 위해 안에 무엇을 집어넣은 겉옷인데, '온'은 '포' 안에 어떤 재료를 집어넣는 것을 뜻한다. 공안국은 삼베를 '포' 속에 집어넣는다고 했다. 다산은 일단 이 견해를 받아들였다. 그런데 다산은 또 '온'이 짐승의 털을 집어넣는 것을 의미할 수 있다고도 했다. '포'를 입는 것은 보온이 목적인데, 삼베로는 그 목적이 충분히 달성되지 않기 때문이다. 그래서 다산은 짐승의 털이 밖으로 드러나는 털옷과 달리 털을 그슬려 '포' 안에 집어넣는 것이 '온'일 수 있다고 보았다. 하지만 그는 최종적 입장은 "증거가 없으므로 잠시 공안국의 설을 따른다"라는 것이었다.

공안국 외에도 몇몇이 '온'을 저마다 해석했다. 정현은 새 솜과 오래된 솜을 섞어서 집어넣는 것을 의미한다고 했고(『예기주소』, 29:30b), 진호(1260~1341)는 순전히 오래된 솜만 집어넣는 것이 '온'이라고 했으며(『진씨예기집설』, 6:9b), 호병문(1250~1333)은 새 솜을 집어넣는 것이 '온'이라고 했다(『논어집주대전』, 9:33a).

'온'을 어떻게 보든 '온포'는 여우(狐)나 담비 가죽옷(貉)과 대비되는 소박한 겉옷이다. 그것이 또 낡았으므로(敝) 자로는 남루한 행색을 했다. 그럼에도 불구하고 이런 말의 의미를 정확히 하려는 것이 한대의 고거학이고, 청대의 고증학이며, 일본의 고문사학이다. 성리학의 금주는 핵심에 관련되지 않은 이런 문제에 큰 관심이 없기 때문에 이 장에서도 별다른 논의 없이 단순히 공안국을 따랐다. 다산은 여러 설을 소개했고, 또 증거는 없지만 개연성이 있는 견해도 진술했다.

하지만 다산에게 공부의 근본 목적은 역시 도덕적 수양을 통해 성인군자의 길로 나아가는 것이다. 그래서 그는 말의 정의에 무한정 힘을 쓰지는 않는다. 그는 말에 대한 더 이상의 고찰이 불필요하다고 느낄 때 곧잘 '이치'를 끌어들인다. 그가 생각하기에 이치에 맞지 않는 설은 계속 연구할 필요가 없다. 가령 그는 정현과 진호의 설을 배척하면서 "새 솜과 낡은 솜의 차이를 가지고 옷의 이름을 달리했다니 이런 이치(理)가 있는가?"라고 말한다. 그가 이렇게 말하면 그것이 그의 결론이다. 이치에 대한 이러한 강한 믿음은 물론 성리학에서 왔다. '온'이라는 한 글자의 논의를 통해서도 한당의 박학과 송명의 이학을 종합, 지양하려는 다산학의 방향을 엿보게 된다.

이 장에 인용된 시는 『시』「패풍」의 '자웅'이다. 『모시주소』에서 모형은 여기의 '기忮'가 '남에게 해를 끼치다'라는 의미의 '해害'와 같다고 했다. 하지만 다산은 '시기하다' 혹은 '질투하다'라는 의미로 풀었다. 다산에 따르면 남이 무엇인가 가지고 있을 때 '기'라는 감정을 갖고, 나에게 무엇인가 없을 때 '구求'라는 욕망을 갖는다. 곧 보통사람들과 달리 자로는 가진 것이 없더라도 남을 질투하지 않았고, 자기에게 없는 부를 구하지도 않았다. 또 본문의 '장臧'은 '선善'과 같다. 『모시주소』의 모형 주나 고주를 참고할 때 '하용불장何用不臧'은 "어찌 불선함(不臧)을 쓰겠는가(用)?"라는 뜻이다. 위에서는 "어찌 착하지 않은 일을 하겠는가?"라고 옮겼다.

9.28

선생님께서 말씀하셨다. "날이 추워진 후에야 소나무와 측백나무가 늦게 시듦을 안다."

子曰; 歲寒然後, 知松柏之後彫也.

이 장은 군자와 소인의 차이를 이야기한다. 날이 더울 때는 모든 나무가 푸르지만 날이 추워지면 소나무와 측백나무만 우뚝 푸르다. 좋은 세상에서는 모두 다 좋은 사람이지만 험한 세상이 되면 군자와 소인의 차이가 드러난다.

고주는 '세한歲寒'이 겨울이 아니라 여러 해 중에 유독 추운 해를 가리킨다고 했다. 평범한 겨울에는 모든 나무가 추위를 견디지만 유독 추운 겨울에는 오직 소나무와 측백나무만 추위를 견디기 때문이다. 하지만 다산은 이 설 역시 "이치에 합당하지 않다"라고 비판한다. 가을에 잎을 떨어뜨리고 겨울 날 준비를 하는 다른 나무와 달리 소나무와 측백나무는 겨울에도 잎에 있기 때문에 추운 해에는 다른 나무보다도 더 큰 동해를 입는다는 것이 그가 생각한 이치였다. 다산의 말이 사실이라면 '세한'을 유독 추운 해로 본 고주가 이치에 맞지 않기는 하다.

이와 관련하여 "늦게 시든다"라는 것도 음미해볼 구절이다. 소나무나 측백나무가 아예 시들지 않는 것은 아니다. 단지 늦게 시들 뿐이다. 명대의 유학자 사조제(1567~1624)는 "늦게 시든다"라는 말을 두고 글자 하나를 쓰는 데도 성인에게는 구차함이 없었다고 했다(『오잡조』, 『논어고훈외전』에서 재인용). 다산도 이 때문에 『논어』가 『예기』보다 낫다고 했다. 『예기』「예기」는 "소나무와 측백나무는 사계절 동안 가지를 바꾸지도 않고 잎을 갈지도 않는다"(『예기주소』, 23:1b)라고 하여 사실과 다른 진술을 했기 때문이다. 본문의 '백栢'이 잣나무를 가리키는지 측백나무를 가리키는지는 논란이 있는데 여기에서는 후자를 택한다.

9.29

선생님께서 말씀하셨다. "아는 사람은 미혹되지 않고, 인한 사람은 근심하지 않으며, 용감한 사람은 두려워하지 않는다."

子曰: 知者不惑, 仁者不憂, 勇者不懼.

다산에 따르면 아는 자는 "밝음으로써 이치를 밝히므로" 미혹되지 않는다. 인한 사람은 "항상 마음으로 하늘을 즐거워하기 때문에" 근심하지 않는다. 용감한 사람은 "그 기운이 능히 의와 짝하므로" 두려워하지 않는다. 순서대로 각각 주희와 정이 그리고 다시 주희의 설명으로 다산이 모두 금주에서 인용했다. 독법이나 해석에서 이견이 없는 장이다.

9.30

선생님께서 말씀하셨다. "함께 같이 배울 수는 있더라도 함께 도에 나아갈 수는 없고, 함께 도에 나아갈 수는 있더라도 함께 설 수는 없으며, 함께 설 수는 있더라도 함께 잘 저울질할 수는 없다."

子曰; 可與共學, 未可與適道. 可與適道, 未可與立. 可與立, 未可與權.

이 장은 궁극적으로 상황과 때에 맞게 사태를 잘 저울질해서 중용을 유지하는 것, 곧 '권權'의 중요성을 말한다. '권'은 접시저울대의 저울추를 의미하는데, 그 의미가 확대되어 저울대가 평형을 이루도록 저울추를 적절한 위치에 옮겨놓는 행위를 가리키게 되었다. 보통 이 글자를 '권도를 행하다'라는 의미로 풀지만 '권도를 행한다'라는 것은 목적 달성을 위해 임기응변으로 일을 처리하는 것이므로 다산이 생각하는 '권'의 의미와 정확히 조응하지 않는다.

종래 '권'은 항상 '경經'과 대비되는 개념으로 이해되었다. '경'은 날줄을 가리키는 것으로 피륙을 짤 때 날줄은 움직이지 않기 때문에 그 의미가 확대되어 움직이지 않는 어떤 고정적 가치를 가지는 것을 '경'이라고 하게 되었다.

불멸의 가치를 지닌 고전을 경전이라고 하는 것도 그 때문이다. '경'과 달리 '권'은 물건의 무게에 따라 저울추를 움직이는 것이므로 두 개념은 항상 비교되었다. 가령 미리 규정된 불변의 행동 강령은 '경'이고, 규정되지는 않았지만 상황에 따라 선택하는 좋은 행위는 '권'이다.

이 권경론은 『맹자』에 나오는 제나라 사람 순우곤의 질문, 곧 만약 형수가 물에 빠졌을 때 유학자는 형수의 손을 잡아 그녀를 물에서 건질 것인가 하는 짓궂은 질문으로부터 시작되었다. 당시의 유교는 상대방 성의 손을 직접 잡지 말라고 가르쳤다. 이에 대해 맹자는 상대방 성의 손을 직접 잡지 않는 것은 '예'이고, 물에 빠진 형수의 손을 잡아 구하는 것은 '권'이라고 대답했다 (『맹자집주』, 4A:17). '예'는 항상 지켜야 하는 불변의 지침이므로 권경론에서는 '권'에 대비되는 '경'이다. '권'은 이렇게 상황에 따른 도덕적 판단에 정당성을 부여하므로 의무론적 도덕주의인 유교, 곧 모든 의무는 어떤 상황에서도 지켜야 한다고 생각하는 유교의 윤리론에서 예외를 허용하는 장치가 되었다. 그런데 이렇게 한 번 예외를 허용하면 점점 더 많은 예외가 생겨난다. 구체적 상황은 무수히 많고 그에 따른 도덕적 판단도 민감하게 변한다. 예외의 양이 많아지면 지켜야 할 기본적 행동 강령, 곧 '경'은 도전받는다. 이러한 사태 발전이 예측 가능하기 때문에 의무론적 도덕주의는 예외적 판단의 정당성을 인정하지 않으려고 했다.

이 장에서 다산이 표명한 염려도 의무론적 도덕주의의 그것과 같다. 그는 역사적으로 '권'이라는 개념이 얼마나 심하게 오용되어 왔는지를 이렇게 고발한다.

> 이에 상을 당했을 때 제도를 지키지 않는 것을 '권'이라고 하고, 장례에 문채를 갖추지 않는 것을 '권'이라고 하고, 탐욕으로 불법적인 일을 마음대

로 저지르는 것을 '권'이라고 하고, 찬탈하고 반역하여 인륜을 저버리는 것을 '권'이라고 했으니 무릇 천하의 패란하고 부정한 행위들은 하나같이 '권'에 의지했다.

'권'의 오용이 강상을 따르지 않는 예외적 행위에 정당성을 부여하고 그것을 촉발했다는 비판이었다. 사실 다산만 '권'의 이러한 문제점을 지적하지는 않았다. 완고한 성리학자 정이는 금주에서 이미 '경'에 어긋나는 '권'이 존재할 수 없다고 했다. "'권'은 단지 '경'일 뿐이다. 한나라 이래로 한 사람도 '권'의 의미를 이해하지 못했다." 다산은 정이의 일갈을 두고 "정자가 논한 것이 엄하다"라고 동감을 표시한다.

그렇지만 다산은 정이처럼 '권'과 '경'을 완전히 같은 것으로 이해하지는 않았다. 그는 단지 '권'의 폐해가 심각하다는 점에서 정이에 동의했을 뿐이다. 그러면 다산에게 '권'은 무엇인가? 다산은 '권'이 중용의 다른 이름이라고 말한다.

저울대와 저울이 중을 얻은 것을 '권'이라고 한다. 중용은 도의 극치다.

'권'을 중용으로 이해하는 것은 '권'에 대한 종래의 이해와 다르지 않은 것처럼 보일 수 있다. 그렇지만 적어도 다산에게는 양자가 같지 않다. 종래의 '권'은 '경'과 다른 것이었지만 중용으로서의 '권'은 반드시 '경'과 다르지 않기 때문이다. 곧 다산에게 '경'은 '권'의 결과다. 다른 말로 하면 잘 저울질한 결과는 언제나 '경'이 된다. 물론 '권'이 '경'과 같지는 않다. '경'이 모든 행동의 지침을 제공해줄 수는 없고, '권'은 새로운 중용 혹은 새로운 '경'을 모색하는 시도이기 때문이다. 하지만 다산처럼 '권'을 이해하면 적어도 '경'과 다른 행동을 취함으로써 궁극적으로 도에 합치한다는 종래의 '권' 관념, 곧 '반경합도反經合道'로서의 '권'을 옹호할 수 없다. '반경합도'의 '권'은 이미 '경'과 다른 방향인 데 비해 다산의 '권'은 '경'과 같은 방향으로 움직인다. 그래서 다산은 고중현(1512~1578)을 인용하여 "'경'은 이미 정해진 '권'이며, '권'은 정해지지 않은 '경'"이라고 하면서 '권'과 '경'의 일체성을 강조한다. 이것이 다산의 권경론이다. '원의총괄'은 이를 "'가여권可與權'은 '경'에 반함으로써 도에 합치함을 가리키지 않는다"라고 요약했다.

'권'에 대한 다산의 생각은 당의 육지(654~705)로부터 가장 큰 영향을 받은 것 같다. 육지도 "도에 반하는 것을 '권'이라고 생각하고 운수에 맡기는 것을 지혜라고 생각한 것이 역대로 혼란과 간사함을 키운 바탕이 되었다(「論替換李楚琳狀」)"라고 하여 다산과 같은 생각을 보여주었다. 주희도 참고할 만한데, 그는 금주에서 정이의 견해에 공감을 표하면서도 『맹자』의 논의를 보았을 때 '권'과 '경'이 완전히 같을 수는 없다고 했다. 다산의 생각에 가깝다.

9.31

"산앵두나무 꽃이 흩날려 뒤집히누나. 어찌 너를 생각하지 않으리오만 집이 멀구나." 선생님께서 말씀하셨다. "생각하지 않은 것이지 어찌 먼 것이 있겠는가?"

唐棣之華, 偏其反而. 豈不爾思, 室是遠而. 子曰; 未之思也, 夫何遠之有?

고주에서 이 장은 앞 장에 붙어 있고, 이 장에 인용된 출처를 알 수 없는 시는 앞 장의 주제인 권도와 관련된다. 그래서 고주에 따르면 이 장의 앞부분은 "산앵두나무 꽃이 훌렁(偏) 뒤집히누나(反)"라는 정도가 된다. 산앵두나무는 봉오리가 먼저 생기고 나중에 벌어지는 다른 꽃과 달리 그 꽃이 먼저 벌어졌다가(反) 나중에 오므라드는데, 그 모습이 마치 상황에 따라 예외적인 행동을 취했다가 결국 도에 합치되는 권도와 유사하기 때문에 공자가 이 시를 인용했다는 것이다. 나아가 고주는 "어찌 너(爾)를 생각하지 않으리오만 집(室)이 멀구나"라는 말이 권도를 생각하지 않는 것은 아니지만 그것이 도로 귀결되기는 힘들다는 함의를 담는다고 주장했다. 그렇다면 이 장의 공자 말은 권도를 생각하지 않을 뿐이지 어찌 도에서 멀다고 말하는가 하는 뜻이다. 이렇게 이 장을 앞 장의 일부분으로 볼 경우 같은 장에 '자왈子曰'이 두 번 등장하는데, 그에 대해 고주는 인용된 시와 공자의 말을 구분하기 위해 장의 말미에 다시 '자왈'을 넣었다고 했다. 고주는 종종 익숙하지는 않으나 오랫동안 받아들여졌던 해석을 보여주는데, 이 장에서는 정말 그렇다.

다산은 이 장을 금주처럼 읽었다. 고주의 독법은 "견강부회하고 왜곡된 것이어서" 그것을 따르면 본문은 "전혀 문장이 되지 않기 때문"에 그는 금주를 따랐다. 이 장을 앞 장에서 분리시켜 별도의 장으로 만든 것도 금주였다. 단지 금주는 본문의 '편偏'이 '편翩'과 같은 글자로 '흩날리는 것'을 의미하고, '반反'은 '번翻'과 같은 글자로 '나부끼는 것'을 의미한다고 했는데, 다산은 앞의 글자는 금주대로 읽으면서도 뒤의 글자는 원래 의미대로 '뒤집히다'라는 뜻이라고 주장했다. 다산이 보기에 이 시는 부부 혹은 형제가 서로 이산하게 된 모습을 묘사하고 있는데, 그들이 서로 떨어진 모습이 '반'이라는 글자 속에 들어 있기 때문에 다산은 그것을 글자 그대로 해석해야 될 필요를 느꼈다. 다산이 읽은 이 장의 핵심적 교훈은 "배우는 사람이 생각하고 또 생각한다면 견고하다고 뚫지 못할 것이 없고, 깊다고 도달하지 못할 것이 없다"라는 것이었다.

제10편

향당

鄕黨

10.1

공자는 향당에서 공손한 모습을 하여 마치 말을 잘 하지 못하는 사람 같았다. 종묘와 조정에 있을 때는 똑바로 말을 하되 오직 삼갔다.

孔子於鄕黨, 恂恂如也, 似不能言者. 其在宗廟朝廷, 便便言, 唯謹爾.

잘 알려진 대로 이 편 「향당」은 일상의 공자를 기록했다. 제8편 「태백」은 역대의 성인을 소개했고, 제9편 「자한」은 마지막 성인인 공자의 덕을 기록했는데, 이 편은 평소 공자가 어떻게 지냈는지 기록한다. 『논어집주』에서는 17장으로 나누어져 있지만 다산은 34장으로 나누었다. 이 편에서는 이렇게 『논어고금주』의 독특한 분장이 자주 일어나므로 아래에서는 따로 설명하지 않는다.

첫 번째는 '향당鄕黨'에서의 공자의 모습이다. 여기에서 '향鄕'은 시골을 의미하는 것이 아니라 '향𨞔'과 같은 글자다. 고제에서는 도성의 한 가운데 궁궐을 두고, 궁궐 앞뒤로 조정과 시장이 있으며, 좌우에 각각 3개의 '향'씩 6개의 '향'을 설치했는데, 그것들이 궁궐을 향해 있으므로 '향'이라고 했다. 이 장이 시골이 아니라 노나라 도성의 '향당'의 일을 기록했다는 것은 종묘와 조정에 대한 언급이 있다는 점을 통해 확인된다. 이 '향' 중의 일부 지역, 곧 500가구가 모여 사는 크기의 지역이 '향당'이다. '당'은 500가구가 사는 정도의 지역을 의미한다.

그런데 다산은 본문의 '향당'이 특별히 향당에서 열리는 모임, 가령 향사례나 향음주례 같은 모임을 가리킨다고 주장했다. '향당'이 공자가 거주한 지역 전체를 가리킨다고 한 고금주와 다른 견해다. 고금주는 공자가 '향당'에서 "오래 알고 지낸 사람들과 항상 마주치기 때문에" 혹은 "부모와 친척이 사는 곳이기 때문에" 공손한 태도를 보였다고 설명한다. 하지만 다산은 '향당'이 향당의 모임을 가리킨다고 하면서 많은 사람이 있는 모임에서는 마땅히 공손함을 보여야 하며, 또 그런 모임에는 "연로한 사람이 모이게 되므로 태도가 마땅히 공손해야 한다"라고 해설했다. 공자가 아무리 겸손했다고 하더라도 사는 곳 어디에서나 공손할 수는 없었을 것이므로 이 주장에 설득력이 있다. 다산과 달리 금주는 '순순恂恂'이 신실한 모습을 의미한다고 보았는데, 공손한 것과 큰 차이는 없다. 모두 조심스럽게 행동하는 모습이다.

향당에서 "마치 말을 잘 하지 못하는 사람 같았던" 공자는 종묘와 조정에서는 분명하게 이야기를 했다. 조정에서는 나라의 사업을 논의하므로 공손하게 말을 삼가기보다 의견을 확실히 표현하는 게 필요하다. 그렇지만 분명하게 이야기하는 것이 종묘에서도 좋은 태도가 되는가? 종묘는 사원이므로 당연히 엄숙한 태도를 취해야 할 텐데 공자는 종묘에서도 조정에서와 같았다. 이를 두고 고주와 금주는 모두 종묘에서 전례가 행해지므로 분명히 변론할 수밖에 없었다고 해설했다. 과연 공자가 "태묘에 들어가 매사를 물었다"(3.15)라는 기록이 있기는 하다. 하지만 사원에서는 매사를 물을 때도 역시 목소리를 낮추어 경건함을 유지하는 게 상식이다. 그래서 다산은 종묘에 있을 때란 조신들이 종묘에 모여 정사를 논의할 때를 의미한다고 주장했다. 곧 과거에는 매달 초하루 군주가 종묘에서 제사를 지낸 뒤 조신들과 나라의 주요 현안을 토의하는 이른바 '청삭聽朔'을 행했는데, 본문은 이때의 공자를 기록했다. 다산의 참신한 해설이다. 이 해설은 '원의총괄'에 "종묘는 정사를 논의하는 곳이다"라고 요약되었다. 다산은 매달 초하루 종묘에서 거행되는 전례를 자세하게 설명한 바 있다(3.17). 그러므로 다산에 따르면 공자는 국정을 논할 때 조정에서든 종묘에서든 분명하게 자기 의견을 밝혔다. 단지 그럴 때라도 근신하고 조심스러워 하는 태도를 잃지는 않았다.

10.2

조정에서 하대부와 말을 할 때는 화락한 모습이었고, 상대부와 이야기할 때는 절도에 맞는 모습이었다. 임금이 계시거든 공손했고, 주저하는 듯이 했다.

朝, 與下大夫言, 侃侃如也, 與上大夫言, 誾誾如也. 君在, 踧踖如也, 與與如也.

고주에 따르면 '간간여侃侃如'는 화락한 모습이고, '은은여誾誾如'는 절도에 맞게 행동하는 모습이다. 거꾸로 금주는 '간간여'가 강직한 모습이고, '은은여'는 화락한 모습이라고 했다. 고주와 완전히 반대다. 위에 옮긴 것을 보면 알 수 있듯이 다산은 고주를 따랐다. 지위가 낮은 사람에게 강직하고 지위가 높은 사람에게 화락한 모습을 보인다면 윗사람에게 아부하는 혐의가 있으므로 공자를 그렇게 이해해서는 안 된다는 것이다. 그러므로 다산을 통해 『논어』를 읽으면서 이 구절들을 금주에 따라 옮겨서는 안 된다.

이 장에 '하대부下大夫'와 '상대부上大夫'라는 말이 나온다. 다산은 이 말을 주나라 제도 속에서 이해하려고 했다. 주나라에 어떤 종류의 대부가 있었는 지를 알아보기 위해 그가 참고한 자료는 『주례』와 『예기』 「왕제」다. 그리고 이 장도 노나라에 하대부와 상대부 두 종류가 있었다고 말하는데, 노나라 제 도는 주나라 제도와 같았다는 것이 다산의 인식이다.

문제는 이 세 자료의 증언이 일치하지 않는다는 점이다. 『주례』에 따르면 대부에는 상대부, 중대부, 하대부 세 종류가 있다. 「왕제」에 따르면 상대부와 하대부 두 종류가 있다. 동시에 「왕제」는 대부 위에 상경, 중경, 하경이라는 더 높은 직위가 있다고 했다. 그리고 이 장에 따르면 하대부와 상대부 두 종 류가 있다. 세 가지 다른 설이 있는 셈이다. 「왕제」의 기록은 이 장과 조화되 는 것 같지만 이 장의 상대부는 조정의 최고 직위이므로 「왕제」의 상대부와 다르다. 이런 기록들을 검토하고 어느 것이 주나라의 제도를 더 정확히 반영 하는지를 살피는 일이 꼭 필요하지는 않다. 하지만 다산은 그런 문제에 관심 이 많은 학자들과 같이 이 논쟁에 참여했다.

결론적으로 다산은 세 가지 기록을 조화시키는 새로운 주장을 제기했다. 그에 따르면 본문의 하대부는 『주례』의 중대부와 하대부에 해당하고, 본문 의 상대부는 『주례』의 상대부다. 또한 「왕제」의 하대부는 본문의 하대부이 고, 「왕제」의 상대부는 본문의 상대부에 해당한다. 그런데 제후국의 상대부, 그러니까 이 장에서 말하는 상대부 중에 주나라 천자로부터 직접 명을 받아 대부에 임명된 사람은 경으로도 불린다. 그 경이 다시 상경, 중경, 하경으로 나뉘는 것이다. 이것이 위에 거론된 자료를 모두 역사적인 것으로 이해하고 다산이 고심 끝에 내린 결론이었다.

본문의 '축척여踧踖如'가 공경하는 모습이라는 데는 고금주와 다산이 동의 한다. 단지 다산은 고금주와 달리 '여여여與與如'를 '주저하는 모습'으로 읽었다. 고주와 금주는 모두 이것이 '알맞고 적당한 모습'이라고 했다. 다산은 『노자』를 참고하여 이렇게 해석했다. 『노자』에는 "머뭇거리며(與) 마치 겨울에 강을 건너는 것 같이 하고, 망설이며(猶) 마치 사방의 이웃을 두려워하는 것 같이 한다"(『노자도덕경』, 15장)라는 말이 있다. 다산의 호 중의 하나인 여유당與猶堂은 정조가 죽은 뒤 위기가 다가오고 있음을 직감하고 고향에 내려온 다산이 『노자』의 이 문장에 각별한 느낌을 가지고 지은 당호다.

10.3

임금이 불러 빈을 하라 하시면 안색을 고치고 발걸음을 무겁게 떼었다. 같이 선 사람들에게 읍을 할 때는 손을 왼쪽으로 하기도 하고 오른쪽으로 하기도 했으되 옷의 앞뒤는 가지런히 했다. 급히 나아갈 때는 날개를 편 듯이 했고, 빈객이 물러가면 반드시 복명하여 "빈객이 돌아보지 않았습니다"라고 말했다.

君召使擯, 色勃如也, 足躩如也. 揖所與立, 左右手, 衣前後襜如也. 趨進翼如也, 賓退, 必復命曰; 賓不顧矣.

'빈擯'은 다른 나라에서 방문한 빈객을 영접하는 사람이다. 빈객이 있을 경우에만 임명되는 임시직인데, 신하의 지위에 따라 세 등급으로 나뉘어 경이 맡는 상빈, 대부가 맡는 차빈, 그리고 사가 맡는 말빈이 있었다. 공자는 대부였으므로 차빈이었을 것이다. 고주에서 형병은 이 장 말미에 묘사된 것처럼 빈객을 환송한 뒤 복명하는 역할은 상빈에게 주어졌다고 했지만 다산은 김이상의 연구에 기초하여 복명도 대부가 했다고 보았다. 육농기도 "손을 왼쪽으로 하기도 하고 오른쪽으로 하기도 했다(左右手)"라는 구절에 주목하여 이렇게 할 수 있으려면 차빈이 되어야 한다고 했고, 다산도 동의했다. 다른 나라에서 빈객이 당도하면 주인이 '빈'을 대동하여 영접하면서 우선 방문 목적을 묻는다. 이때 주인의 명은 상빈에게 먼저 전해지고, 상빈은 그것을 차빈에게 전하고, 차빈은 또 말빈에게 전하며, 말빈이 빈객이 대동한 '개介', 곧 방문한 나라의 군주와 소통할 때 도움을 주는 '빈'의 상대역 중 가장 말석인 말개에게 그것을 전하면, 말개는 차개에게, 차개는 상개에서 전하여 결국 빈객에게 전달된다. 빈객의 명 역시 이런 순서대로 주인에게 전달되므로 여러 '빈' 중에서 가운데 서 있는 차빈이라야 명을 주고받는 과정에서 손을 왼쪽으로 하기도 하고 오른쪽으로 할 수 있다는 것이었다(『사서몽인』, 6:96a). 그러므로 "같이 선 사람들에게(所與立) 읍을 한다(揖)"라는 말은 공자가 차빈으로서 같이 서 있는 동료 '빈'들에게 양쪽 군주의 명을 전달하면서 읍을 하는 것을 말한다. 참고로 만약 공의 지위를 가진 공작의 나라가 다른 나라를 방문한다면 임금이 직접 방문할 때는 9명의 '개'를 대동하고, 사신을 보낼 때는 7명의 '개'를 대동했다고 한다. 이 숫자는 작위가 내려가면 줄어들었다. 이들 빈객을 맞는 나라는 겸손을 보이는 뜻에서 '개'의 숫자의 반을 '빈'으로 뽑아 접대했다. 이렇게 '빈'은 제후국 간의 좋은 관계를 유지하는 데 중요한 역할을 하므로 임금이 불러 이 직책을 맡기면 공자는 놀란 듯이 안색을 바꾸고(色勃如也) 마치 자신에게 버거운 일이 주어진 것처럼 발걸음을 무겁게 떼며(足躩如也) 명에 응했다.

이렇게 해서 빈객이 방문을 마치고 돌아갈 때는 설령 빈객이 궁궐을 나갔더라도 주인은 공경한 태도를 유지해야 한다. 그러다가 마침내 빈객을 환송하고 돌아온 '빈'이 "빈객이 돌아보지 않았습니다"라고 말하면 긴장을 풀고 평소처럼 행동한다. 그러므로 "빈객이 돌아보지 않았습니다"라는 말은 공자만 한 것이 아니라 이런 전례의 마지막을 알리는 상용구이며, 대접을 잘 받아서 빈객이 아무런 아쉬움이 없이 돌아갔다는 뜻이다. 이 장은 공자가 이런 일을 얼마나 신중하게 대했는지 보여준다. 그는 같은 '빈'에게 좌우로 읍을 할 때도 옷섶을 가지런히 맞추었고(襜如), 급하게 몸을 움직여야 할 때도 마치 새가 날개를 활짝 편 것처럼 단정한 모습으로(翼如) 나아갔다. 신하로서 주어진 역할에 충실한 것, 이것이 충실함으로써 임금을 섬기라는 말의 실천이었다. 독법과 해석에서 고주와 금주, 다산 사이에 큰 이견이 없는 장이다.

10.4

공실의 문에 들어갈 때는 몸을 굽혀 마치 문이 몸을 용납하지 않는 듯이 했다. 설 때는 문에 서지 않았고, 지날 때는 문지방을 밟지 않았다. 조신의 자리를 지날 때는 안색을 바꾸고 발걸음을 무겁게 떼었으며, 마치 말이 부족한 듯이 했다. 옷 아랫단을 쥐어 들고 당에 오를 때는 몸을 굽혔고, 숨기운을 가리어 마치 숨을 쉬지 않는 듯이 했다. 알현을 마치고 나와서는 계단을 하나 내려와 안색을 풀고 기쁜 듯한 모습을 했다. 계단을 다 내려와 나아갈 때는 날개를 편 듯이 했다. 자신의 자리에 돌아와서는 공손한 모습을 했다.

入公門, 鞠躬如也, 如不容. 立不中門, 行不履閾. 過位, 色勃如也, 足躩如也, 其言似不足者. 攝齊升堂, 鞠躬如也, 屛氣, 似不息者. 出, 降一等, 逞顔色, 怡怡如也. 沒階, 趨進翼如也. 復其位, 踧踖如也.

이 장은 공자가 조정에 나아갈 때 어떤 태도를 취했으며, 임금을 알현하기

전과 후에 또 어떤 태도를 취했는지를 묘사한다. 본문의 '공문公門'은 노나라 임금의 궁궐 곧 노공의 공실로 들어가는 문을 가리키고, '국궁여鞠躬如'는 조심한다는 것을 보이기 위해 몸을 굽히는 것이다. '역閾'은 문을 경계로 궁궐의 안팎을 나누는 문지방을 말하며, '제齊'는 관복 치마의 아랫단을 가리킨다. 임금을 알현하기 위해 당에 나아갈 때는 계단을 올라야 하므로 공자는 혹시 치마에 걸려 넘어지지 않을까 염려하여 아랫단을 쥐어 들고 오르는 세심함을 보여주었다. '출出'은 알현을 마친 공자가 당에서 나온 때를 가리키고, '이이여怡怡如'는 기뻐하는 모습이다. 공실의 문에 들어가는 순간부터 조심하고 또 조심했던 공자는 무사히 임금을 알현하고 나서 기뻐했으며, 올라갔던 계단을 다 내려와서는 활기차게, 그렇지만 정돈된 태도로 자리로 돌아갔다. 고금주와 다산은 이러한 해설을 공유한다. 하지만 공유하는 해석을 넘어 다산은 이 장에서 두 가지를 다르게 해석한다. 그 하나는 '입불중문立不中門'과 관련되고, 다른 하나는 '위位'가 무엇을 가리키는가와 관련된다.

보통 '입불중문'을 "문 한가운데에 서지 않았다"라는 식으로 옮긴다. 다산을 통해 『논어』를 읽을 때 이것이 아예 잘못되었다고는 할 수 없으나 적어도 엄밀하게 옮긴 것은 아니다. 우선 이 구절의 '중中'은 다산과 금주에 따를 때 '가운데'가 아니라 '적중하다'라는 뜻이다. 따라서 '중문中門'은 '문 가운데'가 아니라 글자 그대로 풀면 '문에 적중하는 것', 표현을 다듬으면 '문에 서는 것'을 의미한다.

이 차이는 다산의 해석에서 중요하다. 보통 이해하는 것과 달리 다산은 '입불중문'을 공실로 들어가는 문의 한가운데가 아니라 문의 공간을 둘로 나누었을 때 그 오른쪽 공간의 가운데에 서지 않는 것으로 파악하기 때문이다. 그에 따르면 궐문은 다른 나라에서 사신이 왔을 때 사신이 임금과 함께 이용하는 것이기도 하다. 이때 예에 따라 주인은 문의 오른쪽을 통해서, 사신은 왼쪽을 통해서 궐내로 들어가 각각 정전으로 향하는 동쪽 계단과 서쪽 계단으로 나아가게 된다. 이런 예법을 반영하여 사신을 영접하지 않는 평시에도 임금과 신하는 다른 나라를 배려하려는 목적으로 항상 문의 왼쪽을 비워두고 오른쪽 반만 이용해서 출입했다. 임금도 신하도 마찬가지였다. 그러므로 공자는 당연히 궐문의 오른쪽을 이용해서 공실에 들고났을 것이다. 그런데 본문에서는 "설 때는 문에 서지 않았다"라고 했다. 이것은 당연히 궐문의 한가운데가 아니라 그 오른쪽 반의 가운데 지점에 서지 않았다는 말이다. 임금이 그곳으로 지나다니기 때문이었다. 다산은 공자가 "설 때는 문에 서지 않았다"라고 기록한 데는 반드시 어떤 교훈이 있고, 그 교훈은 문을 드나들 때도 예에 맞게 처신해야 한다는 것이었다고 보았다. 그렇지 않고 단순히 공자가 문 가운데에 서지 않았다고 한다면 그런 기록에는 아무런 묘미가 없다. 그러므로 다산을 통해 『논어』를 읽을 때는 '입불중문'을 "설 때는 문에 서지 않았고"라는 식으로 옮겨야 더 정확하다. 물론 이것은 공자가 문의 오른쪽 공간의 가운데에 서지 않았다는 뜻이다.

　이 논의와 관련하여 주목해야 할 문장이 『예기』「옥조」에 나오는 "들어올 때 (빈객은) 문에 서지 않으며(入不中門), 문지방을 밟지 않는다"(『예기주소』, 30:31a)라는 말이다. 보다시피 지금 논의하는 구절과 대단히 유사하다. 단지 본문의 '립立'이 '입入'으로 바뀌었을 뿐이다. 이를 보고 다산은 본문의 '립'도 '입'으로 바뀌어야 하지 않나 하는 의문을 제기했다. 다산이 보기에 이 장은 공자가 궁궐에 들어올(入) 때를 보여주기 때문이다. 그렇다면 '립'은 '입'과 소리가 비슷하기 때문에 생긴 오자라는 게 다산의 생각이었다. 물론 '입'과 '립'은 현대 중국어에서 전혀 다른 음가를 가진다. 그렇지만 한국의 한자음이 현대 중국어보다 한자의 옛 소리를 더 잘 보존한다는 점도 잊지 말아야 한다. 가령 『강희자전』은 반절로 볼 때 '립'은 '력ㄌ'과 '입ㅅ'을 합한 자라고 하여

(『어정강희자전』, 21:100a) '립'과 '입'의 연관성을 증언했다.

다산의 두 번째 다른 해석 역시 한국의 사정과 관련을 가진다. '원의총괄'은 이 해석을 "'과위過位'는 비어 있는 임금의 자리를 지난다는 뜻이 아니다"라고 요약했다. 다산은 본문에 나오는 두 개의 '위位'가 모두 군주의 자리가 아닌 조신의 자리를 가리킨다고 보았고, 그것을 '원의'로 이해했다. 그래서 '과위'는 위에서 옮긴 것처럼 "조신의 자리를 지나다"라는 뜻이 된다. 이렇게 보면 공자는 궁궐에 들어가서 어느 조신, 자신보다 낮은 품계를 가진 조신의 자리를 지나(過位) 자신의 자리로 가서 서 있다가 차례가 되어 임금을 알현하고는 계단을 내려와 다시 자신의 자리로 돌아왔다(復其位). 어느 조신의 자리를 지날 때 그가 "안색을 바꾸고 발걸음을 무겁게 떼었으며, 마치 말이 부족한 듯이 한" 이유는 점점 임금에게 가까워지기 때문이었다. 이것이 다산의 설명이다. 이에 비해 고주는 두 개의 '위'가 모두 임금의 자리를 가리킨다고 보았고, 금주도 고주를 받아들였다. 고금주처럼 보면 공자는 궁궐에 들어간 뒤 임금이 청정할 때 서는 자리를 지나며 임금을 공경하는 의미에서 "안색을 바꾸고 발걸음을 무겁게 떼었으며, 마치 말이 부족한 듯이 했고," 알현을 마치고서는 다시 그 자리로 돌아가 "공손한 모습을 했다." 그러나 다산은 이런 해설이 이치에 맞지 않는다고 보았다.

> 돌아올 때 지나는 곳이 만약 임금의 자리였다면 그런데도 공자의 행동을 글로 표현하여 "그 자리로 돌아갔다(復其位)"라고 했다는 것이다. 이런 이치가 있는가?

다산이 보기에 '위'가 임금의 자리라면 공자가 "그 자리로 돌아갔다"라고 기록할 수 없다. 마치 공자가 임금의 자리로 돌아갔다는 인상을 주기 때문이다. 불경하기 그지없다. 『논어』가 그런 의미로 "그 자리로 돌아갔다"라는 표현을 쓸 리가 없다. 그래서 다산은 '위'가 임금의 자리가 아니라 조신의 자리이며, 공자가 돌아가는 자리는 그가 원래 섰던 자리를 가리킨다고 주장했다.

그런데 여기에서 '조신의 자리'라는 것은 무엇인가? 고금주에서 임금의 자리는 '저宁'라는 궁궐의 특정한 지점, 곧 궁궐 문과 정전을 가리는 병풍 사이의 특정한 지점을 가리킨다. 공자가 입궐했을 때는 그곳에 임금이 없었지만 그것이 임금을 위해 마련된 자리이므로 공자는 그곳을 지날 때나 그곳으로 돌아올 때 공손함을 보였다. 이것이 고금주의 설명이었다. 그러면 조정에는 임금의 자리처럼 조신의 자리라는 게 특별히 존재하는가? 존재한다고도 할 수 있고, 존재하지 않는다고도 할 수 있다. 명대 이후 중국에는 존재하지 않았고, 조선에는 존재했기 때문이다. 지금도 경복궁에 가면 볼 수 있는 품계석이 바로 조신의 자리였다. 이와는 달리 북경의 자금성에는 이런 조신의 자리가 없다. 그렇지만 『맹자』를 보면 옛날 중국의 조정에는 조신의 자리가 있었던 모양이다. "조정에서는 자리(位)를 넘어서 서로 말하지 않는다"(『맹자집주』, 4B:25)라는 말이 있기 때문이다. 결국 다산은 그 당시 일본이나 중국의 연구자에게는 낯설었던 조신의 자리에 익숙했고, 그러한 조선의 고유성을 '위'를 해석하는 데 참고했다.

그렇지만 다산에게는 이 장 말미에 있는 '진進'이라는 글자를 설명해야 하는 숙제가 있다. 다산에 따르면 이제 공자는 임금을 알현하고 물러나와 자기 자리로 돌아가는 중이므로 '나아가다(進)'라는 말이 어색하다. 그래서 다산은 "본래 '진'이 없었는데 속본에만 있으니 잘못이다"(『경전석문』, 24:14a)라고 한 육덕명에 근거하여 이 글자를 삭제해야 한다고 주장했다. 위의 한문 원문에서는 '진'을 삭제하지 않았지만 다산의 주장을 반영하여 그 뜻을 옮기지는 않았다. 또한 『논어고금주』에는 '족곽여야足躩如也'라는 구절이 빠져 있는데 실수로 빠진 것이 분명하므로 다른 판본에 의거하여 보충했다.

10.5

서옥을 잡을 때는 몸을 굽혀 마치 무게를 못 이기는 듯이 했고, 위
로는 읍할 때만큼 아래로는 물건을 줄 때만큼의 높이를 유지했다.
얼굴색을 바꾸어 두려운 빛을 띠었고, 발은 좁은 걸음을 걸어 마치
무엇인가를 따라가는 듯이 했다. 향례에서는 부드러운 낯빛을 했
고, 사사로이 볼 때는 기쁜 모습이었다.

執圭, 鞠躬如也, 如不勝. 上如揖, 下如授. 勃如戰色, 足蹜蹜如有循. 享禮, 有
容色. 私覿, 愉愉如也.

이 장은 임금의 명을 받아 다른 나라에 사신으로 갈 때의 공자를 묘사한
다. '규圭'는 원래 주의 천자가 제후를 봉할 때 주는 신물로 옥으로 만들었기
때문에 서옥瑞玉이라고 하며, 제후의 신분에 따라 크기와 모양이 약간씩 달
랐다. 제후의 신분증 같은 것이므로 천자에게 조회할 때나 다른 제후와 만
날 때 가지고 갔으며, 다른 나라를 방문하는 사신에게도 주어 그가 공식적
인 사절임을 증명케 했다. 단 제후가 직접 방문하지 않는 경우에는 천자에
게 받은 서옥은 궁궐에 보관하고 그보다 약간 작은 서옥을 사신에게 주었다
고 한다. 서옥은 무거운 물건이 아니지만 공자는 그것을 받을 때 마치 "무게
를 못 이기는 듯이 했다(如不勝)." 군주에게 최대한의 공경을 표시하기 위해서
였다.
　이 장에서 논란이 있는 구절은 '상여읍上如揖, 하여수下如授'다. 고주는 이것

을 "서옥을 올릴 때는 읍을 하는 듯이 했고, 내려올 때도 서옥을 줄 때처럼 했다"라고 풀었다. 사신이 빙문하는 나라에 도착하면 서옥을 상대방 군주에게 올리게 되는데(上), 이때 공자는 절을 하는 것처럼 공손히 했고, 서옥을 바치고 당에서 내려올 때도(下) 서옥을 올릴 때처럼 했다는 것이다. 하지만 금주는 문제가 되는 구절이 공자가 서옥을 잡는 방식을 보여준다고 생각했다. 서옥을 잡고 있는 동안 공자는 예에 규정된 것 이상의 높이로 들어서 오만함을 보이지도 않았고, 규정된 것 이하의 높이로 들어서 태만함을 보이지도 않았다는 것이다. 다산은 금주를 따랐다. '족축축足蹜蹜'도 다산은 금주를 따라 위에 옮긴 것처럼 "발은 좁은 걸음을 걸었다"라는 의미로 이해했다. 반면 고주는 그것이 발뒤꿈치로 걷는 모습을 나타낸다고 보았다.

이렇게 사신이 서옥을 들고 방문하면 우선 양국 군주의 안부를 묻는 빙례를 진행한다. 이어 사신이 가지고 온 선물을 뜰에 진열하여 우의를 표하고, 그에 대한 답례로 사신을 위문하는 전례를 진행한다. 이것을 향례享禮라고 한다. 향례를 한다는 것은 중요한 빙례를 무사히 마쳤다는 의미이므로 이때 공자는 비로소 긴장을 늦추어 화색 띤 얼굴을 했다(有容色). 향례를 마치면 기본 전례가 끝난다. 이제 방문한 나라의 군주와 사신이 서로 예에 규정되지 않은 임의의 대화를 나누는데, 본문에서는 이것을 "사사로이 본다(私覿)"라고 표현했다. 이때는 두 나라의 관계를 진작시키는 데 도움이 되도록 해야 하므로 공자는 기쁜 모습으로 대화를 이어갔다(愉愉如). 공자가 사신으로 나갈 수 있었을 때는 노나라에서 벼슬했던 기원전 501년부터 497년까지인데, 이 기간 『춘추』나 『사기』에는 노나라가 다른 나라에 빙문했다는 기록이 없다. 그래서 금주에서 조설지(1059~1129)는 본문에 기록된 것이 공자의 직접 경험이 아니라고 의심했다. 하지만 다산은 『논어』를 신뢰하여 그의 의심을 심각하게 고려하지 않았다.

10.6

군자는 감색이나 짙은 붉은색의 비단으로 장식하지 않았으며, 홍색
이나 자색의 비단으로 평상복을 만들지 않았다. 더울 때는 홑겹의
가늘고 굵은 베옷을 입었으나 반드시 겉옷을 입고 외출했다.

君子不以紺緅飾, 紅紫不以爲褻服. 當暑, 袗絺綌, 必表而出之.

여기에서 '군자君子'는 공자를 가리킨다. 그러므로 이 장은 공자의 옷 입는
방법을 보여준다. 본문에 색깔을 가리키는 글자 넷이 나오는데, 지금은 그것
들이 색깔을 가리키지만 원래는 그런 색깔을 가진 비단(糸)을 의미했다. 그래
서 위에서는 그것들을 모두 특정한 색을 가진 비단으로 풀었다. 이 장에서는
이 네 글자, 특히 상대적으로 익숙하지 않은 '감紺'과 '추緅'가 과연 어떤 색인
가 하는 논란이 벌어진다. 고주는 이 문제를 길게 논의했고, 다산도 적극적
으로 토론에 참여했다. 금주는 역시 이런 주제, 말의 정의에 큰 관심이 없다.

우선 공안국은 '감'이 재계를 할 때 입는 의복의 색이고, '추'가 삼년상 중
소상 때 입는 상복의 옷깃을 장식하는 색이라고 했다. 이 정의를 부연하면서
형병은 '감'이 흑색, '추'가 옅은 분홍색이라고 했는데, 재계를 할 때 입는 의
복의 색이 흑색이고, 소상 때 입는 상복의 옷깃을 장식하는 색이 옅은 분홍
색이었기 때문이다. 하지만 고주에서도 황간은 '추'에 대한 공안국의 해설에
반대하여 소상 때 입는 상복의 깃을 장식하는 옅은 분홍색은 '전縓'이지 '추'
가 아니라고 비판했다. 또 그는 "세 번 염색을 하면 분홍색의 비단이 되고, 다
섯 번 염색을 하면 추색의 비단이 되며, 일곱 번 염색을 하면 흑색의 비단이
된다"(『주례주소』, 40:39a)라는 「고공기」 기록을 들면서 '추'가 결코 옅은 분
홍색이 될 수 없다고 주장했다.

황간의 이 비판이 '추'를 옳게 이해하려는 다산에게 결정적인 도움을 주었

다. 곧 '추'는 분홍색과 흑색 사이의 색깔, 위의 「고공기」의 기록에 대한 정현의 주를 빌어 설명하면 "분홍색을 흑색으로 두 번 더 염색해서"(40:39a) 얻은 색으로 참새의 머리꼭대기처럼 짙은 붉은색에 검은 빛이 조금 배어 있는 색(爵頭色)이다. 사실 황간은 '감'과 '추' 모두 자색과 흑색을 섞은 색이라고 했지만 황간의 비판을 읽으면서 다산은 위에 인용된 정현의 주를 확인했고, 결국 '추'가 참새의 머리꼭대기 같은 색이라는 결론에 도달했다. 금주는 공안국과 형병의 설을 따랐지만 다산이 보기에 이 문제에서는 황간의 설이 근사하고, 고금주의 다른 설명은 모두 잘못이었다.

'감'에 대한 공안국의 설도 잘못이었다. 재계를 위해 입는 옷이 흑색 비단으로 만든 것은 맞지만 이것을 '감'이라고 한 사례는 다른 경전에 나오지 않는다. 오히려 『설문』에 따르면 '감'은 "짙은 청색에 적색이 살짝 묻어 있는 색"(『설문해자』, 13A:6a)이었다. 곧 '감'은 지금 우리가 말하는 감색이다. 이 점에서는 금주와 다산의 견해가 같다. 그러므로 본문에 나오는 네 글자 중 셋은 한글로도 해당 색을 가리킨다. 단지 '추색'이라는 말은 한글에 없으므로 위에서는 '추'를 '짙은 붉은색(에 검은 빛이 도는 색)'이라고 옮겼다.

그러면 왜 공자는 감색이나 짙은 붉은 색(추색)의 비단으로 장식하지 않았는가? 여기에서 장식한다는 것은 옷의 깃이나 소매, 끝단을 비단으로 장식하는 것을 말한다. 이를 두고 고주는 '감'과 '추'가 각각 재계를 위한 옷이나 상복에 사용되므로 혼란을 막기 위해서 그렇게 했다고 했다. 금주도 고주의 설명을 받아들였다. 하지만 다산은 이미 '감'과 '추'가 전혀 다른 색임을 밝혔기 때문에 이 설명을 받아들일 수 없었다. 비슷한 궁금증으로 공자는 또 왜 홍색이나 자색의 비단으로 평상복을 만들지 않았는지를 질문할 수도 있다. 이 문제를 놓고 고금주가 공유하는 해설은 홍색이나 자색이 이른바 정색이 아니라 간색이므로 평소 몸가짐을 바르게 해야 하는 군자, 곧 공자가 꺼렸다는 것이다. 여기에서 정색이란 청색, 백색, 적색, 흑색, 황색이다. 보통 이것을 오방색이라고도 하는데, 옛날에는 이 색들이 위에 거론된 순서대로 각각 동방, 서방, 남방, 북방, 중앙의 다섯 방위(오방)를 상징한다고 보았기 때문이다. 간색은 이들 색 사이에 있는 색으로 청색과 백색의 사이에는 벽색이 있고, 백색과 적색의 사이에는 홍색이 있고, 적색과 흑색의 사이에는 자색이 있고, 흑색과 황색 사이에는 고동색이 있으며, 황색과 청색 사이에는 녹색이 있다. 과연 본문의 홍색과 자색은 간색이 맞고, 그렇다면 고금주의 설명대로 공자는 간색을 꺼려한 것일 수도 있다.

하지만 다산이 보기에 이런 설명은 이치에 맞지 않는다. 공자가 "자색이 붉은 색(朱)을 빼앗는 것을 미워한다"(17.17)라고 말하기는 했어도 그것이 고금주를 정당화하지는 못한다. 다산이 보기에는 주색도 적색과 황색 사이에 있는 간색이기 때문이었다. 뿐만 아니라 경전을 보면 옅은 푸른색, 푸르스름한 황색 등 온갖 간색의 비단으로 다양한 옷을 지어 입었음을 알 수 있다. 그러므로 간색이라고 해서 평상복이 안 된다는 주장은 성립하지 않는다. 무엇보다도 『예기』에는 "웃옷은 정색으로 하고, 치마는 간색으로 한다"(『예기주소』, 29:26b)라는 말이 있다. 공자가 간색을 싫어하여 그런 색의 비단으로 평상복을 만들어 입지 않았다면 이런 말이 경전에 기록될 리가 없다. 더욱이 다섯 가지 색깔을 오방에 비유하고 무슨 상승이니 상극이니 하면서 그것들로부터 파생된 간색을 또 다시 오방에 비유하는 일은 다산의 눈에 얼토당토 않는 일이었다.

> 목이 토를 이기고, 화가 금을 이긴다는 설 같은 것에 무슨 실리實理가 있다고 녹색을 금하고 홍색을 금하는 것이 이토록 준엄하다는 말인가? 선왕에게는 이런 법도가 없었다.

이 인용문에 '실리'라는 말이 나온다. 『다산 논어』는 다산학을 실리학으로 규정하기 때문에 이런 발언의 의미가 각별하다. 이 점은 이미 서술했다 (7.35). 어쨌든 그러면 다산이 보기에 공자가 감색과 짙은 붉은 색, 홍색과 자색의 비단으로 장식하거나 평상복을 만들기를 꺼려한 이유는 무엇인가? 다산은 이렇게 대답한다.

> 공자가 감색과 짙은 붉은 색으로 장식하지 않고, 홍색과 자색을 입지 않은 것은 그 색깔의 선명함과 매혹됨이 너무 지나치기 때문이다. 어찌 간색이기 때문이겠는가?

쉽게 말해서 이 색들이 너무 자극적이었으므로 꺼렸다는 말이다. 간명해서 이해하기 쉽고, 그럴 법도 하다. 이 주장은 '원의총괄'에 "감색과 짙은 붉은 색, 홍색과 자색의 비단을 사용하지 않은 것은 간색이기 때문이 아니다"라고 요약되었다.

한편 이 장에 따르면 공자는 더울 때 홑겹의(絺) 가늘거나(絺) 굵은(綌) 베옷을 입었다. 지금도 여름에 베옷을 입는데, 그것과 유사하다. 하지만 베옷을 입으면 살이 비친다. 따라서 밖에 나갈 때는 몸을 가리기 위한 조치를 취해야 하는데, 그것이 '표表'다. 그런데 고주와 금주는 이 글자를 다르게 풀이한다. 고주에서는 '겉옷을 입다'라는 뜻이다. 위에서 옮긴 것처럼 다산은 고주를 따랐다. 반면 금주에서는 '밖으로 드러내다'라는 뜻이다. 곧 공자는 여름에 베옷을 밖으로 드러내놓고 외출을 했다는 것이다. 물론 몸을 가려야 하므로 베옷 안에 속옷을 입었다. 참고할 수 있다.

10.7

검은 석의는 흰 새끼양 갖옷에 입고, 흰 석의는 누런 새끼사슴 갖옷
에 입었으며, 황색의 석의는 하얀 여우 갖옷에 입었다. 몸에 닿는 갖
옷은 길이가 길었으나 오른쪽 소매는 짧게 했다.

緇衣, 羔裘. 素衣, 麑裘. 黃衣, 狐裘. 褻裘長, 短右袂.

앞 장에 이어 이 장도 역시 공자의 옷 입는 방식을 보여준다. 이 장의 앞부
분은 특히 제사를 제외한 공식 행사, 가령 조회에 참석한다든가 사신을 맞
는다든가 할 때 입었던 관복을 다룬다. 형병에 따르면 옛날 관복을 입는 방
법은 먼저 속옷이라고 할 수 있는 명의明衣를 입고, 그 위에 명의를 가리기 위
한 중의中衣를 입고, 그 위에 겨울에는 갖옷(裘) 여름에는 베옷을 입되 짐승
털을 덧대 만든 갖옷을 입을 경우는 그 위에 석의裼衣를 입고, 그리고 마지막
으로 자신의 지위에 맞는 조복을 입는다. 갖옷 위에 입는 옷을 석의라고 하
는 이유는 마치 몸통을 드러내기 위한 것처럼(裼) 일부러 소매를 없애서 밑에
있는 갖옷의 아름다움을 볼 수 있도록 하기 때문이다. 위에 나오는 세 종류
의 옷(衣)은 모두 갖옷 위에 입는 석의를 가리킨다. 갖옷을 입을 수 없는 더운
때는 갖옷과 석의 대신 단순히 베옷을 입었으므로 이 장은 날이 선선하거나
추울 때 공자가 관복을 입는 방식을 보여주는 셈이다. 이때는 갖옷과 석의를
함께 입으므로 둘의 조화에 신경을 썼는데, 공자는 위에 묘사된 대로 조화
를 이루려고 했다.

그런데 이 조화에 대한 다산의 이해가 고주나 금주와 다르다. 앞 장에서처
럼 역시 색깔이 문제다. 물론 '치의緇衣'나 '소의素衣' '황의黃衣'에 대한 다른 해
석은 있을 수 없다. 그것들의 색깔은 너무나 분명하다. 고주는 공자가 이들 석
의를 각각 검은 양 갖옷(羔裘), 새끼사슴 갖옷(麑裘) 그리고 여우 갖옷(狐裘)과

조화시키기 위해서 입었다고 하면서 조화를 이룬 방법은 색깔을 맞추는 것, 곧 같은 색깔의 석의와 갖옷을 입는 것이라고 해설했다. 그러므로 고주에서 검은 양 갖옷은 검은색이고, 새끼사슴 갖옷은 흰색, 여우 갖옷은 황색이다. 금주는 별다른 논평 없이 고주를 그대로 받아들였고, 이것이 다산 이전의 지배적 이해였다.

하지만 다산은 도전적이며, 언제나 비판하고 새롭게 읽으려고 한다. 여기에서 그의 비판은 다시 그의 경험에 기반한 듯이 보인다. 한마디로 그가 경험한 양은 대부분 흰 것이다. "양이나 새끼양의 색은 희지 않은 것이 없다. 그중 검은 것은 요행으로 만날 뿐이다." 물론 '고羔'는 검은 양을 가리킬 수 있다. 고주는 그렇게 읽었다. 하지만 '고'의 원래 뜻은 양의 새끼다. 그렇다면 새끼양의 털을 덧대 만든 갖옷을 꼭 흑색이라고 볼 필요는 없다. 다산이 본 대부분의 양은 흰색이기 때문이다.

이런 의문을 가졌던 다산은 『예기』 「옥조」에서 "임금은 흰색의 여우 갖옷을 입는다"(『예기주소』, 30:1a)라는 말을 발견했다. 본문에 '여우 갖옷'이라는 말이 있는데, 「옥조」는 친절하게도 그것이 흰색이라는 정보를 주었다. 그에 비해 고금주에서 본문의 여우 갖옷은 황색이다. 고금주는 공자가 갖옷과 석의를 같은 색으로 통일했다고 생각했기 때문이다. 하지만 「옥조」는 그것이 흰색이라고 했다. 이 기사를 발견하고 다산은 갖옷과 석의의 색을 조화시키는 방법이 고금주에서 말하는 것과 다를 수 있다고 판단했다.

그가 보기에 석의의 '석裼'이라는 글자는 '몸통을 드러내다'라는 뜻과 함께 '바꾸다(易)'라는 뜻을 가진다. 그렇다면 공자는 갖옷 위에 석의를 입을 때 갖옷과 다른 색의 석의를 입는 방식으로, 곧 그 색을 바꾸는 방식으로 조화를 도모했을지 모른다. 이 추측은 한국의 새끼양(羔)이 대부분 흰색이기 때문에 더욱 타당하다. 이 새끼양으로 만든 갖옷은 흰색일 테고, 새끼양 갖옷이 흰색이라면 공자는 흰색의 갖옷을 검은 석의와 함께 입은 것이다. 그렇다면 본문의 새끼사슴 갖옷도 고주가 해설하는 것처럼 흰색이 아닐 것이다. 사실 한국의 사슴은 거의가 누런색이다. "사슴의 색은 짙은 황색이며, 오직 가죽의 반점만 살짝 희다. 선가에서 흰 사슴을 종종 말한다는 점에서 그런 사슴이 절대 없음을 알 수 있다." 그래서 다산은 새끼사슴 갖옷이 누런색이라고 생각했다. "오직 가죽의 반점만 살짝 희다"라는 말을 보면 다산이 이 장을 이해하기 위해 자신의 경험을 참고했음을 알 수 있다. 그러면 여우 갖옷은 어떤가? 한국에서도 여우는 대부분이 누런색이다. 하지만 경전에 임금이 하얀 여우 갖옷을 입었다고 했으므로 이 경우에는 희귀한 여우를 구해 하얀 갖옷을 만들었을 것이다. 결론적으로 다산은 본문에 나오는 세 가지 갖옷의 색을 순서대로 각각 백색, 황색, 백색으로 이해했다. 그것들을 각각 흑색, 백색, 황색으로 이해한 고금주와 완전히 다른 해석이다. '원의총괄'은 다산의 이 독특한 해석을 "석의와 갖옷은 반드시 그 색을 바꾸었다"라고 요약했다.

고주에 따르면 석의와 갖옷을 입는 세 가지 조합 방식 중 하나를 선택하는 규정이 있었다. 첫 번째 조합은 조정에서 조회에 참석할 때, 두 번째 조합은 매달 초하루 종묘에서 초하루와 관련된 전례를 거행할 때나 사신을 접대할 때, 세 번째 조합은 음력 섣달 한 해를 감사하는 제사를 조상에게 지내고 백성을 호궤할 때 선택했다. 하지만 다산은 경전에 이런 설명과 배치되는 경우가 많이 있음을 확인하고는 언제 어떻게 특정한 조합을 선택했는지는 알 수 없다고 결론을 내렸다. 사실 옛날 제도를 고찰할 때는 경전의 기록과 실제 사이의 차이만 아니라 경전과 경전 사이에서도, 또 실제와 실제 사이에서도 일일이 다 고찰할 수 없는 차이가 있으므로 알 수 없다고 말하는 것이 더 합리적일 때가 많다.

이 장의 뒷부분에 대한 다산의 해석도 독특하다. 고금주는 본문의 '설구褻

裘'가 평소 집에서 입는(褻) 갖옷을 가리킨다고 했으나 다산은 '설褻'이 원래 거리낌이나 가림이 없는 것을 의미한다는 점에 주목하여 '석의 없이 입는 갖옷', 곧 "몸에 닿는 갖옷"이라는 의미로 이해했다. 앞 장에 나온 '설복褻服'이라는 말이 평소 입는 옷을 가리키게 된 것도 사가에서 입는 옷은 관복이나 제복에 비해 가리는 것이 없기 때문이었다. 다산은 공자가 이런 종류의 갖옷을 언제 어느 곳에서 입었는지는 구체적으로 설명하지 않았다. 단지 이런 종류의 갖옷 길이가 길었던 것(長)은 허리가 드러나지 않도록 하기 위해서였고, 오른쪽 소매가 짧았던 것(短)은 많이 쓰는 오른손의 움직임을 편리하게 하기 위한 것이라는 점은 부연했다. 짧은 오른쪽 소매에 대한 설명은 고주와 같고, 길이에 대한 설명은 다시 독특하다.

10.8

반드시 잠옷을 입었는데 길이가 한 길 반이었으며, 두꺼운 여우와 담비 가죽을 깔고 앉았다.

必有寢衣, 長一身有半. 狐貉之厚以居.

고주는 '침의寢衣'를 이불로 보았다. 모기령에 따르면 이불을 '옷(衣)'이라고 한 것은 옷은 낮에 사용하는 이불이고, 이불은 밤에 사용하는 옷이기 때문이다(『논어계구편』, 4:15a). 하지만 다산은 이불을 가리키는 글자가 이미 존재하므로(衾, 裯) 이렇게 돌려 말할 필요가 없다고 보고 금주를 따라 '침의'를 잠옷으로 보았다. 금주에 따르면 이렇게 긴 잠옷의 남는 자락은 접어서 발을 덮는 데 사용했다고 한다. 다산도 이 설명을 받아들였다. 단지 다산은 본문의 '거居'를 '집에 거처하다'라는 뜻으로 본 고금주와 달리 '앉다'라는 의미라고 콕 집어 정의했다. 뜻을 이해하는 데는 큰 차이가 없다.

한편 금주는 이 장의 앞부분, 잠옷에 관한 두 구절이 나중에 나오는 "재계할 때는 반드시 명의를 입었으니 베로 만든 것이었다"(10.13)라는 말 뒤로 가야 한다고 주장했다. 그렇게 되면 공자의 명의와 침의가 함께 소개되고, 이 장에 나오는 가죽 깔개와 앞 장에 나오는 갓옷도 서로 더 잘 연결된다. 다산은 이 설을 분명히 반대하지도 받아들이지도 않았다. 갓옷과 석의를 함께 거론한 것으로 봐서 앞 장은 선선하거나 추울 때 공자가 관복 입는 방법을 보여주는데, 여기에서 나오는 잠옷이나 깔개 역시 선선하거나 추울 때 사용한다. 두 장 사이에 연관이 있다. 금주의 주장대로 이 장의 일부를 뒤로 옮기면 뒤의 여러 구절이 깔끔하게 병렬되기는 하지만 옛날 글에서는 너무 깔끔한 것도 의심을 부른다.

10.9

상을 벗으면 패옥을 하지 않는 것이 없었다.

去喪, 無所不佩.

여기에서 '패佩'는 '패옥을 하다' 혹은 '옥을 패용하다'라는 동사로 봐야 한다. 다산이 인용한 대로 『예기』「옥조」에 군자가 옥을 패용하는 법에 대한 기록이 있다. "옛날 군자는 반드시 옥을 패용하여 왼쪽에서는 치와 각 소리가 나도록 하고, 오른쪽에서는 궁과 우 소리가 나도록 했다"(『예기주소』, 30:19a). 허리에 끈을 매어 옥을 늘어뜨리되 옥 사이에 방울 같은 것(衝牙)을 두어 그것이 옥에 부딪칠 때 오음의 소리가 나도록 했다는 것이다.

옛날에는 연고 없이 패옥을 제거하지 않았는데 하나의 예외가 상을 입는 경우였다. 그러므로 공자는 상을 벗으면 곧바로 다시 옥을 찼다. 본문에서 "하지 않는 것이 없었다"라고 했으므로 공자가 온갖 종류의 옥을 패용했음을 알 수 있다. 다산의 견해다. 금주는 공자가 패용한 물건 중에 매듭을 푸는 작은 송곳과 부싯돌 같은 것도 포함된다고 했다. 혹시 윗사람이 필요로 할 경우를 대비해서 어린 사람이 항상 휴대하고 다닌 물건이었다. 하지만 다산은 여기 기록된 공자가 어린 공자가 아니므로 그렇게 볼 수 없다고 판단했다.

10.10

수레의 휘장이 아니면 반드시 허리의 폭이 감쇄되도록 했다.

非帷裳, 必殺之.

이 장에 대한 다산이 해석이 얼마나 고금주와 다른지는 고금주에 따라 본문을 옮기면 금세 알 수 있다. "조복이나 제복의 치마(帷裳)가 아니면 반드시 잘라 꿰매도록(殺) 했다."

보통 옷을 만들려면 원단을 재단하여 재단한 옷감을 바느질하게 된다. 옛날 남자의 치마를 만들 때도 마찬가지여서 원단을 재단할 때 허리 부분의 너비가 치마 끝단 너비의 반이 되도록 재단한 뒤에 앞뒤의 옷감 두 쪽을 양 옆으로 꿰매면 치마가 완성되었다. 이때 솔기가 생기는데, 솔기가 보이는 부분은 옷 안쪽으로 가도록 해서 밖에 보이는 부분이 더 보기 좋도록 했다. 그런데 이러한 제작 방법을 적용하지 않는 한 가지 예외가 있었다. 바로 조복이나 제복의 치마를 만들 때였다. 이때는 원단을 재단하지 않고 정폭을 그대로 사용하되 허리의 너비가 치마 끝단의 너비와 같을 수는 없으므로 주름을 잡아 허리를 좁혔다. 이런 종류의 치마는 장방형의 장막(帷)과 같은 원단을 그대로 사용하기 때문에 '유상帷裳'이라고 했다. 공자는 이런 종류의 치마를 제외하고 모든 종류의 치마, 가령 심의의 치마라든가 상복의 치마는 모두 원단을 잘라 위에 설명한 것처럼 꿰매도록 했다. 이렇게 원단을 잘라 꿰매는 것을 쇄봉殺縫이라고 하는데, 본문의 '쇄殺'가 그것을 의미한다. 이것이 고금주의 설명이었다.

그러나 다산은 본문의 '쇄'를 '쇄봉하다'라는 의미로 보지 않는다. 그에게 '쇄'는 '감쇄하다'라는 뜻으로 치마의 허리 너비가 끝단의 너비보다 줄어드는 것을 의미한다. 옛날 복식에서는 모든 치마의 허리 너비가 끝단의 너비에 비해 작으므로 모든 종류의 치마를 만들 때는 반드시 허리의 폭이 감쇄되도록 하는(殺) 작업이 있었다.

> 무릇 치마(裳)라고 이름한 모든 옷은 반드시 허리의 폭을 감쇄한다. 때로는 주름을 잡아서 그렇게 하고, 때로는 폭을 잘라서 그렇게 한다. 무릇 아래가 넓고 위가 좁은 것을 '쇄'라고 한다.

'상裳'이라는 이름이 붙은 것은 모두 이러한 감쇄의 과정을 거친다. 하지만 '상'이라는 이름이 붙은 것 중에 예외가 있다. 그것이 바로 '유상', 곧 수레의 휘장이다. 수레의 휘장은 밖에서 수레 안을 보지 못하도록 하는 데 목적이 있으므로 재단을 하거나 주름을 잡지 않고 원단을 그대로 사용하며, 따라서 폭이 감쇄되지 않는다. 본문의 '유상'이 바로 이것을 가리킨다. 결국 이 장은 공자가 치마를 만들 때 예외 없이 허리의 폭이 감쇄되도록 했다는 것을 보여준다. 공자가 그렇게 한 이유는 당시 사람들이 치마에 주름을 많이 넣어 치마를 만들었고, 이것이 옷감을 낭비하는 사치였기 때문이다. 이제껏 없었던 이 장에 대한 다산의 참신한 독해는 이렇게 태어났다. '원의총괄'은 이 독법을 "'유상'은 수레의 휘장이다"라고 요약했다.

다산은 자기 해석이 '원의'를 드러냈다는 것을 증명하기 위해 언제나 그런 것처럼 경전을 뒤져 '유상'이라는 말이 어떻게 사용되었는지 검토했다. 검토 결과 '유상'이 장막의 휘장을 가리키는 경우는 발견되었으나 조복이나 제복의 치마를 가리키는 경우는 발견되지 않았다. 또 고주는 조복이나 제복은 정폭을 그대로 사용하되 주름을 잡아 허리의 넓이를 줄인다고 했으나 다산은 주름을 잡는 경우에도 옷감을 재단하는 경우가 있음을 확인했다. 고주는 심의나 상복의 경우에는 재단한다고 했으나 다산은 상복의 경우 주름을 잡는 경우도 있음을 확인했다. 이러한 조사를 마친 후 그는 공자가 모든 종류의 남자 치마를 만들 때 허리의 폭이 감쇄되도록 했다는 사실 이외에 다른 세절은 "감히 말할 수 없다"라고 결론지었다.

10.11

새끼양 갓옷과 검은 관으로는 조문하지 않았다.

羔裘玄冠, 不以弔.

옮긴 것으로만 보면 고금주와 다산이 달라 보이지 않지만 이 장에 대한 다산의 해석은 다시 완전히 독창적이다. '원의총괄'은 그의 해석을 "새끼양 갓옷과 검은 관으로는 조문하지 않았다'라는 말은 소렴이 끝나지 않았을 때 조문하는 일과 관련된다"라고 요약했다.

　고금주가 설명하는 것처럼 종래 이 장은 공자가 조문할 때 검은 옷을 입거나 검은 관을 쓰지 않았다는 의미로 이해되었다. 과거 모든 길사, 가령 조회나 제사 같은 행사의 참석자는 항상 검은 옷을 입었고, 따라서 검은색은 길상을 상징하는 색이었기 때문이다. 앞에서도 언급한 것처럼(10.7) 고금주에서 '고구羔裘'는 검은 양의 털을 덧댄 갖옷이다. 당연히 그 색이 검다. 길사와 달리 상사에는 상주나 조문객을 막론하고 모두 색깔과 장식이 없는 소복을 입었다. 그들의 슬픔은 아무런 장식이 없는 순수한 것이기 때문이다.

　그렇지만 다산은 만약 이 장이 조문할 때 검은 옷이나 검은 관을 피하라는 교훈만을 준다면 가르침이 너무 단순하다고 보았다. 그에게 이런 지침은 지극히 상식적이었다. "비록 공자가 아니더라도 검은색 갖옷과 검은 관으로 남을 조문할 사람은 없을 것이다." 다산의 눈에 『논어』의 모든 구절은 예외 없이 심장한 뜻을 가지므로 그는 이 장에도 반드시 비상한 가르침이 있다고 생각했다.

　다산은 상례에 무척 밝았다. 유배된 뒤 그가 가장 먼저 연구했던 것이 유교의 상례였고, 『논어고금주』를 쓸 무렵 그는 이미 고금의 상례를 꿰뚫고 있었다. 그래서 그는 상주가 소렴 이전에는, 곧 망자에게 옷을 입히는 두 가지 의식 중 하나로 대렴보다 먼저 행해지는 의식 이전에는 상복으로 갈아입지 않는다는 사실을 알았다. 소렴은 망자가 사망했음을 공식적으로 선언하는 행위여서 그 이전에는 망자가 소생할 수 있다는 희망을 버리지 않는 것이 예였기 때문이다. 상주는 소렴 이후에야 상복으로 갈아입고 상을 본격적으로 치른다. 따라서 다산에 따르면 옛날에는 부음을 듣고 소렴 이전에 조문을 하는 사람들은 평상복을 그대로 입었다. 상주가 아직 상복을 입지 않았기 때문이다. 하지만 공자가 보기에 이것은 잘못된 관습이었다. 소렴 이전에 상주는 상복은 아니지만 이미 평상복을 벗고 희고 담담한 색깔의 옷으로 갈아입는 다. 그렇게 함으로써 상주는 이미 상사에 임하고 있음을 보여준다. 그러므로 소렴 이전에 조문을 하는 사람도 검은 옷과 검은 관 같이 순전히 길상을 상 징하는 옷차림을 해서는 안 된다. 공자는 사람들의 이런 잘못된 행동에 경종 을 울리기 위해서 "새끼양 갖옷과 검은 관으로는 조문하지 않았다." 이것이 다산이 이 장에서 발견한 비상한 가르침이었다.

그런데 다산은 앞에서 이미 '고구'가 흰 새끼양 갖옷이라고 주장했다 (10.7). 그러므로 해석의 일관성을 생각한다면 그것은 여기에서도 흰 옷이어 야 한다. 그렇지만 그것이 흰 옷이라면 소렴 이전 조문하는 복식으로 전혀 문제가 없으며, 공자도 그것을 꺼릴 이유가 없다. 이렇게 해서 얼핏 보면 다산 은 난관에 봉착한 듯이 보인다. '고구'는 흰 갖옷이어야 하지만 공자가 왜 조 문할 때 그것을 입지 않았는지도 설명해야 하기 때문이다. 이 난제를 놓고 다 산은 절묘한 해법을 준비했다. "흰 새끼양 갖옷은 검은 석의를 위에 끼어 입 는다." 다산의 해석에 따를 때 공자가 흰 새끼양 갖옷 위에 검은 석의를 입었 다는 것은 앞 장이 이미 증언했다(10.7). 따라서 이 장에서 공자가 흰 새끼 양 갖옷을 언급했다면 이미 검은 석의를 위에 입었음을 알 수 있다. 결국 '고 구' 자체는 흰 새끼양 갖옷을 의미하지만 이 장에서는 궁극적으로 검은 옷 이 된다. 물론 갖옷과 석의를 함께 입는 것은 정식으로 관복을 착용할 때다. 그렇다면 조문을 할 때도 공자는 관복을 입었는가 하는 질문은 여전히 남아 있다.

10.12

매달 초하루에는 반드시 조복을 입고 조회했다.

吉月, 必朝服而朝.

'길월吉月'은 매달 초하루를 가리킨다. 간단한 장이지만 이 장에서도 다산은 고주와 전혀 다른 해석을 시도한다. 고주에서는 본문의 '조복朝服'이 피변복皮弁服을 가리킨다. 피변복은 하얀 사슴 가죽으로 만든 가죽모자(皮弁)에 맞춘 복색으로 검은 요대를 제외한 상하의의 색깔이 희다. 이 복색은 용곤이나 현단 같은 최상위 예복에 비해 단지 한 등급 낮은 것으로 주 천자나 제후가 주요한 전례를 거행할 때 착용했다. 특히 『예기』 「옥조」에 따르면 노나라와 같은 제후국의 임금은 매달 초하루에 거행되는 시삭에서 이 복식을 착용했다(『예기주소』, 29:6b). 시삭이란 조묘에 보관되어 있던 책력을 꺼내 선왕에게 초하루임을 고하고(告朔), 이어 제사를 지내며(朝享), 제사가 끝난 뒤 임금이 나라 일에 대한 신하들의 토론을 듣는(聽朔) 절차를 말한다. 고주에 따르면 이때 신하도 임금과 마찬가지로 피변복을 입었다. 임금과 신하가 마음을 같이 함을 보여주기 위해서였다. 그런데 노나라는 문공 16년인 기원전 611년부터 시삭의 전례를 거행하지 않았고, 공자 때에 와서는 그런 전례가 있었는지조차 모를 정도가 되었다. 공자는 이 의례를 아름답게 여겼으므로 매달 초하루 조회가 있을 때마다 사라진 전통을 기억하며 피변복(朝服)을 입고 임금을 뵈었다.

그러나 다산은 고주에 만족하지 않았다. 가장 큰 문제점은 시삭이라는 중요한 전례에서 임금과 신하가 피변복이라는 같은 복색을 한다는 점이었다. 다산이 보기에 이것은 강상을 어지럽히는 일이며, 상하존비의 질서를 엄격히 반영하여 복색을 정하는 유교에서는 있을 수 없는 일이었다.

각각 다른 복색을 안배하고 차등을 둠에 그 등급이 명백한데, 공자가 피변복을 조복으로 삼았다니 가한 말인가?

이 문제와 관련하여 다산은 이미 문공 이후 노나라가 시삭을 하지 않았다는 설이 잘못임을 밝혔다(3.17). 문공이 병 때문에 이 전례 중의 일부, 곧 청삭하는 일을 몇 년 간 그만둔 적은 있지만 이렇게 중요한 전례가 제후국 중에서도 고례가 가장 잘 보존되었다는 노나라에서 공자 당대까지 130년간이나 깡그리 무시되는 것은 상상할 수 없는 일이었다. 그래서 다산은 공자 당대에도 노나라는 시삭을 했다는 결론을 내렸다. 이것이 사실이라면 고주는 전제부터 잘못이다. 고주는 사라진 고례를 기억하기 위해서 공자가 피변복을 입었다고 했기 때문이다.

이 시점에서 「향당」을 대하는 다산의 기본 입장을 기억할 필요가 있다. 그에게 「향당」은 공자의 일상에 대한 단순한 기록이 아니다. 공자의 일거수일투족에는 항상 선왕의 제도를 보존하려는 노력이 숨어 있다. 한마디로 「향당」에 기록된 일상 속 공자의 모든 행동에는 가르침이 담겨 있다. 「향당」을 이렇게 이해하는 점에서는 고주도 어느 정도 다산과 같다. 그렇기 때문에 고주와 다산은 얼핏 보기에 사소한 공자의 일상을, 그 함의를 열심히 설명했다.

하지만 금주는 달랐다. 근본에 주목하는 도학자들은 성인 공자의 일상을 존경하면서도 「향당」이 지나치게 세세한 절도를 다룬다고 보았고, 그래서 숨은 가르침을 찾는 데 열정적이지 않았다. 가령 앞에서부터 이어지는 공자의 옷 입는 방식을 다 읽은 소식은 금주에서 "이것은 공자 집안에서 전해진 글이니 세세한 예를 잡스럽게 기록한 것이며, 공자만의 일은 아니었다"라고 심드렁한 논평을 남긴다. 다산이 보기에 이러한 논평은 성인에 대한 오해이며 모독이었다. 그래서 다산은 이 장과 같은 간단한 기록에서도 숨은 가르침을 찾으려고 했다. 고주도 마찬가지 목적에서 공자가 사라진 시삭의 전례를 기억하기 위해 피변복을 입고 조회했다고 주장했다. 물론 이미 설명한 대로 다산은 고주를 받아들이지 않았다. 그러면 그가 발견한 가르침은 무엇이었나?

다산은 시삭을 위해 신하가 임금과 같은 피변복을 입는 관례가 있었음을 인정한다. 그리고 그의 눈에는 바로 그것이 문제였다. 곧 노나라에서는 시삭을 할 때마다 신하가 임금과 같은 복색을 입고 종묘에 나타나는 기괴한 일이 벌어졌다. 그것은 능상이었으며, 공자가 바로잡고자 한 잘못이기도 했다. 그래서 공자는 다른 신하가 피변복을 입고 시삭에 참여하려고 공실로 향할 때 검은 관과 검은 웃옷과 하얀 치마로 구성되는 전형적인 조복을 입고 공실의 문에 들어섰다. 곧 다산에게 본문의 '조복'은 피변복이 아니라 그보다 한 등급 아래인 통상의 조복을 의미했다. 이때 노나라 군주는 예에 따라 피변복을 입고 있었으므로 공자를 통해 군신 간의 위계가 저절로 드러났다.

> 당시 사람들이 이 예를 알지 못해 초하루에도 혹 피변복으로 임금을 뵈어 태묘에서 군주와 신하가 복식을 같이하는 일이 일어났으니 비례 중에서도 큰 것이다. 그래서 공자는 반드시 통상의 조복을 입고 조회했다.

이것이 이 장에서 다산이 시도한 다른 해석, '원의총괄'이 "매달 초하루에 조복을 입은 것은 감히 군주와 신하가 같은 복색을 입을 수 없었기 때문이다"라고 요약한 참신한 해석이었다.

10.13

재계할 때는 반드시 명의를 입었으니 베로 만든 것이었다. 재계할 때는 반드시 먹는 것을 바꾸었고, 기거할 때는 반드시 앉는 곳을 바꾸었다.

齊必有明衣, 布. 齊必變食, 居必遷坐.

이 장은 제사 전 재계(齊)할 때 공자가 어떠한 모습이었는지를 보여준다. 모든 종교는 신을 접하기 전 세속에 더러워진 심신을 정화하는 과정을 갖는데, 유교의 경우 재계가 그에 해당한다. 고례에서는 대개 제사를 거행하기 이레 전부터 일주일 동안 몸을 깨끗이 하고 마음을 정돈하여 신명을 맞이할 준비를 했다. 이와 관련하여 공자가 보존하려고 했던 고제는 명의를 입는 것이었다. 재계를 하는 사람은 목욕을 먼저 하는데, 목욕이 끝난 뒤에 베로 만든 명의를 입었다는 것이다. 명의는 몸 위에 직접 걸치며, 그 상의가 무릎까지 내려오고 하의는 발등을 덮기 때문에 명의를 입으면 몸을 완전히 감싸게 된다. 더러움을 차단하는 의미가 있으며, 옷감 중에 베가 가장 정결하기 때문에 베로 만든다. 고주에서 공안국은 명의가 목욕할 때 입는 옷이라고 했으나 다산은 욕의는 따로 있고, 명의는 목욕 후에 입는다고 수정했다. 형병도 다산과 같았다. 이 옷을 명의라고 한 것은 그것을 입음으로써 "그 몸을 명결하게 보존할 수 있기 때문(고주)"이며 또 "그것이 신명과 교류하는 데 쓰이기 때문(다산)"이다. 망자에게 저승 갈 옷을 입힐 때 가장 먼저 입히는 옷도 명의인데, 그것 "역시 망자가 신명과 사귀는 도가 있기 때문(다산)"이다.

　재계는 먹고 기거하는 일에도 적용된다. 본문에 따르면 재계하는 도중 공자는 평소 먹던 것과는 다른 음식을 먹었고, 기거할 때도 평소 앉는 곳이 아닌 별도의 장소에 앉았다. 다른 음식을 먹었다는 것은 금주가 설명한 대로 술을 멀리하고 냄새나는 음식을 피했다는 뜻이다. 다산은 금주의 설명이 안회의 재계를 묘사한 『장자』의 기록에서 나왔다고 판단했다(『장자주』, 2:8b). 주희가 『장자』에 기반하여 『논어』를 설명했다는 판단은 도가에 관대하지 않고는 내릴 수 없다.

10.14

밥은 정미한 것을 싫어하지 않았고, 회는 잘게 썬 것을 싫어하지 않았다. 밥이 쉬어서 고약한 냄새가 나거나 생선이 상했거나 고기가 썩었으면 먹지 않았다. 빛깔이 좋지 않으면 먹지 않았고, 냄새가 좋지 않으면 먹지 않았다. 잘못 익힌 것은 먹지 않았고, 먹을 때가 아니면 먹지 않았다. 똑바로 자르지 않은 것은 먹지 않았고, 맞는 장으로 만들지 않았으면 먹지 않았다. 고기가 비록 많더라도 밥 기운을 이기지 않도록 했다.

食不厭精, 膾不厭細. 食饐而餲, 魚餒而肉敗, 不食. 色惡, 不食. 臭惡, 不食. 失飪, 不食. 不時, 不食. 割不正, 不食. 不得其醬, 不食. 肉雖多, 不使勝食氣.

고주는 이 장도 재계와 관련되었다고 보고 앞 장과 묶어서 설명했다. 그러므로 고주에 따르면 이 장은 재계하는 도중 공자의 식생활을 보여준다. 재계 중에는 매사를 신중히 대해야 하고, 또 음식을 잘못 먹어서 병이 나면 제사를 지내는 데 어려움이 있으므로 특별히 더 조심해야 했다. 이 장을 평소 식생활의 기록으로 보면 공자는 꽤 까다로운 사람이 된다. 그래서 고주는 "평소에는 반드시 이렇게 하지 않았다"라고 했다. 하지만 다산은 생각이 좀 달랐다. 본문에 나오는 날것(膾)과 고기(肉)는 재계하는 도중 먹지 않는 음식이기 때문이었다. 그렇지만 다산도 "'싫어하지 않았다(不厭)'라는 말은 이런 것이 최선이었다는 의미지 반드시 이렇게 먹기를 원했다는 것은 아니다"라고 하여 공자가 음식에 까다로웠다는 인상을 약간이나마 불식시키려고 했다.

이 장에 대한 다산의 해석 중 독특한 것은 두 가지이다. "빛깔이 좋지 않으면 먹지 않았고, 냄새가 좋지 않으면 먹지 않은" 것은 그런 음식에 독이 있을까 염려해서 그랬다는 것이 그 하나고, "맞는 장으로 만들지 않았으면(不得其醬)"이라는 말을 고기나 생선을 먹을 때 곁들이는 장을 옳게 준비하지 못한 것으로 이해하는 고금주와 달리 음식을 만드는 과정에서 넣어야 할 장을 제대로 사용하지 않은 것으로 본 것이 다른 하나다. 다른 구절을 두고는 고주를 따르기도 하고, 금주를 따르기도 했다. 그러므로 고주나 금주 어느 하나만 참고하면 위에 옮긴 것과는 다른 방법으로, 곧 다산이 받아들이지 않은 방법으로 특정한 구절을 읽게 된다. 예를 들어 고주는 본문의 '정(精)'이 쌀을 정미한 것이 아니라 정갈한 것을 의미한다고 했다. 금주는 '애(餲)'가 냄새가 나는 것이 아니라 맛이 변한 것을 의미한다고 했다. 고주는 빛깔과 냄새가 좋지 않다는 것이 앞에 나오는 밥과 고기를 의미한다고 했으나 다산은 받아들이지 않았다. 황간과 금주는 '불시(不時)'가 제철이 아닌 음식을 가리킨다고 했으나 다산은 받아들이지 않았다. 고주는 '할부정(割不正)'이 고기를 자를 때 예에 규정된 대로 자르지 않은 것을 의미한다고 했으나 다산은 받아들이지 않았다. 서진시대의 경학자 강희는 '할부정'이 도축할 때 올바른 법도대로 하지 않은 것을 의미한다고 했으나 다산은 받아들이지 않았다. 고주는 '기(氣)'가 밥을 조금 먹는 것을 의미한다고 했으나 다산은 받아들이지 않았다. 그러므로 다산을 통해 『논어』를 읽을 때는 사소하지만 다산이 어떤 의미를 택했는지를 잘 반영해야 한다.

10.15

오직 술에는 양을 정하지 않았으나 어지러운 데 이르지는 않았다.
파는 술과 시장에서 매매하는 포는 먹지 않았고, 생강 먹을거리를
상에서 물리지 않도록 했으나 많이 먹지는 않았다.

惟酒無量, 不及亂. 沽酒市脯不食. 不撤薑食, 不多食.

이 장에 공자를 호주가로 생각하게 만든 구절이 나온다. 고금주에 따라 그
부분을 옮기면 "오직 술에는 양이 없었으나(無量) 어지러운 데 이르지는 않았
다"라는 정도가 된다. 한마디로 공자는 무한정 술을 먹었지만 주사를 부리지
는 않았다. 그래서 금주에서 진력은 "술에 양이 없으면서도 어지러운 데 이르
지 않는 것은 우리 선생님이라야 가능한 일이었다"라는 논평을 남겼고, 원황
도 "술 먹을 때 양이 있으면서 어지럽지 않은 것에 무슨 어려움이 있겠는가?
오직 양이 없는데도 어지러움에 이르지 않는 것이 어려운 일이다"라고 하여
공자의 음주는 특출했다고 주장했다.

하지만 다산이 보기에 이것은 공자에 대한 오해이며, 그 오해는 이 장에
대한 오독의 결과였다. 오독에는 두 가지 이유가 있었다. 하나는 '양量'에 대
한 잘못된 풀이고, 다른 하나는 성인의 신비화다. 다산에 따르면 '양'은 명사
가 아니라 '양을 정하다'라는 동사로서 "술에는 양을 정하지 않았다(無量)"라
는 말은 얼마나 술을 마셔야 하는지를 미리 정해놓지 않았다는 뜻이다. 술에
는 여러 종류가 있고, 술잔도 가지가지여서 몇 병을 혹은 몇 잔을 마셔야 하
는지 미리 정하기가 어려웠기 때문에 공자는 미리 양을 정하지 않았다. 하지
만 그에게도 기준이 있었는데, 그것이 "어지러운 데 이르지는 않는" 것이었다.
말하자면 공자는 언제나 취하기 전까지만 술을 마셨고, 그를 통해 성인의 음
주는 어떤가를 보여주었다. 다산이 보기에는 이것이 옳은 독법이었다. 그럼

에도 불구하고 사람들이 여태껏 고금주를 받아들인 또 다른 이유는 술 마시는 문제에서조차 공자를 남들과 근본적으로 다른 사람으로 신비화하려는 맹목적 추종이었다. 날 때부터 아는 사람도 없고, 노력하지 않고 덕을 완성하는 사람도 없다는 합리적 사유를 가진 다산은 공자라고 해서 술을 무한정 마시고도 취하지 않는다고 믿지 않았다.

> 성인도 역시 사람이다. 마치 큰 고래처럼 술을 마신다면 어지러움을 보이지 않음이 없을 것이다.

성인도 사람이므로 고금주는 이치에 맞지 않는다. 그리고 이치에 맞지 않으면 다른 해석을 생각해봐야 한다. 이런 고민 끝에 다산은 이 장을 새롭게 읽었다. 많은 사람이 오랫동안 의심 없이 받아들인 독법이라도 이치와 상식에 맞지 않으면 다산은 언제나 비판적으로 검토했다.

이 장의 마지막 두 구절도 마찬가지다. 고주와 금주는 '불철강식 不撤薑食'을 "생강 먹는 것(食)을 거두지 않았다"라고 읽었다. 이 장을 재계할 때의 일로 읽은 고주는 재계할 때는 매운 것을 피해야 하지만 매운 것 중에서도 생강은 "냄새가 나지 않기 때문에" 공자가 먹기를 그만두지 않았다고 해설했다. 금주는 생강이 "신명과 통하고 더럽고 추악한 것을 제거해주기 때문에" 공자가 먹기를 그만두지 않았다고 해설했다. 하지만 생강은 정말 그렇게 특별한가? 아니다. 그래서 다산은 '강식薑食'을 하나의 단어로 보았다. 곧 '강식'은 지금도 종종 먹는 편강, 꿀에 생강을 재운 가벼운 먹을거리 같은 것을 가리킨다. '철撤'도 먹기를 그만두는 것이 아니라 상에서 그릇을 치우는 것을 의미한다. 따라서 '불철강식'은 식사를 마치고 그릇을 치울 때도 '강식'만은 상에서 물리지 않았다는 뜻이다. 일종의 후식이었기 때문이다. 하지만 생강을 많이 먹으면 기를 손상시키기 때문에 그것을 "많이 먹지는 않았다."

　이렇게 다산은 "많이 먹지는 않았다"라는 말도 생강 먹을거리와 관련된다고 보았다. 반면 고금주는 공자가 일반적으로 많이 먹지 않았고 그를 통해 군자는 배부름을 추구하지 않음을 보여주었다고 해설한다. 하지만 다산이 보기에는 이 해설도 이치에 맞지 않았다. 『논어』에 비록 "군자는 먹음에 배부름을 구하지 않는다"(1.14)라는 말이 있지만 다른 장에서는 공자가 "상사가 있는 사람 옆에서 먹을 때 배불리 먹지 않았다"(7.9)라고 했다. 이 말을 뒤집으면 "상사가 있는 사람 옆이 아니라면 성인도 역시 배불리 먹었다." 『예기』「잡기」에도 공자가 소시씨 집에서 배불리 먹었다는 기록이 있다(『예기주소』, 43:23b). 쉽게 말하면 성인이라고 배불리 먹는 것을 싫어할 이유가 없다. 단지 배불리 먹기 위해서 도덕을 버려야 한다면 그것은 하지 않는다. 이러한 합리적 성인관이 지금 소개한 다산의 다른 해석의 바탕이 되었다. '원의총괄'은 이 다른 해석들 가운데 '철'을 상에서 그릇을 치운다는 의미로 봐야 한다는 주장을 '원의'로 기록했다. "'불철강식'의 '철'은 음식을 치운다는 의미의 '철 徹'과 같은 글자로 읽어야 한다." 하지만 왜 그것을 이 장의 대표적 '원의'로 기록했는지는 의문이다. 한편 본문의 '고沽'와 '시市'는 모두 매매하다는 뜻이며, 파는 술과 포를 먹지 않은 것은 상인이 파는 물건을 믿을 수 없을 정도로 공자의 시대가 혼란했음을 보여준다. 다산의 해설이다.

10.16

공실에서 제사한 경우 받은 고기는 밤을 넘기지 않았고, 집에서 제사한 고기는 사흘을 넘기지 않았으니 사흘이 넘었으면 먹지 않았다.

祭於公, 不宿肉. 祭肉不出三日, 出三日, 不食之矣.

"공실에서 제사했다"라는 것은 공자가 공실의 제사를 도왔다는 말이다. 제사를 도운 사람에게는 신명이 흠향하고 남은 음식을 나누어주는데, 이 음식은 신명을 위해 만들었으므로 결국 신명이 준 선물이자 은혜다. 그러므로 이런 선물을 받았으면 곧바로 다른 사람과 나누어서 신명에게 감사한 마음을 표해야 한다. 집에서 제사할 때도 마찬가지다. 알다시피 이것을 신명이 준 복을 같이 나누어 먹는다는 의미에서 음복이라고 표현한다. 그런데 신명 때문에 얻게 된 고기를 오랫동안 묵힌다면 신명의 은혜를 업신여기는 것이다. 따라서 공자는 중요한 공실의 제사에 참여하여 얻은 고기는 하룻밤을 넘기지 않고 나누었으며, 집의 제사로 인해 생긴 고기는 사흘을 넘기지 않고 나누도록 했다.

이 장은 또 그런 고기가 사흘을 넘기면 공자가 먹지 않았다고 기록했다. 그 이유를 놓고 고금주는 모두 사흘이 지나면 고기가 상해서 버려야 하는데, 그러면 신명을 모독하는 행위가 되기 때문이라고 했다. 하지만 다산이 보기에 이런 설명은 이치에 맞지 않는다. 고기는 사흘이 지나도 상하지 않는 게 보통이었기 때문이다. 다산이 살던 조선의 겨울에는 심지어 열흘이 지나도 고기가 상하지 않는다. 그래서 다산은 "집안사람들이 고기를 보관했다가 다시 공자에게 진상하느라 남과 나누지 않는 것을 막으려고" 사흘이 지난 고기를 먹지 않았다고 판단했다. 고기를 먹을 수 없어서가 아니라 사흘 안에 다른 사람과 나누기를 재촉하려고 일부러 안 먹었다는 것이다. 역시 독창적인 추론이었다.

10.17

밥을 먹을 때는 토론하지 않았고, 누웠을 때는 말하지 않았다.

食不語, 寢不言.

본문의 '어語'와 '언言'은 모두 '말하다'라는 뜻이지만 종종 '어'는 묻는 말에 답하는 것, '언'은 스스로 말을 하는 것이라고 구별하기도 한다. 고주와 금주는 이 장의 '어'와 '언'도 그렇다고 했다. 그렇지만 아무리 식사 중이라도 다른 사람이 무엇을 묻는데 대답하지 않을 수 없고, 누웠다면 반드시 혼자일 텐데 스스로 말을 할 까닭도 없다. 곧 고주와 금주의 해석은 이치에 맞지 않는다. 그래서 다산은 『설문해자』를 주해한 서현(916~991)과 오규의 주장을 참고하여 여기에서 '어'를 논란하는 것 혹은 토론하는 것이라고 보았다. 그러므로 다산을 따라 『논어』를 읽을 때는 '어'에 대한 그의 독법이 다르다는 점을 반영해야 한다. 다산에 따르면 공자가 이렇게 한 것은 토론하고 말하는 것에도 적당한 때가 있기 때문이었다. 본문의 '침寢'은 '잠자다'라는 뜻이 아니라 '눕다'라는 뜻이다.

10.18

비록 거친 밥과 채소 국이라도 반드시 제사했으며, 반드시 경건한 모습으로 했다.

雖疏食菜羹, 瓜祭, 必齊如也.

다산은 이 장을 금주에 따라 읽었다. 비록 소박한 음식이라도 공자는 그런 음식을 먹게 해준 선조와 음식을 만든 인류의 조상에게 감사하는 의미에서 제사를 드렸고, 제사 드릴 때는 항상 경건한 마음을 다했다. 이런 제사에서는 음식의 일부를 작은 판 위에 올려 그릇 사이에 두고 제사한 뒤, 식사가 끝나면 치운다. 단지 술은 그냥 땅에 뿌린다.

고주는 이 장을 다르게 읽었다. 고주에 따르면 이 장은 "비록 거친 밥과 채소 국 그리고 오이(瓜)로 제사를 지내더라도(祭) 반드시 경건한 모습으로 했다"라는 정도가 된다. 곧 고주는 본문의 '과瓜'를 글자 그대로 해석하여 거친 밥과 채소 국에 견줄 소박한 음식으로 파악했다. 하필 오이를 언급한 것을 두고 고주는『예기』「옥조」에 "오이를 제사할 때는 ㄱ 꼭지 부분으로 한다"(『예기주소』, 30:25b)는 말이 있음을 상기시켰다. 그렇지만 역시 왜 하필 오이인지 여전히 석연치 않았으므로 금주는 노론, 곧 노나라의『논어』에는 '과'가 '필必'로 되어 있다는 육덕명의 기록에 기반하여(『경전석문』, 24:14b) '과'를 '필'의 오자로 보았다. 다산도 같은 입장이었다.

10.19

자리가 바르지 않으면 앉지 않았다.

席不正, 不坐.

이 장에서도 다산은 금주를 따른다. 항상 올바름을 추구했던 공자는 일말의 비뚤어짐에도 마음이 편하지 않았기 때문에 자리가 똑바로 놓이지 않으면 앉지 않았다. 요즘에도 손님을 맞이할 때 구태여 방석을 가지런하게 고쳐 놓는 모습을 보여주는데, 남을 생각하는 인지상정이기도 하지만 공자의 유산이기도 하다. 고주는 해석을 좀 달리 하여 자리를 놓는 것에도 복잡한 예가 있는데, 그 예에 맞게 자리가 놓이지 않았으면 공자는 앉지 않았다고 보았다. 가령 천자의 자리는 다섯 겹이고, 제후는 세 겹이라든지 사람이 남북 방향으로 앉을 때는 서쪽이 상석이라든지 하는 게 그런 예였다. 다산은 고주가 지나치게 복잡하게 해설했다고 보았다.

10.20

마을 사람들이 술을 먹을 때는 지팡이를 짚은 사람이 나간 뒤에야 나갔다.

鄕人飮酒, 杖者出, 斯出矣.

여기에서 "마을 사람들이 술을 먹을 때"는 향음주례를 가리킨다. 향음주례는 연장자를 우대하므로 공자는 이렇게 행동했다. 본문의 '장자杖者'는 글자 그대로 지팡이를 짚은 사람인데, 옛날에는 일정한 나이가 되면 일종의 표식처럼 지팡이를 가지고 다녔다. 『예기』 「왕제」에는 "쉰에는 집안에서 지팡이를 짚고, 예순에는 마을에서 지팡이를 짚고, 일흔에는 나라에서 지팡이를 짚고, 여든에는 조정에서도 지팡이를 짚는다"(『예기주소』, 13:25b)라는 말이 있다. 이 장은 마을에서 열린 행사를 논하므로 다산에 따르면 여기에서 "지팡이를 짚은 사람"은 예순이 넘은 사람이다.

다산은 이 장을 대체로 고금주처럼 읽었다. 하지만 그의 해석은 미묘하게 고금주와 다르다. 고금주는 모두 지팡이를 짚은 사람이 나가기 전에는 공자가 나가지 않았고, 그들의 나간 뒤에는 따라 나갔다고 보았다. 금주가 설명한

대로 "아직 나가지 않았는데 감히 먼저 나갈 수 없고, 이미 나갔는데 감히 뒤에 남을 수 없기 때문"이었다. 하지만 다산은 연장자가 나가지 않았는데 감히 먼저 나갈 수 없었던 공자만 이야기하고 연장자가 나가면 곧바로 뒤따라 나간 공자는 언급하지 않는다. 생각해보면 연장자가 자리를 뜨지 않았을 때 먼저 나가지 않는 것은 이해가 되지만 연장자가 자리를 떴다고 모두 나가는 것은 이해가 되지 않는다.

10.21

마을 사람이 나례를 행하거든 조복을 입고 동쪽 계단에 섰다.

鄕人儺, 朝服而立於阼階.

'나儺'는 역귀를 쫓는 민간의 의식인 나례를 가리킨다. 일종의 푸닥거리로 이를 행할 때면 사람들이 마을 구석구석을 뒤지면서 요란한 소리를 내 숨어 있는 역귀를 쫓았다고 한다. 원래 유교의 의례는 아니고 무속이었다. 이 의식이 언제 열렸는지를 놓고는 두 가지 설이 있었다. 황간은 나례가 일 년에 세 차례 있었는데 본문에서 말하는 나례는 음력 삼월에 있었다고 주장했고, 육농기는 섣달에 있었다고 보았다. 다산은 육농기의 설이 "맞는 것 같다"라고 하고는 나중에 『예기』「월령」과 공안국의 주 등에 근거하여 섣달이라고 못을 박았다. 지금은 누구나 섣달임을 알고 있지만 다산 당대만 해도 논쟁이 될 수 있었던 것 같다.

이때 왜 공자가 조복을 입고 동쪽 계단에 섰는지를 놓고도 몇 가지 설이 있다. 고주는 묘당에 잠들어 있는 선조의 영혼이 놀랄까 공자가 두려워했다고 했다. 나례는 소리가 요란하기 때문에 선조의 영을 진정시키기 위해 공자는 마치 제사를 드릴 때처럼 조복을 입고 동쪽 계단에 섰다는 것이다. 이때 본문의 '조(阼)'는 그것만으로도 동쪽 계단을 가리키기 때문에 '계(階)'를 생략할 수 있다. 다산도 육덕명의 『논어음의』나 『예기』 「교특생」을 참고하여 그렇게 되어야 한다고 보았다. 금주는 고주를 소개하면서도 다른 한편으로는 나례가 주나라 제도에서 방상씨가 관장했던 행사였다는 점에 주목했다. 공자가 고례를 존중하는 의미에서 조복을 입었다는 것이다. 그렇지만 금주는 왜 동쪽 계단이었는지는 따로 설명하지 않았다. 한편 한유는 나례가 유교의 예에 맞지 않는 의식이라는 점을 강조하면서 이때 공자는 그것을 말리기 위해 조복을 입고 마을로 나왔다고 보았다. 공자가 동쪽 계단에 서 있었던 것은 우연이었다.

이 문제에서 다산은 고주를 받아들였다. 「교특생」에 이 장과 유사한 기록, 곧 "마을 사람들이 길제사(楊)를 지낼 때 공자는 조복을 입고 동쪽 계단 위에 섰다. 묘실의 신을 보존하기 위해서였다"(『예기주소』, 25:25a~b)라는 기록이 있기 때문이다. 다산의 해석에서는 공자가 나례를 지지했는지, 혹은 배척했는지, 혹은 관용했는지 불분명하다. 그가 조상신을 염려했다는 점은 분명하다.

10.22

다른 나라에 사람을 보내 물을 때는 재배하고 보냈다. 계강자가 약을 보내자 절을 하고 받으며 말했다. "나 구는 약을 알지 못하니 감히 맛볼 수 없습니다."

問人於他邦, 再拜而送之. 康子饋藥, 拜而受之曰; 丘未達, 不敢嘗.

'문問'은 예물을 들고 가서 다른 사람에게 질문하는 것이다. 이때 질문의 내용은 통상의 안부일 수도 있고, 구체적 사건일 수도 있고, 다양하다. 형병은 '문'이 '유遺'와 같다고 했고 다산도 받아들였는데, '유'는 사람을 통해 음식 같은 것을 보내는 것이다. 같은 나라의 사람에게는 재배하는 공경까지 보일 필요가 없지만 국경을 넘어 사귀는 것은 더욱 조심해야 하므로 공자는 최대한 공경을 보이기 위해서 재배하고 사람을 보냈다. 다산의 설명이지만 고금주와도 조화된다.

흥미를 끄는 다산의 논설은 이 장의 후반부와 관련된다. 여기에는 당시 계씨 집안의 수장이었던 계강자가 등장한다. 계강자는 『논어』에 등장하는 여러 계씨의 가장 중 공자가 가장 늦게 만났던 인물이다. 잘 알려져 있다시피 계씨는 노나라 군주를 핍박하고, 권력을 전횡했으며, 예를 참월했다는 비판을 받은 집안이었다. 많은 주석가는 그 우두머리를 악인으로 인식했다. 계강자도 예외는 아니었다. 본문에서 공자는 계강자가 약을 보냈음에도 맛보지 않고 사양했는데, 그가 왜 그랬는지에 대한 설명도 이런 인식과 관련이 있었다. 가령 공안국은 "약을 보낸 이유가 무엇인지 몰랐기 때문"에 약을 맛보지 않았다고 해설했다. 독약일 수도 있었던 것이다. 금주는 "약을 알지 못했기 때문에(未達)" 약을 맛보지 않았다고 했지만 계강자의 의도를 의심하는 입장에서 맛보지 않은 이유를 서술했다. 하지만 다산은 달랐다. 그는 특히 계강자의 의도를 노골적으로 의심한 고주를 비판하면서 이렇게 말한다.

약을 보낸 것은 호의다. 어찌 그 이유에 대한 것이 족히 질문이 될 수 있는가? 단지 약성을 몰랐기 때문에 감히 맛보지 않았을 뿐이다.

다산처럼 계강자의 행동을 호의에서 우러난 것으로 단정하는 시각은 고금주에는 없다. 계씨에 대한 다산의 배려는 『예기』「옥조」의 기사, 공자가 계씨에게 내심 많은 불만을 품고 있었음을 보여주기 위해 종종 인용되는 기사를 설명할 때도 드러난다. 해당 기사는 이렇다. "공자가 계씨 집에서 밥을 먹었는데, 감사를 표하지 않았다. 고기를 먹지도 않고 물에 밥을 말았다"(『예기주소』, 30:26a). 이 기사는 종래 계씨의 무례함에 대한 공자의 항의였다. 하지만 다산은 이때 공자가 병들어 누운 어머니를 걱정했기 때문에 그렇게 했지 다른 이유가 있었던 것은 아니라고 설명한다. 계씨에 대한 다산의 상대적 배려는 이 장만 아니라 『논어고금주』 전체에서 일관되게 발견된다.

다산이 보기에 공자가 계강자의 약을 맛보지 않은 이유는 다른 것이 아니다. 약은 사람에 따라 다르게 반응하기 때문에 신중히 복용해야 하고, 공자는 보내온 약의 처방전을 보지 못했기 때문이다. 공자가 계강자의 약에만 신중했던 것이 아니다. 일반적으로 누군가가 약을 보내면 이렇게 반응하는 것이 상례다. 그래도 "계씨는 종경宗卿이어서 공자가 공경했으므로 절을 하고 약을 받았다." 종경은 대를 이어 임명된 경을 가리킨다. 종경은 더 존경받을 만하다는 것이 다산의 생각이었다.

10.23

마구간이 불에 탔는데 선생님께서 조정에서 물러나와 "사람이 다쳤느냐?"라고 묻고는 말을 묻지 않았다.

廐焚, 子退朝曰: 傷人乎? 不問馬.

'구廐'는 마구간으로 다산과 고금주는 모두 공자의 집에 있던 마구간으로 이해했다. 이와는 달리『염철론』이나 왕필 등을 참고하여 나라의 마구간을 가리킨다고 보는 견해도 있다. 이때 공자가 대사구 벼슬을 했는데 나라의 마구간에서 불이 나자 불에 탄 마구간을 둘러보고 이렇게 물었다는 것이다. 하지만 다산은 공자가 대사구였다면 당연히 나라의 재산인 말을 물어봤을 것이라고 생각했다. 공자의 인간애보다 관료적 책임을 더 강조하는 시각이다. 어쨌든 공자는 말을 묻지 않았으므로 이때 공자는 대사구가 아니었다.

육덕명은 일설로 재미있는 독법을 소개한다. 그에 따르면 본문의 '불不'은 '부否'와 같은 글자로 앞 구절에 붙여 읽는다(『경전석문』, 24:14b). 그러면 본문은 "선생님께서 조정에서 물러나와 '사람이 다쳤느냐 다치지 않았느냐?'라고 묻고는 말을 물었다"라는 정도가 된다. 이것이 옳은 독법이라면 다산의 시각에서도 공자는 이때 대사구였을 수 있다. 다산은 왕수인(1472~1529)도 이 독법을 받아들였다고 소개했다.

사실 이 장은 독특하다. 이 장은 공자를 '선생님(子)'이라고 칭했다. 「향당」은 원래 한 장으로 연결되었고, 공자를 암시하는 '군자'라는 말이 한 문장의 주어로 사용되기는 하지만(10,6) 모든 장의 기본 주어는 「향당」의 첫머리에 등장하는 '공자'다. 이제껏 이 편에 기록된 공자의 일상을 옮기면서 높임말을 사용하지 않은 것도 그 기본 주어가 '선생님'이 아닌 '공자'이기 때문이다. 그런데 이 장의 주어는 '선생님'이다. 이 장은 또 '자왈子(退朝)曰'이라는 말이 있는 「향당」의 유일한 장이다. 그러므로 높은 확률로 이 장은 다른 사람의 기록일 것이다. 이 장의 성격도 독특하다. 이 장은 공자의 인본주의를 기록했다. 주로 예절과 관련된 공자의 소소한 일상을 기록한 다른 장과 구별된다.

10.24

임금이 음식을 내리시거든 반드시 자리를 바르게 하고 먼저 맛을 보았다. 임금이 날고기를 내리시거든 반드시 익혀서 조상에게 올렸다. 임금이 산 것을 내리시거든 반드시 길렀다. 임금을 모시고 먹을 때는 임금이 제를 올릴 때 먼저 밥을 맛보았다.

君賜食, 必正席先嘗之. 君賜腥, 必熟而薦之, 君賜生, 必畜之. 侍食於君, 君祭, 先飯.

이 장은 공자가 어떻게 임금을 공경했는지를 보여준다. 고주와 금주, 다산은 이 장을 같은 방식으로 읽으며, 소소한 해석에서만 약간의 차이를 보여준다.

임금이 내린 '음식(食)'은 이미 조리된 음식을 가리키는데, 날고기와 달리 조상에게 올렸다는 말이 없다. 조리 과정을 모르기 때문이다. 조리 과정을 모르는 음식은 정갈한 것으로 보지 않으며, 따라서 임금이 하사한 음식이라도 조상에게 올리지 않는다. 자리를 바르게 하는 것은 예의 절차로 이미 자리가 바르게 되어 있더라도 마음을 가다듬는 의미에서 다시 자리를 바르게 한다. '성(腥)'은 날고기를 의미하는데, 이제는 조리 과정을 관리할 수 있고 또 가장 귀한 음식은 조상에게 올리는 음식이므로 임금의 하사를 귀중히 여기는 의미에서 익힌 뒤 제사에 쓴다. 옛날 임금이 신하에게 산 것(生)을 내리는 경우는 한결같이 제사에 쓸 희생을 하사하는 것이다. 그러므로 무고로 죽이지 않고 필요할 때까지 잘 길러 임금의 은혜에 감사를 표한다.

앞에도 기록된 것처럼 옛날 음식을 먹을 때는 항상 선조와 음식을 만든 인류의 조상에게 감사하는 약식 제사를 올렸다(10.18). 임금을 모시고 먹을 때도 예외는 아니었다. 그러므로 먹는 자리의 가장 높은 사람인 임금이 제사를 드리고, 그동안 신하는 음식을 맛보아 먹을 만한가를 확인한다. 이렇게 먼저 먹는 것을 본문에서는 '선반先飯'이라고 했다. 조선시대 기미상궁 같은 역할이었다. 이렇게 음식을 맛보는 측신이 있는 경우 임금이 부른 신하는 먼저 밥을 먹을 수 없고, 제사가 끝나고 임금이 음식을 들기 시작하면 뒤이어서 먹는다. 이때는 임금이 신하를 손님으로 대한다. 그러므로 임금이 제사를 지낸 뒤 임금의 허락을 받고 신하도 같은 제사를 지낸다. 하지만 본문에서는 "먼저 밥을 맛보았다"라고 했으므로 공자는 손님이 아니라 측신 역할을 한 것이며, 따라서 본문에 공자가 제사했다는 말이 없다. 이상은 모두 다산의 해설을 풀어 소개한 것이다. 소소한 논쟁은 있지만 자세히 소개할 만하지 않으므로 여기에서는 생략했다.

10.25

병이 났을 때 임금이 와서 보거든 머리를 동쪽으로 하고, 조복을 몸 위에 올려놓고 큰 띠를 바닥에 끌리게 했다.

疾, 君視之, 東首, 加朝服拖紳.

공자가 병이 났다는 것으로 보아서 이때 '임금(君)'은 공자 노년의 군주였던 노 애공이었을 것이다. 병자는 원래 방의 북쪽 벽 아래에 눕지만 임금이 와서 볼 때는 남면을 할 수 있도록 남쪽 창 아래로 옮겨 눕는다(6.9). 본문에는 이런 내용이 없지만 서술이 생략되었을 뿐이다. 머리를 동쪽으로 두는 것을 두고 금주는 동쪽의 기운, 곧 따뜻한 소양의 기운을 받아 환자가 회복하기를 기원하는 의미가 있다고 주장했는데, 다산은 받아들이지 않았다. 그의 조사에 따르면 군자는 평소에도 머리를 동쪽으로 하고 눕기 때문이다. 다산은 음양오행설에 기초한 관습과 주장을 대체로 받아들이지 않는다.

다산에 따르면 본문의 '타拖'는 '끌다'라는 뜻의 '예曳'와 같다. '타신拖紳'은 관복의 허리에 두르는 큰 띠(紳)가 바닥에 끌리도록(曳地) 하는 것이다. 이와는 달리 고주는 '타'가 '가加'와 같다고 했고, 금주는 '인引'과 같다고 했다. 그러므로 고주는 큰 띠를 조복 위에 올려놓는다고(加) 보았고, 금주는 그것을 끌어다(引) 조복 위에 놓는다고 보았다. 다산의 해석을 받아들이더라도 큰 띠를 끌어다 조복 위에 올려놓게 되므로 결국은 모든 해석이 다 같은 행동을 말하지만 글자의 해석에서 차이가 있으므로 다산을 통해 『논어』를 읽을 때는 이런 사소한 차이도 보여줘야 한다. 몸이 아픈 병자는 조복을 입기 어렵지만 조복을 입지 않고 임금을 볼 수는 없으므로 이렇게라도 해서 예를 갖추려고 했다는 것이 공통된 해설이다.

10.26

임금이 명으로 부르거든 말 매는 것을 기다리지 않고 공실로 갔다.

君命召, 不俟駕行矣.

임금은 항상 명을 내려 신하를 부르지만 이 장의 내용으로 봐서 이때는 급한 명을 내렸을 것이다. 『예기』 「옥조」에 "임금은 초패 세 개를 사용하여 신하를 부른다. 그중 두 개로 불렀으면 달려가고, 하나면 나아간다. 조정에 들어와 있으면 신발 신기를 기다리지 않고, 밖에 있으면 수레를 기다리지 않는다"(『예기주소』, 30:16b)라는 말이 있다. 이 기록을 참고한다면 이때 공자는 초패 두 개를 받았다.

본문의 '가駕'는 수레에 말(馬)을 묶는 것(加)을 말하는데, 시간이 걸리므로 지체 없이 출발하는 것이 예다. 이것이 예이므로 일단 출발한 것이지 공자가 공실까지 걸어가거나 달려간 것은 아니다. 공자는 자신이 "걸어 다닐 수 없었다"(11.8)라고 했으므로 다산은 "공실로 갔다(行)"라는 말도 걸어서 간 것이 아니라 가마를 타고 떠난 것을 의미한다고 보았다. 가마를 타고 먼저 떠나면 말을 맨 수레가 뒤따라왔다는 게 다산의 추측이었다. 현실적이고 합리적인 추측이라고 하겠다. 같은 연장선에서 다산은 임금이 급하게 부르지 않은 경우는 수레에 말을 매는 것을 기다려 공실로 간다고 했는데, 역시 현실적인 생각이었다.

10.27

태묘에 들어가서 매사를 물었다.

入太廟, 每事問.

이 문장은 「팔일」에도 그대로 나온다(3.15). 고금주는 모두 이 글이 공자의 신중함을 보여준다고 이해했지만 다산의 해석은 전혀 달랐다. 이 점도 이미 설명했다.

10.28

벗이 죽었는데 돌아갈 곳이 없거든 "내 집에 초빈하라"라고 말했다.

朋友死, 無所歸, 曰; 於我殯.

"돌아갈 곳이 없다"라는 것은 처족이나 방계의 친족까지 다 포함해서 상주가 될 사람이 없다는 뜻이다. 이럴 경우 망자가 가까운 벗이라면 자기 집에 '빈殯'하는 것이 예다. 그러므로 이 장은 벗에 대한 공자의 우의를 보여주면서도 공자가 예에 따라 행동했음을 기록한다. 다산에 따르면 '빈'은 땅에 구덩이를 파고 그곳에 임시로 관을 보관하는 것이다. 이것을 다른 말로 초빈草殯이라고 한다. 엄밀히 말해 오늘날 빈소를 차리는 것과는 다르다.

10.29

벗이 준 것은 제사 고기가 아니면 비록 수레나 말 같은 것이라도 절을 하지 않았다.

朋友之饋, 雖車馬, 非祭肉, 不拜.

『예기』「옥조」는 선물이 왔을 때 절을 하며 받는 여러 경우를 검토하면서 "자신과 같은 지위에 있는 사람이 부재하면 그의 묘실에 절을 한다"(『예기주소』, 30:28a)라고 했다. 다산은 이 기록에 근거하여 벗 사이에서의 예는 같은 지위에 있는 사람의 예를 적용하므로 벗으로부터 선물을 받았을 때는 절을 하는 것이 당시의 예법이라고 보았다. 그렇지만 공자는 제사 고기를 받고 벗의 조상에게 감사를 표시해야 할 경우를 제외하고는 벗이 준 어떤 선물에

도 절을 하지 않았다. 다산은 이것을 공자가 무리를 따르지 않은 사례 중의 하나로 보았다. 공자는 자신의 가치관에 따라 어떤 경우는 대중을 따르고, 어떤 경우는 따르지 않았다(9.3). 여기에서는 따르지 않았는데, 벗 사이에는 재물을 나눠 쓰는 의리가 있기 때문이었다. 공자는 이 의리에 입각해서 벗으로부터 선물을 받으면 절을 하지 않았다. 지금은 통하지 않는 말로 은혜를 입으면 은혜 갚는 것을 도리로 생각하는 사람이 많았던 시절의 이야기다.

10.30

누울 때는 시체처럼 눕지 않았고, 기거할 때는 예용을 짓지 않았다.

寢不尸, 居不容.

'침寢'은 보통 '자다'라는 뜻으로 이해하지만 다산은 앞에 이어(10.17) '눕다'라는 뜻으로 보았다. "누울 때는 시체처럼 눕지 않았다(不尸)"라는 말은 죽은 사람처럼 사지를 쭉 펴고 눕지 않았다는 뜻이다. 곧 공자는 몸을 구부리고 누웠다. 다산은 고주를 참고하여 이렇게 해설했다. 한편 금주는 '시尸'를 축 널브러지는 모양으로 이해했다. 고주와 다산은 시체를 연상시키지 않도록 누웠다는 점을 강조했고, 금주는 나태한 모습을 보이지 않도록 누웠다는 데 초점을 맞추었다.

본문의 '용容'은 일반적으로 엄숙한 용모를 유지한다는 의미지만 다산에 따르면 여기에서는 특정한 예용, 곧 예에 따라서 지녀야 할 용모를 의미한다. 『주례』에서 말하는 여섯 가지 예용이 그것이다. 제사할 때의 예용, 빈객을 대할 때의 예용, 조정에서의 예용, 상례나 기념식에서의 예용, 군사를 지휘할 때의 예용, 수레나 말을 탈 때의 예용이 있다. 자기 집에서 기거할 때 공자는 이런 격식에 맞는 예용을 하지 않았다는 말이다. 고례에 밝은 다산다운 해석이다.

10.31

부모상의 상복을 입은 사람을 보면 비록 친하더라도 반드시 몸가짐을 바꾸었다. 면관을 쓴 사람이나 눈이 먼 사람을 보면 비록 자주 보았더라도 반드시 예모로써 대했다. 상복을 입은 사람에게는 허리를 숙였고, 나라의 호적과 지도를 짊어진 사람에게도 허리를 숙였다.

見齊衰者, 雖狎, 必變. 見冕者與瞽者, 雖褻, 必以貌. 凶服者式之, 式負版者.

이 장의 앞부분은 앞의 한 장과 거의 일치한다(9.10). 앞 장은 부모상의 상복을 입은 사람과 관복을 입은 사람 그리고 눈 먼 사람을 통틀어 공자가 그들을 어떻게 대했는지 기록했는데, 여기에서는 부모상의 상복을 입은 사람에게는 안색을 바꾸었고(變), 다른 두 경우에는 예모로써 대했다(貌)고 했다. 본문의 '압狎'과 '설褻'은 거의 같은 뜻이지만 구별하자면 '압'은 친한 것이고, '설'은 평소에 종종 보는 것을 의미한다.

다산에 따르면 본문의 '흉복凶服'은 다섯 종류의 상복(五服), 곧 참최, 재최(자최로도 읽는다), 대공, 소공, 시마를 가리킨다. 참최는 복상 기간이 3년인 경우에 입는 상복이고, 대공은 9개월, 소공은 5개월, 시마는 3개월인 경우에 입는 상복인데, 재최만은 경우에 따라 3년, 1년, 5개월, 3개월 등 다양하다.

이 장의 재최는 이 다섯 종류의 상복 중 두 번째로 중한 것이지만 다산이 앞에서 밝혔듯이 『논어』의 맥락에서는 부모상에 쓰이는 상복을 가리키므로 오복의 참최와 재최를 모두 포함한다. 공자는 부모상의 상복을 입은 사람에게는 몸가짐을 바꾸면서 깊은 조의를 표했고, 거기에 더하여 상을 당한 모든 사람에게 허리를 숙였다(式). 망자를 보내는 일을 중시하는 유교의 문화를 보여준다. 이때 '식式'은 원래 몸을 지탱하기 위해 잡는 수레의 가로대(軾)를 의미하는데, 수레를 탄 사람이 다른 사람에게 공경을 표시할 때 가로대를 잡고 허리를 숙이므로 의미가 발전하여 절을 한다는 뜻을 지니게 되었다.

'판版'은 글자 그대로는 판목을 의미하는데, 과거 종이가 없었을 때는 판목에 나라의 호적을 기록하고 지도도 새겼으므로 여기에서는 호적과 지도를 의미한다. 당연히 호적과 지도를 따로 보관했음에도 불구하고 공자가 "호적과 지도(版)를 짊어진(負)" 사람을 만났던 이유는 이것들이 송사에 필요했기 때문이다. 옛날 송사의 대부분은 호적이나 지도에 관련되었으므로 판결을 위해서는 호적이나 지도를 옮겨 열람해야 했다. 또한 '판'은 고제에 따라 상복을 만들 경우 상복의 등 쪽으로 늘어뜨리는 표식을 가리키기도 한다. 그래서 오규는 본문의 '식부판자式負版者'가 원래 앞에 나오는 '흉복자식지凶服者式之'의 주였는데 나중에 본문으로 잘못 들어갔다고 주장했다. 곧 "상복을 입은 사람에게는 허리를 숙였다(凶服者式之)"라는 글을 누군가가 해설하면서 그것이 "상복의 표식(版)을 등에 하고 있는(負) 사람에게 허리를 숙였다는 뜻이다"라고 했다는 것이다. 다산은 이 설에 반대했는데, 그 과정에서 사마광(1019~1086)이나 주희의 잘못된 주장, 곧 참최와 재최에만 이 표식이 있었다는 주장을 김장생(1548~1631)이 바로잡았다고 소개했다. 아마도 김장생의 『상례비요』를 염두에 둔 언급일 것일 텐데, 예학에 밝았던 조선 유학의 자긍심을 느낄 수 있다.

10.32

풍성한 음식이 있으면 반드시 얼굴빛을 바꾸며 일어났고, 빠른 우레 가 치고 바람이 매서우면 반드시 몸가짐을 바꾸었다.

有盛饌, 必變色而作. 迅雷風烈, 必變.

고주와 금주는 모두 어떤 사람이 빈객인 공자를 위해 "풍성한 음식(盛饌)" 을 마련했고, 공자가 감사를 표하기 위해서 "얼굴빛을 바꾸며 일어났다"라고 했다. 하지만 다산이 보기에는 이 장에 이러한 가정을 정당화할 어떤 글자도 없다. 그러므로 공자는 단지 "풍성한 음식" 자체를 보고 이러한 반응을 보였 을 것이다. 다산에 따르면 "풍성한 음식"을 앞에 놓고 "군자가 얼굴빛을 바꾸 는 것은 하늘의 은사(天賜)에 공경을 보이는 방법"이었다. 유교에서도 만물을 생육하는 하늘에 감사하는 마음을 표시할 수 있지만 이런 식으로 음식을 앞 에 두고 하늘에 감사하는 것은 천주교의 실천이 아닌가 싶다.

또한 고주와 금주는 모두 하늘의 노여움을 두려워하기 때문에 빠른 우레 와 매서운 바람 앞에서 몸가짐을 바꾼다고 해설했다. 다산은 이 해설에 반대 하면서 공자는 단지 좋지 않은 날씨에 해를 입는 사람이 있을까를 걱정했을 뿐이라고 말한다. 바람이 매섭게 불고 천둥이 사납게 치는 것은 자연 현상의 일부분이기 때문에 그것을 하늘의 노여움으로 이해하는 것은 잘못이다. 다 산은 일찍이 왕충이 이렇게 생각했다고 하면서 왕충을 설명하는 다자이를 길게 인용한다. 과연 잘 알려진 대로 왕충은 한대에 유행했던 재이설을 비판 했다.

사실 다산에게는 왕충과 유사한 면이 있다. 그들은 모두 도전적이고 비판 적이었으며, 경험에 기초하여 사태를 이해하려고 했고, 태어나면서부터 모든 것을 아는 성인의 존재를 부정하는 등 합리적인 태도를 보여준다. 그렇지만 그들 사이에는 중요한 차이도 존재한다. 왕충의 하늘은 순자의 하늘이고, 인간의 일에 개입하지 않는 하늘이며, 도덕의 근원도 아니다. 그에 비해 다산의 하늘은 고대의 천관이나 천주교적 천관을 반영하고, 인간의 일에 개입하는 하늘이며, 도덕의 근원이다. 다산은 공자가 "하늘의 은사에 공경을 보이기 위해" 음식 앞에서 얼굴빛을 바꾸고 일어났다고 했다. 왕충에게는 이러한 하늘이 존재하지 않는다. 다시 말해서 다산의 하늘은 종교다. 그의 하늘은 천지생성과 모든 가치의 근원이며, 관념으로만 존재하는 것이 아니라 실제로 살아 있는 하늘이고, 언제나 공경해야 할 대상이다. 그럼에도 불구하고 다산이 왕충과 같이 비판적이고, 경험적이며, 합리적인 견해를 제시했던 것은 그의 하늘이 '이理', 곧 이치에 의해 매개되기 때문이다. 하늘은 이치를 통해 표현되는데, 우리는 이 이치를 왜곡한 관념을 비판함으로써, 일상 속의 경험과 학습을 통해서 합리적으로 이해할 수 있다. 이러한 사유가 논리적 정합성을 가지지는 않는다. 하지만 실천적으로는 정합성을 가진다. 그것이 신조가 되면 개인의 삶을 정합적으로 이끌 것이다. 정합성을 갖는 삶의 실천은 그 자체로 체계가 된다.

10.33

수레에 오를 때는 똑바로 서서 끈을 잡았다. 수레 안에서는 뒤를 돌아보지 않았고, 빨리 말하지 않았으며, 손가락으로 직접 가리키지 않았다.

升車, 必正立執綏. 車中, 不內顧, 不疾言, 不親指.

'수綏'는 수레에 오를 때 잡도록 늘어뜨린 끈이다. 끈을 잡지 않고 오르면 몸이 흔들릴 수 있고, 옆의 사람을 불안하게 한다. 수레에 함께 탄 사람의 태도가 항상 올바를 수는 없는데 자주 뒤를 돌아보면(內顧) 염탐하는 것 같기 때문에 그렇게 하지 않는다. 수레 안처럼 안정되지 않은 환경에서 빨리 말하거나 손가락으로 무엇을 가리키면 다른 사람을 혼동에 빠뜨리기 때문에 그렇게 하지 않는다. 언제나 남을 생각하고 조심스러운 공자를 보여준다.

『예기』「곡례」에 "수레 위에서는 큰소리로 헛기침을 하지 않고, 마음대로 손가락으로 가리키지 않으며, 서 있을 때는 바퀴가 다섯 번 돌아서 갈 거리 앞에 눈을 두어야 하고, 절을 하기 위해 허리를 숙일 때는 말꼬리를 보고, 돌아볼 때는 시선이 바퀴통을 지나지 않도록 한다"(『예기주소』, 3:31b~32a)라는 말이 있다. 여기 기록된 공자의 행동과 유사하다. 그래서 다산은 이 장의 공자가 단지 옛날의 예에 따라 행동했음을 알 수 있다고 했다.

10.34

"놀라면 날아올라 빙빙 돈 뒤에 내려앉는다." 공자가 말했다. "산골짜기 다리의 까투리야. 날아오를 때다! 날아오를 때다!" 자로가 까투리를 바치니 세 번 냄새를 맡고 일어났다.

色斯擧矣, 翔而後集. 曰; 山梁雌雉, 時哉! 時哉! 子路共之, 三嗅而作.

종래 이 장은 『논어』에서 가장 이해하기 어려운 장의 하나였다. 금주는 대체로 고주를 계승하면서도 "반드시 빠진 구절이 있을 것이다"라는 말을 두 번이나 하여 이 장을 제대로 이해하기가 어려움을 토로했다. 다산은 이 장에서 다시 한 번 이제껏 들어보지 못한 새로운 해석을 시도하는데, 그 시작은 본문의 '색色'을 색다르게 정의하는 것이었다.

고주에서 이 장의 앞 두 구절은 경계심 많은 새의 행동에 빗댄 공자의 조심스러움을 보여준다. 곧 공자는 마치 새처럼 반응하면서 위험을 피하려고 했고, 누군가가 공자를 그렇게 기록했다. 이때 '색'은 '좋지 않은 안색'을 의미한다. 말하자면 '색'은 새가 느끼는 이상한 낌새이며, 공자를 놓고 보면 상대방의 불신한 기색을 의미한다. 공자는 상대방의 불선한 기색을 보면 마치 새가 날아오르듯(擧) 자리를 혹은 나라를 떠났고, 공중에서 선회하며(翔) 잘 살핀 이후에야 내려앉았다(集). 이 해석은 「향당」의 성격에 맞게 이 장을 이해한다는 장점을 가진다. 곧 이 장은 「향당」의 다른 장과 마찬가지로 공자가 일상 속에서 어떻게 행동했는가를 보여준다.

하지만 다산은 앞의 두 구절을 예로부터 전해진 고어로 보았다. 그러므로 그것은 공자의 행동을 직접적으로 묘사하지 않는다. 또한 다산은 『춘추공양전』 등을 참고하여 '색'을 '놀라는 모습'으로 이해했다. 곧 새는 무엇인가에 놀라서(色) 공중으로 날아오른다. 마찬가지로 군자는 직감적으로 위험을 감지하고 놀라서 자리를 피한다. '색'을 자신처럼 이해해야 한다고 하면서 다산은 "남의 안색을 보고 그 불선함을 살핀 뒤에 날아오른다면 또한 둔한 것이 아니겠는가?"라고 했다. 미묘한 기미를 아는 새나 군자는 위험이 나타나기 이전에 이미 날아오르므로 '색'을 고주처럼 보면 안 된다는 것이었다.

'색'을 '놀라는 모습'으로 이해하면 이어지는 공자의 말에서 반드시 '놀라는 모습'에 관련된 내용이 나와야 한다. 이에 비해 고주는 이어지는 공자의 말이 불선한 사람들을 만나 온 자신의 운명에 대한 한탄이라고 보았다. 공자는 언제나 날아오를 수밖에 없는 처지에서 여러 나라를 유랑했는데 까투리는 인적 드문 산 속에서 먹고 마시며 자신의 시간을 만끽했고 있었다. 그래서 공자는 그런 까투리를 보고 "산골짜기 다리(山梁)의 까투리야(雌雉). 때를 얻었구나(時哉)! 때를 얻었구나!"라고 한편으로는 부럽고 다른 한편으로는 한스러운 감상을 이야기했다. 그렇지만 고주의 이런 해석에는 '놀라는 모습'에 관련된 내용이 없다. 다산이 보기에는 큰 문제였다. 그래서 다산은 일종의 극적인 상황을 상상한다. 공자가 까투리를 발견했을 때 어느 사냥꾼이 그것을 향해 다가가고 있었다. 공자는 사냥꾼을 발견하고, 그리고 까투리의 위험을 목도하고 "날아오를 때다(時哉)! 날아오를 때다!"라고 경고했다. 까투리에게 이것은 놀랄 수밖에 없는 상황이었다. 다시 말해서 '색'을 '놀라는 모습'으로 볼 경우 이렇게 공자의 말을 이해하는 것이 '색'의 의미와 조화된다. '원의총괄'은 다산의 독창적 해석을 "'시재시재時哉時哉'는 까투리가 떠날 때라는 것을 의미한다"라고 기록했다.

다산의 해석에서도 공자의 말은 탄식일 수 있다. 그는 까투리를 보면서 자신도 이제 그만 떠날 때임을 느꼈을 수 있다. 그렇다면 이 장에서 공자가 한 말은 "돌아갈진저! 돌아갈진저! 내 문하의 젊은이들은 과감히 나아가거나 굳건히 지켜 고운 무늬의 비단을 만들었지만 마름질할 줄 모른다"(5.21)라는 말과 연결된다. 하지만 자세히 보면 다산의 해석에서 까투리는 사냥꾼이 다가오는 것을 모른다. 그래서 공자가 경고를 보냈다. 반면 공자는 위험이 다가오는 것을 모르는 사람이 될 수 없다. 그는 기미를 아는 성인이기 때문이다. 그래서인지 다산은 공자의 말에 어떤 상징성을 부여할 수 있는지에 대해 아무런 논평도 하지 않았다.

이 장의 뒷부분에 대한 다산의 해석은 고주와 같다. 본문의 '공共'은 '제공하다(供)'라는 의미다. 공자가 어떤 의미에서 '시재시재'라고 했든 자로는 공자의 말을 까투리가 그 때에 맞는(時) 음식이라는 의미로 잘못 이해했다. 그래서 어떻게 했는지는 모르지만 까투리를 잡았고, 공자에게 바쳤다(共). 공자는 까투리를 먹을 수 없었다. 하지만 스승을 아끼는 제자의 마음을 생각해 세 번 냄새를 맡는 시늉을 하고 자리를 떴다. 이렇게 보면 자로가 '시재시재'를 "까투리 고기 먹고 싶다"라는 뜻으로 이해한 것이 되어서 좀 어색하지만 그 것이 대부분이 받아들였던 고주의 해석이었다. 다산도 다른 해석을 내놓지 않았다.

　이미 말한 것처럼 이 장은 완벽한 설명을 거부한다. 그래서 이 장의 해석을 두고 여러 설이 있었다. 가령 본문의 '산량山梁'을 '산의 등성이(梁)'로 풀어야 한다는 설이 있다. 산 속에 다리(梁)가 있기 어렵기 때문이다. 이와는 달리 '산량'을 '산에서 곡식(梁)을 먹고 있는'이라는 뜻으로 풀어야 한다는 설도 있다. 황간이 소개하는 우번(164~223)은 좀 더 극적으로 달리 해석한다. 그는 본 문의 '시時'를 '시是'와 같은 뜻으로 보면서 공자의 말을 "산골짜기 다리의 까 투리가 이것이로구나(是哉)! 이것이로구나!"라고 해석했다. 이 장의 앞 두 구 절에 묘사된 행동을 까투리가 그대로 하는 것을 보고 공자가 이렇게 말했다 는 것이다. 또한 그는 본문의 '공'을 '설치하다'라는 뜻의 '설設'과 같은 글자로 보고 이때 자로가 미끼를 설치해서 까투리를 유인했다고 주장했다. 그러자 까투리가 세 번 미끼의 냄새를 맡고는 날아가 버렸다(三嗅而作)는 것이다. 이 해석에서 까투리는 끝까지 현명하게 처신했으며, 그래서 이 장은 난세에 까 투리처럼 처신해야 함을 가르친다. 비슷한 해석으로 본문의 '공'을 '팔을 벌리 다'라는 뜻의 '공拱'과 같은 글자로 보고 이때 자로가 팔을 벌려 까투리를 잡 으려고 했다고 보는 견해도 있다. 이 해석에서는 본문의 '취嗅'가 '울다'라는 뜻의 '명鳴'과 같은 글자이며, 따라서 본문의 마지막은 까투리가 "세 번 울고 는 날아갔다"라는 정도로 풀이된다. 서광계(1562~1633)는 이 해석을 받아 들이면서 공자가 말을 할 때는 날아가지 않은 까투리가 자로가 다가가자 날 아갔다는 점이 성인과 자로의 차이를 보여준다고도 했다. 다산은 이 모든 설을 검토했고, 모두 받아들이지 않았다. 그런 데는 다양한 이유가 있지만 한마디로 말하자면 모두 이치에 맞지 않기 때문이었다.

다산 논어 1

ⓒ 김홍경

초판 인쇄 2024년 3월 25일
초판 발행 2024년 4월 12일

지은이 김홍경
편 집 강성민 홍진표
펴낸이 강성민
편집장 이은혜
마케팅 정민호 박치우 한민아 이민경 박진희 정유선 황승현
브랜딩 함유지 함근아 고보미 박민재 김희숙 박다솔 조다현 정승민 배진성
제 작 강신은 김동욱 이순호

펴낸곳 (주)글항아리
출판등록 2009년 1월 19일 제406-2009-000002호
주소 10881 경기도 파주시 심학산로 10 3층
전자우편 bookpot@hanmail.net
전화번호 031) 955-8869(마케팅) 031) 941-5159(편집부)

ISBN 979-11-6909-217-3 93140

www.geulhangari.com